Kafka

Os anos de discernimento

Reiner Stach

Kafka

Os anos de discernimento

tradução
Claudia Abeling

todavia

Para Leo

Prólogo

As formigas de Praga

O coração da Europa é uma região de florestas, não especialmente favorecida pelo clima, distante dos grandes mares, sem riquezas minerais notáveis ou quaisquer outros tesouros naturais. Diversas vezes assolado por guerras e pragas, durante séculos fragmentado em parcelas politicamente insignificantes: um centro pobre e vazio.

Foram raras, e breves, as vezes em que o campo de força do poder logrou ultrapassar as próprias fronteiras. Desde sempre, decisões sobre a divisão do globo, sobre novas formas, mais racionais, da economia e da dominação social foram tomadas em outros lugares. Entretanto, no decorrer de poucas gerações, os moradores dessa região foram capazes de acumular uma riqueza bem acima da média na escala da economia mundial. No limiar para o século XX, após uma fase de febril industrialização, o Reich alemão e a Áustria-Hungria formavam Estados ricos com exércitos superdimensionados, cuja autoconfiança se manifestava ruidosamente. Eram parvenus que durante muito tempo não compreenderam que uma ascensão tão rápida desequilibraria os pratos da balança mundial, exigindo um preço político.

De repente, eles se viram cercados e ameaçados por vizinhos ávidos e belicosos. As "altas esferas" da Alemanha e da Áustria reconheceram tarde demais que grandes potências mais antigas, estabelecidas, iriam se valer de sua vantagem diplomática e não estavam dispostas a abrir espaços sem contestação. É possível que elas já tivessem acordado havia tempos em ocupar e saquear em conjunto o centro emergente — uma suspeita para a qual sempre se encontravam novas evidências. A leste, estava a Rússia, um colosso imprevisível, disposto a enviar muitos milhões de servos para uma guerra de conquista. A oeste, a invejosa França e os negociantes britânicos, que falavam dos valores da civilização enquanto pensavam em lucros. Ao sul, por fim, a oportunista Itália, um Estado-satélite ambicioso que, apesar de todas as promessas de aliança, previsivelmente se bandearia para o lado da maioria. O círculo estava quase fechado, tratava-se de um estrangulamento, que em 1º de agosto de 1914 finalmente foi interrompido. Pelo menos é o que os jornais diziam. E em poucos dias os moradores do centro se habituaram a um novo conceito, que soava interessante: *guerra mundial*.

Um ano mais tarde, o dr. Franz Kafka, funcionário do Instituto de Seguros contra Acidentes de Trabalho em Praga, 32 anos, judeu e solteiro, ainda não tinha visto a cara da guerra. Um homem alto, magro, quase desajeitado, excessivamente nervoso a despeito de sua aparência juvenil, assolado por dores de cabeça e insônias, mas, mesmo assim, capaz de servir o Exército; já em junho de 1915, após um rápido exame físico, ele havia sido considerado apto ao alistamento. Entretanto, o Instituto de Seguros — ou mais provavelmente seus chefes Pfohl e Marschner, que simpatizavam com ele — o reivindicou como um empregado indispensável ao seu setor jurídico e a administração militar aceitou o argumento. Pro forma, ele acabou matriculado num regimento de reserva qualquer, mas ao mesmo tempo foi informado de que a pessoa em questão estava "dispensada por tempo indeterminado".

Havia pouco — a guerra ainda era recente, apesar de a agitação patriótica já ter contaminado a todos — o dr. Kafka tinha empreendido uma rápida viagem à Hungria que o levara até a área de concentração de tropas no front dos Cárpatos. Por lá circulavam oficiais, uniformes do Reich alemão, capelães, enfermeiras da Cruz Vermelha, trens-hospitais, canhões embalados de acordo com as normas e, principalmente, refugiados, caravanas inteiras de andrajosos refugiados da Polônia e da Galícia, que tinham conseguido escapar do avanço russo no último segundo e que vinham na direção do visitante. Ele observava os preparativos de eventos terríveis e via suas consequências. Mas onde estava o autêntico, a grande batalha, a grande libertação? No noticiário semanal dos cinemas, tudo isso era um pouco diferente, menos miserável e, principalmente, menos profano.

Kafka não era o único a alimentar essas dúvidas. O momento emocionante, aventuresco da guerra, o convívio com a mais nova tecnologia, a camaradagem, a provação superada — as pessoas em casa conheciam essas coisas apenas por meio dos jornais e das poucas imagens em movimento que brilhavam mudas diante de seus olhos, sem revelar nada essencial. O que elas experimentavam no dia a dia eram alimentos escassos e ruins, inflação desmedida, cômodos sem aquecimento, censura, constrangimentos em órgãos oficiais, militarização e, ao mesmo tempo, descuido do espaço público. A imprensa chamava isso de "front da pátria", mas a mentira da expressão era evidente demais e ninguém a levava a sério. Só quem chegava ao verdadeiro front vivenciava alguma coisa; aqueles que ficavam em suas casas estavam condenados a uma tolerância passiva, cuja origem e sentido precisavam ser descobertos nos alardeados relatórios militares da situação. Abriu-se um abismo entre os mundos, gerando uma atmosfera desagradável e que podia se tornar perigosa.

Isso fazia parte dos problemas modernos, ainda não familiares, da *comunicação*, que, devido à duração da guerra, se tornavam mais urgentes aos olhos dos políticos. Caso não pudesse ser ganha muito rapidamente, devia-se então "vendê-la" melhor. Um pensamento bem-vindo, mesmo que muito próximo da propaganda, era o de transmitir também à população civil o gosto da *autêntica* guerra, oferecendo-lhe uma experiência que a uniria à comunidade encantada dos combatentes. A ideia era reproduzir a guerra em casa — não na forma daquelas terríveis exibições de armas e bandeiras, que ainda no século XIX como que mumificavam batalhas de séculos anteriores e as equiparavam a empoeiradas coleções de ciências naturais. Não, o que se queria era proporcionar uma verdadeira *vivência* aos sentidos embotados dos moradores das cidades grandes; algo que permaneceria em sua memória, matéria para muitas histórias em tempos futuros.

Logo após o início da guerra, armas saqueadas foram desfiladas de maneira triunfal pelas cidades e a famosa Exposição Mundial de Livros e Artes Gráficas de Leipzig (que o dr. Kafka, interessado por literatura, naturalmente já tinha visitado) abriu um setor de guerra, no qual quatro soldados inimigos, moldados em cera e armados, encaravam os visitantes: emoção barata, à qual se aderia com gratidão. No outono de 1914, ninguém ainda havia tido a ideia de tornar as pessoas não meros espectadores, mas autênticos *participantes*. Pois naquela época a guerra era considerada um movimento alastrado, explosivo e de massa, tão difícil de ser reproduzido artificialmente como, por exemplo, o mar. Apenas o gradual refreio da guerra e o papel decisivo das trincheiras (antevisto havia tempos pelos especialistas militares) abriram a possibilidade de *representar* a guerra. Pois se era possível cavoucar a terra em qualquer lugar, por que não no Reichskanzlerplatz no oeste de Berlim, onde no verão de 1915 os curiosos puderam entrar pela primeira vez numa "trincheira-modelo", revestida com madeira, seca e limpa.[1]

Até hoje é difícil compreender o motivo de essas trincheiras, que logo foram replicadas em outras cidades, se tornarem rapidamente um ponto de atração quase folclórico para as massas, pois afinal se tratava de uma medida arcaica, puramente defensiva, exibida como maravilha técnica. Esconder-se como toupeiras debaixo da terra a fim de tocaiar o inimigo durante semanas ou até meses não correspondia em absoluto à luta viril, cavaleiresca, pintada com cores luminosas, e a vitória *rápida* certamente não viria por esses meios. Entretanto, a propaganda e a mobilização dos sentidos da representação foram eficazes e pouco a pouco as pessoas se convenceram de que estavam participando de algo grandioso: aprendia-se sobre complexos *sistemas* de trincheiras, sinuosos ou em zigue-zague, equipados com abrigos habitáveis, postos de escuta para tentar descobrir ruídos de movimentações inimigas, telefones, obstáculos de arame e, claro, com degraus de tiro para futuros ataques. Era possível vivenciar tudo isso de perto, e quem não participava seguia o acontecimento nos cinejornais semanais. Neles era possível observar como senhoras das altas rodas, com chapéus da moda e trajes longos, apoiadas em acompanhantes uniformizados, desciam os degraus das trincheiras a fim de ganhar uma *impressão* da guerra.

Evidentemente, as pessoas também queriam ver algo semelhante em Praga. Foi rápido encontrar um terreno vago, de fácil acesso por meio do transporte público: a Kaiserinsel [Císařský ostrov], uma ilha fluvial alongada que divide o rio Moldava por quilômetros no norte da cidade, cuja extremidade ficava ao lado do Baumgarten [Stromovka], um parque espaçoso. No verão, essa era a área de descanso de todos os habitantes de Praga que não dispunham de uma casinha no interior, e não é difícil prever que uma trincheira original, próxima a cafés ao ar livre, playgrounds e gramados, seria altamente bem-vinda como nova oferta de lazer.

O sucesso foi estrondoso. Embora tivesse começado a chover torrencialmente logo após a inauguração festiva da trincheira e durante semanas o sol não tenha brilhado, a linha 3 do bonde quase não deu conta do afluxo de passageiros. Apenas em 28 de setembro, dia do feriado de São Venceslau na Boêmia, 10 mil pessoas passaram pela catraca da "trincheira-modelo", enquanto logo ao lado os barris de cerveja rolavam na chuva e a banda do Regimento de Infantaria 51 suportava corajosamente a água. Não se tratava mais de um anexo ao parque, mas sim de um lugar independente com brilho próprio. E o melhor era a possibilidade de se divertir com a consciência totalmente limpa, pois o dinheiro dos ingressos era repassado naturalmente aos "nossos combatentes feridos" e mesmo o bispo-auxiliar de Praga achou oportuno apoiar o evento com cinquenta coroas.

A afirmação de que "nem vento nem chuva poderiam causar qualquer mínimo dano à atração", divulgada pelo jornal *Prager Tagblatt*, revelou-se um engano. Pois a chuva constante subiu metro por metro o nível do Moldava, para finalmente inundar a ilha e também a trincheira que havia sido construída com tamanho esforço. Semanas se passaram até que a lama e os destroços fossem retirados. No início de novembro, porém, chegou a notícia orgulhosa de que a população de Praga teria à sua disposição uma versão melhorada: ao lado da trincheira recém-fortificada havia surgido uma área coberta, com cerveja e salsichas. E, a partir de então, marchinhas seriam tocadas *todos* os domingos.

O dr. Kafka não era um homem interessado em música, mas sim curioso. Ele quase perdeu a sensação, pois a dor de cabeça e o cansaço visível não o animavam a entrar numa fila de espera entre guarda-chuvas gotejantes e crianças birrentas. Afinal, um filme sobre a cerimônia de abertura já tinha sido exibido em Praga; a atração estampava cartões-postais; todos os alunos do ensino fundamental falavam a respeito — não era preciso enfrentar aquela chateação para se manter informado das novidades. Agora, entretanto, talvez valesse a pena olhar a coisa com mais atenção. A guerra tinha voltado a ser um assunto comentado com prazer e de maneira detalhada, os anúncios de vitória, longamente esperados, dominavam diariamente as manchetes, e as discussões no escritório e na rua voltaram a se ocupar, pela primeira vez depois de meses, com a questão de como as coisas prosseguiriam *depois*, quando tudo tivesse passado.

O funcionário público Kafka, que evitava discussões políticas sempre que possível, também ficou excitado de uma maneira que lhe era estranha, quase inquietante. Claro que ele fazia planos. Queria sair de Praga, tinha saudade daquela urbanidade ocidental que conhecera em Paris e em Berlim, e que fazia a velha Praga, sua cidade natal, se parecer com um quintal sufocante. Os pais, irmãos e amigos sabiam desse desejo, mesmo que ele raramente o explicitasse. Mas ninguém levava isso muito a sério. Era uma visão do futuro que nunca o deixava esquecer, por um instante que fosse, de seu cotidiano cada vez mais miserável. Também não o deixava esquecer do medo. Kafka tinha dois cunhados estacionados no front. Se voltassem vivos para casa no final, talvez fosse possível pensar em Berlim.

Mas era o próprio Estado que colocava a questão do *depois* com destaque na ordem do dia. A Monarquia austro-húngara ofereceu uma aposta aos súditos: os que colocassem suas fichas na vitória e ganhassem, receberiam 5,5% de juros anualmente e, no final, o montante investido; os perdedores perderiam tudo. Claro que seria desvantajoso falar claramente de uma aposta, pois daí seria necessário aventar a possibilidade de uma derrota militar: um tema que permaneceu tabu mesmo entre os tecnocratas do país. Com os "títulos de guerra", o cidadão emprestava seu dinheiro ao Estado para que este prosseguisse com a guerra e a espoliação; uma certa parcela do lucro líquido seria dividida entre os milhões de credores. Todos se tornavam vencedores da guerra. A partir dessa perspectiva, a transação parecia muito mais simpática. E como ninguém podia imaginar que no dia do pagamento não houvesse mais a figura do devedor, donativos generosos já tinham sido arrecadados por duas vezes. O sucesso da "terceira emissão de títulos de guerra austro-húngaros" superou as previsões mais otimistas: mais de 5 bilhões de coroas foram trocadas por certificados que — emoldurados por uma dupla de águias, ornamentos *jugendstil*, carimbos e assinaturas de peso — prometiam o azul do céu e eram garantidos a ferro e fogo até 1930.

Juros altos por um longo prazo. Essa ideia também eletrizou Kafka enquanto ele fazia seus planos para Berlim. Nem ele nem seus colegas de escritório duvidavam da seriedade da oferta: afinal, mesmo a própria repartição, o Instituto de Seguros contra Acidentes de Trabalho, investira uma parte considerável de suas valiosas reservas — 6 milhões de coroas até então — nos títulos de guerra como um unânime ato patriótico. Apesar disso, Kafka hesitou durante muito tempo, consciente das consequências de sua decisão. Fuga do trabalho, da família, de Praga — ele queria concretizar esse sonho, de modo que fazia questão que os dois salários anuais que poupara até então, cerca de 6 mil coroas, estivessem disponíveis no momento decisivo. Por outro lado, os juros representavam talvez o extra com o qual ele poderia, um dia, prover sozinho uma família.

Kafka se pôs a caminho do escritório de registro. Era sexta-feira, 5 de novembro de 1915; o tempo urgia, pois ao meio-dia do dia seguinte os guichês seriam fechados e a chance teria passado. "Pensem nos ativos necessários, no passado, para garantir um rendimento tão alto. Aproveitem as últimas horas disponíveis para assinar as propostas" — ele havia acabado de ler no *Prager Tagblatt*. A mensagem parecia racional, mas quanto seria preciso investir, qual seria o mínimo? Kafka ficou parado diante da agência, deu meia-volta, começou a voltar para casa a passos largos, deu outra meia-volta, retornou ansiosíssimo à agência, mas mesmo dessa vez não conseguiu entrar. De novo em casa, a tarde tinha passado — agora restava apenas passar a tarefa à mãe, pois Kafka trabalhava nas manhãs de sábado e não podia ficar batendo perna pela cidade. Ela devia investir mil coroas em seu nome. Não, talvez a quantia fosse muito tímida, melhor 2 mil coroas.

Na tarde do dia seguinte — nesse meio-tempo, suas economias estavam nas melhores mãos[2] — Kafka decidiu finalmente visitar a trincheira de Praga na Kaiserinsel. Por que exatamente nesse dia? Será que imaginava uma relação? Sentia alguma responsabilidade, visto que pela primeira vez estava envolvido com a guerra? Não sabemos, e a frase curiosa com a qual ele registrou o evento não deixa transparecer nada: "*Visão do movimento do público, feito formigas, diante da trincheira e dentro dela*". Um buraco na terra e um monte de seres amontoados lá dentro, sim, era tudo o que havia para ver.

Kafka também entrou na fila e fez parte de uma grande e fervilhante agitação. Depois, voltou à cidade e visitou a família de um amigo de juventude, com o qual no passado — havia mais de dez anos — trocara cartas quase íntimas. Ele se chamava Oskar Pollak, desde o início apoiara a guerra, e havia cinco meses morrera como segundo-tenente nas batalhas do rio Isonzo. Kafka já devia ter ido prestar suas condolências havia tempo, mas o fez somente naquele dia, no caminho de volta da trincheira para casa, quase tarde demais, como em tudo.

I.
Autoabandono

Peculiar é o sentimento de solidão
que acompanha o fracasso.

Karel Čapek, *O meteoro*

Não escreva assim, Felice. Você está enganada. Há mal-entendidos entre nós, em cuja solução eu certamente aposto, mesmo que não por carta. Não mudei (infelizmente), a balança, cujas oscilações represento, ainda é a mesma, apenas os pesos internos se deslocaram um pouco; acho que sei mais sobre nós dois e tenho um objetivo provisório. Vamos falar a respeito disso em Pentecostes, se for possível. Não acredite, Felice, que não considero todas as reflexões e preocupações restritivas uma carga quase insuportável e abjeta, que preferiria descartar; que não prefiro o caminho reto ante todos os outros, que não queria ser feliz agora e num pequeno círculo natural e, principalmente, fazer feliz. Mas é impossível, a carga está colocada sobre mim, a insatisfação me dá arrepios, e caso eu tivesse de olhar também diretamente para o fracasso e não só para o fracasso como também para a perda de todas as esperanças e para o aumento de todas as dívidas — eu certamente não conseguiria me conter. Aliás, por que você, Felice, acredita — ao menos me parece que você por vezes acredita — na possibilidade de uma vida conjunta aqui em Praga? Antes você tinha sérias dúvidas a respeito disso. O que as eliminou? Eu ainda não sei.[1]

"A impossibilidade de ser Kafka" é o título de um ensaio publicado pela autora norte-americana Cynthia Ozick na *New Yorker*.[2] É um título que surpreende e, mesmo assim, ilumina, porque evoca subliminarmente aquele retrato conhecido da pessoa neurótica, hipocondríaca, cheia de escrúpulos, difícil e sensível em todos os aspectos, que gira eternamente ao redor de si e para a qual *tudo* se torna um problema. Trata-se de uma imagem marcada há tempos nas fundações da cultura do mundo ocidental, e tão profundamente que Kafka se tornou por fim o símbolo desse tipo, o caso paradigmático de uma introspecção pouco realista e que se autoconsome.

O próprio Kafka teria concordado, sorrindo e sem hesitar, com a afirmação de que é impossível ser Kafka. Sim, *impossível*; aliás, essa palavra estava entre seus adjetivos característicos. Ele a pronunciava mesmo em contextos surpreendentes e aos quais sempre emprestava outra secreta camada de significado. Não parecia incomodá-lo o fato de que assim ele despertava a suspeita do exagero notório, indispondo-se o tempo todo com amigos e parentes. Pois ele não se mantinha em passividade conformada diante das dificuldades da vida, o que seria o mais coerente com suas próprias queixas, caso elas pudessem ser levadas a sério. No mais das vezes, quase sempre para a satisfação geral, ele resolvia aquilo que havia pouco fora considerado impossível, às vezes até de moto próprio e sem ter sido obrigado a tanto. Mostrava assim uma relação absolutamente pragmática, até irônica, com o impossível, e quem o conhecesse superficialmente poderia pensar que se tratava de alguém querendo se passar por mais difícil do que era em realidade. "[...] não se pode desistir diante das menores impossibilidades", Kafka justificava essa contradição, "caso contrário não ficaríamos frente às maiores impossibilidades."[3] Fazia sentido. Mas será que ele estava falando sério?

Também Max Brod, que conhecia Kafka desde os primeiros anos da escola, não conseguia compreendê-lo nesse ponto. Inúmeras vezes ele foi ouvinte paciente do lamento de Kafka, suportando tanto seu desejo instável quanto o escrúpulo incessante, que atrapalhavam as decisões mais banais. E a paciência de Brod baseava-se na percepção crescente de que todos os obstáculos que o amigo empilhava à frente não eram simplesmente elucubrações hipocondríacas, mas nasciam de um desejo poderosíssimo, insaciável, de perfeição. Kafka queria perfeição, nas coisas pequenas e nas grandes, e a perfeição era *impossível* — Brod não conseguia contestar isso, nem lhe teria ocorrido rejeitar de antemão o desejo utópico como pouco realista ou até perigoso. Mas queimar um manuscrito porque não é perfeito? Abrir mão de uma profissão, de uma viagem, de uma mulher, porque a própria pessoa não é perfeita? Na opinião de Brod, essas atitudes eram irresponsáveis e injustificáveis mesmo sob rígidos padrões morais. Pois, no fim das contas, a rigidez de Kafka acabava se voltando contra ele mesmo, ela era autodestrutiva, visto que impossibilitava mesmo o possível, o mais simples.

Mas Kafka vivia. E, por isso, era totalmente ilógico atribuir todos os contínuos problemas literários, sociais e, sobretudo, eróticos do amigo ao seu vício por perfeição. Caso realmente fosse essa a fonte de toda a infelicidade, argumentava Brod, então por que o desejo de perfeição não lhe impossibilitava todo o resto, o cotidiano, o trabalho no escritório, até a alimentação? "Isso é certo", respondeu Kafka, secamente. "Apesar de o impulso pela perfeição ser apenas uma pequena parte de meu nó górdio, mas aqui cada parte também é o todo, e por isso o que você diz é certo. Porém essa impossibilidade realmente existe, essa impossibilidade da alimentação etc., apenas não chama tanto a atenção quanto a impossibilidade do casamento."[4] Sim, esse era Kafka. Era impossível dobrá-lo. E ao ler essas linhas tão serenas quanto infelizes, talvez Brod tenha se lembrado de não ter lido quase nenhum texto do amigo em que o impossível não acontecesse.

Seu antigo noivo tinha mudado, deduziu Felice Bauer no início de 1915, e provavelmente foi a mudança da própria situação que aguçou seu olhar. Fazia tempo que ela deixara de ser a "dama infantil", como um dia se apresentou, petulante, para Kafka, e seu habitual otimismo havia erodido sob a pressão de catástrofes familiares. O amado e único irmão, fugido para os Estados Unidos devido a um desfalque, não dava notícias. Será que ela o reveria? O pai, de personalidade fraca, mas cuja presença era um alento, sofrera um infarto fulminante aos 58 anos, e o luto de Felice e da irmã certamente era mais intenso do que o da mãe. Felice perdera inclusive o cargo de chefia na empresa Lindström A.G., em Berlim — do qual seu noivo tinha tanto orgulho como se fosse ele a ocupá-lo. Pois havia um casamento planejado para o outono de 1914, ela queria começar uma nova vida em Praga, uma vida sem escritórios, como ditam as convenções do matrimônio, e por esse motivo dera o aviso prévio de demissão. E quando todos os planos tinham furado, ela precisava se contentar por ter achado trabalho num fornecedor não muito importante para a indústria mecânica de precisão chamado Oficina Técnica, que evidentemente não precisava de uma representante sofisticada para o mercado alemão. Kafka também perguntava pouco sobre a nova ocupação.

Esse interesse cada vez menor pela vida exterior de Felice (no ano anterior, Kafka pedia constantemente por detalhes dela e os absorvia feito uma droga) não foi a única mudança gritante que ela deve ter notado, consternada, em meio ao restante das preocupações. Em janeiro eles haviam se encontrado na cidade fronteiriça de Bodenbach, com a expectativa de um entendimento, quiçá de uma reconciliação, mas Kafka se manteve reservado, rejeitou qualquer proximidade física e, em vez disso, fez perguntas incisivas que ela não soube responder. Desse modo, a correspondência prosseguia em intervalos irregulares, por vezes com semanas de interrupção — um fio de água, se comparado ao ardente fluxo de cartas que Kafka iniciou logo após seu primeiro encontro, no outono de 1912. Apesar disso, ele afirmava: "não mudei". Quase todas as linhas de suas cartas provavam o contrário.

Anteriormente, tanto a mãe de Felice quanto a irmã Toni liam secretamente, sem maiores problemas de consciência, trechos dessa correspondência, até acontecer um pequeno escândalo familiar; em seguida, as cartas de Kafka passaram a ser mais bem guardadas. *Essa* carta, por sua vez, podia ficar à vista: tratava-se de uma espécie de "metaqueixa" incompreensível para todos que estivessem de fora e a partir da qual a curiosa mãe não conseguiria desvendar nem ao menos o status daquele infeliz relacionamento. Era como se Kafka realizasse apenas esboços mínimos, de poucos traços; como se apontasse para uma pista emocional, soterrada sob milhares de suspiros, na certeza de que a destinatária se ocuparia sozinha em colorir os detalhes. Não que ele antes evitasse colocações vagas e insinuações. Mas essa foi a primeira carta escrita frase a frase com códigos e elipses, um estenograma mental evocando muitos temas já conversados, já repetidos, sem oferecer à leitora nem uma única dica que a ajudasse a saber se tinha conseguido decifrá-la corretamente.

"Há mal-entendidos entre nós", Kafka escreve; mas *quais*? Os pesos internos se deslocaram um pouco; *que* pesos, e deslocados *para onde*? "[...] acho que sei mais sobre nós dois"; mas saber o quê?; "e tenho um objetivo provisório"; *qual* seria? Todas as "reflexões e preocupações restritivas" são carga "insuportável" e até "abjeta"; mas *quais* reflexões, *quais* preocupações? "[...] a carga está colocada sobre mim"; *qual* carga? "A insatisfação me dá arrepios"; insatisfação com o quê? "[...] e caso eu tivesse de olhar diretamente também ao fracasso [...] eu certamente não conseguiria me conter"; mas *por quê*? Se Kafka tivesse numerado suas queixas dos anos anteriores e anotado na carta apenas os algarismos, ela seria um pouco menos seca e muito mais compreensível.

Kafka parece não ter notado a comicidade latente desse "discurso", mas não lhe passou despercebida sua crescente tendência às formulações raquíticas, hipercuidadosas, que faziam a correspondência tomar pouco a pouco um aspecto fantasmagórico. Ele sabia estar dando ensejo a novas reprimendas, mas suas defesas já estavam armadas ainda antes de as acusações chegarem. Pois ele sabia o que estava fazendo, embora esse alerta reflexivo, essa consciência exagerada, ofuscante, insone de si mesmo, não o tornasse capaz de dirigir os impulsos de fuga que anotava de modo tão minucioso. Por essa razão, a defesa da vagueza precisava se manter tão vaga quanto todo o resto:

> Veja, Felice, a única coisa que aconteceu foi que minhas cartas se tornaram mais raras e diferentes. Foi esse o resultado das cartas mais frequentes e outras? Você sabe. Nós temos de recomeçar. Mas nós não significa você, pois você estava e está correta, enquanto isso se refere a apenas você. Nós quer dizer eu e nosso relacionamento. Mas cartas não servem para um tal começo e se forem necessárias — elas são necessárias —, então têm de ser diferentes de antes.

Diferentes, certo. Mas ele não diz *como* elas devem ser, e as abreviações, à semelhança de fórmulas que escolhe, não servem para dar a Felice uma amostra convincente, quem dirá sedutora, de uma futura correspondência amorosa. Desde então ela passou a suspeitar que as artes retóricas usadas por Kafka — de que gostava e admirava — eram, no fim das contas, um método especialmente refinado de ocultamento, e embora ele sempre contestasse com veemência e negasse a existência de obstáculos *impronunciados*, ao mesmo tempo gerava novas suspeitas. Em vez de falar, Kafka desviava do assunto, inventava imagens, fazia citações. Era como se suas cartas girassem ao redor de um centro escuro, no qual se escondia algo indizível.

É muito provável que Felice Bauer, que também já tinha ocultado muitas coisas da família, imaginasse esses segredos impronunciados de maneira muito concreta, externa: objeções dos pais, problemas financeiros, uma amante em Praga, uma doença constrangedora talvez. Havia indícios desse tipo e certa vez Kafka revelou seu medo da impotência de maneira tão intensa — não faltou muito para ele dar nome à coisa — que ela deve ter pensado que todos seus tormentos possivelmente se originavam daí e que na futura vida a dois isso se resolveria de maneira muito natural. Ela se enganava.

Mas sua sensação de que, apesar de todos os protestos, algo decisivo não estava sendo dito, não a enganou. Kafka *tinha* mudado. E havia uma data precisa marcando o início dessa mudança: 12 de julho de 1914, o dia em que o noivado foi desfeito no hotel Askanischer Hof, em Berlim, na presença de Erna, irmã de Felice, bem como de sua melhor amiga, Grete Bloch — esse dia foi uma catástrofe para Kafka. Pois ser pego de calças curtas, despreparado, atacado em seus pontos mais sensíveis, como que no âmago da sua psique, ainda por cima diante de testemunhas, certamente foi um constrangimento de magnitude inédita desde sua infância. E ele nunca mais se livrou do choque de ver todos os seus instintos defensivos fracassados dessa vez. A cena ardia nele como um tapa recebido em público e deve ter sido repassada mentalmente inúmeras vezes. Naquele momento no hotel, ele não soube como se colocar e acabou ficando mudo, algo que era estranho, mas que talvez o houvesse poupado (como ele passou a imaginar) de mais humilhações. Muito pior era não conseguir superar essa experiência, nem por meio da reflexão nem pelas autorrecriminações que passaram a se repetir rotineiramente. Não, ele não podia perdoá-*la*: pela primeira vez, Kafka deve ter sentido ódio de Felice Bauer, sem ter como se expressar. Ele não podia dizer a ela, não *isso*.

Mas não podia evitar que o ódio gotejasse e se instalasse nos poros de seus textos. Felice Bauer ainda não conhecia o romance *O processo* e por bons motivos ele ocultou o manuscrito da curiosidade dela, pois Felice ficaria decepcionada com a frieza com que ela própria e Grete Bloch eram retratadas nele. Em vez dos seus perfis, ela recebeu apenas sua justificativa. Kafka lhe escreveu que as coisas que ouvira no Askanischer Hof "eram quase impossíveis de serem ditas a quatro olhos"; "palavras maldosas, infantis". E mesmo ainda no início de 1916, quase dois anos depois, Kafka não conseguia evitar relembrar Felice uma última vez daquele infeliz tribunal e definitivamente colocá-lo no reino do mal: "No fundo, são sempre as mesmas acusações primitivas contra mim, e seu mais alto representante e parente mais próximo é meu pai".[5]

Kafka levantou a guarda, ela percebeu. Mas não conseguiu extrair dele uma justificativa adequada para tanto. Pois ele baseava sua declarada desconfiança nas cartas — mas, paradoxalmente, quem mais se apoiava nelas? — ao professar um ceticismo mais profundo, fundamental, em relação aos efeitos da linguagem, e esse ceticismo foi confirmado e radicalizado pelo evento no Askanischer Hof. Kafka simplesmente não acreditava mais que algo essencial, verdadeiro, pudesse ser transmitido ou explicado por meio de frases esclarecedoras sem que antes não tivesse sido visto, sentido, reconhecido. Isso valia para seus textos literários — os quais, durante toda sua vida, se negou a explicar —, mas principalmente para relações humanas, que segundo sua agora inabalável convicção viviam não de palavras, mas de gestos. Talvez Kafka pudesse ter poupado a ex-noiva daquela carta insípida, de queixas vagas, enviando a Berlim uma página de seu diário com anotações que ele provavelmente registrara *no mesmo dia* e que desvendam, numa linguagem surpreendentemente direta e sem qualquer metáfora, o centro da infelicidade:

> Reflexões sobre o comportamento dos outros em relação a mim. Independentemente de minha insignificância, não existe ninguém que me compreenda no todo. Ter alguém com essa compreensão, por exemplo uma mulher, isso significaria ter apoio de todos os lados, ter Deus.
>
> Ottla compreende alguma coisa, bastante até; Max, F[elix]., uma coisa ou outra; outros, como E., só compreendem traços isolados, mas com uma intensidade atroz; F[elice]. talvez não entenda nada, o que, dado o relacionamento íntimo inegável, por certo resulta numa posição singular. Por vezes, acreditei que ela me entendia sem o saber, como quando, por exemplo, foi me esperar na estação do metrô e eu, louco de uma saudade insuportável e em minha ânsia de encontrá-la o mais depressa possível, fiz menção de passar correndo por ela, que acreditava lá em cima, ao que ela, em silêncio, apanhou-me pela mão.[6]

Ela talvez não compreenda nada. Era difícil para Kafka escrever essa frase, tão difícil que ele primeiro deixou o decisivo "nada" de fora e teve de introduzi-lo mais tarde — como se hesitasse a assinar uma sentença jurídica aniquiladora. Se não estivesse redondamente enganado, então mais de 350 cartas tinham sido escritas em vão; então a mulher que um dia deveria entrar no círculo mais particular da intimidade humana na verdade não lhe seria mais íntima do que a própria família, em cuja estrutura ele se desagregava gradualmente e à qual ainda se mantinha preso como observador imóvel. Um dia, dissera expressamente à mãe que os pais não compreendiam nada, absolutamente nada. E isso era tão evidente e inegável que ele *teve* de externar essa desfeita; esperar por compreensão, apesar disso tudo, lhe parecia tão estapafúrdio que ele nem listou os pais em seu levantamento social. Mas também lhes conferia um "inegável relacionamento íntimo" a despeito da terrível incompreensão. Assim sendo, Felice Bauer estaria mesmo ocupando uma "posição muito especial"? Kafka tinha dificuldade em evitar essa dúvida.

Entre os acasos mais estranhos, infelizes, mas característicos da vida de Kafka, está o fato de que ambas as catástrofes que eliminaram qualquer esperança, seja psíquica ou material, de um recomeço, tenham se abatido sobre ele de maneira quase *simultânea*: o tribunal "público" no Askanischer Hof e — quase três semanas depois — o início da Primeira Guerra Mundial. "A Alemanha declarou guerra à Rússia. — À tarde, natação",* registrou Kafka, ao saber da segunda catástrofe; e a comicidade involuntária dessa anotação — e, por esse motivo, citada com uma frequência excessiva — parece realmente atestar que Kafka estava ocupado demais com a debacle berlinense para tomar conhecimento da catástrofe ainda mais abrangente. Concluiu-se a partir daí que a constituição de Kafka era muito mais poderosa do que aquilo que o atingia de fora, que seu desenvolvimento seguia exclusivamente um ritmo psíquico interior e que, por essa razão, nem sua vida nem sua obra teriam tomado outra direção caso o sofrimento dessa guerra lhe tivesse sido poupado.

Uma imagem extremamente sedutora e também consoladora: a alma de um gênio como uma rocha em meio a um mundo caótico e bruto. Infelizmente ela também é uma fantasia que os intérpretes de Kafka gostam de dividir com os leitores de Kafka. Pois os responsáveis pela obra de Kafka e pela administração de sua fama necessitam daquelas faculdades que se especializaram na lógica de formações *intelectuais*: as ciências humanas, que nutrem notório desdém pelo que é biográfico. Mesmo o pesquisador em humanidades mais metódico e esperto vai se satisfazer secretamente ao saber que vida e obra de um clássico autor europeu formam uma "unidade intelectual" regida por leis autônomas — e "autonomia intelectual" é o mais alto predicado de nobreza a ser empregado aqui. Mas se esse mesmo autor fornece, de próprio punho, indícios de que o mundo dos fatos "duros" não lhe interessa ou que ao menos não exerce uma influência essencial, a tentação de se comprar essa versão se torna grande demais, aceitando-se os dados sociais, políticos, econômicos quando muito como material inspirador, como cenários no palco de uma consciência singular — principalmente quando esses cenários pegam fogo enquanto o autor, inabalável, parece não levantar os olhos de seus manuscritos.

* Franz Kafka, *Diários 1909-1923*. Trad. de Sergio Tellaroli. São Paulo: Todavia, 2021, p. 387. [Esta e as demais notas de rodapé, salvo indicação em contrário, são da tradutora.]

Enquanto isso, a vida real segue outra lógica. Ela compele à tomada de decisões que podem ser contrárias não apenas às necessidades psíquicas como também a toda a organização intelectual de um ser humano. Nesse sentido, a situação de Kafka em julho de 1914 oferece um dos exemplos mais espetaculares da história da literatura. Ele usara toda a força de vontade disponível para não cair em depressão, e foi até bem-sucedido em tirar resultados produtivos e "autônomos" da separação de Felice Bauer. Pois estava então decidido — nunca antes estivera *tão* decidido — a não mais consertar o edifício semidestruído, mas demoli-lo por inteiro e reerguê-lo: demitir-se do Instituto de Seguros contra Acidentes de Trabalho, sair da casa dos pais, mudar-se para Berlim, escrever como profissão. Todo o sucesso literário e o insucesso erótico experimentados por ele desaguaram nessa decisão, tornando-a como que compulsória. Finalmente o plano estava feito, delineado por escrito e exposto aos pais na forma de uma longa carta — e acontece a Guerra Mundial.

Temos de nos lembrar — e Kafka precisou de apenas poucos dias para perceber — que a dissolução de um noivado e a guerra, infelicidade privada e pública, não apenas aconteciam simultaneamente como também abriam a mesma ferida. Pois ambas eram catástrofes que ceifavam preciosos relacionamentos humanos e, de um momento para o outro, lançavam-no à solidão num momento de esperança. O desesperado desejo por intimidade, por contato, que Kafka logo a seguir vai gravar na imagem do acusado solitário que — torturado pelo seu *Processo* — beija o rosto de uma mulher qualquer "como um animal faminto", numa avidez incontrolável; esse desejo estava agora diante de uma câmera de eco vazia. "Solidão completa", ele anotou. "Nenhuma esposa almejada me abre a porta." E acrescenta uma "expressão terrível", uma frase com a qual talvez Felice Bauer o tenha confrontado no Askanischer Hof: "Você teve o que queria".[7]

Isso era injusto e Kafka tinha certeza de que *nunca* quisera tamanho vazio. Mas ele não podia esperar por uma revisão daquele julgamento, e o caminho à instância de apelação estava fechado por tempo indeterminado. Pois a Grande Guerra significava o surgimento de um poder de disposição anônimo, que Kafka só conhecia até então como ameaça e que o atingiu (como a todos os outros) em poucas horas. Havia anos ele se sentia preso em Praga — e agora era real. Estava desesperado por não conseguir comunicar em cartas o verdadeiro, o essencial, ele mesmo — algo que tinha se tornado absolutamente impossível, pois todas as cartas para o exterior, também para a Alemanha, eram abertas e lidas por censores. Quando o fim de semana se aproximava, quantas vezes ele ficou com vontade de se jogar no primeiro trem para Berlim, sem aviso prévio, sem maiores planos, quantas vezes adiou a viagem por escrúpulos quaisquer — agora os planos de viagem tinham sido cancelados e as fronteiras fechadas para homens "aptos" ao serviço militar. Por fim, o telefone: Kafka odiava essa presença incompleta, que além disso era contada em minutos. Nunca havia tempo de retirar uma formulação desajeitada ou explicar algum mal-entendido. O telefone obrigava a um cuidado constrangedor. Era o que lhe restara como último meio de proximidade sensorial, mas o Ministério da Guerra austro-húngaro decidiu que seria perigoso demais permitir a seus súditos que fizessem chamadas internacionais. Dessa maneira, também essa ligação foi cortada.

A guerra separou face de face, voz de voz, pele de pele. Tratava-se de algo ruim, mesmo num tempo em que a mobilidade ainda não contava entre os direitos fundamentais e as pessoas acostumavam-se desde cedo a aguardar estoicamente e suportar longas separações. Entretanto, mesmo do outro lado dessa esfera de proximidade física, a guerra cortou o tecido de *todas* as relações sociais e em poucos dias destruiu o que Kafka havia construído por meses e anos, com esforço e precaução, para além de seu ambiente em Praga. Seu editor Kurt Wolff seguiu para o front belga na condição de oficial, não podia mais se ocupar de seus autores e entregou os negócios (por pouco tempo, como acreditava) para um livreiro bem-intencionado e ativo, mas sem maior sensibilidade literária — um não leitor. Mesmo Robert Musil, que estava disposto a abrir o caminho de Kafka de Praga até Berlim, teve de fazer as malas: três semanas após o início da guerra ele foi incorporado como tenente em Linz, e o contato com Kafka se perdeu temporariamente. Aconteceu o mesmo com Ernst Weiß — o único amigo, o único conselheiro literário a ser levado a sério, que Kafka conseguiu fazer fora da incestuosa cena de Praga. Weiß também teve de viajar de Berlim para Linz. Ele era médico e, por essa razão, imprescindível para o andamento ininterrupto da grande máquina.

Foram também essas últimas esperanças frustradas que fizeram com que Kafka frequentasse cada vez mais raramente seu círculo de amigos em Praga. Ele havia visto a comida desejada ao longe; como ela lhe fora negada, os alimentos cotidianos também não lhe apeteciam mais. Por trás disso havia orgulho, mas também a sensação de estar completamente deslocado numa situação que obrigava quase todo o mundo a se dedicar unicamente aos próprios interesses. E era tão compreensível quanto inevitável que, em meio ao ruído dessa Guerra Mundial, ninguém mais tivesse paciência para ouvir as queixas de um amante rejeitado ou de um escritor que está sem escrever.

Max Brod e Felix Weltsch eram inaptos para o serviço militar; desse modo, contavam que seriam poupados do pior. O mesmo valia para o escritor cego Oskar Baum, que até o momento só conhecia a guerra como fundo sonoro patriótico e na forma de necessidades financeiras cada vez mais ameaçadoras. Mas todos tinham parentes ou amigos que foram "incorporados", e a proximidade súbita, esmagadora, de um perigo mortal oferecia pouco espaço ao pensamento e ao sentimento. "A situação com Franz naturalmente também ficou em segundo plano", escreveu inclusive a mãe de Kafka,[8] que ainda poucos dias antes estava puxando os cabelos pelo casamento desmarcado e pelos planos de imigração de seu filho infeliz, e que agora tinha de consolar as filhas Elli e Valli, cujos maridos estavam arriscando a pele em algum lugar no leste.

Kafka precisou se retrair mesmo em relação a Ottla, a irmã mais nova, a confidente. Pois havia aparecido um rival: Ottla estava com um namorado, provavelmente havia mais tempo, e embora essa notícia não tenha sido registrada nas notas de Kafka, não é difícil imaginar seu significado altamente ambivalente. Ottla era a primeira e única das irmãs que — evidentemente sem o conhecimento dos pais — tinha iniciado um relacionamento erótico por vontade própria. E para tanto escolhera um homem que não era alemão nem judeu, nem rico: um gói tcheco, funcionário de banco, cujo único capital era sua ambição profissional. Não há dúvida de que essa comprovação tripla da resoluta independência de Ottla também despertou o orgulho de Kafka. Afinal, ele também não havia desperdiçado nenhuma chance de incentivar o desejo da irmã por independência, de início rebelde, depois cada vez mais consciente, e agora era ela quem comprovava que uma decisão autônoma era *possível*, talvez até uma separação real da "tropa familiar".[9] Certamente foi também por respeito e até reverência por esse passo que Kafka procurou desde o início manter uma boa relação com o futuro marido de Ottla.

Entretanto, o ciúme deve ter entrado em jogo também. As reflexões de Gregor Samsa, o herói medíocre de *A metamorfose*, permitem adivinhar o quanto custou a Kafka transferir a confiança exclusiva de Ottla para uma relação socialmente mais aberta e adequada às necessidades da irmã. Quanto mais o degradado em inseto deixa a existência social para ser lançado a uma existência de criatura, mais amorosas são as luzes que iluminam a irmã. O que Gregor deseja dela não é exatamente compreensão — assim como quem está se afogando não deseja compreensão, muito menos Deus. O que ele quer é a salvação da vida por meio da simbiose. A irmã, entretanto, se recusa e se bandeia para o lado do inimigo — uma ameaça que sempre fora presente para Kafka e que forneceu o ensejo para a escrita de *A metamorfose*.[10] Essa ameaça ganhava virulência quanto maior se tornava o raio de ação de Ottla e quanto maior sua inserção social *para além* da tropa familiar:

> [...] seus pensamentos não estão na loja, mas exclusivamente na instituição para cegos, onde há algumas semanas, em especial desde os últimos catorze dias, fez alguns bons amigos e um especial. Um jovem cesteiro, que tem um olho fechado e o outro muito inchado. Esse é seu melhor amigo, ele é delicado, compreensivo e fiel. Ela o visita aos domingos e feriados e lê para ele, de preferência coisas divertidas. Trata-se, porém, de um prazer algo perigoso e dolorido. Os cegos mostram com as pontas dos dedos o que expressamos com o olhar. Eles sentem a roupa, seguram a manga, afagam as mãos e essa menina grande e forte, por mim infelizmente desviada do caminho certo, mesmo sem querer, chama isso de sua maior felicidade. Ela diz que apenas quando se lembra dos cegos sabe por que acorda feliz.[11]

Isso foi no verão de 1914: o tom é de um irmão preocupado, de maneira alguma emancipado de seus medos burgueses, e é impossível não perceber a humilhação. Mas então, com a chegada insuspeitada de um pretendente sério, Kafka subitamente compreendeu que não era mais quem definia o "caminho correto" dessa moça. Ela tinha tomado uma decisão sem pedir seu conselho. Até aí, não há nenhum grande problema: Ottla era maior de idade e seria apenas uma questão de tempo até os pais aparecerem com a velha conhecida casamenteira. E mesmo assim... quando Kafka alugou um quarto próprio no início de 1915, por que demorou *semanas* até que a irmã finalmente fosse visitá-lo no novo endereço a poucos minutos da loja de acessórios de moda dos pais? A demora o mortificava e ele precisou desabafar: "Você só pode se defender dizendo que me preocupo pouco com suas coisas (mas isso tem um motivo especial) e que você passa o dia inteiro na loja. Confesso que isso resulta numa certa compensação".[12] O tom jurídico era um sinal inequívoco de que o espinho estava machucando de verdade e, naquele instante, Kafka colocava a amada irmã novamente entre todos aqueles que o abandonaram e estavam atrás de seus próprios interesses. Não é difícil imaginar que o "motivo especial" era um tcheco chamado Josef David, apelidado de "Pepa", cujo nome naturalmente não podia ser citado numa família onde as cartas eram lidas por todos.

Demorou meses até Kafka realmente *entender* o que até então apenas intuía: que, na verdade, a promessa de salvação não vinha da simbiose, da exclusividade, mas da compreensão, de uma "compreensão por mim como um todo". E voltou a colocar Ottla no topo da hierarquia. Pois começou a entender nesse momento que ela podia devolver na forma de zelo humano aquilo que deixava de entregar na forma de uma intimidade sussurrante, regressiva. E mais ainda: as vivências que ela experienciava para além das antigas relações, fora do clã íntimo, eram o único substrato que garantia a permanência daquelas relações. Será que Kafka tinha conseguido explicar à irmã a infelicidade erótica que ele vivenciara em Weimar, em Riva e, por fim, também em Berlim? Não sabemos se tentou fazê-lo; de todo modo, certamente não receberia mais do que compaixão. Mas então, no início de 1915, também a jovem Ottla tinha aprendido o que era saudade, dor e separação. Pois seu amado usava uniforme e teve de subir num daqueles trens extras com destino desconhecido, apertando-se num dos vagões entre soldados que riam, conversavam, diziam obscenidades ou fumavam, desesperados, pois já tinham visto a aparência daqueles que *retornavam* naqueles mesmos vagões. Ottla tinha assistido a tudo isso. E também ela voltou outra.

É difícil calcular em que medida Ottla tinha condições de desempenhar objetivamente o novo e desafiador papel que o irmão lhe confiava. Há pouca documentação, e os passeios a dois para o interior, dos quais temos conhecimento; os livros que liam juntos; o interesse crescente de ambos pelo sionismo e pelo destino dos refugiados judeus do Leste chegados a Praga — tudo isso faz supor uma intimidade que voltava a aumentar. É preciso notar que nas cartas de Ottla para Josef David não há nenhuma menção irônica ou desgostosa sobre o irmão difícil. Aquele olhar "malvado", ao mesmo tempo etnologicamente distanciado, que Kafka dirigia preferencialmente à própria família, era estranho a Ottla, e a reserva de paciência que ela revelou dispor nos anos de seu amadurecimento, como *mulher*, era quase inesgotável. É duvidoso — embora não seja possível determinar de maneira fundamentada — se Kafka teria sobrevivido à solidão dos primeiros anos da guerra, seja mental ou fisicamente, sem esse último apoio. É mais que duvidoso. Mas essa pessoa de confiança não conseguia oferecer mais do que um apoio, uma âncora — e não teve como compreender a tempo nem muito menos evitar a dinâmica psíquica desastrosa que Kafka colocava em ação a fim de se proteger de novas feridas. Ninguém conseguia.

> Procuro um bom esconderijo e vigio a entrada da minha casa — desta vez do lado de fora — durante dias e noites. Pode parecer tolo: isso me dá uma alegria indizível e me tranquiliza. É como se não estivesse diante da minha casa, mas de mim mesmo dormindo e tivesse a felicidade de poder ao mesmo tempo dormir profundamente e me vigiar com brio. De certa maneira, tenho o privilégio de ver os fantasmas da noite não só no desamparo e na confiança bem-aventurada do sono, mas de encontrá-los também na realidade, em plena força da vigília e serena capacidade de julgamento. E descubro que, para mim, as coisas curiosamente não estão tão mal quanto muitas vezes acreditei e na certa vou acreditar quando descer à minha casa.*

Uma daquelas passagens da novela *A construção*, diretas do ponto de vista linguístico, embora insondáveis, envolventes em sua condensação singular de imagem e lógica. Certamente quase todos os leitores atentos sentiram-se impelidos a prosseguir fabulando, por conta própria, as implicações paradoxais desse cenário: um animal semelhante a um texugo constrói, com um esforço imenso, uma fortaleza labiríntica subterrânea, mas em vez de ficar lá quieto e aproveitar a segurança penosamente conquistada, esse ser infeliz sai dali a fim de vigiar a entrada do *lado de fora*. Sentimos o bafejo da loucura. É como se alguém construísse uma mansão para depois *acampar* ao lado.

Apesar disso, não há aqui a radicalização de um pensamento que parece razoável ou até simpático? A funcionalidade de uma mansão só é experimentada por dentro, mas a unidade material de forma e função — em outras palavras, sua beleza — permanece exclusiva para quem a observa do lado de fora. O animal que permanece em sua toca vivencia "segurança". Mas o

* Franz Kafka, *Um artista da fome/ A construção*. Trad. de Modesto Carone. São Paulo: Companhia das Letras, 2021, p. 75. Os trechos de obras de Kafka citados nesta biografia são de tradução de Modesto Carone, afora exceções devidamente creditadas.

prazer pela própria conquista de ter obtido da vida o máximo de segurança, aquela “alegria indizível”, necessita do olhar panorâmico, da distância. É o prazer da reflexão, do inventário, da compreensão do que foi conquistado, um prazer que é humano na medida em que a satisfação imediata ou até a concretização dos sonhos mais bizarros sempre é “insuficiente”.

> Chegou ao ponto que tive por vezes o desejo infantil de não voltar mais a ela, de me instalar aqui na vizinhança da entrada, de passar a vida a observá-la e de manter diante dos olhos — encontrando nisso a minha felicidade — o quanto a construção seria capaz de me oferecer uma sólida segurança, se eu estivesse nela.[13]

Os dois condicionais [“seria”, “estivesse”] fazem com que o narrador e, com ele, o leitor cheguem à razão: o preço é alto demais e seria literalmente uma loucura arriscar a própria sobrevivência pelo mero luxo de conseguir observar essa sobrevivência como um teatro. Assim, o animal volta à construção para fruir sua beleza funcional de maneira *imaginativa* — por exemplo, quando fala a si mesmo a respeito disso.

Kafka escreveu esse texto no final de 1923, quando podia olhar retrospectivamente para quase uma década de esforço próprio de construção. Trata-se do trabalho laborioso e infinito no próprio eu, necessário a todos que querem colocar a vida sob o primado da segurança. Em outras palavras, Kafka descreve a dor e a alegria da defensiva com lucidez e exatidão simbólica e que seriam igualmente comoventes caso *não* soubéssemos nada sobre o núcleo autobiográfico da história. Mas esse núcleo pode ser precisamente localizado.

Os fundamentos estavam colocados desde tempos imemoriais. Kafka, entretanto, começou a erguer as paredes em 15 de outubro de 1914. Nesse dia recebeu uma carta de Grete Bloch, que se sentia obrigada a explicar mais uma vez por que ela precisara intervir no relacionamento ao mesmo tempo morno e tórrido entre Kafka e Felice Bauer. Sua atitude tinha gerado um tumulto e uma separação temporária que ameaçava se tornar definitiva, já que havia meses nenhum dos lados dava qualquer passo. Felice estava triste, mas ferida demais em seu orgulho para acenar com uma reconciliação. E Kafka também estava infeliz. Isso era algo fácil de adivinhar e, por vias indiretas — principalmente pelo falante Max Brod e sua mulher

Elsa —, também de constatar. Essa infelicidade dupla pesava mais do que Grete Bloch conseguia carregar em sua conta moral; portanto, ela teve a ideia de suavizar a primeira intervenção por meio de uma segunda. "Você deve me odiar", escreveu para Kafka. Um aceno, um dedinho esticado, ao qual ele acabaria por reagir. Sim, ela já o conhecia um pouco. Mas não o suficiente para imaginar a resposta que receberia poucos dias mais tarde.

> Receber sua carta hoje, srta. Grete, foi uma coincidência incrível. Não revelarei com quê, pois se refere somente a mim e aos pensamentos que tive nesta noite, ao me deitar às três da manhã.
>
> Sua carta muito me surpreende. Mas não me surpreende que a escreva. Por que não o faria? Você diz que eu a odeio, mas não é verdade. Mesmo se todos tivessem de odiá-la, eu não a odeio e não porque não tenho o direito. Embora você estivesse sentada à minha frente no Askanischer Hof como juíza — foi horrível para você, para mim, para todos —, era apenas aparência, pois na verdade eu estava sentado no seu lugar e até hoje não o deixei.
>
> Você está completamente enganada sobre F. Não lhe digo isso para saber de detalhes. Não consigo imaginar nenhum detalhe — minha imaginação foi tão ativa nessas circunstâncias que posso confiar nela —, digo que não consigo imaginar nenhum detalhe que me pudesse convencer de que a senhorita não está enganada. O que a senhorita insinua é totalmente impossível, fico triste em pensar que F., por algum motivo, se enganaria a si mesma. Mas isso também é impossível.
>
> Sempre considerei sua participação sincera e abnegada. Escrever a última carta também não lhe foi fácil.
>
> Muito obrigado por isso.
>
> Franz K.[14]

Uma carta composta quase integralmente de gestos de defesa: meus pensamentos, que coincidiram com o recebimento da carta, não lhe dizem respeito. Escreva para mim à vontade, ninguém pode impedi-la. Os detalhes da vida de Felice, com os quais você acena, não me interessam. Você se engana sobre meu ódio, mas será que você é odiada em Berlim? Você também se engana sobre Felice. E superestima sua competência ao imaginar que é capaz de conseguir proferir uma sentença a meu respeito. Sei que teve de se superar para me escrever, mas isso não a ajuda em nada. No máximo, a afirmação da "participação sincera" foi adequada para lisonjear a destinatária da carta. Grete Bloch logo sublinhou a frase com caneta vermelha, e *só* essa frase.

A agressividade quase não suavizada por meio da cortesia convencional é surpreendente, uma novidade ímpar no conjunto da correspondência de Kafka. E nem é possível falar de uma agressão "controlada com esforço". O impulso está escancarado e é agudizado propositalmente pelo tom de desdém ou até de arrogância. Kafka está jogando com sua superioridade e ele sabe que se trata da superioridade moral daquele que não necessita do julgamento de estranhos porque ele próprio se tornou um juiz implacável.[15] E a mensagem central é: fique longe de mim.

Kafka tinha motivos para proibir esse tipo de perturbação naquele momento. Havia dois meses, noite após noite, ele escrevia como num transe, de maneira acelerada, excessiva, mas absolutamente controlada. Até os valiosos dias de férias, que ainda lhe eram de direito pelo ano de 1914, foram passados junto à escrivaninha, e se não havia esperança de que o fantasmagórico estado de exceção no qual Praga, a Áustria, o planeta inteiro estava metido fosse terminar num prazo determinado, ele queria estar pronto a aparecer com um grande texto e assim fazer uma nova tentativa para escapar da faina inglória do funcionalismo. E esse grande texto, *O processo*, logo tomou corpo.

Poucas horas antes da chegada da carta de Grete Bloch, Kafka havia pensado mais uma vez na saída do suicídio, tendo esboçado uma lista com as últimas instruções que enviaria, nesse caso extremo, a Max Brod — foi essa a "coincidência incrível" que não podia de modo algum revelar à berlinense. Dessa vez, porém, não foi o desespero que o levou a tais reflexões. "Catorze dias; em parte trabalhei bem",* ele registrou no diário, "compreensão plena de minha situação". Um grande autoelogio segundo seus critérios, mas principalmente um indício de quão interligados estavam para Kafka o trabalho literário bem-sucedido e o autoconhecimento radical e franco. Embora essa percepção fosse amarga, aniquiladora até — "sei que estou destinado a viver sozinho", prosseguia —, chegar a esse grau de clareza trazia consigo um momento de felicidade, que ele não sabia diferenciar da realização linguística. Ele certamente não queria morrer, não justamente nesse dia, quando tinha expostas diante de si, de maneira absolutamente sóbria, as opções que restavam para sua vida.

* Franz Kafka, *Diários 1903-1923*, op. cit., p. 61.

Essa antevisão, porém, englobava também a compreensão da própria carência, do principal anseio, o de dar um fim à eterna tensão e se jogar — se não à morte, então nos braços de um ser humano. "[...] e ainda assim", anotou Kafka, depois de responder à carta de Grete Bloch, "e ainda assim ressurge a atração infinda; entretive-me a noite toda com a carta, o trabalho estacou, embora me sinta apto a realizá-lo." E depois de registrar de memória no diário, quase palavra por palavra, sua resposta cruel, ele formulou o pós-escrito secreto:

> O que consigo com isso? A carta parece intransigente, mas apenas porque senti vergonha, porque a considerei irresponsável, porque temi estar cedendo, e não, digamos, porque não quisesse ceder. Não queria outra coisa, aliás. Melhor seria para todos nós que ela não respondesse, mas ela vai responder, e vou ficar esperando a resposta.[16]

Hesitação, ambiguidade, maquinação obstinada. E uma ladainha de queixumes no lugar de decisões. Esses eram os pontos da acusação que haviam lhe custado o noivado, "repreensões infantis", como ele achou, e que mesmo assim não conseguia negar de todo. Pois elas envolviam um sistema móvel de defesa, com o qual ele havia imaginado evitar confrontações constrangedoras sem ter de se fechar em copas. Não funcionara e Kafka agora estava decidido a não dar mais motivo para *esse tipo* de repreensões.

A carta de Kafka para Grete Bloch é seu documento mais antigo dissimulado da primeira à última linha, um teatro que permite agressões livremente, até um tipo de triunfo, mas que está em total oposição à importância do momento. Tomando por base o conceito próprio, enfático, de verdade de Kafka, então a carta é mentirosa. E assim ele aponta para uma troca radical de estratégia: pois até então, Kafka tinha brincado com esses gestos corteses de distanciamento, socialmente correntes e aceitos, apenas fazendo menção aos preparativos à luta — não como ameaça, mas como pedido para que a coisa não avançasse a ponto de ele ter de tomar medidas drásticas. Agora, porém, ele estava falando sério. Não defendia somente seu eu fluido, mas uma posição, um lugar, uma *construção*. Kafka começou a se enterrar. E tinha consciência desse início, pois, como um importante documento fundador, copiou a carta e a guardou entre seus papéis.

Felice Bauer notou a mudança; Kafka a negou temporariamente, dizendo apenas que as futuras cartas seriam "diferentes das de antes". Diferentes como? Era possível determinar, planejar, prever algo assim? Certamente não. Mas agora Kafka sabia o que *não queria* mais: ele se despedia do sonho de uma simbiose, do sonho de uma abertura livre, sem reservas, até irresponsável, do corpo e da mente, de uma tolerância universal, de um perdão completo. Kafka se lembrou das lamúrias quase infantis que certa vez enviara a Felice, quando ela — durante uma viagem de negócios — deixou de pensar nele por alguns dias. Isso não deveria se repetir.

> Você se recorda das cartas que lhe escrevi e enviei a Frankfurt há cerca de dois anos? Deve ter sido por este mês. Acredite, no fundo não estou muito longe de escrevê-las novamente. Elas estão na ponta de minha pena. Mas não serão escritas.

E ele manteve a palavra. Nenhuma queixa desonrosa, mas também nenhuma daquelas autoacusações irônicas, charmosas, às vezes engraçadas, com as quais um dia a cortejou e nas quais ela o reconhecia. Kafka inspirou fundo, exercitou o autocontrole e, quando sentia dor, não se furtava mais em se esconder na linguagem burocrática: "Sua última carta notifica uma fotografia anexa. O anexo não veio. Isso significa uma frustração para mim".[17]

Kafka provavelmente notou apenas em retrospecto que a nova estratégia que havia se imposto de modo algum era gratuita e trazia apenas desafogo. Para quem vive na trincheira, o mundo parece ser um sistema de escavações que a pessoa pode enxergar muito nitidamente, mas que não pode realmente vivenciar. E a camuflagem é cansativa. Kafka tinha se imposto uma autocensura — grotescamente, no mesmo momento em que também a censura do Estado exigia cuidado. Ele precisava dela para um ato de fingimento, para um emudecimento proposital, e essa separação de desejo e linguagem, essa constante atenção ao que podia ser comunicado sem perigo, sugava energia psíquica. Não se sabe o que mais o afligia: as preocupações com a guerra, o rápido aumento da carga de trabalho no escritório ou o trabalho maníaco numa barricada psicológica (e o consequente isolamento). E o preço psicossomático era alto. Insônia, sensibilidade aumentada aos ruídos e cefaleias se tornaram crônicas; Kafka passava dias sentindo dor, estados semelhantes à enxaqueca que o consumiam internamente e contra os quais os tampões de ouvido da marca Ohropax, encomendados especialmente de Berlim, é claro que de nada adiantavam. Ele era acometido por dores no peito. As anotações de Kafka também atestam que as fases de vazio depressivo, que até então eram apenas situações-limite ameaçadoras, retornavam de maneira regular e com uma intensidade quase insuportável. "Incapacidade total, em todos os aspectos"; "o sentimento de uma infelicidade quase dilacerante"; "vazio como uma concha na praia"; "incapaz de conviver ou conversar com as pessoas"; "Indiferença e embotamento totais [...]. Desolação, tédio; não, tédio, não, somente desolação, falta de sentido, fraqueza"; até um passeio de domingo com Ottla e o casal Weltsch foi sentido por ele "como uma tortura" — simular interesse, manter uma conversação eram exercícios inabituais.[18]

Mas onde ficavam os ganhos? Será que a dor de uma humilhação, como Kafka a havia sofrido no Askanischer Hof, não era mais suportável a longo prazo do que essa apatia, esse eterno ferir a própria armadura? Isso ainda precisaria ser comprovado. Pelo menos externamente, Kafka mostrava mais atitude, e a distância conferia um poder de decisão. Desse modo, sugeriu a Felice Bauer um novo encontro em Bodenbach; ela poderia trazer um acompanhante, mas ele preferia que viesse sozinha. E ele a lembrou de uma data especialmente delicada, a festa de noivado havia um ano, embora sem se referir a "eu" ou "você" — como se o evento tivesse ocorrido entre dois conhecidos e como se, justamente nesse ponto, sua sensibilidade estivesse anestesiada: "Então me diga para onde ele a queria levar; é inconcebível. Ele a amava e era insaciável. Hoje ele não a ama menos, ainda que finalmente tenha aprendido que não conseguirá tê-la de maneira assim tão fácil e simples, mesmo se ela concordar".[19]

Não sabemos se fez algum comentário a respeito disso; usando da retórica, Kafka não conseguia mais deixá-la nervosa. Depois de Bodenbach, porém, ela não queria viajar sozinha. Dessa vez, traria duas amigas; Felice respondeu após alguma hesitação, dizendo que uma delas seria Grete Bloch. É provável que Kafka tenha ouvido o próprio coração pulsar ao ler a mensagem, e alguns meses antes a explicação adequada para evitar esse encontro logo teria sido imaginada. Mas... nenhuma objeção, nenhuma emoção, nem em suas anotações nem nas cartas que foram preservadas. Kafka realmente teve a firmeza de viajar à Suíça Boêmia no feriado de Pentecostes de 1915, passar dois dias e meio na companhia de suas "juízas" e, em meio à massa de turistas, visitar alguns dos pontos de interesse sugeridos pelo guia *Baedeker*. Ele podia ter alguma segurança de que o passado não seria revisitado — pelo menos não o do tribunal de Berlim, que ocorrera dez meses antes. A garantia disso era a segunda amiga, a srta. Steinitz, em cuja presença não se falavam coisas íntimas, e talvez tenha sido *exatamente* esse o motivo (Felice também sabia jogar) de ela haver sido convidada. Em vez disso, deu-se uma reconciliação superficial com Grete Bloch. E à noite, de volta ao hotel, o mundo tinha girado mais um pouquinho, o passado estava um pouco mais distante: a Itália acabara de declarar guerra à Áustria-Hungria; talvez esse fosse já o fim de tudo. Nessa hora, quem queria (ou podia) nutrir ressentimentos?

Kafka manteve a compostura. O preço que pagou por isso foi temporariamente um segredo seu; durante a guerra, ninguém precisava justificar a tensão, o cansaço, o estresse e a irritação. Mas Kafka tinha aprendido a usar a saída dos fundos, ele *não estava presente*, estava ao seu próprio lado; tinha atravessado a fronteira entre a auto-observação e a dissociação e, portanto, conseguia estar desesperado e tranquilo ao mesmo tempo. "Fosse eu um estranho", ele anotou em fevereiro, "a observar o curso de minha vida e a mim mesmo, haveria de dizer que tudo há de terminar em inutilidade, consumido por dúvidas incessantes, criativo apenas no tormento autoimposto. Mas, como parte interessada, nutro esperanças."[20] Participante da própria vida? O termo já implementa a separação. Kafka, entretanto, deu mais um passo decisivo: deixou a construção, escondeu-se nas proximidades, observou a entrada, abarcou toda a fortificação, incluindo a criatura nua que se escondia ali e, de uma distância intocável, desfrutou da mirada.

Tratava-se de uma forma radical da auto-observação, literalmente *um autoabandono*, que tentava se expressar. Kafka descobriu a forma linguística rapidamente, ela estava bem próxima; começou a fazer experiências com o discurso em terceira pessoa, com o discurso do "ele", que logo foi incluído no arsenal de seus recursos estilísticos literários. Recém-regressada da viagem, Felice Bauer recebeu os primeiros aperitivos.

> Querida Felice, há pouco você fez perguntas incríveis sobre o noivo de F. para mim. Agora posso respondê-las melhor, pois observei-o no trem durante a viagem de volta. Foi simples, pois o aperto foi tal que nós literalmente nos sentamos num mesmo lugar. Segundo minha opinião, ele está totalmente apaixonado por F. Você deveria tê-lo visto procurando nos lilases (não é de seu costume carregar coisas assim durante uma viagem), durante todo o longo trajeto, a lembrança de F. e de seu quarto [...]. Acredito que a pessoa em questão tem mais confiança em mim do que em F.
>
> Querida Felice, veja, ele diz que está com medo. Ele diz que ficou tempo demais por ali. Dois dias foram demais. Depois de um dia, é fácil

se separar, mas dois dias acabam gerando relações, cuja dissolução dói. Dormir sob o mesmo teto, comer à mesma mesa, compartilhar as mesmas horas do dia duas vezes chega a ser quase uma cerimônia com um imperativo por trás.

Literalmente no mesmo lugar. Eu e o noivo em questão. Caso não se prestasse muita atenção, pareceria um eco de dias longínquos, quando Kafka ainda parodiava os próprios sofrimentos e os colocava a serviço do flerte. Mas poucas horas depois de ter enviado esses cartões-postais, ele voltou à construção segura e ao diário: "Muita infelicidade desde o último registro. Sucumbo. Sucumbir assim, sem nenhum sentido ou necessidade".[21] Naquele momento, ele não soube o que mais escrever. Kafka tornou a fechar o caderno. Duas, três páginas ficaram em branco. Estão assim até hoje.

Felice Bauer se descuidou ou foi enganada? Por um instante, talvez. Pois ela aceitou passar dois dias com Kafka em julho, em Karlsbad [Karlovy Vary], dessa vez sem companhias protetoras. O jogo dele era bom.

Mas o final não foi feliz. Durante os passeios, enquanto ela cantava para ele, Kafka — em seu aniversário de 32 anos — trotava ao seu lado, embotado pela insônia. Os livros que ela lhe trouxera de presente também não ajudaram, *Os irmãos Karamázov*, *Inferno*, de Strindberg, nem a promessa que ela anotara na página de rosto do romance de Dostoiévski: "Talvez em breve o leiamos juntos". Por fim, na viagem de volta, com o mesmo trem até Aussig, ela não conseguiu mais se conter e a viagem se tornou "verdadeiramente detestável".[22]

Dessa vez, porém, ele levou a Praga uma lembrança que lhe traria algum consolo. Como em todas as viagens, Felice Bauer trouxera sua câmera fotográfica para Karlsbad, e Kafka pôde operar o disparador algumas vezes. Eles registraram atrações do lugar e também fotografaram um ao outro. E como Kafka era tão ávido por fotos e parecia nunca ficar satisfeito com os contatos que ela lhe mandava, Felice teve o bom senso de sugerir que o filme fosse revelado em Praga para assim ele escolher quais poses ampliar.

Foi o que aconteceu. Alguns dias mais tarde, porém, Kafka teve uma surpresa ao buscar os negativos. Felice, especialista em técnica e fotógrafa amadora, havia colocado todos os filmes ao contrário, com a camada sensível à luz para trás e o papel protetor para a frente. Não havia fotos. Desse modo, seu sorriso e o dela em Karlsbad se perderam para a eternidade.

2.
Nenhum prêmio literário para Kafka

Devemos sacrificar tudo pela arte,
mas ela não deve estar no meio disso.

Karl Kraus para Herwarth Walden

Caderno com capa de oleado marrom-avermelhado com guardas azul-claras, contendo 20 folhas (apenas a última grudada à capa), papel branco-amarelado, sem pauta e com cantos arredondados; altura 24,85 cm, largura 19,8-20,0 cm; em dois cadernos de 2 e 18 (ambos originalmente de 20) folhas costuradas com linha (2 pontos largos); refile vermelho; marca-d'água tipo 2a e 3a; folhas 19v [frente] e 20r [verso] vazias. Folhas não mais presas pela costura.[1]

Não se sabe se Kafka reconheceria de pronto o objeto descrito de maneira tão minuciosa. Ele conhecia os manuscritos de outros autores como relíquias áureas sob vitrines de vidro — como, por exemplo, a cópia imaculada da "Canção de Mignon", de Goethe, que ele admirou em Weimar, achando ser a original — ou como folhas e cadernos de tinta ainda fresca, marcados com riscos na diagonal e correções à margem, como aqueles espalhados pelas escrivaninhas de Max Brod e Ernst Weiß (sem falar nos bilhetes nos bolsos das calças e dos coletes de Werfel). Um era oriundo diretamente do Olimpo, os outros não passavam de atividades corriqueiras.

Nenhum autor no início do século XX — e muito menos Kafka — poderia imaginar que o espólio de sua produção escrita logo seria medido, fotografado e descrito como se fossem papiros de uma tumba egípcia, e o interesse abstrato pelo suporte e pela materialidade do signo ainda era totalmente estranho àquela geração. Ao contrário das páginas bem impressas dos livros, as folhas de blocos e cadernos de anotações eram consideradas itens consumíveis e, como era típico na época, Kafka arrancava folhas quando queria separar anotações privadas das literárias, escrevia em seus cadernos começando pela frente e por trás ao mesmo tempo, alternava caneta e lápis, caligrafia normal e estenografia conforme a necessidade, e garatujas aleatórias apareciam em meio às linhas. Ao contrário de hoje, quando os estágios intermediários de obras literárias, saídos das impressoras a laser, parecem ser obras prontas, o caminho individual do processo criativo era algo cotidiano. Brod não teve escrúpulos em fazer suas próprias emendas com caneta vermelha em folhas póstumas do amigo, que ele considerava um gênio literário e, além disso, figura de proa de uma nova religiosidade. Além disso, confiava ao correio algumas dessas folhas insubstituíveis e até as dava de presente.[2] Evidentemente, Brod sabia que a "edição histórica e crítica", que classifica e comenta toda sílaba disponível, é o diploma de nobreza do autor clássico, e ele tinha total certeza — mesmo que pensasse nisso sempre com maus pressentimentos — de que também a obra de Kafka haveria de ser mergulhada no banho com fixador da edição acadêmica. Mas Brod nunca pensaria em atentar ao *papel* sobre o qual Kafka escrevia. Para quê? O importante era a cópia precisa. Dessa maneira, Brod esforçou-se ao máximo em arrumar todo o cenário antes de os investigadores filológicos entrarem em ação.

Meio século mais tarde, as folhas dos cadernos de Kafka foram colocadas sobre uma mesa de luz. Foram descobertas marcas-d'água do fabricante de papel e trevos-de-quatro-folhas em sequências determinadas e que diferiam ligeiramente entre si, dependendo se estavam numa folha "direita" ou "esquerda". Dessa maneira, uma pista importante estava assegurada, possibilitando em muitos casos reintroduzir a folha no lugar de onde Kafka a havia arrancado, datando assim o texto correspondente. Será preciso mais exemplos para entender que literalmente *tudo* é importante? Largura, altura, cor, refile, sem esquecer dos cantos arredondados — uma descrição para a eternidade. Enquanto o original se desfaz de maneira muitíssimo lenta, embora inexorável, aquele "suporte de escrita" agora atende pelo nome científico de "KBod AI, 10", pois está guardado na Bodleian Library em Oxford e é o décimo caderno-diário de Kafka.

É muito provável que Kafka nunca tenha se apercebido de maneira consciente da marca-d'água sobre a qual sua pena de aço deslizava. Ele também nunca sonharia com alguém no futuro *contando* as palavras de seus manuscritos, página por página. Ele teria achado graça na coisa, e Brod, balançado a cabeça. Mas o estudioso de literatura Malcolm Pasley confirmou que era possível datar algumas passagens de *O processo* a partir desse processo peculiar — um ganho precioso no que sabemos sobre um romance mundialmente canonizado, cujo autor nem chegou a estabelecer a ordem dos capítulos de maneira definitiva.[3] O momento de bizarrice que a entrada no legado material do autor propicia é inegável. Mas não menos impactante, e no final das contas ainda mais significativo, é o prazer na espantosa solução — como se estivéssemos observando um lance profissional de bilhar, com a bola batendo em três, quatro lados da mesa, que nenhum mortal ousaria imaginar e cujo final bem-sucedido sempre desperta um susto alegre. Não podemos retroceder ao tempo anterior às habilidades dos especialistas; e o tão propalado olhar "íntegro" sobre Kafka — caso um dia tenha existido — hoje é apenas uma ilusão.

O balanço foi terrível. *O processo* e *O desaparecido*: incompletos e provavelmente inconclusos. "Recordações da ferrovia de Kalda", "A toupeira gigante", "O advogado de defesa", "Blumfeld, um solteirão de meia-idade" e mais dois ou três inícios: nada terminado, tudo fracassado, abandonos, fragmentos e ruínas. Apenas o conto "Na colônia penal", absolutamente sangrento, estava mais ou menos pronto, talvez até publicável depois de alguns reparos. E esse foi o resultado de esforços exaustivos que se estenderam por meses, os frutos não maduros pelos quais Kafka havia sacrificado seu sono, suas férias, qualquer possibilidade de relaxamento que ele havia conquistado em meio às dores de cabeça, ao barulho do cômodo alugado, à carga de trabalho cada vez maior no escritório devido à guerra. Visto que Kafka não gostava de falar sobre o trabalho em andamento, é provável que ninguém ao seu redor fizesse a mais pálida ideia dessas batalhas, e apenas a filologia avançada, que atenta até para o último risco do lápis, revelou toda a extensão da ruína existencial.

Atualmente, com os textos literários enfrentando uma concorrência imensa com mídias mais incisivas e rápidas, a *compulsão por escrever* (e não a escrita em si) é considerada uma paixão obsoleta. A fama de Kafka também dificulta nutrir alguma empatia por seu desespero frente ao texto. Sabemos que, por fim, ele *não* fracassou, e nos perguntamos o que podia ter querido mais. Mas esse "por fim" surge de um julgamento realizado com distância histórica, que abrange toda a vida, a vida em sua forma desfeita, juntamente com seu contexto, que apenas enxergamos em sua totalidade. Para o próprio Kafka, que ainda tinha (talvez, provavelmente, oxalá) diante de si um caminho às escuras de muitas décadas, isso não serviria de consolo, mesmo se ele tivesse compreendido e aceitado sua própria posição na literatura.

A fim de entender com toda a clareza a diferença entre existência singular, existência física e importância póstuma, é preciso ter em mente o quão próximo Kafka esteve do objetivo autoimposto e quais seriam as consequências do êxito literário. É possível avaliar isso de maneira relativamente precisa sobretudo em relação à sua obra principal, *O processo*, pois é evidente que Kafka concebeu o romance como obra circular, quer dizer, absolutamente estruturada e controlável do ponto de vista formal. Nas primeiras e nas últimas páginas o herói está a sós, mas no meio, capítulo por capítulo, o raio social de Josef K. é passado em revista: a locatária, a vizinha de quarto, colegas e chefes, companheiros de refeições, o tio, a mãe, o advogado, a amante — e, claro, o tribunal em si. Não sabemos se Kafka planejava incluir mais cenas de tribunal ou outros conselheiros duvidosos da periferia do tribunal; porém, as relações sociais do acusado estão quase todas presentes e é quase possível adivinhar como seria o capítulo da mãe, apenas aludido. Não temos a impressão de estarmos diante de contornos vagos de um fragmento, e apesar de o *todo* ser enigmático, as lacunas que Kafka deveria ter preenchido para seguir até o fim com a lógica inerente, compulsória, da obra são claramente reconhecíveis.

E Max Brod tinha sido o principal responsável pela eliminação, havia tempos, das barreiras de publicação exteriores ao texto. Kafka não precisava bater à porta de ninguém, ele tinha um editor influente (embora Kurt Wolff, que naquele momento não se encontrava no escritório em Leipzig, andasse sumido) que aceitaria um romance finalizado, ou até esse mesmo, sem qualquer hesitação. Visto que os prazos de publicação — comparados com os de hoje — eram relativamente rápidos, *O processo* poderia ter sido lançado no outono de 1914 ou, no máximo, no final desse ano. E mesmo que, a curto prazo, não fizesse um sucesso mensurável — durante a guerra, o público queria ser mais que nunca entretido —, Kafka estaria seguro pelo aval de figuras muito proeminentes, que abarcavam de Thomas Mann a Robert Musil, e não faltariam leituras públicas, honrarias e novos conhecidos, nem mesmo novas amizades. Surgem imagens sedutoras: Kafka conversando com seus tradutores; à mesa de um café com o influente Karl Kraus; numa recepção na mansão do editor Samuel Fischer, em Grunewald... Não há dúvidas de que a publicação de *O processo* logo ampliaria o estreito horizonte biográfico de Kafka e lhe traria inúmeros "contatos" (uns agradáveis, outros nem tanto), capazes de fazer inveja até em Brod.

"[...] toda essa febre que me aquece a cabeça noite e dia vem da falta de liberdade",[4] Kafka resumiu no ano seguinte, e não são necessários muitos verbos condicionais para medir o sentimento torturante de inutilidade que o assolava quanto mais sóbrio e, portanto, indefeso ele se dava conta da situação. No último minuto, a guerra havia impedido o golpe libertador, e sua própria força, declinante, empurrava tudo o que restara em opções de autonomia para um futuro indefinido. Ele sabia que o fracasso não é imperativo nem irreversível, mas era desesperadora a assimetria entre aquilo que tinha estado muito próximo e a realidade de Praga, que agora estava irremediavelmente dominada por preocupações bélicas e horas extras. No início de 1915, Kafka já registrava sinais inequívocos de exaustão e logo em seguida ele colocou de lado o manuscrito de *O processo*, passou a trabalhar esporadicamente em contos já iniciados, tentou coisas novas, descartou coisas antigas; por fim, em 9 de abril, há um último registro no diário: "trabalhei bem". Em maio, Kafka desiste até do diário e, a partir de então, se recusa a ler para os amigos. Era como um último alento, longo, seguido por um silêncio assustador. Ele ainda não fazia ideia de que essa paralisação haveria de durar mais de um ano e meio. Em setembro, ele se esforçou em começar um novo diário, mas desde a primeira frase estava convencido de que "não era mais tão necessário quanto antes". E como achava que não fazia sentido preencher as páginas com repetições de queixas antigas, passou a pegar na pena somente quando eventos especiais, encontros ou impressões de leitura o incentivassem para tanto. Os intervalos de silêncio eram de semanas. Apenas por volta do final de 1916, quando a fisionomia de sua cidade e do mundo ao seu redor tinha se tornado irreconhecível, ele fez mais uma tentativa de justificar a vida pelo "trabalho".

Sob essas circunstâncias, não é de admirar que Kafka mostrasse pouca iniciativa em conseguir uma apresentação honrosa ao menos para suas obras concluídas. Nem sempre tinha sido assim. Ele sabia que seus esforços de anos seriam percebidos pelos leitores como um fraco lampejo, que oferecia à opinião pública literária a imagem de um minimalista, sem fôlego para projetos maiores. Até aquele momento, apenas dois livros fininhos tinham sido lançados: os textos em prosa de *Contemplação* abrangiam 99 páginas, e *O foguista*, apenas 47. Todo o resto estava espalhado por revistas e jornais, e nem os mais importantes. Até *O veredicto*, o único de seus contos que Kafka considerava irretocável e que lia com frequência em voz alta, tinha aparecido até então apenas numa coletânea concebida por Brod e que estava encalhada.

Kafka havia se esforçado para mudar essa situação. Propôs a Kurt Wolff um livro de contos e a ideia foi aceita. O título provisório do projeto era *Die Söhne* [Os filhos], que deveria reunir a fase criativa de Kafka de 1912 — pelo menos aqueles resultados que, em sua opinião, eram apresentáveis: *O veredicto*, *O foguista*, *A metamorfose*. Mas ele demorou muito com o manuscrito de *A metamorfose* e Wolff não reclamou, não pediu informações, não fez nenhum gesto — certamente esperado por Kafka — que oferecesse uma pista de que ainda se lembrava do próprio "compromisso" de abril de 1913. E apesar de Brod mencionar constantemente o nome do amigo durante suas conversas com Wolff, durante dois anos a única estratégia deste último para animar seu tímido autor foi o envio de resenhas e do almanaque da editora. Essas ações deixavam a desejar, e depois de Kafka ser informado, em agosto de 1914, de que tanto Kurt Wolff quanto o editor de texto Franz Werfel tinham sido incorporados à guerra e de que naquele momento de dez a doze empregados de Wolff estavam "no front", ele já não devia mais estar esperando nenhum tipo de "acompanhamento" vindo de Leipzig. E tudo bem assim. Não teria sido um bom momento para o editor, contrariando seu costume, perguntar pelos planos e projetos literários de Kafka. Pois como explicar que o romance continuava empacado?... Kafka evitava ao máximo essas conversas. E desde que tentara duas vezes, em vão, ver *A metamorfose* publicada ao menos numa revista — o manuscrito já estava havia meio ano com René Schickele, redator da *Die weißen Blätter* [As folhas brancas] —, ele não queria mais falar de edição. Afinal, não era um pedinte.

De repente, porém, em meados de 1915, Brod lhe entregou uma carta da editora de Kurt Wolff, mais alguns exemplares da *Die weißen Blätter* recém-impressa. Certamente o endereço de Kafka tinha sido perdido e o empresário fora acionado. A questão era importante o suficiente. E tinha tamanha pressa que não houve nem tempo de colocar o editor pessoalmente no caso. Em vez disso, um certo Meyer assinou a carta depois de encerrá-la com fórmulas de estima e consideração. E quando Kafka folheou a revista, mal acreditou em seus olhos: *A metamorfose* tinha realmente sido publicada, na íntegra e sem que ele tivesse visto nenhuma prova.

Georg Heinrich Meyer, 47 anos, era um administrador dócil, um pouco confuso, mas agitado, que cultivava um bigode jovial e modos amistosos e paternais. Uma pessoa que ninguém consideraria capaz de dissimulação e, portanto, logo conquistava a confiança de todos — mesmo que seu otimismo escancarado pudesse ser um tanto suspeito. Pois não era segredo na área que o livreiro tinha falido duas editoras próprias e estava completamente endividado.

Era surpreendente que Kurt Wolff houvesse escolhido exatamente esse homem como gerente de sua editora e, no começo da guerra, também como seu adjunto. Meyer não pôde nem mesmo "trazer" os autores contemporâneos de seus negócios frustrados. Pois apesar de seus livros terem sido cuidadosamente editados, o catálogo tinha um viés absolutamente conservador e a literatura natal que lhe era tão cara — ele chegou a editar uma revista chamada *Heimat* [Pátria] — estava em grotesca oposição ao avanço do modernismo que ele teria de promover na casa editorial de Wolff. Isso sem falar que os antigos autores de Meyer produziam agora basicamente subliteratura patriótica, enquanto Wolff era o único editor alemão de prestígio que não dava espaço à literatura pró-guerra. O fundo editorial de Meyer abrigava alguns diamantes bibliófilos; fora isso, Wolff ganhava mais atendo-se aos próprios padrões de qualidade literária e centralizando decisões relativas ao catálogo, mesmo que a comunicação, sobretudo o vaivém de manuscritos, tenha se tornado extremamente complicada e não mais permitisse resoluções rápidas. Acontecia de Meyer viajar ao front belga para manter Wolff informado dos negócios, mas depois de o editor ser transferido, em abril de 1915, para a zona de guerra na Galícia, essa possibilidade foi também eliminada. Meyer passou a responder sozinho tanto pelo dia a dia na editora quanto pelo "trato" com os autores.

Dá para imaginar os olhares trocados entre Franz Werfel, Kurt Pinthus e Walter Hasenclever quando Meyer, em mangas de camisa, entrou no negócio. Mas a curiosa escolha de Wolff se revelou acertada. Pois Meyer, que em nome da editora Deutsche Verlags-Anstalt visitara por alguns anos livraria atrás de livraria, dispunha de enorme experiência comercial e sabia muito bem o que chamava a atenção dos livreiros e o que realmente fazia sucesso com um público cujos hábitos de leitura eram cada vez mais influenciados por modismos culturais e pela publicidade. Wolff estava à procura exatamente dessa competência. É de duvidar que, sem as grandes ideias comerciais de Meyer, sua editora — que não oferecia poesia de guerra, coletânea de cartas do front nem os apreciados relatos de guerra — tivesse passado o primeiro ano da guerra financeiramente intacta. Enquanto impressionava os leitores de jornais diários com grandes anúncios, anúncios esses voltados não à editora, mas aos lançamentos, algo totalmente incomum à época, ele atraía os livreiros com descontos especiais que quebravam um tabu econômico e logo levaram a queixas sobre o "método americano de distribuição" da editora de Kurt Wolff. Quem encomendasse e pagasse por trinta exemplares do best-seller *O Golem*, de Gustav Meyrink, recebia quarenta: qualquer estagiário na livraria sabia que isso representava um desconto inacreditável (partindo-se do preço de capa) de 55%. Os anúncios de Meyer nas colunas circulares [*Litfaßsäulen*] de espaços públicos também geraram críticas, pois pela primeira vez a literatura era oferecida como puro evento midiático e equiparada ao filme cinematográfico em seu sensacionalismo. Os textos publicitários, que Meyer redigia quase sempre sozinho, aumentavam esse toque de falta de seriedade, pois tentavam despertar expectativas emocionais que pouco tinham a ver com os livros em questão. Dessa maneira, as obras do vencedor do prêmio Nobel Rabindranath Tagore (que não podia se defender da ação de marketing) eram promovidas como "verdadeiros livros de Natal" e para *Napoleon*, de Carl Sternheim, a história de um cozinheiro contada de maneira analítica, Meyer pensou o seguinte: "Ler esta novela é como comer no hotel Sacher". O autor ameaçou atirar nele.[5]

Qualquer um que conhecesse um pouco de economia saberia imediatamente que essa propaganda custosa invalidava o orçamento habitual de qualquer livro. Quem haveria de tapar os buracos que Meyer estava abrindo? A resposta era mais que evidente: os autores. Meyer foi o primeiro executivo de editora que ousou fazer os autores participarem dos custos de publicidade de seus próprios livros. Um movimento extraordinário num tempo em que o significado econômico da propaganda estava longe de ser tão valorizado quanto hoje e muitas editoras nem consideravam reservar alguma verba para divulgar seu catálogo. Tornar a estratégia palatável aos envolvidos era uma tarefa à qual Meyer se dedicou com paixão: dizem que ele, se necessário, acompanhava os irritados autores até a estação de trem, explicando-se durante todo o percurso. E parece que sua taxa de sucesso era considerável. Inclusive Max Brod, extremamente cuidadoso com suas finanças, abriu mão de um quarto dos honorários usuais a fim de possibilitar anúncios generosos de seu romance *Tycho Brahes Weg zu Gott* [O caminho de Tycho Brahe até Deus].

O "supervendedor" Meyer não era interlocutor para assuntos literários. Os manuscritos enviados à editora eram por ele somente folheados, se tanto, e ele costumava se lembrar dos títulos das obras pelo critério do potencial de vendas — por muitos anos Meyer se referiu à "colônia de delinquentes" de Kafka (*Na colônia penal*). Ele incentivava os autores a continuarem escrevendo romances — mesmo os romances de Kafka, dos quais ele não conhecia nem uma linha, haveriam de ter "um sucesso extraordinário" —, mas dezenas de suas cartas que não demandavam decisões imediatas ficavam sem resposta. Meyer não sabia o que fazer nem mesmo com os poemas de Werfel, os quais chamou, no inverno da crise de 1914-5, de "a única gota de gordura no insosso prato de sopa de Kurt Wolff". Mas tampouco escondeu isso do autor, que também era seu colega na editora.[6] Por outro lado, Meyer reagia feito um sismógrafo e com um ativismo tão original quanto ingênuo e irresponsável aos eventos da mídia que impactavam a relação com o público e, portanto, as chances de venda.

Foi assim também no caso de Kafka. Mesmo que o processo de decisão não possa mais ser reconstruído, é muito provável que René Schickele — que considerava *A metamorfose* uma novela extensa demais para sua revista — tenha afinal se decidido a publicá-la nas *Die weißen Blätter* devido a uma intervenção de Meyer.[7] E este, por sua vez, sugeriu a Kafka publicar o texto como livro na coleção Der jüngste Tag [O juízo final], e *imediatamente*, ainda no mesmo mês, seguido por uma nova edição em capa dura de *Contemplação*. Uma pressa que, após os anos de silêncio da editora, era um tanto estranha. Mas Meyer tinha um argumento convincente:

> O prêmio Fontane para o melhor escritor moderno logo será divulgado. Neste ano, como fomos informados de maneira confidencial, ele vai para Sternheim com suas três novelas *Busekow*, *Napoleon* e *Schuhlin*. Mas, como o senhor sabe, Sternheim é milionário, e não se podem dar prêmios em dinheiro a milionários, e Franz Blei, que está organizando o prêmio Fontane, determinou que Sternheim conceda a soma total, creio que de oitocentos marcos, ao senhor como o mais meritório. Sternheim leu seus textos e, como o senhor pode ver pelo cartão anexo, gostou muito.

A notícia não era nada má, até o ligeiramente indignado Kafka teve de concordar. Mas ninguém acreditava que Meyer tinha sido "informado de maneira confidencial" sobre um evento tão importante. O prêmio em dinheiro era oriundo de um fundo doado pelo mecenas Erik Schwabach, o mais importante investidor de Wolff. Sternheim e Kafka eram autores de Wolff, e o crítico Franz Blei, que organizava o prêmio a mando da Associação de Escritores Alemães, era do círculo próximo da editora — no ano anterior, tinha sido editor da *Die weißen Blätter* e era considerado o "descobridor" de Sternheim. Dessa maneira, tudo se parecia com uma grande ação de marketing que Meyer provavelmente criara sozinho. Kafka já tinha percebido que Meyer era capaz dessas coisas, enquanto o último *não* sabia com quem estava lidando:

> Por *A metamorfose*, o senhor poderia contar com: 1) o honorário da *Die weißen Blätter* (não sei se Schickele combinou algo com o senhor a esse respeito), 2) o honorário da coleção Der jüngste Tag, que para uma pequena tiragem pode chegar a um pagamento único de 350 marcos — o maior valor já pago da coleção, mais os oitocentos marcos do prêmio Fontane. Ou seja, o senhor é um sortudo![8]

Infelizmente, esse era um argumento ao qual Kafka não reagia. A afirmação de Meyer de que não ele, mas Schickele e o desenrolar da história do mundo eram os responsáveis pelo fato de não ter recebido nenhuma prova de revisão de *A metamorfose*, não eclipsava o fato de que, na realidade, Kafka tinha sido pego de surpresa e que seus direitos autorais estavam sendo notoriamente desrespeitados. E Meyer também não pretendia permitir que um autor, que tinha de ser empurrado à força para sua felicidade, atrapalhasse seu ímpeto de trabalho. Pois enquanto a consulta a Kafka ainda estava em trânsito, ele já tinha mandado imprimir *A metamorfose*, e poucos dias mais tarde — o autor ainda nem tinha tomado sua decisão — as provas se materializaram. Ao menos dessa vez, Kafka teve a oportunidade de realizar inúmeras pequenas emendas no texto e isso lhe era muito mais importante do que o dinheiro. Entretanto, o combinado com Wolff de que seu livro seguinte conteria vários contos acabou atravessado pela arbitrária atitude de Meyer.

Após uma breve hesitação — e supostamente depois de se aconselhar com Brod —, Kafka estava disposto a aceitar a nova situação. Ele próprio havia assegurado diversas vezes que uma publicação de *A metamorfose*, quando e onde fosse, seria "especialmente bem-vinda".[9] Esse desejo se concretizou três anos após a escrita da novela e certamente ninguém entenderia uma recusa. Embora não conseguisse deixar de fazer comentários irônicos sobre Meyer, Kafka também contribuiu com comentários sobre o projeto gráfico do livro e palpitou sobre a capa, na qual ele de modo algum queria ver o infeliz Gregor Samsa: "Isso não, isso não, por favor! [...] O inseto não pode ser desenhado. Ele não pode nem ser mostrado de longe".[10] Felizmente a mensagem não ficou perdida entre as pilhas de papel de Meyer, mas foi entregue ao ilustrador (Ottomar Starke, amigo próximo de Sternheim), que se pautou por ela.

Mas como explicar aquela estranha divisão do prêmio Fontane? A glória para o famoso Carl Sternheim, o dinheiro para um desconhecido autor de Praga? Kafka não conseguia engolir direito essa questão.

> Depois de sua carta, mas principalmente depois da carta para Max Brod, parece que Sternheim vai receber o prêmio e que ele quer entregar o prêmio em dinheiro para alguém, possivelmente para mim. Apesar dessa gentileza, fica posta a questão sobre a necessidade, mas não sobre a necessidade de ambos, do prêmio e do dinheiro, e sim sobre a necessidade do dinheiro em si. No meu entender, o mais importante não é se a pessoa em questão talvez venha a precisar do dinheiro no futuro, mas se ela precisa dele agora. Independentemente de quão importante o prêmio ou uma participação no prêmio seja para mim, eu não poderia aceitar somente o dinheiro sem participar do prêmio; acho que não teria direito, pois não se configura aquela indispensável necessidade momentânea.[11]

Foi isso. E Kafka precisava apenas imaginar as caras de espanto de seus colegas e de seu chefe com pendores literários, que sabiam exatamente quanto um funcionário do "1º grau de remuneração da classe 3" recebia mensalmente. Ele teria de dar algumas explicações extras sobre o motivo de aceitar, para além do salário, ofertas de dinheiro público.

Não que Kafka achasse que o privilegiado Sternheim não merecesse o prêmio, pois nem mesmo um escritor *rico* estava imune às atribulações da guerra. Instável do ponto de vista psicológico, Sternheim tinha precisado abrir mão temporariamente de sua confortável casa perto de Bruxelas (não por causa dos vizinhos belgas, mas de seus compatriotas, os ocupantes alemães), as apresentações de suas peças teatrais sofriam com a censura prussiana e, principalmente, sua aproximação com o círculo berlinense da revista *Aktion** era motivo de ódio político, e ele era desrespeitado de maneira

* A revista — dedicada à literatura, arte e política — circulou entre 1911 e 1932; era considerada um veículo de divulgação do expressionismo e estava associada a uma esquerda não dogmática.

contínua pelas autoridades militares. Tudo isso havia se espalhado em Praga havia tempos. Mesmo assim, Kafka ficou desconsolado pela maneira tão pouco cerimoniosa como foi informado sobre sua participação secundária no prêmio. Infeliz ou não, por que o doador não lhe enviou algumas linhas amáveis? Ou ao menos Franz Blei, que conhecia Kafka pessoalmente e talvez fosse capaz de explicar o estranho procedimento? No fim das contas, será que Blei realmente "determinou" isso a Sternheim?

Meyer não forneceu nenhuma explicação mais precisa a esse respeito, não estava interessado em questões de estilo e tentava apenas dispersar as considerações de Kafka, sem se deter nelas com atenção. O fato de um autor precisar ser convencido a aceitar uma bolada equivalente à metade do próprio salário anual de pequeno funcionário público, caída de paraquedas no colo, com certeza era algo absolutamente inédito para ele. E quem da cena literária — e que não fizesse parte dos poucos milionários que escreviam — poderia se dar a esse luxo? Provavelmente Meyer não se espantou nem um pouco quando, por fim, Kafka acabou resolvendo aceitar o presente e até agradecer a Sternheim por escrito. O que mais ele faria? Kafka, que queria reconhecimento e não esmolas e que desde Berlim estava disposto a defender sua autoestima a quase qualquer preço, teve de se superar. "[...] não é muito fácil", ele reclamou para Meyer, "escrever para alguém que não nos dirigiu a palavra diretamente e lhe agradecer sem saber exatamente por quê."[12] E, quem sabe, talvez não tenha sido nada mais que o temor das repreensões dos amigos o que lhe deu o impulso final. Quatro semanas mais tarde, no entanto, quando o atarefado Meyer, que passava trabalhando quase dia e noite nos escritórios vazios da editora Kurt Wolff, teve um colapso devido à carga de trabalho, Kafka pôde ficar de consciência tranquila: *disso* ele não tinha culpa.

Não sabemos se ele chegou a receber uma resposta de Carl Sternheim. Já que não tinha uso imediato para os oitocentos marcos que Sternheim lhe deu, Kafka investiu em títulos da guerra. Essa acabaria sendo a única honraria literária que Kafka receberia em vida, mas ele não tinha como saber disso.

Talvez o exemplo mais significativo da estranheza que Kafka irradiava sobre seus contemporâneos seja o fato de que quase todas as tentativas de fortalecê-lo em seu trabalho, de motivá-lo, até de "elogiá-lo", acabavam dando errado. Bem, ser chamado de "sortudo" por um diretor de editora, que deveria ao menos ter uma vaga ideia do perfil emocional de seu autor, ainda podia entrar na conta da habitual ironia cruel que volta e meia aparecia na zona de fricção entre vida e literatura — e certamente Kafka tinha humor suficiente para relatar aos amigos esse epíteto tão especial. No que se refere a erros de julgamento e mal-entendidos, ele já tinha passado por coisas muito piores. Por exemplo, o contista vienense Otto Stoessl encontrou em *Contemplação* uma "animação leve, muito íntima", e um "humor típico do bom estado de ânimo",[13] o que naturalmente devia ser entendido como um grande elogio, mas era tão distante da intenção do texto que Kafka duvidou seriamente da própria capacidade de expressão.

Max Brod, por sua vez, tentava com superlativos. "Ele é o maior escritor de nosso tempo", anotou no seu diário, depois de ouvir Kafka ler em voz alta dois capítulos de *O processo*, em abril de 1915. Mas como Brod estava absolutamente entusiasmado, as opiniões que dava de viva voz não eram menos contidas.[14] Kafka, entretanto, sabia apreciar o efeito de seus textos, e esses pareceres que não tinham relação com sua própria experiência não o agradavam nem o lisonjeavam. Já tinha acontecido de ele comparar explicitamente o próprio destino ao de autoridades como Grillparzer, Dostoiévski, Kleist e Flaubert, chegando a chamá-los de seus "verdadeiros parentes de sangue". Mas não por conta de sua produção. Pois quando, em toda a história da literatura, houve tal desequilíbrio entre esforço e resultado? Quando um grande escritor não conseguiu produzir nenhum romance, nenhuma peça, nada de versos clássicos? Qual deles passou meses sem ter uma ideia digna de nota? Qual deles precisava de uma tranquilidade extranatural para encontrar uma frase verdadeira? A comparação em si já era ridícula, e mesmo Brod teve de perceber que não se tratava apenas de fraquezas de caráter, falta de energia e de disciplina, de preocupações ansiosas e estéreis de um perfeccionista neurótico. Não, era o "material" interno, a própria força imaginativa, que deixava Kafka constantemente na mão e *esse* era o motivo pelo qual os hinos de louvor não ecoavam.

Mas quem levou a fama foi Franz Werfel, que — para a irritação de Kafka — passou anos elogiando à larga *A metamorfose*, obra da qual só conhecia de ouvir falar e de cujo manuscrito não se ocupou mesmo quando foi editor na editora Kurt Wolff. Finalmente, com a novela impressa, ele colocou a leitura em dia e ficou abismado. Compreendeu ter subestimado Kafka, aquela sombra estreita atrás de Max Brod; sim, que o tinha verdadeiramente julgado mal. E ele queria — precisava — lhe dizer isso para consertar as coisas. Mas como elogiar o criador de um texto *desses*? Werfel, que já tendia ao drama, não se conteve. E fez tamanho rebuliço que Kafka deve ter se arrepiado. Aquele jovem que parecia sempre estar desfrutando da própria fama, que recebia as coisas de mão beijada, justamente ele, sem qualquer conhecimento da natureza humana, escreveu o elogio mais absurdo, inocente, cru e verdadeiro que Kafka recebeu em toda a sua vida:

> Não consigo lhe dizer o quanto estou abalado, aliás minha segurança recebeu um golpe curativo por seu intermédio e sinto-me (graças a Deus!) bastante pequeno.
>
> Prezado Kafka, você é tão puro, novo, independente e completo que, na verdade, seria preciso considerá-lo morto e imortal. Pois não se sente essas coisas com um homem vivo.
>
> O que você logrou com seus últimos trabalhos realmente não existiu antes em nenhuma literatura; quer dizer, representar com uma história redonda, especial, quase real, algo que é geral, simbólico, a respeito da tragédia de toda a humanidade. Mas estou me expressando de maneira muito idiota.
>
> Todas as pessoas que o rodeiam deveriam saber disso e não o tratar como um igual.
>
> Agradeço profundamente pelo respeito que tenho a honra de sentir por você.[15]

Na realidade, ele estava morto. Não vivia mais. Em todo caso, não era uma pessoa como as outras. Kafka sempre pressentiu e temeu isso. Agora tinha o atestado por escrito.

3. O civil Kavka: O trabalho da guerra

Temos de examinar bem as coisas.
Não antes, bem entendido; senão nada acontece.
Mas depois.

Juan Carlos Onetti, *A vida breve*

GRANDE VITÓRIA SOBRE OS RUSSOS! Fazia muito tempo, nove meses, que a espantada população de Praga não via manchetes tão bombásticas. Aquela tinha sido a época do início de uma grande guerra, que transformou a primeira página de jornais alemães e tchecos em cartazes, e a visão incomum dos prédios das redações rodeados por passantes imersos nas "edições extraordinárias" e os gritos dos garotos jornaleiros sinalizavam que algo terrível tinha acontecido. Depois, porém, com o início do fatigante cotidiano da guerra, as manchetes retornaram ao seu formato habitual, acompanhadas pelo rumorejar monótono de centenas de notícias todos os dias, via de regra pouco importantes, nas quais a palavra "paz" era cada vez mais rara.

Extrair dessas notícias o que realmente estava acontecendo demandava algum treino. Depois de serem agrupadas como pecinhas de um mosaico, era preciso atentar para o que *não* diziam, estudar os grandes espaços em branco que a censura da guerra produzia, e aprender a traduzir as frases de comando dos generais em linguagem corrente. Apenas então os contornos de uma catástrofe se tornavam visíveis. Pois a Áustria-Hungria estava prestes a perder uma guerra mundial. A "expedição punitiva" contra a Sérvia tinha terminado em debacle, as tropas russas se espalhavam pelo interior da Galícia, expulsando regimentos de infantaria austríacos e refugiados judeus.

Pouco a pouco os leitores compreenderam que não fazia mais sentido esperar por uma manchete auspiciosa impressa em letras garrafais. Em vez disso, aprendia-se a ler as letras miúdas: extensas listas de "tombados", diárias, em ordem alfabética. Ao lado, os nomes dos sobreviventes que tinham recebido uma promoção ou condecorações; na página seguinte, os anúncios de busca colocados por famílias de refugiados dispersas. A seção de economia, apenas folheada pela maioria até então, tinha se tornado de leitura obrigatória: nelas se listavam quais alimentos estavam disponíveis para compra, quais apenas por preços estratosféricos e quais tinham desaparecido. Um ovo: catorze heller. Meio quilo de manteiga: três coroas. Um quilo de carne de vaca: cinco coroas. Morangos, pêssegos, cerejas: travessão (ou seja, apenas no mercado ilegal).[1] Tratava-se de informações ruins, mas ao menos confiáveis, e nenhum censor ousava se meter ali.

Fora isso, as pessoas eram informadas também de que em algum lugar uma colina tinha sido "tomada"; um trecho da linha de frente, "retificado"; algumas armas, capturadas, e algumas centenas de combatentes, "feito prisioneiros". Notícias que traziam esperanças inexistiam havia muito tempo. No máximo, era possível se alegrar com os êxitos militares dos alemães, que lutavam no interior da França, infligiam golpes destruidores aos exércitos do tsar e cujos submarinos afundavam cruzadores ingleses em série. Mas eram eventos distantes do próprio âmbito de experiência e não era possível reconhecer que poderiam ao menos tornar mais lenta a derrocada social em geral. Parecia que nem mesmo os alemães usufruíam dos frutos de suas incessantes vitórias. Eles distribuíam cartões de racionamento para o pão, igual aos austríacos, e viajantes oriundos de Berlim informavam que a cidade estava tão suja e cara quanto Praga, Viena e Budapeste, e que também lá as pessoas começavam a se acostumar a vislumbrar próteses e cadeiras de roda por todos os lados.

A guerra tinha se tornado monótona e cinza. Portanto, GRANDE VITÓRIA SOBRE OS RUSSOS! soava como um grito longínquo de despertar no ouvido de alguém quase surdo. Tratava-se de um sonho, um boato, um engano? Tudo indicava que não. Pois quando a população de Praga foi trabalhar, na manhã seguinte, a cidade estava toda cheia de bandeiras.

Naquele 3 de maio de 1915, quando Kafka passou os olhos sobre a primeira página do *Prager Tagblatt*, deparou-se também, na margem inferior e à sombra da notícia da vitória, com uma segunda manchete, muito menos chamativa, mas que lhe era pessoalmente endereçada: "Novas apresentações das classes 1878-94". Esses anos, diziam as autoridades, já tinham passado por exames médicos no início da guerra, mas nesse meio-tempo descobriu-se que as diversas "comissões médicas" usaram critérios muito diferentes entre si. Isso havia levado a injustiças que era preciso corrigir.

Uma mentira da qual até o patriota mais empedernido haveria de desconfiar. Desde quando autoridades, ainda por cima militares, estavam interessadas em injustiças? A verdade era que dos mais de 5 milhões de homens, reunidos apenas na Áustria-Hungria — um material humano colossal — e levados a quartéis desde agosto de 1914, um quarto já tinha sido consumido entre mortes, prisões, desaparecimentos. Isso sem falar na centena de milhares de feridos, que por isso não estavam mais aptos a retornar à linha de frente. O Estado precisava de reforços. Mais ainda porque uma nova calamidade se anunciava, a qual se tentava ocultar em vão dos olhares dos leitores de jornal: a neutra Itália, aliada no papel — que havia tempos negociava com os opositores, que lhe prometiam um butim imenso no caso de sua entrada na guerra —, mudara de lado.

Esse era o pior cenário para o exército austro-húngaro: uma guerra com três frentes, uma guerra que previsivelmente destruiria o Império dos Habsburgo. Líderes militares, entre eles Franz Conrad von Hötzendorf, chefe do Estado-Maior e um dos apoiadores mais agressivos da guerra, tinham afirmado ser impossível enfrentar a Rússia, a Sérvia e a Itália simultaneamente. Desde o início do confronto, eles queriam que o pesadelo fosse resolvido por meios políticos — nenhum preço era alto demais nesse sentido. O governo austríaco realmente tentou, quase em desespero, manter um clima bom em Roma com ofertas tão generosas e complacentes que tinham de ser ocultadas da população. Só que no meio-tempo o preço tinha aumentado, o governo italiano blefava cada vez mais, exigia não só o sul do Tirol de expressão italiana, mas também a cidade portuária de Trieste e estava de olho na Dalmácia e na Albânia. E enquanto Viena ainda discutia se o cumprimento de tais exigências não se assemelhava a uma capitulação, em Paris, Londres e São Petersburgo as contraofertas não paravam de subir: retaguarda militar em terra e no mar, remessas de carvão, reparações de guerra pagas em dinheiro... A Itália precisava apenas escolher, no final a conta seria paga pelo inimigo.

Notícias dessas negociações secretas logo chegaram a Viena, e, no mais tardar em meados de abril, estava claro que não fazia mais sentido continuar tentando evitar a guerra com a Itália por meio de mais concessões. O imperador também se decidiu: *passamos*. Pois era mais honroso permitir a invasão dos italianos do que prosseguir com o regateio e, diante dos olhos do mundo, distribuir presentes que mais tarde haveriam de ser resgatados de volta com o uso de armas.

A declaração de guerra da Itália contra a Áustria-Hungria foi entregue na tarde de 23 de maio de 1915, no domingo de Pentecostes. Ninguém foi pego de calças curtas — talvez a única surpresa foi que o rei italiano se deu ao trabalho de assinar um documento composto de frases vazias e que não elencava nenhum motivo concreto para a guerra, excetuando-se que a oportunidade era propícia para se pegar o que estava disponível.

Poucos dias mais tarde, às oito horas da manhã, Kafka se apresentou na Schützeninsel [Střelecký ostrov], uma pequena ilha no rio Moldava, em Praga, cujos amplos restaurantes passaram a ser usados para fins militares, como local de reunião dos futuros alistados. Era feriado, o badalar dos sinos ecoava pela cidade, havia poucas pessoas no desembarcadouro. Mas imediatamente ao chegar à ilha, Kafka se viu em meio a um burburinho nervoso, com a maioria falando em tcheco.

Não sabemos quantas horas ele passou ali, se encontrou conhecidos, matou o tempo com conversas ou com a leitura de jornais. E — algo muito provável — se ele recordou que, no passado, havia aguardado por uma iniciação bem diferente, sexual, naquele mesmo lugar. Certamente Kafka teve oportunidade de ficar observando. A cena era irreal. Havia centenas de homens sentados ao seu redor, conversando, reunidos não como de costume, num dia livre, pelo senso de pertencimento decorrente da língua, religião ou posição social, mas apenas por aquele único critério, abstrato: sua "classe" ou ano de nascimento. Todos tinham a mesma idade. Naquele dia, era a vez daqueles de 32 anos.

O procedimento que o aguardava era conhecido de Kafka, apesar de suas últimas experiências com os militares distar mais de dez anos. Naquela época, as forças armadas tinham abdicado de formá-lo como "voluntário de um ano", mas somente após demoradas considerações e três avaliações. Apenas então os oficiais se convenceram de que o estudante espigado não era feito para esforços físicos. Aquele início de século tinha sido um tempo pacífico, comparativamente até agradável, quando mesmo homens mais fortes conseguiam, com pouco esforço, se safar do serviço militar. E ninguém imaginaria que um dia a Áustria-Hungria precisaria se valer dos inaptos, dos nervosos, dos magros.

Venha aqui para a parede, tire a roupa, um metro e oitenta, dê um passo à frente, endireite-se, junte os pés, algum problema físico?, doenças na família?, usa óculos?, agora abra a boca, tudo certo aqui, audição em ordem, respire fundo, braços para a frente, na horizontal, agora cruze nas costas, feche as mãos, abra as pernas e curve-se para a frente... por fim o temido toque nos testículos... e a sentença: apto para o serviço militar até o fim da guerra, infantaria, categoria A, o próximo, *další, prosím!*

O que importavam eram os seres humanos, eram os *homens*? Os políticos alardeavam isso, os militares também achavam a mesma coisa. Na sua teoria, os combatentes entravam como massa numérica, como formação de corpos (é o que se aprendia na escola de cadetes), e lhes parecia muito moderno e atualizado considerar as características psíquicas dos indivíduos como potencial destrutivo (estava especialmente na moda alardear o "material de personalidades" dos subordinados). Ao mesmo tempo, fugiam de modo inconsequente do debate sobre a importância decisiva da pura acumulação de armas, veículos e matérias-primas e sobre se as guerras do século XX não seriam decididas nas linhas de produção. Isso contrariava as atávicas imagens de combate, tão excitantes para alguns, e conceitos rudimentares de honra ainda chegavam a sensibilizar o comando tecnocrático da hierarquia militar e não raro estavam presentes na própria propaganda. Ainda no início da guerra mundial, havia generais que não tinham se acostumado à ideia de matar o inimigo à distância, quer dizer, *sem vê-lo.*[2] E era notório o repúdio de oficiais antigos em relação a armas em desacordo com o direito internacional, principalmente gases tóxicos. *Somos soldados, não desinsetizadores.*

Certamente havia motivos para não valorizar a técnica bélica, pois ela era aborrecida, duvidosa e sensível às condições climáticas, não substituía o elemento humano; ao contrário, exigia atenção intensiva e manutenção incessante. Os alemães enviaram 4 mil veículos rumo ao Oeste, mas dois terços sofreram panes e não alcançaram Marne — um agrupamento de mecânicos não foi suficiente para evitar o transtorno. A "gorda Berta", festejada nos cinejornais semanais, era um obus enorme, cujos projéteis pesavam quase uma tonelada, e que só podia ser transportado sobre trilhos, que tinham de ser especialmente colocados nas proximidades do front. Um trabalho dos mais árduos, perigoso, esconjurado mil vezes. Isso sem falar das invenções mais novas, que ainda estavam em estado embrionário e que muitas vezes causavam mais risos do que susto: granadas com "pó de espirro" em Flandres; gás lacrimogênio no front oriental; pilotos que lançavam barrinhas de metal pontudas ("lanças voadoras") e miravam para baixo com espingardas; por fim, os primeiros "tanques", dinossauros morosos, de captura fácil, que na primeira oportunidade afundavam suas 28 toneladas na lama ou em buracos.

Mas também haviam sido realizadas outras experiências com a técnica, com uma superioridade maquinal absoluta, em vias de se automatizar, que reduzia o indivíduo a impotente massa de manobra. Especialmente as novas metralhadoras, bem refrigeradas, com até dez tiros por segundo, foram uma invenção infernal, fazendo incontáveis vítimas já nas primeiras semanas da guerra, obrigando a uma mudança radical de mentalidade. Pois quando um único soldado assim armado conseguia se defender com sucesso contra centenas de agressores, então não fazia mais sentido comparar os números de soldados e oficiais mobilizados por toda a Europa para demonstrar aqui ou acolá uma suposta "superioridade".

De todo modo, a metralhadora pesadíssima ainda era uma arma defensiva, estática — enquanto o inimigo permanecesse na trincheira e não se movimentasse, ele estava seguro. Por essa razão, o segundo choque gerado pela técnica e que atingiu as tropas em ação em dezembro de 1914 foi ainda maior: a introdução da "barragem", que tirou definitivamente a última proteção do indivíduo, não lhe permitindo qualquer tipo de fuga nem a possibilidade de capitulação. "Barragem" significava fogo de artilharia ininterrupto por dias e noites, planejado e preciso, literalmente "uma chuva de tiros". Tratava-se de um estupro físico e psíquico do adversário, que era sentenciado a uma total passividade e ao qual — sem sono, sem alimento, sem médicos — não restava alternativa senão esperar pela morte. A partir de então, todo o conhecimento militar empírico se tornou obsoleto. Ao mesmo tempo, tinha sido apresentada a prova de que não era preciso nenhuma arma mágica de laboratório para se conduzir a guerra "moderna": o que contava era a superioridade quantitativa do material, e as indústrias nacionais iniciaram uma corrida para suprir esse material em quantidades quase inacreditáveis. Surgiu um novo conceito: a "guerra de exaustão".

Desse modo, também aquele GRANDE VITÓRIA SOBRE OS RUSSOS! no início de 1915 não foi de modo algum o resultado de uma batalha ousada (como a história foi vendida à população), mas sim do emprego de uma técnica de guerra que os alemães testaram no front ocidental e que os austríacos — sob orientação alemã; de fato, sob condução alemã — empregaram pela primeira vez contra os russos que haviam avançado consideravelmente na Galícia: reunião secreta de munição de artilharia, reconhecimento aéreo da posição do inimigo, em seguida uma "barreira" certeira que transformava em zona de morte não apenas a linha de frente do inimigo, mas todo o seu sistema de trincheiras, literalmente cobrindo-o de nuvens. Às tropas russas restou apenas fugir de modo desordenado, e a batalha de Gorlice-Tarnów — uma orgia de violência tecnológica até então desconhecida — se tornou o início de uma marcha triunfal alemã e austríaca, que "libertou" a Galícia ocupada havia meses e finalmente chegou até Varsóvia. Havia muito a comemorar no verão de 1915.

Felice Bauer quase não estava acreditando no que lia. "Por que você não sabe", escreveu-lhe de Praga o ex-noivo, "que seria uma alegria para mim [...] tornar-me soldado, desde que minha saúde aguente, mas espero que sim." E prosseguiu: "Você deve desejar que eu seja aceito, assim como é meu desejo".[3] Esse era o mesmo homem que metia cera nos ouvidos para fugir dos ruídos da vida, que tinha asco de quartos de ar morfético e camas desfeitas, que fazia questão de um cardápio próprio e que tinha até afirmado que seu "estado físico" — não sabemos de detalhes — era um impedimento para se casar. Ela estava acostumada que Kafka exagerasse e que brincasse com opções fantásticas, principalmente aquelas de fuga: pular pela janela, pedir demissão, emigrar. A saída da vez era se tornar soldado. Mas não seria isso de mau gosto, quase uma frivolidade, tendo em vista as centenas de milhares que viviam a guerra como uma tortura violentamente imposta? Ele havia sido poupado do conflito até então. Ignorante da situação, provavelmente ela o felicitou para depois saber que a guerra tinha sido introduzida havia muito no jogo hipocondríaco dele.

Só que Kafka estava levando tudo muito a sério e, como se mostraria depois, ele desenvolvia justamente *esse* projeto com um afinco de que — depois dos acontecimentos do ano anterior, principalmente após o noivado mais tolerado do que verdadeira fonte de felicidade — ninguém mais imaginava que ele fosse capaz, muito menos a mulher que mais havia sofrido com suas hesitações. Talvez ela já imaginasse as energias que Kafka sabia mobilizar quando estava convencido da importância existencial de uma causa. Mas por que justamente *essa* causa? Ninguém compreendia. E quando Kafka retornou da Schützeninsel para a residência da família com um "apto!" estampado no rosto radiante — deve ter sido mais ou menos assim —, não topou com ninguém que compartilhasse de sua satisfação.

Claro que os Kafka nutriam um sentimento patriótico, assim como todos os judeus alemães. Mas era algo bem diferente ter de se despedir do único filho com o pensamento não verbalizado, mas inevitável, da morte e da separação eterna, e até o pai, que adorava transformar tudo em festa, deve ter passado horas em secreto desespero.

Mas ainda não tinha chegado a hora, surgiam novos obstáculos, e as botas militares compradas de modo um tanto apressado tiveram de ficar no armário. Pois a seguradora contra acidentes de trabalho não estava tão convencida da inutilidade social do dr. Kafka quanto o próprio; ela não pretendia entregar seu funcionário mais capaz e esforçado às garras dos militares, que já haviam aberto flancos suficientes e que, com sua fome por homens na flor da idade, impediam a contratação de substitutos qualificados.

A situação era ainda pior porque justamente 1915 foi o ano da revisão de todas as contribuições dos segurados; isto é, a "reclassificação" de milhares de empresas nas mais diferentes "classes de risco" e havia meses choviam reclamações e recursos contra as resoluções mais recentes (não poucas assinadas por Kafka). Resolver essa montanha de correspondências o mais rapidamente possível era do maior interesse da seguradora — de outro modo, as empresas em questão teriam a bem-vinda oportunidade de encerrar seus pagamentos. Havia então uma justificativa absolutamente técnica para a instituição solicitar a dispensa de Kafka, imediatamente após o exame físico, bem como a do matemático que colaborava em seu trabalho, visto que ambos "eram indispensáveis e insubstituíveis para a resolução de assuntos de interesse público". O comando militar de Praga compreendeu, ao menos parcialmente. Alois Gütling, vizinho de escritório e poeta amador, foi poupado por mais dois meses, enquanto o dr. Kafka, supostamente mais no centro do interesse público, recebeu uma dispensa "de tempo indeterminado" (ou seja, até uma reavaliação do seu caso).[4]

Ele tinha de ter contado com isso. Mas ninguém conseguia compreender sua decepção, nem mesmo Felice Bauer, que deveria conhecê-lo melhor do que os pais, eternamente preocupados com o próprio clã. Não é difícil imaginar por que o último encontro em Karlsbad, apenas poucos dias após a decisão sobre o futuro próximo de Kafka ter sido tomada, redundou em descontentamento e talvez até em briga. Mais uma vez ele expressava coisas fundamentais sem ser suficientemente concreto, mas Felice argumentava com a razão humana prática, sob cuja luz a recente tentativa de fuga de Kafka parecia insensata, irresponsável do ponto de vista social e até suicida. E será que ela acreditava que ele suportaria uma vida metido em uniforme? Felice não deve ter poupado essa última cartada.

A contraofensiva não se fez esperar. Kafka combinara com Felice finalmente passar as férias juntos no mar Báltico, um plano do ano anterior, *antes* do confronto no Askanischer Hof: a primeira viagem a dois, uma vida em comum sendo testada, por três semanas — evidentemente, apenas caso Kafka, contra sua vontade, permanecesse na vida civil e com possibilidade de se deslocar. Essa condição estava satisfeita e Kafka realmente deixou Praga, mas *sozinho*. Ainda em julho de 1915 — o exame médico, a reclamação, o encontro em Karlsbad, tudo isso tinha acontecido havia poucas semanas —, Felice Bauer recebeu de surpresa um cartão-postal de Rumburg [Rumburk], no norte da Boêmia. Nele, Kafka dizia que não suportava mais ficar na cidade, tinha de ir para um lugar qualquer. Primeiro quis ir até o lago Wolfgang, na Áustria, mas isso significava dezessete horas de trem; portanto, ele estava instalado no sanatório Frankenstein. Somente por duas semanas, pois então ainda restava uma semana juntos no outono, "no pior dos casos". O consolo era pouco, mas Felice Bauer logo se conformou com a situação e anunciou que escreveria uma carta com novos planos de viagem, mais modestos. Kafka respondeu que não adiantava, pois infelizmente essa última semana também tinha de ser riscada. Pois funcionários públicos reclamados como indispensáveis imediatamente passaram a não mais ter direito a férias.[5]

Assim se encerra o capítulo "1915". Mais um final, mais uma despedida. Um ano inteiro se passaria antes de eles se reencontrarem, e nada indicava que um milagre estava reservado a esse casal.

A estada de Kafka em Rumburg — chamá-la de férias seria um eufemismo — deixou poucas marcas em suas anotações. Da alegre expectativa por uma vida mais livre e próxima da natureza, com a qual ele havia três anos batera à porta do lendário Jungborn, não havia sobrado muito mais do que a necessidade de ser deixado em paz. O "Sanatório Frankenstein para tratamentos físicos e dietéticos", a menos de trinta minutos da cidade e situado no bairro de mesmo nome, foi escolhido simplesmente porque (Kafka conhecia o assunto) era o melhor entre os poucos empreendimentos toleráveis desse tipo na Boêmia e porque, durante a guerra, só se chegava a qualquer outro lugar mais distante — ao mesmo tempo bonito, desconhecido e mais ou menos confortável — depois de muitas peripécias ou não se chegava nunca. Rumburg era um alojamento alternativo, e para Kafka quase o símbolo de sua vida monitorada e burocrática, pois a cidade se localizava numa ponta da Boêmia na direção da Alemanha, e por esse motivo seus documentos perdiam a validade no Oeste, no Norte e no Leste, logo após poucas horas de caminhada.

Ele apreciava os arredores com colinas, as florestas supostamente infinitas, silenciosas; uma paisagem suave, tranquilizadora, quase consoladora. Apesar disso, Kafka precisou apenas de poucos dias para compreender que tanto a fuga tinha sido precipitada quanto a escolha do lugar não tinha sido muito feliz. De um lado, a região administrativa de Rumburg estava em sua área de atuação profissional e quando Kafka mirava do alto de um dos inúmeros mirantes para a cidadezinha industrial, era impossível esquecer as 303 empresas lá situadas que havia pouco tinham sido "reclassificadas" e contatadas por carta; as 62 advertências e oito multas que seu departamento havia enviado a Rumburg no ano anterior; ou os apenas sete (aleluia!) processos de reclamação da parte da cidade que aterrissaram em sua escrivaninha. Ele conhecia esses números bem demais e era inevitável que eles manchassem a cidade com a tinta do cotidiano.[6]

Por outro lado, o momento era pouco propício para se entregar às preocupações com o corpo, àquela regressão que é o chamariz dos sanatórios. Descansos programados, dietas, banhos medicinais e orientação médica — de repente, tudo isso pareceu a Kafka um mundo de aparências repleto de pseudoatividades, que não oferecia relaxamento, mas repetição ineficaz, "quase um novo escritório a serviço do corpo"[7] e, portanto, suportável com a consciência tranquila apenas por quem está *realmente* doente, quer dizer: doente aos olhos dos outros. Naquele momento, porém, Kafka não queria ouvir nada daquilo. Se era apto para o serviço militar, o que estava fazendo num sanatório? Seu plano de entrar para o Exército ainda não fora abandonado e lá as doenças invisíveis não eram conhecidas nem aceitas. "[...] nunca mais irei a um sanatório",[8] ele afirmou poucos dias depois e cumpriu a promessa à risca, enquanto a situação esteve em seu poder.

O primeiro embate aconteceu na véspera do Natal de 1915. Kafka estava bem preparado, na noite anterior havia não somente refletido sobre toda a argumentação como também *prometido* a si mesmo falar abertamente e de maneira alguma aceitar um não. E assim ele ficou frente a frente com seu superior, Eugen Pfohl, chefe do departamento.

O estado de seus nervos, discorreu Kafka com a exatidão habitual e uma assertividade fora do comum, permitia a escolha entre quatro possibilidades: se tudo ficasse igual — insônia, dor de cabeça, taquicardia —, a conta chegaria em algum momento com "febre tifoide, loucura ou coisa parecida" (esse *coisa parecida* era a pior das ameaças). A alternativa de tirar outras férias não era uma solução de verdade (Rumburg tinha provado) e, pelas condições da guerra, tratava-se de um privilégio descabido contrário às obrigações de um funcionário público. A terceira alternativa seria a *demissão* imediata (no mais tardar nesse momento Pfohl deve ter percebido que ele falava sério), mas por motivos de família infelizmente não era algo a se considerar. Por fim, em quarto lugar, o serviço militar talvez produzisse um efeito libertador, mas que pressupunha que o Instituto de Seguros liberasse seu funcionário Kafka, quer dizer, retirasse imediatamente sua "reclamação" junto ao comando militar.[9]

O tom era desafiador e no dia seguinte Kafka continuava sentindo-se orgulhoso por ter proferido pela primeiríssima vez a palavra "demissão" em voz alta e assim ter "abalado quase oficialmente as estruturas da instituição" — o que de modo algum era exagerado, pois de fato era muito mais provável um funcionário enlouquecer ou se suicidar devido à carga excessiva de trabalho do que abrir mão voluntariamente da aposentadoria. Kafka tinha quebrado um tabu. Mas isso ajudava pouco. As estruturas podiam ter sido abaladas, mas o chefe continuava impassível. Pois Pfohl conhecia os achaques e oscilações nervosas de seu interino havia muito tempo, e sabia também que Kafka era influenciável por meio de pressão moral. O chefe retrucou dizendo que ele próprio estava seriamente enfermo e precisava se afastar, ao menos por uma semana, a fim de se submeter com urgência a um tratamento com um "hematógeno" formador de sangue (e caríssimo). E perguntou se ambos não poderiam fazer esse tratamento juntos. Se Kafka saísse por um período mais extenso ou até para sempre, o departamento ficaria "órfão" e entraria em "colapso". Ou seja, a ideia era ir ao sanatório na companhia do próprio chefe. E nem uma palavra sobre o serviço militar. Kafka agradeceu, recusando.

A segunda tentativa, mais bem pensada e ainda mais bem preparada, aconteceu alguns meses mais tarde e diante de um escalão superior. Também em 1916, segundo as diretrizes oficiais, os "reclamados" não tinham direito a férias, apenas em situações excepcionais e por poucos dias. Kafka usou essa má notícia, que era aguardada por todos os envolvidos, como oportunidade para endereçar um ofício ao diretor, no qual mencionava novamente os nervos abalados, o número das possíveis alternativas, agora sensatamente reduzidas a *duas*, a fim de dificultar outras saídas. Kafka escreveu que se a guerra terminasse naquele outono, ele solicitaria férias muito, muito longas, sem vencimentos, pois sua doença não se manifestava fisicamente e não havia como ser atestada por um médico. Mas se a guerra se prolongasse, ele gostaria de ingressar no serviço militar e, portanto, pediria novamente a retirada da reclamação.

Três dias mais tarde, em 11 de maio de 1916, o diretor Marschner recebeu seu funcionário para uma conversa. Havia tempos os dois tinham desenvolvido uma relação ainda não de amizade, até aquele momento, mas de confiança, incentivada pelo interesse literário nutrido por ambas as partes e certamente também pelo senso de responsabilidade profissional de Kafka. Naquele ambiente, assuntos privados podiam vir à tona de maneira protegida — uma condição pressuposta tanto em relação à carta quanto à conversa, pois apelar formalmente às *autoridades* e liberar um de seus melhores funcionários seria totalmente inútil.

A aposta de Kafka na licença à intimidade foi usada também por Marschner, e embora Kafka estivesse consciente de que sua vida estava em jogo — seu diário registra isso de maneira explícita —, ele se viu inesperadamente confrontado com uma situação cômica. Pois Marschner estava muito bem preparado, tinha conversado com Pfohl e aproveitou sua estratégia exitosa de ignorar os planos malucos de Kafka e, em vez disso, despertar sua consciência. Ele lhe ofereceu três semanas de férias, que se iniciariam *imediatamente* — sabendo que essa oferta contrariava as regras e que Kafka também sabia disso. Marschner estava disposto a assumir um risco pessoal para a convalescença de Kafka. Por outro lado, Marschner prosseguiu, sua própria posição, de maior responsabilidade, era a de maior potencial para causar alguma doença. E perguntou se Kafka alguma vez já tinha trabalhado por onze horas seguidas, preocupado com seu emprego ou carreira. Marschner prosseguiu dizendo que ele, sim, teve de enfrentar "inimigos" que estavam decididos a puxar o seu tapete. *Isso* é que adoecia de verdade.

Kafka titubeou. A situação como um todo não lembrava o pai, que, confrontado com queixas justificadas, fazia menção ao coração fraco e sufocava qualquer controvérsia com sua história de sofrimento — assim como Pfohl e Marschner estavam agindo? E por que nem uma palavra sobre o ofício?

Seria possível que Marschner, que conhecia e valorizava os feitos literários do subordinado, considerasse irrelevante o sofrimento de alguém que passara anos calado?

Kafka aferra-se a um último fiapo de determinação. Não, três semanas de férias não lhe são suficientes, não é o que ele estava esperando. Ele quer ser soldado. Escapar do escritório, mesmo sem salário, por meio ano, um ano inteiro... mesmo se agora o diretor sorri: Sim, caro colega, vamos prosseguir a conversa numa outra ocasião.[10]

> Pela primeira vez vejo-te levantar, ó
> Deus da guerra, esse de ouvir falar, distante, inacreditável,
> subitamente desperto como ação assombrosa
> semeada tão densamente entre a sombra pacífica.
> Ontem miúdo ainda, precisava de alimento; alto feito homem feito
> já está presente: amanhã
> suplantará o homem em altura. Pois o deus ardente
> arrebata com ímpeto o crescimento
> do povo enraizado — e a colheita se inicia*

Versos admirados, controversos, recriminados, escritos nas primeiras horas da guerra mundial e, apesar disso, apenas partículas de uma imensurável nuvem de palavras, sufocante, erguendo-se das camadas mais cultas, penetrando nos escritórios dos jornais diários, das revistas e das editoras, para finalmente chegar aos cérebros dos leitores. Milhares de poemas todos os dias. Mais cartas, relatos de vivências, textos de encorajamento, indignação com o inimigo pérfido. Uma nuvem explosiva, altíssima, que cobriu o país inteiro, que literalmente asfixiava.

O autor desses "Cinco cantos" não precisava temer que seus versos ficassem perdidos em meio à cacofonia geral. Eles eram aguardados. Quem, se não ele, Rainer Maria Rilke, seria chamado para dar ao momento

* Primeiro dos "Cinco cantos", de Rilke, dedicados à guerra: *Zum ersten Mal seh ich dich aufstehn/ hörengesagter fernster unglaublicher Kriegs-Gott/ Wie so dicht zwischen die friedliche Frucht/ furchtbares Handeln gesät war, plötzlich erwachsenes./ Gestern war es noch Klein, bedurfte der Nahrung, mannshoch/ steht es schon da: morgen/ überwächst es den Mann. Denn der glühende Gott/ reißt mit Einem das Wachstum/ aus dem wurzelnden Volk, und die Ernte beginnt.*

monstruoso uma forma adequada, sublime, cabal? O primeiro *Kriegs-Almanach* [Almanaque de guerra] da editora Insel era um espaço muito honroso para celebrar esse feito.

Mas antes de a publicação ser lançada, o autor estava arrependido. "Não faço 'Cantos de guerra', de maneira nenhuma", ele avisou de maneira muito direta ao editor berlinense Axel Juncker. Embora Rilke afirmasse já ter feito circular "alguns cantos", esses "não deviam ser entendidos como cantos de guerra e também não quero vê-los publicados em nenhum outro lugar". Isso foi em outubro de 1914, nem três meses depois do despertar do ardente deus da guerra.[11]

A breve exaltação de Rilke e o desencanto desencadeado depois de poucos dias e que se consolidou gradualmente podem ser acompanhados de maneira muito precisa em sua correspondência. A sensação é impressionante — é como se a vivência e as reações de Rilke passassem por uma mudança de paradigma, tornando o estado de espírito e a energia daqueles dias quase fisicamente tangíveis, implodindo limites históricos. A retórica da grandiosidade, que brinca com mitos ocos e nos parece paranoica, torna-se agudamente compreensível como expressão da falta de palavras. O novo chocante exige novas formas e imagens, das quais Rilke não dispõe.

Entretanto, ele compreende muito rapidamente que a real e moderna fatalidade dessa guerra não deve ser procurada no estrondo das batalhas, não — como Freud deplorava — na legitimação geral da natural pulsão da morte, mas numa coletividade inédita, ofuscante, suicida e mesmo assim pérfida e vítima de perfídia: "o que consterna não é essa guerra, mas o fato de ela ser usada e explorada num mundo de negócios, que não passa de um mundo humano". E Rilke se torna ainda mais concreto, acha os culpados: "durante toda essa guerra, mentiras apressadas dos jornais deram à luz fatos muito recentes, não consolidados; temos a impressão de que, desde o início desse trabalho de imprensa levado ao extremo, uma guerra iniciada não tem mais como parar, pois os diários infames se adiantam ao seu curso natural". Em outras palavras, a guerra é exatamente aquele acontecimento antigo, inebriante, que Rilke queria acompanhar com seus "Cinco cantos". "Alegria tenho eu em ver pessoas tomadas pela comoção [...]",* dizia-se lá. Agora ele sabe, trata-se de um fazer humano.[12]

* Mais um verso desses "Cinco cantos": *Heil mir, dass ich Ergriffene sehe* [...].

As anotações de Rilke são testemunhos significativos principalmente pelo fato de ele não apenas passar pelo processo de desencanto, como também refletir a esse respeito. Ele não se esquece de nada, expressa aquilo que outros suportam ao preço da repressão ou da insinceridade evidente, como por exemplo Stefan Zweig, que se coloca à disposição da propaganda desde o primeiro dia da guerra mas permanece internamente "seguro na condição de cidadão do mundo", como continuará afirmando décadas mais tarde;[13] ou como Hugo von Hofmannsthal, que sente "muita satisfação" em se equipar com um "sabre *afiado*", mas imediatamente movimenta o céu e a terra a fim de escapar de servir no front, e que depois da intervenção bem-sucedida de amigos influentes reclama do "terrível sentimento atormentador" que o acomete por "não estar presente".[14]

Quase desde o início, Rilke sabia que não estaria presente. Sabia também que a guerra não dependia nem dele nem de ninguém em particular. Ele não precisou disfarçar seu horror ao ser repentinamente declarado apto e ser incorporado poucas semanas mais tarde para treinamento no Regimento de Infantaria 1 de Viena. Só que ele teve sorte, pois dessa vez a Monarquia austro-húngara foi compreensiva. Ainda em janeiro de 1916, Rilke foi transferido ao arquivo de guerra, onde suas ocupações eram preencher cartões de arquivos e traçar pautas em papéis.

A teimosia de Kafka pelo serviço militar é uma das decisões de sua vida mais difíceis de ser compreendidas e não pode ser explicada pela mera intuição psicológica. Seria mais fácil entendê-la como um ato de desespero, de momentânea indiferença frente ao próprio destino — e Kafka não seria o primeiro a se meter numa caserna sem pensar nas consequências. Mas não é isso. As tentativas que faz são refletidas, obstinadas, até enérgicas, repetidas durante anos: ele quer chegar lá. Nem mesmo Marschner, que sem dúvida é uma autoridade para Kafka — e que quer proteger o confuso subordinado de ser ferido ou morto, que se nega a discutir o desejo de Kafka e nem arquivou seu pedido por escrito —, pode fazê-lo mudar de ideia.

> Vou me aferrar ao seguinte: quero ir para o Exército, ceder a esse desejo reprimido há dois anos; por considerações diversas e que não dizem respeito a mim, pessoalmente, preferiria as longas férias, caso pudesse consegui-las. Isso, contudo, é impossível, por razões tanto profissionais como militares.[15]

Uma nota surgida poucas horas depois daquela conversa crucial. Kafka se mostra impressionado, como de costume, mas não se deixa influenciar minimamente. As forças contrárias são, no entanto, fortes demais e não lhe adianta em nada o fato de ele dessa vez ter vencido a batalha contra os próprios escrúpulos, articulando sua vontade de maneira confiante. Ele receberá as férias prolongadas — por várias vezes até —, mesmo se por motivos que lhe sejam insondáveis, mas nunca envergará um uniforme. Embora em agosto de 1916 Kafka tenha sido designado ao Regimento Austro-Húngaro de Infantaria 28 (justo esse desacreditado regimento de Praga que no ano anterior tinha sido dissolvido temporariamente devido a deserções em massa), as autoridades militares o dispensaram no mesmo dia, certamente atendendo a um novo pedido do Instituto de Seguros. Marschner, o diretor compassivo, permanece inflexível, e o jogo se repete nos anos seguintes: em 23 de outubro 1917, dispensado até 1º de janeiro; em 2 de janeiro de 1918, dispensado até 30 de junho; em seguida, o civil Kavka (segundo a grafia da folha do exame médico) recebe a dispensa definitiva.

Kafka não considerou o desenlace um sucesso nem mesmo imaginou ter recebido de presente um tanto de liberdade. E deve ter tido consciência de que se contrapunha à casta dos literatos austríacos, que — patriotas ou não — se lançavam com afinco ao trabalho nos arquivos de guerra, nos departamentos de imprensa de guerra, nos centros de acolhimento ou em outros serviços administrativos resguardados e que, logo, sua própria situação se tornou motivo de piada. É difícil alguém imaginar Kafka fazendo o que se chamava de "pentear os heróis", a maquiagem de atos de guerra para sua posterior divulgação gloriosa pela imprensa. Seria compreensível se algum dos inúmeros jornalistas e escritores que, graças aos seus protetores, serviam ao imperador como redatores publicitários da guerra, pedisse, devido a conflitos morais, para ser reincorporado ao front.[16] Mas Kafka não conhecia ninguém que pudesse tirá-lo da zona de tiro num caso extremo, transferindo-o para alguma escrivaninha longe das trincheiras. Ele havia trocado no máximo um aperto de mãos com homens da hierarquia política ou militar, e dessa maneira certamente não escaparia de um "adestramento" de vários meses num quartel e, em seguida, seria colocado num vagão e transportado para o front de Isonzo. Era muito provável que Kafka só estivesse vivo aos 34 anos graças a Pfohl e Marschner. Será que ele não tinha consciência disso?

E apesar de seus diários e cartas mal revelarem algo a esse respeito, no mais tardar em 1915 Kafka sabia *em detalhes* da realidade da guerra; desde o início, sabia da *natureza* do conflito. O desencanto iniciou-se para ele, assim como para Rilke, com a visão da coletividade exaltada, e a segunda manifestação patriótica que aconteceu na praça do centro da cidade velha, Altstäter Ring [Staroměstské náměsti], bem próxima à sua janela, já foi percebida como um espetáculo organizado.[17] Em seguida, vieram as notícias em primeira mão, os relatos nervosos dos dois cunhados e certamente também de alguns colegas da seguradora; os relatos de Hugo Bergmann, Otto Brod e outros sionistas de Praga, dos quais não poucos haviam se alistado voluntariamente; as terríveis experiências dos refugiados judeus da Galícia, que causavam desencanto já no outono de 1914; as vivências do médico e escritor Ernst Weiß em hospitais de campanha atrás dos fronts; por fim, os cadernos de anotações de Kisch e Werfel, que eram lidos em ambientes semipúblicos. Kafka pôde ainda entender o que lhe esperava no front italiano, principalmente nas batalhas de montanha, cujos horrores superavam a força da imaginação, também por intermédio de Musil, que, internado em Praga em abril de 1916, recebeu ao menos uma visita sua.

Entre os curiosos de Praga que se amontoavam ao redor da limpíssima "trincheira-modelo", poucos acreditavam que estavam tendo uma visão realista da guerra; Kafka certamente não era um deles. Ele sabia que o exército austríaco não apenas combatia, mas também disseminava epidemias, aterrorizava a população e enforcava pessoas meramente suspeitas em postes de luz e em árvores "para dar uma lição aos espiões". Ele estava ciente da fome, do congclamento, da privação de sono, dos hospitais apinhados, dos bordéis nos fronts e das granadas de gás, e mesmo se tivesse tampado os ouvidos vez ou outra: havia testemunhas demais desse horror, era possível encontrá-las em todos os cafés, e nem mesmo os informantes da polícia nas mesas vizinhas (dos quais o satirista, escritor e anarquista tcheco Jaroslav Hašek gostava de zombar) conseguiam fazê-las se calar. Era impossível não ouvir *nada*, não saber de *nada*, e em 1915 mesmo os censores desistiram de manter a realidade da guerra afastada dos leitores de jornal.[18] A viagem de Kafka à base de operações húngara, onde ele — pela primeira e única vez — observou um cenário completamente dominado pelos militares, também não foi uma viagem ao desconhecido. Poucas semanas antes, ele certamente leu na revista *Die weißen Blätter* o relato sobre a situação na área entre Sátoraljaújhely e o front nos Cárpatos.[19] E isso não era tudo.

Pois recentemente fora introduzida uma *via oficial* para a guerra exclusiva aos funcionários não incorporados do Instituto de Seguros contra Acidentes de Trabalho — que embora não os levasse para dentro do inferno, deixava-os próximos o suficiente dele.

> Indústria química: homens sem braço ou pé podem trabalhar no escritório, como porteiros ou pesadores.
>
> Telhadistas: desqualificados os que têm defeitos ou deformidades nas pernas.
>
> Tintureiros: inaptos os que não têm um braço ou antebraço. (Prótese no lugar do pé e perna de pau não são aproveitáveis.)
>
> Cabeleireiros, barbeiros e peruqueiros: possível aproveitamento de pessoas sem o dedo mínimo ou um olho, na medida em que o outro ainda esteja totalmente são. Rostos deformados e o emprego de olho de vidro incapacitam ao trabalho, pois assistentes feridos ou deformados afastam clientes.
>
> Ajudantes: emprego possível na falta de um pé, de um olho, da mandíbula.
>
> Cortadores de papelão: um olho basta. Pé esquerdo faltante deve estar substituído por prótese de perna.
>
> Mecânico: ambos os braços são necessários. Mecânicos de precisão podem ter apenas um braço.
>
> Fotógrafos: retocadores ou copistas podem ser dispensados de ter o braço esquerdo ou algum dedo, bem como um olho.
>
> Marceneiros: desqualificados pela falta de um braço; no caso da falta apenas da mão, podem ser aproveitados. A falta de um olho ou da mandíbula não é obstáculo.
>
> Protéticos dentais: necessárias ambas as mãos, mas a perna mecânica é admissível.[20]

Até o outono de 1914, é como se a ação militar fosse essencialmente um jogo de vida ou morte: matava-se sob o constante risco de morrer, e a mera participação no certame garantia honra e glória. Pois também o perdedor, o "tombado", recebia um lucro simbólico: ele morria a "morte do herói", independentemente se sua última ação tenha sido fútil e suicida — assim como os "heróis da batalha de Langemarck", elevados à altura de mitos nacionais alemães, que na verdade eram ginasianos incautos — ou se tenha sido destroçado por uma granada enquanto estava na latrina. Para ser herói bastava arriscar a vida no serviço da causa comum, ou seja, da causa correta, pois esse era o maior empenho possível. Isso era repetido em todos os livros escolares, nas cartas oficiais de condolências às esposas e mães desesperadas. Tratava-se do único consolo possível, o consolo da agradecida memória coletiva. Ainda havia uma grande distância àquele heroísmo de autopreservação predatória como em *Tempestades de aço*, de Ernst Jünger, que seria publicado depois da guerra.

Uma das primeiras lições da guerra mundial dizia respeito às diferentes possibilidades não só de "tombar" como também de sobreviver, e essa complicação adicional roubou do conceito do heroísmo sua já desgastada aura. Havia se tornado evidente que a pessoa que colocava a vida em jogo arriscava levar um tiro na barriga, ter o braço decepado, sofrer uma paralisia ou ficar com o rosto deformado. Essa conclusão era evidente e decepcionante. Pois ambos os grupos — os combatentes e seus familiares — tinham um acordo tácito de mencionar esses riscos o menos possível, e a suposição infantil de que algo dessa monta só acontecia com os *outros* era um fenômeno disseminado patologicamente por todas as trincheiras da Europa. Sem falar dos administradores e dos ideólogos da guerra, que preferiam um soldado "tombado" a um gravemente ferido, cuja manutenção era custosa, além de um alerta vivo e sempre presente na opinião pública.

A sobrecarga simbólica da morte, mas também a suspensão consensual dos riscos de ferimentos, foi um dos principais motivos para a sociedade ter sido tão surpreendida pela extensão das consequências dessa guerra. As pessoas imaginavam estar suficientemente equipadas. Afinal, havia batalhões médicos, hospitais de campanha e militares, a Ordem de Malta e o trabalho da Cruz Vermelha, especialmente protegido por leis internacionais; tudo aquilo que ia além do âmbito da medicina era de responsabilidade do — bem menos popular — Serviço de Assistência aos Mutilados de Guerra. Entretanto, nenhuma dessas instituições estava preparada para atender a um fenômeno de massa dessa natureza, muito menos às suas consequências *sociais*, que eram finalmente percebidas apenas a contragosto e sob forte pressão dos fatos.

Em fevereiro de 1915, um decreto do Ministério do Interior do Império Austro-Húngaro incumbiu as filiais do Instituto de Seguros contra Acidentes de Trabalho de se ocupar, para além de suas atividades normais, com a "proteção dos combatentes retornados". Uma ideia administrativa nascida da necessidade — como não havia mais tempo de se instalar novas redes sociais, apelou-se às existentes —, mas que também atestava uma sutil lógica sociopolítica. Pois a seguradora era responsável especialmente pelas vítimas da tecnologia moderna, ou seja: pelas pessoas que tinham sofrido danos devido à tecnologia *no exercício de suas funções* e isso valia também para aquelas que sofreram acidentes graves no front, aos "mutilados" de uniforme. Seus beneficiários eram feridos graves, amputados, cegos, soldados e oficiais inaptos à guerra independentemente dos tratamentos médicos oferecidos e que, portanto, "retornavam".

A tarefa era imensa e exigia um imenso esforço técnico-administrativo. Primeiro foram criados "escritórios regionais" que coordenavam a assistência social e se ocupavam — novamente subdivididas em diversos comitês — do registro, do tratamento médico, dos cursos de recapacitação e da intermediação de postos de trabalho dos inválidos. E tudo isso de acordo com rigorosos procedimentos burocráticos (algo inevitável na Áustria-Hungria) e inflexíveis distinções sociais. Nenhum processo andava sem a "arguição individual", o "formulário do inválido" e o "cadastro do inválido de guerra". Do lado dos funcionários, havia uma estrita distinção entre os integrantes de cada agência com função orientadora (políticos, médicos universitários, representantes da Cruz Vermelha e dos comandantes militares) e aqueles que realmente punham a mão na massa.

O fato de essa "agenda" ser executada em Praga quase exclusivamente nos espaços do Instituto de Seguros contra Acidentes de Trabalho e com pessoal próprio vinha muito a calhar para o ministro do Interior. Tratava-se de um engajamento nada evidente, pelo qual o diretor Marschner foi o principal responsável. Marschner defendia a posição de que, assim como no caso dos acidentes de trabalho, a atenção do Estado não era "um ato de caridade da previdência social dos pobres", mas "um direito legal de todos os habitantes que sofreram danos com a moderna guerra de lucros".[21] Por outro lado, esse discurso não devia ser do agrado do Ministério do Interior; também em Praga, termos como "direito legal" e "guerra de lucros" devem ter tocado em alguns pontos sensíveis da política. Na realidade, as exigências dos inválidos de guerra permaneceram durante anos sem uma base legal clara, e mesmo auxílios concedidos por Viena, concedidos por escrito, via de regra precisavam de meses antes de chegar a Praga (algo que os refugiados da Galícia já tinham descoberto).

Diante da situação, Marschner não teve alternativa senão conceder auxílio *imediato* por meio de um fundo de amparo informal, pelo menos na região da Boêmia.

A posição de Marschner é ainda mais digna de nota porque significava uma carga de trabalho quase insuportável, tanto para sua repartição quanto para si. Marschner era membro de *todas* as comissões da agência local e participava das reuniões sem faltar a nenhuma; designava funcionários para as tarefas complementares; mantinha contatos variados para garantir doações; ele apoiava as novas medidas com suas palestras e até por meio de uma revista própria (*Kriegsbeschädigtenfürsorge*); também presidia uma Comissão de Alocação, que semana a semana decidia sobre mais de uma centena de casos. Além disso tudo, precisava se reportar regularmente a Viena.

É compreensível que, sob essas circunstâncias, Marschner não tivesse o menor interesse em abrir mão de funcionários bem treinados para o serviço militar ou até liberá-los para umas férias longas, sem vencimento; assim como é compreensível que ele tentasse relativizar as preocupações de Kafka, apontando-lhe as próprias cargas de trabalho, independentemente do ingênuo efeito retórico. "Se pelo menos não se mostrasse tão simpático e interessado!", Kafka anotou entre as linhas do registro da conversa.[22] A frase continha mais verdade do que ele imaginava. Pois era incrível Marschner achar tempo e paciência para se ocupar dos achaques nervosos de Kafka e de suas fantasias de fuga, enquanto Kafka não fazia ideia do tanto de serviço que o chefe tinha pela frente.

Marschner não podia resguardar seu funcionário desesperado de uma carga mais elevada de trabalho. O auxílio para os feridos de guerra fizera a guerra entrar nos corredores até então vazios da seguradora de maneira evidente e muito chocante. Pela manhã, ao chegar ao prédio, Kafka topava já nas escadas com dezenas de inválidos, entre eles alguns que causavam horror. Tinha sido impossível canalizar toda a demanda (até oitenta "aleijados" por dia) para salas esvaziadas a toque de caixa, de modo que a visão das vítimas, em sua maioria amputadas, era inevitável no acesso àqueles espaços semipúblicos durante o horário de atendimento. Certamente a cena se repetia em outros lugares, e uma das tarefas essenciais da Previdência era "tirar os inválidos da rua", onde eles entristeciam a opinião pública — principalmente quando portavam suas distinções militares e esticavam a mão vazia. Por volta do fim da guerra, Kafka afirmou que desviava o olhar, assim como todos os outros.[23] Mas lá, à porta de seu próprio escritório e na figura de uma reunião grotesca e sempre renovada, tratava-se de uma experiência diferente de sofrimento, concentrada, que literalmente o tocava, fazendo o trabalho com os dossiês de acidentes comuns de trabalho parecer quase um idílio na vida do funcionário público.

É difícil imaginar até que ponto Kafka foi atingido profissionalmente por essa mudança e o quanto estava informado sobre os bastidores. Ele próprio só se refere ao tema de maneira muito casual, e se não dispuséssemos de um relatório de atividades da seguradora,[24] redigido em tcheco, não teríamos ideia da situação, altamente deprimente e em parte caótica, que reinava durante a guerra no apinhado prédio Na Poříči 7, nem saberíamos por que a repartição tinha abandonado a "frequência simples" — por anos, o único consolo de Kafka — e a partir de janeiro de 1916 convocava seus funcionários para um *segundo* turno, diariamente, das dezesseis às dezoito horas. De outro modo, o trabalho extra não seria resolvido, e como atesta o relatório de serviços, ninguém deve ter conseguido escapar da nova regulamentação, nem mesmo os funcionários de menor escalão.

Os departamentos também foram afetados: Pfohl e Kafka assumiram as atividades do Comitê para Tratamentos Médicos, o que significava iniciar rapidamente um levantamento: quem tinha experiência com próteses; quais instituições médicas da Boêmia eram adequadas para receber feridos de guerra; quais clínicas e sanatórios podiam ser expandidos, redirecionados ou, havendo os meios suficientes, incorporados? Para tanto, era preciso escrever e responder muitas cartas (Kafka ficou responsável pela maior parte dessa correspondência), consultar publicações especializadas, pedir assessoria a médicos e até fazer viagens e visitas — as cartas e os diários de Kafka também quase não oferecem nenhuma pista a esse respeito, embora tudo indique que as novas atividades consumissem várias horas diárias e que, em se tratando de pensão para inválidos, ele logo tenha se tornado fonte de informações para os conhecidos.

Não saberíamos muito mais caso o chefe de Kafka não tivesse tido a ideia de nomeá-lo *agente especial*, confiando-lhe uma missão delicada que o obrigava a reduzir um pouco as dissimulações.

> Logo após o início da guerra, uma aparição estranha, que despertava susto e pena, se fez notar em nossas cidades. Um soldado vindo do front. Ele só conseguia se movimentar para a frente apoiado em muletas ou empurrado. Seu corpo sacudia-se ininterruptamente por desmedido frio

> ou ele ficava parado em meio à pacífica rua, impressionado por suas experiências no front. Víamos também outros que só andavam aos saltos; pessoas pobres, pálidas, esquálidas pulavam como se uma mão impiedosa as segurasse pelo pescoço, balançando-as para lá e para cá nesses movimentos torturantes.
>
> Olhávamos para elas com pena, mais ou menos sem pensar muita coisa, ainda mais quando tais aparições se multiplicaram e se tornaram praticamente uma parte fixa das ruas. Faltava alguém que desse as explicações necessárias e dissesse algo como [...].

Palavras da pena do vice-secretário Kafka, as frases introdutórias de um apelo à doação, publicado num jornal de província.[25] As palavras sugestivas que comoviam os leitores com uma imagem conhecida e um sentimento afim, que literalmente os agarravam. A novidade era o tema, que adentrava o campo minado das emoções coletivas, e algumas explicações sobre a seriedade da situação se tornavam necessárias.

Havia muito se sabia que ferimentos e outros eventos traumáticos podiam levar a reações graves, em parte "histéricas" e bizarras, que não pareciam ter relação com aquilo que as provocara: ataques de choro e vômitos, apatia, paralisia, "dores fantasmas", enurese, ataques de pânico — coisas semelhantes já haviam sido relatadas, de maneira esparsa, nas guerras de 1866 e 1870-1. Acidentes de trem e graves acidentes laborais também podiam ser "curados" fisicamente (incluindo-se aí as amputações), mas os envolvidos às vezes ficavam muito abalados psiquicamente, inaptos ao trabalho. A ciência ainda não oferecia uma explicação convincente para tais casos; em parte recebiam a etiqueta de "inferioridade emocional", em parte levantava-se a suspeita de simulação, pois danos psíquicos também passaram a fundamentar o direito a uma pensão por acidente.

Com o início da guerra mundial e a disseminação geral de "neuroses de guerra", essa imagem mudou de maneira tão radical que os médicos encerraram por um tempo, ao menos publicamente, sua metódica caçada aos simuladores e "neuróticos da pensão": os sintomas psíquicos e psicomotores disparados por traumas da guerra tecnológica e pelo desgaste nervoso da artilharia de barragem se tornaram muito intensos e massivos — espasmos faciais, gagueira, mudez, surdez e cegueira, mas também a "tremedeira histérica" tão bem descrita por Kafka, com tremores intensos e movimentos incontroláveis, que podiam durar meses e anos com a mesma intensidade.

Já em 1915 esses "neuróticos de guerra", como logo foram chamados, haviam se tornado realmente uma "parte da vida nas ruas", uma visão com a qual era mais difícil se acostumar e se distanciar do que, por exemplo, com os curativos ensanguentados ou a manga vazia. Os sofrimentos dos neuróticos de guerra estavam totalmente à mostra; era como se obrigassem o público a olhar para uma ferida aberta. E o Estado se vingava, ao negar sistematicamente a condecoração chamada "distintivo de ferido".

Onde colocar essa gente? Enquanto permaneciam nas garras da psiquiatria militar, as "neuroses traumáticas" eram mais combatidas do que tratadas, com o uso de eletrochoques, cirurgias "fingidas"; praticavam-se ainda técnicas como a indução de sufocamentos e o isolamento total por semanas. A opinião pública era informada dessas torturas (que vez ou outra resultavam em mortes) apenas de maneira vaga e eufemística, e mesmo os especialistas que se recusavam a empregar a extremamente dolorosa "faradização" — aplicação de correntes elétricas alternadas (presente na mal-afamada "cura Kaufmann")* — não tinham dúvida de que se tratava de tentativas legítimas de tratamento.

Entretanto, eram os médicos que, individualmente, deviam testar e aperfeiçoar esses métodos. Em Praga, por exemplo, havia o dr. Wiener, que atuava numa pequena unidade hospitalar instalada no emblemático edifício Rudolfinum. O que se passava ali, a poucos minutos de distância do escritório de Kafka, as medidas com as quais os traumatizados "combatentes retornados" eram impedidos de retornar efetivamente às suas casas, foram ocultadas dos passantes de Praga (à medida que os gritos de dor eram abafados pelas paredes), mas não do funcionário da seguradora recém-responsável pelos tratamentos médicos. E mesmo que Kafka tenha sido poupado de assistir in actu aos avanços da ciência psiquiátrica — isso era assunto dos médicos do Estado —, ele estava muito próximo, pela primeira vez, de um mundo estranho no qual se misturavam sangue e instrumentos reluzentes, torturas físicas e aparelhos com ruídos discretos, métodos arcaicos e as últimas conquistas tecnológicas. Ele sabia que, no outono de 1914, esse mundo tinha sido criação de sua própria imaginação, mesmo se transferido a uma

* Inventada pelo neurologista Fritz Kaufmann, a "cura Kaufmann" consistia na combinação de eletroterapia (choques) com o rigor de exercícios militares, a fim de reproduzir os terrores do moderno campo de batalha na sala de tratamento psiquiátrico e reverter a paralisia histérica e os distúrbios funcionais.

exótica colônia penal. Mas aquilo, dois ou três anos mais tarde, era realidade e era tortura — segundo os padrões atuais e certamente também os da época. De volta dos trópicos, chegado à Cidade Velha de Praga.[26]

Felizmente, tal furor terapêutico ainda estava longe do amplo hospital de guarnição, a mais importante instituição do gênero em Praga, no Hradčany. Visto que os poucos neurologistas estavam totalmente sobrecarregados, a estratégia ali era delegar o problema que se avolumava rápido, quer dizer, livrar-se dele de maneira confortável. Além disso, era considerado inadequado tratar feridos e neuróticos de guerra no mesmo lugar, pois temia-se um "contágio". Por fim, os doentes mentais foram enviados a alguns barracões de madeira no belvedere do Castelo de Praga, sob supervisão militar; a ampliação e a manutenção dessas instalações foram confiadas ao escritório regional. Foi assim que surgiu o Hospital Psiquiátrico Provisório Praga-Belvedere, com até oitocentos pacientes tratados com massagens elétricas, saunas, lâmpadas de quartzo, diatermia e hidroterapia — ou seja, com as terapêuticas do sanatório contemporâneo, que vários senhores no Instituto de Seguros contra Acidentes de Trabalho conheciam bastante bem por experiência própria.

Evidentemente, essa não era a solução adequada para todo o Império da Boêmia, e tampouco as parcas subvenções liberadas pelo Ministério do Interior bastavam para concretizá-la. Alexander Marguliés, chefe do Hospital Psiquiátrico Provisório, sugeriu a compra de um grande sanatório e sua reforma. A ideia só era exequível mediante doações. Mas nesse tempo assolado pela inflação, quem levaria suas economias a uma repartição anônima, mesmo se lá houvesse gente tão simpática quanto aquela do Instituto de Seguros? Isso era como presentear um banco. Pfohl e Kafka compreenderam rapidamente que seu Comitê para Tratamentos Médicos deveria ganhar uma aparência diferente, menos oficial, a fim de se tornar mais popular e mais palatável aos donativos. Menos regulamentações, mais filantropia. Era preciso criar uma entidade de benefício público, ou melhor: duas entidades, uma para cada grupo da população. Assim ficava mais fácil apelar à solidariedade do "povo". Dessa forma, para os pacientes tchecos surgiu a Associação Boêmia para a Criação de um Sanatório Público para Doenças Nervosas na Boêmia, e para os alemães que regressavam para casa, a Associação Alemã para a Criação e Manutenção de um Hospital para Combatentes e Instituto Psiquiátrico Público na Boêmia Alemã — finas diferenças linguísticas, que qualquer indivíduo culto em Praga saberia compreender.

Kafka, quem mais, assumiu as tarefas da propaganda; por pouco ele não acabou no Comitê Preparatório da Associação Alemã, onde teria de se haver entre um representante do Parlamento, um conselheiro da corte e um grande industrial, algo que soube impedir a tempo. Mas também Marschner estava incluído nesse grupo seleto e depois da decisão de se publicar um novo apelo inflamado por doações, se possível com muitas assinaturas, várias renomadas, não foi preciso quebrar muito a cabeça para que seu autor fosse definido: Sim, lá na repartição temos um funcionário de grande talento linguístico, muito indicado para escrever um relatório. Ele também escreve poesia, até já ganhou um prêmio...

> Compatriotas!
>
> A guerra mundial, que reúne em si toda a miséria humana, também é uma guerra de nervos, mais do que qualquer guerra passada. Homens demais são consumidos por essa guerra de nervos. Assim como a mecanização intensiva durante a paz das últimas décadas ameaçou os nervos de seus empregados de modo muito mais intenso do que nunca, causando prejuízos e doenças, a parcela mecânica incrivelmente ampliada das ações contemporâneas de guerra representa o maior risco e sofrimento para os nervos dos combatentes. Mesmo quem está inteirado do assunto não consegue fazer ideia da situação como um todo. Já em junho de 1916, dados estatísticos conservadores revelavam mais de 4 mil inválidos com doenças nervosas, somente da Boêmia alemã. E o que ainda nos aguarda? Quantos homens com doenças nervosas estão internados em hospitais fora da Boêmia? Quantos deles voltarão das prisões de guerra? Uma desgraça infinita aguarda por sua ajuda [...].[27]

Bem, não se tratava de nada muito original: segundo Guilherme II, ainda dois anos antes da catástrofe, a guerra seguinte seria ganha pelo povo que estivesse com os nervos em melhor estado. Isso parecia se concretizar agora, numa dimensão monstruosa; nunca uma guerra tinha "mexido com os nervos" da população civil de tal maneira, e quanto mais perdurava, maior a disputa entre os elixires "fortificantes nervosos", cujos anúncios onipresentes realmente passavam a impressão de que a batalha decisiva aconteceria na farmácia. A propaganda de Kafka não oferecia tal otimismo, embora não ficasse atrás no refinamento: ele usou um lugar-comum a fim de descrever a novidade ameaçadora, o "neurótico de guerra", como uma por assim dizer consequência lógica do que todos conheciam ou acreditavam conhecer: o desgaste e a exaustão dos nervos.

Reconhecer o autor Kafka nesses textos é difícil e provoca desconforto. Certamente, um manifesto que deveria satisfazer uma reunião de honoráveis fiéis ao imperador não podia evitar frases feitas, e é muito improvável que os cerca de 130 prefeitos, médicos, advogados, proprietários de terras, diretores de banco e juízes que (ao lado do próprio Kafka) subscreveram o texto teriam aceitado sem mais a falta completa de um discurso patriótico. Só que Kafka estava disposto a dar um ou dois passos além; nos informes destinados à imprensa, ele citava "nossos exércitos vitoriosos", "o tempo que ensina a amar a pátria" e as "belas provas de sentimento patriótico". Não evitou nem mesmo a afirmação de que o Estado já tinha cumprido havia muito seu papel em relação aos inválidos — talvez a mentira mais deslavada escrita por ele em toda a sua vida. Mas no centro de todos os seus apelos oficiais estava o sofrimento palpável e incompatível do indivíduo, cuja dignidade — aqui Kafka concordava com o cientista social Marschner — precisa ser mantida mesmo num estado de extremo abandono, sendo assegurado seu *direito* a um auxílio: "Não se trata de um pedido aos caridosos, mas de um chamado ao cumprimento do dever".[28] Kafka não se envergonhou desse tom moralista e exigente e ninguém precisou convencê-lo de que ali os fins justificavam os meios. Seu apelo aos "compatriotas" alemães foi um daqueles exemplos muito raros de escrita burocrática com a qual ele interpelou Felice Bauer.[29]

O fato de a argumentação não se basear exclusivamente nas questões da guerra era inteligente do ponto de vista da propaganda. Afinal, o conflito poderia se encerrar no mês seguinte e daí quem ainda se animaria a continuar com as doações? Doenças nervosas eram encontradas também entre os civis proletários e pequeno-burgueses que não podiam pagar um tratamento no sanatório, muito menos uma terapia psicanalítica. Não havia nenhuma instituição que se ocupasse com esses pacientes (o que podia ter consequências fatais, como Kafka vivenciou muito de perto certo dia, no viveiro de plantas Dvorský). Isso também deveria mudar. Pois quando os "combatentes regressados" estivessem tratados e a paz restabelecida, seria possível abrir os novos hospitais à população em geral, e a Boêmia alemã contaria com um Hospital Psiquiátrico Público exemplar.

Essas perspectivas convenceram e as doações foram tão generosas que depois de poucos meses decidiu-se pela compra de um sanatório. Mas *qual*? O funcionário escritor da repartição certamente também saberia opinar nesse assunto. Não o chamaram. Pois já muito cedo — é provável que ainda *antes* da criação da organização — todos tinham em mente um endereço que era referência para os neurastênicos da Boêmia. Não casualmente, seu chefe — que havia atuado no Comitê Preparatório e servia no Exército como especialista de alta patente para cuidados com feridos de guerra — era ninguém menos que o famoso sr. diretor Eger do Sanatório Rumburg-Frankenstein, onde Kafka havia passado suas precárias férias no ano anterior. Não sabemos se Eger reconheceu o antigo paciente durante as negociações, mas Marschner certamente não se absteve de revelar a ironia.[30]

Mais uma vez, como tantas outras, o trabalho formal vetou a vida. Fazia tempo que Kafka estava farto do mundo de aparências, murado, dos sanatórios. Ele estava à procura de concentração e não de lazer organizado, e se era preciso mais uma prova de que a convalescença real não era uma questão de hotelaria, Rumburg a trouxera. Isso era fato e águas passadas. Mas a obsessão por sanatórios retornou por uma porta diferente, na forma de um dossiê pesado, como mais correspondência a consumir seu tempo e que entrou na sua conhecida ciranda: Kafka ditava, Pfohl assinava, Marschner negociava onde somas de seis algarismos exigiam um aval de cargo e título.

E mais uma vez esse trio bem treinado teve grande sucesso. Em maio de 1917, apenas sete meses após a fundação da associação, uma pequena festividade semiaberta em Rumburg marcou a transferência de posse do sanatório, o desligamento do antigo diretor Eger, discursos instrutivos aos empregados (certamente inquietos), que passariam a receber uma clientela bem diferente e a ser supervisionados por militares. No centro estava o dr. Marschner, cuja postura humanitária havia frutificado uma vez mais; o inspetor-chefe também se encontrava presente. O terceiro homem havia ficado em Praga a fim de cuidar da repartição e com certeza ninguém precisou convencê-lo disso.

A promessa decisiva, com a qual se chegou à incrível quantia de 600 mil coroas, foi mantida.[31] Poucos meses depois do final da guerra mundial, em fevereiro de 1919, Rumburg se tornou o hospital psiquiátrico público alemão da Boêmia. O objetivo tinha sido alcançado e a história podia caminhar para seu fim. Mas vinte anos mais tarde ocorreu uma nova mudança de nome, que seus iniciadores — Marschner, Pfohl, Kafka — não tinham como prever: foi criado o Sanatório do Distrito dos Sudetos Alemães Rumburg-Frankenstein. Eles não teriam aprovado. Mas nenhum viveu para ver isso.

"A Alemanha declarou guerra à Rússia. — À tarde, natação." O evento mais banal ao lado da catástrofe mundial, o mais íntimo ao lado do mais público, no meio nada além de um travessão. Não seria essa a genuína estranheza do artista que aparece aqui com incomparável ingenuidade e desprendimento?

É possível que um escritor sinta a pulsação do tempo, comunicando-a por meio da língua e da imagem, e mesmo assim, no momento da interferência direta no mundo, ele permaneça desajeitado e ignorante. Uma constelação possível, embora rara. Por outro lado, muitas vezes aquele "apartado da realidade" é quem realmente se sente em casa em *dois* mundos: no cosmo externo, social, que ele molda e vivencia junto com os outros, e em um espaço psíquico interior, dominado por sentimentos, sonhos, fantasias, associações e ideias e no qual está *sozinho*. Quem está sob o fluxo constante de impressões tanto desse "espaço interior do tamanho do mundo" bem como das vivências exteriores não consegue estar o tempo todo conectado. Mas onde essa pessoa está? Num *outro* filme.

Entretanto, o "apartado da realidade" quase nunca é privilegiado o suficiente para abrir e fechar a seu bel-prazer as cancelas sutis entre dentro e fora. O turbilhão puxando para dentro é sempre perceptível; porém, o princípio de realidade exige que ele permaneça acordado, as pessoas esperam que ele se limite àquilo que pode ser comunicado. Quem conta seus devaneios na rua, na loja ou até no seu local de trabalho é visto com estranheza, independentemente da intensidade e da importância dos relatos. Ele se mantém estranho porque conhece e reconhece mais um outro mundo, e permanece — para sua infelicidade — igualmente estranho naquele mundo interior, *pelo mesmo motivo*. Está presente, mas não inteiramente — nem cá nem lá.

Tal estado pode levar à loucura, cuja proximidade Kafka temeu, com razão, durante sua vida. Mas isso tem pouca relação com o desempenho que a sociedade exige do indivíduo. O "apartado da realidade" pode se dar bem como artesão, advogado, professor ou político ou também como vice-secretário de uma seguradora. E o fato de ele dar conta de todas essas funções apoiado por assim dizer em somente uma perna, além de precisar garantir continuamente o equilíbrio do eu, pode, sob determinadas circunstâncias, ser um segredo da vida toda. E é provável que muitos milhares de cérebros funcionem desse modo e não deixem nenhuma pista.

Vários fatos concorrem para que Kafka soubesse mais sobre os reais horrores da guerra do que a grande maioria dos autores da época; certo é que ele não precisava de nenhuma "trincheira-modelo" para ter uma ideia bastante verossímil da situação, principalmente desde que a regulamentação dos danos causados pela guerra passou a fazer parte de seu trabalho. Não apenas viu os aleijados e os neuróticos "tremedores", como também conversou e negociou com eles. É quase certo que Kafka teve de visitar as duas "escolas de deficientes", onde se ensinava o uso de próteses — elas distavam apenas algumas estações de bonde, e ali o Comitê para Tratamentos Médicos tampouco precisava iniciar uma correspondência abundante —, entrando assim naquela zona de silêncio da guerra, da qual a população, incluindo-se aí quase todos seus amigos e parentes, não tinha a mais pálida ideia.

Mas quanto mais se ilumina a abrangente condição de testemunha de Kafka, quanto mais a imagem ingênua do artista apartado da realidade e que a guerra não afeta desaparece à luz dos indícios, mais obscuro ele se torna naquele labirinto psíquico onde conhecimento e experiências se condensam em resoluções. Kafka sabia o que era ser soldado e quase não há dúvida de que continuava querendo se tornar um. "Seria uma meia-verdade", anotou depois da última conversa, infrutífera, com Marschner, "eu pedir férias longas, imediatas e, no caso de elas me serem negadas, a demissão. A verdade seria eu pedir demissão. Não ouso nenhuma das duas coisas, portanto a mentira." Era aquele antigo sonho de partir que ele acalentava quase diariamente desde o primeiro encontro com Felice Bauer, desde a primeira noite que passou em claro, escrevendo, e na qual nasceu *O processo*. Mas enquanto sonhava, do lado de fora o cenário era trocado. Ele sabia havia tempos que deveria ter partido naquela época. Em 1912, sua demissão o teria levado a Berlim, rumo à maior independência interior possível, a um relacionamento erótico, próximo das portas do casamento e da família, e também de escapar da guerra a um custo bem menor.[32] Uma demissão em 1916, por sua vez, levava necessariamente à trincheira, talvez ao hospital, à prisão, à invalidez, ao nada.

Ele sabia disso e mesmo assim se calava a esse respeito, mesmo nos cadernos privados que estavam protegidos dos olhos do censor. Quase se tem a impressão de que, justo nesse momento decisivo, Kafka perdera toda a vontade de uma antevisão estratégica, de que se apagara aquela avidez "burocrática" em antecipar matematicamente a vida e assim suportar a angústia diante do inimaginável. Ele sabia. Ele — que em tempos de paz já fazia uma careta apenas ao olhar o joelho sangrando de um cavalo — sabia muito bem a que um homem no front estava exposto.[33] Mas havia outro prato na balança, que reunia os pesos de uma imobilidade forçada de anos. O que o segurava? Ele não queria mais, como em 1912, chegar a um lugar qualquer; queria *sair dali* quase a qualquer preço.

Kafka tinha consciência de que seu comportamento era tido como cômico, quase extravagante. Um funcionário público do médio escalão pede ao superior para enviá-lo à guerra ou lhe dar férias, tanto faz — não é de espantar que mesmo Marschner, que devia saber muito bem o que estava em jogo naquela hora, não conseguiu deixar de sorrir. Ele não imaginava com quanta determinação e havia quanto tempo Kafka tinha incorporado a vida de soldado no arsenal de suas fantasias de fuga. No início de 1915 Felice Bauer também soube desse "*guerra ou férias!*" e, alguns meses mais tarde, da variante: "No momento, parece haver apenas duas saídas para ele, saídas não no sentido de apagar o passado, mas de poupá-lo de mais coisas. Uma delas seria F., a outra, o serviço militar".[34] Ver-se colocada no rol das saídas não deve ter alegrado Felice, ao contrário do diretor, e o "ele" distante tornava a questão mais clara e, portanto, mais complicada.

"Poupá-lo de mais coisas." Essa formulação faz pensar naquelas ameaças nervosas que Kafka soltava também contra Marschner. Não devemos pensar aqui em suicídio, pois não é provável que Kafka tivesse energia suficiente para se imaginar num estado final concreto. Ele lutava contra a decadência e se via num plano inclinado, mais e mais pronunciado e que jogava *tudo* numa mesma direção: a semana de cinquenta horas no escritório, o estar confinado, a necessidade de escrever sufocada por dores de cabeça e falta de sono, a solidão crescente. Toda chance de mudar radicalmente essa situação e de suspender a decadência psíquica, que Kafka vivenciava com o sentimento de tempo torturantemente intensificado daquele que se afoga, era bem-vinda: férias, casamento, serviço militar, era *quase* tudo a mesma coisa. Desse modo, a ausência de responsabilidade do soldado raso, que não precisa justificar os atos cometidos sob comando, deve ter soado para Kafka como uma doce tentação. "As dores de cabeça em Karlsbad não foram menores do que as de Praga", ele escreveu após uma nova viagem a trabalho. "No front seria melhor."[35]

Então era isso, guerra como saída? No primeiro ano de guerra, algumas vozes receitavam a batalha física pela sobrevivência como terapia adequada contra a neurastenia e a hipocondria. A conta era simples: preocupações reais contra as imaginárias. Também "a vida diária ao ar livre" que os combatentes desfrutavam no front fazia milagres "com não poucos que até então não saíam de casa", e até com os "eternamente enfermiços e pálidos candidatos à tuberculose".[36] É improvável que Kafka tenha se impressionado com tal despropósito, disseminado inclusive por psiquiatras sem experiência no assunto. Ele também sabia que o "ar livre" era mortal em muitos lugares (pois podia conter difenilcloroasina, usado como gás venenoso) e que os estrondos das batalhas não necessariamente fortaleciam o sistema nervoso. Os neuróticos de guerra comprovavam isso à larga.

Mas Kafka não estava imune à pressão moral, tanto dissimulada quanto manifesta, com a qual todo homem em "idade para ir à guerra" e que tivesse ficado em casa era confrontado. Essa pressão podia assumir formas ameaçadoras. Carl Sternheim, apoiador de Kafka, tinha de pensar muito se, e em qual oportunidade, deveria aparecer publicamente. A qualquer momento um crítico podia ter a ideia de perguntar por que esse homem jovem, de aparência saudável, estava fazendo teatro em vez de lutar na guerra — e isso podia ter consequências. Também na envenenada atmosfera acusatória de Praga, onde todos discutiam quem eram os mais hábeis em escapar do serviço militar, os alemães, os tchecos ou os judeus, qualquer um podia se tornar mais um "caso". Bastava o outro lado afirmar, triunfante: eis mais alguém que diz ser imprescindível! E, no caso de Kafka: é judeu, naturalmente!

Desde a declaração de guerra da Itália, essa pressão havia se intensificado de maneira perceptível. Pois também aqueles que começavam a duvidar se a ação punitiva contra a Sérvia tinha valido uma guerra mundial podiam afirmar que a Monarquia de Habsburgo havia sido ludibriada e traída. Até o pacifista mais radical haveria de concordar que aquela guerra lamentável nas montanhas, aqueles combates sem sentido em Isonzo, eram uma guerra defensiva e imposta. Assim, a racionalidade política e nacionalista ficava nos bastidores e a moral subia ao palco.

> Todas as reflexões devem cessar agora. Cada homem que não seja "intelectual" deve se apresentar. Acabaram as ponderações sobre seu caráter indispensável e insubstituível. Todos e nenhum são indispensáveis e insubstituíveis. Mesmo os mais dotados à arte e à ciência não alcançarão nada mais relevante em vida do que defender a lei moral que foi pisoteada.

Não sabemos se Kafka teria assinado sem mais esse chamado a interromper o pensamento. Mas os grilhões da "insubstituibilidade" com os quais seus chefes o mantinham afastado da guerra já lhe eram, havia tempos, fonte de vergonha, e essas frases do teatro Schaubühne de Berlim, impressas poucos dias após a dispensa militar de Kafka (se é que ele as viu, algo muito provável), pesavam em sua consciência, que carregava uma ferida moral.[37] Mas essa vergonha se originava de qual lógica? Se Kafka realmente soubesse tanto mais sobre a realidade concreta da guerra do que todos os autores desses apelos alinhados com o governo: por que essa hesitação, o peso na consciência, de onde vinha a convicção de seguir o bando *apesar de tudo*? Será que ele não tinha uma "opinião" sobre a guerra?

Uma das características mais definidoras da vida de Kafka é que suas decisões, embora exaustivamente pensadas, quase nunca eram determinadas por considerações gerais, convicções ou conceitos; em busca da coerência, ele nunca se decidia de maneira dedutiva. Isso parece estranho apenas à primeira vista; na realidade, ele está seguindo um tipo de comportamento "maleável", que é regra — e também incentivado moralmente — em relacionamentos pessoais íntimos. Por exemplo, a imagem que uma pessoa tem dos pais pode ser desprovida de ilusões e muito realista e ela pode perceber nitidamente as dependências sociais e ideológicas nas quais eles estão enredados, mas em todas as decisões que afetam diretamente sua relação com os pais, essa pessoa raramente vai ser guiada *apenas* por seu olhar analítico. Essa falta de lógica não surpreende ninguém; ao contrário, é tida como humana. Mesmo Kafka, que havia entendido o jogo do pai, quase nunca usou esse conhecimento como arma e nem o aproveitou para fortalecer sua fraca posição na família. Quando o que está em jogo são relações interpessoais, raramente adianta ter razão.

Entretanto, é altamente estranho — inclusive para os amigos mais íntimos — como essa lógica da intimidade supera barreiras no caso de Kafka. Ela se estende à profissão, à política, no fundo ao mundo como um todo e, portanto, necessariamente também sobre áreas nas quais a pessoa parece "deslocada". Certamente ele tinha uma opinião sobre a guerra, como todos. Kafka era um patriota moderado, temia um fracasso militar austríaco e, no mais tardar no terceiro ano da guerra, a matança indiscriminada era sinal do descarrilamento da história do mundo, de perversão social. Nesse sentido, Kafka era totalmente discreto do ponto de vista intelectual: ele não dispunha nem da antiga antevisão política de um Karl Kraus nem tinha a consciência de pertencer à elite típica de um Thomas Mann ou Werner Sombart, que tentavam justificar as escaramuças contínuas com um ajuste de contas histórico e com construções ideológicas.

Mas para além da mera opinião, Kafka era *outra coisa*; diferenciava-se da grande maioria de seus colegas masculinos — também de Max Brod, Felix Weltsch e outros amigos de Praga — numa prática social peculiarmente "ignorante". Sua ação não era influenciada por conhecimentos gerais ou quaisquer opiniões sobre o evento mundial. Ele não pensaria em "correr para se juntar ao batalhão" a fim de defender a Monarquia de Habsburgo ou a comunidade dos "heróis" contra um bando de "mercadores", como postulava Sombart. O que ele sabia sobre as consequências mais imediatas e terríveis da guerra também não conseguia promover o oposto, ou seja, mantê-lo longe da guerra. Toda a propaganda política, que, sob a pressão dos acontecimentos, tinha se intensificado a ponto de se tornar uma algaravia, parece interessar e influenciar Kafka tão pouco quanto o falatório político no escritório ou em casa, e certamente sua postura foi chamada mais de uma vez dc indiferente e fria.

O que é injusto. Pois Kafka via a guerra pessoalmente, e no sentido mais estrito da palavra. Se de um lado permanecia refratário às repreensões ("Nesses tempos difíceis, é preciso [...] quando nosso imperador nos conclama [...]"), ele também se sensibilizava com manifestações prévias à linguagem, gestuais, espontâneas, que em sua opinião carregavam um grau maior de verdade, e contra suas implicações morais ele se sentia indefeso. Argumentos ricocheteavam em Kafka, mas olhares penetravam até seu íntimo: os olhares do pai, que idealizava seu próprio período no Exército, quando os dois cunhados contavam de suas experiências de guerra na Galícia; os olhares no escritório, quando chegavam cartões vindos do front assinados por colegas que só eram conhecidos de gravata e paletó (Kafka também recebeu cartões desse tipo, "E o que o amanhã nos reserva? Quem se pergunta isso?", era o que dizia um deles);[38] os olhares dos jovens sionistas, quando a conversa girava em torno dos atos heroicos e das condecorações de guerra de Hugo Bergmann; os olhares das mulheres de meia-idade, mães de filhos soldados, às quais era impossível justificar alguém como Kafka passeando pelo Altstädter Ring; sem falar dos olhares das vítimas nos degraus do Instituto de Seguros contra Acidentes de Trabalho, os quais Kafka tinha de enfrentar compulsoriamente.

Não, ele *não* tinha mudado. Será que algum dia se sentiu tocado pelos argumentos dos judeus orientais, mesmo de seus porta-vozes mais eloquentes? Mal se encontra alguma pista a esse respeito em seu diário. Em vez disso, ele descreve seus gestos autoconfiantes, estudados, comparando-os com a apresentação insegura de Brod: isso basta. Será que um dia perguntou pela opinião de Felice Bauer? Ele procurava os olhos, a mão dela. "O que um casamento exige", ele explicou, "é concordância humana, ou seja, uma concordância que é muito mais profunda do que todas as opiniões, que não é para ser checada, mas sentida [...]."[39] Poderia ter completado: "é o que acho também sobre todo o resto". E também em relação aos judeus, à guerra. Havia os olhares das pessoas que o circundavam e havia o fato incontestável de que ele estava desperdiçando sua vida tornada sem objetivo enfurnado no escritório. No seu entender, tratava-se de uma incongruência, uma inverdade, uma não concordância, *muito mais profunda do que todas as opiniões*.

Nem os familiares nem mesmo Felice Bauer devem ter percebido com que obstinação Kafka seguia essa lógica da intimidade. Pois não era sempre que ele a explicitava; e apesar de procurar nos olhares e nos gestos dos outros por sinais que lhe eram dirigidos, sabia se defender dessas repreensões voltadas *explicitamente* contra ele. Seu pai tinha lhe jogado na cara muitas vezes que sua situação era boa demais. Agora, sob as condições da guerra e da carestia, esse lamento ridículo ganhava as proporções de uma pressão social constantemente perceptível, de uma acusação generalizada, que literalmente podia ser lida em todos os lábios e à qual Kafka não queria se entregar sem resistência:

> Não ria, F., não considere meu sofrimento desprezível, certo, tantos sofrem agora, e o que lhes causa sofrimento é mais do que um sussurrar no quarto ao lado, mas no melhor dos casos eles estão lutando pela sua existência ou, melhor, pelas relações que sua existência tem com a sociedade, eu não faço diferente, não diferente de qualquer outro.[40]

Também Kafka exige seu direito. Mas silencia sobre sua inveja daqueles que combatem de modo *visível*. E é a esses que ele quer se juntar. Ali haveria concordância, verdade e, se a sorte assim o quisesse, também um caminho para fora, para a liberdade.

À central da polícia imperial em *Praga*:

> Em relação às solicitações de condecorações por merecimento na área de cuidados com os feridos de guerra, pedimos a inclusão nesse rol do sr. dr. Franz *Kafka*, vice-secretário do Instituto de Seguros contra Acidentes de Trabalho do Império da Boêmia.
>
> O dr. Franz Kafka é responsável tanto pela agenda do departamento técnico da seguradora quanto pela preparação e execução da agenda do Comitê para Tratamentos Médicos desde 1915. Passa por ele a correspondência relativa à criação e manutenção dos hospitais. Está especialmente envolvido com os assuntos referentes ao hospital psiquiátrico em Frankenstein, gerenciado pelo escritório regional.

Uma condecoração para Kafka, solicitada pelo Escritório Regional de Assistência aos Combatentes Retornados, em 9 de outubro de 1918. Mas desde quando a polícia austro-húngara era responsável pela distribuição de medalhas? Desde sempre. Pois primeiro era preciso descobrir se o aspirante tinha feito algo que o desabonasse em *algum lugar* e a *qualquer tempo*, e para tanto todos os comissariados austríacos tinham de checar seus arquivos e transmitir telegraficamente o resultado. Depois dessa comparação nacional de dados chegar a um resultado negativo (quer dizer, favorável), em 20 de outubro a central de polícia de Praga soltou sua aprovação irrestrita:

> Não há nenhuma nota desabonadora quanto à idoneidade civil e moral do dr. Franz Kafka, advogado, vice-secretário do Instituto de Seguros contra Acidentes de Trabalho.[41]

Ou seja, ele não havia sido "difamado" por ninguém. Uma alforria de primeira classe e, ao mesmo tempo, um vale para ser elogiado pelas mais altas instâncias. Entretanto, Kafka não recebeu nem esse prêmio. Pois três semanas mais tarde essas instâncias superiores renunciaram e as condecorações a serem entregues foram esquecidas.

4. O milagre de Marienbad

*Já que tínhamos vindo para o prazer, precisávamos tratar de achar um.**

Louis-Ferdinand Céline, *Viagem ao fim da noite*

"Vi muitas coisas nos últimos tempos, tive menos dores de cabeça." Uma observação lacônica no diário. De que ele está falando? De mutilados da guerra? Das atrações de Praga? De refugiados partindo? De filmes de cinema? "Em que confusões me meto com as moças, apesar das dores de cabeça [...] são pelo menos seis desde o verão." Moças? Onde Kafka teve a oportunidade de conhecer seis moças? Não sabemos de nada a esse respeito, e o biógrafo fica preso na zona cinzenta de fontes que, no melhor dos casos, permite supor o que aconteceu. Contornos, sombras, gestos mudos: o resto é reconstrução.[1]

Há acasos que borram a imagem de uma produtiva vida passada, que arrastam épocas inteiras dessa vida ao esquecimento definitivo: manuscritos destruídos, cartas e fotografias espalhadas no exílio, herdeiros ignorantes ou inacessíveis, a morte precoce ou o anonimato de testemunhas, sem falar na avidez dos colecionadores. O biógrafo pouco pode fazer para conter esse processo de dissolução além de prosseguir com a determinação estoica de se contentar com o que restou. O que não cessa por definitivo com a suspeita de que possivelmente os episódios mais importantes, mais decisivos, possam ter ocorrido bem no intervalo de tempo do qual não houve testemunhos.

O fato de essa escuridão também se abater sobre a vida de Kafka no verão de 1915 *não* faz parte da série desse tipo de acasos, pois se trata de uma escuridão criada por ele e da qual também foi vítima, de um ano inteiro em que Kafka não encontrou saída. Ele entrou num estado de espera que

* Louis-Ferdinand Céline, *Viagem ao fim da noite*. Trad. de Rosa Freire d'Aguiar. São Paulo: Companhia das Letras, 2009.

a guerra lhe havia imposto, e suas tentativas esporádicas, embora enérgicas, de escapar ficam sem um resultado palpável. As portas em que bate são as erradas.

Ele está decidido a pedir demissão imediatamente após o final da guerra, mudar-se para Berlim, instalar-se em algum sótão, fazer um balanço da vida e reunir novas forças. E só revela o plano a Felice Bauer depois de ela perguntar explicitamente por ele, como se essa fosse a atitude mais natural a se tomar. Mas não basta saber o que *será* feito, e a autoconfiança, que Kafka ganha a partir de sua decisão, erode mais e mais sob a pressão de uma incerteza paralisante: quando isso vai acontecer? O que vou fazer *até lá*?

Sabemos pouco sobre o que ele fez e viveu naquele inverno de 1915-6 e essa falta de testemunhos deve-se principalmente ao fato de Kafka não sentir mais vontade de registrar o marasmo: cartas raras e sombrias, anotações esparsas que não passam de itens. "Não é tão necessário quanto já foi", ele escreve já na primeira página de um novo caderno, "não preciso me inquietar, já me inquieto o bastante, mas com que fim, e para quando?"[2] Em seguida, lemos sobre a trincheira de Praga, os títulos de guerra, a metade do prêmio literário, a publicação um tanto casual de *A metamorfose*, o embate inútil com os chefes. Apenas um único flash espoca e permite vislumbrar o cotidiano, em meio ao qual Kafka parece se movimentar realmente feito uma sombra:

> Total inutilidade. Domingo. Insônia prolongada à noite. Com o sol brilhando, até onze e quinze na cama. Passeio a pé. Almoço. Li o jornal, folheei velhos catálogos. Passeio: Hybernergasse, parque municipal, praça Wenceslau, Ferdinandstraße e, depois, na direção de Podol. Esforcei-me muito para estendê-lo por duas horas. Aqui e ali, fortes dores de cabeça, bastante agudas em certo momento. Jantei. Agora, em casa. Quem pode, de cima, abarcar isso tudo de olhos abertos, do começo ao fim?
>
> Abro o diário com o propósito específico de me possibilitar o sono. Mas vejo neste momento aquela que por acaso é a última entrada, e poderia imaginar mil entradas de mesmo conteúdo dos últimos três ou quatro anos. Consumo-me sem nenhum sentido, ficaria muito feliz se pudesse escrever, mas não escrevo. Não consigo mais me livrar das dores de cabeça.[3]

Dor de cabeça e insônia são as últimas duas constantes que restaram, Kafka se refere a elas em quase todas as páginas, tentando inutilmente contrapor "interesses" quaisquer à exaustão e aos constantes estados de obnubilação. Até suas leituras parecem estar completamente à mercê do estado de humor e do ânimo do dia, ele lê memórias da campanha russa de Napoleão, monta uma lista imensa sobre seus "erros" militares, depois volta a folhear a Bíblia. Não se acha nem uma mínima referência à literatura contemporânea, e Kafka parece temer até os estímulos benfazejos produzidos por Flaubert, Dostoiévski e Strindberg. Ele vai ao teatro no caso de uma estreia de Werfel, mas não frequenta mais o cinema.

À distância, não é possível perceber — e talvez do ponto de vista *objetivo* também não seja claro — se o isolamento gradual de Kafka, que mesmo nas fontes tão escassas deixa pistas marcantes, aprofundou a depressão ou foi apenas sua consequência. A percepção do próprio isolamento social e intelectual que ele formulara já em 1915 permaneceu tão amarga quanto verdadeira: "não existe ninguém que me compreenda integralmente". Mas também não há ninguém a quem Kafka teria *oferecido* essa chance. Ele se agarrava aos poucos confidentes, principalmente a Ottla, que pouco a pouco ganhava traços maternais, a Max Brod, que estava mais acessível novamente, e supostamente também a Felix Weltsch. Mas Kafka aparecia cada vez menos na companhia desse círculo íntimo. E quando isso chegava a acontecer — sabemos de um encontro com Heinrich Mann no final de 1915 —,[4] era sempre com uma companhia protetora.

Relações que exigiam uma maior participação de Kafka ameaçavam se desfazer. É notável que ele não se digne mais a fazer comentários por escrito sobre a própria família, mais uma vez com a exceção de Otta, enquanto os antigos conflitos continuam existindo, principalmente enquanto a derrocada inexorável (porque condicionada pela guerra) da fábrica de amianto da família era motivo de discussões acaloradas na mesa de jantar. Mas mesmo na hora de decisões de caráter existencial, Kafka se furtava de todas e quaisquer objeções e disputas. Não há dúvida de que mesmo a fuga em direção às trincheiras — caso tivesse acontecido — teria surpreendido seus pais. Ele era alguém misterioso desde sempre e Brod já o havia repreendido várias vezes por essa razão. Só que havia tempos o silêncio de Kafka não podia mais ser quebrado com uma advertência simpática.

Ernst Weiß, médico que atuou em diversos hospitais militares, também foi testemunha disso, embora tivesse mantido um contato prolongado com Kafka por correspondência. Weiß tinha pouca simpatia por estados críticos e inibições neuróticas, considerava o relacionamento com Felice Bauer um equívoco, e o fato de Kafka não querer parar de sonhar com Berlim, apesar de todo o distanciamento e a humilhação, devia lhe parecer um sinal de alucinação. Entretanto, o relacionamento entre os homens se intensificou, desenvolvendo-se a partir de uma admiração mútua entre dois escritores para uma amizade que, no final de 1915, permitia o uso do informal "você"[5] — um delicado abrandamento da distância que Kafka só permitia em caso de ligações já enraizadas e "indissolúveis". Raras foram as oportunidades de se verem e conversarem pessoalmente — de vez em quando Weiß visitava a mãe, que morava em Praga —, mas exatamente a distância e o destino conturbado do amigo tornavam cada reencontro um acontecimento festivo: uma constelação ideal para Kafka, que era ávido por proximidade humana, mas que temia quaisquer exigências adicionais, permanentes, que pudessem "colar" nele.

Esse equilíbrio foi perturbado no início de 1916, e certamente não é por acaso que o rompimento aconteceu na época em que Weiß transferiu seu domicílio para Praga, supostamente para permanecer mais tempo na cidade e talvez conquistar um cargo confortável como médico de regimento. É altamente improvável que Kafka tenha apreciado esse movimento de maneira irrestrita. Pois ao contrário de Brod, que, havia tempos, já aprendera a respeitar a necessidade de sossego e a passividade temporária de Kafka, Weiß não conseguia imaginar uma amizade digna desse nome sem uma troca irrestrita. Ele foi um dos poucos que conseguiram fortalecer Kafka moralmente, instilando-lhe novas esperanças e abrindo-lhe novas portas. Mas o feedback intenso que aguardava era medido pelas próprias necessidades e possibilidades, não pelas de seu sensível interlocutor, que considerava tal exigência de atenção intrusiva e até penosa. "Ele era um eterno galanteador e um eterno decepcionado", Hans Sahl anotou em suas lembranças sobre um Weiß já mais velho. "Ele mimava os amigos e os tiranizava ao mesmo tempo."[6] É impressionante como essa caracterização também se aplica, de maneira exata, à diferença com Kafka, que também de modo inesperado e enérgico subiu a guarda e logo em seguida avisou Felice, com objetividade e aparentemente sem qualquer tristeza, do seu rompimento:

Enquanto eu não estiver melhor, não vamos mais nos relacionar. Uma solução muito sensata.

Nossa separação, primeiro causada por mim, depois por ele e, finalmente, decidida por mim, foi muito correta e aconteceu devido a uma decisão completamente inequívoca, algo que não é muito frequente de minha parte.[7]

O que havia acontecido? Kafka deixa vago, e a censura da correspondência pode ter contribuído para que não explicitasse as circunstâncias concretas da desavença. De todo modo, ele insinua que Weiß tinha levantado "as mesmas acusações primitivas" que haviam tornado compulsória a separação no Askanischer Hof, acusações de insinceridade e de dissimulações irresponsáveis. Mas se alguma intenção podia mover o psiquicamente destruído Kafka a uma "decisão inequívoca", então esta foi apenas a de não querer repetir o tribunal de Berlim.

As cartas — queixosas e muito mais claras — que Weiß endereçou à amada, Rahel Sanzara, esclarecem o havido. Assim sabemos que, de forma surpreendente, Kafka tinha se negado a recomendar publicamente o segundo romance de Weiß, *Der Kampf* [A luta]; por essa razão, seria um "fariseu malvado", um hipócrita. Afinal, se pergunta Weiß, ele não tinha expressado sempre sua maior admiração e se oferecido a ajudar na versão final da obra? Para Weiß, tratava-se de sinais de coleguismo, de amizade, que significavam mais do que a mera disposição de se dar ao trabalho de escrever uma resenha. Mas Kafka o havia deixado na mão, feito falsas promessas. E daí a recusa.

Na realidade, é possível imaginar que já no verão de 1914, durante os dias que passaram juntos no mar Báltico, Kafka tivesse feito uma promessa explícita — por sincero apreço por *Der Kampf*, do qual ele até possuía uma cópia, e talvez também por gratidão pela resenha maravilhosa que Weiß havia escrito sobre *O foguista*. Também é possível imaginar que Kafka teria cumprido sua promessa — apesar de sua manifesta incapacidade para a análise literária —, caso o romance tivesse sido lançado à época, logo após seu término. Mas a editora S. Fischer hesitou um bocado; devido às perdas catastróficas que o mercado livreiro alemão vinha sofrendo desde o início da guerra, *Der Kampf* só seria lançado em abril de 1916. Só que Kafka já era outro. Ele não escrevia mais: nem para si e *muito menos* por obséquio.

Weiß ficou profundamente abalado, sentiu-se rejeitado, traído, e aquilo que Kafka lhe escreveu sobre supostas barreiras internas, neurastenia e excesso de trabalho lhe pareceu tão fingido que o apreço, tão longamente cultivado, se tornou ódio. Escreveu à namorada: "Quanto mais tempo estou longe de Kafka, maior antipatia sinto por ele e por sua maldade visguenta".[8] E embora anos mais tarde tenham ocorrido outros encontros pacíficos com Kafka — cujo nível literário singular Weiß reconhecia e divulgava —, até seus anos finais em Paris foi impossível ao médico reconciliar-se com o fato de ter se enganado tanto sobre esse ser humano. Dirigindo-se a um espantado Soma Morgenstern, admirador de Kafka, Weiß disse que este último havia se comportado "feito um canalha"; e em uma revista de exilados, ele chegou inclusive a delinear a imagem de um autista social. Segundo Weiß, Kafka tinha "amigos maravilhosos, uma família decente, uma mulher encantadora, pura e bondosa, que quer ser sua, e que é alimentada há dez anos exclusivamente com esperanças e fantasmas — mas ele não se importa".[9] Ou seja, a encantadora e pura Felice, cuja moral burguesa Weiß sempre desprezara. Mas ele está falando de si mesmo, o exagero (dez anos!) torna isso evidente. E assim Ernst Weiß ganhou a honra de entrar na história da literatura como o único inimigo confesso de Kafka.

Não há dúvida, Kafka estava igualmente magoado; e saber que justo Weiß estava no coro dos acusadores morais também foi uma decepção para ele (mesmo que mais tarde colocasse a discórdia completamente na sua própria conta).[10] Por essa razão, é ainda mais espantoso o fato de manter sua opinião diante do trabalho literário do antigo amigo, sem se limitar a um frio julgamento estético. Ao contrário, Kafka sugeriu que Felice, ao ler o romance, prestasse atenção à "voz do homem" e, como antes, ele mantinha a estrita distinção entre o eu do escritor e a figura empírica por vezes cansativa do dr. Weiß.

Der Kampf fala de uma fatalidade devastadora que marcou um ser humano de vida conturbada e incapaz de tomar decisões. Um homem que cambaleia para lá e para cá entre duas mulheres, das quais a mais fraca finalmente sucumbe, enquanto a mais forte, Franziska, se liberta após anos de tortura e encontra seu caminho como pianista. Felice Bauer não gostou muito; na sua opinião, o enredo não tinha originalidade e a narração era monótona. De todo modo, o protagonista se mostrava autêntico, tinha características que lhe pareciam conhecidas, conhecidas até demais. Mas não foi por esse motivo que Kafka lhe sugeriu o livro: "Também acho que apareço no livro, mas não mais do que muitos outros, pois não estou verdadeiramente individualizado". Na sua opinião, tratava-se do tipo comumente imaginado do escritor judeu ocidental, bastava fechar os olhos que ele logo se lembrava de personagens assim. "Mas é sobre Franziska que eu gostaria de ouvir sua opinião. Eis também a ambição do livro. Se o agarrarmos nesse ponto, agarramos o autor pelo pescoço."[11]

Como leitor, Kafka não dá importância a concordâncias externas, mesmo quando ele próprio fornece o modelo. Características particulares e até o gênero lhe parecem casuais e essa indiferença não era fingida. Se tivesse se reconhecido retratado no romance de Weiß, Kafka teria tido oportunidades suficientes para se defender; afinal, na primavera de 1914 o manuscrito ficou durante meses sobre sua escrivaninha. Ele permitiu. Por outro lado, o que fazia o coração de Kafka bater mais forte era o caminho de Franziska, a decisão fria e apaixonada com a qual ela se afasta de suas origens e também das pessoas próximas a fim de conquistar um objetivo que não consegue justificar e nem mesmo articular verdadeiramente, mas que reconhece como sendo seu. Trata-se de identidade. De tornar-se o que se é. A *qualquer* preço.

Não sabemos se Ernst Weiß concordava com essa leitura ou se também considerava central em seu romance esse desejo estético que rompia com todos os compromissos sociais. Alguns anos mais tarde, quando se decidiu a revisar o texto mais uma vez, lapidá-lo e apresentá-lo numa nova versão, Weiß aproveitou a oportunidade para escolher um título mais preciso: *Der Kampf* se tornou *Franziska*.[12]

"Enquanto eu não estiver melhor, não vamos mais nos relacionar." A desculpa não era desconhecida de Felice Bauer e ela perguntou muitas vezes — ainda que em vão — o que havia acontecido. Kafka prometia explicações e ficava em silêncio.

Ele estava mudo fazia tempos. Ficara para trás a época em que uma linha dedicada (ou melhor, um túnel) para Berlim era seu desejo secreto, insano. E já não tinha nem mais vontade nem capacidade de tornar suportável a monotonia das queixas por meio de charme e autoironia. Mas a mera repetição trazia algo de indigno, repetição era imobilidade, decadência espiritual, difícil de ser suportada mesmo no espelho do diário e impossível de ser impingida a qualquer outro ser humano. E assim Kafka escolhera evitar todas as frases contendo calor humano, nascidas das sensações do momento, enviando no seu lugar — com intervalos cada vez maiores — declarações, descrições gerais de seu estado, muito refletidas e que exatamente por isso impediam qualquer vislumbre de suas vivências imediatas.

> [...] há situações em que falar pouco se diferencia do silenciar. Meu sofrimento é, por assim dizer, quádruplo:
>
> Não consigo viver em Praga. Não sei se consigo viver em outro lugar, mas o fato de que não consigo viver aqui é a coisa de que menos tenho dúvida.
>
> Mais: por isso, não posso ficar com F.
>
> Mais: sou obrigado (e isso já está até impresso) a admirar os filhos dos outros.
>
> Por fim: às vezes, acho que serei triturado por toda essa tortura. Mas o sofrimento do momento não é o pior. O pior é que o tempo está passando e, por causa desse sofrimento, me sinto cada vez mais lastimável e incapaz, as previsões para o futuro não param de se tornar cada vez mais sombrias.
>
> Isso não é suficiente? Ela não imagina o quanto sofro desde nosso penúltimo encontro com F. Durante semanas tive medo de ficar a sós no meu quarto. Durante semanas só conheci o sono febril. Vou a um sanatório e me convenço da idiotice desse passo. O que procuro? Será que não existem noites por lá? Mais irritação, lá existem dias e noites. Volto e passo a primeira semana como num estado de torpor, não penso em nada além de minha ou nossa infelicidade e nem no escritório nem em qualquer conversa compreendo nada além do que é mais superficial e isso com todas as dores de cabeça e tensões. Um tipo de estupidez me assola. Não fiquei parecido em Karlsbad?[13]

Kafka não pode ter deixado de perceber que havia algo errado ali. Aqueles registros de dor não mais mencionavam pessoas. Justo Felice, que se sentia viva apenas quando interagia socialmente, deve ter achado absolutamente incompreensível o fato de Kafka conseguir falar de sofrimento sem nenhuma relação concreta com a família, amigos, colegas. Isso sem mencionar o sucesso exemplar que ele tinha como escritor e que parecia não atingir sua infelicidade hermeticamente fechada. Ela soube por meio do jornal que Kafka havia recebido (de certo modo) um prêmio literário — na época, um acontecimento raro e muito importante —, e a surpreendente publicação de *A metamorfose* (como suplemento da revista e como livro) foi mencionada por ele de maneira tão casual que pareceu uma desfeita. Bem, ela nunca havia feito perguntas a respeito de seus escritos...

Depois do tratado de Kafka sobre a raiz quádrupla de seu sofrimento, nenhuma carta até dezembro de 1915 — quatro meses — foi preservada. Em seguida, as férias de Natal se aproximaram e logo surgiu a inescapável, dolorosamente aguardada pergunta de Berlim. Felice sugere um encontro, urgente, pois está "triste" com ele. Kafka, porém, recusa: "Você não deve me ver assim", "mesmo agora, eu poderia apenas decepcioná-la novamente". Felice brinca com a ideia de viajar até Praga, acaba desistindo por fim e vai descansar por alguns dias esquiando em Garmisch. "Muito elogiável", ele afirma. Em janeiro, depois do pedido quase desesperado dela, a nova resposta, imutável: dor de cabeça, insônia, esgotamento interior. "[...] não sei como melhorar e não sei onde você vê uma ajuda que não tenha sido tentada [...]. O ser humano vivo dentro de mim tem esperanças, claro, o que não é de espantar. Mas o que julga, não." E no início de março, mais brusco: "Enquanto não for livre, não quero ser visto, não quero vê-la". Por fim, um mês mais tarde, a despedida por telegrama: "não consigo passaporte cordiais saudações = franz".[14]

> Feliz não é aquele que se esquece do que é imutável; isso só acontece numa opereta. Uma tal postura significaria nada menos do que a anulação das anotações do registro; quer dizer, assim deveria ser considerada. Feliz é aquele cuja medida das próprias pretensões fica tão abaixo de uma regulamentação superior decretada para esse fim que seus proventos naturalmente serão exorbitantes.

Se Kafka estivesse destinado a viver uma vida de duração média (atual), então certamente teria visto essa famosa definição de felicidade, que Heimito von Doderer coloca na boca de um alto funcionário público austríaco nas últimas páginas de seu *Strudlhofstiege* (1951). E certamente para sua grande satisfação. Pois o contraste engraçado entre intimidade e linguagem burocrática[15] era um dos seus próprios meios estilísticos, aplicado com virtuosismo principalmente em *O processo* e em *O castelo*. Neles também encontramos passagens de uma linguagem conscientemente inadequada, seca, "não viva", cujo efeito subliminar afeta quase todos os seus leitores. Ainda antes de se dar conta, *escuta-se* o ruído da papelada sendo manuseada por uma mente desorientada, que calcula e se exaspera, embora, em última instância, seja a vida aquilo que se impõe — uma comprovação *ex negativo*, uma demonstração de como as coisas *não* funcionam.

No caso de Doderer, a forma também permeia o conteúdo. Sua determinação da felicidade, inspirada de maneira evidente por Schopenhauer e radicalmente oposta à disponível *diversão* da "sociedade competitiva" desmedida, parece fazer sentido num primeiro momento. Mas a solução por demais convincente carrega um travo de desconforto. Será que a medida da felicidade pode mesmo ser calculada, é possível que uma simples subtração seja suficiente para conduzir mais de 2 mil anos de metafísica ao seu objetivo?

Essa, porém, não é a única questão; há outras armadilhas à espera. Pois a definição de Doderer gera a forçosa conclusão de que é suficiente conter as próprias pretensões, esperanças e expectativas a fim de aumentar a probabilidade de conhecer a verdadeira felicidade. Ou seja, trata-se de uma estratégia puramente defensiva, cujos limites cada um deve estabelecer para si. Isso se o mais inteligente não abrir mão totalmente de quaisquer pretensões que se tenha em relação à vida ou até invertê-las, quer dizer: esperar apenas pela dor e pela infelicidade. Daí a ausência de dor seria felicidade. Mas era *essa* sua mensagem?

Quase temos a impressão de que o milagre de Marienbad [Mariánské Lázně] — aquela felicidade que Kafka sentiu no verão de 1916 como uma "regulamentação superior" — foi uma prova concreta de que a reflexão de Doderer não é apenas uma elucubração vazia que deságua obrigatoriamente numa apatia melancólica. Mas e o que mais? Será possível que o truque primitivo (é o que parece ser) do autocomedimento seja apenas uma *reprodução* de uma dinâmica psíquica paradoxal: a resignação como forma de salvação, o esgotamento preventivo da infelicidade a fim de rechaçá-la?

É certo que naquele início de ano Kafka saudaria como felicidade qualquer alívio, qualquer dia sem dor, em que estivesse alerta; ele nunca esteve tão mal, não somente do ponto de vista psíquico como também físico. Continuava recusando tratar-se com a medicina clássica, mas se dispôs — provavelmente cedendo a apelos da família — a ser examinado por um neurologista, ao menos. O diagnóstico de "neurose cardíaca" era inespecífico o suficiente e não esclarecia absolutamente nada.[16] Mas o sofrimento de Kafka era visível. Caso contrário, seus chefes não teriam resolvido forçá-lo a tirar mais um período de descanso. Eles deviam estar convencidos de que mesmo o severo médico da companhia não negaria seu "de acordo".

Ninguém das relações de Kafka teria a ideia de que ele *não estava passando assim tão mal* — uma ideia não tão absurda, tendo-se em vista os documentos preservados, apesar de suas lacunas. Pois em que Kafka empregava a energia restante que ainda conseguia extrair dos seus estados de exaustão e dor cada vez mais frequentes? Essencialmente em evitar desmascaramentos e humilhações, estabilizar sua autoestima; resumindo, em manter a postura. Por isso a rígida separação de Ernst Weiß, por isso a recusa de aparecer diante da antiga noiva, por isso — finalmente — as cenas que lhe eram tão pouco típicas, exigentes, quase teimosas, nas salas de Pfohl e Marschner. Todas essas tentativas de salvamento eram defensivas do ponto de vista social: fuga do olhar crítico dos outros, fuga em direção à solidão ou ao anonimato. Para manter a postura, Kafka estava disposto a cortar os últimos vínculos, inclusive arriscando a vida nas trincheiras. Mas o preço dos momentos de orgulho, quando ao menos por alguns instantes a autoestima encontrava-se preservada, eram altos. Pois ele estava em vias de destruir qualquer chance de uma modificação fundamental, duradoura, que, qualquer que fosse, necessitaria da ação de pessoas de sua confiança — as mesmas pessoas das quais agora mantinha distância, cuja capacidade de empatia ele havia exigido até o limite e que em algum momento iriam largá-lo. Não se jogar nos braços de ninguém era uma norma honrosa. *Enquanto ainda existissem braços.*

Em maio de 1916, o front particular de Kafka desmoronou. Marschner recusou-se a liberar seu obstinado subordinado à guerra, e a recusa deste em receber benesses extraordinárias se tornou um gesto simbólico. Mas apenas poucos dias mais tarde as tentações se tornaram poderosas demais. Kafka finalmente seguiu para Marienbad a fim de comparecer a uma reunião profissional e, apesar do tempo chuvoso e da ventania, ele ficou encantado com a cidadezinha limpa, apartada da guerra, com seus muitos parques e as florestas ao redor. O lugar era sossegado, pois não havia o público internacional, e "inacreditavelmente belo". Ele não imaginava haver lugares assim tão perto, a algumas horas de trem da "cova" de Praga, e depois do primeiro passeio ele soube que regressaria em breve.[17]

Imediatamente o tom de suas cartas mudou, Kafka inspira fundo, alonga braços e pernas e relaxa a mão que escreve. Só que baixar a guarda era difícil, ele não tinha o hábito. Como informar isso a Marschner sem se desmerecer? Por outro lado, para superar o último obstáculo, necessita de um aumento da pressão, de um ataque *do corpo*: dores de cabeça incessantes o assolam de 23 a 28 de maio, durante cinco dias e cinco noites inteiras, tornando a inspeção dos documentos uma tortura. Elas também não permitem relaxar no fim de semana. A crise chegou, as reservas estão exauridas, não é possível continuar se desviando do problema. Caso não parta à ação, Kafka vai desmontar. Ele vai aceitar a oferta de três semanas de férias com a mais humilde gratidão, viajará para Marienbad. "Eu queria muito me manter inflexível [...] mas não suporto."[18]

Todas as outras barreiras psíquicas começam a cair em sequência, como pedras de dominó. Felice Bauer, que percebeu que algo decisivo estava acontecendo, aproveita o momento e atropela Kafka com uma sugestão espantosa, franca e que ignora todas as rejeições: ela pergunta se eles não poderiam passar as férias de verão juntos. Seria seu primeiro reencontro depois de quase um ano, e o primeiro programa íntimo longe do olhar das famílias. Um passo com consequências imprevisíveis. Mas Kafka está "evidentemente muitíssimo de acordo", não há sinal de hesitações, com entusiasmo ele decide que não existe outro lugar em questão fora Marienbad, sim, começa a sonhar em recobrar as forças produtivas completamente esvaziadas justamente lá, na proximidade irritante de uma mulher, *dessa* mulher.[19]

Kafka se descontrola e aprecia o momento. Ele sabe que será colocado à prova novamente, mas *não quer* saber. Paciente, espera pelo sinal de Felice e consegue, dentro de poucas semanas, organizar as montanhas de dossiês que atolavam seu escritório e deixar o lugar em perfeita ordem — como se fosse para sempre. Por fim, no sábado, 1º de julho, os últimos ditados, apertos de mãos dos colegas, a alegria da despedida. Infelizmente a família desprevenida também exige seu quinhão, meio dia de férias é consumido com uma ida à sinagoga para comparecer ao casamento de um parente notoriamente exitoso. "Quão formosas são as tuas tendas, Ya'akov/ E os teus tabernáculos, Israel [...]." Kafka confere o relógio.[20] Finalmente, no comecinho da tarde de domingo, a liberdade. Ele está sentado no compartimento de seu vagão — 3ª classe, como sempre —, envolto no único ruído que nunca o irritou: o da fricção das rodas metálicas sobre os trilhos. Atrás das janelas, a cidade que aos poucos vai ficando para trás.

Procura-se uma imagem que contenha o perto e o longe, a distância abissal daquilo que nos parece mais próximo e a provocante presença da distância inalcançável, mas quase alcançável. Uma imagem dialética, uma imagem mental.

Kafka encontrou essa imagem e utilizou-a intensamente; trata-se de uma imagem de extrema simplicidade e supostamente inofensiva: a porta e sua variação mais nobre, o portão. Em suas obras há portas destrancadas e que, mesmo assim, permanecem intransponíveis (o portão de "Diante da lei" e a porta por cujo olho mágico o funcionário de *O castelo*, Klamm, pode ser visto); portas abertas, atrás das quais reina uma escuridão impenetrável (a sugestão de capa feita por Kafka para *A metamorfose*); portas velhas, que se abrem sozinhas ("Um médico rural") ou que ameaçam se desintegrar (o acesso ao quarto do pintor Titorelli em *O processo*); portas que bastavam ser tocadas para atrair sevícias e morte ("Um golpe na porta do solar"); por fim, portas que modificam sua transparência de uma hora para outra, sem motivo aparente. Kafka inventou uma porta dessas em abril de 1916 como símbolo que se antecipava ao que aconteceria com ele dois meses mais tarde.[21]

Mas em Marienbad, logo no primeiro dia, topou com uma variação nova, esteticamente muito refinada: "com Felice. Porta a porta, chaves de ambos os lados".[22] Quartos de hotel dispõem sabidamente de chaves, uma banalidade que não merece registro. Mas essa porta dupla, que ele examina com olhos e ouvidos, era quase um símbolo indiscreto e, justamente naquele dia do seu 33º aniversário, Kafka estava um pouco mais sensível para aquele tipo de referências do que de costume.

Há muitos indícios de que a porta do lado de Felice estivesse aberta desde o começo. Ela também tinha obstáculos a superar: férias junto com um homem, não sendo eles casados nem sequer noivos, e ainda por cima com alguém que havia dois anos tinha sido mandado aos diabos. Não era fácil tornar a situação palatável à família. Se ao menos fosse um sanatório, onde cada um estivesse ocupado consigo mesmo... Mas Kafka havia recusado essa opção e se importava tão pouco com as considerações convencionais ou mesmo com as exigências da moral pública que era até difícil se lembrar delas. Por que Felice não fazia como ele? O mais seguro era não contar *nada* em casa, pelo menos não o que realmente importava.

Mas mal saiu do campo de visão da mãe, Felice desabrochou, recepcionando o namorado apreensivo de maneira tão carinhosa e natural já na estação de Marienbad como ele sempre esperara em Berlim, em vão. Nem os contratempos dos primeiros dias — a troca de hotel, a chuva incessante, sem falar nas suscetibilidades de Kafka e suas manias entranhadas — conseguiram mudar isso. "Agruras da vida em comum", ele anotou no terceiro dia. Embora Kafka sem dúvida estivesse ciente de que a autoria da queixa coubesse muito mais a Felice, enterra a lâmina um pouco mais: "Impossibilidade de viver com F[elice]. A insuportabilidade de viver com quem quer que seja".

É possível que sua consciência alerta fosse o principal motivo da tensão constante: Kafka sabia — e não era possível abafar a sensação o tempo todo — que em pouquíssimo tempo *algo* tinha de acontecer. Certo, as circunstâncias externas eram mais felizes do que nunca e ele próprio as tinha concretizado. Mas justamente por esse motivo o encontro em Marienbad estava sob a pressão da expectativa de uma experiência transformadora: se quatro anos de preparativos não eram suficientes para alcançar a plenitude sob *tais* circunstâncias, então qualquer outra esperança seria ilusória; seria também uma despedida para sempre, uma despedida cujo sentido e necessidade estariam provados com clareza. Pois o que mais o impulsionava a se forçar a essa "impossibilidade de viver com F[elice]"? Nada além de "estranheza, [...] compaixão, [...] lascívia, [...] covardia, [...] vaidade", era o que acreditava, "e somente lá no fundo, talvez, um riachinho estreito digno de ser chamado de amor, inacessível a toda e qualquer busca, cintilando eventualmente no instante de um instante. Pobre Felice".[23]

O desejo por intimidade não aparece na lista de Kafka, embora ele saiba que exatamente esse impulso é capaz de se amplificar até se tornar uma avidez quase incontrolável, que atropela hesitações e objeções da razão. Ninguém sabe disso melhor do que ele, e as imagens opressivas correspondentes já foram encontradas em *O processo*. Mas ele se esqueceu do gosto da satisfação. O desejo sexual lhe é mais penoso do que nunca (prostitutas, inclusive em sonhos, já não apareciam havia muito em suas anotações) e não é capaz de juntar mentalmente esse desejo com a paixão doce e dolorosa em Weimar, com a pequena felicidade em Riva, com os flertes forçados em Praga que tinham acontecido havia poucas semanas, e muito menos com sua própria e surpreendente disposição de procurar a proximidade de Felice. Apesar de observar a si mesmo com a maior agudeza, essas ligações lhe escapam, e a separação entre sexo e carinho, que no círculo burguês de Kafka foi a norma durante muito tempo, entrou na conta — mesmo se em seu caso de maneira interiorizada, na forma de filtro mental, um ponto cego da autopercepção. Sua experiência psíquica parece dividida, guiada por instâncias que se mantêm estranhas umas às outras: a ânsia de escapar da cela eternamente iluminada da própria consciência; a ânsia de ser compreendido e pacificamente aceito pelas outras pessoas; e a ânsia de se unir com uma mulher, pele com pele, boca com boca, numa entrega total — Kafka conhece tudo isso, mas não quer acreditar que se trata de manifestações de um mesmo desejo, um desejo que está profundamente enraizado no somático e que, portanto, não pode ser pensado nem concretizado sem o corpo.

Em Marienbad ele ultrapassa esse limiar, e Felice — que parece ansiar pela primeira vez, possibilitou a travessia. E já era tempo, tratava-se da última oportunidade, a crise havia sido atingida e Kafka mal conseguia se dominar. "Que tipo de gente sou eu!", ele se lamentou com uma anotação apressada, a lápis, num cartão-postal. "Que tipo de gente sou eu! Torturo-a e a mim até a morte." Mas apenas poucas horas mais tarde Marienbad está inundada pela luz do sol, "uma tarde maravilhosamente leve e bela".[24] Logo em seguida, abre-se também a porta dupla. Eles ainda dispunham de cinco dias.

> Estava realmente com a impressão de que a ratazana tinha se enfiado em seu último buraco. Mas como as coisas não podiam piorar, acabaram melhorando. As cordas que me atavam foram ao menos relaxadas, consegui me orientar um pouco; ela, que dentro do maior vazio sempre esticou as mãos para me ajudar, me ajudou novamente e vim a ter uma relação que me era até então desconhecida, de ser humano para ser humano, tão valiosa quanto o melhor momento daquele relacionamento que o missivista tinha com a missivista. No fundo, nunca fui íntimo de uma mulher, excetuando dois casos, aquele em Zuckmantel (mas lá ela era uma mulher e eu, um garoto) e aquele em Riva (mas lá ela era quase uma criança e eu, totalmente confuso e doente de tudo). Mas agora vi o olhar de confiança de uma mulher e não pude me fechar. Algo que eu queria preservar para sempre se rasga (nada individual, mas um todo) e desse rasgo também brotará, eu sei, infelicidade suficiente para mais de uma vida — não provocada, mas sim imposta. Não tenho o direito de me defender contra isso, muito menos porque caso não acontecesse aquilo que está acontecendo, eu o faria acontecer por conta própria, apenas para receber novamente aquele olhar. Afinal, eu não a conhecia (para além de outras considerações) e naquela época o temor pela realidade daquela missivista me impedia; quando ela veio ao meu encontro no grande quarto para receber o beijo de noivado, fui tomado por um

> arrepio; a viagem de noivado com meus pais foi, passo por passo, um suplício para mim; nada me atemorizava mais do que estar a sós com F. antes do casamento. Agora é diferente e bom. Resumindo, nosso combinado é: nos casar logo após o fim da guerra, alugar dois ou três cômodos numa área não central de Berlim, cada qual honrando seus próprios encargos financeiros, F. continuará a trabalhar como até o momento, e eu, bem, isso ainda não sei dizer direito. Mas se for o caso de visualizar melhor o relacionamento, vem a imagem de dois quartos, por exemplo em Karlshorst, num deles F. acorda cedo, sai e cai exausta na cama à noite; no outro há um canapé no qual estou deitado e me alimento de leite e mel.[25]

Brod deve ter lido esse relato detalhado e surpreendentemente encadeado com espanto. Não apenas porque tortura e prazer aparecem tão próximos um do outro, mas porque pela primeira vez ele é informado de eventos cujos efeitos colaterais psíquicos foram ocultados por Kafka durante três anos. Ninguém sabia desse "suplício", Kafka guardava tudo para si. Também não há dúvida de que Brod — que além de seu casamento ainda mantinha pelo menos dois relacionamentos eróticos — teve de traduzir a linguagem seca, que se movia entre imagens de contornos muito nítidos, para sua própria experiência. A conotação sexual era evidente. Mas (e isso era curioso) ela se concentrava no olhar feminino, portanto, o menos material. Discrição? É possível que também se tratasse disso. Mas se Brod pudesse ter folheado os diários de Kafka daquela época, não teria encontrado nada de diferente. Sobre Felice, ele escreve: "bonita a visão de seus olhos apaziguados, o abrir-se da profundidade feminina".[26] Até o fim da vida, esse olhar era para Kafka o símbolo do bom, a garantia de que a redenção não era apenas imaginável, mas também vivenciável, "no instante do instante". Para ele, esse *era* o milagre de Marienbad. Encontramos uma pista da recordação do "corpo elegante" de Felice apenas num bilhete despretensioso, escrito pouco antes de sua morte.[27]

Ele guardou o olhar dela e com espantosa facilidade suportou que aquela "profundidade feminina" tivesse de se retrair novamente. Marienbad não era o paraíso, com um cotidiano tão profano quanto o de qualquer lugar, mesmo no elegante hotel Schloss Balmoral, que supostamente tinha sido escolhido por Felice devido às suas comodidades. Eles passeavam, cruzavam os bosques, visitavam os lugares sugeridos pelo guia *Baedeker*, o Egerländer, o Dinahof, travavam amizades despretensiosas com pessoas das mesas ao redor, liam o jornal em conjunto (a batalha do Somme, conhecida também como o inferno do Somme, havia começado recentemente no noroeste da França, mas ninguém ali conseguia nem queria imaginá-la) e, tarde da noite, ficavam no terraço de Felice, sentados frente a frente junto a uma mesinha e luz elétrica. Ele suportava o fato de ela ainda não o ter desculpado totalmente, ele não tinha nada contra escrever à "querida mãe", quer dizer, Anna Bauer, na condição de genro — de fato, o noivado tinha sido retomado, mesmo que Kafka evitasse estritamente essa palavra —, e mesmo uma visita conjunta ao balneário vizinho de Franzensbad [Františkovy Lázně], onde Julie Kafka e Valli estavam hospedadas para um tratamento, foi realizada com um sentimento de leveza que alguns dias antes lhe teria sido inconcebível. Ao escrever para Brod, ele disse que aquilo era "extraordinário", "tão extraordinário que ao mesmo tempo me assusta profundamente".[28]

Esse estado de suspensão intocável e livre de ansiedade não cessou nem com a partida de Felice. Certamente era decepcionante que os distúrbios de sono e as dores de cabeça se mantivessem, embora tudo estivesse correndo bem. Além disso, por um suposto descuido da direção do hotel, Kafka precisou ficar no quarto bem menos sossegado que tinha sido o de Felice na semana anterior, com hóspedes dos dois lados atrás das portas duplas (agora muito bem trancadas). Mas à tardinha, quando estava sentado na varanda "dela", no lugar "dela", aqueles olhos se faziam novamente presentes e dirigiam-se a ele. Sob esse olhar a paz finalmente retornou, sob esse olhar quase tudo era suportável e anos mais tarde Kafka chamou os seis dias felizes acompanhado e os oito dias felizes solitário em Marienbad de um dos grandes enigmas da sua vida[29] — catorze dias: um nada se comparado às inúmeras centenas de noites das quais eles foram arrancados, mas ainda assim uma experiência impactante, maravilhosa e singular para um eu nervoso, cujo tempo não passava voando, mas em luta, e que conhecia o relaxamento apenas como a debilitação das forças.

Um enigma também para nós. Pois onde estavam, na realidade, aqueles obstáculos *objetivos*, supostamente insuperáveis, que haviam cercado Kafka por anos, impossibilitando a decisão de se casar? O temor bem fundamentado de uma vida no escritório, da carga da responsabilidade material, da exaustão das forças criativas na prisão familiar, do fim da escrita? Mas o próprio Kafka, "desesperado feito uma ratazana presa", não havia declarado havia poucos meses a duradoura "falta de liberdade" externa como o centro de sua infelicidade?[30] E não havia estilizado o processo de decisão entre casamento e literatura como uma indispensável automitificação?

Max Brod, que não apenas conhecia essa ladainha como por vezes também lhe fazia coro, deve ter ficado chocado ao compreender o sentido da alegre mensagem. Afinal, Kafka estava dominado por uma tentação momentânea ou ele tinha realmente se esquecido? Ao contrário. Ele havia quebrado o cerco, encontrado uma saída onde nenhum de seus amigos o tinha imaginado até então, uma solução para além de todas as convenções. E ainda mais incrível: ele tinha uma mulher ao lado que apoiava essa solução, que parecia inclusive *desejá-la*. "[...] cada qual honrando os próprios encargos financeiros", dizia a frase decisiva na carta de Kafka. "F. continuará a trabalhar como até o momento [...]."

Isso era uma afronta, uma opção da qual os maridos Brod e Weltsch só podiam *sonhar* e cuja concretização aconteceria apenas ao preço de um escândalo. Felice também sabia disso e dessa vez ela se impôs frente às pressões da mãe e lhe respondeu com: não, sem mais detalhes. Ainda não sabemos. Vamos ver. Quando a guerra acabar... Kafka não se comportou diferente, e também Julie e Valli, que o visitaram em seu último dia de férias em Marienbad, tiveram de se contentar com a parca explicação de que eles haviam se reconciliado e que em algum momento provavelmente haveria um casamento.

Uma falta de formalidade absolutamente impensável antes da guerra. Isso sem falar nos secretos combinados financeiros, com os quais Kafka e sua noiva davam as costas para sua origem social. Pois a capacidade do homem para "sustentar" a esposa, e o talento da mulher em manter um refúgio doméstico e vigiar uma educação adequada para os filhos, eram ainda os elementos principais da vida burguesa e sinais de diferenciação muito nítidos em relação ao meio proletário. Sem dúvida havia famílias respeitáveis que viviam exclusivamente da herança da mulher. Mas mesmo nesses casos a função masculina do asseguramento da subsistência era mantida como fachada e, evidentemente, contas e cheques continuavam sendo assinados pelo *senhor*. Por outro lado, era muito improvável uma esposa e mãe oferecer sua própria força de trabalho: isso levantava suspeitas sociais, até morais, e lançava sobre o homem a sombra da cafetinagem. No máximo, existiam exceções nas metrópoles, no liberal meio acadêmico, nos círculos dos artistas e, claro, entre as redes sociais marginais, da subcultura, que estavam sob a influência de ideias da *Lebensreform*.* Só que esses exemplos não existiam na burguesia de Praga; ali continuavam valendo os direitos e deveres do provedor. Mesmo Max Brod considerava oportuno mencionar, durante negociações de honorários, que era casado — um gesto provinciano, que entre os literatos vienenses seria quase impensável.

A rapidez com que essas convenções se esgotaram, tornando-se obsoletas, deve ter sido uma experiência chocante principalmente para os contemporâneos mais idosos — tratava-se de uma das consequências mais imediatas e perceptíveis da guerra. De repente, a força de trabalho das mulheres era necessária, inclusive em áreas consideradas tabus. Tornaram-se lendárias as inúmeras trabalhadoras em setores de munição, em ação dia e noite, estilizadas como heroínas dos *fronts* em todos os países envolvidos na guerra. Mas o maior fator de irritação e inquietação social era a presença súbita das mulheres no dia a dia. Subir pela primeira vez num bonde conduzido por *uma mulher* exigia superação. Não apenas porque os passageiros simplesmente tinham medo (alimentado por médicos e psicólogos), mas principalmente porque se tratava de uma anomalia, uma quebra assustadora e irreversível da ordem habitual. Todos tinham consciência — mesmo se a imprensa conservadora assegurasse o contrário — de que as mulheres que faziam tais trabalhos não estavam apenas "cobrindo os buracos" deixados pelos homens no front. Elas não devolveriam mais os postos recém-conquistados, nem depois da aguardada paz vencedora. Nada mais seria como antes.

O surpreendente reconhecimento dos trabalhos domésticos também fortaleceu essa suspeita. Ninguém (exceto algumas feministas) tinham tido a ideia de considerar o termo "dona de casa" como designativo de profissão. Fazer compras, limpar, cozinhar e cuidar dos filhos: essa era a rotina diária habitual das esposas. Eram serviços específicos para seu gênero, aprendidos por imitação, mesmo quando delegados a empregados. No mais tardar em 1916, com o início da penúria econômica, várias dessas habilidades foram consideradas vitais à guerra e todo o "império da mulher" foi abruptamente valorizado no discurso público, tornando-se um tema político e,

* "Reforma da vida": nome dado genericamente aos movimentos sociais iniciados em meados do século XIX na Alemanha e na Suíça e que propagavam um estilo de vida em torno da natureza, o consumo de alimentos crus e orgânicos, a medicina alternativa, a reforma religiosa, entre outras bandeiras.

portanto, *grave*. Com todas as consequências, claro. Dali em diante, também as donas de casa tinham de consultar a seção de economia da imprensa diária para saber quais alimentos estavam racionados, quais os preços fixados pelas autoridades, em quais dias era proibido fazer bolos e quais eram as penas previstas pela disseminação de uma "atmosfera derrotista" nas filas de compras cada vez mais longas e quase totalmente femininas. Mesmo a área central do ambiente doméstico — o departamento da sexualidade e da reprodução — passou a receber mais atenção. Pela primeira vez, mulheres com muitos filhos começaram a ser condecoradas; havia auxílios estatais para nascimentos e até para a amamentação; e caso o pai fora do casamento fosse soldado, o pagamento do subsídio à família era feito com inabitual generosidade, enquanto infidelidades, que enfraqueciam o moral de luta dos maridos, eram condenadas não mais apenas do ponto de vista moral, como também do político.

O fato de que as condições da guerra concedessem compulsoriamente ao "sexo frágil" um sem-número de funções novas, mais importantes e, sobretudo, visíveis, deu à emancipação das mulheres burguesas um impulso muito mais forte do que aquele de que o movimento feminista organizado, ainda em grande parte fiel ao Estado e à família, seria capaz. Um evento extremamente importante da história social, comprovado de maneira inequívoca por fontes históricas. Mas essa imagem fica desfocada assim que nos voltamos aos seus efeitos concretos no cotidiano, no estilo de vida, na mudança das mentalidades. Como explicar que apenas *durante* a guerra uma mulher como Felice Bauer — que por vezes sustentava toda uma família, que já *antes* da guerra ocupava um cargo de responsabilidade e, portanto, era extraordinariamente "avançada" — conquistou a igualdade também em seus hábitos sociais e morais, quer dizer, assumiu os espaços que em termos econômicos, havia muito, já eram seus? E isso embora sua experiência de anos no meio urbano, com pessoas economicamente ativas, lhe apresentasse uma convivência menos formal, mais relaxada, em certo sentido também mais objetiva, entre os sexos.

É pouco provável que *apenas* a mudança econômica seja suficiente para tornar plausíveis tais processos de transformação no decorrer de uma única geração. Ao contrário: seria mais previsível (e, no caso de Felice Bauer, até esperado) que a tendência "equalizadora" do mercado de trabalho fosse percebida não apenas como algo libertador, mas também como ameaça e desagregação. Portanto, vem daí o desejo de encontrar segurança na tradição ao menos na esfera privada, quer dizer, nos papéis de mulher, filha, dama, noiva. Seria preciso haver mais um motivo, forte, para gerar a mudança e a libertação também nas camadas mais profundas do destino individual, na zona conflituosa das identidades e mentalidades dos gêneros, que a sociedade modernizada havia tempos já considerava uma *possibilidade*.

Esse motivo, porém, era a guerra. Ou melhor: a eliminação brutal dos limites éticos de todos os relacionamentos humanos que ela promovia. Por que se ater a leis se amanhã elas podem caducar? Por que ser fiel a um homem que provavelmente está morto ou na prisão? Por que tenho de abrir mão de um prazer que no mês seguinte só será acessível por meio de cupons de racionamento ou terá sumido de todo? Por que economizar se tudo se torna inapelavelmente mais caro, por que se refrear enquanto outros lucram de maneira desavergonhada com a guerra? E, por fim: por que manter todos esses procedimentos fastidiosos anteriores ao casamento num mundo que descarrilou, no qual pessoas, instituições e valores desaparecem e todos os planos que se pretendem de mais longo prazo estão construídos sobre um terreno arenoso?

Isso não importa mais. Essa sensação, que nasceu na esfera privada, caracterizou — no mais tardar a partir de 1916 — uma mudança dramática da mentalidade social, que nenhuma propaganda contrária conseguiu conter. Relacionamentos duvidosos, casamentos apressados e o aumento significativo na proporção de filhos ilegítimos eram apenas o lado externo, visível, de um terremoto social muito mais abrangente. A imprensa conservadora dizia que as pessoas tinham se viciado em prazer — e hedonismo talvez fosse a coisa mais prejudicial num tempo em que centenas de milhares colocavam suas vidas em risco. Mas era esse o termo exato, "hedonismo"? Tratava-se claramente de um engano. As pessoas aproveitavam do que ainda existia porque sabiam que as coisas não durariam muito. E nas proximidades da morte e da derrocada, a vida se torna mais viva. Eis o ponto.[31]

A guerra abria perspectivas e as fechava novamente, tanto na grande e suja Berlim quanto na idílica Marienbad com suas alamedas varridas e regadas diariamente, pelas quais em julho de 1916 um funcionário público de Praga e uma escriturária de Berlim caminharam de braços dados. Eles também estavam assolados pela aceleração do tempo, no qual nada mais importava. Portanto, montaram um plano que só era imaginável numa época dessas. Eles tinham de agradecer à guerra pela oportunidade. Poucos dias mais tarde, a Alemanha endureceu suas leis referentes a passaportes, e a distância entre Berlim e Marienbad quadruplicou. E pouco menos de um mês depois do regresso de suas férias adoráveis, Felice precisou assumir tarefas adicionais na sua empresa, as Oficinas Técnicas, pois havia falta de homens. Como recompensa, ela foi nomeada procuradora, mas a função não lhe era nenhuma novidade.

Uma visão utópica tinha se aberto diante dos olhos de Kafka, mas apenas por um instante: afastamento do trabalho, concentração na escrita e, *simultaneamente*, a paz que apenas uma mulher pode oferecer. Depois da partida de Felice, à noite, sozinho na varanda do hotel, ele pressentia a imensidade e a impossibilidade da unificação da segurança e da autonomia. É possível que ele tenha aberto seu caderno de notas e procurado por uma metáfora, por uma imagem correspondente a essa impossibilidade. Não a encontrou. Mas ela acabou sendo introduzida *sem querer* num cartão-postal,[32] na forma de um minúsculo erro de atenção. Ele quis escrever "Schloss Balmoral" [castelo Balmoral], o endereço do remetente, mas quase grafou "Schoss" [colo]. O desenho do "o" não estava totalmente finalizado quando ele consertou rápido a palavra. Deveria ter deixado como estava.

5. O que tenho em comum com os judeus?

Embora admire o arremesso,
me pergunto: o que voou pelo ar?

Arthur Schnitzler, *Buch der Sprüchen und Bedenken* [O livro dos provérbios e reflexões]

Nosso imperador esteve aqui, no ano de 1904, a maior honra possível, toda a cidade veio vê-lo, muitas bandeiras e muita iluminação, flores por todos os lugares, o assunto ecoa ainda hoje no Hotel Weimar e, à sua mesa, o rei inglês Edward — o mesmo que passou a voltar todos os verões até pouco antes de sua morte, quase incógnito, gerando um vaivém incessante de ministros e príncipes na sua casa…

Se perguntássemos ao prefeito em exercício, às duas dezenas de médicos do balneário ou ao diretor municipal da fonte cantora de Marienbad sobre seus hóspedes mais proeminentes, a resposta seria uníssona: as autoridades políticas, mesmo que permanecessem por ali apenas algumas horas e, como Franz Joseph I, só dessem um golinho na água medicinal, para logo depois seguir até a concorrente ao lado, Karlsbad. *Proeminência*: os parâmetros eram claros, e os critérios, rígidos. O poder hipnotizava a todos, a capacidade de "fazer história" e dominar os próprios vassalos como limalhas num campo magnético; apenas ao imortal Goethe (de cujas visitas o memorável Hotel Weimar inspirou seu nome) era permitido ser famoso per se, sem qualquer tipo de séquito. Uma mudança radical aconteceu apenas muito mais tarde, depois de décadas de funcionamento do balneário, e hoje os guias de viagem especializados da cidadezinha tcheca de Mariánské Lázně [Marienbad] informam que também Chopin, Gógol, Ibsen, Mark Twain, Johann Strauss, Nietzsche, Dvořák, Mahler e Freud moraram ("demorar" saiu de moda) por meses ou anos em Marienbad, todas figuras sem poder. E no final dessa longa lista, um judeu de Praga, o menos poderoso de todos. Mas ele tinha um conceito muito próprio de proeminência. À sua noiva recém-partida, ele escreveu:

> Veja só, nem conhecemos o hóspede mais insigne de Marienbad, quer dizer, o depositário da maior confiança humana: o rabino de Belz, atualmente talvez o líder mais importante do chassidismo. Ele está há três semanas aqui. Ontem estive pela primeira vez entre as cerca de dez pessoas do seu grupo de caminhada no final de tarde.[1]

Eles realmente tinham perdido a oportunidade — de maneira inacreditável, pois as hospedarias e restaurantes "israelitas" ficavam a apenas poucos minutos do centro. Mas aquela pequena reunião de casas muito próximas umas das outras não era atração turística e foi preciso uma carta de Brod para pôr Kafka em ação.

Não era a primeira vez que ele tinha a oportunidade de observar de perto autoridades chassídicas e seus seguidores. Havia gente assim também em Praga, inflacionadas pelas ondas de refugiados da guerra e instalados nos bairros baratos da periferia. Eles se segregavam, evitavam os lugares de sociabilidade e nunca eram vistos, nem mesmo na sinagoga reformada, que consideravam impura. Sem dúvida havia judeus suficientes no centro histórico de fala alemã que sabiam de sua presença apenas pelos jornais.

Não Kafka. Já em 1915, no ano anterior a Marienbad, um intermediário havia se oferecido para proporcionar a ele e outros interessados da cena sionista uma mirada na vida dos sectários. Esse intermediário era Jiří (Georg) Langer, morador de Praga, judeu ocidental desertor que, para a decepção dos pais burgueses tchecos, aos dezenove anos se juntou à comitiva de um "rabino milagroso" e logo passou a circular na sua cidade natal metido num capote escuro, cachinhos nas têmporas e chapéu de pele e abas largas, envolto numa nuvem aromática de cebola. Langer também era uma atração turística, sem dúvida difícil: fanático, disposto a sacrifícios, demonizador das mulheres. Um fundamentalista por excelência. Nem o Exército sabia o que fazer com ele, nenhuma ameaça o impressionava, muito menos no shabbat; em poucos meses, foi dispensado como alguém "mentalmente perturbado". Langer, que aprendeu hebraico com invejável facilidade, tinha conhecimento da literatura chassídica e de obras cabalísticas de difícil acesso — coisa que certamente despertou a curiosidade de Kafka e, sobretudo, a de Brod —, pois se tratava do cerne da tradição judaica, que se mantinha inacessível inclusive aos sionistas culturais de Praga. Para estes, a imagem de uma "espiritualidade" especificamente judaica ainda era dominada pelas tendenciosas antologias de Buber: lendas chassídicas romantizadas, cuja linguagem Kafka considerava "intragável".[2]

Caso o folclore de Buber fosse levado a sério, a realidade da vida dos judeus orientais causaria desilusão — inclusive a visão daquele pequeno grupo de seguidores que se agrupava ao redor do rabino de Gródek numa casa decrépita no bairro de Žižkov, em Praga. Langer, que atuava ali também como guia turístico, acompanhava seus conhecidos um tanto relutantes para dentro de um círculo de homens vestidos de preto que intercalavam rezas em voz alta e sussurros estranhos. Eles chegaram a tempo da "terceira refeição" do shabbat: um costume especialmente sagrado e completamente incompreensível para quem está de fora, no qual a mesa do líder — o *tzadik* — e as comidas servidas por ele têm uma qualidade mística de altar e sacrifício. Mas a chama não se acendeu. Kafka estava muito mais ocupado com a relação peculiar entre limpeza e sujeira que observava no local do que com o ritual, que não o impressionou. E enquanto se servia a contragosto da tigela comunitária de peixe, recém-remexida pelo rabino com os dedos, ele não percebeu que até aqueles movimentos não eram casuais, mas uma ação sagrada. "A bem da verdade", comentou com Brod no caminho de volta à cidade, "a bem da verdade foi como numa tribo africana selvagem. Crendice pura."[3]

O olhar de Kafka foi dirigido principalmente ao rabino: o que qualificava esse homem em relação a todos os outros, quais os sinais visíveis, as características perceptíveis, que fundamentavam sua autoridade? "A mais intensa natureza paternal o caracteriza", ele anotou no diário: não fica claro se essa era sua própria conclusão ou uma das empáticas explicações de Langer.[4] Tratava-se de uma idealização. Pois havia muito Kafka devia saber que nos centros do chassidismo, no mínimo em trinta apenas na Galícia, por gerações valia o princípio dinástico: não apenas o posto de rabino e sua autoridade eram hereditários como também o status de *tzadik* milagroso, do "perfeito", que tinha acesso direto às esferas elevadas. Líderes muito diferentes entre si, nem sempre paternais e que exigiam alguma contrapartida financeira de seus seguidores, tinham sido venerados nos pátios dessas casas de cidades pequenas, comparativamente suntuosas.[5]

O relato detalhado de Kafka sobre Marienbad mostra que seu interesse no enigma da autoridade se mantinha vivo mesmo após a desapontadora excursão a Žižkov. Na realidade, o hóspede proeminente era Issachar Dov

Ber Rokeach, o rabino de Belz, uma das figuras mais influentes do chassidismo e das mais intransigentes. Não deve ter sido por acaso que Langer, convertido na juventude, escolheu justamente esse homem como professor, pois na "corte" de Belz, a norte de Lemberg, próximo da fronteira russa, a obediência ao ritual tradicional era estrita, e a maneira de viver ritualística chassídica, imune a qualquer novidade (rejeitando inclusive o uso de talheres). Belz era um território judaico com regras próprias, um lugar que parecia estar parado no tempo havia séculos e que atraía um fluxo constante de peregrinos que ultrapassava as fronteiras nacionais. Mas já nas primeiras semanas da guerra, o vilarejo foi invadido por tropas russas — o rabino fugiu para a Hungria e sua comunidade se dispersou.

É provável que sua estada em Marienbad se devesse exclusivamente a razões de saúde; os esforços do chassidim em servir ao mestre pontualmente a água curativa são relatados de maneira extensa por Kafka no seu relatório de treze páginas a Brod. Nesse texto, ele alerta ainda que está se isentando de fazer qualquer interpretação, fixando-se somente naquilo que viu com os próprios olhos; "entretanto, enxergamos apenas os menores detalhes e creio que isso é significativo. Atesta a veracidade também em relação ao que é mais idiota. Lá onde está a verdade não conseguimos enxergar, a olho nu, mais do que detalhes".[6] A afirmação soava convincente e Kafka sabia valorizar a rara oportunidade de observar uma figura tão exótica quanto essa de perto — de um lado pela recente intermediação de Langer, que apareceu do nada em Marienbad, e, por outro, porque naquele lugar o rabino não podia se ocultar como costumava fazer. Mas era inevitável que, em meio a todo o respeito, seu prazer pela descrição cênica tenha sido despertado: o rabino de 61 anos, corpulento, de casacão de seda, longa barba branca e chapéu alto de pele, caminhando pela chuva forte através do bosque, acompanhado de um pequeno séquito de servis *gabbaim*, que tinham de ficar o tempo todo ou ao seu lado ou atrás dele, enquanto um carregava a cadeira, o outro um pano seco, o terceiro um copo, e o quarto a garrafa d'água... Isso era cômico o suficiente. Mas onde estava a verdade que Kafka havia visto?

> Ele vistoria tudo, principalmente construções; minúcias esquecidas lhe interessam, ele faz perguntas, chama a atenção para algumas coisas, seu comportamento é caracterizado pela admiração e pela curiosidade. No todo, são as falas e perguntas mais irrelevantes das majestades

itinerantes, talvez um pouco mais infantis e animadas; de todo modo, elas pressionam para baixo, ao mesmo nível e sem controvérsias, todo o pensamento dos acompanhantes. L. [Langer] procura ou intui em tudo um sentido mais profundo, acho que o sentido mais profundo é que não há sentido e, em minha opinião, isso é suficiente. Trata-se do direito divino, sem o lado ridículo inerente a uma falta de base suficiente.

De novo o olhar incorruptível e tão característico de Kafka, que pode atingir tanto o próprio pai quanto o professor de ginásio que reina em sala, o reverenciado criador da antroposofia, os porta-vozes dos judeus orientais em Praga ou o jovial presidente do Instituto de Seguros contra Acidentes de Trabalho. É o olhar direcionado ao poder, o olhar que vislumbra o vazio por trás do cenário, mas sem se contentar com o desmascaramento presunçoso. Pois, ao mesmo tempo, Kafka compreende muito bem aquela "serena confiança feliz" impassivelmente confiada ao *centro vazio*. Ele conhece a sensação; mesmo os habitantes de Marienbad que se mantinham distantes da Judengasse [viela dos judeus] teriam de confessar que também a conheciam. Tratava-se daquele sentimento infantil com o qual homenageavam *seu* imperador e escutavam suas frases joviais, aperfeiçoadas durante décadas. Enquanto, claro, desprezavam a subserviência dos chassidim.

Mas provavelmente não era isso que Brod queria ouvir. É certo que ele valorizava a capacidade de observação incorruptível de Kafka, e se tivesse em mãos o relato publicado na mesma época pelo *Berliner Tageblatt*, no qual um correspondente desavisado alardeava os "olhos enigmáticos" do rabino milagroso,[7] saberia em quem confiar. Pois Kafka não havia deixado de notar que o *tzadik* era estrábico. O enigma resumia-se à cegueira de um de seus olhos. Brod, porém, se interessava principalmente pela aparição de um judaísmo original, não falsificado, autêntico, mas sobre o qual Kafka não disse nada. Era isso também o que tinha esperado ver naquele restaurante em Žižok.

Os chassidim viviam na fonte do espírito judaico, da cultura popular judaica? A questão era controversa mesmo entre os sionistas culturais e defensores de uma nação judaica. Admirava-se a radicalidade, a confiança com que eles, cantando, dançando e orando, transformavam o cotidiano num serviço religioso. O resultado era um eterno shabbat, uma eterna festa de união com Deus, sem o peso da dúvida, sem o sentimento de tragédia e numa irresponsabilidade infantil. A Torá e a cabala eram aceitas literalmente; eles viviam como os outros apenas ensinavam. Mas havia tempos que o chassidismo fora vítima do destino que corrompe todo o êxtase de longa duração: passou de um movimento místico de despertar a um culto rígido, que mantinha seus discípulos em declarada dependência e incerteza. Buber havia tentado estabelecer a diferença entre a dominação despótica do *tzadik* e um chassidismo original, socialmente inocente, mas essa interpretação se parecia mais com um movimento para salvar sua honra, mostrando-se insustentável sob uma investigação histórica mais minuciosa.

Os idealistas de Praga também não suportavam que os chassidim se opusessem a toda forma de sionismo (que eles consideravam uma inaceitável antecipação ao trabalho do Messias). As bem-intencionadas noites de discussão em Praga da Casa do Povo Judeu [Jüdisches Volksheim], que deveriam fazer a mediação entre Ocidente e Oriente, tinham se mostrado um tiro n'água, e Brod precisava aceitar que era rejeitado pelos imigrantes ortodoxos como um típico judeu ocidental — e essa percepção era imune a qualquer discurso. Ainda pior, os líderes chassídicos começaram a se meter ativamente na política, combatiam os candidatos de orientação sionista a cada oportunidade — e o rabino milagroso de Belz não evitava nem mesmo alianças com representantes do governo católico, algo que certamente fazia os liberais de Praga darem gargalhadas; os sionistas, por sua vez, assistiam a tudo com decepção. Pouco a pouco esse homem foi se tornando um oponente a ser levado a sério — bem antes de aparecer em Marienbad —, algo que atiçava ainda mais a vontade de Brod de saber, em primeira mão, tudo o que acontecia em seu círculo mais íntimo.[8]

Kafka participou por duas vezes do passeio de final de tarde do rabino, juntamente com Langer e como único judeu "de roupas curtas". E isso lhe foi o suficiente. Ele encontrou por lá não algum tipo de misterioso judaísmo primordial, mas uma atitude, uma expressão espiritual que, segundo sua impressão, tinha raízes mais profundas do que todas as formas do sectarismo limitado, *mais profundas que o próprio judaísmo*. Brod ficaria espantado se soubesse que Kafka, na mesma semana em que assistiu ao *tzadik* e escutou o inquieto Langer, não leu muita coisa além de uma biografia (trazida especialmente para Marienbad da biblioteca da Universidade de Praga) da condessa Erdmuthe von Zinzendorf, uma cristã sectária e cofundadora da comunidade piedosa de Herrnhut. Do ponto de vista de Brod, esse era um mundo totalmente diferente, infinitamente longínquo; do ponto de vista de Kafka, tratava-se do mesmo anseio espiritual, do mesmo conjunto de pensar, sentir e viver, da mesma veracidade. De passagem, mas de modo algum casualmente, ele empregou no relato a Brod os conceitos-chave "verdade" [*Wahrheit*] e "veracidade" [*Wahrhaftigkeit*] como sinônimos. Na realidade, havia tempos que Kafka considerava que a verdade não pode ser o extrato de julgamentos filosóficos ou religiosos, mas tinha uma dimensão essencial, moral e social: segundo ele, a verdade não pode ser ensinada, precisa ser vivida; ela é um campo de força cuja fonte permanece oculta à nossa visão, mas somente em seu raio de ação é possível haver uma vida humana digna — sem detrimento da comicidade que tal vida por vezes apresenta, principalmente entre vegetarianos, atores judeus orientais, fanáticos por ginástica, pietistas e outros místicos. Uma vida verdadeira, *dans le vrai*. Já que o casamento tinha sido decidido, era disso que ele queria convencer também a futura esposa.

Kafka passou a dar aulas, e as pequenas reprimendas, muitas vezes autoirônicas, que ele já soltava antes como piadas, ganharam subitamente o tom urgente do trabalho de convencimento. Ela o conhecia havia tempos para saber que ele detestava gracinhas convencionais e que quando falava de aspirina, ar fresco e viagens de trem na terceira classe tinha sempre algo maior por trás. Mas agora tratava-se de algo *explícito*, e a disparidade entre as rotinas corriqueiras, tão importantes para Kafka, e os argumentos rebuscados do porquê de sua importância se tornaram vertiginosas. Confessou ter algo contra trabalhos manuais. E uma vida sem refeições organizadas também não era possível. E, no futuro, escreveu ele de Marienbad, ela deveria evitar mastigar os torrões de açúcar. E isso talvez fosse só um começo, pois "o caminho ao inferno é infinito".[9] E estava falando sério.

Ela prometeu melhorar. O fato de o açúcar puro não ser bom para a dentição já prejudicada lhe pareceu razoável (afinal, ela vivia correndo para os dentistas, mesmo que não gostasse de admitir). Mas Kafka parecia realmente acreditar que esses pequenos atos da autodisciplina, indolores, eram apenas os primeiros degraus de uma escada infinita, que levava ao reino da perfeição em algum lugar para além das nuvens. Isso soava como uma aula, uma doutrinação, e mais tarde a suspeita desagradável de Felice Bauer foi confirmada. Pois mal a liberdade de Marienbad chegara ao fim também para ele, mal instalado de volta à escrivaninha em Praga no final de julho, Kafka começou a planejar verdadeiras lições.

Ele pediu que ela procurasse o pintor Friedrich Feigl, que morava em Berlim, seu conhecido dos tempos de escola. Kafka acompanhava à distância o trabalho do artista. Ela devia escolher um quadro de Feigl que servisse como um "usual presente judaico de casamento" para um primo, pois — como ele lhe assegurara de maneira ambígua — ela tinha um "olhar certeiro" para isso. Curiosamente, Kafka preocupou-se menos com a pintura em si (que custou um mês de salário) do que com a visita de Felice ao apartamento do pintor e da mulher, ou melhor: com as impressões que Felice teria dali. Kafka lhe assegurou que "veria coisas muito interessantes" por lá. O quê?, ela quis saber. Bem, disse a voz professoral de Praga, "o interessante para você deveria estar, na minha opinião, no caráter exemplar do todo, na construção de uma economia doméstica com muita verdade e poucas coisas tangíveis".[10]

A verdade: novamente o conceito sinalizador que Kafka sempre usava no lugar de um predicado do mais alto quilate; nesse sentido, era mais um sinal do que um conceito. Pois Kafka consegue elencar apenas muito vagamente os critérios que distinguem o verdadeiro do falso. Ele faz *referência* a eles, como se a questão fosse autoexplicativa. E tem de confessar que não fazia nem a mais pálida ideia da exemplar "economia doméstica" do casal Feigl. Kafka conhece a mulher apenas superficialmente e nunca foi ao apartamento do casal em Berlim. Ele sonha apenas com a *forma* daquela vida em comum, a supostamente bem-sucedida união de casamento e trabalho artístico, a utopia concreta cujo segredo ele já pedira mais de uma vez para Feigl lhe revelar.[11] Mas uma utopia precisa ser vivida, e Felice Bauer, que cumpriu fielmente a tarefa de Kafka, encontrou o pintor num estado de ânimo que podia ser tudo, menos feliz. O casal era simpático, certo, mas mesmo com a maior boa vontade não foi possível reconhecer nenhum "caráter exemplar" ali, muito menos para um futuro casamento. Mais uma vez, como tantas outras, os truques didáticos de Kafka trombavam com o julgamento objetivo de Felice. Entretanto, ele ainda tinha uma carta na manga e — para a surpresa de ambos — ela haveria de se mostrar verdadeiramente demolidora.

Durante os dias que passaram juntos em Marienbad, ele havia lhe contado de uma Casa do Povo Judeu, inaugurada pouco antes, em maio de 1916, na Dragonerstraße 22, perto de Alexanderplatz (atualmente, a rua se chama Max Beer Straße). O endereço ficava bem no meio de Scheunenviertel, o bairro que desde o início da guerra absorveu um enorme fluxo de judeus orientais — em parte refugiados, em parte trabalhadores para a indústria armamentista recrutados na Polônia ocupada — e que estava sendo muito penalizado pela crescente escassez de alimentos. Siegfried Lehmann, um jovem médico, havia assumido a direção da associação, que deveria se ocupar principalmente de crianças e jovens judeus orientais. Uma tarefa sem fim, pois as redes de proteção judaicas havia tempos já não davam conta de minorar as misérias da guerra, e mesmo crianças órfãs não tinham mais a garantia de achar um lugar *com o judeu* (como se dizia na Europa Oriental), quer dizer, com um judeu *qualquer* que se sentisse responsável. Essas crianças estavam ameaçadas de abandono. E a Casa do Povo Judeu deveria ajudar nesse sentido, com cuidados, aulas, orientação para trabalhos práticos e, principalmente, pelo patrocínio de "clubes" e "coleguismo" entre jovens da mesma idade, incentivando o apoio mútuo. Tudo isso, bem entendido, à base de donativos, trabalho voluntário e idealismo nacionalista judaico.

Kafka sabia por experiência própria o quão sérias, sedentas por conhecimento e, portanto, moldáveis eram as crianças judias da Europa Ocidental. Mais de uma vez ele foi um silencioso espectador enquanto Brod tentou passar noções básicas da língua e da cultura ocidentais a um grupo de meninas galegas que — com ou sem seus pais — estavam presas em Praga; sim, ele tinha participado inclusive de excursões com as jovens. A atividade lhe dava prazer: não apenas porque era socialmente útil e despertava a gratidão dos participantes — afinal, Kafka vivia isso também na Assistência aos Combatentes —, mas principalmente porque ele imaginava estar num terreno livre, para além do mundo de seu pai, que era cercado por convenções e no qual nunca surgia um novo pensamento. O encontro entre judeus da Europa Ocidental e Oriental era algo vivo, com resultados em aberto; ali as balizas ainda estavam sendo colocadas, quem aprendia também ensinava e o fim da experiência não era ditado por nenhum princípio teórico, mas pela própria vida, pelo exemplo imediato que as pessoas ofereciam umas às outras.

A expectativa de ganhar Felice Bauer para uma tarefa dessas e sua primeira aceitação, mesmo se ainda cuidadosa, deixou Kafka muito animado. Em Marienbad ele havia vivenciado o germinar da confiança e intimidade; faltava ainda um substrato espiritual comum, uma concordância consciente *na questão* ancorada em algum lugar nas profundezas e que garantiria a longo prazo a desejada simbiose, tornando-a independente de oscilações internas ou externas. Segundo ele, o casamento não era defensável de outro modo. Portanto, também não tinha motivos para ocultar essa profunda esperança: "[...] no todo e mais além não sei de nenhuma ligação espiritual mais íntima entre nós do que aquela que surge por meio desse trabalho".[12] *Esse trabalho*: ele não estava se referindo à literatura, pois esse sonho já tinha sido abandonado.

Mal retornou a Berlim, Felice recebeu um convite da Casa do Povo Judeu; Kafka fornecera seu endereço. E, a partir de então, ele fez uma marcação cerrada, queria ter notícias a esse respeito quase diariamente, enviava conselhos preventivamente e nem mesmo a reiterada promessa dela de entrar em contato com Lehmann por escrito e se ocupar do assunto "de maneira muito enérgica" foi suficiente para Kafka: para que escrever? Simplesmente vá lá![13]

Apesar de todo o entusiasmo, essa não era uma atitude para a funcionária tarimbada. A primeira coisa a fazer era reunir informações. E, ao contrário de Kafka, que no seu arroubo nem sabia para qual bairro a estava mandando — com quarteirões miseráveis, locais de oração (*stibbelek*) poloneses, aviários kosher, banhos rituais de imersão em quintais e inúmeras ocupações; ou seja, uma região que ela não deveria frequentar —, Felice achava que havia algumas questões a serem ponderadas. A fim de ensinar crianças e conversar com outros ajudantes sobre problemas pedagógicos, ela precisava de algum grau de formação teórica; era mais provável que universitários disporiam desse conhecimento. Será que ela seria levada a sério naquele grupo? Depois, a questão do sionismo: havia anos desenvolvera algum interesse sobre o tema, tendo chegado a considerar seriamente uma viagem à Palestina, algo que deixou os amigos de Praga admirados e encantados. Mas as batalhas entre as orientações ideológicas não a fisgavam, ela estava totalmente por fora das discussões, e visto que o projeto em Berlim era de um jovem sionista — orientado ideologicamente por Martin Buber e Gustav Landauer —, também nesse sentido estava ameaçada de assumir um papel marginal. Por fim e acima de tudo: tratava-se de crianças educadas de maneira religiosa, em sua maioria crescidas num ambiente judaico ortodoxo, cujas fórmulas e rituais, nomes e vocabulário do Antigo Testamento lhes eram familiares desde que tinham começado a falar. Essas crianças fariam a ela, a judia ocidental, certas questões, algumas até mesmo constrangedoras, que não podiam ser respondidas sem uma confissão aberta de ceticismo e desconhecimento.

Foi devido a essas dúvidas de Felice Bauer — e supostamente à pergunta franca que ela fez sobre a postura do noivo em relação à questão sionista — que Kafka teve de assumir uma posição. Ele tentou tranquilizá-la dizendo que, no fundo, a convicção sionista não era o ponto decisivo. "A Casa do Povo Judeu põe em marcha e implementa outras forças que me são mais importantes. O sionismo, compreendido pela maioria dos judeus vivos ao menos em seus aspectos mais evidentes, é apenas a porta de entrada para o que é mais importante."[14] Um belo pensamento — novamente, Kafka evoca uma postura mental para *além* de qualquer convicção concreta. Mas quando Felice (com Grete Bloch como acompanhante) finalmente se pôs a caminho para visitar a Casa do Povo e assistir a uma palestra de Lehmann, ouviu novamente aquela retórica da cultura sionista da qual se distanciara havia tempo: trabalho do povo judeu, vida do povo judeu, conjunto do povo judeu, povo judeu como fonte de força...

Mas não!, exclamou Kafka, a quem a recém-descoberta concordância animou sobremaneira; segundo ele, tratava-se simplesmente de humanidade e, desse modo, de algo absolutamente fundamental: "Lá você vai ver gente necessitada e a possibilidade de ajudar de maneira razoável; e, dentro de você, a força para essa ajuda: então ajude. Isso é muito simples e mais profundo do que quaisquer concepções básicas". E esse apelo à empatia social de Felice — nisso ela era manipulável, como ele sabia — foi seguido por um discurso com o direito de eloquência máxima, um discurso em que registros muito diferentes foram usados. Não havia dúvidas, *esse* Kafka ela estava ouvindo pela primeira vez.

> Até onde posso ver, trata-se de absolutamente o único caminho ou o limiar do caminho que pode levar a uma libertação espiritual. E mais para os ajudantes do que para aqueles que são ajudados. Cuidado com a soberba da opinião contrária, isso é muito importante. O que haverá para ajudar na associação? Já que estamos costurados à nossa pele nesta vida e não podemos mudar nada nesse sentido, pelo menos não com as próprias mãos e nem diretamente, os internos — idealmente protegendo sua personalidade — tentam aproximar-se do estado de espírito dos cuidadores e, mais ainda, da sua postura de vida, isto é, da condição de judeu ocidental culto de nosso tempo, de cores berlinenses e, admitamos, talvez o melhor desse gênero. Isso resultaria em pouco. Caso eu, por exemplo, tivesse a escolha entre a Casa do

> Povo Judeu de Berlim e uma outra, na qual os internos fossem os cuidadores berlinenses (querida, mesmo você estaria entre eles e eu especialmente), e os cuidadores, judeus orientais simples da Kolomyia ou Stanisławów, com um suspiro imenso e sem piscar os olhos, eu daria preferência absoluta à última associação. Acredito, entretanto, que essa escolha não se dá, ninguém a tem, não é possível uma casa do povo judeu transmitir algo que se ombreie ao valor dos judeus orientais, nesse ponto até a educação familiar está fracassando cada vez mais nos últimos tempos, são coisas que não se transmitem, mas talvez — é essa a esperança — possam ser conquistadas, adquiridas. E os cuidadores na Casa do Povo têm, imagino, essa possibilidade de aquisição. Eles farão pouco, porque têm poucos meios e são poucos, mas assim que compreenderem a questão farão tudo o que estiver a seu alcance e o fato de fazer tudo o que estiver a seu alcance, com toda a força da alma, é muito, apenas isso é muito. Há uma relação com o sionismo (mas isso só vale para mim, naturalmente não precisa valer para você) apenas na medida em que o trabalho na Casa do Povo Judeu lhe confere um método jovem e forte, uma força jovem, que incentiva o ímpeto nacionalista, onde outras medidas talvez falhassem, e que a invocação aos terríveis tempos passados será suspensa, mas com as limitações sem as quais o sionismo não sobreviveria. A maneira como você vai se haver com o sionismo é sua, todo enfrentamento a esse respeito é bem-vindo (a indiferença está descartada). Não vamos falar disso agora, mas caso um dia você se sinta sionista (uma vez você já esteve tentada, mas foi só uma tentação, não um enfrentamento) e daí reconheça que não sou sionista — talvez esse fosse o resultado de um teste —, eu não temeria e você também não precisa temer, o sionismo não é algo que separa as pessoas bem-intencionadas.[15]

A mensagem foi direta, radical e poderia — se seguida ao pé da letra — ter levado Felice Bauer ao limite de sua existência burguesa. Entretanto, o interesse próprio dos cuidadores sionistas não era um exagero paradoxal de Kafka: tratava-se daquela postura com a qual os iniciadores da Casa do Povo Judeu se apartavam do sionismo partidário das gerações anteriores. Benemerência pura não era apenas insuficiente, como também bloqueava, diziam, a consciência de uma história e de uma identidade judaicas comuns. "O judeu ocidental vai para o povo [*Volk*]", escreveu Lehmann retrospectivamente, "não apenas para ajudar, mas para se unir a ele através da vida no povo e pelo aprendizado [...]."[16] Esse era o discurso de Buber, falando da cátedra do sionismo cultural e inacessível para cabeças demais. Enquanto isso, o apolítico Kafka evita o termo "povo" de maneira consciente: até os anos 1920, não há registro de nenhuma frase sua em que a palavra "povo" seja usada de maneira afirmativa ou mesmo normativa. Em vez disso, ele aposta em fraternidade, isenção de julgamentos preconcebidos, franqueza fundamental: o que valia ali era estar voltado para essas pessoas e de modo algum apenas de maneira retórica.

Certamente, a postura de Kafka não é pura, não ideológica e distante da política como parece: ele idealiza os judeus orientais e nunca mais se distanciará dessa herança sionista. Apesar disso, coloca a "libertação espiritual" — quando ele teria usado uma expressão dessas? — como responsabilidade do indivíduo, em sua dedicação não a um partido, um movimento, um povo, mas ao ser humano de carne e osso; e não quer saber de nada diferente. "O principal são as pessoas", afirma a Felice, "apenas elas, as pessoas";[17] referindo-se em igual medida aos judeus ocidentais e orientais. Apesar de toda a idealização, toda a tipificação corrente na época, de cuja influência Kafka não consegue fugir, ele sempre exprime esses conceitos coletivos entre aspas, sem lhes emprestar uma conotação moral. Pois os coletivos, formações nebulosas, tentaculares e controversas, raramente oferecem a visão de uma bela homogeneidade ou da droga chamada "proximidade do povo", tão ansiada pelos jovens sionistas — e certamente não no caldo de culturas do gueto de uma metrópole. O próprio Lehmann deixou a Casa do Povo Judeu de Berlim depois de essa experiência ter se mostrado irrefutável para ele.[18] O que resta é o rosto do indivíduo. Seu olhar marca.

As declarações de Kafka mostram, de maneira palpável, a diferença fundamental com Max Brod, provavelmente dolorosa para ambos os lados. O amigo não se definia mais como escritor ou crítico, mas como sionista; ele se via a serviço de um movimento que perseguia objetivos políticos, organizacionais e culturais concretos, e mesmo quando apelava para a consciência dos indivíduos, sua fala estava impregnada pela fraseologia política da época, por vezes contaminada com um subtom missionário e polemista, de efeito repulsivo. Mesmo Buber sentiu-se obrigado a pedir cautela; Gustav Landauer chegou a dizer que percebia dissonâncias de um chauvinismo judaico vindas de Praga, visto que Brod tentava com a maior seriedade possível comprovar a superioridade da religião judaica sobre a cristã.[19] Mas isso era secundário naquele momento, pois Brod estava interessado na questão da prática social, ou seja, saber se a pessoa participava ativamente do movimento ou não; meras confissões de fé verbais ao judaísmo, como aquelas feitas por Schnitzler, Werfel, Wassermann ou Stefan Zweig, o atormentavam, mesmo que esses autores simplesmente estivessem expressando suas reais convicções e sentimentos.

Bem diferente de Kafka, para quem nem uma confissão de fé a algo nem sua prática eram decisivas, mas sim uma postura de absoluta autenticidade, essencial para emprestar substância e peso a *toda e qualquer* confissão de fé — independentemente a quê. Autenticidade era a concordância absoluta, não ofuscada por nenhuma interferência ou clichê, entre pensar, sentir e agir: *ser unívoco consigo mesmo, ser verdadeiro*. Kafka encontrava exemplos dessa genuinidade nos lugares mais distantes, independentemente de suas próprias convicções objetivas: no Antigo Testamento, em Napoleão, Grillparzer, Dostoiévski, em *Emanuel Quint, o louco em Cristo*, de Gerhart Hauptmann, em Rudolf Steiner e Moriz Schnitzer, na comunidade pietista de Herrnhut bem como na "corte" do rabino de Belzer, na vida conjugal do pintor Feigl bem como no idealismo nacionalista judaico de um estudante, cuja existência Kafka declarou mais valiosa do que sua própria. Kafka não sugere à futura "professora" da Casa do Povo Judeu de Berlim, Felice Bauer, leituras preparatórias sobre temas judaicos, políticos ou pedagógicos (como Brod teria feito, sem dúvida), mas, incisiva e reiteradamente, o livro de Lily Braun, *Memoiren einer Sozialistin* [Memórias de uma socialista], que ela já tinha deixado de lado, entediada, alguns anos antes. Kafka pede que Felice tente mais uma vez, pois "apenas uma bafejada do estado de espírito" desse livro seria suficiente, diz, para o trabalho inicial na associação. Ao mesmo tempo, ele rejeita a mentalidade daqueles sionistas de Praga que se amontoam nas sinagogas, querendo assim provar alguma coisa.[20]

Essa crítica dirigia-se também, sem sombra de dúvida, a Max Brod, que depois de sua conversão ao sionismo e à nação judaica também começou a se aproximar gradualmente dos conteúdos religiosos do judaísmo. Não sabemos se os amigos discutiram o assunto explicitamente, mas é pouco provável. "O que tenho em comum com os judeus?", Kafka anotou no diário em 1914 — sem pensar que, a bem da verdade, ele só poderia fazer uma tal pergunta na condição de *meschumed*, "apóstata". "O que eu tenho em comum com judeus? Pouco tenho em comum comigo mesmo [...]."[21] Brod já tinha ouvido algumas vezes esse enérgico distanciamento; embora Kafka tivesse aprovado em linhas gerais a tarefa do autor judaico de contribuir para a comunidade, para o próprio povo, ele a negava para si (apesar de vez ou outra doar algumas coroas para a Palestina). Desde então, Brod tinha se tornado mais cauteloso, evitando a confrontação objetiva e usando de apelos indiretos.

Por exemplo, organizando publicações. A parábola "Diante da lei", cerne do romance *O processo*, foi impressa pela primeira vez no outono de 1915 no semanário sionista *Selbstwehr* [Autodefesa][22] — sem dúvida Kafka ficou contente, apesar de o alcance da modesta revista, que desde o início da guerra lutava para sobreviver, ter se reduzido drasticamente (a piada infame que corria à época dizia: "*selbst wer* [até quem] a tem, não a lê"). Mas por que a revista foi logo chamando o novo autor de "colaborador" em 1916? A atitude foi apressada, pois mais trabalhos desse colaborador foram aguardados em vão.

Nada muito diferente se passou com Buber, que no final de 1915 perguntou para uma série de autores se eles estariam dispostos a escrever para uma revista de orientação judaica marcadamente nacionalista, *Der Jude* [O judeu], que em breve seria lançada. Visto que o onipresente Brod tinha participado da publicação desde o começo, Kafka também recebeu uma carta-convite que, entretanto, não continha nenhuma referência pessoal, mas somente os slogans de sempre: Buber escreveu que era hora de "proclamar, testemunhar, tornar visível a totalidade judaica como algo vivo". Tratava-se de um desejo que Kafka não podia nem queria concretizar: "Seu gentil convite muito me honra", ele assegurou, "mas não consigo honrá-lo; sou — algum tipo de esperança diz: ainda — por demais atormentado e inseguro para participar dessa comunidade, mesmo que da maneira mais discreta".[23] O tom era um tanto frio. Quando um escritor abria mão de publicidade apenas por conta de *insegurança*? Para Kafka, entretanto, era inimaginável subir num palanque, fazer declarações públicas ou até representar algum tipo de "totalidade" sem estar seguro de sua posição até o último fio de cabelo, ou seja: sabê-la parte de sua própria identidade. Mas isso "ainda" não era o caso.

A negativa não foi surpresa e tampouco Buber a considerou uma perda essencial para sua revista. Ele provavelmente não se lembrava direito do autor de Praga — a visita de Kafka ao apartamento de Buber em Berlim acontecera anos antes —, que não tinha assinado quaisquer obras ensaísticas ou mesmo programáticas adequadas. O fato de Kafka estar apto a ambas as modalidades era, por enquanto, apenas uma afirmação de seu esperto empresário. Mas a recomendação não era isenta de segundas intenções. Pois, segundo a opinião de Brod, uma revista que propagandeava uma nação judaica com um fundo cultural próprio não podia prescindir da literatura judaica mais recente, e nesse caso apenas o melhor era bom o suficiente. Mas o que era "literatura judaica"? Buber lhe disse que não podia ser outra coisa além de literatura em hebraico ou, no máximo, em iídiche, enquanto a literatura alemã não era genuinamente judaica e por isso também não tinha espaço na *Der Jude*. Brod ficou espantado: desde quando justamente Buber argumentava usando critérios tão burocráticos? Ele replicou dizendo que o importante não eram sinais exteriores como a língua, mas o conteúdo, o "espírito" da literatura. E por essa razão, os autores judeus ocidentais mais jovens como Werfel, Kafka ou Wolfenstein não faziam parte da literatura alemã, mas estavam num "grupo especial da literatura judaica".[24]

E Brod queria dar um exemplo convincente para tanto. Ele ofereceu a Buber um ensaio fundamental com o título "Nossos literatos e a comunidade", no qual caracterizava o etos da ação social — na sua opinião, um sinal inconfundível da literatura judaica — contra o narcisismo amoral da vanguarda expressionista. O fator decisivo para a nova orientação moral e, portanto, também estética dos autores era o quanto eles conseguiriam se soltar — se não de maneira prática, pelo menos na intenção — do enredamento de um individualismo desenraizado. Nesse sentido, Kafka era "o mais judeu" de todos, pois sua nostalgia pela comunidade era a mais profunda; Kafka considerava a solidão quase como um pecado, aproximando-se assim "da concepção religiosa mais elevada do judaísmo". Salvação do mundo em vez de autossalvação. Brod sugeriu publicar, como ilustração, o pequeno texto em prosa de Kafka "Um sonho", que ele teve de "literalmente arrancar" do relutante autor.[25]

Judeu, mais judeu, judeuzíssimo: uma gradação duvidosa, uma tese arriscada e uma prova que não podia ser mais inadequada. Pois o que seria *judeu* nesse sonho, ou melhor, nessa visão de um homem que entra vivo no túmulo porque gosta tanto do adorno dourado da própria lápide? Se Brod fosse tomado ao pé da letra, então o "Sonho" de Kafka poderia no máximo ilustrar o oposto, quer dizer, o aumento surreal de um narcisismo, cuja autodestruição sensual não podia ser impedida por nenhuma comunidade. Certamente, esse tipo de trabalho não faria Buber mudar de ideia e passar a publicar literatura em língua alemã. Ele recusou o texto — tinha de recusar —, mesmo tentando adoçar ao máximo essa negativa para Kafka. Brod não se fez de rogado. Já que "Um sonho" não seria publicado em *Der Jude*, então apareceria na antologia *Das jüdische Prag* [A Praga judaica], lançada no final de 1916 pela revista *Selbstwehr*. Um pouco mais tarde, o pesadelo de Kafka apareceu até no *Prager Tagblatt*, acessível aos olhares dos colegas, das irmãs, dos pais.[26] Não foi a primeira vez: tudo o que Brod conseguia "arrancar" logo aparecia no jornal.

Kafka deve ter percebido que o tom apodítico com que Brod classificava todo o mundo literário como *judeu/ não judeu* não combinava com a evidente falta de critérios coerentes, e que as avaliações literárias de Brod também eram influenciadas por relacionamentos e interesses pessoais, visto que o amigo desde sempre mostrou uma fidelidade aos seus princípios tão exagerada quanto descontínua. Etiquetas estratégicas eram distribuídas e com a literatura se passava o mesmo. O fato de que quase a totalidade do jornalismo judaico se adequava a essas convenções era lamentável, mas não havia muito o que fazer. O partido contrário ariano não agia igual?

> O ensaio de Max "Unsere Literaten und die Gemeinschaft" [Nossos escritores e a comunidade] talvez apareça no próximo *Der Jude*. Aliás, você não quer me dizer também o que sou na realidade? A *Metamorfose* foi mencionada na última *Die neue Rundschau* [A nova crítica], rejeitada com argumentação sensata, e depois se conclui: "A arte narrativa de K. tem algo de primordialmente alemão". No ensaio de Max, por sua vez, "Os contos de K. estão entre os documentos mais judaicos de nossa época". Um caso difícil. Sou talvez um cavaleiro de circo sobre dois cavalos? Infelizmente não sou cavaleiro, mas estou deitado no chão.[27]

Ele deveria ter esperado mais algumas semanas, pois já em novembro um resenhista anônimo de *A metamorfose* decretou em *Die Deutsche Montagszeitung*: "O livro é judeu". Assim, o placar estava em 2 × 1 a favor de Brod, a favor do espírito judaico.[28]

Tais atribuições e delimitações parecem estranhas hoje, e o ímpeto com que se disputavam, no início do século XX, as ideologias e "ismos" de todas as tonalidades parece malsucedido frente ao mirrado ganho de conhecimento que os debates inflamados proporcionavam. Também entre as fileiras dos sionistas (e não somente na fração dos sionistas culturais), desde o início uma inflamada confissão de fé era mais valorizada do que a análise atilada, e o surgimento de dissidentes gerava indignação muito antes de seus argumentos serem checados. Tratava-se de identidade, não de conhecimento. Mas identidade não combina com acordos, ela precisa se manter sempre *imune*, rechaçar aquilo que não lhe diz respeito.

Kafka conhecia essa lógica. No fundo, sua concepção de veracidade era purista e, lamentavelmente para quem estava a seu redor, era refratária a quaisquer acordos — seja em relação a comer um assado, comprar móveis ou colaborar numa revista. Por outro lado, ele fazia todas as concessões possíveis enquanto se tratasse apenas de opiniões ou visões de mundo; não era proselitista e só queria convencer pessoas próximas e cuja falta de conhecimento lhe era dolorosa. Por vezes, essa atitude se parecia com indiferença. Mas a autenticidade não depende de concordância; quem está com o mundo inteiro contra si também pode ser verdadeiro. E se Kafka sentia a consciência social pesar, então não era porque ele não conseguia compartilhar das opiniões da maioria.

Os defensores de "movimentos" não conseguiam se dar ao luxo de manter essa postura descontraída em relação àqueles que pensavam diferente. Sim, o mundo devia ser salvo — mas sob suas condições. Um posicionamento desse tipo só podia ser sustentado afastando-se o olhar das relações de força e possibilidades de influência do momento, direcionando-o para objetivos mais longínquos. Dessa maneira, os porta-vozes sionistas ocultavam reiteradamente que a grande maioria dos judeus falantes do alemão se negavam de maneira enérgica a serem salvos por quaisquer escritores, professores de hebraico ou refugiados poloneses, e que apenas uma fração mínima dos menos de 4% dos sionistas realmente seguiam à Palestina. Segundo Leopold Schwarzschild, "um sionista é um judeu que empenha sua convicção nacionalista com força total para que outro judeu migre à Palestina com o dinheiro de um terceiro judeu".[29] A ironia atingia também os sionistas de Praga num ponto muito sensível: a intenção e a realidade estavam absolutamente distanciadas, faltava *autenticidade*, mas quem tentava falar abertamente sobre essa carência batia logo em fronteiras ideológicas: no fim das contas, não era possível considerar como *não judeu* o comportamento de uma maioria tão expressiva.

Não menos fatal era em que medida tais limitações de identidade e fronteiras também eram impostas à literatura; ou seja, a uma área onde o singular, o irrepetível ocupam o ponto mais alto e onde nenhum ator pode se dar por satisfeito em ser o mero representante de um movimento ou de uma tendência. A quantidade de papel e de força de trabalho que foram desperdiçados com a questão sobre se um autor ou uma obra isolada fazia parte do simbolismo, do expressionismo ou do ativismo, da literatura "judaica", "primordialmente alemã" ou qualquer outra, a quantidade de relacionamentos entre colegas e entre amigos que foram rompidos por causa de tais questões, são sintomas de um *horror vacui* que grassava: onde nada mais é evidente, onde de repente *tudo é possível*, os últimos sinais confiáveis são as bandeiras desfraldadas do coletivo, são os "ismos" e o "povo". As tentativas exageradas dos primeiros resenhistas de Kafka em classificá-lo de algum modo são exemplos típicos da época.

Também a tendência crescente de Brod em considerar tais etiquetas coletivas mais importantes do que fisionomias intelectuais poderia ter levado a um rompimento com Kafka. Ele se enganou ao interpretar o interesse de Kafka pelo trabalho cultural judaico como sinal de uma aproximação crescente. Na realidade, o abismo entre a ética da veracidade de Kafka e a política identitária de Brod se aprofundou de tal maneira que Brod precisou fazer malabarismos. A fim de continuar conversando com Kafka, ele tinha de deixar de lado o papel de divulgador. E podia fazer isso porque se tratava de um *papel* e porque ao lado do sionista ambicioso havia ainda o Brod frágil, desiludido com a guerra, que procurava por orientação e, por vezes, sentimental, que tinha necessidade de relaxar, sair de sua cobertura, cultivar amizades para além dos embates entre as facções, e cuja sensibilidade para a capacidade literária se mantinha inalterada.

"Eu, pessoalmente", Brod escreveu para Buber, que ainda se mostrava inflexível e não queria nenhuma literatura alemão-judaica, "considero Kafka, ao lado de Gerhart Hauptmann e Hamsun, como os grandes escritores vivos! Ah, se o senhor conhecesse seus longos romances, infelizmente inacabados, que ele às vezes, em raras horas, lê para mim. O que eu não faria para torná-lo mais produtivo!"[30] A afirmação era absolutamente convicta, pois ele *em pessoa* era quem mais conhecia com exatidão o efeito profundo da linguagem de Kafka. Como sionista, entretanto, Brod defendia uma posição totalmente diferente, pois então a questão envolvia o princípio da consanguinidade. Segundo essa lógica, um potencial linguístico do nível de Kafka nem deveria existir, *não entre os judeus de língua alemã*: Brod sabia que "a língua só nos foi confiada, por isso não somos criativos no aspecto puramente linguístico".[31] Nós, os autores judeus, os frequentadores eternos de culturas estrangeiras. Brod, à parte, deve ter evitado alimentar as autoindagações de Kafka com tais argumentos. Mas se autores judeus eram comprovadamente não criativos na língua alemã, então Brod pisava em ovos ao declarar a obra de Kafka como essencialmente judaica. Ele arriscou esse passo a fim de conseguir admirá-la também abertamente. Ao que tudo indica, tratava-se — mais uma vez — de identidade, não de consistência.

Anos mais tarde, numa carta difícil de ser interpretada, Kafka chegou a falar da "apropriação de propriedade alheia", de uma "literatura cigana" alemão-judaica, que havia "roubado o bebê alemão do berço". Ele não cita nomes, também não inclui de modo algum os próprios textos nisso. Mas chama a atenção o fato de Brod — que, por meio dessas afirmações polêmicas, poderia muito bem ter percebido a conversão definitiva de Kafka ao sionismo cultural — ter reagido com silêncio. Será que havia compreendido o quanto essa tese minava igualmente a própria obra?[32]

As ações na Casa do Povo Judeu de Berlim foram vistas com desconfiança pelos vizinhos da Europa Oriental. O que exatamente acontecia por lá? Quando as janelas estavam abertas, ouviam-se cantos ou leituras, às vezes também marteladas e barulho de serra. Quando as crianças vinham para casa, contavam aos pais — em sua maioria trabalhadores e pequenos comerciantes — que regatear era feio e que a solidariedade, a responsabilidade de todos por cada um, era boa. E, inacreditável para eles, crianças de doze anos podiam julgar os erros dos colegas, fazer considerações a respeito de seus professores adultos e "A. K." — *anständiger Kerl* [sujeito decente] — era sua titulação máxima. Elas aprendiam poemas de cor e traziam livros para casa, livros estranhos, que não tinham a menor relação com a vida real. E, nos finais de semana, marchavam durante horas pela natureza, pernoitando inclusive em palheiros; em seguida, os pais tinham de ouvi-las dizer como *o pôr do sol* era maravilhoso. Eram esses os preparativos para a luta pela existência na metrópole hostil?

Demorou até que um número considerável de judeus orientais adultos resolvesse ir até a Casa do Povo Judeu para aproveitar o que o lugar oferecia: creche gratuita, informações jurídicas e conselhos médicos. Mas boa vontade, unicamente, não era suficiente para superar as barreiras sociais e mentais entre os ajudantes e sua clientela, e o objetivo pretendido por Siegfried Lehmann, de que a população de Scheunenviertel "visse na associação o ponto central de todas as questões significativas da vida cotidiana", provou ser totalmente ilusório.[33] Dessa maneira, o "trabalho com o povo judeu" concentrava-se mais e mais nas crianças, cuja maleabilidade e gratidão compensavam todos os revezes.

Felice Bauer, que, como Kafka, importava-se mais com pessoas do que com princípios, ficou imediatamente impressionada e até animada com a atmosfera da Casa do Povo Judeu. Ela tinha encontrado ambientes confortáveis e incrivelmente limpos, mais "lar" do que "casa de acolhimento"; havia uma sala de leitura, um banheiro, uma pequena oficina, até um piano. E lá se conheciam pessoas interessantes, uma professora de educação infantil vinda da Palestina, um jovem rabino, um compositor, muitos estudantes de medicina. Às vezes, apareciam até personalidades, como Buber e Landauer, além de jovens radicais como Salman Rubaschow (ninguém podia nem sequer sonhar que esse homem um dia seria presidente de Israel) e Gerhard Scholem (que mais tarde mudou o nome para Gershom e comentou a obra do noivo de Felice). Não havia nenhum sinal de arrogância acadêmica; todos que estivessem dispostos a se contagiar pela carregada atmosfera de mudança e trabalhar regularmente eram bem-vindos. Os problemas práticos dominavam, por isso confiabilidade era muito mais importante do que qualquer ligação à causa sionista, algo que Felice Bauer não podia nem queria demonstrar. Parece que ninguém a censurava por isso. Mesmo Lehmann (que só pôde colaborar por alguns meses, antes de ser incorporado ao serviço militar) estava impressionado com a energia com que essa mulher e profissional encarava o trabalho: ela aparecia na associação duas vezes por semana às dezessete ou dezoito horas e ficava até a noite; nos fins de semana, participava das excursões e também assumia vários trabalhos de datilografia. A Casa do Povo Judeu tendia a monopolizar todos os seus colaboradores, ela escreveu. Vindo de sua pena, a frase certamente tinha um caráter positivo. Kafka ficou um pouco desconfortável ao saber disso — enquanto Felice, ao que parece, ainda não estava sobrecarregada; nas outras noites, ainda assistia a palestras sobre Strindberg.

Certamente não bastava tirar algumas crianças da rua e cercá-las de cuidados. A pretensão pedagógica a ser cumprida devia ser judaica em seu âmago; por essa maneira, esperava-se que os ajudantes voluntários se reunissem regularmente para tratar de problemas religiosos, culturais e educativos, passando por uma espécie de supervisão. No grupo de Felice, por exemplo, um manual de pedagogia — *Jugendlehre* [Ensino de jovens], de Friedrich W. Foerster — foi lido e discutido, capítulo por capítulo, algo mais fácil para as estudantes presentes do que para a administradora técnica, que não estava acostumada a *interpretar* textos. Felizmente havia por lá um amigo que tinha feito disso sua profissão: de maneira acelerada, em meio ao seu trabalho no escritório, Kafka passou os olhos pelos trechos mais importantes e datilografou uma pequena apresentação, que Felice só precisava ler em voz alta.[34] Ele também atuava como conselheiro literário e doador secreto, enviando à associação cerca de vinte exemplares de *A história maravilhosa de Peter Schlemihl*, de Adalbert von Chamisso, que foram distribuídos entre as crianças para uma leitura conjunta.

Ao contrário do que Felice temia, o ensino religioso não era prioritário; as leituras eram majoritariamente profanas, ocidentais e semelhantes às de seu próprio fundo cultural burguês. Isso dava segurança. Ela também se deu conta de que a experiência da beleza — seja em meio à natureza ou na prosa de língua alemã — era um importante meio pedagógico e moral. Tudo indica que os ajudantes concordavam que era preciso mostrar o máximo possível às crianças — mesmo que as coisas estivessem muito além de sua compreensão e o plano de leituras fosse uma curiosa colcha de retalhos juntando o comportado cânone escolar e algumas sugestões sionistas. Kafka se perguntou admirado pela utilidade de se entregar às crianças justamente *Minna von Barnhelm*, de Lessing. Seu conselho foi o de interromper imediatamente essa leitura. Em seguida, soube que no "clube de moças sionistas", no qual se reuniam meninas mais velhas e mulheres jovens, até o ensaio da "comunidade" de Brod havia sido discutido — um texto que demandava o conhecimento da mais recente literatura expressionista. Mas todos gostaram muito, Felice assegurou a Kafka; ela disse ainda que o conceito de "comunidade" tinha proporcionado uma reflexão interior coletiva, as meninas estavam dispostas a escrever um cartão de agradecimento ao autor. Em seguida, ela perguntou: "Será que você também já pensou a respeito? E qual sua opinião sobre a ideia de comunidade de Max Brod?". Pergunta curiosa. Será que ela ainda não sabia com quem estava lidando? Para responder com sinceridade, Kafka teria de lhe enviar alguns de seus diários.[35]

Outras pessoas também confirmaram que as leituras na Casa do Povo Judeu eram bastante aleatórias e muitas vezes escolares. Principalmente jovens sionistas, com elevado grau de comprometimento ideológico, perguntavam-se se a (res)socialização e a educação de lastro ocidental de crianças judias da Europa Oriental não acabavam resultando em assimilação. Onde ficava a tradição judaica, os preparativos para a Palestina? Scholem, com dezoito anos, surpreendeu o diretor da associação dizendo que, em vez de "se ocupar com bobagens e tagarelice literária, era melhor aprender hebraico e ir às fontes". Não poupou nem as ajudantes — segundo ele, suas "saias lindamente drapeadas" delatavam, à primeira vista, uma falta de espírito de luta nacionalista. Para Scholem, o trabalho com o povo na diáspora (ele usava o iídiche, "Golus") não fazia sentido, tratava-se de um desperdício de recursos judaicos caso não servisse ao trabalho propriamente dito, que só começaria na Palestina. E prosseguia dizendo que a muito citada máxima de Buber, "tornar-se humano e da maneira judaica", soava elegante e era comovente, mas não haveria uma solução da questão judaica nem nas regiões orientais de onde vinham os refugiados nem no Reich alemão, mesmo com pessoas mais intensamente judias e melhores. A solução era a emigração para *Eretz*, só isso.[36]

Uma ducha de água fria para as bem-intencionadas ajudantes, que não tinham muito a contrapor ao loquaz e culto Scholem. Mas não para Kafka:

> O debate que você me conta é característico; eu sempre tendo mentalmente a sugestões como as do sr. Scholem, que exigem o máximo e, ao mesmo tempo, o nada. Não devemos medir essas sugestões e seu valor pelo seu efeito real que aparece para nós. Aliás, essa é minha opinião em geral. A sugestão de Scholem não é inexequível em si.[37]

Mas então em que consiste o valor de sugestões *inexequíveis*? Em sua verdade, claro; em sua veracidade. Kafka comenta Scholem e o faz com simpatia. Quando este soube disso, contava setenta anos.

Um cartão-postal por dia. De vez em quando uma carta, para ocasiões especiais. E até um relato. E perguntas, muitas perguntas. Apenas não romper a ligação de novo. E economizar nas próprias queixas.

Percebemos que o milagre de Marienbad tornou Kafka não apenas mais suave como também mais realista. Ele sabe agora que não é suficiente apenas jurar ou sonhar com uma união. O relacionamento com uma mulher — mesmo à distância — necessita de um interesse comum, um projeto. E ele consegue convencer Felice de que o trabalho na Casa do Povo Judeu poderia ser esse projeto. "Sinto-me muito bem entre as crianças", ela escreve, "e, na realidade, melhor do que no escritório."[38] Kafka fica feliz com essa frase. Ela é hábil nos negócios, trabalhadora, ele a admira por isso, e ela tem também a voz sensível de uma mulher com a qual é possível conversar, conviver. É isso que ele quer ouvir no momento, palavra por palavra, e com razão pode se parabenizar por essa felicidade: ele deu o impulso, foi convincente, perseverante, fez tudo certo. Dá vontade de aplaudir. Mas a vida não é uma tarefa escolar. Nesse caso, são as contas *mais simples* que não dão certo.

6.
Kafka encontra seus leitores

A pessoa só se sacia na própria mesa.

Ditado judaico da Europa Oriental

Prezado senhor,

o senhor me deixou triste.

Comprei seu *A metamorfose* e dei-o para minha prima de presente. Mas ela não consegue entender a história.

Minha prima deu o livro para a mãe, que também não conseguiu entender.

Agora as duas escreveram para mim. Devo lhes explicar a história. Porque sou o doutor da família, dizem. Mas estou perdido.

Senhor! Passei meses duelando com os russos na trincheira, sem vacilar nem uma vez. E não suportaria que meu renome fosse às favas com minhas primas.

Só o senhor pode me ajudar. É sua obrigação, pois foi quem me meteu nessa enrascada. Então, por favor, me diga o que minha prima deve pensar de *A metamorfose*.

Com os melhores votos de estima e consideração,
Dr. Siegfried Wolff

Essas eram as pequenas e cômicas turbulências que aconteciam quando os primeiros textos de Kafka chegavam aos seus primeiros leitores — prenúncios inofensivos daquela incrível torrente discursiva que uma geração depois atingiria seu espólio. E o dr. Siegfried Wolff realmente existiu: morava em Berlim-Charlottenburg, seu título de doutor era real (em economia e ciência política), a trincheira também (1915, ferido), e ele trabalhava como diretor de banco. É improvável que Kafka tenha perdido a diversão de uma instrução lacônica.[1]

Seus diários quase não tocam nesse assunto, mas no mais tardar desde a publicação de *Contemplação*, com a qual ele avançou de autor para escritor, Kafka passou também pela curiosa experiência que é o aparecimento de *leitores*, a vida própria do texto literário, que foge para sempre do controle e do desejo de perfeição do escritor. O termo técnico disso é "história da recepção"; do ponto de vista dos leitores, trata-se do meio natural da literatura, pois, via de regra, não conhecem outro. Para um escritor, por sua vez, o texto é resultado de um esforço, com oportunidades, ideias e associações, variações descartadas e ideias não utilizadas, bloqueios e delírios narcisistas organizando-se a fim de formar uma história bem diferente — para um escritor, mesmo o mais exitoso, o início da recepção é ao mesmo tempo um final: algo é retirado de suas mãos e entregue a pessoas desconhecidas. Kafka também não foi poupado dessa experiência: é surpreendente, beirando às vezes o absurdo, a quantidade de interpretações dadas a seus textos breves. Mas, ao contrário de Brod, ele resistia à tentação de se pronunciar por meio de observações posteriores ou até fazer valer sua autoridade de criador. Mantinha sua própria interpretação e deixava os leitores com as suas.

Certamente deve-se à tradição das leituras em voz alta, cultivada em seu círculo mais íntimo de amigos, o fato de Kafka ter se acostumado desde cedo à visão dos leitores autônomos com julgamentos autônomos, escapando de um jogo de linguagem excessivamente particular e, no fim das contas, inconsequente. Ele gostava muito de ler em voz alta — em parte porque queria testar o resultado, em parte porque queria dividir o prazer do resultado e, assim, multiplicá-lo. Ambas as coisas eram mais prováveis de acontecer diante de um público restrito e seleto, com a presença de alguém de seu relacionamento pessoal: as irmãs, Brod, Baum ou Weltsch; a família Bauer ou no máximo um grupo semiaberto como os convidados da mulher do diretor Marschner, que promovia um "salão".

Kafka sentia mais dificuldade em entrar num palco totalmente anônimo. Sua resistência contra toda forma de cultivar a própria imagem social inevitavelmente era despertada e o prazer em ler em voz alta era prejudicado por ruídos do superego, pela dúvida atroz sobre com que direito exatamente *ele* estava sob aquela luz. Kafka não temia seu público, mas se fechava em copas assim que a curiosidade geral em relação aos textos se transferia para sua pessoa, e quase passou mal quando um ginasiano obcecado por literatura intitulou-se "seu muito humilde discípulo".[2] Uma única vez ele falou para uma turma de desconhecidos em Praga, em meio ao frenesi de confiança proporcionado por *O veredicto* — só que isso acontecera anos antes e desde então outra oportunidade dessas não havia se apresentado e tampouco ele a tinha procurado. O que mais poderia ler? Todos esperavam pela conclusão de *O processo* e *O desaparecido*. Kafka, entretanto, estava farto desses encorajamentos bem-intencionados, sabia que era impossível insistir num romance: não enquanto a guerra estivesse em curso. Dessa maneira, para exercitar a voz, passou a ler textos de outros escritores, com Ottla como única ouvinte, em quentes domingos de verão, deitado na grama, em um vale silencioso e bem longe da cidade.

Essa paz foi interrompida por um convite inesperado: a Galerie Neue Kunst Hans Goltz, sediada em Munique, sugeriu que Kafka organizasse uma noite literária com textos seus. O fato era espantoso. Afinal, qual sua relação com a cidade, quem o conhecia ali? No passado ele quisera estudar em Munique e passou duas semanas por lá, analisando o lugar, mas dessa experiência não restava nada mais além de uma lembrança opaca. Sua última estada em Munique datava de 1913, em meio à viagem de volta de Riva, quando perambulou por algumas horas na cidade. E isso era quase tudo. Ele não sabia da animada cena do bairro de Schwabing, a não ser através das anedotas contadas por Franz Blei, mas a presença da metrópole literária Berlim ofuscava tudo, como um farol. *Ali* ele gostaria de fazer uma leitura. Alguns de seus conhecidos de Praga havia anos eram figuras carimbadas em Berlim, inclusive Oskar Baum tinha seus apoiadores por lá. Mas antes de o nome de Kafka ter chegado ao conhecimento das instâncias deliberativas de Berlim, a guerra mundial cortara os vínculos ainda frágeis.

Entretanto, a decisão de Kafka de viajar para Munique era apenas uma questão de horas: mal recebera o convite, já estava ditando o pedido para o obrigatório passaporte de viagem. Pois logo ficou claro que não se tratava de um mal-entendido local, mas sim que o livreiro, editor e galerista Hans Goltz patrocinava uma programação que devia ser levada a sério e que se orientava pela vanguarda berlinense: tratava-se das Noites para a Nova Literatura, estreada por Salomo Friedländer. Else Lasker-Schüler, Alfred Wolfenstein e Theodor Däubler também haviam confirmado presença. O evento era digno, mesmo se Kafka certamente não se sentisse confortável com o organizador anunciando os "expressionistas alemães", inserindo as leituras no contexto de uma corrente da moda.

Mas como seu nome foi lembrado? Não havia uma razão imediata, exceto talvez o ensaio sagaz e notável publicado pelo jornal *Berliner Tageblatt* no verão e que se referiu, de um só fôlego, a Kafka e Kleist.[3] Ou será que finalmente já se sabia da iminente publicação em forma de livro de *O veredicto*, um volume fininho, do qual ele havia convencido sua editora? Também não. Tudo era mais simples e, para Kafka, mais decepcionante. Pois como no prêmio Fontane do ano anterior, ele foi nominado mais uma vez apenas como acompanhante; o convite oficial tinha sido enviado ao bem mais conhecido Max Brod, e este havia sugerido o nome de Kafka para uma data futura — juntamente com outro autor, caso o talento de Praga não fosse atração suficiente. "[...] minha vontade de viajar diminuiu na mesma proporção", Kafka suspirou.[4] Uma única apresentação em todos esses anos e mesmo essa tinha a bênção de Brod, como tantas outras coisas.

Kafka, entretanto, não pensou em recusar. Pois a viagem até Munique também oferecia a chance de um encontro com Felice, o que não era pouca coisa tendo em vista as recém-instauradas restrições de passaportes, que tornavam as viagens de lazer ao Reich alemão quase impossíveis. Agora era preciso provar que a viagem era necessária; além disso, carregar o passaporte austríaco, um "certificado de passagem de fronteira" bem como um carimbo do consulado alemão; naturalmente, era preciso ainda registrar a entrada e a saída na polícia alemã. Visto que as leituras já naquela época faziam parte das obrigações profissionais de um escritor, elas geralmente eram reconhecidas como motivo para viagem, desde que apresentada a carta-convite (na medida em que o indivíduo fosse "confiável e sem restrições", como se pode conferir na ficha policial de Kafka). Para a excursão de fim de semana a Berlim, por sua vez, ele teria de mostrar um novo aviso de noivado, algo impossível naquele momento.

Felice se mostrou imediatamente disposta a sacrificar dois valiosos dias de férias, além de passar uma sexta-feira e um domingo no trem, apenas para rever Kafka por algumas horas. Nesses casos, ela era resoluta; e até se perguntava por que ele não aproveitava a oportunidade para fazer um desvio (considerado ilegal pela polícia) até Berlim, onde, por exemplo, poderia visitar a tão comentada Casa do Povo Judeu. Mas Kafka não aceitava nada proibido, mesmo que não pudesse dizer isso claramente devido à censura das correspondências. De todo modo, descobriu que os trens de Praga e de Berlim se juntavam no caminho até Munique, de modo que já por volta do almoço eles festejariam o reencontro no vagão-restaurante — ele também contava as horas.

Havia outros obstáculos, mais sérios. O que Kafka tinha a oferecer ao público de Munique? Ler trechos de obras interrompidas não vinha ao caso. Nunca passaria pela cabeça de Kafka esforçar-se para demonstrar a mesma autoconfiança de um Thomas Mann, que naqueles dias estava viajando para apresentar seu fragmento de *Felix Krull*. Por outro lado, era preciso transmitir aos conhecedores presentes uma ideia de como ele havia se desenvolvido desde sua estreia e onde se encontrava no *presente*. Apenas um único texto servia para tanto: *Na colônia penal*. Mas justamente essa novela seria uma dura prova inclusive para o ouvinte de maior boa vontade, e a prova disso estava em suas mãos. Pois Kurt Wolff, havia poucas semanas dispensado do serviço militar e finalmente de volta à sua editora em Leipzig, tinha levantado dúvidas quanto à publicação de *Na colônia penal* separadamente. Sua carta não foi preservada, mas a resposta de Kafka permite reconhecer que não se tratava de detalhes programáticos, mas de questões fundamentais:

> Recebi com muito gosto suas amáveis palavras sobre meu manuscrito. Concordo inteiramente com suas correções quanto ao seu caráter incômodo, mas, nesse sentido, tenho uma sensação igual com quase tudo o que escrevi até agora. Note, nessa ou noutra forma, como é pouco o que está livre desse incômodo! Como explicação para essa última novela, acrescento que não apenas ela é incômoda, mas nosso tempo, e especialmente o meu, foi e é muito incômodo; o meu sendo ainda mais longamente incômodo do que o tempo em geral. Deus sabe o quanto eu avançaria nesse caminho se tivesse continuado a escrever; ou melhor, se minhas condições e meu estado tivessem permitido a escrita desejada, com os dentes nos lábios. Mas não o fizeram. Eis que só me resta esperar pela paz, apresentando-me, ao menos exteriormente, como notório homem contemporâneo. Dito isso, também concordo que a história não deve entrar na [coleção] Der jüngste Tag.[5]

Kafka recusou a contraoferta de Wolff, mais cortês do que entusiasmada, de juntar o texto a outros. E com alguma teimosia disse a Wolff que em breve apresentaria *Na colônia penal* em público.

Apesar das autoacusações, inerentes a Kafka, a irritação nas entrelinhas não deve ter passado despercebida pelo sensível editor. Mas era muito incomum que dessa vez Kafka defendesse sua obra não somente por necessidade interna, mas como uma manifestação sintomática do momento presente. Ele certamente estranhou que o tenente Wolff, que passara dois anos lutando na França e nos Bálcãs, considerasse "incômodas" as crueldades e as atrocidades físicas de *Na colônia penal*. Uma coisa, claro, era a realidade monstruosa; a outra, *apenas* literatura. Mas qual escritor que leva seu trabalho minimamente a sério pode se satisfazer com essa hierarquia? Será que era preciso explicar justo a Kurt Wolff que a literatura, a *verdadeira literatura*, mede-se unicamente pelo quanto ela consegue se aproximar ao cerne da realidade? A narrativa de Kafka tinha surgido no instante em que uma orgia de violência havia se desencadeado em outro lugar, uma violência por vezes hiper-real que parecia flertar com o fantástico — teria sido fácil para ele apresentar essa conexão de maneira ainda mais irrefutável ao editor (daí, porém, o censor das correspondências entenderia também).

Apesar de Kafka não pensar a partir de conceitos políticos, ele estava consciente de que *Na colônia penal* — que termina com a morte de um torturador tecnocrático — poderia ser lida como evidente "observação do tempo atual", que o texto estava longe de ser oportuno e que se encontrariam motivos suficientes para impedir a leitura. A decisão caberia ao departamento de imprensa da direção da polícia em Munique, a quem era compulsório enviar, com antecedência, toda e qualquer fala pública; o resultado da exegese textual realizada ali era imprevisível. Principalmente porque o nome do galerista Golz não era o mais apreciado nos círculos policiais de Munique. Mais de uma vez o mecenas de Franz Marc e Wassily Kandinsky havia provocado o público das ruas com arte de vanguarda e foi preciso dispersar a aglomeração formada diante das vitrines na Briennerstraße, bem ao lado do Café Luitpold, ponto de encontro de artistas.

Desse modo, o reencontro de Kafka com a amada dependia da boa vontade de um policial anônimo e inacessível; uma experiência marcante mesmo para ele, que via diariamente como carimbos decidiam vidas. "Ainda estou nervoso", confessou alguns dias antes da planejada viagem, "não consigo imaginar que será permitida, apesar de tão inócua em sua essência."[6] Inócua? Bem, não foi dada nenhuma ordem para que o Estado e a sociedade fossem urgentemente protegidos da novela de Kafka. Mas Hans Golz recebeu o recado de que era melhor evitar a expressão "colônia penal" nos anúncios públicos. Pois colônias penais eram da alçada do Ministério da Guerra bávaro, cujo censor não devia ser cutucado com vara curta. Desse modo, Goltz escolheu, entre todos os títulos que lhe vieram à mente, um absolutamente inócuo: "Franz Kafka: devaneio tropical".[7]

Poderia ficar pior? Inesperadamente chega a notícia de que Brod não conseguiu tirar férias e que, na noite de 10 de novembro de 1916, Kafka haveria de representar sozinho o "expressionismo" de Praga. O relato foi uma história inventada.

> As primeiras palavras pareceram espalhar um cheiro rançoso de sangue, um gosto estranho, rançoso e insípido pousou sobre meus lábios. Sua voz podia soar escusatória, mas as imagens entravam em mim, afiadíssimas [...].
>
> Uma queda surda, alvoroço no salão, uma mulher desmaiada é carregada para fora. A descrição prosseguia. Mais duas vezes suas palavras levaram a nocautes. As filas de ouvintes começaram a esvaziar. Alguns fugiram no último instante, antes que a visão do escritor os subjugasse. Nunca vira um efeito parecido de palavras faladas. Fiquei até o fim [...].[8]

Gostaríamos de mais detalhes. Quem foram os três infelizes e por que estavam numa leitura de Kafka? O que exatamente os abalou? Aqueles poemas indizíveis de Brod (entre eles uma longa "Cantata cósmica"), que Kafka leu como introdução, desculpando a ausência do amigo; ou o "cheiro de sangue", que se erguia na frente do pódio; ou foi apenas o tédio que os fez dormir? E o que fizeram ao acordar? Deram parte na polícia por lesão corporal? Contra o dono da galeria? Contra Kafka?

Um fascinante pastelão, com certeza: um escritor que continua a ler, impassível, enquanto parte de seus ouvintes é carregada para fora, parte sai sozinha. Apesar disso, o desfecho mais irritante é que a única descrição detalhada da leitura de Kafka em Munique, produzida pelo escritor suíço Max Pulver, realmente tem um caráter de devaneio: um relato em que literalmente todo detalhe é mentira e que se vale das lendas mais ridículas sobre Kafka.[9] Décadas mais tarde, Pulver — visionário, astrólogo amador e futuro grafologista — continuava sem se dar conta de que não só testemunhara a única leitura de Kafka fora de Praga, como também observara o único encontro de Kafka com Rilke, um acontecimento extraordinário para o próprio Kafka, cuja vida reclusa e, quando em público, distante da literatura quase não oferecia oportunidades para reuniões desse tipo. Assim, tudo fica sob uma luz suspeita: aquela conhecida galeria no primeiro andar da livraria Goltz, decorada com obras da Nova Secessão; algumas dezenas de ouvintes presentes, a maioria com seus sobretudos (também em Munique o carvão para aquecimento estava em falta fazia tempo), entre eles Rilke e mais alguns autores e críticos, sem esquecer de Felice Bauer, certamente num lugar de honra na primeira fileira. Em seguida, a usual reunião de alguns poucos num restaurante, infelizmente sem Rilke, mas com representantes da cena literária local como Eugen Mondt, Gottfried Kölwel e Max Pulver. A única frase de Kafka dessa noite, registrada de maneira confiável, foi: "Eu não devia ter lido minha história suja".[10] Depois de um longo tempo, ele tinha tentado mais uma vez se aquecer no próprio fogo. Mas a faísca não pegou.

Os representantes da imprensa também perceberam isso. No dia seguinte, o jornal *Münchner Neuesten Nachrichten* dizia que ele era "um leitor bastante insatisfatório"; no domingo, já no trem de volta, o *Münchener Zeitung* o chamava de "um libertino do horror"; "longo demais, pouco cativante" ecoava ainda na segunda-feira o *München-Augsburger Zeitung*. Ele recusou que lhe enviassem mais resenhas. E, claro, deu razão a todos, reforçando o "fracasso realmente incrível da coisa toda":

> Fiz mal uso de minha escrita como um veículo para ir a Munique, onde não tenho a menor ligação intelectual, e depois de dois anos sem escrever, tive a fantástica leviandade de ler em público, embora faça um ano e meio que não leio mais nada para meus melhores amigos em Praga. Aliás, em Praga ainda me lembrei das palavras de Rilke. Depois de me dizer algo muito amável sobre o foguista, ele achou que não alcancei o mesmo efeito nem na metamorfose nem na colônia penal. A observação não é compreensível de pronto, mas é muito razoável.[11]

Rilke havia lido *tudo* — bastou isso para, apesar de todas as contrariedades, Kafka voltar a Praga sentindo-se determinado. Os ouvintes que acharam a leitura longa demais ou aqueles jornalistas para os quais sua postura mais reservada não pareceu expressionista não lhe importavam. Ele ficou muito mais impressionado ao perceber que nesse meio estranho ninguém se importava com o irmão, amigo, amante, colega, sublocatário, dono de fábrica ou sionista Kafka. Tinha sido convidado na qualidade de escritor, *exclusivamente como escritor*, e assim foi ouvido: as conversas giraram sobre seus escritos, ele respondeu perguntas relativas à cena literária em Praga, recebeu alguns poemas para serem avaliados, como se sua crítica fosse de peso. Na sua opinião, isso não era justificado, ao menos não pela leitura que havia feito em Munique. Mas foi um aviso precioso. Kafka se lembrou que fazia muitos papéis em Praga, um número excessivo deles. E que tinha uma tarefa inconclusa.

Ele deixou passar apenas alguns dias. Em seguida, foi ao escritório de uma corretora de imóveis atrás de um apartamento; esse era o primeiro passo, imprescindível: um apartamento grande, silencioso e, principalmente, *seu*.

Felice Bauer foi a primeira que percebeu a mudança. E ela sabia qual era a sua participação nisso. Pois por trás da resolução abrupta ocultava-se uma decepção que era mais profunda do que o fracasso externo da leitura. Eles não tinham conseguido resgatar a intimidade de Marienbad naquela situação tão claustrofóbica, dominada por pessoas estranhas e por horários de viagem. O que fazer com aquelas poucas horas? A desejada proximidade não aconteceu, surgiram tensões, por fim eles se sentaram num café e discutiram. Sobre o quê? Não sabemos. Talvez sobre os votos pelo Ano-Novo judaico, que a rígida mãe de Felice aguardava e que Kafka não enviara. Talvez sobre as flores que ele deveria entregar aos próprios pais a pedido de Felice, algo que também não foi feito. Em relação a obrigações familiares, ele permanecia tão teimoso quanto antes. Ela o acusou de "egoísmo", embora Kafka achasse que tinha mergulhado na vida dela até as raias da abnegação, se identificado com o trabalho da noiva na Casa do Povo Judeu e jurado por semanas e meses nutrir interesses comuns.

A situação não se repetiria, ela prometeu de Berlim. Sim, certamente se repetiria, ele retrucou (e acabaria tendo razão). Mas justamente Felice devia saber que ele não aceitaria a acusação de egoísmo vinda de sua parte. Segundo Kafka, a acusação era justificada, mas — e aqui surgiu de repente um tom autoconfiante, que Felice desconhecia — o egoísmo em si também era justificado, "que se refere menos, muito menos, à pessoa do que à coisa". *À coisa*, ou seja, à escrita. E como se precisasse fazer desaparecer as últimas sombras do hotel Askanischer Hof (cujo último bafejo foi certamente sentido no café em Munique), ele acrescentou: "minha consciência de culpa é sempre forte o suficiente, não precisa ser nutrida pelo lado de fora, mas minha essência não é forte o suficiente para engolir tais alimentos com frequência". *Eu* ocupo a cadeira de juiz, ninguém mais. Resumindo, tratava-se da velha estratégia.[12]

Kafka recua. Seu desejo simbiótico errou o alvo, foi recusado. Nos dias que se seguiram a Munique, ele começa a compreender que não é possível ser diferente, que a realização não virá enquanto fizer questão de trazer a literatura à simbiose. Felice, entretanto, lera *A metamorfose*; em Munique, ela recebeu — provavelmente despreparada — o choque de *A colônia penal*. Para ela, é literalmente inacreditável que a divulgação desse tipo de fantasias, o jogo com o assustador, o ofensivo, a superação pública da fronteira da repugnância pudessem se tornar uma *coisa*, cujas exigências balizariam a vida mais íntima de duas pessoas. Não lhe falta boa vontade, mas ela se sente no limite de sua empatia. De maneira vaga, ela anuncia uma "solução", alguma atitude pragmática, a fim de conseguir conciliar casamento e literatura apesar de tudo. Mas não menciona nada mais concreto; por sua vez, Kafka não acredita em medidas desse tipo.

A Casa do Povo Judeu desaparece abruptamente da correspondência. Kafka continua enviando livros para lá, procura organizar uma lista de títulos recomendados para jovens e chega a transferir seus direitos autorais para Berlim. Mas não faz mais perguntas, não dá mais conselhos, não mantém vivo o interesse comum. Felice, por sua vez, não percebe o caráter altamente imaginativo da participação de Kafka. A reflexão conjunta sobre as crianças judias da Europa Oriental lhe é mais importante do que as crianças em si, seus relatos escritos também são mais importantes do que a observação, com a qual seria possível checar o grau de realidade de suas reflexões. A utopia poderosa da *verdade*, da *vida autêntica*, formadora da identidade, é o núcleo; ao seu redor, circulam todas essas imaginações. E ele imaginara que a Casa do Povo Judeu seria um exemplo que ensinaria a Felice o significado desses conceitos. Entretanto, Kafka não a encontra mudada, e a agulha da bússola, que sempre aponta para a verdade, se move. Em vez de Berlim, ela indica alguns cadernos escolares em branco que Kafka comprou.

"Natal? Não poderei viajar."[13] Dessa vez, o empecilho não são as regulamentações sobre os passaportes. Felice tem objeções, sugere coisas nas quais Kafka não se detém. Mais do que nunca, ele precisa dos feriados, dos poucos dias livres para si mesmo. Posteriormente lhe explicará para quê.

No fim de 1916 fecham-se as cortinas; mais uma vez, não há documentos preservados. Uma única carta para Felice Bauer, da primeira metade de 1917, é tudo o que restou; dos diários de Kafka, apenas poucas linhas. Eles não se viram por quatro, cinco, talvez seis meses, um resfriamento silencioso, oculto de nossos olhares, mas nada surpreendente.[14] Pois assim que a voz sedutora de Kafka silencia, fica patente a falta de algo decisivo — e a ausência de qualquer gesto carinhoso, de qualquer momento erótico, aponta para um vazio que, a longo prazo, não pode ser compensado: nem por meio do trabalho conjunto com os judeus orientais nem pelos problemas em comum de uma identidade judaica ocidental, nem mesmo pela empatia verdadeiramente virtuosa de Kafka. A simbiose só é possível num estado de esquecimento de si mesmo que fica à mercê do próprio desejo, como o sonho e a loucura. Entretanto, é impossível chegar à simbiose de maneira determinada c planejada. É justamente seu custo, o esforço envolvido — mesmo se temporariamente exitoso —, que impulsiona a inevitável decepção.

7.
O alquimista

Baixei a cabeça sobre minha folha
e observei a sombra da caneta-tinteiro [...]

S. Y. Agnon, "A carta"

Ao longo do muro que circundava ao norte o Hradčany, do lado interno, ou seja, ainda parte do castelo, encontra-se uma das inúmeras relíquias de Praga: a viela dos Alquimistas, também conhecida por viela Dourada [Zlatá Ulička], acessível apenas pelo meio, pois se trata de um insólito arquitetônico: uma rua sem saída de ambos os lados. Grudadas ao muro, escavando-o, há uma série de casinhas minúsculas, todas de um ou dois cômodos. Diz a lenda que os alquimistas do maluco imperador Rodolfo II moraram ali por volta de 1600. São habitações geminadas, dispostas lado a lado feito caixinhas coloridas, de portas baixas para pessoas de outra época. A visão é comovente.

No outono de 1916 uma dessas casinhas recebeu uma nova inquilina: Ottla Kafka, de 24 anos. Um cômodo com espaço para fogareiro no porão minúsculo, escuro e desgastado; por essa razão, valia apenas vinte coroas por mês. Exatamente o ideal para ser decorado como um ninho aconchegante, a fim de proporcionar relaxamento nas raras horas livres — longe dos olhares desconfiados do pai — ou para conversas descontraídas com Irma, prima e melhor amiga. Era um refúgio ideal caso o namorado de Ottla, Josef David (cuja existência os pais desconheciam, bem como da viela dos Alquimistas), fosse liberado do front por alguns dias. Afinal, encontros casuais eram quase impossíveis nesse ponto da cidade.

Ottla mandou pintar o cômodo, comprou algumas cadeiras, instalou ganchos de roupas nas paredes, aprendeu a usar o pouco prático fogão a lenha. Muito esforço, se considerarmos que tanto ela quanto Irma — ambas trabalhavam na loja de acessórios de moda de Hermann Kafka — podiam dispor a seu bel-prazer apenas do domingo e, no máximo, de um horário de almoço um pouco mais estendido. Assim, era preciso se contentar com o refúgio particular dissimulando orgulho.

Seu irmão Franz teve menos sorte. Ele também pensava havia tempos em finalmente arranjar um lugar de sossego e escapar do quarto de canto no prédio chamado "O lúcio dourado", onde em breve completaria dois anos aguardando, noite após noite, o fim dos ruídos do lugar — nada diferente de antes, na casa dos pais. Sozinho ou na companhia de Ottla, Kafka havia procurado alternativas principalmente no distrito Kleinseite [Malá Strana] de Praga, à margem dos caminhos desgastados, sempre sem sucesso. Apenas poucos dias após o retorno de Munique, entretanto, ele recebeu uma oferta espantosa: um apartamento no palácio Schönborn, perto da praça Kleinseitner Ring [Malostranské náměstí], com dois cômodos altos, pintados de vermelho e dourado, inclusive banheiro, telefone, luz elétrica e vista para o tranquilo parque levemente ascendente do lugar. Um sonho em meio à cidade. Porém, para sua concretização, o inquilino anterior exigia uma caução maior que o aluguel de um ano inteiro. Kafka declinou — um pouco talvez por avareza, mas principalmente porque o luxo de toda a instalação o intimidava e porque não conseguia se imaginar realizando o trabalho que pretendida em meio a afrescos.

Talvez tenha sido justamente essa experiência que conduziu o pensamento de Kafka até a casinhola de Ottla, à qual faltavam os elementos mais básicos do conforto e que era o exato oposto de um palácio barroco, um lugar onde não gostaria de pernoitar. De repente, porém, a ideia de passar algumas horas ali todos os dias com seus cadernos, brincando com caneta e lápis, totalmente isolado, lhe pareceu sedutora. Apesar das paredes finas, quase não se ouvia nada do vizinho, um simpático senhor mais velho, e a viela dos Alquimistas era sossegada também durante o dia: nada de barulho de patas de animais, nada de bondes elétricos. Uma das pequenas janelas dava vista para o jardim chamado Hirschgraben [Jelení příkop] bem mais embaixo, de árvores frondosas, um panorama descrito em todos os guias turísticos com algumas linhas. Mas a guerra estava em curso, ninguém vinha a Praga apenas por lazer, e era altamente improvável que algum turista entrasse numa casinha dessas e (como expressamente sugerido) deixasse uma gorjeta sobre a mesa pela vista incrível.

Tratava-se de uma experiência, que deu bem mais certo do que Kafka poderia imaginar. Pois Ottla não apenas se dispôs a lhe entregar uma chave de seu endereço, como também garantia que o lugar estivesse habitável. Era preciso arranjar carvão e, perto da hora do almoço, Ottla subia correndo para arejar a casa, tirar as cinzas do fogão e acendê-lo novamente. Por volta das dezesseis horas, quando Kafka chegava à viela dos Alquimistas, tinha a seu dispor um cômodo limpo, aquecido e silencioso. Ele ficava por lá durante quatro ou cinco horas e depois descia até o apartamento dos pais, para jantar com a família, e finalmente seguia para seu próprio domicílio, na Lange Gasse [Dlouhá]. Mas era cada vez mais frequente ele abrir mão desse desvio, preferindo levar alguma comida à casinha de Ottla e passar a noite por lá, seguindo para sua casa apenas pela meia-noite, passando pela velha escadaria do castelo, por vezes em meio à neve ou sob um céu límpido e estrelado. Um ritual de todas as noites, tranquilizador, que refrescava a cabeça e preparava para dormir.

Ottla estava contente em ver o irmão feliz. Mesmo que o visse cada vez menos, já que ele deixara de frequentar os jantares em família. Ela também aceitaria, mais satisfeita do que irritada, se tivesse sabido que depois de poucas semanas ele passara a se referir ao endereço provisório como "meu lar" ou até "minha casa".[1] E nos finais de semana ela abria mão do próprio direito de uso do imóvel a fim de não interromper a escrita do irmão. Ottla aquecia o lugar, abastecia a lamparina a querosene e saía para passear durante horas, independentemente das condições do tempo. Seu relato sobre o domingo, 3 de dezembro, é o seguinte: "Estive a caminho de Stern e, na volta, confiro minha casinha. Só de fora; dentro está meu irmão e acho que ele está bem lá. Por isso, não me importo de que tenha de ficar caminhando pelas ruas".[2]

Mas o que acontecia do lado de dentro? Por enquanto, é um segredo. Nas palavras de Kafka, ele estava se havendo com "impossibilidades"; nem Felice conseguiu saber mais detalhes. O que ele criava num dia era riscado no outro.[3] Ou seja, nada de novo na viela dos Alquimistas. Três séculos antes, acontecera a mesma coisa com os supostos moradores anteriores do lugar, os lendários alquimistas.

O fato de o Estado, o mundo ou o tempo "saírem dos trilhos" vez ou outra é um daqueles eufemismos que carregam um sentido obscuro, subitamente revelado de maneira terrível, após décadas de banalização e desgaste. Isso acontece raramente, e nem toda geração precisa passar pela experiência. Tradições terminam, riquezas são destruídas e as pessoas riem da moral de ontem: algo sempre sai dos trilhos, mas a Terra continua a girar e a vida segue.

A primeira vez que os habitantes da Monarquia de Habsburgo tiveram a impressão de que realmente *tudo* tinha saído dos trilhos e de que a vida seguiria, no melhor dos casos, de uma maneira muito diferente, inimaginável, foi no inverno de 1916-7. Eles haviam se acostumado à guerra, que encaravam como uma praga imposta pelo destino, por cujo término era preciso esperar pacientemente. Para aqueles que fossem jovens o suficiente, a liberação apressada dos costumes e a mudança dos papéis sociais provocada pela guerra podiam proporcionar um momento de liberdade. Os velhos se convenciam de que as maquinistas e as trabalhadoras nas fábricas de munição voltariam a ser donas de casa depois que tudo tivesse acabado. E a morte? Todos conheciam alguém de luto por outro alguém, e mesmo o indivíduo mais ingênuo sabia que uma infelicidade tão grande, que abrangia todas as classes sociais, não seria seguida por um súbito retorno à normalidade. Mas era possível um povo inteiro se petrificar na dor? Segundo todas as experiências, era impossível. Toda guerra, mesmo a perdida, em algum momento se torna lembrança. Acreditava-se que também essa guerra chegaria ao fim.

De repente, porém, o ataque chegou de um lado absolutamente inesperado, mirando uma camada muito profunda e sensível, o próprio substrato biológico da sociedade. As pessoas começaram a sentir fome. E o pior é que, havia mais de dois anos, suas necessidades estavam sendo calculadas até a última migalha: o cartão de racionamento previa quarenta gramas de açúcar; um quarto de litro de leite; vinte gramas de gordura; dez gramas de substituto de café por dia — e até o pão passou a ser pesado em gramas. Somente quem tivesse bons contatos conseguia mais de um por semana. Isso fazia lembrar sutilmente a distribuição de ração para animais. Essa impressão era potencializada pelo pedido brusco de mastigar mais vezes as reduzidas rações (algo que não era preciso dizer aos adeptos do movimento Lebensreform, que pregava um estilo de vida mais natural, com alimentos crus e orgânicos, além de outras medidas). Humilhações sociais dessa monta não eram incomuns, e alguns viam algo de positivo nas determinações precisas: justiça distributiva. Entretanto, levar a sério o discurso paternalista das autoridades se mostrou (mais uma vez) algo pouco inteligente, pois as quantidades destinadas aos indivíduos não alcançavam o mínimo necessário ao qual se tinha direito. Padarias municipais e "cozinhas populares" baratas foram montadas a toque de caixa para evitar revoltas provocadas pela fome, embora as autoridades não garantissem mais nada: elas não funcionavam, nem no âmbito militar nem no civil. E não seriam a recém-criada "agência de alimentação popular" nem os inúmeros "escritórios" semioficiais — que deveriam supervisionar todas as cadeias de reciclagem (havia até uma central para andrajos) durante a guerra — nem as penas draconianas contra o "contrabando" e estoques ilegais que mudariam o cenário.

A pressão moral era um meio comprovado para ocultar esse inesperado fracasso oficial e empurrar a responsabilidade à população. Quem se queixava que o pão do governo continha cada vez mais farinha de batata, fruto do carvalho e serragem, quem não gostava de urtigas ou quem tinha algo contra cigarros feitos pela metade com folhas de faia acabava sendo lembrado, de maneira enérgica, de que "nossos combatentes lá no front" tinham preocupações bem diferentes (o que não era de todo verdade, quando se ouvia os relatos daqueles de férias). A personalização do problema também era uma saída a fim de conduzir a fúria crescente da população para outros canais: como não era possível admitir publicamente que os apuros generalizados resultavam, no fim das contas, do exitoso bloqueio marítimo do lado adversário, e como a imprensa não podia falar sobre o fracasso catastrófico da administração, ela se voltava ainda mais intensamente contra "acumuladores" inescrupulosos e "intermediários" (preferencialmente judeus), que criavam a escassez, levando os preços às alturas.

Mas quanto mais pessoas se sentiam obrigadas a desrespeitar as leis, abastecendo-se em mercados ilegais ou até praticando furtos nos pomares dos camponeses, à noite, menor era o efeito lenitivo das espetaculares reportagens trazidas pela imprensa ou dos xingamentos sobre os aproveitadores da guerra. A longo prazo, a fome era mais forte, os corpos queriam mais do que apenas propaganda, e diante dos olhos de todos descortinou-se a realidade incontestável, que ninguém até aquele momento conseguira imaginar: um Estado rico e poderoso no centro da Europa não estava mais em condições de saciar seus cidadãos. E se não acontecesse um milagre, no inverno seguinte ele os faria passar frio. Disseminou-se um sentimento de lamentável desabrigo físico, de mendicância.

Mas o choque e as desarticulações psíquicas disparados por esse fracasso foram muito além da privação corporal imediata. As pessoas estavam à mercê de uma sociedade implacável, na qual o empenho, a parcimônia e a lealdade não eram mais recompensados. No seu lugar, exigia-se esperteza social e capacidade de imposição, a flexibilidade e os melhores contatos. Entretanto, isso significava a dissolução ou até a inversão do sistema burguês de valores — uma catástrofe moral, que gerava ansiedade e desespero.

Apesar disso, ou justamente por esse motivo, quase ninguém acreditava que se tratava de um descarrilar irreversível do *sistema*. Saiu-se à procura de culpados. A indolência do pequeno funcionário público foi xingada; em seguida, vieram as autoridades, que não haviam tomado providências; por último, o comando das Forças Armadas, que se apropriava de maneira inconsequente dos recursos, que só faziam minguar, sem se esquecer dos ministros em Viena, aparentemente incapazes de se impor. Por sua vez, os vienenses famintos culpavam os judeus orientais, que estariam aumentando as filas com seus muitos filhos; depois, foi a vez dos húngaros, que não entregavam mais grãos porque preferiam cuidar de seus bois e porcos; por fim, os tchecos, que se apropriavam cada vez mais das levas de carvão já negociadas. E ouvia-se com uma frequência cada vez maior um suspiro que definia com precisão a regressão social que se propagava: "Ah, se o imperador soubesse!".

Na realidade, o monarca e seu círculo mais próximo estavam apartados dessa cacofonia de ódio e do desespero geral. Tratava-se de um espaço sem política nem leis, no qual cada um podia projetar o que lhe fazia feliz e onde todos podiam se aninhar num sentimento totalmente ilusório de intimidade. Naquela época as pessoas estavam muitíssimo bem informadas sobre os golpes pessoais do destino que Franz Joseph I teve de suportar durante sua regência infinitamente longa. Entretanto, ninguém fazia a mais pálida ideia da verdadeira responsabilidade que o imperador carregava em relação à morte, às mutilações e ao definhamento de seus súditos. Qualquer criança sabia que o regente, cônscio de suas responsabilidades, iniciava seu trabalho às cinco da manhã. Ninguém podia dizer com precisão em que exatamente consistia esse trabalho. Diante dos olhos de todos, ele era uma figura cuidadora e protetora. A maior parte dos informes diários do palácio anunciava os nomes daqueles chamados pelo imperador para uma audiência e daqueles por ele promovidos ou condecorados; o restante eram conselhos paternais, agradecimentos e palavras de estímulo à resistência. A divulgação da vontade explícita do imperador, das decisões de que tinha participado e do que havia deliberado pessoalmente era um fato excepcional (e os habitantes de Praga não foram informados de que ele os havia poupado da lei marcial). Em março de 1915, Franz Joseph I ordenou que todos os jardins da corte fossem transformados em hortas de verduras. Em atenção aos súditos. Disso todos sabiam.

A Áustria tradicionalmente ocultava a ponta da pirâmide do poder com uma névoa constante, apresentando o imperador como uma figura apartada da política e suprapartidária. Esse era um cristalino cálculo político e psicossocial. Mas num Estado à beira do precipício e cujo discurso público estava praticamente dominado por disputas na questão distributiva e por intrigas nacionalistas, não havia alternativa senão manter o monarca "fora disso". Ele era o grande mediador, o último ponto de referência em comum; às suas costas, havia a ameaça do caos. Por esse motivo, ninguém questionava sua importância. Era inimaginável que um dos partidos pudesse afrontá-lo, quanto mais na forma de um ataque físico, como o ocorrido em outubro de 1916 com o primeiro-ministro conde Karl von Stürgkh.[4] Mas também era inimaginável que esse pai-de-todos um dia pudesse virar as costas, que sua dinastia desaparecesse. Mesmo entre os nacionalistas mais agressivos, eram poucos aqueles que conseguiam imaginar um mundo pós-guerra sem a Casa de Habsburgo.

Essa questão, no entanto, se tornou primordial: Franz Joseph I morreu em 21 de novembro de 1916, apenas poucos dias após o lançamento da quinta série de títulos de guerra, um mês após a morte violenta de seu primeiro-ministro, inacreditáveis 68 anos após sua coroação como imperador da Áustria. A conhecida profecia de que os súditos dos Habsburgo nasceriam e morreriam sob o retrato do mesmo imperador não estava tão longe da realidade, pois muitos tinham a sensação de que o imperador *sempre* estivera presente e de que seria difícil encontrar alguém que pudesse se lembrar da lendária época *anterior* a Franz Joseph.

A comoção geral superou em muito o luto que a morte de um soberano decrépito poderia ter gerado em outro momento. Tratava-se de um fim de mundo simbólico para todos. Havia uma noção irrefutável de que depois dessa perda não se voltaria ao mundo farto da virada do século, cada vez mais desfocado na lembrança das pessoas, mesmo que a guerra de algum modo terminasse "bem" (na verdade, apenas os generais ainda acreditavam nisso). Certamente havia um sucessor legítimo, e apenas poucas horas após a notícia, o arquiduque Carlos, um sobrinho-neto de dezenove anos de Franz Joseph, foi declarado imperador. A dinastia se mantinha viva. Mas os visíveis esforços de Carlos I em conquistar autoridade de imediato e, simultaneamente, enfrentar a crise do abastecimento com ações enérgicas comprovaram que, apesar de toda a boa vontade, o novo imperador tinha algo a *provar* e agia como um *político*, enredado nas exigências pragmáticas do instante. Só que não havia representatividade simbólica. A última âncora havia se desprendido; não se enxergava nada nem ninguém que pudesse impedir que o mundo "saísse dos trilhos", em definitivo.

Não resta dúvida de que os intensos abalos sociais no final de 1916 também atingiram Kafka. As fontes disponíveis indicam apenas indiretamente em que medida ele refletiu sobre os eventos; é certo que foi fisicamente abalado. Pois mesmo os afluentes Kafka sofriam com a escassez, apesar dos diversos e úteis contatos que mantinham em Praga, na condição de atacadistas. Uma carta de Julie Kafka para Felice Bauer — escrita no início daquele inverno catastrófico — deixa claro, de maneira inconteste, que nem dinheiro nem contato conseguiam mais encher as barrigas:

> Observamos os feriados judaicos como judeus de verdade. No Ano-Novo [28-29 de setembro], fechamos a loja nos dois dias, e ontem, no Dia do Perdão, jejuamos e rezamos bastante. O jejum não nos foi difícil, visto que treinamos o ano inteiro. Aliás, a fome não está assim tão intensa aqui em Praga e adoraríamos poder revê-la em breve por aqui.[5]

O censor (Julie aparentemente tinha menos medo dele do que o filho) com certeza não deixou de notar o sentido dessa mensagem. Pois que a fome "não está assim tão intensa aqui em Praga" só podia significar que não estava tão intensa quanto em Viena, onde já se reportavam saques e tumultos, e principalmente: não tão intensa quanto em Berlim. Mesmo que ninguém pudesse antever naquele momento que os meses seguintes entrariam na história alemã como o "inverno do nabo" e que milhares de pessoas morreriam de subnutrição nas cidades, já se sabia havia muito que o cotidiano na capital alemã, diferentemente do cotidiano em Praga, estava se tornando pouco a pouco uma ininterrupta guerra por sobrevivência. Não havia mais como conseguir alguma variedade de itens comestíveis, e mesmo com o salário de uma representante era preciso apelar para a recém-introduzida "salsicha-padrão" (cujo gosto fazia jus ao nome) e os 0,7 ovo por semana permitido por lei. Para Julie Kafka, era incompreensível que o filho não convidasse a namorada de anos para passar o Natal com a família em Praga, onde ainda era possível servir alimentos melhores do que ração animal. Mas Felice também não estava propondo uma visita. Era esse o retrato de uma reconciliação?[6]

Kafka, que se alimentava pouco, parece ter tido mais facilidade em se haver com a minúscula porção diária de comida, pois não fazia questão de pratos de carne nem de bolos, e os cardápios entrementes lastimáveis dos restaurantes e cafés não o apeteciam. Ele chegou a afirmar para a preocupada Ottla que, a cada noite, dispunha de mais alimentos na viela dos Alquimistas do que conseguia comer.[7] E mesmo a ameaçadora escassez de carvão (o aquecimento noturno já estava proibido) não o impedia de ficar o máximo de tempo possível em seu novo refúgio. Certa vez, quando Brod o visitou lá em cima e ouviu o amigo ler alguns trechos em voz alta — já havia novamente algo para ser lido —, ele se surpreendeu com essa "cela de claustro de um autêntico escritor" e ficou com a impressão de que Kafka sofria menos com a miséria do terceiro inverno em meio à guerra do que consigo mesmo.[8] É provável que, se retrucasse, Kafka dissesse que essa era uma época de ascetas. Um tempo sombrio, gélido — tempo de escrita.

Do inverno de 1916-7 restaram quatro cadernos in-oitavo, sem pautas, cada qual com oitenta páginas. Um formato pequeno, compacto, adequado para ser carregado pela cidade no bolso interno do paletó. Dois outros cadernos que Kafka deve ter usado estão desaparecidos.

Ao abrirmos esses cadernos discretos, totalmente preenchidos até as últimas páginas (a filologia kafkiana fala dos "cadernos in-oitavo A até D"), temos uma visão surpreendente e perturbadora: anotações longas, curtas e curtíssimas, prosa e diálogo, algumas linhas poéticas, coisas datadas e sem data, escrita normal e estenografia alternando-se sem critério, raros títulos, páginas inteiras riscadas, repetições literais, frases desconexas, transições fluidas e longas linhas de separação, no meio rabiscos, nomes enigmáticos, um endereço, rascunhos de cartas, uma lista com tópicos de tarefas a ser cumpridas, folhas arrancadas e trocadas, um bilhete anexado… — tudo como que escrito sem maior cuidado. Depois dos cadernos desorganizados do manuscrito de *O processo*, essa é a segunda prova mais difícil que Kafka deixou a seus futuros editores, uma tarefa na qual Max Brod haveria de fracassar de maneira muito instrutiva.[9]

A uma segunda vista, esse emaranhado de textos continua não fazendo sentido. Um leitor contemporâneo, mesmo que conhecedor das poucas obras publicadas de Kafka, não teria reconhecido nada ali, pois não havia nenhum sinal da "dicção de Kleist", da narrativa realista, do fantástico inserido de modo cirúrgico, do humor do tipo pastelão nem dos atos falhos cuidadosamente encenados que Kafka havia desenvolvido com tamanho prazer no (abandonado) conto "Blumfeld". Em vez disso, uma liberação cada vez mais radical — embora ainda controlada — da imaginação, uma dança sem igual entre o mundo e o mundo da linguagem. "Eu estava rígido e frio, era uma ponte", são as primeiras palavras do caderno B; "Todo ser humano carrega um quarto dentro de si", lemos algumas páginas adiante; "Ninguém vai ler o que escrevo aqui", profetiza um morto-vivo; "Acampamos no oásis. Os companheiros dormiam", relata um viajante. "Ontem uma vertigem veio me visitar. Ela mora na casa ao lado [...]."

O contexto experimental dos cadernos de Kafka (ou das suas edições críticas) irritará também o leitor de hoje, conhecedor de alguns desses textos. Há inúmeras variações, interrupções, mudanças de perspectiva e ligações transversais. Esses manuscritos se parecem com lava líquida e despertam a ilusão de que há a possibilidade de movimento mesmo onde Kafka se decidira por uma versão definitiva, do tipo "imprima-se". "Todos conhecemos Pedro Vermelho", diz uma passagem mais extensa no caderno D, "assim como meio mundo o conhece. Mas quando ele veio à nossa cidade para um festival, decidi conhecê-lo mais de perto, pessoalmente." Pedro Vermelho? Trata-se do macaco que em "Um relatório para uma academia" discorre sobre sua captura e sobre o processo de sua humanização. Realmente, meio mundo o conhece: um texto canônico de Kafka, popularizado principalmente pelas apresentações solo de inúmeros atores. No caderno de Kafka, entretanto, o macaco aparece primeiro como entrevistado de um jornalista; seguem-se dois outros registros, de temáticas muito diferentes, e, apenas então, as famosas palavras introdutórias: "Eminentes senhores da Academia:/ Conferem-me a honra de me convidar a oferecer à Academia um relatório sobre minha pregressa vida de macaco". Nesse monólogo livre, o jornalista tão ingênuo quanto inoportuno não é esquecido. Pois Kafka/Pedro Vermelho, ranzinza, o chama de algum dos "dez mil cabeças de vento que se manifestam sobre mim nos jornais".[10]

Porém, tais ecos e reflexos são apenas efeitos secundários no grande jogo de formas que Kafka apresenta. É como se ele tivesse se decidido a testar *tudo* o que as tradições narrativas oferecem — alegorias, fábulas, parábolas, contos de fadas, relatos, listas, monólogo e diálogo, flashbacks e contos-moldura, perspectivas em primeira e em terceira pessoas — e, ao mesmo tempo, ao passar por todas essas formas, parece que as amalgama.

Ele funde o que a tradição tem a oferecer e chega a sínteses novas, inauditas: o chumbo se transforma em ouro.

Não devemos de modo algum confundir isso com o expressionismo, muito menos com a *écriture automatique*, a escrita sonâmbula, descoberta poucos anos mais tarde pelos surrealistas, que deveria superar a censura psíquica interior. No caso de Kafka, tudo permanece sob controle, e justamente as inúmeras tentativas são o testemunho mais forte de que suas ideias, como antes, tinham de passar por um rígido crivo anterior. Ele interrompia tudo o que não fosse viável e suficientemente simbólico, tudo o que não mostrasse uma coerência orgânica ou despertasse a suspeita de "construção". Kafka também nunca se sentiu atraído a manipular os fundamentos da língua: não criava neologismos, não fazia nenhum jogo vazio com aliterações, não imitava a linguagem falada, não acumulava travessões nem pontos de exclamação. A língua culta alemã permanece sendo para Kafka o respeitado meio, cujos limites ele nunca atravessa de maneira deliberada, muito menos apenas com o intuito do mero efeito. Entretanto, a viagem por *dentro* desse meio o leva a regiões nunca antes trilhadas.

No início desses férteis cinco meses, essa perspectiva certamente não estava no horizonte de Kafka, e seus primeiros passos parecem bem inócuos. Tratava-se da terceira fase intensa de escrita desde o outono de 1912, e ele mais uma vez queria tentar algo novo, inesperado, mas que também não chocasse ninguém. Sua primeira escolha recaiu sobre a forma da dramaturgia. Todos sabiam que ela fazia parte do ofício habitual dos escritores: autores proeminentes como Gerhart Hauptmann e Arthur Schnitzler oscilavam entre prosa e texto dramatúrgico, de acordo com a exigência do material, sem que fossem admirados como multitalentosos. Mesmo autores com preferências nítidas trocavam ocasionalmente o métier — Thomas Mann havia escrito uma peça; Carl Sternheim, alguns contos; o poeta Rilke publicara um romance extraordinário; e Werfel celebrava sucessos de palco com seu *As troianas*. E o empresário de Kafka, Max Brod, tentava de tudo, de histórias de fantasmas até a lírica sionista. Assim sendo, por que não uma peça de teatro?

Só que a tentativa fracassou. Apesar de todo o esforço de Kafka — e o acúmulo sem precedentes de correções e supressões revela que ele passou semanas mexendo nisso —, apesar de selecionar e reorganizar o que se mostrava aproveitável da massa de texto, "O guarda da cripta" permaneceu fragmentário e apenas algumas poucas cenas lhe pareceram maduras o suficiente para serem representadas. Para tanto, o próprio Kafka passou uma versão a limpo, à máquina, embora seja incerto que alguém tenha escutado esses diálogos algum dia.[11]

"O guarda da cripta" não está entre os trabalhos mais significativos de Kafka. A posteridade não soube bem o que fazer com a peça e as tentativas de reanimação por meio de pequenas companhias permaneceram episódicas. A dependência de Kafka em relação a modelos (principalmente de Strindberg) é muito óbvia; a construção, desajeitada; o todo, incompleto. Logo de início há um relato detalhado a fim de explicar a situação em si — a aparição de espíritos de antepassados reais. Shakespeare, no primeiro ato de *Hamlet*, saiu-se melhor nisso. E Kafka fez bem em logo deixar de lado essas "impossibilidades" que preenchem a maior parte do primeiro caderno e retornar ao ofício que dominava.

Assim sendo, abriu-se espaço para uma pirotecnia imaginativa sem igual: "Um médico rural", "A ponte", "Na galeria", "A próxima aldeia", "O cavaleiro do balde" e "Um fratricídio" surgiram em dezembro e janeiro. "Chacais e árabes" e "O novo advogado", em fevereiro. "Uma folha antiga" e "Onze filhos", em março. "A preocupação do pai de família", "Uma visita à mina", "Um cruzamento" e "Um relatório para uma academia", em abril. Não podemos esquecer o projeto de "O caçador Graco", oriundo de Riva, no qual Kafka trabalhou de janeiro a abril, bem como fragmentos significativos, entre eles "O vizinho", "A batida no portão da propriedade" e "Durante a construção da muralha da China", inclusive "Uma mensagem imperial", todos datados de fevereiro ou março. Uma coleção de preciosidades, que já teriam bastado, se não para dar origem à fama mundial de Kafka, então à *exegese* de Kafka, aquela leitura humilde, que avança com os olhos e o dedo nas linhas, compreendendo o texto como uma revelação, eximindo-o de qualquer crítica mundana. Foram principalmente os textos enigmáticos dos cadernos in-oitavo de Kafka que seduziram tanto leitores profissionais quanto diletantes para uma persistente análise de sentido, disposta a examinar letra por letra, sob todos os ângulos. Essa postura acabaria sendo estendida gradualmente para a obra completa de Kafka.

Hoje, tendo em vista que o processo criativo está sob a luz neon da edição filológica, essa tendência ao culto do texto nos parece não esclarecida e ingênua. Nenhum admirador de *A metamorfose* ou de *O foguista* vai duvidar que essas obras, apesar de sua precisão linguística, elasticidade, coesão formal e aparente atemporalidade, contam com uma relação genética.

Essas histórias têm uma história própria, revelam experiências muito pessoais, predileções e obsessões de seu autor, são o resultado de um ofício aprendido e exercitado ao longo de anos. Mesmo a afirmação de Kafka de que, sob condições mais favoráveis, ele poderia ter feito tudo ainda melhor, não pode de modo algum ser contestada, e não é preciso estudar as diversas etapas de correção dos manuscritos para ao menos levar a sério tais dúvidas do autor em relação a si próprio.

Com os textos em prosa dos cadernos — hesitamos em chamá-los de "contos" — Kafka colocou seus leitores frente às maiores tentações da "religião da arte" de maneira inédita e irrepetível. A diversidade dos motivos, dos temas e das imagens levantam a suspeita *ad absurdum* de que o autor estaria cercando a si mesmo. As variações e os parentescos encontrados são *deliberados*, e mesmo as obsessões privadas e os jogos, que também aparecem por ali, são testemunhos de outra liberdade que não as monocromáticas fantasias de castigos das obras anteriores. São textos de uma densidade e perfeição por vezes quase irreais, textos em cuja superfície procuramos em vão por quaisquer reminiscências de sua gênese. Aquelas duas frases longas, impecáveis, que foram reproduzidas em inúmeros manuais escolares sob o título "Na galeria" fazem imaginar que pode ter havido correções ou até versões prévias (e também não é possível checar, pois seu manuscrito não nos foi legado).[12]

Mesmo quem se aproxima dos cadernos in-oitavo por conta própria, quem quer se assegurar de que, apesar das aparências, essas revelações não caíram do céu, mas foram *trabalhadas*, não está imune à desilusão curativa. O contexto é caótico; as marcas de caneta e lápis comprovam que também ali tudo avançava como de costume. Mas exatamente onde a perfeição é indubitável, seu autor também parece estar absolutamente seguro de sua criação. O texto manuscrito de "Uma mensagem imperial" não traz quase nenhuma correção substantiva — e isso embora Kafka o tenha revisto especialmente para a impressão. Parece que tudo estava pronto desde o início. O autor como criador. *Ex nihilo*.

Vamos fazer de conta que seria possível apresentar os cadernos in-oitavo de Kafka a um leitor experiente para a realização de um teste cego: lugar, época e autor desconhecido. Esse leitor certamente adivinharia à primeira vista o pertencimento desse autor à modernidade literária, além de reconhecer os sinais de uma profunda crise de orientação, que transcende o destino individual. Mas ninguém adivinharia que esses textos foram escritos num inverno de catástrofe, num abrigo paupérrimo e com dedos enregelados, a poucos minutos de distância de filas de famélicos, numa cidade destruída, que passava frio, era mal iluminada e militarmente dominada, por um funcionário de médio escalão, que lidava profissionalmente com amputações e choques nervosos.

Talvez, porém, o leitor imaginasse que esse autor tivesse perdido um imperador. "Uma mensagem imperial" trata literalmente dessa questão: um conto com tons de lenda, em que nem mesmo a ordem expressa do monarca moribundo é suficiente para fazer uma carta chegar a seu destinatário. Em "Uma folha antiga", o imperador também está sentado junto à janela, rendido, observando a decadência de sua capital; e em "Durante a construção da muralha da China" lemos: "O império é imortal, mas como indivíduo o imperador cai e se precipita das alturas".* O breve drama "O guarda da cripta" se passa pouco depois de uma troca de poder; o novo regente está há um ano no cargo, sua autoridade oscila, a própria mulher se alia com seus adversários.[13] E o pequeno texto em prosa "O novo advogado" faz referência a um monarca lendário e conclama a um mundo sem liderança: "Hoje — isso ninguém pode negar — não existe nenhum grande Alexandre [...] mas ninguém, ninguém, sabe guiar até a Índia [...] ninguém mostra a direção".**

Uma das características de Kafka — e aqui está certamente uma das causas daquele mal-entendido que o qualifica como apartado da realidade e politicamente inatingível — é o fato de ele ser menos abalado por perdas grandes, mesmo as catastróficas, do que pelo enfático *significado* dessas perdas: sua importância para além do momento e sua qualidade distintiva em revelar o cerne de toda uma época. A derrocada de um grande símbolo, o fim de uma tradição, o topo ceifado de uma pirâmide — como a maioria de seus contemporâneos, ele vivenciou esses eventos como sinais de uma dissolução irreversível. Mas mesmo na vida cotidiana, se sentia menos impressionado e preocupado com a necessidade real e as limitações cada vez mais severas (que suportava sem queixas e com impressionante paciência)

* Franz Kafka, "Durante a construção da muralha da China". In: *Narrativas do espólio*. Trad. de Modesto Carone. São Paulo: Companhia das Letras, 2020, p. 85. ** Id., "O novo advogado". In: *Um médico rural*. Trad. de Modesto Carone. São Paulo: Companhia das Letras, 2020, p. 11.

do que com a *simbologia* desses processos. Claro que era ruim quando Ottla voltava do carvoeiro com o cesto vazio.[14] Nem Kafka podia ignorar totalmente essa ameaça inédita. Em fevereiro de 1917, a temperatura chegou a 20 °C negativos; teatros, cinemas e escolas foram fechados temporariamente; a distribuição de gás era interrompida durante o dia; o trânsito dos coletivos, no final da tarde; e durante a noite, Kafka atravessava a parte histórica da cidade, congelada e vazia, tateando o caminho. Mas o conto escrito durante os piores dias, "O cavaleiro do balde", no qual um eu congelante mendiga por carvão, não teria surgido se Kafka tivesse percebido esse bafejo da morte como sinal de seu tempo: "atrás de mim a estufa impiedosa, à minha frente o céu igualmente sem pena", lemos logo no início, e esse *igualmente* é quase indiscutível: não apenas a estufa está vazia. E por essa razão o narrador em primeira pessoa não volta ao quarto gelado, mas se perde em "regiões das montanhas geladas"* — assim como o médico rural da história homônima, em cujo final entrega a chave hermenêutica: "Nu, exposto à geada desta época desafortunada, com um carro terrestre e cavalos não terrenos, vou — um velho — vagando".**

Kafka pressente as catástrofes da época por trás daquelas do cotidiano, mas enquanto as observa, também sofre. Num tempo em que o Estado expõe seus súditos fisicamente e, ao mesmo tempo, perde seu representante supremo, literalmente no mesmo instante Kafka começa a reorganizar sua vida exterior e sua escrita. Ele experimenta, tanto na vida quanto na escrita. A estreita relação temporal é espantosa;[15] a coincidência, patente; o mero acaso está excluído: Kafka reage *produtivamente* a uma crise que o impele a superar hesitações e hábitos e a procurar por possibilidades de sobrevivência. Ele registra os eventos externos — as várias privações, a morte do imperador (de quem recebeu o prenome) — como muitos outros, como derradeiras confirmações de que as coisas não serão mais como antes; a conclusão que tira para si é a de que as coisas *não têm mais como ser* como antes. A perda o obriga a procurar novas forças; ao mesmo tempo, ele *libera* essas forças e, com elas, um fluxo de imagens e de ideias — foi assim que superou a debacle do Askanischer Hof dois anos antes. Entra em ação aquela dinâmica extraordinária tão característica de Kafka e que marca sua

* Id., "O cavaleiro do balde". In: *Essencial*. Trad. de Modesto Carone. São Paulo: Companhia das Letras, 2020, pp. 129, 131. ** Id., "Um médico rural". In: *Um médico rural*, op. cit., p. 21.

vida, que o mantém vivo: a *dinâmica da emergência*. Ele se abala com uma carta atrasada, uma tosse no quarto vizinho; um mundo em declínio lhe franqueia o acesso a novos recursos que parecem infinitos.

Em 24 de novembro de 1916, dois dias depois de saber da morte de Franz Joseph, ele tenta explicar a Felice por que um apartamento próprio é agora mais importante do que todo o resto, mais importante até do que a possibilidade de um reencontro: "Esse apartamento não me traria de volta a paz interior, mas pelo menos a possibilidade de trabalhar; os portões do Paraíso não se abririam novamente, mas eu talvez dispusesse de duas frestas no muro para meus olhos".[16] O *Paraíso* é a imagem mais forte de que Kafka dispõe, uma desmedida aspiração por redenção que ninguém antes dirigiu à literatura. Mas percebe que não há mais nenhum muro que o separa da liberdade imaginativa por ele ansiada. No mesmo dia, vai até a viela dos Alquimistas e abre seu primeiro caderno in-oitavo, ainda em branco, envolto pelo cheiro de tinta fresca.

Ele ainda não sabe que passará meio ano ali. E não faz ideia... ou, digamos: segundo "padrões humanos", ele não faz ideia de que as primeiras palavras que escreve — uma indicação cenográfica para "O guarda da cripta" — serão uma imagem absolutamente precisa da própria existência e, ao mesmo tempo, de seu futuro trabalho: "*palco diminuto, aberto para o alto*".

8.
Ottla e Felice

Moramos aqui no fim do mundo.
A experiência de morar aqui prossegue.

Halldór Laxness, *Kristnihald undir Jökli* [Cristianismo sob a geleira]

Num dos primeiros dias que Ottla Kafka foi até sua casinha reformada na viela dos Alquimistas, ela se deparou com um livro fininho sobre a mesa: *O processo*, editora Kurt Wolff, 29 páginas. Ottla sabia de sua existência, pois quatro anos antes, seu irmão, exausto depois de passar a noite em claro, trouxera até seu quarto de solteira o conto com a tinta ainda úmida. Havia demorado tanto tempo até que a obra se materializasse como livro autônomo e agora estava ali como presente, na casa *dela*. Ottla abriu. Na página da dedicatória, lia-se "Para F." (para quem mais?); embaixo, uma dedicatória manuscrita do autor "À minha senhoria". Ela achou charmoso e ficou orgulhosa; imediatamente escreveu ao namorado, Josef David, a respeito. Mas havia uma segunda linha, uma assinatura curiosa que atrapalhava um pouco a alegria e era difícil de explicar. Portanto, Ottla omitiu-a temporariamente: "O rato do palácio Schönborn".

Tratava-se de uma de suas brincadeiras típicas, que Kafka fazia às próprias custas: ele se diminuía e todos riam. Realmente ele se sentiu deslocado naquele apartamento imenso que estava para alugar no palácio Schönborn; apenas olhar para o teto altíssimo dava calafrios. Mas o síndico lhe avisou que havia outras opções por ali, menos sofisticadas, e o conduziu por uma ala lateral até o segundo andar. Kafka mal acreditou em seus olhos: "um apartamento de dois quartos sem cozinha, que parece corresponder perfeitamente a todos os meus sonhos mais exuberantes".[1] Não estava disponível no momento, mas, em algum momento, sem dúvida.

Kafka queria apenas *aquele* apartamento ou nenhum outro; ele abriu mão de mais visitas. Mas em relação ao *trabalho*, valia a pena mexer mais uma vez no seu status quo? A casinha de Ottla na viela dos Alquimistas, primeiro utilizada de maneira relutante como algo provisório, tinha demonstrado ser um lugar ideal para escrever, e depois que uma garota anã chamada Růžena, amiga de Ottla, passou a ser paga para realizar as tarefas de faxina, aquecimento e carregamento de carvão, Kafka conseguia passar suas noites no castelo com a consciência tranquila. Sim, ele brincava seriamente com a ideia de se mudar com seus parcos pertences para lá e colocar suas habilidades de asceta sob nova prova. Sem dúvida isso o faria assumir definitivamente o papel de bobo da família, como seu pai profetizara havia anos.

Mas a família foi poupada desse novo constrangimento, pois de repente (já haviam se passado dois meses desde a visita ao imóvel) Kafka recebeu a notícia de que o modesto apartamento do palácio Schönborn estava para alugar e um "de acordo" verbal seria o bastante. E, dessa vez, ele seguiu o primeiro impulso. Kafka queria concretizar o sonho, mesmo que, como de costume, logo tenha sido assolado pelos calafrios da hesitação que ameaçavam a decisão enérgica. Ele invocou seis argumentos contra o apartamento, mas havia também seis a favor e, tremendo diante da decisão existencial, apresentou-os detalhadamente a Felice Bauer. Porém, não precisava mais do encorajamento dela, da sua mão fria sobre a testa, mas de seu *consentimento*:

> [...] depois da guerra quero tentar primeiro conseguir um ano de férias, o que não será possível de imediato ou nem será possível. Bem, daí teríamos os dois o apartamento mais maravilhoso que conheço em Praga, pronto para você, entretanto por um tempo relativamente curto, enquanto você teria de abrir mão da cozinha e até do banheiro privativos. Apesar disso, eu gostaria e você poderia descansar profundamente por dois, três meses.[2]

Essas informações eram espantosas. Nada de cozinha nem de banheiro? Ou seja, um apartamento proletário de acordo com o padrão berlinense.[3] E, além disso, se Kafka realmente se mudasse para Berlim depois da guerra — como já havia sido discutido de maneira exaustiva e combinado expressamente em Marienbad —, então não bastaria entrar em férias no Instituto de Seguros contra Acidentes de Trabalho seja lá por quanto tempo; ele teria de pedir *demissão*. Mas caso tivesse mudado seus planos, acreditando seriamente ser possível conciliar a longo prazo a escrita e o trabalho burocrático, continuando a viver como funcionário público em Praga, então era *ela* que precisaria pedir demissão. Felice poderia então descansar o quanto quisesse. A carta de Kafka não tinha lógica. Melhor: era de uma lógica tortuosa, jurídica e cômica, enquanto se referia às ações a serem tomadas — apartamento próprio, sim ou não, não ou sim —, mas curiosamente difusa em relação às *intenções* dessa decisão.

Essa forma peculiar de eloquência conduz com precisão analítica a uma obscuridade que nos é conhecida como componente essencial do que hoje se chama de "kafkiano". Quando aparece nas cartas ou nos diários de Kafka, então sempre como reação de defesa contra uma situação que o força a uma ação imediata, mas com consequências muito complexas e imprevisíveis. O estilo de argumentação de Kafka, contaminado pelo estilo jurídico, e o *esforço* de argumentação repentinamente crescente são os indícios mais seguros de que aquilo que está em jogo é "tudo", que a decisão a ser tomada é altamente "carregada". A "história do apartamento" é chamada já na primeira frase de "tema colossal", do qual ele dizia só poder explicar um trecho minúsculo para Felice. E sua correspondência como um todo deixa claro que ele não estava fazendo nenhuma brincadeira. Mas o que havia de tão excitante numa pequena mudança dentro da mesma cidade, de uma esquina bem conhecida a outra?

As dúvidas pragmáticas de Kafka não eram para ser deixadas de lado. Ele tinha — mais sem querer do que de caso pensado — encontrado um novo ritmo de vida, mais equilibrado do ponto de vista psíquico e extremamente produtivo. Então para que arriscar essa felicidade com outras práticas? Kafka sabia por experiências anteriores que o tempo era limitado, que um inverno de escrita podia ser seguido por uma nova paralisia.

Na realidade, porém, os motivos para o nervosismo de Kafka estavam em outro lugar, e a agitação dos prós e contras não escondia de ninguém que se tratava de um ato simbólico. Um cômodo mobiliado como aquele na Lange Gasse podia ser considerado um exclave do território doméstico, era tão pouco residência de verdade como, por exemplo, um quarto de estudante, mesmo que seu ocupante já tivesse passado dos trinta anos havia muito. Por outro lado, a chave de um apartamento próprio era o símbolo mais visível e inequívoco da emancipação e da separação — ele sabia muito bem disso; mesmo na viela dos Alquimistas, o abrir e fechar da casa "própria" era uma experiência nova, prazerosa. E, para Ottla, a sensação secreta daquela chave no bolso da saia, a sensação de ser dona de casa, lhe proporcionava maior satisfação do que a real utilização do pequeno imóvel (ainda por cima, limitada a algumas horas).

Naquele inverno escuro e gelado de 1916-7, os irmãos ficaram muito próximos emocionalmente; havia um reforço mútuo de impulsos por independência. Não é possível saber, a partir dos documentos que chegaram até nós, se o papel de Kafka nesse sentido foi o de modelo ou apenas de conselheiro.

De todo modo, Ottla podia confiar que, se necessário, ele também enfrentaria os pais no intuito de apoiá-la, mesmo se não conseguisse seguir na *prática* a rapidez da emancipação da irmã. Mas ela via como ele também procurava colocar um ponto-final na imobilidade de anos. Kafka já não reclamava com tanta frequência, escrevia de maneira mais disciplinada do que nunca, lutava por um apartamento, ocupando-se inclusive com a concretização material de seus planos ao pedir sua nomeação como secretário do Instituto de Seguros, mais o aumento inerente de duas classes salariais.[4]

Durante os passeios de verão com a irmã, Kafka deve ter percebido que o anseio crescente de Ottla por independência não seria mais aplacado apenas com meios "pacíficos", ou seja, aceitáveis para a família. E ele entendia muito bem — afinal, estava passando pela mesma situação — o motivo de ela projetar esse anseio primeiro na natureza, na qual ao menos a *aparência* de liberdade era tão evidente. Caminhos havia muito conhecidos nos arredores de Praga e até o parque Chotek, de que ela sabia desde a infância, pareciam agora encantados para Ottla. Na floresta da Boêmia, onde passou alguns dias sozinha, a chuva quente de verão deixou-a extasiada e, na viela dos Alquimistas, sempre pedia ao irmão que erguesse o olhar ao céu estrelado. "Está errado", ela escreveu para Josef David, "passar uma vida na cidade, na loja. Não estou fazendo planos no momento, mas é impossível não acalentar desejos. Eu não hesitaria nem um minuto em passar minha vida inteira no campo, aqui ou em outro lugar, em nunca mais ver a cidade [...]."[5]

Claro que ela *estava* fazendo planos e sabia muito bem que as batalhas que haveria de enfrentar não seriam pelo seu amor à natureza. Em novembro de 1916, enquanto ajeitava secretamente sua casinha, Ottla falou com os pais pela primeira vez a respeito: disse que não tinha mais vontade de continuar trabalhando no negócio da família. Queria ir para a agricultura ou horticultura, e haveria de angariar o conhecimento necessário para tanto. Tratava-se de uma declaração forte, de uma revolta, à qual a família não tinha sido exposta até o momento: "*Meschugge!*" foi o veredicto mortal proferido pelo velho Kafka, impossível de ser revidado. Para ele, que observava a topografia social desde o centro — quer dizer, do endereço arduamente batalhado de sua loja, no Altstädter Ring —, o campo ainda estava associado a humilhações, falta de autonomia e falta de instrução. Os Kafka não tinham mais nada a ver com o campo, sua origem; Julie, a esposa, estava totalmente de acordo. Se Ottla — infantil e sempre desafiadora, que supostamente torturava os pais por prazer — tivesse se juntado aos empregados da casa (com os quais ela sempre se deu bem), a vergonha não teria sido menor. Mas ela estava falando sério. Três meses mais tarde, quando se soube que Ottla realmente tinha se informado sobre escolas agrícolas e sobre horticultura, e que Franz — um absoluto "malandro", como o pai anunciava — ainda a tinha apoiado nesse empreendimento, as vozes voltaram a se levantar na sala da família.[6]

Ottla estava com 24 anos, idade para se casar, e num futuro não muito distante certamente se ausentaria da loja. E ela faria falta, sem dúvida, e apenas poucos meses antes o pai tinha elogiado explicitamente seu empenho (para terceiros, diga-se de passagem). Mas Ottla não estava indo atrás de um noivo, mas de uma ideia fixa, oriunda do nefasto Clube das Mulheres e Meninas Judias sionista, que desdenhava dos negócios em geral e considerava o trabalho pesado no campo como a felicidade humana suprema. A filha de outro afluente comerciante de Praga tinha acreditado piamente nos lemas desse "clube" e fora à Palestina, apesar da intensa resistência da família. Belos exemplos!

Entretanto, tratava-se também de um aviso aos pais. Naquele momento, em fevereiro de 1917, quando Ottla dava seus primeiros passos decididos, procurando por um lugar numa escola agrícola, um dos jornais sionistas publicou um longo artigo sobre "Educação de meninas na agricultura" na Palestina.[7] Essa contundente descrição era ideal para reforçar ainda mais a vontade de Ottla ao autossacrifício. Caso o conflito na família fosse agudizado, ela entraria numa posição extremamente defensiva, pois era capaz — mesmo que sob lágrimas — de deixar a casa paterna. Nesse caso, os Kafka só a reveriam, no melhor dos casos, anos mais tarde, na condição de colona tostada pelo sol. Um pesadelo.

O fato de a situação não ter chegado a esse extremo pouco se deve ao pai, que vivia reclamando e não abria mão do status quo, mas sim às estratégias sutis, manejadas de maneira virtuosa pela mãe, de compromisso e integração que são mantidas nas famílias judias: no caso de uma ameaça de rompimento, a guia é afrouxada — mas somente na medida permitida pelo raio de ação do próprio clã. Quem desejava partir, quem mantinha o desejo do próprio caminho, sem se deixar influenciar por reprimendas ou pressão moral, era solto — mas não à liberdade.

Sete anos haviam se passado desde que Karl Hermann, noivo de Elli, tinha sido apresentado ao futuro cunhado Franz como exemplo brilhante de energia e tino comercial. *Tempi passati.* A fábrica de amianto, uma ideia de Karl, ingressado na família pelo casamento, tivera de encerrar suas atividades havia tempos. O sonho de um segundo milagre econômico dos Kafka ou até de uma carreira de empreendedor para o filho tinha sido enterrado naquela violenta onda de falências provocada pela guerra e pelo fechamento dos mercados internacionais. Os investimentos do pai e do tio em Madri foram perdidos, assim como o empenho do sócio Franz, desinteressado pelo empreendimento desde o começo e que não via a hora de aquela oficina agonizante em Žižkov receber baixa na junta comercial. Em 1917, a hora tinha chegado. As últimas esperanças de recolocar o negócio em ação se mostraram ilusórias; no fim do ano as atas foram encerradas e o processo de liquidação, iniciado — no mesmo momento em que o asbesto, de importância crítica para a guerra, passava a ser controlado rigidamente pelo governo. A diferença entre acessórios de moda e matérias-primas industriais foi mais uma dolorosa lição que os Kafka receberam durante a guerra.[8]

Entretanto, a família revelou com espanto que o inventor e (segundo a corte distrital) "liquidante único" da fábrica de amianto tinha tido uma nova ideia de como empregar vantajosamente seu dinheiro (e possivelmente também o da mulher, Elli). Ele havia assumido uma pequena propriedade rural altamente endividada, situada em seu vilarejo natal, Zürau (Siřem), de fala alemã. Essa propriedade, no noroeste da Boêmia, tinha cerca de vinte hectares e era administrada de maneira precária por um parente. Não sabemos o que Karl Hermann pretendia com a nova operação, altamente arriscada: especular com a ajuda da família, com os preços absurdamente inflacionados das frutas, ou desfrutar de uma vida sossegada como fazendeiro. Mas ele acabou não encontrando ninguém para tocar o projeto, e na condição de oficial na ativa era muito difícil envolver-se pessoalmente nele. Se a guerra não terminasse logo, mais essa tentativa ficaria pelo caminho.

Nesse momento, uma ideia genial nasceu na mesa do jantar dos Kafka, um pensamento óbvio, mas de consequências empolgantes. Já que não era possível impedir que Ottla deixasse a cidade, por que não a encarregar de administrar essa propriedade rural? Havia pouca coisa a perder: Ottla faria de *tudo* para superar o mais rapidamente possível suas lacunas de conhecimento, pois tinha algo a provar. Suas finanças permaneceriam sob a supervisão da família, pois entradas, investimentos e gastos fixos precisavam ser contabilizados por aqueles que detinham o capital inicial: com Karl Hermann, quando ele estivesse de férias em Praga, ou com a irmã Elli. E no caso de êxito, era possível inclusive contar com a gratidão de Ottla. Gratidão por ter recebido a base material para a vida no campo que ela tinha passado a alardear veementemente como a única vida honrosa. Mas também Karl e Elli contrairiam dívidas morais: afinal, eram os Kafka que assumiam a propriedade até então sem valor e a protegiam de um fracasso financeiro ainda maior. Então, era justo que Elli ocupasse diariamente, por algumas horas, o lugar de Ottla no comércio dos pais. O plano era perfeito. E apesar de ter ralhado muito, por fim o pai também reconheceu que a solução superava em muito tudo aquilo que ele poderia imaginar.

Ottla também aceitou e ela tinha pressa. Zürau era a chance de partir sem ter de romper com os pais — algo que temia muito mais do que seus discursos desafiadores deixavam entrever. E a perspectiva de pela primeira vez gerenciar um negócio de maneira autônoma também era sedutora. Apenas isso já fazia todo e qualquer esforço valer a pena. Quando a propriedade estivesse engrenada, ela iria — provavelmente já no inverno seguinte — correr atrás das bases teóricas e frequentar a tão desejada escola técnica. Até lá, bastaria a bibliografia básica de administração agrícola que o irmão lhe enviaria. Ottla partiu em meados de abril de 1917, despedindo-se da viela dos Alquimistas, de Franz, da querida prima Irma. Será que imaginava o futuro?

O golpe de independência da irmã deve ter parecido um milagre para Kafka. Apesar de estar muito envolvido nos preparativos práticos da empreitada e de compreender muito bem os lances de xadrez dos pais, o sucesso desse movimento estava muito além da própria capacidade de compreensão — uma moça criada na cidade, meeira de uma pequena propriedade rural, absolutamente sozinha numa região desconhecida. Ottla tinha se mudado para conquistar o impossível. E seu primeiro relato escrito atestou sua competência: tratava-se de uma carta objetiva, pragmática (que, como todas as outras prestações de contas, foram minuciosamente estudadas em Praga e só depois entregues ao dono da propriedade "no front"). Até o pai — que certamente se lamentava pela perda da funcionária dedicada — reagiu às notícias do vilarejo com tamanha tranquilidade que a família o olhou espantada. Ottla tinha saudades de casa, claro. Mais do que do namorado Josef David, ela sentia falta do traçado urbano da sua cidade. Mas aquela carta não dizia *nada* a esse respeito, e nem mesmo a Irma ela se sentia à vontade para confessar isso.

Kafka também ficou mais abalado com a perda do que imaginava. Apenas no verão anterior ele tinha se dado conta (e relatado explicitamente para Felice) de que Ottla não era mais sua aluna, que na verdade ela era a pessoa que desejava como *mãe*, e o jogo com a imagem da mãe passou a fazer parte, desde então, do repertório irônico entre os irmãos. Na primeira carta para

Zürau, Kafka escreveu que, na primeira vez em que voltou à viela dos Alquimistas depois da partida dela, a casinha estava gelada: parecia que uma tempestade tinha apagado o fogo do aquecedor, "talvez sem querer, talvez de propósito".[9] E quando Ottla tentou conversar com ele sobre o preço emocional de sua despedida, ele respondeu:

> Já me sentia completamente abandonado por você e, pensando num futuro distante (sempre pensando no futuro), disse a mim mesmo: ela vai acabar deixando que eu me arruíne. Mas isso é absolutamente errado, sem falar na sua carta, pois com sua casa lá no alto você me conduziu a um tempo melhor, que inclusive permanece, embora eu infelizmente tenha deixado de trabalhar lá (devido aos dias bonitos e às dificuldades de dormir a eles associados), e, além disso, você se foi. Claro que há muito do que se queixar, mas está incomparavelmente melhor do que os últimos anos.[10]

Certamente melhor; no geral, mais ou menos — mas "incomparavelmente melhor"? A custo Kafka conseguiu convencer Ottla de que a escrita (*infelizmente* abandonada) era uma variável dependente do clima em Praga. Tratava-se exatamente do tipo de explicação usada na família para dar conta de questões existenciais. Ela tinha superado isso. O irmão a subestimara.

Na terça-feira, 10 de julho de 1917, Kafka esquadrinhava de joelhos o apartamento da irmã Valli. Estava à procura de uma bolsinha, a bolsa da noiva Felice Bauer, e a procura era quase desesperada, pois havia novecentas coroas ali. Dias antes eles tinham ido juntos até a casa de Brod, ambos constrangidos, Kafka metido em trajes estranhamente formais, de colarinho alto, como se fizesse uma primeira visita como noivo; em seguida, foram até o casal Weltsch, e depois... sim, Felice tinha certeza, mas não tinha certeza *absoluta*, de que nessa hora ainda carregava sua bolsa. Eles reviraram armários e gavetas, deixando a família toda em polvorosa. *Tanto dinheiro*. E o tempo pressionava. Pois já na quarta-feira o casal queria partir em viagem para a Hungria, Felice visitaria a irmã Else em Arad, Kafka seria seu acompanhante pelo menos até Budapeste. Portanto, não havia alternativa senão repassar sistematicamente todas as possibilidades. Primeiro, uma corrida até o apartamento dos Weltsch. Não, a sra. Irma falou de maneira bastante brusca (e sem perceber que Kafka estava realmente desesperado por causa da perda), a bolsinha com certeza não tinha ficado aqui, senão já teríamos avisado faz tempo.[11] Bem, então... de volta ao apartamento de Valli, onde Felice ficara hospedada durante os poucos dias de sua visita a Praga. Tudo já tinha sido revirado, mas Kafka, novamente munido de espírito sistemático, começou a revistar o chão, debaixo de poltronas, armários e camas. Depois, olhou debaixo da mala de Felice. E ali estava a bolsa.

O aparecimento súbito de Felice em Praga — fazia três anos que ela não vinha à cidade — parecia estranho: nenhuma carta, nenhuma anotação de Kafka dá uma pista de como pôde ter se dado essa nova reaproximação, após o cessamento completo de sua correspondência. Mas certamente não foi uma visita espontânea, nem a tentativa de uma surpresa:[12] se Kafka estava mesmo disposto a acompanhar Felice em sua viagem à Hungria, então era preciso não apenas solicitar o passaporte com semanas de antecedência (como na viagem à Hungria com Elli), como também superar a resistência do diretor Marschner, que só podia conceder férias de modo muito limitado aos funcionários remanescentes, principalmente aqueles aptos ao serviço militar. Mas o aparecimento de Felice em Praga significava, acima de tudo, o incontornável encontro com os pais de Kafka, preparado com muita cerimônia, que sabiam do noivado em Marienbad. E era preciso saber de antemão as respostas adequadas à indiscreta pergunta: afinal, quando vocês se casam? Uma festa formal para *reiterar* um noivado não constava do rol dos rituais familiares burgueses; festejou-se no máximo o reencontro e a eliminação de alguns *mal-entendidos*, que haviam adiado por tanto tempo o enlace decidido havia anos e saudado pelos pais. É possível supor que Kafka estivesse em contato intenso com Felice no mais tardar desde maio de 1917 e que tivesse preparado meticulosamente sua chegada, e as estranhas visitas que fez com a noiva aos amigos mais íntimos também apontam para o fato de o casal ter resolvido considerar válido o que havia sido combinado em Marienbad.

Entretanto, não foram dias felizes; apenas aquele instante de alívio, que Kafka deve ter sentido ao encontrar a bolsa, foi jubiloso. Mesmo sem maiores testemunhos diretos, a pressão das convenções, os olhares descrentes dos pais, a pose que Kafka mantinha de braços dados com a noiva (Brod mencionou que ela poderia realmente tê-lo poupado disso),[13] traziam à tona lembranças que ele gostaria de ter enterrado para sempre, lembranças do Pentecostes de 1914, daquela infeliz "expedição de noivado" até Berlim, que havia desfigurado seu desejo mais íntimo em algo pragmático e que, durante muito tempo, gerou fantasias terríveis. Certamente Kafka estava mais autoconfiante, e se pensasse na desastrada compra de móveis que levara ao término de tudo três anos antes... ele saberia evitar algo semelhante em Praga. Mas e aquela quantia de cédulas que Felice tinha na bolsa? Estava destinada à irmã na Hungria? Ou seria um adiantamento para a futura vida em comum com Franz? Ele não gostava de pessoas que pensavam em tudo, mas justamente *ela* era alguém assim.

Por sua vez, as ações práticas de Kafka se mostraram mais uma vez totalmente irreais. Pois aquele suposto "apartamento mais maravilhoso que conheço em Praga", situado no palácio Schönborn, que ele havia descrito a ela com tamanho entusiasmo como seu futuro local de descanso, revelou ser antes um tipo de garçonnière fria e úmida, que cheirava a mofo mesmo no verão; a fiel Růžena, que nesse meio-tempo cuidava dos dois endereços de Kafka, não dava conta de esfregá-la e aquecê-la. Mesmo se Felice — que tinha o quesito *aconchego* em mais alta conta — decidisse investir parte de suas economias a fim de morar temporariamente por lá, abrindo mão de cozinha e banheiro próprios, e também (o que é o mais inacreditável) de uma chave do portão, essa escolha errada de Kafka não era prova de um desejo sério por uma vida a dois. Essa impressão deve ter sido reconfirmada pela casinha dedicada à escrita da viela dos Alquimistas, pintada de verde-escuro e construída em 1600, que Kafka certamente deve ter apresentado também. Adoraríamos estar presentes quando ela, segurando o chapéu, cuidadosamente esticou a cabeça para olhar seu interior.

Sem dúvida, ambos se sentiam aliviados quando finalmente deixaram Praga, mas por motivos muito diferentes, e os poucos dias que passariam em Budapeste juntos estavam sob maus augúrios. A mulher com quem Kafka ainda queria se casar distanciava-se dele cada vez mais, e compartilhar de sua companhia — principalmente na presença dos pais — acabava sendo um exercício cansativo. Nesse sentido, havia um contraste embaraçoso com a intimidade calorosa e relaxada que até pouco tempo atrás ele dividia com Ottla. "Na média, a viagem foi suportável para mim", ele informou à irmã, "mas não foi uma viagem de descanso e reconciliação."[14] Não era possível revelar muito mais num cartão-postal. Na realidade, os noivos estavam à beira de um término definitivo, e quando finalmente entraram em seus trens com destinos opostos — Kafka em direção a Viena, Felice Bauer em direção a Arad, que ficava a sudeste —, eles não haviam combinado se e quando voltariam a se ver. Ele lhe escreveu duas longas cartas depois do regresso; ambas não foram respondidas e se perderam.[15]

Seu retrato mais conhecido e mais reproduzido mostra Kafka com a noiva Felice Bauer — é a única foto em que vemos os dois juntos. Uma foto convencional de estúdio: Kafka está de pé e Felice, sentada; para equilibrar as alturas, usou-se de um banquinho de bar ou a cadeira está sobre um tablado. Kafka usa um terno claro de verão com lenço no bolso do peito, gravata escura e estampada sobre uma camisa branca; Felice está de saia longa e blusa branca, um medalhão no peito que provavelmente guarda uma foto de Kafka, no colo uma bolsa preta que provavelmente carrega novecentas coroas. Eles mal se tocam, apenas a mão de Kafka apoia-se, estranhamente curvada, numa dobra da saia dela. Ambos olham de frente para a câmera, suas pupilas refletem duas lâmpadas do estúdio. Felice, os lábios grossos entreabertos, está na expectativa do clique da máquina; por sua vez, a expressão de Kafka é absolutamente indefinida. Está sorrindo? À primeira vista, é o que parece. Mas há algo de errado com esses traços; parece que estamos olhando para uma ilusão de óptica, cuja imagem ambígua muda o tempo todo. Trata-se de uma impressão enigmática, quase sinistra, que só se esclarece quando tentamos decifrar individualmente os traços que não querem compor um conjunto. *É* uma ilusão de óptica. Se ocultamos o lado direito do rosto de Kafka, vemos um sorriso claro, formado pela boca e pelo olho; se ocultamos o lado esquerdo, vemos um rosto sério, atento e neutro. A epifania de uma verdade oculta, como não raro acontece em fotos posadas.

Mas por que eles engajaram um fotógrafo profissional em 1917? Isso não costumava acontecer sem um propósito formal, e nesse caso o propósito só pode ser o recém-reforçado status do noivado. É uma *foto de noivado*, e na mão esquerda de Felice vemos o anel (supostamente o mesmo que ela tirou, furiosa, no verão de 1914). Não houve tempo para uma ida ao fotógrafo em Praga, as cópias não ficariam prontas antes da viagem, e ninguém quer tirar foto com pensamentos cheios de pânico sobre uma bolada de dinheiro perdida. Mas a irmã na Hungria certamente também aguardava uma foto do noivado e, portanto, Budapeste era a última oportunidade. Realmente a última. Como talvez ambos supusessem, a foto foi de despedida. Uma foto que registrou o momento em que não o capital material, mas o erótico, tinha sido consumido de maneira definitiva. Uma foto que mostrava o futuro para quem soubesse olhá-la corretamente.

Não temos nenhuma informação sobre a viagem de volta de Felice a Berlim. Parece que o caminho não passou por Praga.

9. O *médico rural* sai a passeio

[...] então abri o livro
e li seu nome impresso,
que olhei como se estivesse olhando para você.

Bettina von Arnim, *Correspondência de Goethe com uma criança*

Minha vida é monótona, transcorre cercada pela minha infelicidade congênita, por assim dizer tripartite. Se não consigo fazer nada, fico infeliz; se consigo, o tempo não é suficiente; e se espero pelo futuro, logo há o medo, o medo mais heterogêneo, de que exatamente então não conseguirei trabalhar. Um inferno muito bem calculado. Mas — e eis o ponto principal — ela não é sem bons momentos.[1]

Eram mais do que momentos, Kafka sabia disso havia tempos. Em fevereiro de 1917 ele fez um primeiro balanço e anotou uma lista de onze títulos, com riscos e pontos de interrogação: o que era aproveitável de três cadernos in-oitavo. Um mês mais tarde, outra lista, dessa vez mais autoconfiante, doze títulos de obras em uma sequência bem definida. Tratava-se de um sumário, sem dúvida, e a prova inconteste de que Kafka estava pensando novamente na publicação de um *livro*.

Ele certamente não estava sendo motivado pelas expectativas de seu editor, pois fazia tempo que não ouvia quaisquer palavras encorajadoras ou de apoio vindas de Leipzig. Seu ceticismo em relação a Kurt Wolff só tinha feito crescer nos três anos precedentes: ninguém mais parecia se lembrar da promessa explícita de juntar *O processo*, *O foguista* e *A metamorfose* numa edição mais caprichada — Kafka ainda se lamentava por esse livro não concretizado, que se chamaria "Os filhos" —, e seu diretor Meyer, bem-intencionado, sempre ocupadíssimo e que dificilmente lia alguma coisa, só se encantava com "ideias para propaganda" e vultosas prestações de contas. Por fim, Wolff se recusara a incluir *Na colônia penal* na sua importante coleção Der jüngste Tag, sem deixar claro para Kafka se queria a novela em sua editora.

Havia motivos para duvidar disso e Kafka não podia mais contar com um tratamento especial. Pois a editora pequena, cujas reuniões de programação aconteciam ao redor de uma garrafa de vinho, havia se transformado no decorrer de poucos anos num empreendimento que fazia com que os concorrentes parecessem, literalmente, "velhos", mesmo que ela ainda não os ameaçasse economicamente. Wolff expandia, incorporava séries e obras completas de outras editoras, e havia muito não precisava mais solicitar originais. Em vez disso, era procurado por um número crescente de autores, não só iniciantes. Mesmo autores "prata da casa" de editoras como S. Fischer ou Paul Cassirer lançavam por vezes olhares invejosos para Leipzig, onde a intuição editorial e a publicidade criativa haviam se unido de maneira muito chamativa.

O catálogo de 1916 listava mais de quatrocentos títulos ativos, e havia chegado o ponto em que Wolff precisava interromper o recebimento de originais e os lançamentos. Pois quem haveria de se ocupar dessa quantidade de papel? Editores de texto qualificados estavam em falta, e enquanto a guerra perdurasse havia pouca esperança de conseguir delegar em larga escala a avaliação de manuscritos e o trabalho com os autores. Werfel era soldado; Ehrenstein tinha brigado com Meyer; Johannes R. Becher, viciado em morfina, aparecia eventualmente; e Brod, como consultor freelancer, estava muito distante para conseguir contribuir no dia a dia da empresa.

Havia também uma diluição da linha editorial que ameaçava a editora a perder sua identidade a longo prazo; Wolff tentava combater isso com uma rígida classificação em séries e coleções. A primeira e mais exitosa dessas coleções se chamava Der neue Roman [O novo romance]: uma empreitada que não deve ter fortalecido a confiança de Kafka no seu próprio papel futuro. Enquanto todos os romances de Brod eram publicados lá, em novas edições, lado a lado com obras de Anatole France, Knut Hamsun e Heinrich Mann, Kafka percebeu que esse também não era seu caminho. Pois caso seu editor realmente quisesse oferecer, em meio à guerra, uma plataforma ao romance europeu — e havia alguns indícios de que tanto a grande forma literária quanto a internacionalização da linha editorial deviam ser compreendidos como gesto político e cultural —, então Kafka não podia contar com um tratamento especial a partir das suas insuspeitadas pepitas de ouro, as "impossibilidades" de seus cadernos. Dito e feito: no final de 1916, quando Kurt Wolff pediu a seus autores que enviassem textos para o almanaque do novo ano, ele partia do pressuposto de que fossem trechos de *romances*. O título desse almanaque era Der neue Roman — e nenhum autor queria ficar de fora, a começar pela sua enorme tiragem de 30 mil exemplares. Mas Kafka não tinha nada para mandar, e o breve texto em prosa "Um homicídio", que Brod sugeriu, foi recusado: não se abriria uma exceção para Kafka.

O fato de seu nome reaparecer novamente no jornal *Prager Tagblatt* não foi um grande consolo:[2] seus assinantes limitavam-se à população de uma área que Kafka conseguia enxergar ao descer às noites do Hradčany. Mas publicar em revistas — Brod sempre lhe dizia — não era o pior dos meios para se manter em evidência. Pequenas formas literárias ofereciam possibilidades excelentes para espalhar o trabalho, e por fim os editores e críticos tinham de reagir a ele. Kafka compreendeu a lógica e passou a aceitar os convites com mais frequência; até as rígidas reservas contra o mundo editorial pareceram afrouxar aos poucos. As bibliografias correspondentes a 1917 listam nove publicações em jornais, revistas, almanaques e antologias — via de regra, intermediadas por Brod —, e ainda havia mais coisas planejadas. A exclusiva revista de literatura e arte *Die schöne Rarität* [A bela raridade] prometeu a Kafka uma colaboração regular, e mesmo a revista patriótica *Donauland* [Terra do Donau], editada compulsoriamente pelo estudioso de literatura Josef Körner a mando do arquivo de guerra, conseguiu convencê-lo a enviar um texto.[3] Não há dúvida de que ele aceitaria prazerosamente inclusive um pedido da ainda mais renomada revista de literatura em língua alemã *Die neue Rundschau*. Mas desde que Musil entrara na guerra, Kafka não tinha mais quem o apadrinhasse na editora S. Fischer, e entre as inúmeras consequências da catástrofe geral que tinha se abatido sobre ele, essa não era a menor.

Sob a influência da sua produtividade prazenteira, a atitude de Kafka não mudou somente em relação às revistas, mas também ao diálogo com outros autores. Embora ele ainda não conseguisse oferecer espontaneamente textos para serem publicados, podia acontecer de fazer as vezes de intermediário para outros. Por exemplo, o poeta Gottfried Kölwel, que havia estado na leitura da galeria Goltz, considerou Kafka influente o bastante para interceder a seu favor com Wolff (uma tarefa que Brod acabou tendo de assumir depois). O escritor e tradutor Rudolf Fuchs, de Praga, que se encontrava às vezes com Kafka, também pediu por proteção — e com sucesso, pois Kafka conseguiu fazer Martin Buber se interessar por alguns poemas de Fuchs. Sim, Kafka intermediava até por moto próprio, também apresentando a Buber trabalhos do poeta de Praga Ernst Feigl, sem que este último estivesse informado disso.[4]

Quem fosse capaz de transmitir a Kafka a sensação de uma sinceridade autêntica e um interesse pessoal verdadeiro conseguia convencê-lo a quase tudo, e ele não conhecia limites sociais, culturais ou ideológicos. A última vez que comprovou isso foi em 1911, quando ele — para a decepção dos pais e espanto dos amigos — flanou durante semanas pelas ruas de Praga com um andrajoso Isaac Löwy, que certamente chamava muito a atenção. Também o ingênuo e fanático por saúde Moritz Schnitzer, que Kafka admirava e de quem ao mesmo tempo suspeitava, era qualquer coisa menos uma figura apresentável: nos cafés literários (nos quais Schnitzer naturalmente não punha os pés) não seria considerado nem ao menos um lunático divertido, e como palestrante Schnitzer era abaixo de qualquer crítica — algo que Kafka aceitava, sem reconhecer o fato como argumento *ad personam*.[5]

E Kafka estaria disposto inclusive a se aliar com os próprios antípodas. A confirmação veio em julho de 1917, quando encontrou dois amigos distantes, barulhentos mas interessantes, no trem noturno de Viena para Praga. Tratava-se do jornalista de cultura e recitador Anton Kuh, uma figura carimbada do Café Arco, de Praga, e Otto Gross, psiquiatra e psicanalista que também escrevia. A amizade desses dois era muito improvável à primeira vista. Pois enquanto Kuh só fazia o papel de bobo engraçado (por vezes também o de homossexual, o que lhe garantia ainda mais visibilidade), Gross, de quarenta anos, era uma figura literalmente saída do inferno burguês: um médico viciado em drogas; anarquista; dono de diversas clínicas psiquiátricas; com nome na lista de procurados havia muitos anos devido a um suposto assassinato; pai de quatro filhos com quatro mães; amante simultâneo de três irmãs; finalmente preso em Berlim por ordem do próprio pai, o famoso jurista e criminologista Hans Gross; enviado à prisão e considerado inimputável depois de um julgamento espetacular. Visto que o caso Gross foi acompanhado pela revista berlinense *Die Aktion* [A ação] e outras tantas, Kafka deveria saber exatamente quem estava à sua frente: uma pessoa que, embora apenas seis anos mais velha, já tinha praticado e vivenciado um inacreditável leque de opções humanas, de caminhadas intelectuais pelas montanhas com Freud, de quem fora aluno exemplar e paciente, até a miséria das salas de parto e hospitais de campanha, nos quais ele era responsável por cuidar dos sofrimentos dos *outros*. Não podemos nos esquecer da guerra com o próprio pai, que era debatida nas cortes mesmo após a morte deste último e acompanhada com espanto na cena expressionista: Gross, que foi tocado pela centelha da revolta social a partir da psicanálise, não combatia apenas o pai, mas também o pátrio poder, encarnava os sofrimentos de toda uma geração.[6]

O trem estava lotado como qualquer trem internacional durante a guerra. Portanto, não restou alternativa aos viajantes Kafka, Kuh, Gross, sua namorada Marianne ("Mizzi") Kuh e a pequena Sophie, de oito meses, senão passar a noite no corredor: o bebê paciente e sem soltar um pio; Anton Kuh cantando e falando pelos cotovelos, quase como sua personagem nos palcos; Gross num monólogo incisivo, longuíssimo, sem se importar com Kafka, que, exausto, sorria e balançava a cabeça apenas mecanicamente (e é provável que Gross não soubesse que estava conversando com um dos antigos alunos de seu pai). O assunto certamente era uma das mais novas ideias de Gross, a interpretação matriarcal do Gênesis e da "Queda do homem", em particular; alguns anos mais tarde, quando relatou a cena, Kafka não se lembrava mais de ter entendido alguma coisa. O que restou foi uma impressão vívida e a convicção de que havia "algo de essencial" na figura de Gross.[7]

Entretanto, Kafka não dispôs de muitas oportunidades para compreender esse algo essencial, pois apenas poucos dias depois aconteceu o segundo e último encontro. Brod promoveu uma pequena reunião social, com a presença tanto de Otto Gross quanto de Werfel, também chegado de Viena, mais o músico Adolf Schreiber, um amigo de juventude de Brod. Não sabemos nada sobre o transcorrer desse encontro memorável — exceto que a aparição carismática de Gross teve um efeito surpreendente. Pois Kafka, que desde sempre preferiu acompanhar o burburinho das revistas mais como espectador do que como ator, que ficava calculando os prós e contras até da mais inocente possibilidade de aparecer nos meios de comunicação — o mesmo Kafka deixou-se convencer a participar da *criação* de uma revista. *Blätter zur Bekämpfung des Machtwillens* [Jornal para o combate da vontade de poder] seria o nome do novo periódico. Um provocativo título antipatriarcal, com o qual Freud nem sonharia, mas que certamente seria aceito com júbilo no mundo de Gross, nos círculos boêmios de Viena, Berlim, Munique e Ascona; além disso, lembrava parodicamente o *Blätter zur Bekämpfung des Alkoholismus* [Jornal para o combate do alcoolismo] de Viena.

Brod não gostava desse tipo de brincadeiras e Werfel também não se animou por muito tempo; para ele, na condição de recruta famoso, certamente não seria oportuno que o relacionassem a um morfinista tutelado e inimigo declarado da sociedade militarizada. Kafka, por sua vez, estava entusiasmado. E embora deva ter ouvido que Gross, apesar de toda a genialidade, era um sujeito de planos mirabolantes e não confiável, ao qual não se devia entregar nenhum dinheiro, muito menos ideias, ele lhe escreveu por duas vezes, perguntando em que pé estava a planejada revista. E escreveu também a Brod:

> Se uma revista pareceu ser sedutora para mim por um período mais longo de tempo (por um momento, todas as são), então foi aquela do dr. Gross, porque ela me pareceu surgir — pelo menos naquela noite — do fogo de um certo vínculo pessoal. Talvez uma revista não possa ser mais do que o sinal de uma aspiração de comprometimento pessoal mútuo.[8]

O projeto não vingou; apenas três anos mais tarde, Gross, que havia se tornado cada vez mais imprevisível devido à adição, além de intelectualmente impactado por ela, terminou seus dias nas ruas de Berlim. Apesar disso, aquela noite em Praga teve consequências drásticas devido a Franz Werfel.

Max Brod deve ter se sentido estocado pelo interesse prolongado que Kafka nutriu por Gross, e certamente não é casual o fato de ele não ter dito nada a esse respeito. "Sinal de uma aspiração de comprometimento pessoal mútuo": vindo *daquela* boca, isso soava muito estranho, mas, também na concepção de Brod, tratava-se da base ideal para uma revista. Entretanto, como Kafka imaginava ser a comunhão de interesses com uma pessoa cujo vocabulário não conhecia a palavra "judeu", para a qual todas as questões de política identitária judaica — inclusive o sionismo — eram, no máximo, manifestações marginais de uma crise cultural muito mais abrangente? E quando Kafka falava de revistas "sedutoras", com as quais sentia concordar inteiramente, por que não pensava logo em *Der Jude*, o órgão judaico central, ao qual Brod pessoalmente lhe franqueara o acesso?

No fim das contas, os questionamentos insistentes de Brod sobre o motivo de a revista *Der Jude*, de Buber, não publicar literatura exemplar em língua alemã teve certo efeito, mesmo se o dissenso fundamental se mantivesse. O critério decisivo para saber se uma obra literária pertencia ou não à literatura judaica era, segundo Brod, o "espírito judaico"; segundo Buber, a língua. "É evidente que haja na literatura alemã elementos específicos do espírito judaico", Buber replicava a Brod. Em sua opinião, porém, isso não era literatura judaica de modo algum. "Uma obra pertencer a duas literaturas vai contra o que penso e sinto; e o senhor não deve estar pensando em separar Werfel (ou o senhor mesmo) da literatura alemã."[9]

Mas era exatamente nisso que Brod pensava. E com o nome de Werfel, Buber tinha apresentado um exemplo convincente que o fez duvidar temporariamente da abstinência literária de sua revista. Afinal, havia tempos que Werfel não era mais um "literato" narcisista; ele amadurecera sob a impressão da guerra, voltara-se a questões religiosas, principalmente à questão da *identidade* religiosa. Começou, de maneira hesitante, a se assegurar das próprias raízes judaicas; ao mesmo tempo, cresciam suas simpatias pela introspecção contemplativa, apartada do mundo, de um cristianismo idealizado (o que lhe valeu uma repreensão pública de Brod).[10] Ele imaginava ter aprendido que o mundo só podia ser salvo por um milagre, de modo algum por uma atividade conduzida de maneira ideológica e muito menos por uma mistura entre literatura e política partidária, como praticada pelos sionistas de Praga. Pois, no fim das contas — e este era o ponto em que concordava com Otto Gross —, isso conduz apenas a *outra* forma de poder organizado, mesmo se com motivações honrosas. Os sionistas achavam que ser radical era parar com o falatório e enfrentar o trabalho. Werfel, por sua vez, replicava dizendo que o autêntico radicalismo era garantir ao indivíduo um valor absoluto. Segundo ele, o Eu — mais ainda o Eu que escreve — só presta contas a si mesmo, no máximo também a Deus, e a mais ninguém.

Essa não era a posição de Buber e a contemplação pura era a última coisa que ele queria determinar ao "judaísmo nacional" que se encontrava em ascensão em todo o mundo. Mas a intensidade com que Werfel lutava por uma posição com a qual podia *se justificar a si próprio* impressionou Buber muito mais do que a fidelidade aos princípios sionistas de Brod — essa seriedade quase desesperada, essa batalha pela autenticidade, haveria de conclamar também aqueles que acreditavam até então que o fator decisivo era a convicção correta e os êxitos palpáveis do "movimento". Assim sendo, Buber publicou dezesseis poemas de Werfel com um "prefácio" que reivindicava como judaicos os desejos mais interiores desse poeta.[11]

Brod estava esperando por isso: literatura alemã no *Der Jude*. Mas se o tapete vermelho tinha sido estendido a Werfel, por que também finalmente não a Kafka? Assim que recebeu o número de abril, Brod enviou a Buber um pedido para que ele se ocupasse dos manuscritos de Kafka, pois nos últimos tempos havia escrito "maravilhosos diversos pequenos textos em prosa, lendas, contos de fada".[12] Brod sabia muito bem que essas palavras não eram totalmente verdadeiras, mas não deixariam de seduzir Buber.

A oportunidade era absolutamente favorável, pois Kafka, que ainda se encontrava na fase produtiva, nervosa e eufórica, e tinha começado a preencher mais um caderno, estava quase ávido por ver impresso o resultado do inverno anterior. Em meados de abril de 1917, quando finalmente recebeu um convite de Buber, ele não hesitou nem um instante em apresentar quase todas suas obras mais recentes em cópias bem-feitas, permitindo que o editor escolhesse livremente. Buber estava visivelmente impressionado, mas também preocupado em como justificar a publicação de textos tão polissêmicos para seus leitores, visto que *Der Jude* nunca apresentara nada igual. Ele escolheu dois textos em prosa cuja temática judaica era uma possibilidade, "Chacais e árabes" bem como "Um relatório para uma academia", e a fim de defender minimamente a ligação às discussões éticas e religiosas de sua revista, Buber achou por bem intitulá-las "Duas parábolas". Kafka, porém, recusou a estratégia de imediato. Não se tratava de parábolas, mas apenas de "duas histórias de animais" e não era possível prometer mais aos leitores.

E o autor foi atendido. "Chacais e árabes" apareceu no número de outubro; "Um relatório para uma academia", no de novembro de 1917. Para Kafka, foram ao mesmo tempo momentos de festa e de julgamento; suas primeiras publicações dirigidas a um público *majoritariamente* judaico. "Acabei enfim no *Der Jude*", ele escreveu a Buber, "apesar de sempre ter considerado isso impossível."[13] Mas provavelmente nunca antes havia revelado de maneira tão franca a prazerosa ansiedade intelectual diante da própria obra impressa:

> Sempre inspirar antes de ataques de vaidade e autocomplacência. A orgia ao ler os contos em *Der Jude*. Como um esquilo na gaiola. A felicidade do movimento, o desespero da clausura, a loucura da resistência, o sentimento de infelicidade diante da calma do exterior. Tudo isso de maneira simultânea e não sucessiva, um raio de sol de felicidade ainda no dejeto do fim.[14]

A preocupação de Buber de se manter, com cada texto publicado, no horizonte daquilo considerado judaico — uma autolimitação que já tinha sido criticada do outro lado —,[15] teve as consequências mais delicadas justamente no caso de Kafka. À primeira vista, sobretudo "Chacais e árabes" parecia um texto quase antissemita: descrevia-se um grupo de animais à espera de seu salvador desde tempos imemoriais e que o fazia de maneira impertinente, servil, insistindo em sua "pureza" e, apesar disso, engolindo com avidez o animal que lhes é jogado aos pés; de outro lado, árabes ironicamente superiores, verdadeiros senhores, que ao estalar os chicotes põem fim ao fantasma e restabelecem a hierarquia. Inequívoco o suficiente: tratava-se do judeu aculturado, incapaz de formar o próprio destino, e cuja rebelião ocasional contra a mão que o alimenta não deve ser levada muito a sério.

Ou seja, Kafka tinha retratado os judeus como chacais (e, a fim de intensificar a imagem, até aviltado os próprios chacais, que de modo algum aguardam somente por carniça). Um texto forte que, numa interpretação bem-intencionada, ainda se mantinha na linha ideológica da revista de Buber.[16] E as pessoas estavam acostumadas a metáforas desdenhosas com animais, como vacas, cabras, cobras, aranhas e lobos judeus, que havia séculos apareciam na literatura alemã.[17] Mas os leitores cultos de *Der Jude* devem ter ficado ainda mais chocados com a representação absolutamente positiva dos árabes: justo aquele povo a quem os sionistas tinham prometido uma participação na economia, educação e higiene "segundo padrões europeus" (enquanto eram considerados apenas reserva de mão de obra barata pelos imigrantes judeus na Palestina). O texto de Kafka mostra justamente os árabes como uma raça muito superior, como "povo virtuoso", que tolera ao seu lado o chacal, o judeu, apenas como aproveitador de lixo e palhaço.

Uma interpretação judaica de "Um relatório para uma academia" ou a "história do macaco", como era chamada entre os amigos de Kafka, também é possível, embora com menor contundência. As recordações de um chimpanzé, que sob o uso da força é levado a negar a própria natureza e assumir costumes humanos, podem ser consideradas uma parábola do processo civilizatório geral, uma queixa contra o adestramento burguês e seu antagonismo com a natureza e, por fim, também como a história da adaptação judaica e sua autoalienação. Buber certamente sabia e queria que o público da *Der Jude* olhasse primeiro para *esse* espelho; para Brod, a interpretação judaica era a única possível e ele elogiou o conto de Kafka na revista semanal *Selbstwehr* como a "sátira mais genial sobre a assimilação já escrita"; e Elsa Brod leu a história para as integrantes do Clube de Mulheres e Meninas Judias no salão da Chevra Kadisha* de Praga.[18] Mas se Pedro Vermelho, o macaco capturado, adestrado e assim também psiquicamente subjugado, de fato for uma imagem do judeu assimilado, como é o mundo original dos judeus *não* assimilados? Pedro Vermelho não consegue (ou não quer) falar nada sobre sua origem, embora a academia sem nome lhe peça explicitamente que faça isso. As pistas remanescentes de sua "vida pregressa de macaco" fazem supor que se tratava de uma vida que, embora livre, não era em nenhum aspecto preferível à vida "civilizada", nem era paradisíaca. Ou seja, também nesse conto Kafka escolheu um animal com conotação negativa, *inferior*, como símbolo dos judeus. Portanto, não é de espantar que seus leitores de orientação sionista em grande medida reprimiram a lógica dessa imagem a fim de manter o texto palatável.

Para Buber, a experiência não teve prosseguimento. Nos anos subsequentes, *Der Jude* não publicou mais textos literários. Para Kafka, entretanto, foi uma confirmação de seu trabalho, um teste bem-sucedido, e entre as inúmeras pequenas publicações de 1917, aquelas da *Der Jude* certamente foram as mais importantes e satisfatórias. Entretanto, Kafka mirava uma forma maior, um público bem mais abrangente, e seu plano de reunir os novos textos em prosa num volume já estava tão amadurecido que, mesmo antes da correspondência com Buber, trazia até título. Seu próximo livro seria chamado "Responsabilidade".[19]

Mas por que o editor não soube de nada, por que não tinha contratado esse livro? Porque ele — Kafka podia ter certeza disso — já tinha ouvido falar havia muito tempo desses novos textos e, apesar disso, não fez qualquer movimento. E porque Kafka não era o único a considerar o comportamento de Kurt Wolff cada vez mais controverso, beirando o misterioso. Quando escrevia, tinha charme, era quase carinhoso; mas sem um fato concreto, não escrevia. E em havendo esse fato, não era sempre Wolff quem escrevia. Esse comportamento despertava desconfiança em Kafka e, apesar de temer todo tipo de rejeição, ele preferiria uma troca mais regular e

* Sociedade de homens e mulheres que se dedicam a preparar os corpos dos mortos de acordo com a tradição judaica.

também mais franca. Porém, nem mesmo o intermediador universal Brod conseguia ajudá-lo, pois o amigo acumulava ainda mais queixas a respeito da indiferença da editora.

De todo modo, a obstinação férrea de Brod, que já tinha feito Buber se curvar, teve efeito também em Leipzig. Em 3 de julho de 1917, no aniversário de 34 anos de Kafka, Wolff deu o sinal longamente aguardado de que estava disposto a tentar um novo jogo. Kafka deveria enviar os manuscritos do inverno anterior numa "cópia a máquina", pois "para minha grande alegria recebi há pouco uma carta de Max Brod" e assim por diante.[20]

Tendo em vista sua resposta veemente, Wolff deve ter ficado muito impressionado com o que recebeu. Embora a prosa literariamente sem igual que Kafka escrevia naquele momento, recriada a partir de sonhos precisos, acabasse com a esperança de um romance, e embora os novos textos sem dúvida fizessem Wolff se recordar do fracasso de *Contemplação*, o editor sugeriu novamente uma apresentação bibliófila. O que valia também para *Na colônia penal*. Wolff assegurou a Kafka que continuava achando o conto inadequado para entrar na coleção barata Der jüngste Tag, mas "é evidente que nunca pensei em não publicar esse trabalho, que admiro e respeito de maneira extraordinária".[21] O tom era bem diferente daquele do ano anterior.

Kafka, que ficou animadíssimo com as ofertas, mais tarde lamentou não ter aguardado seu cumprimento prático com a reserva necessária; eram promessas e ele já sabia que nem tudo o que se prometia em Leipzig devia ser entendido ao pé da letra. Mas no verão de 1917 Wolff deu mais um passo adiante e colocou seu autor diante de uma tentação poderosíssima. Pois quando Kafka, encorajado pelo rápido aceite, perguntou discretamente se também podia contar com apoio editorial na qualidade de escritor freelancer — depois do casamento, da demissão do funcionalismo, da transferência para Berlim —, Wolff respondeu sem hesitar nem fugir do assunto: "No que se refere a seus planos futuros, desejo-lhe de coração tudo de bom. Estou disposto, da maneira mais sincera e satisfeita, a garantir, também para o tempo após a guerra, um apoio material contínuo; certamente haveremos de entrar rápido num acordo quanto aos seus detalhes".[22]

Mais explícito, impossível. Pela primeira vez, Kafka recebia uma mensagem de seu editor que não se relacionava a um texto, a um futuro livro ou a uma decisão editorial estratégica, mas a seu status de autor: essa era uma das cartas mais significativas que já tivera em mãos. E Wolff devia ter consciência (afinal, conhecia muito melhor a situação de Kafka do que se supunha) de que, com essa oferta, ele não apenas influenciava a "escrita" de Kafka, mas também suas decisões existenciais; ou seja, estava literalmente assumindo responsabilidades. Foi exatamente isso que convenceu Kafka. Ele ficou de tal modo convencido que fez uma promessa até então inédita, a de uma maior produtividade: "Se minhas forças se mantiverem razoavelmente, o senhor receberá trabalhos meus melhores do que *Na colônia penal*".[23]

A história seria outra. Depois de o essencial ter sido dito, Wolff interrompeu a correspondência com Kafka de uma hora para outra, não lhe informando quando chegariam as primeiras provas para correção nem que ele estava enfrentando problemas, causados pela guerra, com a qualidade do papel e com a prometida tipografia rara. E antes que os pequenos textos em prosa de Kafka pudessem ser publicados, o projeto passou por uma série de infinitas e grotescas panes.

Isso começou já na primeira página do novo livro. Nesse meio-tempo, Kafka havia se decidido por um título mais neutro. Em vez de "Responsabilidade", o volume deveria se chamar "Um médico rural: Pequenas narrativas". Ele seguia assim o mesmo raciocínio que o fizera recusar a sugestão de Buber: tanto "Responsabilidade" quanto "Parábolas" dirigem a atenção do leitor de maneira direta demais para uma camada de significado *por trás* do texto; ambos os termos não apenas instigam a interpretação, como também apontam em qual caminho estaria a interpretação *correta* ou, ao menos, a *desejada* pelo autor. Mas exatamente isso — e aqui está a origem da recusa de Kafka, ao longo de toda a sua vida, em interpretar as próprias obras — é tarefa a ser cumprida pelo próprio texto literário. O texto precisa gerar uma evidência que acabe definitivamente com a ideia de que "Chacais e árabes" seja apenas uma "história de animais" ou que "Um médico rural", o conto que dá nome ao volume, seja possivelmente a história de um médico.

Para Kafka, portanto, a escolha do título carregava reflexões estéticas de alguma monta; ele fez questão de também revisar o frontispício da obra, embora fosse preciso alertar a editora diversas vezes a esse respeito. Muito corretamente, como se veria. Pois quando as provas finalmente estavam disponíveis, descobriu-se que o título do livro havia sido modificado à revelia: ele se chamava então "O médico rural: Novas contemplações" — uma decisão que não somente desrespeitava o autor como também era totalmente absurda. Qual a relação da lógica implacável da "história dos macacos" ou do abissal acontecimento quimérico de "Um médico rural" com as impressões fugazes de *Contemplação*, que Kafka havia muito já contava como parte de sua história literária *pregressa*?

A sequência dos contos escolhidos por Kafka também foi tratada de maneira absolutamente descuidada pela editora, embora já em agosto de 1917, logo após a generosa oferta de Wolff, ele tivesse providenciado um sumário preciso.[24] As provas tipográficas, nas quais Kafka poderia restabelecer a ordem original, foram entregues incompletas ao autor, com meses de atraso e apenas depois de várias intervenções de Brod. Em setembro de 1918 — nessa época, os manuscritos estavam havia mais de um ano com Kurt Wolff —, Kafka recebeu uma carta confusa do diretor Meyer, na qual a sequência dos contos era citada novamente de modo errado. Meyer nem tinha notado que dois títulos de sua lista, "Um assassinato" e "Um fratricídio", se referiam a uma *mesma* história. Na verdade, parecia que não havia mais ninguém nessa editora que lesse as coisas com cuidado. Pois "Um assassinato" era exatamente o conto que Wolff rejeitara para seu almanaque; e "Um fratricídio" era sua versão melhorada, autorizada e já publicada. Kafka não deve ter acreditado nos seus olhos quando percebeu que Wolff, num almanaque posterior, acabou por imprimir a primeira versão, havia tempos ultrapassada, e com o título antigo — claro que sem consultar o autor previamente nem enviar um exemplar de cortesia depois.[25]

É certo que, durante a guerra, mesmo editoras bem estabelecidas eram obrigadas a improvisar cada vez mais. A produção como um todo, da edição de texto até a impressão, sofria com a falta de profissionais especializados e com a limitação de todas as matérias-primas, que não podiam mais ser compradas livremente, mas deviam ser solicitadas junto a centrais regionais, o que tornava um planejamento confiável quase impossível. Kafka sabia por experiência própria o que significava "economia de guerra", e o fato de Wolff não ter vontade de enviar circulares de desculpas ou de consolo aos seus autores não o deve ter surpreendido. Além disso, Wolff estava totalmente sobrecarregado e, mais, não reconhecia a seriedade da situação. Ainda em 1917, ele planejava mudar a editora para um palacete caro adquirido em Darmstadt; em seguida, fundou a Neuer Geist Verlag, a fim de atuar também no setor de não ficção; e enquanto todos temiam o caos das revoltas motivadas pela fome no inverno seguinte, prometia a um autor recém-estabelecido como Kafka papel caro e encadernações com lombadas de couro (que ele poderia conseguir ilegalmente em Praga, com o fabricante de luvas de couro Rudolf Werfel).[26] Mesmo um ano mais tarde, poucas semanas antes do fim da guerra e em meio a uma pesada crise do mercado editorial, Wolff pressionava para finalmente publicar *Na colônia penal* — que Kafka considerava ainda insuficiente —, na série bibliófila Drugulin, de tipografia e impressão esmeradas, resultando em custos impraticáveis. É compreensível que o autor quisesse acreditar nisso; por sua vez, o otimismo do editor era quase irresponsável.

Há muitos indícios de que Wolff, mesmo depois de anos, não desenvolvera uma percepção para saber com quem estava lidando em Praga; e embora pudesse facilmente ter conseguido um visto para a Boêmia (depois de cumprido seu serviço militar), onde teria a chance de se encontrar pessoalmente com Kafka, ele deixou passar o raro momento em que seu autor estava de fato interessado numa ligação mais forte e duradoura com uma editora. Além disso, Wolff abalava a nascente confiança com alternâncias inexplicáveis entre amor e ódio, cartas cheias de charme e silêncios de meses ou quiçá de anos. Apesar do esforço de Kafka em compreender a situação do ponto de vista do editor — "é preciso dar algum grito", ele escreveu ao redator do *Donauland*, "para ser ouvido por um editor desses soterrado por autores" —,[27] ele não conseguia evitar a impressão de que o comportamento de um editor *interessado* costuma ser diferente. E se Kafka estivesse apto a concretizar seus planos e se mudar em 1919 para Berlim, não é certo que fosse, por conta própria, lembrar Wolff de sua promessa de um "apoio material contínuo".

Tratava-se de uma questão de autoestima. E essa questão se tornou ainda mais urgente quando, no início de 1918, Kafka recebeu, surpreso e honrado, dois convites de outras editoras alemãs, de Erich Reiss e de Paul Cassirer, ambas orientadas à vanguarda literária e que haviam editado revistas importantes, como *Pan* e *Die Schaubühne* [O teatro]. Esse tipo de chance — e, dessa vez, sem a intermediação de Brod — era inédito para Kafka; e visto que havia a suspeita de que *Um médico rural* não fosse mais desejado em Leipzig ou de que tivesse sido esquecido, pediu explicações definitivas ao seu editor. Elas não foram respondidas por uma carta pessoal, mas com o mero envio de mais provas para correções. Era de arrancar os cabelos. Mas a situação se repetia em todas as editoras, assegurou Brod; nesse caso, ainda segundo o amigo, tudo bem ficar com Wolff.[28]

Durante uma de suas viagens, o rabino Baal Shem Tov, fundador do movimento chassídico, entrou na hospedaria de uma pequena cidade. Era noite de quarta-feira. "Sou um pregador famoso", ele explicou ao dono. "Ouvi dizer que um homem muito rico em Berlim está festejando seu casamento e quero chegar lá no shabbat; talvez consiga ganhar algum dinheiro." O dono retrucou: "Como assim? Daqui a Berlim são oitenta quilômetros. Como o senhor vai fazer para chegar lá até o início do shabbat?". E o rabino Baal Shem respondeu: "Tenho um bom cavalo e chegarei em Berlim antes do início do shabbat". O dono riu e disse: "Isso é impossível! Só se o senhor sair voando". No dia seguinte, o rabino continuava sem demonstrar pressa, retardando sua partida até a noite de quinta-feira. Mas na noite seguinte percorreu 350 quilômetros.

Um outro rabino, chamado Leib Sores, passou algum tempo numa cidade russa perto de Mohilew [Mogilev], junto ao rio Dniepr. Certo dia, ele pediu que aprontassem os cavalos e solicitou que um empregado o conduzisse. "E quando tinham saído da cidade, o empregado teve a impressão de que estavam voando; embaixo, ele via as cidades e as vilas. Andaram assim por duas horas. Finalmente chegaram a uma cidade grande", que era a metrópole Viena, a 1200 quilômetros de distância de Mohilew.

O médico rural na narrativa homônima de Kafka é esperado, em meio a um inverno gelado, por um doente que mora a dezesseis quilômetros de distância. O cavalo do médico, porém, morreu na noite anterior e não há como arranjar outro. De repente, de um chiqueiro abandonado, surgem dois cavalos fortes, mais um cocheiro, que arreia os cavalos com naturalidade e, sem aguardar ordens: "Bate palmas; o veículo é arrastado como madeira na correnteza; ainda ouço quando a porta da minha casa estrala e se espatifa ao assalto do cavalariço, depois olhos e ouvidos são tomados por um zunido que penetra uniformemente todos os meus sentidos. Mas por um instante apenas, pois como se diante do portão do pátio se abrisse o pátio do meu doente, já estou lá [...]".* Dezesseis quilômetros em poucos instantes. Aquilo que é negado aos cavalos chassídicos acontece com os cavalos de sonho do médico: eles quebram a barreira do som.

* Franz Kafka, "Um médico rural". In: *Um médico rural*. Trad. de Modesto Carone. São Paulo: Companhia das Letras, 2021, p. 15.

Kafka descobriu o tema dos cavalos tão incompreensivelmente rápidos quanto destemidos numa antologia de fábulas de judeus poloneses, que comprara em 1916, pouco antes de começar a trabalhar na viela dos Alquimistas.[29] Mas não se contentou em intensificar o milagre apresentado de maneira ingênua num todo irreal, que não podia ser descrito por imagens. Ele colocou a questão que certamente teria sido irrelevante para os contadores de histórias chassídicos: e a viagem de volta? Não sabemos nada a respeito de como o rabino Baal Shem deixou Berlim, e o retorno à casa do rabino Leib Sores é apresentada como uma mera repetição: duas horas de Viena a Mohilew. Kafka considerou não crível apenas esse ponto, *falso* num sentido muito profundo. Pois ir e voltar não são eventos simétricos, assim como cair e levantar também não o são. Enquanto estou fora, acontece algo *lá*, nunca mais reencontrarei *exatamente* o que deixei para trás; e também estou mudado, mais sóbrio pela experiência da distância. A tradição popular traz a imagem e Kafka a transforma num símbolo; para ele, não havia dúvida de que os cavalos não *deveriam* voltar... "Devagar como homens velhos trilhamos o deserto de neve [...]. Assim nunca vou chegar em casa [...]. Nu, exposto à geada desta época desafortunada, com um carro terrestre e cavalos não terrestres, vou — um velho — vagando."*

Kafka escreve o pequeno conto "Um médico rural" em poucos meses e envia o original datilografado para a editora Kurt Wolff em 7 de julho de 1917. Revisão, produção, impressão e distribuição do volume fino consumiram quase três anos; *Um médico rural* foi lançado no início de maio de 1920 — nesse-meio tempo, o mundo se acabou —, numa tiragem de cerca de mil exemplares. O regresso a Praga foi tranquilo; o acontecimento foi noticiado por *um* resenhista.[30]

* Ibid., p. 21.

10.
Mycobacterium tuberculosis

> *O malogro pode ser de qualquer monta,*
> *mas a respiração continua, instintivamente.*
>
> Herman Melville,
> *Mardi e uma viagem itinerante*

Sábado, 11 de agosto de 1917, quatro da manhã. Kafka acorda. Percebe algo estranho. A garganta está fechada, saliva se junta na boca; ele tenta cuspi-la. Não parece ajudar. Ele se ergue, acende uma lâmpada. Vê que não é apenas saliva, é sangue, sangue coagulado. Isso é estranho, mas não uma tragédia que necessite, em seu estado meio desperto, de esclarecimento imediato.

Kafka quer se deitar novamente. Mas não consegue, pois de repente a garganta começa a inchar, a boca se enche de sangue, ele corre até o lavatório, um líquido vermelho-claro jorra na cerâmica branca, ele pega um lenço, dá alguns passos no quarto grande demais, vazio, se aproxima da janela, abre-a; no alto, o Hradčany próximo está mergulhado na primeira luminosidade da manhã; ele se curva para a frente, os olhos vagueiam sem rumo pela rua silenciosa, ainda vazia. Mas a coisa continua, cada vez mais sangue, Kafka tem de voltar ao lavatório, durante minutos sua boca verte sangue, minutos longos e desesperados. Lava as mãos ensanguentadas, deita-se com cuidado, não está feliz nem infeliz, só um pouco aliviado, e o sono desejado vem logo.

Três horas mais tarde, a prestativa Růžena está no quarto a fim de acordar Kafka, aquecer o ambiente e preparar o café da manhã tardio. A primeira coisa que vê é o lavatório sujo de sangue. "*Pane doktore*", ela diz erguendo o olhar para Kafka, que é duas cabeças mais alto. "*s Vámi to dlouho nepotrvá.*" *Senhor doutor, não vai demorar muito consigo.*

Os relatos que Kafka fez em cartas sobre os acontecimentos daquela manhã espantam pela total ausência de queixas ao aceitar o surgimento repentino da ameaça mortal. O mais importante naquele momento parece ser que a doença lhe garante o sono, pois havia muito o efeito curativo de Marienbad se dissipara, bem como a felicidade relaxada do feito literário, e por meses o nervosismo, a insônia e a dor de cabeça o atormentavam, como nos piores momentos da batalha do noivado. Quando a dor cessava de repente e o corpo fragilizado caía no sono, é compreensível que ele quase se esquecesse do perigo — contrariando todo e qualquer bom senso.

Mas é claro que se vai ao médico quando sangue começa a sair pela boca — mesmo quando se considera a medicina alopática uma crendice benigna. Pelo menos Kafka conhecia um clínico geral, judeu, que lhe parecia mais ou menos confiável: o corpulento Gustav Mühlstein, de quase cinquenta anos, com o qual já tinha se consultado no ano anterior devido a crises contínuas de dor. Ele gostava do dr. Mühlstein porque ele não demonstrava nenhum sinal dos vícios da profissão que os pacientes têm de tolerar em sua posição subalterna e que Kafka odiava desde sempre — principalmente a rotineira simpatia forçada e a oportuna onisciência. Ao contrário, o bonachão Mühlstein não tinha qualquer problema em assumir que não tinha achado nada de errado com Kafka, exceto um nervosismo exacerbado. E as dores de cabeça, a insônia? Na opinião do doutor, contra isso uma vida saudável devia ajudar. Kafka deveria fumar pouco, ingerir pouco álcool, comer mais verduras do que carne — principalmente à noite, nada de carne! — e nadar de vez em quando.

Esse humorista involuntário realmente não dispunha de conhecimento da natureza humana, mas talvez tivesse a capacidade de estabelecer um diagnóstico correto. Depois de Kafka ter encerrado seu expediente no escritório, tossindo, ele foi à Obstgasse para se submeter a um exame, quer dizer: ser auscultado e apalpado. Resultado profano: catarro bronquial severo. Mühlstein receitou algum tipo de remédio (provavelmente um fortificante); Kafka deveria tomar três frascos e repetir o exame dali a um mês. Mas o que fazer se a hemorragia retornasse nas próximas noites? Mühlstein respondeu que era para Kafka não ficar perambulando pelo quarto, mas se manter quieto na cama e retornar no dia seguinte.

Isso não era bem o que Kafka queria ouvir e, ao voltar no dia seguinte ao consultório de Mühlstein — ele cuspira sangue uma segunda vez —, seu próprio diagnóstico estava tão consolidado que o falatório vago, atrás do qual infelizmente também esse médico se refugiava, não o impressionou nem um pouco. Logo em seguida ele relatou o que se passava a Ottla, com a maior franqueza:

Três possibilidades, primeiro, resfriado agudo, como o doutor afirma, mas eu nego; me resfriar em agosto? justo eu que nunca me resfrio; aqui, no máximo o apartamento pode ser culpado, frio, sufocante, malcheiroso. Segundo, tísica. Por enquanto, o doutor nega. Aliás, ele diz, vemos que todos que moram na cidade grande são tuberculosos, um catarro no ápice pulmonar (esse o termo, igual a quando alguém diz "cerdo" quando quer dizer "porco") não é nada tão grave, injeta-se tuberculina e tudo bem; terceiro: essa possibilidade eu apenas aventei, mas ele logo negou. Apesar disso, é a única correta e combina bem com a segunda. Nos últimos tempos, sofri terrivelmente com o antigo delírio, aliás o último inverno foi a maior interrupção desse sofrimento de cinco anos. Trata-se da maior batalha que me coube ou, melhor, me foi confiada, e uma vitória (que, por exemplo, podia se dar na forma de um casamento, F. talvez seja apenas uma representante do provavelmente bom princípio dessa batalha), quero dizer, uma vitória com uma perda de sangue razoavelmente suportável teria algo de napoleônico em minha particular história do mundo. Mas agora parece que devo perder a batalha dessa maneira. E, realmente, como se tivesse desaparecido, desde então durmo melhor às quatro da manhã, mesmo se não muito melhor, mas principalmente a dor de cabeça, com a qual eu não sabia mais o que fazer, cessou por completo. Para mim, o que se passa com a hemorragia, é que a insônia, as dores de cabeça, os estados febris, as tensões constantes me enfraqueceram de tal modo, que me tornei suscetível a algo tísico. [...]

Eis portanto o estado dessa doença mental, tuberculose. Aliás, estive ontem novamente com o dr. Ele achou que os ruídos do pulmão estão melhores (estou tossindo desde o começo), mas nega a tísica ainda mais enfaticamente, segundo ele eu seria velho demais para isso, mas como quero ter certeza (embora não exista certeza absoluta), vai me passar pelo raio X e examinar o catarro.[1]

Mesmo Kafka, adepto da medicina alternativa, tinha prestado muita atenção a cada palavra dessa autoridade da medicina alopática — como qualquer outro paciente em sua condição teria feito — e não há como duvidar da confiabilidade do seu relato. É verdade que ele omitira algo importante, quiçá decisivo, e isso não era justo em relação ao médico: semanas antes da hemorragia, ele havia percebido que sua saliva estava tingida de vermelho, e embora esse sinal alarmante não tenha desaparecido por completo, a princípio o ignorou e, depois, reprimiu. Tendo em vista esse histórico, talvez Mühlstein tivesse encarado a situação com mais seriedade, sem aventar um resfriado. Mas Kafka não estava disposto a ouvir recriminações, independentemente de quem. Ele era o único que *sabia* que provavelmente se tratava de tuberculose, porém manteve para si como chegou a essa certeza surpreendente e por que confiava mais no diagnóstico de sua empregada do que no otimismo do especialista.[2]

Kafka não era um paciente "cooperativo", muito menos "simples" — entretanto, isso não mudava em nada o fato de ele ter caído em mãos erradas. Pois a atitude apaziguadora de Mühlstein não tinha qualquer base científica. Kafka de modo algum era velho demais para uma tuberculose e se sabia havia tempos que a reativação de uma tuberculose pregressa, não manifesta, era possível até numa idade avançada — e principalmente sob as condições de má nutrição, casas pouco aquecidas e ruas cronicamente sujas, das quais uma nuvem de poeira se erguia todos os dias durante os anos da guerra. As estatísticas e os números empíricos aos quais Mühlstein podia ter se baseado eram anteriores à guerra; mas desde 1915 a situação havia mudado drasticamente nas cidades grandes, e a tuberculose tinha assumido gradualmente o caráter de uma praga popular sobretudo nas camadas mais baixas da população (inclusive entre as centenas de milhares de refugiados), que eram responsáveis por mais de um quarto do número de mortos. Kafka não fazia parte desse meio social, suas condições de vida eram privilegiadas. Mas uma anamnese cuidadosa teria revelado a Mühlstein que seu paciente trabalhava num departamento com *atendimento ao público*, de modo que frequentemente ele estava rodeado de pessoas em condições lastimáveis e que naquele lugar se tossia muito.

Sem pânico, pois havia a tuberculina. Mas a confiança excessiva de Mühlstein nessa arma milagrosa tampouco era prova de sua sinceridade, muito menos de competência médica. A tuberculina, produzida a partir de bacilos tuberculosos inativados, era oferecida no mercado em constantes novas variações, das quais nenhuma tinha sido testada clinicamente com sucesso antes — e mesmo a tristemente célebre "tuberculina antiga", com a qual Robert Koch havia passado vergonha internacionalmente, ainda era empregada por médicos civis e militares visando uma imunização ativa. Mas os pacientes temiam o produto com razão, pois, dosado de maneira errada, gerava reações severas, principalmente febre alta e, no pior dos casos, um ataque de tuberculose. Não havia uma orientação confiável para sua dosagem "correta", que diferia em muito de indivíduo para indivíduo. Por essa razão, já antes da guerra o tratamento com a tuberculina não era mais prescrito aos pacientes em instituições — e a medida era correta. Kafka também não queria se submeter a esse risco. Semanas mais tarde, quando Mühlstein abdicou da hipótese de resfriado, anunciando que talvez injetasse tuberculina "a fim de ter feito de tudo", Kafka recusou e, em vez disso, sugeriu uma estada num sanatório. Em seguida, ouviu que a medida não era necessária, pois a cura poderia ser alcançada também em Praga.[3]

Kafka não era de modo algum o leigo pelo qual seu médico o tomava, e se Mühlstein tivesse se interessado minimamente pela atuação profissional desse paciente, teria sido informado, por exemplo, do Comitê para Tratamentos Médicos, do qual Kafka fazia parte havia mais de dois anos, um comitê que — sob a liderança de Eugen Pfohl — se ocupava de maneira intensiva também com o tratamento de soldados tuberculosos. Se não lhe perguntavam, Kafka ficava em silêncio. Mas ele deve ter percebido que a tentativa de Mühlstein de minimizar o perigo — "todos os habitantes de cidades grandes são tuberculosos" — era simplesmente irresponsável. Qualquer leitor de jornal sabia que quase a totalidade dos habitantes de cidades da Europa Central estavam infectados com o bacilo da tuberculose; mas também era sabido que o sistema imunológico isolava o agente causador da doença em 95% dos casos e o neutralizava, pelo menos em tempos de paz. Kafka não queria saber se era "tuberculoso", mas sim se seu caso era agudo, e exigia que lhe respondessem categoricamente se sua tuberculose era "aberta", quer dizer, contagiosa. A resposta só poderia vir com o exame das secreções; é inacreditável que o paciente precisasse demandá-lo. O resultado desse teste foi negativo (senão a internação num hospital seria mandatória) e os exames de raio X acusaram "catarro do ápice do pulmão" bilateral, confirmando o diagnóstico de Kafka.

Kafka também queria ter certeza a esse respeito porque, a longo prazo, seria difícil ocultar um problema tão sério; entretanto, não queria preocupar desnecessariamente ninguém. Ele tinha se decidido desde o início a não informar os pais, e se passaram três semanas até dizer a Ottla o que havia acontecido; Felice ficou sabendo depois de um mês. Parece que o primeiro a quem Kafka confidenciou seu problema foi Felix Weltsch, mas este estava assoberbado o suficiente com as constantes crises de seu casamento e os preparativos de uma mudança. Por sua vez, Brod — que retornara das férias em 21 de agosto, ou seja, dez dias depois da hemorragia — ficou espantado com a aparente negligência de Kafka ao se colocar nas mãos de um médico notadamente desinteressado. Ele pressionou o amigo para que buscasse o conselho de um especialista, um médico do calibre do professor Gottfried Pick, diretor do Instituto de Laringologia da Universidade Alemã. E para ter certeza de que o econômico Kafka não mudaria de ideia no último minuto, ele o acompanhou até a sala de espera.

Pick não precisou de nenhum exame de raio X para confirmar que os ápices do pulmão de Kafka estavam comprometidos. Isso podia ser o início de uma tuberculose, ele avisou, e uma estada de vários meses no campo era absolutamente aconselhável. Eis o que Kafka queria ouvir... A única questão era saber se uma casa particular num certo vilarejo no noroeste da Boêmia, longe de qualquer supervisão médica e com a própria irmã como cuidadora, seria adequada. Certamente, respondeu o professor, mas é preciso comer, comer muito, a fim de estimular a produção de sangue e o aumento de peso, tomar preparados à base de arsênico e enviar relatórios regulares. Tudo isso constava da avaliação que Kafka levou para casa feito um tesouro.

Brod levou as mãos à cabeça. Restabelecer-se em Zürau? Inclusive durante o inverno, naquele buraco chuvoso, sem um médico decente nas redondezas? Certamente o professor Pick achava que seu paciente não dispunha de recursos, pois senão o teria enviado a Merano ou a algum dos famosos sanatórios suíços. Brod fez questão de que esse mal-entendido fosse esclarecido o quanto antes, e em 10 de setembro ambos os amigos foram *juntos* à consulta. Mas como sempre ao se tratar de decisões existenciais, Kafka se impôs: disse estar farto de sanatórios de todo tipo e que pensava com horror nas administrações anônimas desses lugares, dominadas por mazelas físicas. E comer o máximo que o corpo aguentasse, a famosa "nutrição hipercalórica", poderia ser tentado em qualquer lugar; aliás, ele disse, já tinha até começado — contra todas as orientações da medicina alternativa, com muita relutância e apenas para obedecer ao médico. Mas queria ir até Ottla e o arsênico prescrito certamente acabaria na lata do lixo.

Não podemos levar a mal o fato de os amigos de Kafka (e, mais tarde, também sua família) considerarem sua reação à doença como absolutamente incompreensível. Tratava-se de tuberculose, quer dizer, uma questão de vida ou morte. Kafka, porém, parecia aliviado, fazia o que achava ser correto, ria e chocava com afirmações fatalistas, quase cínicas. "Parece-me", ele escreveu com a consciência pesada para Brod, "que ontem devo ter lhe passado a impressão de ser um ser humano terrível."[4] E era verdade.

De todo modo, ele se desculpou por suas atitudes frívolas, que nem por isso se tornaram mais compreensíveis. Pois mesmo que, a princípio, encarasse a questão da sobrevivência física de uma maneira alienada — tão alienada como um funcionário público que sem querer se vê numa trincheira —, precisava reconhecer que esse era um ponto de inflexão, no qual seus planos e esperanças, inclusive a capacidade de se casar e de se dedicar ao trabalho literário, estavam a perigo. Havia poucas semanas ele tinha recebido a esperada e longa carta de Kurt Wolff, contendo a promessa de um "apoio material contínuo" caso se decidisse a trilhar a vida de escritor sem vínculos fixos. Era preciso convalescer a fim de que essa carta, essa oferta, mantivesse seu valor incalculável. Será que ele não compreendia?

Sim, compreendia. É certo que Kafka, apesar da impressão contrária, estava profundamente afetado pela tuberculose, e o indício mais seguro disso é o cessamento repentino do diário, cujas folhas restantes permaneceram em branco. Ele começou um novo caderno in-oitavo, destinado exclusivamente a notas de caráter literário. Mas também aqui aparece o choque da doença: "Caso eu morra ou me torne totalmente incapaz em breve — essa possibilidade é grande, visto que nas últimas duas noites tossi muito sangue —, então posso dizer que eu mesmo me despedacei".[5]

Nos meses seguintes, Kafka sentiu-se continuamente obrigado a responder por escrito a objeções e perguntas preocupadas sobre sua doença. As respostas eram abertas e detalhadas, contrariando seu costume: supostamente ele transferiu uma parte de seu urgente trabalho de reflexão do diário para a correspondência. A nova situação o havia catapultado para fora do isolamento, despertando uma necessidade de comunicação e compreensão. E nunca antes a lógica da imaginação de Kafka, seu modo característico de pensar, tinha se revelado de maneira tão clara como nas cartas da tuberculose. Isso teve início com seu primeiro relato para Ottla, que continha uma contradição flagrante: se ele acreditava dispor da "única explicação correta" para sua doença, para que o conselho de um médico?

No começo, Kafka faz o que se espera de alguém em sua situação — adota o ponto de vista da medicina, pensa sobre causas e sobre possibilidades de cura. Não há dúvida de que o apartamento úmido e a casinha na viela dos Alquimistas, quase insuportável, contribuíram para o aparecimento da doença. O aluguel da casinha foi suspenso casualmente, de modo que ela não estaria à disposição para a próxima temporada de escrita no inverno. O apartamento no palácio Schönborn, tão ansiado e tido como manifestação de independência, foi descartado pelo próprio Kafka, sem maiores reflexões e sem que ele tivesse outro endereço em vista, de modo que precisa retornar provisoriamente ao apartamento quente, embora conturbado, dos pais. Ele se pergunta se a tuberculose, ou a disposição à tuberculose, poderia ser hereditária — uma questão médica importante de seu tempo —,[6] e mais tarde irá se inteirar, com grande interesse, da notícia de que dois parentes da mãe sofrem de doenças pulmonares crônicas. Por fim, mostra mais iniciativa que seu médico quando se trata de identificar o patógeno oculto. Embora não acredite nem na tuberculina nem no arsênico, sua recusa em entregar o corpo a essas experiências não tem nada de irracional e pode também ser justificada em termos médicos.[7] Kafka se equivoca apenas com o catarro bronquial: como sem querer, retoma uma autoimagem antiga, havia tempos contestada; de modo algum ele é "imune a resfriados". E Kafka bem sabe que existem outros motivos para ter certeza de que não se trata de um resfriado, não dessa vez.

As ideias de Kafka no plano das inter-relações psicossomáticas eram fundamentadas. Se o bom funcionamento do sistema imunológico é decisivo para o combate ao onipresente *Mycobacterium tuberculosis*, e se o sistema imunológico pode ser abalado não apenas com o déficit nutricional, mas também com o estresse psíquico (algo que mesmo naquela época nenhum médico negaria), então os mais de cinco anos de "insônias infinitas, dores de cabeça, estados febris, tensões"[8] realmente podiam ter preparado o terreno para a tuberculose. Além disso, a eliminação do estresse podia ser decisiva para a convalescença. Assim sendo, o melhor a fazer não era procurar, em pânico e de maneira compulsória, por cuidados médicos especializados no clima mais adequado possível, mas se dirigir para onde ele se *sentia bem*. E esse lugar certamente não era a indústria de terapias de Davos. "É verdade", escreveu o médico David Epstein, de Kiev, no seu popular compêndio sobre tuberculose, "que alguns de meus pacientes preferem uma estada com parentes no campo a uma temporada no sanatório, e retornam para casa com resultados muito bons."[9] Kafka iria gostar desse médico.

Enquanto isso, não era fácil para os amigos e parentes encará-lo como um paciente compreensivo e responsável, e não era de espantar que Brod achasse necessário tomar Kafka pela mão como a um menino. Pois quando o assunto era a tuberculose, a conversa tomava sempre o mesmo rumo: Kafka rechaçava com poucas palavras aquilo que a medicina convencional tinha a dizer, bem como as considerações do ponto de vista psicossomático, como se não valesse perder tempo com isso; por outro lado, ele tentava de maneira obstinada, loquaz, usando de imagens eloquentes — num *outro* andar de seu pensamento, por assim dizer — dar um sentido à doença, encará-la como um sinal, emprestar-lhe uma dignidade moral. Para Ottla, ele a chamou de uma "doença espiritual"; em conversas com Brod, Kafka chamava a tuberculose de "derrota final" e "castigo": castigo por ter desejado tantas vezes uma solução violenta nas batalhas com Felice, que o livrariam do constrangimento por uma decisão. Ao mesmo tempo, a ferida sangrenta é um "símbolo" e, com essa noção, nos primeiros dias de setembro, Kafka dá início a um novo diário.

Mas esse era um terreno no qual nenhum de seus amigos de Praga queria acompanhá-lo. Brod não compreendia (nem queria tentar compreender) o fato de Kafka, depois de tanto tempo, ainda não ter tentado achar uma maneira de conciliar casamento e literatura, como todos que podiam ser considerados exemplos em seu círculo o faziam, e de vivenciar esse conflito como uma "luta" no palco de seu próprio eu, uma luta que tinha necessariamente de terminar numa doença com risco de morte. Ele escreveu a Kafka dizendo que, se estivesse em seu lugar, saberia o que fazer. "Ou seja, quando vejo a srta. F[elice] e quando lembro de como você sempre fala bem dela, não entendo direito sua resistência."[10]

Felix Weltsch objetou de maneira mais explícita (mesmo se igualmente inocente) as teorias de Kafka sobre a doença. Mas apenas para lhe avisar que o que importava não eram teorias ou imagens, mas simplesmente viver "num bom ar, de preferência por muito tempo, de preferência tranquilo e de preferência bem alimentado":

> Onde o caminho da cura é claro e, além disso, corresponde às suas noções e desejos, não há complicações à vista — a não ser que sua teoria de saúde e razão natural o conduza a falsas teorias especiais sobre sua doença. Gostaria de acrescentar o seguinte à terapia como um todo: não procure por trás de sua doença nenhuma *Überchochme* [sabedoria superior] de natureza antropomórfica desfigurada, mas apenas a consequência de moradia ruim, alimentação errada, centenas de acasos e talvez também depressões psíquicas. Mas apenas estas últimas não são suficientes e justamente para elas a melhor terapia é o afastamento do trabalho formal, a vida no campo e a completa mudança de vida. Mais

ainda — esta a minha principal opinião —, a firme determinação de convalescer também terá efeito sobre o plano psíquico.

Falar sobre o que o incomoda para além disso é menos fácil. (Repito: pode haver uma relação com o corpo, mas nego que seja obrigatória ou que tenha algum tipo de força.) Nesse sentido, porém, ninguém está se saindo melhor, nem Max e nem eu.[11]

O desgosto é perceptível. Os amigos não consideram aceitável ou compreensível que Kafka dedique mais atenção à verdadeira explicação da doença do que ao seu "combate". Se sua teoria fosse sustentável, eles parecem dizer, então *todos* estariam doentes: tanto Max Brod, eternamente dividido entre esposa e amante, quanto Felix Weltsch, para quem suportar os sintomas histéricos da mulher era uma tortura. Essas não eram provas suficientes sobre a inutilidade de se aferrar a tais hipóteses?

Eles sofriam com Kafka. Mesmo para o leitor atual, que interiorizou as paradoxais formas de expressão da modernidade literária, suas afirmações sobre a perigosa doença parecem estranhamente autoconfiantes, sensoriais, quase cômicas. Se observarmos a correspondência desse pequeno círculo, também é estranho que mesmo após mais de uma década de contato próximo, Brod, Weltsch e Baum não tivessem ainda desenvolvido uma sensibilidade para a instabilidade psíquica de Kafka, para sua frágil existência, literalmente exposta, e para o senso de realidade que, apesar de tudo, ele mantinha. Era esse senso de realidade que lhe dizia o que fazer e deixar de fazer contra a doença. Mas a necessidade de dar um *sentido* ao que acontecia era um movimento muito mais imperioso, sobre o qual ele não tinha o controle.

Max Brod preocupava-se sinceramente com a vida do amigo; está escrito em seu diário. Kafka, por sua vez, não temia minimamente o fim, reprimindo com sucesso, durante anos, a ideia de que a própria morte seria provavelmente dolorosa, longa e deplorável. Pois seu verdadeiro medo era o da dissolução psíquica, da derrocada da identidade, da abertura das fronteiras do eu, da proximidade da loucura; portanto, saber ou mesmo suspeitar de um evento contingente, arbitrário, sem sentido, era intolerável. O próprio Weltsch havia dado as fatídicas palavras-chave para tanto, ao dizer que "centenas de acasos" participavam dessa doença — a intenção tinha sido a de consolar. Na realidade, porém, para Kafka o conceito de acaso representava o insuportável, pois roubava a única arma psíquica que ele conseguia usar contra os golpes do destino: identificar-se com a infelicidade, torná-la parte da própria identidade, submetê-la à lógica da própria existência. Mas o acaso negava essa integração, era impossível arranjar-se com ele, fugir dele no refúgio psíquico da *compreensão*. Para Kafka, estava aí o limite do suportável: o acaso sem sentido não existia, não *devia* existir.

Essa postura era inegociável, e ficou patente que aquela tendência à "teorização", que os amigos ironizavam levemente e que consideravam estranha, tinha uma importância central para Kafka, pois era imprescindível para sua sobrevivência psíquica. Desse modo, ele saudava todas as interpretações psicossomáticas porque elas justificavam a catástrofe e, portanto, fortaleciam a integração psíquica. E rechaçava com simpatia e sem se curvar a qualquer objeção tudo aquilo que questionava o significado existencial da doença. Sua resposta para Weltsch vai nesse sentido:

> Em relação às causas da doença, não sou teimoso, mas, como de certo modo estou de posse dos documentos originais do meu "caso", mantenho minha opinião e escuto como até o pulmão comprometido aprova, chiando.
>
> Para a convalescença, daí você tem toda razão, a vontade de se curar é prioritária. Eu a tenho, mas também tenho a vontade contrária (à medida que seja possível falar isso sem artificialismos). Trata-se de uma doença especial; se quisermos, uma doença imposta, bem diferente daquelas com que tive de me haver até então. Assim como um amante feliz diz: "Todo o passado foi apenas ilusão, apenas agora estou amando".[12]

Uma doença imposta? Kafka se expressa como se estivesse diante de um túmulo aberto, onde ninguém — mesmo que objetivamente justificado — quer ouvir falar de acasos terríveis, mas sim de tragédia, destino ou sofrimento "infligido". Ou seja, é linguagem de uma piedade desesperada, que sustenta o inacreditável com grandes palavras a fim de dar algum apoio aos olhares que vagam no escuro.

Mas Kafka não se satisfaz em iluminar a infelicidade. Ele se refere à doença sempre em imagens *positivas*, não emite qualquer interjeição de assombro e quando chega a se queixar, então é sobre a disparidade entre o caráter único de seu "caso" e a "conclusão" quase rotineira de se tratar de uma epidemia popular comum — em vez de um fracasso do coração torturado, o que seria mais coerente metaforicamente e, portanto, mais compreensível. “Certamente há justiça nessa doença”, ele escreveu a Ottla, “é um golpe justo, que não sinto como golpe, mas, em relação à média dos últimos anos, como algo doce; então é justo, mas tão grosseiro, tão terreno, tão simples, tão conveniente. Acredito que ainda há de haver outra saída.”[13]

Kafka reclama como se Deus o houvesse castigado com uma gripe, mas fora isso ele estava satisfeito. Isso soava frívolo, mas absolutamente autêntico. Pois o novo fardo que a tuberculose lhe colocava era muito mais leve de se carregar do que a terrível pressão social e moral, da qual ela o livrou com um só golpe. Pois se estivesse tão doente quanto supunha (e a perda de sangue por semanas não deixava dúvidas), então ninguém — nem pais, noiva, chefes ou amigos sionistas — podia impedi-lo de se concentrar a partir de então em si mesmo; a tuberculose oferecia quase que uma justificativa ao isolamento social e, dessa maneira, um “ganho secundário da doença”, que superava em muito o padrão costumeiro. Ele não precisaria explicar para mais ninguém porque não participava deste ou daquele evento familiar, porque não tinha tino para os negócios nem vontade de seguir uma carreira burguesa. Felice finalmente compreenderia que sua própria compleição física, que ele mencionara tantas vezes e de maneira tão cifrada, realmente era um obstáculo decisivo que o afastava da criação de uma família. E o melhor era que o Instituto de Seguros contra Acidentes de Trabalho tinha de abrir suas garras, soltá-lo à liberdade. Esse deve ter sido um dos primeiros pensamentos de Kafka ao acordar pela manhã depois da hemorragia. Ele sentiu alívio. Fazia meses que seu humor não estava tão bom. A animação era tamanha que ele chegou a confessar a seu estranho e distante editor: a doença havia anos “à espreita” tinha finalmente se instalado. “É quase um alívio.”[14]

O curioso é que ninguém queria entender isso. Para Brod, a consciência de uma derrota definitiva seria devastadora; para Kafka, significava principalmente que a batalha havia terminado. Mas se ele sentia alívio, se falava de redenção, como a tuberculose podia ser também um castigo — Kafka não estava entrando em absoluta contradição? De modo algum. O castigo *é* a redenção, pois significa que *seu processo se encerrou*. Depois, resta apenas a vergonha, a vergonha de não ter alcançado esse fim com forças próprias.

Em 5 de setembro, Kafka disse à mãe que estava nervoso, muito nervoso, motivo pelo qual não se mudaria para outro apartamento, mas tentaria conseguir umas férias longas. E elas seriam passadas com Ottla, no campo.

Ela percebe alguma coisa? Ninguém que tivesse um mínimo de conhecimento da situação nas repartições de Praga acreditaria nessa história. Férias justificadas pelo nervosismo? Em meio a uma guerra mundial? Certamente Julie Kafka não sabe de nada, acredita no filho, fica contente por ele se preocupar com a saúde, e divide a novidade com o marido.

A coisa fica séria no dia seguinte, quando Kafka avisa oficialmente de sua doença no Instituto de Seguros contra Acidentes de Trabalho. Ele está sentado no escritório do chefe Eugen Pfohl e coloca sobre a mesa as avaliações médicas do professor Pick, seu salvo-conduto para uma nova vida. Ele se decidiu a pressionar pela aposentadoria, a se despedir definitivamente do escritório e da "carreira", mas a resolução lhe traz desconforto. Pois se a tuberculose é na verdade uma doença mental, que de certo modo avançava sobre as próprias margens — e disso não tem a menor dúvida —, então a repartição não tem a menor culpa. Ao contrário: as horas regulares no escritório, a análise indiferente dos documentos e a conversa entre os colegas, em geral igualmente anódina, ofereciam um apoio, traziam estabilidade, entorpeciam Kafka de uma maneira benéfica sempre que a loucura estava mais próxima. O que teria sido dele *sem* o escritório? Apesar da dificuldade em admitir, a verdade é que a tuberculose ou outra catástrofe afim talvez tivesse surgido mais cedo.[15] Mas diante de um chefe bem-intencionado, que faz tantas horas extras quanto os demais, é quase impossível usar desses escrúpulos para enfatizar ao máximo as próprias exigências. Não, Kafka assegura, ele não quer se aproveitar da repartição, e férias também funcionariam bem.

Um dia mais tarde, em 7 de setembro, acontece a conversa decisiva com o diretor Marschner. Kafka, que ainda não tinha abandonado a esperança de se aposentar, se coloca ainda mais na defensiva quando Marschner tenta também consolá-lo. Segundo o diretor, ele não devia levar a doença tão a sério, a situação era muito mais complicada para o Instituto de Seguros ao ter de abrir mão de um funcionário tão valioso. E continuou dizendo que uma aposentadoria precoce (com vencimentos proporcionalmente menores) não vinha ao caso e tampouco poderia ser do interesse de Kafka. Devido ao atestado, Marschner disse ser possível conceder férias de três meses sem um pedido formal.[16]

O resultado não era um triunfo, mas significava três meses em Zürau, três meses de liberdade. O aceite de Ottla é evidente e, depois de Kafka ter deixado seu local de trabalho impecavelmente organizado, começa a fazer as malas. Ele está com pressa e não encontra tempo nem para um encontro de despedida com os amigos.

No dia da partida — quarta-feira, 12 de setembro de 1917 —, Max Brod aproveita seu horário de almoço para ir dos escritórios dos Correios até o apartamento de Kafka, no Altstädter Ring. A despedida lhe dói, será a mais longa separação em anos, e justamente agora ele está torturado com preocupações que não ousa dividir com quase mais ninguém. Kafka também levou um último revés: uma carta triste de Felice, que não era de seu feitio, embora ela ainda não estivesse ciente da doença de Kafka nem de suas consequências. Kafka dá a carta para Brod ler, conversam a esse respeito, Kafka diz que a tuberculose o impede de se casar. Os amigos se despedem no corredor, Brod precisa voltar ao trabalho.

Às catorze horas parte o trem rumo ao Oeste; infelizmente é um trem regional e que precisa de três horas e meia para percorrer menos de cem quilômetros. Como Kafka não consegue carregar suas malas sozinho à estação — provavelmente há mantimentos para Ottla no meio —, dois rapazes da loja do pai, munidos de carrinhos de mão, vêm em seu auxílio. Eles usam o elevador para trazer a bagagem do apartamento até o térreo. Em seguida, Kafka aponta para uma das malas: “Pegue o caixão”.[17]

II.
A arca de Zürau

Uma pedra só é pesada
no lugar a que pertence.

Provérbio albanês

> Zürau está bonita como sempre, só que o inverno se aproxima, o lago dos patos diante da janela já congelou algumas vezes, as crianças patinam lindamente e meu chapéu que voou para o lago durante a tempestade da noite quase teve de ser arrancado do gelo pela manhã. Os ratos são terríveis, é impossível você não ter notado, enxotei-os um pouco com o gato que toda noite carrego para casa "quentinho no colo" ao atravessar a praça, mas ontem uma ratazana atrevida, que provavelmente nunca tinha estado num quarto antes, invadiu o meu com um ruído inacreditável, precisei chamar o gato do cômodo ao lado, onde o havia instalado devido a minha incapacidade de ensinar-lhe a higiene e por medo de que pulasse na minha cama; solícito, o bom animal saiu de uma caixa de conteúdo desconhecido, mas que certamente não é para dormir e que pertence à minha senhoria; em seguida, fez-se silêncio. Outras novidades: um ganso foi alimentado à força até a morte, a raposa está com sarna, as cabras já visitaram o bode (que parece ser um jovem especialmente belo; devido a uma súbita lembrança, uma cabra que já tinha estado com ele percorreu de volta o longo caminho de nossa casa até o bode) e o porco deve ser abatido logo, sem mais.[1]

Gansos, ratos, camundongos, gatos, raposas, cabras e porcos. E mais toupeiras, lebres, galinhas, cachorros, galinhas e cavalos. Kafka estava num planeta pequeno e fervilhante, inacreditavelmente distante do rebuliço urbano da praça Venceslau [Václavské náměstí], reservada para uma única espécie, onde apenas charretes circulavam, e igualmente distante do mal iluminado mundo da burocracia do Instituto de Seguros contra Acidentes de Trabalho, no qual nada se movia de maneira espontânea. Mas o vilarejo era povoado por uma ampla família de seres os mais diversos, que se erguiam pela manhã com o primeiro raio de sol, um mais barulhento que o outro, entre eles os 350 habitantes humanos;[2] e à tardinha, quando o sol se punha, o lugar se tornava novamente silencioso, pois ninguém ali tinha vontade de prolongar por conta própria o dia que Deus havia proporcionado. Não havia luz elétrica em Zürau, quem não quisesse dormir naquela hora precisava de querosene para a lâmpada e querosene era caro. Por fim, no escuro restavam apenas os camundongos como últimos mensageiros de uma vida que se reproduzia de modo infinito.

Nada de energia, nada de água corrente, nada de ruas pavimentadas. Nenhum café, nenhum cinema, nenhuma livraria, nenhuma banca de jornal. Nenhuma agência de correios, nenhum telefone na vila, a estação de trem Michelob [Měcholupy] só era acessível com charretes. E principalmente, nada de amigos. Kafka podia conversar com quem ali? Com o velho capataz, mal-humorado, que não aceitava ordens de Ottla, mas não tinha nada contra receber uma garrafa de rum; com as duas empregadas, Marěnka e Toni; com os vizinhos, todos famílias de camponeses, que tinham na praça do lugar seu centro intelectual; e com eventuais vendedores ambulantes, que Ottla convidava para entrar e com os quais Franz dividia sua refeição. Sem mencionar que muitas vezes lhe era difícil compreender o dialeto alemão do lugar.

Sim, ele sabia o que o aguardava ali, pois já havia visitado a irmã em Zürau duas ou três vezes durante o verão, para depois descrever tudo com as mais belas cores. Seus pais, por sua vez, balançavam a cabeça amargurados, e o irado pai só conseguia enxergar Klein-Wossek [Oseček], o lugar de sua infância, marcado pela pobreza e pelos trabalhos pesados. Por sua vez, Max Brod e Felix Weltsch conheciam a natureza no máximo como flâneurs, onde procuravam uma contraposição estética à cidade: a paisagem, o rio, as florestas silenciosas, os ares cálidos. Zürau tinha pouca coisa desse quilate a oferecer, pois era um lugar de colinas medianas, terras cultivadas, plantações de lúpulo e poucos bosquezinhos, no qual se procurava em vão por um local agradável para um passeio. Natureza crua, terra plana, odor de esterco misturado com as exalações de três bares, nos quais os trabalhadores temporários entornavam uma rala cerveja de guerra e, nas proximidades (perto *demais* para alguém tuberculoso), um empoeirado poço de argila.[3] Brod não apareceu por lá nenhuma vez e Weltsch avaliava se o esforço da viagem compensaria pelos alimentos que talvez estivessem disponíveis em Zürau. Era totalmente impensável que alguém do círculo intelectual de

Kafka quisesse participar dessa vida camponesa por mais de alguns dias — sem falar em todas aquelas figuras contemporâneas, urbanas, que hoje são citadas num só fôlego, junto a Kafka, como Thomas Mann, Musil, Schnitzler ou Kraus: nenhum deles teria escolhido voluntariamente tal monotonia.

> No geral, não leio muito, a vida no campo está bem assim para mim. Depois de superada a sensação, com todos os seus desconfortos, de se morar num zoológico orientado por novas regras, no qual os animais têm plena liberdade, então não há vida mais agradável e, principalmente, mais livre do que no campo, livre no sentido espiritual, com a menor pressão possível do mundo ao redor ou do mundo anterior. Não podemos confundir essa vida com a vida numa cidade pequena, que provavelmente é terrível. Sempre quis morar aqui [...].[4]

Kafka estava doente; para ele os critérios eram especiais, e os amigos aceitavam o fato de ele idealizar um modo de vida que era imperioso na sua condição. Além disso, teve sorte, pois o tempo se manteve quente e claro durante algumas semanas depois de sua chegada e não estava preso a seu quarto sombrio, voltado para o norte. Quase todo o fim da manhã, depois de um copo de leite tomado na cama, Kafka levava sua cadeira estofada e dois banquinhos para uma pequena colina e passava o dia deitado lá, com o torso nu, como um turista em férias de verão; e sempre que tinha vontade era possível dar uns passos até as colinas vizinhas ou percorrer o caminho até o vilarejo vizinho, Oberklee [Soběchleby]. "[...] liberdade, liberdade acima de tudo", ele escreveu a Brod logo depois do primeiro passeio, e era compreensível, pois tinha vindo de um escritório e estava redigindo a carta sob o sol de um longo verão tardio.[5] Apenas aos poucos compreendeu que esse sol tinha outro significado em Zürau. Pois a seca contínua resultou numa colheita fraquíssima em 1917, e receber sementes do Estado para o ano seguinte só era possível depois de muitas requisições e bons relacionamentos. A propriedade de Ottla estava próxima de quebrar devido ao "tempo bom".

Kafka também precisou se adequar a regras de uma estrutura social que lhe era absolutamente estranha; foi necessário abrir mão das amenidades e — o que era pior — mudar hábitos. Não estava mais sob seu controle ficar sozinho quando bem entendesse. E Zürau não era um sanatório, onde bastava pedir para a refeição ser servida no quarto caso o vizinho de mesa não fosse simpático. Teria sido absolutamente impensável atravessar a praça local e se queixar na casa defronte sobre o "único piano na Boêmia noroeste" que ali era maltratado regularmente, ou sobre dois incansáveis "marteladores", um que batia sobre madeira e o outro sobre metal, todos os dias de modo pontual a partir das seis horas da manhã.[6] E também acontecia de o lugar favorito de Kafka à noite na cozinha estar ocupado com o capataz resmungão e mais algum compadre, e assim não era possível encontrar tranquilidade nem no quarto de Ottla, contíguo à cozinha e separado dela apenas por uma porta de vidro. Nesse caso, não havia alternativa senão dar um passeio ou se retirar ao próprio cômodo, que ficava numa casa separada. Mas lá os camundongos estavam à sua espera — Kafka sentia um terror quase fóbico dessa praga, que aumentou consideravelmente com as primeiras noites frias. Ou seja, era preciso aceitar as coisas como elas eram, e não havia nenhum livro de reclamações em Zürau.

Era graças a Ottla que Kafka conseguia relaxar e concentrar a energia restante na superação mental da nova situação, apesar de todas as dificuldades. Ela deu sequência ao que havia sido iniciado na viela dos Alquimistas, oferecendo ao irmão um espaço reservado e providenciando tudo o que era necessário. E embora estivesse visivelmente sobrecarregada com os vinte hectares de terra que tinha de administrar com poucos ajudantes, ela soube amenizar o sentimento inicial de estranheza do irmão, seu temor de se tornar um peso para todas aquelas pessoas que trabalhavam duro. "Ottla literalmente me carrega em suas asas pelo mundo complicado", Kafka escreveu logo após sua chegada, e poucos dias mais tarde esse sentimento havia se intensificado de tal maneira que ele lançou mão de imagens mais fortes: "Vivo um pequeno casamento feliz com Ottla", relatou a Brod, "casamento baseado não na usual descarga violenta de energia, mas no fluxo direto com leves curvas."[7] Esse parecia ser um estado utópico. Mas havia tempos Brod já não se espantava mais com tais arrebatamentos, ele sabia que Kafka ansiava pelo que era "usual" como todas as pessoas, e que a mera visão de um carrinho de bebê era suficiente para empurrar o pêndulo na direção oposta.

Entretanto, Kafka tinha motivos para defender com força sua própria versão, dessexualizada, da felicidade. Pois o dia em que teria de se explicar aproximava-se muito mais rápido do que o esperado. Felice Bauer estava decepcionada com a aparente resignação com que Kafka tratava a tuberculose; pena, uma consciência intranquila e talvez a lembrança de Marienbad se faziam presentes. Ela queria vê-lo, queria saber se estava bem cuidado, queria ouvir o que aconteceria depois — e acreditava que a conversa não podia ser adiada tendo em vista a catástrofe que havia acometido a ambos. Ela enviou um telegrama, anunciou sua ida a Zürau e, sem aguardar a confirmação de Kafka, tomou um daqueles lastimáveis trens-reserva que demoravam um longo dia e uma noite ainda mais longa para ir de Berlim a Praga, sem saber que Kafka tinha a carta de despedida na cabeça e quase já a colocara no papel.

Kafka temia o confronto porque seria colocado obrigatoriamente como culpado. Ele havia compreendido — e essa revelação foi o primeiro fruto dos dias passados na espreguiçadeira — que uma época de sua vida estava se aproximando do fim de maneira irreversível, uma época em que podia assistir ao confronto entre literatura e casamento por assim dizer como espectador torturado, ao qual não restava senão esperar até o último ato da peça. Ele tinha a impressão de que, depois do que havia acontecido, essa passividade, esse contínuo enredamento em promessas desastrosas, era indefensável. Kafka havia recebido um sinal, a tuberculose era um sinal, e seu significado estava evidente: havia chegado a hora de fazer um balanço, concentrar-se no essencial e finalmente assumir, com todas as implicações, a tarefa que lhe havia sido imposta. E Kafka estava mais convicto do que nunca sobre a natureza dessa tarefa.

Felice Bauer o encontrou completamente mudado. É provável que ela esperasse se deparar com um homem abatido, necessitado de atenção, a quem era preciso instilar coragem devido à doença que o acometera e que certamente tinha viajado com a firme determinação de evitar todos os pontos de discórdia entre o casal e, por algumas horas, dedicar-se às necessidades *dele*. Essa era a forma pragmática com a qual ela sempre expressava sua empatia. Mas Kafka não estava de modo algum abatido, e o que menos queria era ser consolado com discursos sobre os cuidados possíveis. Ele se irritava em ouvi-la discorrer sobre ferver o leite, sobre o quarto não adequado, sem iluminação (no qual passou duas noites, sozinha), sobre a necessidade de refeições mais frequentes, cobertas quentes e controle médico. Nada disso superava o senso comum já manifestado por Brod, apenas intensificado. Kafka, porém, estava interessado em coisas mais básicas, em questões de identidade, de significado, relativas à vida e à morte. E não sentia vontade nem capacidade de abrir uma porta à noiva e permitir que ela participasse na radicalização espiritual que a hemorragia havia promovido poucas semanas antes. Ele não esticava mais a mão. Permaneceu mudo. Entediava-se com a mulher que um dia fora sua amante e não escondeu o tédio.

Foram horas monótonas e tristes, mas essa tristeza tinha um sentido muito diferente e pior do que aquele que Felice Bauer havia imaginado encontrar. Cinco anos após seu primeiro encontro, todos os temas comuns tinham sido exauridos, o interesse de Kafka por seu trabalho na Casa do Povo Judeu parecia ter desaparecido,[8] e ele falava apenas muito vagamente sobre os próprios planos. Onde quis trazer consolo, Felice encontrou uma "barreira" (como ela própria definiu alguns dias mais tarde) e em vez de oferecer generosidade emocional, precisou lutar contra um sentimento de humilhação. Desde o confronto no Askanischer Hof, Felice tinha se tornado mais suave, mas parecia que Kafka a empurrava novamente, e de maneira proposital, para o papel de acusadora. E foi para isso que ela passara trinta horas num trem? Por fim, regressou a Praga na companhia de Ottla, que tinha coisas a fazer na cidade. As duas mulheres sentaram-se frente a frente por algumas horas e é pouco provável que tivessem conversado sobre sua maior preocupação, a única que dividiam.

No final, Felice ainda teve de fazer algumas visitas de despedida, tanto para Max e Elsa Brod quanto para os pais de Kafka, muito curiosos e ainda desconhecedores da situação. Julie Kafka perguntou se o mau humor do filho já tinha melhorado em Zürau. Felice respondeu que não percebera nada nesse sentido.

> Você sabe que dois combatentes lutam dentro de mim. Nos últimos dias, quase não duvido que o mais forte é o seu. Você foi informada sobre o transcorrer da batalha ao longo de cinco anos, por palavras e silêncios e pela mistura de ambos, em geral para seu desespero. Se você me perguntar se sempre foi verdadeiro, só poderei lhe dizer que com ninguém me abstive de mentiras conscientes com tanta frequência ou, para ser mais preciso, tão veementemente, quanto com você. Houve alguns ocultamentos, muito poucas mentiras, desde que existam mentiras "muito poucas". Sou uma pessoa mentirosa, não consigo manter o equilíbrio de outro modo, meu bote é muito frágil. Se me avalio em relação ao meu objetivo final, resulta que não anseio mesmo ser um bom ser humano e corresponder a um juízo final, mas, muito pelo contrário, quero ter uma visão panorâmica da comunidade humana e da dos animais, reconhecer suas preferências fundamentais, desejos, ideais morais,

resumi-los em prescrições simples e me desenvolver nessa direção de preferência rapidamente, de modo a me tornar benquisto por todos e (aqui está o pulo do gato) tão benquisto que, sem perder o amor geral, eu possa me apresentar — o único pecador que não foi queimado — abertamente diante da comunidade que conquistei.

Aplique isso ao nosso caso, que não é arbitrário, mas o que mais me representa. Você é meu juízo final humano.

Esses dois combatentes que lutam dentro de mim, ou melhor, de cuja batalha sou formado, exceto por um pequeno resto martirizado, são um do bem e outro do mal; de vez em quando, eles mudam as máscaras, confundindo ainda mais a confusa batalha; mas por fim, apesar dos reveses, consegui acreditar até há pouco que uma das coisas mais improváveis aconteceria (a mais provável seria: a batalha eterna), algo que parecia transformar a última sensação em algo radiante, e eu, digno de lástima, tornado infeliz pelos anos, finalmente poderia ficar com você.

Subitamente acontece de a hemorragia ser forte demais. O sangue que o combatente do bem (vamos chamá-lo assim agora) derrama por você é proveitoso para o combatente do mal. Lá onde o mau, provavelmente ou talvez, não teria encontrado por conta própria nada de decisivamente novo para sua defesa, o combatente do bem lhe oferece uma novidade. Secretamente, não considero que essa doença seja uma tuberculose, ou ao menos não uma tuberculose a princípio, mas minha bancarrota geral. Achei que as coisas prosseguiriam e não prosseguiram. O sangue não vem do pulmão, mas do golpe ou de um golpe decisivo de um dos combatentes. [...]

No mais, lhe conto um segredo no qual momentaneamente nem eu acredito (apesar de que a escuridão ao longe que cai ao meu redor enquanto tento trabalhar e enquanto penso talvez pudesse me convencer), mas que deve ser verdade: não convalescerei mais. Simplesmente porque não é uma tuberculose que se coloca numa espreguiçadeira para ser curada, mas uma arma que manterá sua extrema necessidade enquanto eu estiver vivo. E ambos não podem se manter vivos.[9]

Para Elias Canetti, essa carta de Kafka é a mais embaraçosa entre aquelas que chegaram até nós: tão embaraçosa que lhe custou muito reproduzir passagens dela.[10] Ele sente especial dificuldade com a mistura do sangue real com o metafórico; em suas palavras, trata-se de "um mito indigno e falso", que, além disso, carrega uma mentira descarada. Pois não era verdade que o "melhor" dos dois combatentes fosse o de Felice; na verdade, ela não dispunha de mais nada, pois Kafka já se decidira pela separação havia tempos.

A aversão de Canetti é compreensível. Depois de centenas de cartas, depois de uma corte desesperada, depois dos dias completos de Marienbad, no final de uma história de cinco anos, triste mas compartilhada, Kafka não encontra nenhuma palavra de consolo ou de agradecimento. Sua carta é uma autoanálise que transcorre em imagens reluzentes, endereçada a um público imaginário e sem consideração com a destinatária, cuja vida está tão envolvida no processo quanto a sua própria. "Se me avalio em relação ao meu objetivo final [...]", não é a fala íntima da carta, é a confissão que talvez tivesse poupado a Josef K. a pena capital, é *literatura*, e Kafka, orgulhoso de seu informe preciso, simbólico e paradoxal, copiou a passagem duas vezes, palavra por palavra, no diário e numa carta para Brod. Por fim: "Você é meu juízo final humano". Uma frase que Felice Bauer não pode ter lido sem horror, independentemente de quão condicionais, oscilantes ou insensatos fossem seus sentimentos em relação a Kafka. Uma frase de potência inaudita, destruidora, que não permite esperanças. Pois ninguém vive com o próprio juiz nem o toca: ele fica frente a frente com a pessoa, para sempre.

Mas a que Canetti se refere, quando ataca o mito *falso* de Kafka? O autorretrato de Kafka, sua interpretação da doença e a relação com Felice são estranhos, até desconcertantes, pois não seguem uma lógica emocional nem fática, e evitam habilmente as frases que esperaríamos encontrar numa tal situação: "Não temos mais interesses em comum" ou "Você não me compreende" ou "Não nos amamos". Em vez disso, ele se serve de um arsenal de imagens simbólicas e conceitos cheios de tensão, mas que não oferecem maiores explicações: batalha, sangue, arma, pecado, juízo, bem e mal, escuro, morte. Mesmo ao se autoatestar a "bancarrota geral", Kafka o faz com um laconismo que supõe ter dito tudo, como se não se tratasse de uma metáfora, cujo sentido prático para a vida pudesse ser refletido em conjunto. Ele não "comunica", mas apresenta um mito: *foi assim, assim é, assim será.* Entretanto, essa confiança na força imaginativa de campos associativos, essa denotação de imagens e metáforas atemporais é característica de todos os mitos, e nesse sentido *qualquer* mito é falso. Pois, ao contrário da psicologia, o mito não tem consciência da própria abrangência. Ele mira, como a obra de arte, na força persuasiva e na coerência internas e o momento de verdade que contém é sempre sua verdade *total.*

Kafka obviamente não estava ciente de que a complexidade de suas experiências somáticas e psíquicas não podia ser explicada e muito menos superada com meios tão arcaicos, apesar de tão atraentes do ponto de vista literário. O fato de ter encontrado metáforas que ofereciam um sentido ao fracasso da felicidade lhe trazia segurança, animava-o, chegava a lhe dar orgulho. O preço disso é que ele ficava para trás da própria capacidade de discernimento e que tinha de cortar demasiados fios soltos. O que não fosse compatível com o mito era reprimido ou silenciado, em total consciência da insinceridade. Kafka sabia que havia outras possibilidades de leitura de seu destino e algumas delas foram confiadas aos amigos ou ao diário. Mas isso não podia chegar de modo algum aos olhos de Felice.

O que ela teria dito, por exemplo, a respeito das explicações do "pequeno bom casamento" que seu noivo mantinha com a irmã? Felice Bauer não era mesquinha do ponto de vista erótico; três anos antes, ela havia aceitado sem reclamar o relacionamento agridoce de Kafka em Riva, e também tinha suas próprias experiências com sentimentos incestuosos. Embora Ottla lhe parecesse desde sempre imatura e pouco interessante, ela apoiava sua manifesta e calorosa intimidade com Franz — para o bem do paciente. Mas como esse bem-estar evidente se comportava diante do status de "bancarrota geral", anunciado por Kafka? Certamente não seria geral, e havia uma suspeita de que a grande felicidade de Marienbad que Kafka havia rechaçado mantinha uma relação secreta com a pequena felicidade em Zürau. A primeira foi conseguida a duras penas, a última era grátis. Será que ele havia simplesmente optado pelo caminho mais confortável? Não havia nenhuma palavra a esse respeito na mítica carta de Kafka, nenhuma palavra sobre Ottla.

Havia também outros pensamentos, mais insondáveis, que Kafka dificilmente poderia harmonizar com o autorretrato que fez para Felice. "Ainda não registrei o essencial", ele anotou depois de dois meses em Zürau, "ainda estou fluindo em duas direções. O trabalho à espera é tremendo."[11] Isso também não soa a fracasso e final. Ao contrário, desde o início Kafka tomou a tuberculose e a mudança compulsória de sua rotina de vida como crise purificadora, como chance de descartar o que não era essencial e de juntar as forças restantes. E, para marcar esse momento, ele abriu seu novo diário de Zürau com um aviso a si próprio:

> Caso essa possibilidade de fato exista, você pode fazer disso um começo. Não a desperdice. Se quer se aprofundar, não há como evitar a sujeira que transborda de você. Mas não se revolva nela. Se a ferida nos pulmões é apenas um símbolo, como você afirma, um símbolo da ferida cuja inflamação se chama Felice e cuja profundidade significa uma justificativa, se é, pois, assim, então também os conselhos médicos (luz, ar puro, sol, repouso) são um símbolo. Agarre esse símbolo.[12]

Essa também é a voz de um automito. Mas esse mito se refere claramente a um futuro, e sua visão é firme e clara. Max Brod percebeu que as cartas de Kafka remetidas de Zürau são bem menos queixosas do que se esperava. Eram cartas surpreendentemente serenas, sobretudo quando tocavam a essência da própria infelicidade, e chegavam ao ápice da serenidade quando falavam do fracasso irreversível. Uma contradição performática, que lhe parecia menos compreensível à medida que seus próprios ataques de desespero — geralmente por conflito entre duas mulheres, e no outono de 1917 a situação é pior que nunca — não deixavam espaço para pensamentos claros. Essa serenidade de Zürau era tudo menos tranquilizadora, ela era aterrorizante, e Felice Bauer também deve ter sentido isso.

Kafka tentou se justificar uma última vez; é realmente sua última carta à noiva que foi preservada, escrita como se de muito longe, narrada por uma voz que não era mais destinada a ela. Disse que o encontro em Zürau também o tinha perturbado, mas não ficou infeliz por isso. E que a diferença estava no ponto de vista: infeliz é aquele que sente a aflição no próprio corpo, perturbado é aquele que apenas a observa. Nunca Kafka havia expressado tão abertamente seu não *envolvimento*, e se essa confissão ainda gera esperança em Felice Bauer então isso se deve apenas aos "exageros" dele de anos anteriores: ela conhece suas oscilações extremas, sabe que é possível acalmá-lo e até seduzi-lo, mesmo que a tuberculose tenha dificultado muito mais as coisas.

Felice Bauer passou a escrever com maior frequência a Zürau, pois, mesmo se tivesse imaginado que era o fim, despedir-se de um tuberculoso naquele estado contrariava de maneira dolorida sua prática social. Em Berlim, ela se aconselhou com a amiga Grete, que certamente ficou decepcionada com a aparente indiferença de Kafka. A situação chegou ao ponto de Grete Bloch, a despeito de sua desastrada intromissão no passado, anunciar para Kafka que lhe escreveria uma longa carta. E a ameaça literalmente roubou seu sono. Pois desde a última aparição de Felice, Zürau tinha se tornado sombria; de repente ele se sentiu incapaz de receber visitas, incapaz de suportar o menor dos ataques. As cartas que chegavam de Felice ficavam horas fechadas, e o medo de outras queixas — nos ouvidos de Kafka, todas eram acusações — deixavam-no tão enjoado que se sentia incapaz de comer o que quer que fosse.

Brod não conseguiu reconhecer o tanto de energia desesperada que Kafka mobilizou para lutar por sua sobrevivência psíquica; nem Canetti, mais tarde. Pois os distanciamentos pareciam muito resolutos; suas interpretações, muito refletidas; suas descrições da vida no campo, muito literárias; suas notórias "cartas sobre os ratos", que passavam de mão em mão em Praga, até muito humorísticas. Os rituais queixosos do passado foram deixados para trás, e ele parecia a caminho de uma eloquência madura, triunfante. Mas o autêntico desespero não é assim? Kafka, muitíssimo alerta em sua espreguiçadeira em Zürau, também se colocou a pergunta:

> É-me sempre incompreensível que quase todos aqueles capazes de escrever consigam, em meio à dor, objetivar a sua dor, de tal forma que eu, por exemplo, em minha infelicidade, e talvez ainda com a cabeça ardendo dessa infelicidade, sou capaz de me sentar e comunicar a alguém por escrito: sou infeliz. Na verdade, posso ir além disso e, valendo-me de floreios diversos — que variam de acordo com o talento, e este parece nada ter a ver com a infelicidade —, fantasiar a esse respeito, seja diretamente, por meio de antíteses ou com o auxílio de orquestras inteiras de associações. Não se trata, em absoluto, de uma mentira, e tampouco aplaca a dor; trata-se apenas de um misericordioso excedente de forças num momento em que a dor claramente já consumiu todas as minhas forças, raspando até o fundo de meu ser. Que excedente é esse, portanto [...].[13]

Kafka fala do escritor e comete uma tautologia: não podemos saber se realmente (quase) todos que conseguem escrever também são capazes de articular a mais profunda infelicidade particular, pois não temos testemunhos relevantes daqueles que não conseguem. Mas Kafka está mirando uma experiência extremamente característica *para si*, uma verdade de vida cuja maravilhosa confiabilidade ele sempre confirma: "A gente não sabe as coisas que tem armazenadas na própria casa",* como formulou em *Um médico rural*. No ponto do zero absoluto, há novas reservas disponíveis. Isso vai protegê-lo, até o fim. Portanto, ele está convencido de que, dali em diante, só encontrará segurança em si mesmo: a vida — no sentido mais enfático do termo — fechou-se diante dele, e o "trabalho a ser cumprido", apesar da febril ansiedade com que é aguardado e de sua exigência imperativa, vem de uma escuridão absolutamente indeterminada e distante da vida.

É o combatente "bom" ou o "mau" que procura puxá-lo para lá? Canetti diz que é uma mentira, ou ao menos um ato de falso cavalheirismo, o fato de Kafka continuar afirmando que a outrora amada representa o bom ou o melhor princípio. Afinal, ele não estava decidido havia tempos a não escutar esse chamado e a procurar um caminho totalmente diferente? Kafka não se chama, nessa mesma carta, de "pessoa mentirosa"? Mas aqui é claramente Canetti que não suporta mais a tensão e que — depois de um estudo exaustivo dos arquivos de *O processo* — exige, por assim dizer, *post festum*, um julgamento, um forte comprometimento com a literatura que finalmente encerre o caso. Para Kafka, por sua vez, a ambivalência prossegue, mesmo depois da decisão, e há um sinal comovente nesse sentido que foi preservado. Pois essa carta tem um pós-escrito, que Canetti ainda não conhecia, uma única frase numa folha em separado e que silencia por um instante o ruído da batalha retórica e dá espaço ao luto, ao olhar sobre o que foi perdido:

> Queria dizer mais uma coisa: houve e há momentos em que, na realidade ou na lembrança, geralmente é a lembrança do seu olhar dirigido a mim, você é mais para mim do que de costume e algo superior em essência parece desabrochar, mas sou, como sempre, fraco demais para segurá-lo ou segurá-lo diante de mim.[14]

Eis as palavras finais. Felice insistiu no seu direito. Ela tinha o direito de ouvir a sentença cara a cara. Dali a poucas semanas, faria trinta anos. Não era mais nenhuma menina.

* Franz Kafka, "Um médico rural". In: *Um médico rural*. Trad. de Modesto Carone. São Paulo: Companhia das Letras, 2021, p. 14.

A cada quatro semanas, Kafka deveria ir a Praga para fazer exames; essa foi a orientação do professor Pick. E como tinha sido testemunha desse combinado, Brod começou a pressioná-lo alguns dias antes do final do prazo. Kafka, por sua vez, hesitava. O que tanto havia para ser examinado? Ele não tinha tido hemorragia nem febre; apenas uma tossezinha constante e a respiração levemente acelerada lembravam que ele não estava em Zürau de férias. Kafka relatou que, em apenas quatro semanas, tinha ganhado três quilos e meio; da cintura para cima estava bronzeado de sol como um camponês, e sua mãe — aqui exagerava — não o reconheceu quando ele foi buscá-la na estação de trem. Havia tempos sua aparência não era tão boa. Ao vê-lo assim, o professor não o mandaria imediatamente de volta ao escritório? Kafka havia recebido cartas amistosas do Instituto de Seguros contra Acidentes de Trabalho com perguntas sobre seu estado de saúde — e se fosse a Praga, seria inevitável se apresentar diante dos olhares dos colegas sobrecarregados, que provavelmente o consideravam um sujeito de sorte. Kafka tinha vergonha.

Na realidade, Brod teve de ir *buscar* o amigo recalcitrante. A oportunidade se deu no final de outubro, quando ele e a mulher foram convidados a um evento literário organizado pelos sionistas em Komotau [Chomutov], no nordeste da Boêmia. Kafka subiu no trem no qual os Brod viajavam, foi à leitura, passou uma noite em Komotau, e no dia seguinte todos voltaram juntos a Praga. Sem dúvida, Brod estava mais atento do que Julie, que não sabia de nada. Ele não se impressionou nem com o bronzeado de Kafka nem com os quilos extras, e nem o parecer tranquilizador (como esperado) do professor de Praga conseguiu demovê-lo da ideia de que algo deveria acontecer antes do início do inverno. Falando mais a sério do que brincando, Brod disse a Kafka que, como "última cartada", iria se dirigir aos pais do amigo caso ele continuasse tão teimoso e não procurasse finalmente um lugar mais aprazível e, sobretudo, um clima mais favorável. A cura tinha de ser buscada no sul, apenas no sul — e, com uma charmosa ingenuidade, acrescentou: pois mesmo um "remédio reconhecido por todos" poderia ser a coisa certa. Mas Kafka não se deixava impressionar com a opinião pública e lhe foi bastante fácil revidar esse golpe, já que "nem o professor tinha mencionado o sul".[15]

Kafka sentia-se saudável o suficiente para conseguir reprimir pensamentos sobre um perigo real. Mais do que com seu estado físico objetivo, ele se preocupava com a *imagem* que oferecia: um funcionário público que, sem sinais exteriores de doença, passa meses deitado num gramado e é paparicado o tempo todo pela irmã, em meio a uma guerra e rodeado por pessoas que trabalhavam duro. Isso poderia gerar olhares desconfiados e perguntas desconfortáveis em Zürau, mesmo se ali ninguém ousasse confrontar diretamente o "senhor doutor". Provavelmente Kafka projetou grande parte dessa pressão social; entretanto, era suficiente para jogar para o alto todas as prescrições médicas e participar cada vez mais dos trabalhos no campo, que já o agradavam. Ele passou a colher rosa-mosqueta; plantou uma horta; de quatro, colheu batatas da terra; deu de comer aos animais; conduziu a charrete; chegou a cortar lenhar e tentou — sem muita habilidade — manejar o arado. Tudo isso relaxava, garantia um sono melhor e, por fim, acalmava também a consciência pesada. Logo que voltou da primeira consulta médica em Praga, ele contou à irmã que queria ficar, mas agora estava falando sério: uma casinha própria no vilarejo, um jardim, um campo era tudo de que necessitava. Kafka sonhava se tornar camponês. E ninguém compreendia isso melhor do que Ottla: "Eu também acho", ela escreveu, "que Deus lhe enviou essa doença, senão ele nunca teria saído de Praga".[16]

Ele certamente estava longe de se ver livre de Praga, pois o dr. Marschner continuava negando uma aposentaria antecipada, mesmo se insinuasse que os três meses de férias podiam ser prolongados com um atestado correspondente. Quando se reuniu com Marschner em novembro, Ottla — que provavelmente abordara o tema de maneira mais direta do que o irmão, sempre na defensiva — também não avançou mais. De todo modo, Marschner aceitou passar algumas horas em Zürau. Talvez lá, longe de todos os rituais do escritório, ele pudesse fazer seu chefe interino de departamento compreender o que era e o que não era para seu próprio bem — além de lhe explicar os limites da atuação de um diretor. Estava óbvio que Marschner defenderia energicamente o afastamento de Kafka do serviço militar também no ano seguinte.

As negociações com os próprios pais, que ainda mantinham Ottla sob pressão moral, transcorreram de modo muito mais pesado e doloroso. Por um tempo eles tinham se consolado com a expectativa de que a filha no campo contribuiria um pouco para que a mesa em Praga ficasse minimamente mais suculenta de novo. Sem o mercado ilegal, havia muito era impossível garantir uma alimentação digna a um ser humano, e os Kafka faziam como todos que ainda tinham algum dinheiro vivo: eles também dispunham de um "fornecedor" regular e confiável — Kafka inclusive recomendou-o com sucesso para seus amigos —, mas que não podia garantir remessas pontuais e também já havia levantado suspeitas da polícia. Logo ficou claro que Ottla não preencheria essa lacuna de jeito nenhum, pois as dificuldades econômicas e burocráticas de Zürau eram as mesmas das de Praga. "Inflação terrível", anotou, consternado, o pároco de Oberklee, que tinha chegado à região apenas um mês após Kafka, "grande falta de alimentos reina não apenas nas cidades, mas também aqui. Agiotas e malandros dominam."[17]

Ottla não tinha muito como se defender; sua granja era pequena demais e equipada de maneira bastante precária. Nem mesmo o abastecimento de batatas funcionava segundo o planejado, pois o envio de alimentos era estritamente regulado, e os cem quilos de batata por ano, que os pais pretendiam distribuir a todo o clã, permaneceram na vontade. De todo modo, de vez em quando Ottla enviava a Praga um grande jarro de leite ou alguns ovos (embora ela não possuísse vaca ou galinhas), mais farinha, um pão feito em casa, algumas perdizes e alguns animais de caça. Kafka também se esforçava em entregar aos amigos e até a seus superiores um pouco dessas preciosidades, mas de maneira fortuita e em quantidades reduzidas, pois a "primeira escolha" — assim ele relatava, lamentando-se — era sempre prerrogativa da família em Praga. Algo natural e justo, pois Ottla era ainda mais dependente da ajuda regular dos pais. No campo, era quase impossível comprar sabonete, gordura de vaca, querosene e papel, e logo ficou claro que mesmo maçãs e peras, verduras, sucos de frutas e nozes eram donativos altamente apreciados entre os vegetarianos de Zürau. Julie Kafka enviava pelo menos um pacote por semana pelo trem, eventualmente acrescentando um pouco de chocolate, biscoitos e jornais antigos.

Não é difícil adivinhar os comentários de seu marido sobre esse trânsito de mercadorias, cada vez mais de mão única. Seu estado de espírito já estava num ponto baixo, pois o faturamento da loja de acessórios de moda não parava de baixar, o quarto inverno de guerra batia à porta e havia a expectativa de mais privações. Objetivamente falando, o "proprietário" costumava ter razão, disse Irma Kafka, mas seus gritos e xingamentos na loja estavam quase insuportáveis, e os constantes avisos de Julie — "Não fique tão nervoso! Pense no seu coração!" — tinham pouco efeito. E esse estado de coisas estava até documentado: um dos empregados perdera a paciência, levando Hermann Kafka a julgamento por ofensa.[18]

Era difícil enfrentar Hermann Kafka, que provavelmente percebeu, de maneira instintiva, que Ottla e Franz, apesar de toda a teimosia demonstrada, sofriam muito mais com qualquer conflito do que ele. Principalmente Ottla aguardava ansiosamente por toda e qualquer palavra amável do pai (cujas queixas sobre a infância difícil, repetidas inúmeras vezes, ela agora compreendia melhor), e com a consciência culpada pela dependência continuada, procurava evitar mais discussões sobre seu modo de vida durante as visitas eventuais que fazia aos pais.[19] Hermann, por sua vez, tinha escrúpulos em retirar o apoio à filha, cuja fibra havia menosprezado; além disso, qualquer tentativa de encerrar a experiência de Zürau por fome enfrentaria a enérgica resistência de Julie. Dessa maneira, ele se satisfazia em lembrar que, mais uma vez, estava com a razão. E quando enviava algumas linhas a Ottla — o que acontecia raramente —, o endereço da filha era sempre "*no momento* em Zürau".

Introduzir o irmão nessa paz frágil foi uma tarefa difícil. Ao olhar para a desgastada Ottla, os pais achavam inconcebível que Franz passasse semanas e meses na espreguiçadeira — sem falar que a manutenção de seu "buraco de rato" em Zürau significava mais gastos de aluguel e alimentação. Ele também deixava todos sem saber onde gostaria de morar após seu regresso, e quando Julie ou Irma visitavam um apartamento a seu pedido, ele só enxergava defeitos e nunca estava satisfeito. A situação logo exigiria explicações.

Nesse meio-tempo, mais de uma dúzia de pessoas sabiam da tuberculose de Kafka: Felice, Ottla, Irma, Růženka, o casal Brod, Weltsch e Baum, bem como um número indefinido de chefes e colegas no Instituto de Seguros. Ele havia pedido a todos que poupassem os pais da notícia ruim. Mas por quanto tempo seria possível manter as aparências? Um único escorregão bastaria para disparar um conflito, e este poderia ser causado, por exemplo, por Max Brod, que já havia explicitamente ameaçado uma traição, e falado o que não devia em outros lugares.[20]

Em meados de novembro, Kafka decidiu poupar a irmã dos contínuos esclarecimentos e pediu que, em sua próxima visita, revelasse ao pai — e não à mãe — o verdadeiro motivo de seu afastamento do trabalho. O efeito foi espantoso: Hermann mostrou-se chocado e humilde, perguntando o tempo todo se Zürau era o lugar ideal para um tuberculoso, se Franz dispunha de tudo de que precisava, e se realmente estava fora de perigo. Por um instante, o patriarca saiu de seu papel: ele estava acostumado a transferir para Julie todos os assuntos que se relacionassem com o equilíbrio emocional da família, e tolerava que os problemas — à medida que não gerassem despesas — fossem resolvidos de maneira feminina e em total silêncio. Naquele momento, porém, e provavelmente pela primeira vez em décadas, *ele* era o portador de um segredo que lhe exigia certo grau de diplomacia e até dissimulação frente à mulher. A bem azeitada estratégia de silêncio dos Kafka, cujo beneficiário principal tinha sido quase exclusivamente ele próprio, se tornou de súbito uma carga opressiva. Nenhum de seus conhecidos apostaria que Hermann seria capaz de suportar por muito tempo essa desconhecida autodisciplina. Apesar disso, Kafka ficou bravo quando descobriu que o pai não tinha aguentado nem três semanas antes de apresentar a verdade a Julie. Essa atitude tinha sido "desrespeitosa", ele disse.[21]

Um tuberculoso pode se casar? E começar uma família? Em Zürau, Kafka não tinha acesso a livros de medicina, mas a questão o ocupava e com grande interesse ele registrou que, por exemplo, o pai de Flaubert, médico, fora tuberculoso e apesar disso havia gerado um gênio. "[...] é bem provável que naquela época alguns anos tenham se passado, secretamente, em torno da dúvida sobre se o pulmão do filho iria para o brejo (prefiro essa expressão a 'começaria a chiar') ou se se tornaria Flaubert." Com exemplos desse tipo, Brod tentava iluminar o fatalismo de Kafka, além de anunciar constantemente o nome de conhecidos em comum que tinham superado sem sequelas uma afecção no ápice do pulmão sem ter de redirecionar seus objetivos de vida: "Se olharmos de perto, todo mundo já teve tuberculose".[22]

A medicina tradicional, entretanto, cultivava uma visão bem mais cuidadosa. Todo homem solteiro que carregava uma infecção aguda era aconselhado pelo seu médico a temporariamente não entrar em nenhuma relação mais íntima, e pacientes mulheres costumavam ser tratadas de maneira ainda mais rígida. "O casamento só deve ser permitido a doentes no chamado primeiro estágio", escreveu o médico de Praga Gustav Weiss, "e se uma tuberculose dessas, curada, não tiver se manifestado de novo durante dois anos, pelo menos." Outros autores recomendavam um tempo de espera de três anos no mínimo,[23] e também o médico de Kafka, o dr. Mühlstein, ficou aliviado em ouvir que seu paciente tinha adiado voluntariamente e sem prazo definido seus planos matrimoniais.

O fato de que até a tuberculose "fechada", não contagiosa, fosse suficientemente temida para ser aceita como motivo de separação significou um importante alívio psíquico para Kafka. De outro modo, ele teria de explicar por que não queria mais fixar um tempo de espera qualquer e por que considerava a doença incurável. Para os pais, a terrível sentença "tuberculose" ofereceu a chance de dar uma explicação plausível à própria família estendida sobre o bizarro comportamento do filho: ficar noivo duas vezes da mesma mulher sem chegar ao casamento parecia duvidoso, frívolo e tocava as mesmas questões de reputação moral que também consumiam havia tempos o espírito da rígida mãe da noiva. *Tuberculose*, porém, era outra coisa — algo *trágico*. Kafka fez um uso extenso dessa regra do jogo social, sem que tivesse de abusar de sua doença como mera desculpa. Na verdade, ele a compreendia menos como um impeditivo médico ao casamento e mais como um sinal, um obstáculo, para não mais *dever* se casar. E essa convicção estava ancorada tão profundamente que lhe emprestou forças para dar um fim à relação amorosa notoriamente fracassada.

No Natal de 1917, quando Felice Bauer tomou novamente o trem, ela deve ter imaginado que a decisão estava prestes a ser tomada. Supostamente tinha planejado mais uma visita a Zürau, longe de todas as perturbações e obrigações familiares, algo que sempre fora do interesse de Kafka, no passado. Mas os pesos tinham se rearranjado, agora Zürau representava a vida atual de Kafka e, portanto, era altamente frágil, enquanto Praga tinha se tornado uma espécie de território neutro. Kafka precisou de três dias para pensar e depois optou por um último encontro em Praga.[24]

> 25 de dezembro. À noite vieram Kafka e Felice. Ambos infelizes, não falaram nada. 26 de dezembro. Kafka chegou às 7h30, devo lhe dedicar a manhã. Café Paris. Mas ele não me quer como conselheiro, sua decisão é surpreendentemente firme. Apenas passar o tempo. — Ontem ele disse claramente a F[elice]. — Conversamos sobre tudo, exceto sobre isso. — À tarde, ida ao Schipkapaß [bar no bairro de Dejvice, em Praga], com Baum, Felix, três mulheres. — Kafka está infeliz. Ele não se poupa a dor de lhe infligir dor. Penso diferente. Ele diz: O que tenho a fazer só consigo fazer sozinho. Ter clareza sobre as últimas coisas. O judeu ocidental não tem clareza a esse respeito e, portanto, não tem direito a se casar. Não há casamentos para eles.

Mesmo nas breves anotações do diário de Max Brod, que foram preservadas apenas na forma de excertos, o drama é palpável. As generalizações de Kafka, a rigidez impessoal do julgamento também em relação aos amigos, cujos casamentos ele considera, implicitamente, como não casamentos: tudo aponta para o esgotamento. Ele se enrijece para suportar o último ato. E não hesita: assim que se vê a sós com Felice, inicia a conversa decisiva, sem se deixar impressionar pelo olhar piedoso dela. Em seguida, ele a constrange a conversar com os amigos e suas esposas num estabelecimento ruidoso, que certamente não é o que ela teria desejado fazer naquele momento. Kafka se mostra cruel.

No dia seguinte, 27 de dezembro, ele acompanha Felice Bauer até a estação de trem. Ela está resignada; a decisão daquela pessoa, que provavelmente só aprendeu a amar no ano anterior, foi aceita com a maior tibieza e autocontrole. Não quer brigar com um doente e com certeza achou palavras de consolo. Enquanto isso, mantém uma faísca de esperança, pois eles combinaram manter contato amistoso por correspondência. Kafka, por sua vez, está totalmente seguro de que nunca reverá essa mulher torturada, a quem está ajudando a tomar o trem pela última vez. E ele terá razão.[25]

Em seguida, Kafka não está em condições de se encontrar com ninguém da família. Aparece de surpresa no escritório inóspito de Brod, embora saiba que lá é impossível manter uma conversa reservada, dada a proximidade dos outros funcionários. Kafka está pálido, tenso, e diz querer apenas descansar por um instante. Senta-se numa pequena poltrona que fica ao lado da mesa de Brod e é destinada aos diversos peticionários e outros clientes. Porém, depois de poucos minutos, perde o autocontrole e acontece algo totalmente inesperado, uma cena terrível, que Brod nunca antes havia presenciado — Kafka começa a soluçar, seu rosto está úmido: "Não é horrível que algo assim tenha de acontecer?". Isso é tudo que ele fala.

No dia seguinte, Kafka vai dizer que, naquela manhã, chorou mais do que em todos os anos desde sua infância. Há nisso um traço de orgulho. Por fim, ele sabe que, de vez em quando, ainda consegue ser igual aos outros.[26]

Se os pais de Kafka tinham a esperança de um Natal acolhedor, no qual a família dispersa se reuniria novamente ao redor da mesa, então se decepcionaram. Franz não foi o único que não estava interessado num refúgio confortável, Ottla também ficou ausente. Ela havia adiado o plano de aproveitar a interrupção dos trabalhos no inverno para fazer cursos sobre agronomia e, para o desgosto geral, permaneceu em Zürau. O que havia para ser feito na granja, nos campos vazios? Qual era o motivo plausível para passar os feriados com duas empregadas (igualmente sem trabalho) em vez de se juntar à família — e, além disso, consumir o valioso carvão?

Havia um motivo que exigia segredo: o namorado de Ottla, Josef David, tinha recebido permissão para ficar alguns dias longe do front e o casal resolveu aproveitar a inédita oportunidade para passar esse tempo sem ser importunado. A que preço: o deplorável Franz ficou sozinho com a família em Praga, à mercê do novo ciclo de insultos inflamados que logo voltaram ao seu volume habitual. O fato de o filho ter acabado de passar pela mais difícil separação de sua vida naturalmente não era motivo para o patriarca se conter; nessa conta também não entrava a tuberculose. Para Hermann, Franz tinha contraído a doença no palácio Schönborn, por assim dizer de maneira intencional, pois desde o começo ele considerou o apartamento inútil.

A principal antagonista era novamente a ausente Ottla, que, assim se temia, logo estaria realmente transformada numa camponesa e então não acharia mais nenhum pretendente adequado. Hermann Kafka afirmava, furioso, que a moça deveria um dia passar fome de verdade (embora pouco antes, em Zürau, o pai tivesse comido linguiças e um ganso assado, enquanto Franz engolia um rabo de porco) e ter preocupações reais. Afinal, ainda segundo ele, era fácil abandonar os pais velhos quando eles continuavam mandando pacotes de comida. Ottla era ingrata, maluca, a situação era anormal, e Franz tinha apoiado essa maluquice, sim, a culpa era dele.

Ou seja, nada de novo na casa dos Kafka. Apesar disso, parece que o desenrolar da cena não seguiu o planejado. Pois mesmo passados alguns dias, Hermann não era capaz de aceitar a renitência do filho, que dessa vez tinha resolvido retrucar e o confrontou de maneira incisiva, distanciada e francamente superior. Uma evidente traição. Soltar a raiva sobre os empregados da loja, como era seu costume, não adiantou; tratava-se de um fracasso patente. E ele não tinha conseguido nada.[27]

Kafka, que desde a partida de Felice se libertara da imobilizadora necessidade de tomar uma decisão, rapidamente se estabilizou, conseguindo distinguir — sem se deixar impressionar pela voz tonitruante do pai — palavras vazias daquilo que realmente valia a pena na discussão. "Enquanto não pudermos dispensar sua ajuda para aplacar a fome e a necessidade de dinheiro", ele explicou a Ottla, "nosso comportamento diante dele será forçado e teremos de nos curvar em alguma medida, mesmo que não exteriormente. Pois ele está falando não só do lugar de pai, não só do lugar do pai não amoroso." Isso era quase fleumático. Mas de modo algum continha uma desculpa. Pois ele não queria de modo algum continuar ouvindo esse homem chamá-lo de ingrato, *meschugge*, o acusando de não ser normal. "*Ser anormal não é a pior coisa*", ele retrucou friamente, deleitando-se com o espanto dos pais, "*pois normal, por exemplo, é a guerra mundial.*"[28] Isso calou fundo.

12.
Contemplações

Estou sempre errado,
exceto onde o errado é o certo.

Samuel Beckett para Barney Rosset, 1956

"CESSAR-FOGO COM A RÚSSIA." Palavras em maiúsculas, impressas numa estreita faixa de papel na pequena agência postal de Flöhau. Um telegrama de Praga, remetente um certo Max Brod, destinatário o simpático dr. Kafka da cidade vizinha, Zürau, o mesmo que recebia correspondências quase diariamente. Era 4 de dezembro de 1917, no início da manhã, mas antes de Kafka (ainda na cama nessa hora, como sempre) receber espantado o envelope, o boato já tinha se espalhado pelo lugar.[1]

No ano anterior, as pessoas já tinham se assustado com as notícias que soavam bem diferentes daqueles eternos anúncios de vitória, sempre iguais, e de relatos biográficos, via de regra irrelevantes. Eram notícias que ofuscavam feito relâmpago no escuro e que por instantes permitiam vislumbrar os contornos de um outro mundo, futuro. Em março de 1917, pressionado pelos militares e políticos burgueses, o tsar russo fora obrigado a abdicar — um movimento incrível, que assustou toda a Europa, mas principalmente a Áustria, como um possível precedente. Pois se era fácil derrubar o governante de uma potência mundial, não se podia esperar que o instável regime do imperador Carlos fosse ser poupado no instante em que os inúmeros inimigos internos da Monarquia austro-húngara resolvessem agir. As consequências abruptas disso foram explicitadas de maneira dramática em novembro, quando os bolcheviques chegaram ao poder por meio de um golpe e começaram imediatamente a liquidar o antigo sistema e a afastar seus beneficiários. A brutalidade envolvida arrepiava até os democratas convictos. Mas e se esse fosse o único caminho possível para a paz mundial? Lênin, no dia de sua vitória, anunciou que iria "assinar imediatamente termos de paz que ponham um fim a essa guerra". Quatro semanas mais tarde, as armas silenciaram no front oriental; por essa razão, quase tudo lhe foi perdoado.

Esses eventos também foram acompanhados com ansiedade máxima pelos conhecidos de Kafka, que debatiam suas consequências para a "nação judaica". Na Rússia, havia a esperança de que a era dos reassentamentos compulsórios e dos pogroms tolerados pelo Estado finalmente fossem acabar; o dia a dia dos judeus voltaria à normalidade, mesmo se fossem precisos anos para que as diretivas do novo governo chegassem até o último vilarejo na Sibéria. Os mais de 200 mil refugiados judeus que a guerra havia expulsado da Galícia e da Polônia e que desde o inverno de 1914-5 sobreviviam em habitações miseráveis e acampamentos também viram uma luz no fim do túnel: se a paz no Leste fosse duradoura, eles poderiam retornar a suas cidades; e para quem achava isso muito arriscado (pois ninguém tinha ideia da situação), o fim da guerra mundial abriria o caminho ao paraíso, aos Estados Unidos.

Do outro lado, a revolução na Rússia e a pretensão de reconhecimento internacional do comunismo gerou uma nova leva de teorias conspiratórias antissemitas. A expressão "bolchevismo judaico" entrou na moda. O número de homens e mulheres com ascendência judaica eleitos para o Conselho dos Comissários do Povo, em Petrogrado [São Petersburgo] era cuidadosamente monitorado. Afinal, eles haviam demonstrado vontade e capacidade de assumir o poder, e imaginava-se que os judeus na Alemanha e na Áustria poderiam fazer igual — e as pessoas estavam mais dispostas a acreditar nisso quanto mais evidente era seu próprio fracasso político e militar. Os governos estavam mais tolerantes com o escancarado antissemitismo na imprensa do que no início da guerra, e se a fúria da população faminta se voltava contra agiotas judeus anônimos e aproveitadores da guerra no lugar do próprio governo, era mais prudente não esclarecer direito os fatos. Ao contrário, já no final de 1916 tentou-se reforçar um dos preconceitos antijudaicos mais arraigados também pelo lado do Estado: a chamada "contagem de judeus" [*Judenzählung*] no Exército alemão deveria ser a prova de que os judeus estavam sub-representados no serviço militar, eram maus patriotas e bons dissimuladores. A evidência não apareceu, o censo foi considerado pelos judeus como um procedimento humilhante e como uma cessação da igualdade burguesa. "Estamos acostumados a ser contados", escreveu Buber, entre impotente e irônico; segundo ele, por esse motivo, eram os alemães que deviam protestar.[2]

Meio século após a "emancipação", ser alvo de ódio ainda era algo onipresente na vida dos judeus; olhares desdenhosos, observações ofensivas ou exclusões explícitas haviam se tornado experiências cotidianas, contra as quais as pessoas estavam embotadas depois de anos dessas práticas. Assim, os ataques deixaram de ser considerados "pessoais" e, portanto, raramente eram recordados ou documentados por escrito. Também as anotações de Kafka e Brod trazem apenas sinais esporádicos dessas vivências, embora fossem cotidianas em Praga — principalmente após a chegada dos incômodos refugiados judeus orientais. Certa vez, quando Kafka frequentava o salão de Emilie Marschner (a mulher de seu diretor), sua presença foi registrada por uma das senhoras presentes com a observação: "*Então você convidou um judeu também*".[3] Não sabemos se Kafka ouviu a frase, mas sem dúvida ele se divertiria mais do que se aborreceria com esse reparo especialmente tosco. É possível que não lhe ocorresse censurá-lo longamente.

Defender-se com uma tal postura estoica era a estratégia usual entre judeus aculturados a fim de manter a autoestima, mas isso só era praticável porque, *em princípio*, eles se sentiam seguros. Diante da lei, um judeu recebia (em geral) o que lhe era de direito como qualquer outra pessoa, e a estranha lealdade judaica ao Estado — que, bem mais tarde, depois das experiências da época nazista, foi vista com desprezo — tinha aqui sua origem: a proteção e a justiça, que a grande comunidade social negava, ainda era garantida pelo Estado. As coisas se tornavam realmente ameaçadoras — muito mais ameaçadoras do que para qualquer outro cidadão em situação semelhante — quando a instância suprema assumia demonstrações de poder anteriores à liberalização e assinalava que aquela proteção estava garantida apenas até nova ordem.

Esse tipo de sinais existia também em Praga. Sabia-se que os judeus orientais passavam maus bocados por lá: chegavam em vagões de carga animal, muitos viviam em acampamentos, seus recém-nascidos morriam, eles passavam frio e fome. No início, não havia consenso se o próprio Estado, o grande garantidor, aceitava tal desgraça de maneira consciente e com intenções antissemitas, pois, no fim das contas, todos sofriam com a frieza social, o embrutecimento causado pela guerra e a carência generalizada. Mas em fevereiro de 1917 o magistrado da cidade anunciou que, com o intuito de controlar a febre maculosa, os "refugiados israelitas" — e somente esses! — estavam imediatamente proibidos de utilizar os bondes. E isso numa época em que a cidade estava recoberta de muito gelo e os moradores das periferias quase não conseguiam alcançar os mercados centrais a pé. Desse modo, uma barreira civilizatória foi ultrapassada: não se tratava mais de mero descaso, mas de exclusão administrativa expressa por parte de todo um grupo da população. A decisão provocou um escândalo, e embora os censores empregassem todos os seus esforços em evitar uma discussão crítica,[4] a situação de Praga foi parar no tribunal do Parlamento de Viena.

Entretanto, avaliações da identidade judaica vinham também de um lado totalmente diferente e ligavam-se à necessidade de repensar integralmente o próprio papel. Em novembro de 1917, foi divulgado o festivo anúncio do ministro de Relações Exteriores britânico, Arthur Balfour, de apoiar um "lar nacional" dos judeus no solo da Palestina. Era a primeira vez que uma potência mundial se manifestava de maneira tão explícita e favorável aos objetivos do sionismo político, elevando-o de ideologia marginal a fator de poder — como Herzl sonhara desde o início. Durante semanas, uma agitação tomou conta da miríade de jornais judaicos: todos reproduziam a Declaração de Balfour, e o *Selbstwehr* de Praga soltou um número extra.

Apesar disso, um júbilo pleno por esse passo inesperado não era ouvido em lugar nenhum, embora ninguém duvidasse que uma afirmação tão categórica, decidida expressamente pelo gabinete britânico, seria seguida por ações de algum tipo. Os britânicos, no entanto, falavam como se tivessem vencido a guerra havia tempos. Com seu tom patriarcal, eles diziam cuidar dos direitos de toda a população palestina, sem nem sequer mencionar uma palavra sobre os donos da Palestina *à época*, os turcos.[5] Isso só podia significar que a oferta aos judeus valeria apenas com a subentendida condição de uma derrota total das potências centrais — mas mesmo entre os sionistas mais radicais na Alemanha e na Áustria, quase ninguém desejava isso, sem falar na maioria dos judeus que permaneciam fiéis ao imperador.

A declaração de Balfour colocava, de maneira implícita, uma questão de consciência, diante da qual o destino de milhões estava em jogo: a questão da identidade. Quem não era capaz de abrir mão da fidelidade ao próprio Estado e da assimilação como estratégia de sobrevivência — e a maioria dos judeus alemães e austríacos era incapaz disso — tinha de recusar a oferta britânica, de preferência em alto e bom som e de maneira irrestrita: "A Alemanha é nossa única pátria e deve permanecer sendo assim", anunciava o jornal *Allgemeine Zeitung des Judentums*. Mas como deveriam se comportar todos os outros, que desde o último censo não conseguiam pronunciar tão facilmente o termo "pátria", que levavam a sério o conceito de uma nação judaica? A fim de contornar temporariamente a decisão, eles podiam desmerecer a declaração como propaganda britânica. Era o que fazia o semanário *Dr. Bloch's Österreichische Wochenschrift*, órgão da grande comunidade judaica vienense. Eles podiam continuar apostando na continuidade do bom trabalho em comum com os turcos — que, pouco tempo antes, Max Brod tentou justificar no *Die neue Rundschau* — e, portanto, considerar a declaração supérflua.[6] Ou podiam derrubar as barreiras psíquicas, a identificação com o "povo hospedeiro" [*Wirtsvolk*], apostando na derrota militar e na derrocada do próprio Estado. Apesar da dor envolvida, existia apenas *aquele* caminho para todos os que não acreditavam mais na assimilação; e os acontecimentos políticos deviam alertar os que ainda estivessem indecisos. Em 7 de dezembro de 1917, os Estados Unidos declararam guerra contra a Monarquia de Habsburgo. Dois dias mais tarde, exatamente um mês após a divulgação da declaração de Balfour, os britânicos invadiram Jerusalém; as tropas turcas, derrotadas, fugiram em pânico. Era evidente quem os judeus deveriam apoiar a partir de então, e o CESSAR-FOGO COM A RÚSSIA — embora diminuísse a pressão, era tardio — não mudava nada nesse sentido.

"Homem bom é o doutor/ tenha piedade, Criador." Os versos eram de um poeta anônimo de Züraú e se referiam ao dr. Kafka. Há dúvidas se ele mostrou a homenagem aos amigos enquanto ainda estava saudável. Por que o faria agora?[7]

Contudo, se ele tivesse se conscientizado apenas gradualmente, no decorrer de meses, a verdade é que o polo magnético ao qual sua vida estava orientada tinha mudado de posição. Esse movimento começara já na viela dos Alquimistas, de início de maneira despercebida, e levou ao resultado inesperado que provavelmente apareceu diante de seus olhos de maneira nítida apenas no início de 1918, em Zürau: Kafka não se sentia nem se definia mais como escritor. Ele escrevia, mas a escrita tinha se tornado um meio, ele a colocara a serviço de outra coisa.

Encontramos indícios nesse sentido nas narrativas em prosa de *Um médico rural* e nas anotações que surgiram em paralelo. Trata-se de textos rigorosos, uma prosa que sempre desemboca numa análise, na qual o prazer do desenvolvimento cênico aparece de maneira fugaz e eventual. Não é estranho que Kafka tivesse escolhido um título que combinaria bem com um livro de não ficção: *Responsabilidade*. A densidade imaginativa dos textos de *Um médico rural*, a riqueza de ideias espantosas, a sobreposição onírica e leve de presente e passado eram feitos poéticos que levavam a escrita de Kafka a uma nova dimensão. Ao mesmo tempo, porém, ele tinha a pretensão de alcançar uma validade geral, que fosse além da literatura. Em "O novo advogado", lemos:

> Hoje — isso ninguém pode negar — não existe nenhum grande Alexandre. É verdade que muitos sabem matar [...] mas ninguém, ninguém, sabe guiar até a Índia. Já naquela época as portas da Índia eram inalcançáveis, mas a direção delas estava assinalada pela espada do rei. Hoje as portas estão deslocadas para um lugar completamente diferente, mais longe e mais alto; ninguém mostra a direção; muitos seguram espadas, mas só para brandi-las; e o olhar que quer segui-las se confunde.*

Isso é simbólico e, ao mesmo tempo, programático, soando mais como diagnóstico de uma era do que como literatura. Depois de meses esperando por provas tipográficas, quando o sumário que tinha montado já não estava mais em suas mãos, Kafka sabia ainda muito bem que esse texto, junto com suas teses, deveria ficar no início de *Um médico rural.* Evidentemente, ele não podia imaginar que o movimento da reflexão, gravado em quase cada uma das páginas desse livro fino e com o qual Kafka fazia seus jogos literários,[8] acabaria sendo o movimento dominante de sua existência. Foi a hemorragia que cuidou disso.

"Você está escrevendo alguma coisa?" Brod não conseguiu reprimir totalmente a pergunta. Afinal, não tinham se passado nem três anos desde que Kafka lutara por toda e qualquer hora livre a fim de sacrificá-la à literatura; mesmo os contos de *Um médico rural* tinham sido escritos à custa de desconfortos, atestando sua total entrega ao trabalho. E agora? Kafka se encontrava em Zürau, afetado fisicamente, mas muito bem cuidado; dispensado por meses do escritório, estava livre. E não era possível imaginar que ele não pensasse em empregar essa liberdade em prol da literatura. "Não estou escrevendo", respondeu de uma maneira quase brusca. "Minha vontade também não está direcionada *exatamente* para a escrita."[9] Não *exatamente.*

* Franz Kafka, "O novo advogado". In: *Um médico rural.* Trad. de Modesto Carone. São Paulo: Companhia das Letras, 2021, p. 12.

Não o pressionar era o certo. Kafka não recebeu nenhuma advertência de Praga instando-o a aproveitar os meses na espreguiçadeira de maneira mais efetiva. Brod e Weltsch tinham aprendido que o ritmo da produtividade de Kafka não podia ser influenciado por ele próprio, muito menos pelo seu exterior. E se os amigos pensassem com que frequência ele havia negligenciado as necessidades de seu corpo a favor da escrita, então certamente estariam aliviados pelo fato de o tuberculoso não ter começado um novo projeto que drenaria suas forças.

Mas Kafka de modo algum estava tão parado quanto dizia. Logo após sua chegada ao vilarejo, ele aproveitou a rara e maravilhosa oportunidade de "recomeçar", e a escrita estava incluída aí — não a escrita narrativa. Os amigos de Praga ficariam muitíssimo espantados se pudessem ter acompanhado o que aconteceu nos meses seguintes naqueles cadernos escolares azuis (hojc chamados de "caderno in-oitavo G" e "H"), que Kafka tinha colocado na bagagem. Embora existam neles ecos esparsos do inverno anterior, ressonâncias daquela prosa embebida em sonhos que ele inventara na viela dos Alquimistas, a desconstrução irônica de mitos formativos, como Kafka realizou em "O silêncio das sereias" e "A verdade sobre Sancho Pança", que poderiam muito bem ter entrado no volume de *Um médico rural*.[10] Mas esses textos também não são narrativos, são organizações experimentais, movimentos de pensamento que nascem de imagens e dão origem a imagens. E são resoluções de uma tarefa radicalmente nova formulada por Kafka. Uma tarefa não *exatamente* literária, mas mais moral, como ele assegurou a Brod em conversas no final de 1917. "O que tenho a fazer só posso fazer sozinho. Compreender as últimas coisas." Isso soava estranhamente patético, mas sua intenção era séria; levado às últimas consequências, significava a despedida da vida literária. Três meses mais tarde, Kafka lembrou ao amigo de maneira quase casual, numa oração subordinada, que *Um médico rural* era "talvez seu último livro".[11]

O aviso não se confirmou, as coisas mudaram. Entretanto, a convicção de Kafka de que o conteúdo dos cadernos in-oitavo de Zürau servia apenas à própria informação e era inadequado à publicação — ainda mais na forma fechada de um livro — se confirmou num sentido irônico. Trata-se de apontamentos formulados, em sua maioria, de maneira compacta, tocando questões religiosas e filosóficas, bem e mal, verdade e mentira, alienação e redenção. Por fim — mas não surpreendente para um autor que ainda estava sob o choque de um despertar ensanguentado —, são anotações que sempre chegam à beira de um precipício, lá onde o pensamento se confronta com sua própria extinção. Muitas coisas permanecem fragmentadas: muitas frases isoladas sem um final, entremeadas por formulações aforísticas, simbólicas e penetrantes, interrompidas por sua vez com explicações difusas e que se encerram de repente, rigidamente separadas umas das outras com travessões. Há pouca coisa semelhante na literatura mundial, ao menos na forma: os cadernos de anotações de Valéry (uma pedreira terrível, que só foi superada em 1945) e, claro, os *Pensamentos* de Pascal. Certamente não é casual o fato de Kafka, justo nos dias anteriores à sua doença, ter folheado as caóticas anotações de Pascal. Logo em seguida, *depois* do acontecimento catastrófico, ele parece tê-las usado imediatamente como uma forma de escrita, aberta o suficiente para avançar num terreno quase sem rotas.

> Estou me perdendo. O verdadeiro caminho passa por cima de uma corda bamba, mas que não está armada no alto, e sim logo acima do chão. Parece destinar-se mais a fazer tropeçar do que ser percorrida.
>
> Uma gaiola foi capturar um pássaro.
>
> Seu esgotamento é o do gladiador após a batalha, seu trabalho era caiar um canto numa sala de repartição.
>
> O fato de haver apenas um mundo mental nos tira a esperança e nos dá a certeza.
>
> Ele corre atrás dos fatos como um patinador no gelo iniciante, que ainda por cima treina onde é proibido.
>
> Esta sensação: "Aqui não lançarei âncora" e logo sentir a maré ondulante, poderosa, ao seu redor.
>
> Se não tivéssemos sido expulsos do Paraíso, o Paraíso teria de ser destruído.
>
> Sempre a postos, sua casa é portátil, ele vive sempre em sua pátria.

O lamento no leito de morte é, na verdade, o lamento de que não se morre no sentido estrito aqui, temos de prosseguir nos contentando com essa morte, ainda jogamos o jogo.[12]

Qual maré, qual casa, qual jogo? Esperança de quê, certeza sobre o quê? E uma corda, esticada um palmo acima do chão... Uma imagem forte, certamente, mas qual é esse caminho que supostamente deve passar por cima dela e em que medida se trata do caminho *correto*?

As meditações de Kafka em Zürau (fica a dúvida se ele aceitaria chamá-las de "aforismos") são bem menos conhecidas da maioria dos leitores que a obra narrativa. Os textos causam desconforto, são difíceis de ser avaliados, e tanto em relação a seu conteúdo quanto em relação à estética, parecem mais uma coleção de enigmas do que literatura. Sem sombra de dúvida, são testemunhos surpreendentes de uma reflexão que abre espaço em território acidentado e, por vezes, Kafka opera formulações que parecem operar no limite da capacidade humana de conhecimento e mais alguns passos além, na zona clara e de atmosfera rarefeita entre o saber e a *sabedoria*. Mas ele nunca chega a um final; cada frase, cada imagem incentiva mais outra interpretação, e no lugar de afirmações téticas, Kafka oferece imagens de pensamentos [*Denkbilder*] e paradoxos, que não são apenas polissêmicos como também estão mutuamente condicionados. Desse modo, sem seu contexto, também a gaiola que caça o pássaro permanece totalmente enigmática, embora esteja claramente formulada no manuscrito. Kafka parece experimentar e parece interromper suas experiências em diversos estágios de seu desenvolvimento, por vezes de maneira até precipitada. Portanto, desde sempre pairou a dúvida de onde e como encaixar as anotações de Zürau no espólio literário de Kafka. A intuição da maioria de seus leitores acredita que não façam parte da sua obra propriamente dita.

Surpreendentemente há fortes indícios de que Kafka via as coisas de outro modo. Já em fevereiro de 1918 ele começou a repassar as notas em busca das utilizáveis, das válidas. Tomou uma pilha de papel de carta nas mãos (no último ano da guerra, uma preciosidade), dobrou e cortou as folhas na horizontal e na vertical, conseguindo mais de cem pedaços de papel. Em seguida, começou a numerar as páginas e a preenchê-las com anotações selecionadas — um "aforismo" por folha e na sequência de sua criação —, fazendo eventualmente algumas correções (por vezes bastante significativas) enquanto copiava. Em outras palavras: Kafka estava colhendo o que havia plantado; filtrava pensamentos e imagens de pensamentos, dos quais tinha a impressão de que haviam avançado ao grau máximo de cognição daquele momento e, além disso, estavam expressos com precisão suficiente para serem preservados. Só nos resta adivinhar para que Kafka se deu ao trabalho de juntar esses papéis; meses mais tarde, ele se queixou com Brod sobre sua suposta "preguiça" em Zürau, e portanto é pouco provável que tenha feito circular essas anotações,[13] muito menos pensado numa possível publicação. Entretanto, não teria passado a limpo e numerado meros esboços, versões preliminares. Mais ainda: Kafka deve ter repassado a pilha de papéis outra vez, mais tarde, pois duas dúzias das anotações selecionadas foram riscadas com o lápis. E quase três anos depois, no final de 1920, completou sua coleção com oito novos textos aforísticos. Evidentemente tratava-se de um arquivo de conhecimento, que ele tentava manter — por meio de acréscimos e supressões — alinhado com o próprio desenvolvimento intelectual.

Kafka não se incomodava em saber se essa ainda podia ser considerada uma escrita *literária*. Era *escrita*, mesmo se num novo patamar. "Sigo capaz de extrair satisfação momentânea de trabalhos como *Um médico rural*", ele anotou no seu diário de Zürau, "supondo-se que ainda consiga escrever algo desse tipo (muito improvável); mas felicidade, só se puder alçar o mundo à condição de puro, verdadeiro, imutável."[14] Esse é um dos comentários mais conhecidos e citados de Kafka sobre o significado e o objetivo de seu trabalho literário. Abrange o "trabalho enorme" que o aguarda, como Kafka parece enxergar, após abrir mão do casamento, e indica que ele se lançará a novos textos *narrativos* a fim de estar à sua altura. A pretensão que Kafka formula é verdadeiramente colossal — mesmo a perfeição artística lhe parece insuficiente —, assim como é colossal também a autoconsciência que ele mobiliza nesse instante a fim de considerar, como possibilidade concreta, o apossar-se de uma verdade pura e simplesmente transcendental.

Em 1931, Max Brod publicou as reflexões de Zürau constantes do espólio, e visto que o próprio Kafka havia feito uma seleção, ou seja, já tinha resolvido a primeira etapa anterior à publicação, pareceu justificar-se o fato de ele não levar em conta o contexto dos cadernos de anotações. Evidentemente, Brod acreditava que era preciso valorizar a pilha de folhas com um título mais ou menos esotérico: *Considerações sobre o pecado, o sofrimento, a esperança e o verdadeiro caminho.*[15] Aos olhos dos leitores ainda não familiarizados com o mundo de Kafka — e quem o era no início dos anos 1930? —, seu autor seria um dos inúmeros profetas "fin-de-siècle". Mas como isso se combinava com as pinceladas graciosas de *Contemplação*, da clássica prosa cristalina de *O foguista* ou das fantasias sádicas de *Na colônia penal*? Será que esse narrador havia trocado seu métier experimentalmente, por um motivo qualquer? Será que se tratava de um daqueles casos (muitas vezes constrangedores) em que o autor cede à tentação de extrair, com as *próprias mãos*, a essência ideológica de suas obras?

Brod não logrou oferecer uma explicação literária para esse fenômeno memorável, mas sim uma explicação biográfica. Segundo ele, Kafka era um autor judeu, coisa que a escolha dos seus temas já certificava de modo suficiente: afastamento, isolamento, estranhamento em relação à própria família, nostalgia por uma comunidade social e redenção. Entretanto, Kafka avança para um judaísmo *explícito* com as notas de Zürau, desenvolvendo em outro nível o que estava posto havia tempos em sua obra narrativa. Uma tese ao menos a ser considerada, expressa com a autoridade do amigo íntimo e da vida inteira. Mas Brod perdeu o crédito ao expandir sua interpretação judaica a uma explicação *teológica*, para finalmente encontrar em Kafka uma "crença" positiva e até um "ensinamento" religioso.[16] Qualquer leitor atento e minimamente isento perceberia de pronto que esse caminho era equivocado.

Por outro lado — e evidentemente, mesmo numa leitura superficial —, os "aforismos" de Kafka servem-se a mancheias da tradição judaica: textos e temas bíblicos, gnose judaica, ressonância de mitos cabalísticos e narrativas chassídicas. Ou seja, havia bons motivos para que as meditações de Zürau se tornassem o campo preferido para uma interpretação explicitamente *judaica*, mesmo em círculos onde as afirmações de Brod eram tidas como erradas. Desse modo, Walter Benjamin e Gershom Scholem, por exemplo, discutiram durante anos, por carta, sobre a relação de Kafka com a tradição judaica, e essa correspondência oferece uma tal quantidade de ideias surpreendentes que se tornou, de maneira autônoma, objeto de interpretações e de comentário. Críticos e estudiosos da literatura, por sua vez, sem maior familiaridade com a tradição judaica, tendiam a desviar em boa medida do problema: como se o interesse judaico de Kafka fosse um segmento secundário especialmente labiríntico de sua obra, que deveria ser analisado pelos colegas dos estudos judaicos.

O fato de que essa singular divisão de trabalho era inadequada à categoria literária de Kafka ficava ainda mais evidente quanto mais preciso era o olhar que esmiuçava sua vida e seu tempo. Na realidade, as ligações entre judaísmo, literatura e modernidade são mais extensas e, principalmente, mais políticas, superando em muito o contexto de uma busca acadêmica por indícios literários. Pois a série de crises que abalaram o mundo, no mais tardar desde a morte do imperador, e das quais Kafka tinha se tornado testemunha, causaram o rebuliço da desorientação, o sentimento torturante de estar frente a um choque terrível — essas crises atingiam os judeus, e, de modo *especial*, sobretudo os escritores judeus, independentemente de qual relação (ou falta de relação) mantivessem com a própria tradição. O que tremia sob seus pés não era a terra firme, mas uma *corda*. E enquanto o restante dos habitantes da Áustria-Hungria começou a se agarrar à sua identidade nacional, a imprensa judaica ainda debatia o que seria "identidade judaica", "nação judaica" e se, por trás disso, havia mais do que uma forma especial de prática da religião.

Essa necessidade de ajustar a própria posição, precária, também de maneira histórica, a pressão sutil por justificação, que se tornava cada vez mais perceptível mesmo para o judeu mais assimilado, instalou-se profundamente na crisálida de Kafka. O que ele lia, aquilo com o que se ocupava no ano anterior à sua doença, chegou até nós de maneira fragmentada; entretanto, é evidente que por essa época ele se voltou com novo interesse à tradição judaica — um interesse por assim dizer experiente, maduro. Kafka provavelmente não teria conseguido fazer renascer aquele entusiasmo tão ingênuo quanto ardente em relação à "cultura popular" dos judeus do Leste que experimentara cinco anos antes, embora ainda houvesse oportunidades suficientes nesse sentido na vida cultural de Praga.[17] Em vez disso, ele estudou a imprensa judaica, leu o Antigo Testamento, e ser publicado na revista *Der Jude*, de Buber, tinha se tornado à época tão importante quanto o plano de um novo livro próprio.

Acima de tudo, porém — e esse talvez seja o indício mais forte de uma nova autoconsciência judaica —, Kafka tinha começado a aprender hebraico moderno. Em março de 1917, o manual básico do professor Rath recebeu uma nova edição, revista, e foi divulgado e elogiado em todos os lugares.[18] Uma oportunidade que Kafka não apenas queria aproveitar, mas com a qual também se permitiria um prazer especial. Pois ele estava decidido a aprender *secretamente*. Kafka sabia havia tempos que muitos de seus conhecidos sionistas preferiam falar *sobre* o hebraico, e isso valia até para Brod, que justo nessa época tinha intensificado seu afã missionário. Vez ou outra Kafka lhe fazia perguntas sobre vocabulário, inclusive, e com um ar inocente, sobre como pronunciar os números hebraicos. Brod ficou espantadíssimo ao saber, pouco antes da partida do amigo para Zürau, que ele tinha completado 45 lições, sozinho, no período de meio ano. "Essa segredança solitária!", Brod reclamou no seu diário, para depois admitir que, além de "mau", havia algo de "muito bom" na insólita discrição de Kafka.

Mesmo Brod deve ter percebido que justamente a solidão da decisão, a ausência de toda e qualquer pressão por justificativas — que os sionistas demandavam em demasia —, era o "bom" para Kafka. Ele queria aprender o hebraico principalmente para si mesmo, não para a Palestina, e apesar de ter clareza de que nunca teria tido essa ideia sem a influência dos amigos, era importante para ele tomar a decisão de maneira totalmente autônoma e não como parte de um programa de renovação político ou cultural. Talvez Brod tenha compreendido aqui, pela primeira vez — seu comentário ambivalente no diário aponta nesse sentido —, que a surpreendente (e tão elogiada, justo pelo próprio Brod) independência dos julgamentos e decisões de Kafka só era possível pelo preço de uma acentuada reserva social, uma imunidade contra influências bem-intencionadas. E que apenas decisões realmente livres podiam ajudar Kafka a formar e estabilizar sua frágil autoimagem. O que certamente não o impedia de se comparar com os desempenhos menos autônomos de outros, por vezes até com satisfação. Os sionistas de Praga, Kafka comentou com ironia, estão condenados a recomeçar eternamente a primeira lição do manual de Rath, pois aproveitavam as férias de verão para se esquecer do que haviam aprendido.[19]

Sua decisão pelo hebraico mostrou-se bem mais duradoura; mesmo após a hemorragia, Kafka prosseguiu com seus exercícios de vocabulário e, no mais tardar no final de 1918, estava apto a manter uma conversação simples em hebraico. Ele frequentou um curso em Praga; Friedrich Thieberger (um professor de escola e antigo ativista da Associação Bar-Kochba) e Georg Langer (religiosamente tacanho, mas muitíssimo bem informado) também foram seus professores particulares. Weltsch e Brod se juntaram nesse esforço durante algum tempo. O grupo de estudos era pequeno, mas já nas primeiras tentativas de manter uma correspondência em hebraico, Kafka demonstrou sua dianteira amavelmente: "Seu hebraico não é mau, no começo há alguns erros; mas depois que a coisa avança, se torna correto".[20]

Apesar de toda a energia que ele aplicava no novo projeto e de todo o orgulho envolvido (Brod registrou no seu diário que Kafka contava o hebraico como um dos poucos pontos positivos de sua vida em Praga), durante muito tempo isso se manteve uma tentativa, um meio de autodefinição, que de modo algum exigia exclusividade e que não limitava seus outros interesses nem os influenciava de maneira visível. "Todos lutam uma mesma batalha", ele anotou poucos dias depois da chegada em Zürau. "Atacado pela última pergunta, se eu pegasse as armas atrás de mim, não poderia escolher entre elas; mesmo se pudesse, teria de pegar uma 'estranha', pois todos temos apenas um estoque de armas."[21] Em outras palavras: a maneira como se supera uma crise que ameaça a vida *não* é a gosto, e ele confirmou enfaticamente essa tese pelas leituras supostamente "aleatórias" que fazia em Zürau. O bibliotecário Felix Weltsch ficou muito surpreso ao ouvir que Kafka não pedia por biografias judaicas ou autobiografias, mas por biografias *quaisquer* — o único requisito é que tivessem sido escritas em francês ou tcheco. Revistas eram encomendadas e enviadas a Zürau em pacotes: *Die neue Rundschau*, *Die Aktion*, *Der Jude*, *Jüdische Rundschau* [Revista judaica], *Selbstwehr*, a revista teatral *Proszenium* [Proscênio], o órgão pacifista *les tablettes* [os tabletes]... Kakfa devorava tudo. Além de Dickens, Herzen, os diários de Tolstói, provavelmente Schopenhauer, a correspondência de J. M. R. Lenz, bem como os escritos analíticos da época de R. M. Holzapfel, Max Scheler, Hans Blüher e Theodor Tagger. Era quase como se Kafka, livre da responsabilidade da escolha, passasse em revista todo o "arsenal de armas".

Assim, não é possível justificar de modo algum uma interpretação judaica tão estreita das contemplações de Kafka a partir das suas influências intelectuais no inverno de 1917-8, e sua lista de leituras não revela nenhum interesse excepcionalmente *religioso*. A única exceção eram os escritos de Kierkegaard, com os quais se ocupou de modo um pouco mais sistemático a partir de novembro. Ele leu *O instante*, *Temor e tremor* e *A repetição*, retomou os trechos do diário de Kierkegaard já lidos no passado (*Buch des Richters*) e se correspondia extensamente a esse respeito com Brod. Entretanto, mesmo nessas cartas é inequívoco que Kafka — como desde sempre — não está muito interessado em detalhes teológicos e da história do pensamento, mas que acompanha o caso Kierkegaard com absoluta atenção:

aquele drama de noivado, espantosamente semelhante ao seu, aquela recusa coerente e sacrificante de aceitar a vida "como ela é". Kierkegaard impressiona Kafka pela sua seriedade existencial, sua valorização radical da vivência individual. Para tanto, era preciso haver, por um lado, a disposição de prosseguir refletindo a própria participação até no discurso filosófico mais abstrato; por outro lado, a capacidade de articular com precisão o conflito íntimo, inclusive no momento da maior dor, reconhecendo-o como algo paradigmático; e, por fim, mergulhar na luz fria irradiada pela questão da *legitimidade*.

Kafka ouve aí os ecos das próprias questões. É possível existir alguma justificativa para apenas observar e descrever a vida, em vez de vivê-la? É possível imaginar alguma instância, para além de todas as obrigações sociais, que não apenas permita, mas até exija, desafiar o próprio coletivo? São questões que corroem os fundamentos de toda comunidade social, que nunca são resolvidas de maneira definitiva e que retornam constantemente nos mais diversos contextos. Juristas e censores conhecem o problema muito bem. Ele se refere ao grau da "indecência moral" da arte que uma sociedade consegue tolerar. Para o escritor, por sua vez, trata-se de uma questão de sobrevivência; ele sabe que sua criatividade é tudo menos socialmente aceitável e que ela começa a esvair-se em sangue imediatamente quando cede à pressão da adequação externa. E, por fim, os teólogos conhecem a questão simplesmente como a pedra de tropeço bíblica, o teste de obediência divina: a exigência imposta a Abraão, de matar o próprio filho, violando assim uma regra elementar da comunidade social — em favor de uma regra "superior". Em *Temor e tremor*, Kierkegaard escolheu esse episódio para demonstrar que a crença em uma ordem geral (seja Deus, a arte ou a moral) não garante bem-estar nem segurança, e que não pode existir sem medo: medo do salto sem volta, do absurdo, do nada.

Kafka conhecia esse medo muito bem, e uma carta posterior enviada a Robert Klopstock prova de maneira enfática que ele se ocupou durante anos com a história de Abraão, que o deve ter cativado até a identificação total. Nela, Kafka imagina variações contemporâneas, variações de Abraão que poderiam ter surgido de seu cosmo literário. Por exemplo, esta:

> que estaria disposto a cumprir a exigência do sacrifício imediatamente, com a prontidão de um garçom, mas que não realiza o sacrifício porque não pode sair de casa, é indispensável, o lar precisa dele, sempre há algo

a ser arrumado, a casa não está pronta, mas sem a casa pronta, sem esse apoio, ele não pode sair, a Bíblia também constata isso, pois diz: "constituiu-o senhor de sua casa" [...].

Isso é engraçado, subversivo, um jogo inteligente com o mito; mas em segundo plano há mais um fantasma de Abraão, nada engraçado, no aguardo:

> um que quer sacrificar corretamente e que tem o senso correto para a coisa toda, mas que não consegue acreditar que foi escolhido, ele, o repugnante homem velho e seu filho, o menino sujo. Não lhe falta a verdadeira fé, ele tem essa fé, ele faria o sacrifício da maneira correta se conseguisse acreditar que foi o escolhido. Ele teme sair a cavalo como Abraão e o filho, mas se transformar em Dom Quixote no caminho. [...] Um Abraão que vem sem ser chamado! É como se o melhor aluno devesse receber no fim do ano, de maneira festiva, um prêmio, e no silêncio cheio de expectativa quem se levanta do último banco, sujo, é o pior aluno, que ouviu mal, e toda a classe cai na gargalhada. E talvez não seja uma falha de audição, seu nome foi realmente chamado; na opinião do professor, a recompensa do melhor deve ser simultaneamente a punição do pior.
>
> Coisas terríveis — basta.[22]

Terrível, certamente, mas não porque se trata de um problema teológico abissal ou ideológico, mas porque é uma experiência de vida, uma humilhação, que volta à consciência de maneira dolorosa por meio do mito de Abraão. A questão é sobre quem é escolhido (para ser agraciado com uma felicidade, uma habilidade, uma tarefa, uma obrigação...), a partir do que a pessoa *reconhece* que foi escolhida, e se é possível ter certeza disso — para Kafka, essas não são questões de convicção religiosa nem é certo que ele se refira à religião quando apresenta imagens religiosas, mitos ou ensinamentos.

Por isso também a perceptível resistência oferecida, tanto pelos diários de Kafka quanto pelas contemplações de Zürau, frente às tentativas de filtragem de um conteúdo positivo de fé. Kafka nunca estabelece uma relação direta com Deus,[23] ele o reflete quase que exclusivamente como ator de mitos bíblicos, principalmente da história do Paraíso perdido. Porém, mesmo então Deus permanece sendo um papel, uma figura de pensamento e, ainda por cima, não consumada.[24] Kafka não levou em consideração nenhuma dessas reflexões exegéticas em sua coleção de papéis. Entretanto, ele promove uma distância intelectual imediata no instante em que desiste da perspectiva literária, abrindo mão da imagem e da parábola, passando a falar diretamente sobre religião:

> O ser humano não consegue viver sem uma confiança duradoura em algo indestrutível dentro de si, mesmo que tanto o indestrutível quanto a confiança possam permanecer sempre ocultos a ele. Uma das possibilidades de expressão desse ocultamento é a crença num deus pessoal.[25]

Um pensamento maravilhosamente profundo, formulado com extrema simplicidade. Mas ninguém que acredita num deus pessoal fala desse jeito. E, mais tarde, Kafka riscou inclusive esse aforismo (aqui, trata-se excepcionalmente de um aforismo). Se considerássemos seriamente os papéis de Kafka, em sua última versão organizada pelo autor, como matrizes para uma obra impressa, então estaríamos diante de um texto no qual o termo "Deus" não aparece nenhuma vez.

Mas isso vale também para obras mais proeminentes de Kafka, e a afirmação de Brod de que os "aforismos" desenvolvem algo que já estava preparado havia tempos não está completamente errada nesse sentido. Pois quanto mais profundamente se entra no emaranhado das reflexões de Zürau, mais intensa fica a impressão de que Kafka não se distancia de seu universo narrativo tanto quanto parece à primeira vista. Com todos os meios retóricos de que dispõe, ele evoca uma transcendência que tudo abarca e tudo atrai em sua magia (a lei, a verdade, o indestrutível...) e no mesmo fôlego empurra essa transcendência a uma distância desesperançada. É como se forçasse seus leitores a olhar fixamente nessa direção, apenas para lhes dizer: "A direção está correta, *lá está*, mas seus olhos não são e nunca serão suficientes para vê-la". Um aviso desconsolador, mas não uma novidade: é justamente esse gesto em direção ao vazio que domina *O processo*.

Não se trata de um gesto religioso. Kafka fecha qualquer saída, qualquer fenda. Aponta as sombras, mas nunca a luz correspondente. Às vezes, um feixe de luz consegue penetrar e oferecer calor por um instante — então ele corre para corrigir o descuido. Primeiro escreve sobre a "confiança em algo indestrutível"; ao passar a limpo a pilha de papéis, lemos a "confiança em algo indestrutível *em si*". No "caderno in-oitavo H", está escrito que nos desenvolvemos "não menos profundamente ligados à humanidade em si do que a nós mesmos — por meio de todo o sofrimento deste mundo até a redenção coletiva". Imaginamos ouvir aqui também uma promessa religiosa que, em meio a toda a indefinição, carrega uma expectativa absolutamente positiva. Um mal-entendido que Kafka elimina de imediato. Ele risca as palavras "até a redenção coletiva" e escreve embaixo: "junto com todos os nossos semelhantes". Com um único traço ceifa qualquer esperança, dá meia-volta na história da humanidade, encerra a última ligação com o exterior e tudo o que resta é apenas a comunhão *terrena* duplamente evocada. Desse modo, a morte também não é mais um meio da redenção. A justificativa é espantosamente simples: "Esta vida não pode ser seguida por um além, pois o além é eterno e, portanto, não pode estar em relação temporal com a vida". Fecha-se, assim, a última porta.[26]

Também em suas conversas Kafka parece ter ficado enfeitiçado durante anos por essas imagens de pensamento, que indicam uma influência duradoura antes de Platão do que da literatura judaica. Desse modo, ele decepciona continuamente Brod, que imaginava o amigo no melhor caminho para uma religiosidade judaica. Por certo era impressionante a seriedade com que Kafka lidava com a verdade, o bom, o indestrutível; ele também usava com frequência conceitos que soavam religiosos, a fim de tensionar ao máximo pensamentos que considerava decisivos. "Escrever como forma de oração": uma frase dessas sensibilizava, mas parecia bem longe de uma metafísica exangue.[27]

Porém Brod encontrava resistência ao tentar conduzir o amigo à interpretação própria, religiosa, desses conceitos. Kafka não se interessava por fórmulas de fé, e quando o assunto era a suposta garantia de um mundo espiritual — que ele considerava o único real —, era capaz de fazer afirmações quase blasfemas. Desse modo, replicou várias vezes (e aparentemente com deleite) a ideia de que sua tuberculose podia ser uma espécie de julgamento divino com uma citação dos *Mestres cantores* de Wagner: "Considerava-o mais refinado".[28] E numa conversa com Brod, ele descreveu os seres humanos como "pensamentos niilistas que surgiram da cabeça de Deus"; mas isso não o atestava como um Criador malvado, como afirmavam alguns gnósticos, mas era simplesmente "um de seus maus humores". E Brod perguntou, inquieto, se existiria alguma esperança fora de nosso mundo sob tais condições. Kafka sorriu: "Muita esperança — para Deus — infinitamente muita esperança — só não para nós".[29]

Era estranho: no momento em que tudo se estilhaça, em que a história mundial se acelera, em que milhões de indivíduos são desalojados e ficam à mercê do mero acaso; no momento em que a história se desenrola num número inimaginável de *histórias* emocionantes, nesse exato momento um estranho narrador não quer mais narrar e, em vez disso, se volta ao aparentemente a-histórico, às "coisas derradeiras": bom e mau, verdade e mentira, vida e morte. É provável que Kafka também estivesse procurando por um apoio derradeiro nesses conceitos. E era muito compreensível que, por vezes, não soubesse mais diferenciar entre o conhecimento derradeiro ou a derradeira tentativa de salvação. Ele tinha passado por uma crise universal, que superou toda e qualquer imaginação, uma guerra mundial, a dissolução da sociedade e de seus valores, a derrocada do próprio Estado. Além do mais, observava essa crise de seu posto arriscado — o judaico —, que havia muito oscilava enquanto todos os outros imaginavam estar sobre terra firme. E, por fim, teve de aceitar o início simultâneo de uma segunda crise, também ameaçadora, mas absolutamente *íntima*, um ataque ao seu corpo, que de repente começou a sangrar.

Tanto as contemplações de Kafka quanto as cartas de Zürau permitem reconhecer que ele estava ciente do choque duplo. Sabia que, sob tais circunstâncias, não era mais suficiente justificar-se diante do próprio tribunal interno, diante da noiva ou de alguns amigos bem-intencionados. Pois mesmo as metáforas mais fortes e mais convincentes — por exemplo, o vocabulário de batalha de suas últimas cartas a Felice — mantinham um som inequivocamente falso, murmurante, enquanto se voltavam a uma mitologia puramente privada, da introspecção pura. Ele percebeu que o trabalho da reflexão, quando levado a sério, conduzia-o para fora do sistema de relações de seu destino individual. Tinha de se apossar dessas forças centrífugas. Não queria mais apenas saber quem era, como era e por que era de determinada maneira. Passou a querer saber onde era seu lugar no redemoinho da dissolução geral.

Max Brod, por sua vez, foi o primeiro a ser confrontado com essa nova e surpreendente dimensão do pensamento de Kafka. A circunstância parecia ser inocente o bastante: a estranha serenidade, até alegria, com a qual Kafka parecia aceitar sua doença, um comportamento que ninguém em Praga conseguia explicar direito. "Se eu não temesse inquietá-lo com isso", escreveu Brod a Zürau, "então eu lhe diria que suas cartas atestam grande tranquilidade. Agora já disse — uma prova de que nem bem temo que isso ou qualquer outra coisa possa inquietá-lo. Você está feliz na sua infelicidade."[30]

Não era a primeira vez que Kafka ouvia ou (com razão) inferia tal reprimenda, e poucos meses antes ele teria respondido com autoacusações rotineiras, com aquela estratégia defensiva bem ensaiada de se colocar no papel de juiz mais implacável e exercer a autojustiça. Dessa vez, porém, não houve queixas; em vez disso, Kafka partiu para o contra-ataque:

> Caro Max, na verdade sempre me espantei que você usasse a expressão "feliz na infelicidade" para mim e para outros, não como comprovação, lamento ou, no máximo, advertência, mas como reprimenda. Afinal, você não sabe o que isso significa? Caim provavelmente recebeu sua marca a partir dessa mensagem implícita, que contém ao mesmo tempo a expressão "infeliz na felicidade". Quando alguém é "feliz na infelicidade", então isso quer dizer, a princípio, que entrou em descompasso com o mundo, mas também que tudo seu foi destruído ou está sendo destruído, que nenhuma voz o alcança mais de maneira límpida e, portanto, ele não pode seguir corretamente nenhuma delas. Minha situação não é tão ruim ou não esteve tão ruim até o momento; já fui apanhado de frente tanto pela felicidade quanto pela infelicidade; mas, no que se refere à minha média, você tem razão, também em grande parte tendo em vista o tempo de agora, só é preciso dizê-lo num outro tom.[31]

Brod ficou tão espantado que não reagiu em sua carta de resposta. Nunca antes Kafka tinha tentado, de modo tão agressivo, explicar o próprio comportamento como contemporâneo, sintomático; além disso, a serenidade e a superioridade presentes nesse discurso logo desautorizavam a ideia de se tratar de mero estratagema defensivo. Não, Kafka estava falando sério e sentia uma literal aversão contra tudo que parecesse esperteza psicológica.[32] Como suspeitava havia tempos que Felice provavelmente nutria o mesmo mal-entendido, tentou ajustar as coisas com ela *preventivamente*. Ele citou a reprimenda "brusca" de Brod, perguntou se ela também não era, secretamente, da mesma opinião, e parafraseou extensamente sua resposta, burilando ainda mais as imagens: uma pessoa que é feliz na infelicidade, escreveu ele, é alguém que "destruiu o mundo e, incapaz de ressuscitá-lo, é caçado por entre seus escombros".[33]

Essas não eram, de modo algum, ideias impulsivas. As anotações de Kafka de agosto de 1917 — dos dias anteriores e posteriores à hemorragia — já marcam com seu tom lacônico exatamente o ponto em que o lamento sobre a própria desorientação se transforma num diagnóstico mais abrangente. "Você acredita? Eu não sei", ele começa vagamente, para depois se tornar mais enfático: "Tudo o que toco se desfaz". E com um tom poético: "A floresta e o rio passaram nadando por mim enquanto eu nadava na água".[34]

Há diversos outros fragmentos nas contemplações de Zürau que permitem reconhecer com clareza que aquilo que impulsiona Kafka para a frente é tudo menos uma vontade abstrata e impessoal de conhecimento. Ele quer unir aquilo que lhe é mais pessoal com o contemporâneo, procura se situar em seu tempo, procura um lugar no qual seja possível sobreviver psiquicamente. Kafka se comporta como alguém que está vestido de maneira insuficiente, com vergonha de se cobrir com movimentos desajeitados, e então decide que é preferível ficar nu no palco: ou seja, lá onde a nudez não é uma mácula, mas tem um *significado*. Foi a tuberculose, explica ele, que lhe abriu a nova "saída, que até então não havia considerado possível nessa sua completude"; e essa saída

> consistiria em eu confessar, não somente em privado, não apenas por conversas reservadas, mas abertamente, por meio de meu comportamento, que não consigo me justificar aqui. Para tanto, não preciso fazer nada diferente de retraçar, de maneira enfática, os contornos de minha vida até então. Consequentemente, vou me manter estruturado, não me fragmentarei no que não tem sentido, terei a visão livre.[35]

Com essas frases, Kafka reorganiza sua trilha. O fato de ele não ter se "justificado" é, sem dúvida, um refrão antigo. Porém agora era hora de tirar consequências práticas e intelectuais. E faltava mais um pequeno passo até a decisão de não *querer* mais se justificar a qualquer preço, mas sim, como os diários de Kierkegaard tinham lhe ensinado havia pouco, a defender padrões próprios: "Assim que chegar uma pessoa [...] que diga: Seja o mundo como for, permanecerei como sou originalmente, natureza essa que não penso em mudar para me adequar ao que o mundo considera bom: nesse exato instante que essas palavras forem ouvidas, a existência como um todo sofre uma metamorfose".[36]

Kafka deu esse passo em Zürau. O que começou como uma saída desaguou numa interpretação nova, radicalmente modificada, da própria existência. A autoconsciência assim intensificada e a visão surpreendentemente livre possibilitaram a pretensão de uma autonomia que, após a "batalha" perdida por Felice, depois de todos os anos da neurótica prisão autoimposta, parecia um milagre. Ele abrira uma janela. O que por ela entrava era gelado, talvez frio demais para ser suportado por longo tempo e ali conseguir viver. Mas, naquele momento, ele não pensava nisso. Era a hora do discernimento.

> Não é preguiça, má vontade, inaptidão [...] que me faz fracassar em tudo ou que nem me permite fracassar: na vida em família, amizade, casamento, profissão, literatura. Antes é a falta de chão, de ar, de imperativos. Minha tarefa é criar isso, não para que eu consiga recuperar o que perdi, mas para que eu não perca nada, pois a tarefa é tão boa quanto qualquer outra. Trata-se até da tarefa primeira ou, ao menos, seu vislumbre, assim como enxergamos subitamente o brilho do sol longínquo ao chegar a uma altura de ar rarefeito. Também não é uma tarefa excepcional, certamente já foi demandada com frequência, mas não sei se em tal medida. Pelo que sei, não tenho comigo nada dos requisitos da vida, mas apenas a fraqueza humana geral; com essa — nesse sentido, trata-se de uma força gigante — absorvi de maneira intensa o negativo de meu tempo, que me é muito próximo, contra o qual não tenho o direito de combater, mas, de certa maneira, de representar; não recebi nenhuma herança do pouco de positivo nem do negativo extremo, que se transforma em positivo. Não fui conduzido pela vida com a mão já pesada do cristianismo, como Kierkegaard, e não agarrei a última ponta do manto de orações que passou voando como os sionistas. Estou no fim ou no começo.[37]

13.
Gripe espanhola, revolta tcheca, medo judaico

Temo que algum criador
tenha se excedido.

Hans Henny Jahnn, *Fluss ohne Ufer* [Rio sem margens]

"Agraciado com o prêmio Fontane por suas novelas *O foguista* e *A metamorfose*, Franz Kafka fugiu dos holofotes e comprou um terreno em algum lugar na Boêmia alemã, no qual ele — vegetariano na alimentação e nas ocupações — busca o retorno à natureza." Essa a informação do jornal *Prager Tagblatt* no verão de 1918.[1] Naquela época, a lendária Rádio Erevan* ainda não existia, mas seu estilo já era corrente. Em princípio, a notícia era correta. Entretanto, Kafka não tinha ganhado o prêmio Fontane, mas apenas a quantia em dinheiro a ele vinculada. O terreno no qual trabalhava não fora comprado, mas fazia parte da propriedade da irmã, que por sua vez não tinha adquirido o lugar, mas arrendado do cunhado. Kafka não havia "fugido dos holofotes", mas tentava curar uma tuberculose. E havia seis semanas que ele voltara a ocupar seu lugar no Instituto de Seguros contra Acidentes de Trabalho. Toda essa bobagem tinha nascido no Café Arco, não sem a participação do insider Max Brod, e corrigir a informação não era uma tarefa muito auspiciosa.

Já no início de abril Kafka se decidira a não mais pedir férias ao diretor Marschner. Os três meses concedidos inicialmente tinham se transformado em quase oito e o Instituto de Seguros não o pressionou minimamente. Kafka elogiou a repartição, dizendo ser essa sua melhor política:

* A partir de meados do século XX, a Rádio Erevan se tornou popular na União Soviética e em outros países do bloco oriental por suas perguntas (reais ou inventadas) e respostas, que muitas vezes ridicularizavam toda a situação da época. Em geral, começavam com "em princípio, sim". Exemplo: "— É verdade que nosso último medalhista ganhou uma Ferrari de ouro por suas conquistas?"; "— Em princípio, sim, mas não era de ouro, e sim de um metal comum. E não era uma Ferrari, e sim uma bicicleta. E ele não ficou com ela, pois lhe foi roubada".

"eles silenciam, aguentam, pagam, esperam. Não é algo fácil de suportar".[2] Em 27 de abril, ele tratou uma última vez da sua horta e três dias depois Ottla o levou de charrete até a estação Michelob; na manhã de 2 de maio, Kafka estava na sala do chefe Pfohl — com uma tosse leve, mas saudável. Fazia anos que não parecia tão bem nutrido.

Kafka deve ter percebido rapidamente que a refinada "política" do lugar não se devia a reflexões táticas ou humanitárias. O fato de seu escritório ter passado quase um ano inteiro sem se preocupar com ele devia-se ao caos de organização que as tensões crescentes entre tchecos e alemães necessariamente geravam. Dois dias antes da viagem de Kafka para Zürau, Otto Přibram — presidente honorário do Instituto de Seguros contra Acidentes de Trabalho — havia falecido (apesar do nome, ele era de nacionalidade alemã), e os membros tchecos da diretoria, que de repente formavam a maioria, fizeram questão de que seu sucessor fosse tcheco. Os alemães, por sua vez, recusaram, e como não conseguiram se impor por meio de votação, se mantiveram ausentes de todas as outras reuniões da diretoria. A repartição estava operando, por assim dizer, sem uma liderança, as tentativas de resolução da crise demoraram meses antes de o recém-criado Ministério para o Bem-Estar Social intervir, destituir a diretoria e indicar um interventor. Mas com uma administração que se ocupava exclusivamente de si mesma, o diretor Marschner podia (e era obrigado) a decidir sobre os pedidos de férias por conta própria, sem maiores controles — uma situação favorável para Kafka e um dos raros momentos de sua vida em que acaso e circunstâncias externas agiram inequivocamente a seu favor.

O que se passava no trabalho de Kafka era apenas uma amostra comparativamente inofensiva das mudanças na atmosfera de Praga. Visto que a cidade não tinha condições de continuar garantindo a segurança alimentar da população — nem mesmo um quarto das porções de pão, já diminutas, estavam disponíveis —, havia se instalado a mentalidade da "organização" implacável, a garantia do necessário sem pensar na lei ou na responsabilidade social. A única coisa que funcionava de maneira confiável era o comércio clandestino, e os poucos que tinham condições não se privavam de nada. Mas qual a procedência de todas as mercadorias "debaixo do pano", para onde iam e quem eram aqueles que se beneficiavam dos preços escandalosos? Essas questões começaram a receber uma carga cada vez mais nacionalista. Os camponeses tchecos estavam enchendo os bolsos, diziam uns; os alimentos eram contrabandeados para Viena ou até para a Alemanha, diziam outros. O que restava supostamente desaparecia nos porões dos judeus que operavam no mercado ilegal, e que por sua vez eram espertos o suficiente para denunciar a concorrência indesejada, sobretudo a tcheca, junto às autoridades — qualquer criança sabia disso.[3]

Era apenas uma questão de tempo para que esse tipo de boato também passasse a influenciar a política das ruas. Greves e demonstrações de fome tinham se tornado rotineiras na Boêmia havia tempos, mas desde 1917 multiplicavam-se os incidentes cujo alvo não era "a autoridade" ou "os ricos", e sim qualquer um que se declarasse de uma nacionalidade concorrente. Nas grandes manifestações de Praga, que em janeiro de 1918 chegaram a juntar 150 mil pessoas, essa tendência permaneceu invisível. Mas dois meses mais tarde começaram os "tumultos de fome", dirigidos claramente contra alemães e judeus; as autoridades tinham muita dificuldade para mantê-los sob controle. E agora estava claro que os refugiados judeus do Leste não eram necessários para que o furor antissemita fosse ainda mais incitado. Pois embora seu número caísse de modo contínuo, embora cada vez mais os refugiados estivessem sendo expulsos para suas cidades de origem, na Galícia e na Polônia — sob a assistência pressurosa da comunidade judaica, que finalmente queria se ver livre desses "nocivos" —,[4] o ressentimento antijudaico revelava-se de maneira cada vez mais aberta e ameaçadora. A situação em Praga tinha se tornado insuportável, queixou-se o periódico *Selbstwehr* em agosto de 1918; não era possível, literalmente, percorrer mais nenhum caminho da cidade "sem se confrontar com essa expressão repugnante de hostilidade nacional".[5]

Em meio a tal ambiente, os Kafka não podem ser censurados por ter se decidido a assegurar aquilo que haviam adquirido após mais de trinta anos de trabalho duro. Desde sempre a preocupação pelo patrimônio tinha mantido a família numa constante pressão velada; seus membros preferiam abrir mão de um descanso urgentemente necessário a deixar seu negócio mesmo que por um dia à mercê de má gestão ou furtos. Mas agora, visto que os próprios funcionários aderiam às grandes greves,[6] que grupos de pessoas cada vez maiores se aglomeravam sob suas janelas no Altstädter Ring, esse nervosismo ansioso tinha sido insuflado. Quem garantia que os saques, que naquele momento se restringiam a alimentos e carvão, não seriam estendidos a outros estabelecimentos? Quando o momento chegasse, os comerciantes judeus seriam as primeiras vítimas; essa era uma expectativa tão natural e tantas vezes vista na história que não era preciso justificar o próprio medo.

Hermann e Julie Kafka decidiram encerrar sua atividade empresarial, fechar a loja de acessórios de moda o mais rápido possível e aplicar discretamente o capital acumulado. Em janeiro de 1918 eles adquiriram um prédio de apartamentos grande e moderno na Bílekgasse 4, onde moravam majoritariamente tchecos. O preço foi de meio milhão de coroas; também grande era o orgulho dos novos proprietários, que passaram semanas sem mudar de assunto e aperfeiçoando com apaixonado zelo as abrangentes normas da casa. A vultosa compra foi garantida pela venda do negócio a um parente de Julie, Bedřich Löwy, que acreditava que seu prenome tcheco lhe garantia nadar com a corrente e que, portanto, era um pouco menos pessimista. Os antigos proprietários permaneceram na loja por mais alguns meses a fim de se despedir do trabalho de uma vida e, em 15 de julho, finalmente a responsabilidade pela loja passou a ser de Löwy.

Ainda que estivesse ciente dos eventos em Praga, Kafka deve ter ficado espantado ao regressar de Zürau e perceber a profundidade da erosão social no cotidiano. Havia brigas diárias entre ginasianos alemães e tchecos; manifestações furiosas de donos de restaurantes, que não tinham mais o que servir a seus clientes; evacuações de crianças desnutridas; interrupções diárias dos serviços de bondes e trens de passageiros; discussões acaloradas diante de quiosques que distribuíam "cartões de fumantes"; vez ou outra funcionários públicos eram alvos de pedradas na periferia... Era a imagem despedaçada de uma cidade que ele havia deixado oito meses antes. Mas enquanto Kafka estivesse apto a trabalhar, não havia como fugir dessa sociedade predatória. Não havia opções à vista senão arranjar-se, aguardar estoicamente pelo fim da guerra; mesmo a rápida publicação dos contos reunidos em *Um médico rural* e um improvável sucesso literário não teriam mudado nada nesse quadro. Também o plano de procurar um novo apartamento e, dessa maneira, garantir um mínimo de independência, teve de ser deixado de lado. O temor de passar mais um inverno de guerra em cômodos não aquecidos era grande demais — onde arranjar o carvão? —, e o risco de sofrer uma nova hemorragia, alto demais. Restava a volta à casa paterna, independentemente da dificuldade dessa decisão após novas desavenças. Kafka decidiu-se a escrever uma carta preparatória ao pai (que infelizmente não foi preservada), mas uma conversa franca sempre foi a pior estratégia para melhorar a atmosfera dessa família. Novamente o patriarca passou dias na loja brigando com tudo e todos, descarregando nos funcionários a raiva que não ousava dirigir ao filho.[7]

Em Praga, Kafka sentia falta principalmente da irmã, da intimidade imparcial, da possibilidade da regressão relaxante e, ainda assim, sem castigos. Ela não fazia parte da agudeza analítica nem da natureza de morte de suas contemplações; por outro lado, na presença dela, acontecia às vezes de seu estado de espírito ser tomado por uma felicidade quase infantil — ele a provocava, perturbava de modo deliberado seus poucos minutos livres,[8] algo que não ousava fazer nem mesmo com seus amigos mais íntimos de Praga, onde realmente agia de modo bem diverso. Max Brod levou um choque quando Kafka lhe revelou que amizades não faziam parte da substância indispensável de sua vida e que, portanto, ele estava decidido a se retrair *ainda mais* e cortar os vínculos que haviam restado. Essa era uma intensificação do seu purismo, que, assim parecia a Brod, pouco a pouco tomava formas misantrópicas.

Mas Kafka não resistiu a essa decisão de uma tábula rasa social — é possível que para tanto fosse preciso haver alguma esperança concreta, uma perspectiva encorajadora, a fim de justificar a si mesmo um passo tão rígido. Portanto, restaram os costumeiros passeios, excursões ocasionais em grupos maiores e nadar com companhia no rio Moldava. De todo modo, Kafka conseguiu resguardar o novo fermento "campesino", que havia se tornado cada vez mais a expressão de uma vida autêntica em Praga: ele começou a passar suas tardes livres no Instituto para Pomologia, Vinicultura e Horticultura, que ficava no norte de Praga, ao lado do castelo barroco de Troja, e oferecia uma ampla vista da cidade. Fazia pouco o instituto começara a oferecer aulas de horticultura, um tipo excêntrico de formação continuada para um graduado funcionário público de 35 anos. Mas não era nada desonroso querer montar, com técnica, uma horta urbana — muitos que passavam fome queriam o mesmo — e Kafka já tinha se valido desse pretexto anos antes na horta Dvorský.

Naquela época, ele via o trabalho no jardim como uma terapia — "nervosismo" era o termo que justificava os hábitos mais estranhos —, e então simplesmente seguiu os conselhos da medicina alternativa, que considerava válido quase todo tipo de exercício físico, desde que realizado ao ar livre. Nesse meio-tempo, entretanto, reconhecidamente sob influência da literatura sionista, a atividade física tinha se tornado um objetivo moral, uma questão de estilo de vida; a atenção circunspecta exigida pelo trabalho com as plantas fazia parte das conquistas que ele queria manter da maneira mais pura possível — e com todas as consequências sociais. Ele não usou as férias regulares de duas semanas que lhe eram de direito para o tratamento de indicação urgente, mas para avançar na sua formação em jardinagem. Em setembro de 1918, Kafka trabalhou em viveiros de uma grande loja de jardinagem em Turnau (Turnov), no norte da Boêmia, não sentindo falta de quaisquer comodidades.

É fácil imaginar que também essa decisão estranha tenha gerado objeções por parte dos amigos e dos pais. Entretanto, era preciso saudar o fato de Kafka não ter querido retornar a Zürau. Por fim, esse posto avançado se tornou insustentável, e quando Ottla vinha a Praga por algumas horas — o que acontecia cada vez mais raramente —, ela se convertera, à família e ao irmão, no símbolo de uma batalha perdida. Ottla tinha emagrecido, estava exausta, decepcionada. Já não se podia mais comprar sementes e ração de maneira legal e, desde que a terrível crise de abastecimento nas cidades industriais vizinhas havia exaurido as últimas reservas governamentais, ninguém mais no vilarejo alimentava esperanças de receber uma ajuda administrativa. Era realmente preciso pedir pela intervenção da Alemanha para evitar a inanição em massa. E os alemães ajudavam. O lema era: farinha em troca de armas. Mas naturalmente esses carregamentos não chegavam até Zürau, pois os que lá viviam conseguiam garantir o próprio abastecimento de *algum jeito*.

A missão Zürau tinha perdido o sentido, e até Irma — que desde a partida de Ottla se tornara uma simpatizante empolgada — lhe aconselhava interromper sem maiores delongas a experiência sem futuro. Também Karl Hermann, que visitou sua propriedade em agosto, acabou por concluir que não havia mais o que ganhar por lá e rapidamente combinou com Ottla encerrar o negócio dentro de um ou dois meses. Alívio entre os Kafka: esse era um sinal que pediam havia meses e uma boa oportunidade, acreditavam, de ainda reconduzir a vida de Ottla para o caminho certo: retorno para Praga, matrícula urgente numa escola de economia doméstica, nova visita ao intermediador de casamentos. Mas se enganaram. Ottla não se desesperou pela dureza do trabalho no campo nem pela falta de víveres, que não podia durar para sempre, mas sim pela faina deplorável, sem perspectiva, dia após dia, a impossibilidade de *progredir* sob tais circunstâncias, aprender alguma coisa, criar opções profissionais. O caminho de Ottla não passava por Praga, ela não estava disposta nem a discutir o assunto. O objetivo agora eram os estudos de agronomia, planejados tempos antes e sempre adiados, e que finalmente lhe dariam o status profissional desejado havia tanto tempo. Essa também era a proposta do irmão, que começou imediatamente a pedir informações no Instituto de Seguros e a mandar cartas para os diretores das escolas agrícolas. Como opções, foram consideradas Budweis [České Budějovice], Tetschen [Děčín], a grande escola agrícola em Klosterneuburg, perto de Viena. A escolha não era fácil, pois algumas exigiam escolaridade prévia ou conhecimentos prévios avançados, que Ottla não tinha como apresentar; em outras, as mulheres eram aceitas apenas como ouvintes, sem direito a prestar um exame. Por fim, Kafka lhe aconselhou a tentar uma vaga — como a primeira mulher — na escola agrícola de inverno em Friedland [Frýdlant] e se ofereceu para pagar o curso temporariamente, atenuando o medo da irmã frente a uma nova dependência financeira. Desse modo, os pais perdiam pelo menos *um* argumento. Mas as discussões sobre a teimosia de Ottla e a irresponsável ajuda de Franz intensificaram-se e podiam ter levado a um rompimento de longa duração caso um evento de dimensão totalmente outra não tivesse surgido, um evento que trazia paz (ao menos exteriormente) e que por algumas semanas reuniu a família de novo, numa ansiedade compartilhada.

> Pessoas até então absolutamente saudáveis, fortes, queixam-se de súbito de fortes dores de cabeça, dores em todos os membros, nariz entupido, falta de apetite, ondas de calor seguidas por uma leve tremedeira e, principalmente, de cansaço extremo. Segue-se uma sensação de secura, a garganta arranha, engolir se torna um pouco mais difícil e a pessoa fica meio rouca, ao mesmo tempo começa um acesso de tosse torturante, cansativo, que chega a exaurir os doentes [...].[9]

Não se tratava mais de uma gripe comum. Esses eram sintomas de uma doença que haveria de se transformar numa arrasadora pandemia. E isso aconteceu com uma rapidez que fez com que o contágio massivo se parecesse com uma catástrofe natural, sobrecarregando por um tempo os sistemas de proteção social e de vigilância sanitária. Os primeiros casos foram notificados no final de setembro; na primeira semana de outubro, as metrópoles Viena e Berlim contavam duzentas mortes cada. Em meados de outubro, eram até duzentas *por dia*. Escolas, teatros e cinemas foram fechados, o início do semestre de inverno foi adiado em todas as universidades, as autoridades orientavam para que agrupamentos de pessoas fossem evitados, na medida do possível. Mas era tarde demais. Mais de 15% da população foi infectada com a chamada "gripe espanhola",[10] e enquanto os necrotérios públicos estavam abarrotados, hospitais precisaram fechar alas por falta de médicos ou enfermeiros sãos.

Apavorantes eram não apenas o contágio imprevisível (com um tempo de incubação de um a dois dias) e a velocidade espantosa com a qual a epidemia avançava de um bairro a outro, de uma região a outra, mas o ímpeto com o qual os infectados se viam literalmente derrubados. As dores nos membros aumentavam velozmente, a língua ficava cinza, a temperatura corporal chegava a valores extremos em apenas uma, duas horas. E circulavam histórias de pessoas que à noite ainda estavam com ótima disposição e, ao meio-dia seguinte, encontravam-se deitadas em caixões montados de maneira apressada.

A gripe espanhola não era mortal *por si*. Aqueles que tinham a possibilidade de descansar o corpo logo após os primeiros sintomas e depois se resguardar o suficiente apresentavam cerca de 97% de chance de sobrevivência — desde que não se desenvolvessem complicações extras, principalmente pneumonia. Nenhuma epidemia de gripe havia causado tantas e tão severas pneumonias e, em média, já no terceiro ou quarto dia da doença. Os números de mortes divulgados pelas clínicas eram terríveis, os pacientes sangravam e sufocavam. E parecia que os mais saudáveis e vitais acabavam sendo os mais acometidos. Quem tinha entre vinte e quarenta anos precisava contar com o pior.[11]

Kafka ficou doente no pico da onda, na segunda-feira, 14 de outubro. O médico, chamado dr. Heinrich Kral, constatou mais de 40 °C de febre por volta do meio-dia. Ele examinou os pulmões de Kafka, mas não constatou nada inquietante. E como seu paciente havia lhe omitido o recém-curado "catarro do ápice do pulmão", o achado era duplamente feliz. É bem provável que Kafka quisesse fazer esse médico passar por uma pequena prova, mas também é possível que ele começasse a subestimar o perigo. Pois os sintomas da tuberculose — principalmente a falta de fôlego, a tosse contínua e a sudorese noturna — tinham sumido gradualmente no verão; o professor Pick também discorrera sobre o estado "muito bom" dos pulmões e sobre o trabalho na horta em Turnau, dizendo que havia sido benéfico. O pior parecia ter ficado para trás.

Mas tendo em vista a crise aguda, ninguém baixava a guarda com esse diagnóstico, principalmente a mãe, que desde o primeiro dia vivia aterrorizada e caía no choro o tempo todo. Foi uma coincidência feliz que Ottla, tendo já se despedido de Zürau, passasse algumas semanas em casa, em Praga, até o início de seu curso de agronomia. Ao que parecia, ela era a única que mantinha a cabeça fria e estava em condições de se ocupar intensamente das questões do irmão. Ottla informou seus superiores e certamente também foi ela que, nas semanas seguintes, levou notícias ao círculo mais íntimo, pois Kafka não podia mais receber visitas. Ele teve de parar de escrever. Logo após o início da doença, Kafka avisou a Brod que estava "com um pouco de febre" e se encontrava na cama, e provavelmente seria preciso cancelar as próximas aulas de hebraico.[12] Por mais de um mês, essa foi a última mensagem preservada.

Daí aconteceu o que todos temiam: a pneumonia. Sabemos pouco sobre seu transcurso — ninguém na família teve motivo ou oportunidade de registrar essa catástrofe —, mas é provável que Kafka, como quase todos os pacientes em sua situação, tenha voltado a tossir sangue, dessa vez por semanas. Sua febre deve ter surpreendido até mesmo médicos que atendiam um doente após outro: supostamente, por vezes era de mais de 41 °C.[13] Kafka entrou na zona do delírio, na qual a falência de órgãos podia acontecer a qualquer momento. Brod soube, com tristeza, que seu amigo estava "quase desenganado": evidentemente chegara-se a uma crise em que o bem-intencionado otimismo médico em relação à família não era mais sustentável.

Na realidade, não apenas a medicina estava desorientada diante da gripe espanhola — seu agente patógeno, o vírus H1N1, seria identificado apenas oitenta anos mais tarde —, como também não tinha com que combater as pneumonias todas. Receitavam-se antitérmicos como aspirina, pyramidon e quinino; no caso de falta de ar, injeções de cânfora; e cada clínica fazia suas próprias experiências (com adrenalina, eletrargol, neosalvarsan, cloreto de mercúrio...), sem resultados significativos. Portanto, aquilo que o dr. Kral anotava em seu receituário não deve ter sido de grande valia para o paciente. Mas sabemos que mesmo o menor esforço extra — por exemplo, a transferência a um hospital — teria significado a morte certa para Kafka, e que a única proteção efetiva que estava à sua disposição eram cuidados caseiros intensivos. Logo ele passou a ocupar o quarto dos pais, bem mais confortável; atravessadores garantiam a comida especial para o doente; empregadas domésticas destemidas assumiam a limpeza meticulosa; e diariamente havia um boletim médico. Foi o status social elevado da família que lhe garantiu escapar da morte por um triz — e Kafka logo deve ter percebido, assustado, que sua dívida como *filho* tinha voltado a crescer, e muito, nesse terrível outono de 1918. Havia apenas um consolo verdadeiro nisso: ele não havia contagiado ninguém. Algo que, por si só, já era um pequeno milagre.

A gripe espanhola — cuja segunda onda, bem mais forte, na primavera de 1919, desapareceu tão rapidamente quanto tinha surgido — é considerada hoje um acontecimento histórico mundial. De um lado, isso se deve ao número gigantesco de vítimas. Mais de 20 milhões de pessoas morreram devido à pandemia. Embora as populações da Ásia e da África tenham sido proporcionalmente mais atingidas, a infecção viral virou sinônimo de catástrofe social e demográfica também nos Estados Unidos e na Europa.

De outro lado, a gripe surgiu num momento histórico *significativo* e, como que sub-repticiamente, gripe e política se inter-relacionavam de maneiras diversas, as quais não se conseguia examinar em sua totalidade porque ninguém estava suficientemente informado. Hoje em dia parece estranho que as mortes em massa fossem veiculadas apenas na terceira página de muitos jornais diários; é incompreensível que uma notificação compulsória não tivesse sido ordenada imediatamente; e inacreditável que um ministro austríaco da Saúde acreditasse conseguir acalmar a população com a promessa de três toneladas de aspirina.[14] Mas o que ele deveria dizer? A gripe era terrível, certo, porém talvez na semana seguinte tudo já estivesse normalizado de novo. O colapso dos fronts militares, a exaustão dos recursos econômicos, rebeliões motivadas pela fome e ameaça de guerra civil — tudo parecia muito pior porque as consequências a longo prazo eram imprevisíveis. Sem falar que ações de higiene em larga escala exigiam um monopólio de poder intacto ou pelo menos uma autoridade inconteste dos órgãos públicos. Mas exatamente nesse momento, em que se poderia proibir, pela primeira vez, grandes reuniões alegando-se motivos *razoáveis*, o espaço público havia sido sequestrado do poder público. Manifestações e marchas nacionais tinham se tornado *hot spots*, nos quais se fazia história — sem um lenço diante da boca.

A gripe espanhola foi percebida como uma catástrofe de proporções limitadas em relação a uma segunda crise muito mais abrangente; em consequência disso, ao primeiro sinal de sua melhora, foi relegada. Aceitar a morte dos outros, sem conseguir evitá-la, sem realmente conseguir dar conta do fato, tinha deixado de ser algo incomum. Afinal, não morria muito mais gente de fome do que de gripe? Os políticos negavam isso de maneira veemente, a censura ocultava todos os números concretos, mas era verdade. E também não importava mais se o ânimo para o combate ou a resistência do soldado eram minados pela fome, pela gripe ou por ambas; tanto fazia se os hospitais de campanha estivessem apenas cheios ou lastimavelmente lotados. Os exércitos das potências centrais não estavam apenas enfraquecidos, eles agonizavam: nada de armas decentes para reposição, nada de veículos, nada de gasolina, nada de víveres. Desde abril começaram a pipocar amotinamentos dos prisioneiros de guerra retornados, que não queriam voltar às trincheiras; era quase impossível fazer os soldados do front ocidental avançar. A Marinha alemã negava-se a prestar obediência. Soldados austríacos, húngaros, tchecos, que no ano anterior, na 12ª e última batalha de Isonzo, tinham rompido juntos as linhas italianas, tomavam o caminho de casa por conta própria.

Nessas circunstâncias, a superposição de epidemia e crise política poderia assumir as formas mais estranhas. A gripe funcionava como um grande equalizador, represando, por assim dizer, o fluxo histórico enquanto ganhava conotações históricas próprias. Martin Buber, por exemplo, foi acometido por uma pneumonia no momento em que toda a cena sionista estava voltada em sua direção, visto que muitos seguidores imaginavam que, após o tratado de paz, ele logo trataria dos problemas práticos da Palestina libertada. Mas depois dessa experiência, Buber — secundado por conselho médico — decidiu se poupar, afastando-se da opinião pública por algum tempo. Também seu amigo de muitos anos Gustav Landauer ficou doente. O pacifista e socialista, que quase desde o início da guerra ansiava pelo fim do regime guilhermino, estava acamado justamente nos primeiros e decisivos dias do golpe. Sofrendo de dores nos membros, ele se arrastava por uma Munique conflagrada, capital da recém-decretada República da Baviera.

Muitos dos que queriam vivenciar o grande momento histórico, o fim de um inferno de quatro anos, a queda do regime manchado de sangue, o início de uma nova época, estavam condenados a ser meros espectadores. Na vida de Kafka, porém, esse conflito entre corpo e história chegou a um paradoxo quase insuperável. Pois no outono de 1918, justamente o Altstädter Ring — essa região tão familiar, ladeada por fachadas burguesas, da qual ele conhecia praticamente cada paralelepípedo e também cada um dos rostos que passavam — se tornou palco da política mundial. E Kafka ocupava um camarote. Talvez ele se lembrasse de agosto de 1914, quando observara do terceiro andar com "olhar bravo" as marchas pró-guerra, demagogicamente encenadas. Dessa vez, porém, tudo era diferente. Nada de gritos triunfais nem de oratória inflamada. *Decisões* eram tomadas bem debaixo de sua janela.

E isso foi já no primeiro dia de sua gripe. Nessa manhã, a família foi acordada por ruídos estranhos, som de armas e ordens de comando. Ao subirem as cortinas, os Kafka depararam uma visão amedrontadora: companhias inteiras surgiam das sombras das ruas laterais, equipadas para uma marcha, e começaram a bloquear sistematicamente a praça da Cidade Velha. Havia também policiais em número incomum. Olhando-se pelas janelas voltadas para uma pouco iluminada Niklasstraße, vislumbravam-se silhuetas de soldados protegidos por metralhadoras e caixas de munição. Os canos de suas armas estavam apontados para aqueles que se aproximavam da praça. O que tinha acontecido?

A cadeia de comando militar foi acionada pelo medo da revolução, e esse medo era justificado. Pois o Národní výbor, comitê nacional que englobava todos os partidos tchecos, decidira organizar manifestações em massa em toda a Boêmia em 14 de outubro. Os protestos seriam dirigidos principalmente à catastrófica situação de abastecimento, cujas origens, supunha-se, estavam em Viena e na notória preferência dada às regiões ocupadas por alemães. Eles planejavam uma greve geral e incentivavam os trabalhadores das cidades na periferia de Praga a se reunir no centro naquele dia. "Segundo folhetos que encontramos", disse um informante do comando militar, "existe a intenção de proclamar, a partir da varanda da Prefeitura de Praga e dos centros comunitários das cidades ao redor, um Estado autônomo tcheco."[15] Isso era alta traição. E embora se soubesse que não se tratava (ainda) da linha oficial do comitê nacional, era uma ameaça concreta de um golpe de Estado, que, uma vez iniciado, engolfaria também os tchecos moderados da burguesia. Batalhões de substituição foram chamados às pressas e, enquanto nas cidades da periferia de Praga as bandeiras vermelhas eram desenroladas com esperança, o enorme contingente militar dispersava sem muito esforço os grupos de manifestantes e curiosos, reunidos principalmente na praça Venceslau e no Altstädter Ring. A situação nas cidades periféricas também foi rapidamente controlada. Apenas em Strakonitz (Strakonice), no sul da Boêmia, um agente especial da polícia chamado Karl Kraus tinha proclamado a República da Tchecoslováquia. Sem querer, como declarou no dia seguinte diante da corte.

Não há dúvida de que Kafka tenha acompanhado os acontecimentos no Altstädter Ring nessa manhã pelo tempo em que conseguiu se manter em pé. Ele viu que todas as lojas permaneceram fechadas e os ruídos conhecidos dos bondes também silenciaram. Uma calmaria que não era dominigueira, mas ameaçadora. Aguardavam-se os tiros e muitos boatos circulavam. À noite, porém, o cordão de isolamento foi dissolvido repentinamente e risadas ecoavam atrás dos soldados que se retiravam. Os tchecos sabiam que as manifestações de força desse tipo, por parte da Monarquia, não se prolongariam, e mesmo o *Prager Tagblatt* discorreu no dia seguinte, sem ser censurado, sobre a "liquidação do velho Estado", mas com o pedido de o processo se desenrolar "com toda a calma".[16]

O momento chegou duas semanas mais tarde, e dessa vez não foram precisos folhetos nem diretivas políticas. Uma faísca retórica — ou menos que isso, um mal-entendido trivial — foi suficiente para encerrar definitivamente quase quatro séculos da dominação dos Habsburgo sobre Praga e a Boêmia. A última tentativa do imperador Carlos de evitar a derrocada da Áustria-Hungria tinha fracassado. Seu lastimável manifesto de 16 de outubro, no qual ele prometera a "todos os meus povos" a criação de um Estado federativo com ampla autonomia para as diversas nacionalidades assemelhava-se às confissões tardias de um acusado que, numa situação desesperançada, espera atenuar as coisas. A oferta de Carlos tinha sido ultrapassada pelos fatos políticos havia muito tempo, e também o presidente dos Estados Unidos, Wilson, o verdadeiro destinatário desse comunicado, não tinha mais interesse em conversar com um regime condenado à decadência. Visto que nesse meio-tempo divisões inteiras do exército imperial se negavam a obedecer ordens e até soldados estacionados na capital já invocavam seus "próprios" Estados, Carlos não teve alternativa senão oferecer aos Aliados negociações incondicionais para um cessar-fogo. Nesse sentido, "incondicional" significava sem se importar se os "irmãos em armas" alemães queriam ou não continuar com a guerra.

Em 28 de outubro de 1918, por volta das 10h30 da manhã, rapidamente formou-se um grupo de pessoas diante do prédio da redação do jornal *Národní politika* [Política popular], de Praga, o mais importante diário tcheco. A causa foi um quadro que exibia apenas uma palavra em letras vermelhas: *Příměří* — cessar-fogo. Ela definia a vontade de milhões. *Cessar-fogo*. O pesadelo havia acabado. Mas a notícia era confiável? Os passantes ali reunidos ficaram encarando o quadro por vinte minutos, discutindo nervosamente. Em seguida, um funcionário do jornal saiu e cobriu a palavra com um texto mais longo, que logo foi lido em voz alta pelos que estavam mais próximos. Tratava-se do anúncio oficial do Ministério das Relações Exteriores austríaco e a íntegra da "nota Andrássy", enviada na noite anterior, através da neutra Suíça, ao presidente Wilson. E, realmente, falava-se de cessar-fogo e, de maneira velada, do direito de autonomia dos tchecos. Era o suficiente.

Fez-se um ruído ensurdecedor, com cantorias, e mais e mais pessoas chegavam de todos os cantos. Finalmente, as janelas da redação exibiram as bandeiras em vermelho e branco que havia muito aguardavam essa ocasião. Certamente, alguns mais conscientes sabiam que a satisfação era um tanto precoce; a bem da verdade, tratava-se de um mal-entendido, pois a guerra ainda estava em curso e, para aqueles que se encontravam no front, a diferença sutil entre um cessar-fogo oferecido e um cessar-fogo assinado podia ser a diferença entre a vida e a morte. Mas, em Praga, ninguém se interessava mais por isso. *Kde domov můj?*, perguntava a canção dos tchecos — o futuro hino nacional, que nesse dia memorável foi entoado diversas vezes. "Onde está meu lar, minha casa?" A questão parecia finalmente respondida.

No apartamento dos Kafka — no qual também uma pessoa lutava por sua existência, embora de maneira bem diferente —, os eventos do dia anunciaram-se primeiro como um ruído longínquo, indistinto. Era a massa de gente que, como se houvesse sido combinado, seguia para a praça Venceslau. Alguns grupos passavam pelo Altstädter Ring, ouviam-se gritos de "Viva Masaryk!", "Viva Wilson!", "Abaixo Habsburgo!". E em meio à multidão, que não parava de crescer, caminhavam também soldados e até oficiais que jogavam as dragonas na rua, arrancavam as insígnias dos quepes. A barragem tinha sido rompida, os militares tchecos desertavam. Para os judeus alemães, esse foi sem dúvida um momento de perigo, que a prudência aconselhava aguardar atrás de portas fechadas. Pelo menos era possível mandar os empregados tchecos à praça Venceslau para investigar um pogrom que estava se armando. Não, tudo transcorria de modo quase pacífico, as bandeiras com a águia bicéfala eram desmontadas sob risadas e cantorias, sendo substituídas pelas tchecas e americanas; placas de empresas em alemão eram arrancadas ou riscadas, oficiais desgostosos eram "insultados" ou simplesmente envolvidos pelo turbilhão, e ninguém mais tinha medo das metralhadoras montadas a toque de caixa no Café Rokoko. Em uma, duas horas, milhares de pessoas estavam reunidas na praça Venceslau. Uma dispersão violenta tinha se tornado impraticável. E o comitê nacional tcheco, quase tão surpreso com os eventos como a população em júbilo, proclamou sem mais um Estado tcheco autônomo.

Mais para o fim da tarde, foram acesas — pela primeira vez depois de meses — todas as luminárias a gás disponíveis; a cidade estava iluminada como em tempos de paz, procissões de lampiões atravessavam as praças em meio à garoa. A família Kafka, que sem dúvida ficou horas esperando atrás de suas janelas, assistiu como que em velocidade acelerada à derrocada de uma potência indefesa no Altstädter Ring. À tarde, ainda havia baionetas baixadas, chamados militares com trompetes, pessoas indignadas, que gritavam para os soldados húngaros e romenos que passavam seguindo ordens, mas já dando de ombros. Logo em seguida, foi a vez dos pesados tripés, dos rolos de filme gigantescos, dos operadores de câmera tchecos registrando as imagens do dia, ilustrações de um futuro mito fundador tcheco. Por fim, o conhecido anúncio que, nos últimos quatro anos, sempre havia estremecido as pessoas e que agora prometia algo totalmente diferente, inimaginável: *Edição extra!*

O fato de o golpe de 28 de outubro e a fundação do Estado tcheco terem transcorrido sem qualquer derramamento de sangue foi um milagre sem precedentes na história, e a cidade de Praga tinha de agradecer aos dirigentes do comitê nacional tcheco por ele. Mais precisamente: os membros *que estavam no local.* Pois os verdadeiros arquitetos do novo Estado, que tinham conseguido o reconhecimento da nação tcheca no palco da política global, ainda estavam no exílio — Beneš na Suíça, Masaryk nos Estados Unidos —, e os meios de comunicação disponíveis simplesmente não eram ágeis o suficiente para que se discutissem os passos administrativos mais urgentes ou se transmitissem orientações concretas. Praga também sentia falta de uma figura de destaque que pudesse entrar no lugar do imperador no momento de crise, uma autoridade que impusesse moderação aos vencedores e infundisse confiança a todos os outros, principalmente aos alemães e aos judeus.

É certo que os habitantes de Praga também tiveram sorte, e um ataque irrefletido das massas excitadas poderia ter facilmente resultado num massacre.[17] Mas foram as medidas eficientes e extremamente ágeis dos políticos tchecos que, sem a ajuda de outros, conduziram ao sucesso de maneira predominantemente pacífica. Em questão de poucas horas, eles assumiram a polícia, os Correios, a agência do telégrafo e o comando; por meio de negociações pessoais, conseguiram convencer os chefes do exército dos Habsburgo a se retirar de todas as áreas públicas (também do Altstädter Ring). E para manter a ordem, foram empregados membros do Sokol nacional tcheco* —

* Fundado em Praga em 1862, o movimento Sokol proporcionava — por meio de palestras, discussões e partidas em grupo — treinamento físico, moral e intelectual de caráter nacionalista, espalhando-se por todas as regiões de cultura eslava. Embora não estivesse oficialmente ligado à política, o Sokol teve um papel importante no desenvolvimento do nacionalismo tcheco.

reconhecidos por suas camisas vermelhas. Nos locais onde a tensão era alta, chegavam bandas de música para animar a confraternização e reprimir quaisquer sentimentos de vingança. Em apenas 24 horas, foi possível angariar voluntários para montar companhias tchecas e defender o novo Estado, e já no dia seguinte o comando militar em Kleinseite já não tinha nada a contrapor frente a essa ameaça potencial. O poder foi destituído e os últimos generais turrões, que ainda juravam lealdade ao imperador, acabaram presos.

Entretanto, os políticos tchecos estavam totalmente conscientes de que a maior ameaça à paz civil vinha das *próprias* fileiras. O que aconteceria quando a música silenciasse? O que fazer quando os sentimentos nacionais, inflados de maneira tão direta, atingissem alemães e judeus de maneira descontrolada? Essas perguntas lhes eram colocadas também de maneira muito franca pelos judeus com raciocínio político, que por sua vez esforçavam-se febrilmente em arregimentar todas as forças disponíveis. Apenas seis dias antes do golpe eles haviam conseguido fundar, à semelhança de outras nacionalidades, um conselho nacional judaico. Supostamente era o medo do pogrom que possibilitava, por fim, a aliança entre grupos concorrentes entre si — os assimilados, os religiosos, os sionistas —,[18] e foi o renome da minoria sionista (muito amplificado desde a Declaração de Balfour) que lhe rendeu a posição de liderança, pelo menos para a opinião pública. Max Brod se tornou um dos dois diretores paritários do conselho nacional, recebendo a tarefa de fazer com que outras associações judaicas ainda hesitantes na Boêmia passassem a negociar com os honoráveis da comunidade judaica de tendências concorrentes e, por fim, discursar em Praga diante das mais poderosas reuniões judaicas já vistas na cidade. Redigiu-se um memorando judaico com exigências à futura República Tcheca e, quase simultaneamente ao início do golpe, o documento foi entregue pela diretoria do conselho nacional judaico aos novos donos do poder. Tratava-se do reconhecimento da nacionalidade judaica, da igualdade civil, administrativa e jurídica, da autodeterminação cultural.[19] E nada disso veio envolto no habitual tom de submissão, mas com o inequívoco aviso de que os tchecos estavam sendo observados internacionalmente. Afinal, o crédito que Wilson lhes concedera estava condicionado também a um tratamento das minorias nacionais no próprio país que fosse diferente daquele dos Habsburgo, e esse ponto haveria de desempenhar um papel importante nas futuras demarcações de fronteiras. No momento, esse era o trunfo único, mas extremamente eficaz, que os alemães e os judeus podiam usar na sua posição política desfavorecida.

Pela primeira vez na vida, Max Brod tinha chegado a uma posição em que não se tratava mais de "batalhas intelectuais" sem risco ou consequências — que ele tanto gostava de travar, preferencialmente em cafés — nem de defesas jornalísticas de "visões de mundo", mas sim de tomar decisões que impactariam o bem-estar de uma coletividade imensa. Ele havia se tornado político, um representante. E nisso havia uma consequência à qual ele não podia se furtar. Porque devido justamente a suas múltiplas tarefas de mediação entre ambas as culturas, Brod era visto com certo respeito do lado tcheco. Ele havia protegido autores tchecos, tinha traduzido e recomendado traduções e, por fim, tinha começado a ajudar Leoš Janáček, compositor tcheco de 64 anos, a conquistar uma posição internacional — contra a crítica especializada tcheca.[20] Tudo isso provocava continuamente o mau humor de chauvinistas alemães, enquanto o qualificava como interlocutor respeitável mesmo entre notórios antissemitas.[21]

É claro que, com todos esses contatos importantes, Brod era também uma procurada fonte de informações. A sua análise da situação corrente dos judeus era muito mais confiável do que a de qualquer jornal diário. Não se sabe ao certo, embora seja quase impossível duvidar que os Kafka tenham obtido por esse meio uma imagem bastante real da situação; e eles podiam se considerar afortunados por ter se desfeito do negócio da família a tempo. Ouvia-se o tempo todo que os judeus eram boicotados, que os alemães (e principalmente judeus) eram demitidos de seus trabalhos por motivos falsos, e acontecia até de empresários judeus demitirem preventivamente seus funcionários judeus, apenas para manter as aparências com os clientes tchecos. O antigo comerciante de acessórios de moda deve ter ficado aliviado por ter sido poupado de tais provações. Possuir um prédio de apartamentos para alugar era, comparativamente, uma tranquilidade nesse sentido social; ninguém ficava sabendo quem era o dono.

Enfraquecido ao extremo, Kafka assimilava pouco a pouco as modificações em Praga, mas apenas aquilo que ele testemunhava a partir de sua janela deixava claro que o mundo conhecido começava a desaparecer para sempre. Dormir com febre, na condição de súdito da Monarquia de Habsburgo, e acordar como cidadão de uma democracia tcheca: isso era sinistro, mas também engraçado. Mas havia eventos que impressionavam e chocavam mais: por exemplo, a presença de manifestantes tchecos que, ainda inebriados pelos ares nacionalistas, derrubaram, bem diante de seus olhos, a centenária coluna Mariana, de dezesseis metros de altura, abalando dolorosamente a topografia de sua infância. Talvez, em dias saudáveis, ele tivesse se misturado à multidão a fim de descobrir os *motivos* disso. Mas foram necessárias mais duas semanas até se sentir forte o bastante para ousar sair de casa.

Kafka entrou num mundo no qual a guerra estava formalmente encerrada, mas a paz ainda não tinha sido reconquistada. Pessoas que até há pouco eram inimigas ocupavam as ruas: prisioneiros de guerra franceses, italianos, russos. As placas de rua em alemão tinham sido retiradas, bandeiras estranhas estavam hasteadas em todas as esquinas. Não havia mais a Franz-Joseph-Bahnhof [estação]; ela agora se chamava Nádraži Wilsonovo [estação Wilson]; a estação nacional de trem se chamava agora Nádraži Masarykovo, e o Franzenskai [cais Francisco] havia se transformado em Masarykova nábřeží. Passou a existir também uma rua 28 de Outubro. O kitsch da guerra, que por anos enfeara as vitrines, desapareceu. Em seu lugar, ofertavam-se agora cartões-postais com caricaturas antialemãs e antissemitas.

Um outro mundo; um mundo que lhe era inimaginável. Em quantas cartas e em quantas anotações Kafka havia falado de um mítico futuro "pós-guerra", no qual queria pedir demissão, mudar-se, casar-se e se tornar um autor independente? Mas, quando o momento chegou, não fez nada disso. Ele estava doente. A tuberculose, aparentemente curada, havia retornado com os acessos de febre; Kafka emagrecera, tossia e às vezes sentia dificuldade para respirar. E mesmo que não pudesse saber que a gripe espanhola o havia golpeado mortalmente, sentia com clareza os sintomas de uma decadência física, que novamente adiavam todos os projetos de vida a outros tempos, futuros.[22]

Além disso, algumas decisões pareciam se dar por si. De acordo com o que se ouvia, o Instituto de Seguros contra Acidentes de Trabalho, agora sob direção tcheca e que havia eliminado o alemão como língua oficial, iria demiti-lo — isso se a repartição, que estava diante da ruína com 82 milhões de coroas em empréstimos podres de guerra, conseguisse se manter em funcionamento. Berlim, esfomeada e sofrendo contínuo bloqueio comercial, estava politicamente libertada, mas os conflitos sociais que havia acumulado eram vivenciados com uma violência de dar calafrios: para Kafka, não era mais um lugar de desejo. E viver como autor profissional parecia algo completamente ilusório desde que Kurt Wolff havia refreado os próprios combinados por tanto tempo. Isso sem falar de que Kafka tinha investido grande parte de suas reservas, acumuladas por anos e que deveriam proporcionar o ingresso numa vida independente, 18 mil coroas no total, em títulos de guerra, quase que definitivamente perdidos.

"Ao longo dos anos transformei-me secretamente, sem perceber, de um homem urbano em um homem do campo ou, pelo menos, em algo muito semelhante a isso":[23] havia dois anos, ele ainda afirmava isso com bastante cuidado, pois se tratava de uma suposição; após a experiência em Zürau, porém, estava convicto. Kafka queria voltar ao campo, esse era o único impulso que tinha força suficiente para fazê-lo agir. E mais uma vez ficou claro que ele era capaz de manobras nada burocráticas quando abandonava sua postura defensiva. Kafka apresentou-se na terça-feira, 19 de novembro, ao trabalho — depois de cinco semanas de ausência e visivelmente abatido —, mas seu passo seguinte não o conduziu ao diretor Marschner, a fim de conversar sobre suas futuras tarefas e uma eventual licença médica, mas à sala de espera do dr. Kral, a quem pediu um atestado para solicitar, de *moto próprio*, férias. Ele teria o maior prazer em continuar cumprindo com suas obrigações, Kafka participou ao espantado encarregado Pfohl, mas o médico era contrário e, além disso, "permanecer afastado do serviço na época atual de transição era comparativamente mais simples" — em outras palavras: em meio à desordem de atribuições nesta repartição, minha ausência não será sentida. Pfohl, que foi abastecido durante meses com perdizes e carne de caça vindos de Zürau, não teve escolha senão engolir em seco e, a pedido de Kafka, repassar a notícia ao diretor com um viés positivo.[24]

Mas para onde ir? Ottla já havia partido para Friedland, no extremo norte da Boêmia, uma região que Kafka conhecia bem de suas viagens a serviço: "na minha lembrança, uma cidade especialmente bela e triste".[25] Independentemente de toda a sua vontade, era impossível passar algumas semanas por lá com a irmã. Pois Ottla também tinha seus limites: ela estava frequentando dois cursos de agricultura ao mesmo tempo a fim de encurtar o período de estudos, e ocupar-se de Franz significaria sua exaustão completa. O mais importante, porém, era que Friedland ficava na Boêmia alemã, uma zona politicamente inquieta, cuja população queria fazer parte da Alemanha ou do novo Estado "alemão-austríaco", rejeitando com veemência o governo em Praga. Visto que os tchecos não queriam abrir mão de modo nenhum das "fronteiras históricas" da Boêmia, era previsível que a região logo seria palco de conflitos — ou seja, um lugar nada tranquilo nem seguro para um convalescente judeu.[26]

Sem dúvida foi a mãe de Kafka quem aventou a hipótese do vilarejo de Schelesen (Želízy), situado a trinta quilômetros do norte de Praga, nas proximidades da confluência dos rios Elba e Moldava, na zona de poder tcheco. Um pulinho de distância em tempos pacíficos, muitos moradores de Praga conheciam o lugar como destino de férias de verão; os Kafka também já tinham veraneado ali uma vez.[27] Sem dúvida, havia se tornado difícil chegar a Schelesen — os trens, cada vez mais raros, viviam superlotados. Por outro lado, eles dispunham de um endereço muito confiável no lugar: uma certa srta. Strüdl, antiga moradora de Praga, de quarenta e poucos anos e conhecida da família Kafka, era dona de uma pequena pensão que acolhia principalmente hóspedes com moléstias pulmonares. Uma combinação suportável e uma chance de desaparecer de Praga sem muitas trocas de cartas e formalidades de passaportes. Kafka concordou, e Julie, ainda temerosa pela vida do filho, fez questão de acompanhá-lo na viagem de ida. Ela ensinaria à srta. Stüdl como cuidar do filho, e é muito provável que tenha usado a oportunidade para pedir o envio regular de dossiês secretos.

Entretanto, pouco antes da partida houve uma recaída, febre contínua por mais alguns dias, e Kafka não teve condições de resolver as últimas pendências sozinho. Ele precisou inclusive pedir à mãe que fosse ao Instituto de Seguros para explicar a nova situação a Pfohl. Por fim, a viagem foi marcada para o domingo, 30 de novembro. No dia anterior, Kafka estava em pé novamente, tinha sobrevivido e estava feliz em partir. Não havia mais tempo para fazer uma visita de despedida aos amigos, mas Kafka queria ver uma última vez ao menos Brod, cumprimentá-lo — aquele Brod tão vital, que vivia correndo de uma reunião para outra, que apertava centenas de mãos, discursava e escrevia, discursava e escrevia, e que por semanas lhe pareceu ser uma espécie de "fiança da vida".[28] Mas eles não conseguiram se encontrar.

Poucas horas depois da partida de Kafka, Max Brod encontrou em sua casa algumas linhas do amigo renascido. Nelas se lia que os exercícios de hebraico finalmente seriam retomados, talvez até por carta.[29] A notícia era auspiciosa. Mas, por ora, Brod se deitou na cama. Estava com febre, tinha contraído a gripe espanhola.

14.
A pária

just when you least expect it
just when you feel at ease
that's when you get selected.

Devo, "Pink Jazz Trancers"

Kafka riu. Não conseguia mais parar de rir. No fim, depois de algumas semanas, o riso começou a doer. Era inquietante e quase vexatório. Não porque ele não tivesse se divertido com as brincadeiras bobas, mas porque era uma risada com segundas intenções, uma risada em conjunto com uma mulher da qual ele não sabia quase nada, uma risada que não nascia da intimidade, e sim que se colocava nesse lugar de um jeito estranho. Essa risada não se justificava.

Essa era a segunda estada de Kafka em Schelesen. A primeira durara apenas três semanas, já antes do Natal ele havia retornado a Praga, mas nesse meio-tempo sua tosse constante e a febre frequente à noite inquietaram até o médico do Instituto de Seguros contra Acidentes de Trabalho. A licença médica precisava ser prorrogada, ele atestou ao seu paciente, e dessa vez por pelo menos três meses.[1] Visto que a repartição (agora chamada Úrazová pojišťovna dělnická pro Čechy v Praze) precisava demonstrar que as rédeas seriam mantidas mais curtas novamente, Kafka não foi completamente atendido. As novas férias foram divididas em parcelas e sempre concedidas sob condições. Mas pouco a pouco ficou claro que ninguém pensava em afastá-lo de seu cargo. Kafka dominava a língua tcheca em seu registro oficial de maneira suficiente, também em ditados;[2] sempre se manteve longe de disputas nacionais, e sua posição, pouco exposta, não representava um alvo valioso aos chauvinistas tchecos — bem ao contrário da área de responsabilidade de seus superiores alemães, agora acusados de anos de má gestão e de "compadrio" alemão, e que passaram a ser desacreditados em público e a temer pelos seus proventos de aposentadoria. Como em todas as outras repartições de Praga onde se desenrolavam dramas semelhantes, também no Instituto de Seguros as mudanças foram repentinas: Eugen Pfohl foi demitido e substituído por um colega mais velho de Kafka,

Jindřich Valenta (o que significou o fim da carreira para Pfohl, de 51 anos, pois ele morreu logo em seguida); o diretor Marschner perdeu seu cargo e foi aposentado compulsoriamente em março de 1919.[3] A guilhotina passou rente à cabeça de Kafka e provavelmente foi seu bom entendimento com Valenta e com o novo diretor, Bedřich Odstrčil, que o protegeu nessa fase crítica de um bullying antialemão.[4]

Em 22 de janeiro, Kafka hospedou-se novamente na pensão Stüdl, ainda sem saber por quanto tempo. A única certeza era a de que dessa vez ele não ficaria tão sozinho e sossegado como durante a primeira visita. Hermine, uma moça tímida de dezenove anos vinda de Praga com catarro no ápice do pulmão, também estava hospedada ali. Embora Kafka tomasse suas refeições no quarto, os ditames da educação exigiam manter uma breve conversação pelo menos durante o tempo em que ficavam deitados nas espreguiçadeiras — numa varanda coberta, bem enrolados em cobertores, olhando para a floresta e os campos. Visto que os poucos temas disponíveis logo foram exauridos, Kafka aproveitou a oportunidade para pedir que Hermine lhe tomasse as palavras novas em hebraico que ele aprendia todos os dias. Afinal, ela conhecia a grafia. Mas Kafka não lhe revelou por que isso era tão importante.[5]

Cerca de dez dias mais tarde, chegou outra hóspede, mais uma jovem de Praga, esbelta, graciosa e, infelizmente, também tuberculosa, mas de aparência nada enfermiça. Julie era muito vivaz e nada afetada. O nome era o mesmo da mãe de Kafka, e ele com certeza também já tinha ouvido seu sobrenome, Wohryzek, bastante frequente em Praga. Ela não mostrava nem sinal do coquetismo glacial e despreocupadamente exibido das moças burguesas. Não se tratava de uma adolescente, mas também não era uma dama, como Kafka logo descobriu. Sorridente, ele a observava. Começaram a conversar, primeiro na varanda, não muito distante da discretamente injuriada Hermine, depois na sala de refeições um pouco menos espaçosa, onde Kafka se sentava para ficar em sua companhia por mais algum tempo. Era difícil tirar os olhos dela. E quando ele lhe dirigia o olhar, ela ria. E ele ria de volta. Juntos, fizeram curtas caminhadas pela neve, começaram a conversar, alternando o alemão e o tcheco, sempre interrompidos por risadas. E quando se encontravam casualmente, riam mesmo sem ter dito nada.

> Uma figura comum e surpreendente. Não judia e não não judia, principalmente não não judia, não alemã, não não alemã, apaixonada pelo

cinema, pelas operetas e comédias, por pó de arroz e véus, dona de uma quantidade inesgotável e contínua das mais atrevidas expressões em iídiche, no geral muito ignorante, mais divertida do que triste — assim é ela. Se for para descrevê-la etnicamente de maneira acurada, então é preciso dizer que ela é do povo das balconistas. E seu coração é corajoso, honesto, abnegado — qualidades tão nobres em uma criatura à qual não falta beleza, mas é tão vã quanto o mosquito que voa contra minha luminária.[6]

Uma imagem conhecida — e não é a primeira vez que Kafka sente-se subjugado por ela. Felice Bauer se parecia, em realidade, com uma empregada doméstica, ele anotou sob o impacto da primeira impressão e muito excitado.[7] No momento que quer descrevê-la, Julie Wohryzek se parece no fundo com uma "criatura vã", segundo as qualidades que ela abriga. Pois essas qualidades não são de modo algum rotineiras, elas destacam Julie, tornando-a uma pessoa inconfundível, até original. Como mulher, entretanto, ele a considera confundível, apesar de tudo; como mulher, representa o que todos querem. Ela é uma tentação.

Max Brod estava familiarizado com esse tipo de mecanismo de defesa; para ele, as mulheres também eram "representantes" e, assim como Kafka, ele nunca teria tido a ideia de descrever um homem como "criatura". Brod idealizava a sexualidade, Kafka a temia, mas o repositório discursivo, do qual se serviam de palavras e imagens, era o mesmo. Talvez por isso Brod sempre caísse no engano de "conhecer" Kafka. Ele confundia compreender com aceitar. E aconteceu mais uma vez. "Ele não se interessa tanto por moças bonitas quanto eu", Brod anotou no ano anterior após uma conversa com amigos. Será que acreditava mesmo nisso?

Sabemos pouco sobre Julie Wohryzek, e quase nada sobre sua relação com Kafka. Seus dados biográficos foram garimpados em fichas policiais e por meio de lembranças de alguns parentes.[8] Kafka deve ter percebido já na primeira conversa que ela não era de família rica, burguesa. Apesar do pó de arroz e do véu, quem solta "expressões atrevidas em iídiche" de modo tão descontraído com certeza não fazia parte do establishment judaico, que valorizava justamente o *esquecimento* intencional e completo do iídiche como sinal de aculturação bem-sucedida. Julie tinha crescido num meio pequeno-burguês. O pai Eduard, primeiro comerciante de víveres em Zájezdec (a leste de Praga, perto de Pardubitz), migrou em 1888 com a esposa Mina à degradada Josefstadt [Josefov], antigo gueto de Praga, certamente na esperança de uma ascensão social. Mas ao contrário de Hermann Kafka, ele não conseguiu se firmar com uma atividade empresarial autônoma; trabalhou como sapateiro e depois se tornou *schammes* (servidor da sinagoga) num vilarejo de periferia chamado Königliche Weinberge [Královské Vinohrady, hoje Vinohrady e bairro de Praga], um cargo mal pago que obrigou seus quatro filhos (três meninas e um menino), nascidos no bairro pobre, a contribuir desde cedo para o sustento da família.

Julie também participava. Ela aprendeu técnicas comerciais, depois trabalhou como escriturária em escritórios, que trocava com frequência, entre eles cinco bancas de advogados. Seu último emprego havia se encerrado em maio de 1918, em seguida passou a auxiliar Růžena, a irmã caçula, em sua butique, mas não estava mais apta a um serviço de tempo integral com as costumeiras cinquenta horas semanais. Nesse meio-tempo, ela recebeu o diagnóstico de catarro bilateral no ápice do pulmão, crônico. O caso era sério e o tratamento numa estância, urgente. Depois de os irmãos juntarem dinheiro para ela, a bastante emaciada Julie entrou em agosto de 1918 com um pedido de passaporte para a Suíça, a fim de se internar num sanatório em Davos. A época era de guerra, a autoridade policial austro-húngara ainda funcionava, e o pedido foi negado. Assim, não lhe restou outra coisa a fazer — como tampouco para Kafka — do que procurar por alternativas nas cercanias de Praga. E, por fim, escolheu Schelesen.

Ela tinha uma série de surpresas prontas para seu novo conhecido. Kafka achava que a nova amiga era muito jovem, mas poucas semanas mais tarde Julie comemorava o 28º aniversário. Ele perguntou, cautelosamente, sobre sua identidade judaica, soltou de maneira casual a palavra "sionismo" — e descobriu que não havia tanto tempo ela quisera se casar com um sionista convicto, mas que caíra morto na guerra. Sua irmã mais velha, Käthe, já casada, frequentava eventos judaicos; sua melhor amiga era membro da associação juvenil judaica Blau-Weiß [Azul-Branco], e já assistira a inúmeras palestras de Max Brod. Não é de espantar que Julie leu e compreendeu melhor uma obra que Kafka lhe encomendou junto a Brod do que sua suposta ignorância e seus interesses femininos faziam supor. Kafka ficou consternado e esforçou-se em explicar a Brod que a balconista era bem mais interessante do que ele imaginara de início.

Entretanto, Brod não ficou sabendo de toda a verdade e, a partir das escassas revelações de Kafka, também mal deve tê-la adivinhado. Uma das cartas dizia que se ria muito em Schelesen, "mas também é um tempo difícil. Bem, por enquanto o suporto, mas não é sem motivo que não estou muito bem de saúde. Aliás, esse tempo vai terminar nos próximos dias, pelo menos em sua forma atual".[9] Em outras palavras, Julie tinha começado a arrumar as malas e Kafka ficaria sozinho. Ele ocultou que passara noites insones por causa dela — as primeiras em um ano —, mas Brod certamente não teria acreditado que aquilo que o mantinha acordado eram as torturas da autonegação erótica.

Kafka estava apaixonado e percebeu que despertava simpatia, mais que simpatia. O rápido crescimento da tensão sexual, a excitação causada pela ansiedade frente a uma tomada de decisão, não amedrontaram apenas Kafka — também Julie pareceu dar um passo atrás. Eles evitavam de se encontrar e, por fim, pararam de tomar as refeições juntos, passando a enviar bilhetinhos inocentes de um quarto a outro. O desejo torturava Kafka, era como se uma ferida recém-curada tivesse sido aberta novamente. Além disso, ele se perguntava se aquilo que estava vivendo era autêntico: uma mulher e um homem sozinhos numa pensão isolada, longe da família e dos amigos, em meio a uma paisagem bucólica de neve, ambos perigosamente enfermos e, portanto, com muito afã pela vida. Tratava-se de um cenário bem conhecido, algo mais ou menos literário, mas que causava dor real. O final era sabido: em 99 de cem casos, tudo teria terminado quando um dos dois partisse. E Kafka estava firmemente convencido de que não havia outro desfecho, de que esse encontro haveria de cessar como, no passado, o doce flerte em Riva. Valia a pena? O desejo, os segredos, a despedida, a tristeza, as lembranças dolorosas? E não era possível se esquecer das perguntas incisivas dos pais, que saberiam do ocorrido *imediatamente*. Melhor lutar contra. E Kafka resistiu até o último dia. Quando a jovem se despediu, eles ainda se tratavam de maneira formal: o senhor doutor e a srta. Wohryzek. Ele permaneceu mais três semanas, sozinho, em Schelesen. E não sucumbiu à tentação de escrever para ela. Kafka esperou em vão por um alô da cidade. Pouco a pouco, entretanto, a dor do súbito silêncio deu lugar à certeza de que era impossível a história acabar ali. E ele teria razão.

> [...] mas quando cheguei a Praga, corremos um para o outro como que atiçados. Não havia outra possibilidade, para nenhum de nós. Mas a condução externa da coisa toda estava comigo.
>
> Em seguida, veio um tempo relativamente tranquilo e feliz. Visto que estava para além de nossas forças ficarmos distantes, paramos de lutar contra [...]. Podíamos ser vistos no meio da floresta, tarde da noite nas vielas, tomando banho em Černošice, e se alguém tivesse perguntado se nos casaríamos, ambos teríamos respondido: não [...].

Palavras de uma longa carta, um texto de justificativa, com o qual Kafka se dirigiu, no final de 1919, à irmã de Julie, Käthe — o único documento preservado, não se sabe como, que lança alguma luz sobre essa nova paixão de Kafka.[10] Fora isso, ele se mantinha calado, revelava aos pais e mesmo aos amigos apenas o necessário, e mantinha Julie distante de todas as relações sociais que tinham determinado sua vida até então, exceto de Ottla.[11]

Quem topasse com Kafka naquela época se veria confrontado com uma máscara social difícil de ser interpretada: sempre amável, disposto a ajudar, não evitando nenhuma provocação para se comunicar, mas sempre mantendo uma postura reservada e fria assim que problemas pessoais ou até relativos à sua condição de autor entrassem em jogo. E ele se ocupava pessoalmente para que essa porta fosse aberta o mínimo possível. Pois Kafka passou a preferir cada vez mais relacionamentos em que podia conduzir, ensinar e ajudar — não para manter os outros num estado de dependência ou até de controle, mas na expectativa instintiva da intocabilidade de quem dá. Ao sacrificar seu valioso tempo, ao distribuir conselhos, doar dinheiro ou livros, ele não precisava se doar, e essa manobra era difícil de ser percebida, visto que o obséquio de Kafka no geral era menos superficial e mais confiável do que o exigido pela convenção social. Seu conselho não era apenas útil, mas continha também extraordinária empatia. Kafka sempre partia da perspectiva de vida e das necessidades do outro, necessidades que ele conseguia compreender muito bem mesmo em se tratando de uma mulher, um jovem ou uma pessoa vinda de uma situação social ou vivência religiosa bastante diferentes. Isso lhe angariava confiança e muitas coisas lhe eram confiadas. Por esse motivo, o fato de Kafka não permitir que *ninguém* quebrasse seu recato causava grande espanto.

Foi o que aconteceu, por exemplo, com os irmãos Klaus, de Praga. Kafka tinha conhecido o químico tuberculoso Victor Klaus — primo de Felix Weltsch — no curso de hebraico e o reencontrou em Schelesen. Eles foram vizinhos de quarto por um tempo, vistoriaram juntos a bem montada biblioteca da pensão Stüdl, leram Dickens juntos. Nos fins de semana, quando o irmão de Victor, Hans — de dezessete anos, com alguma bagagem literária e caráter ambicioso —, vinha fazer sua visita, ele recebia indiretas de que era melhor evitar perguntas relativas à doença de Kafka ou até sobre suas obras. Tratava-se de uma limitação dificilmente compreensível para o estudante que queria ser escritor, que estava acostumado a circular entre seus iguais, que poucos meses mais tarde conseguiu publicar seus primeiros textos, e para quem a literatura era uma fonte de inesgotável prazer. Certamente, o silencioso Kafka continuou sendo uma autoridade para o principiante; a partir do final de 1919 ele o visitou cerca de dez vezes em seu escritório no Instituto de Seguros, falou de seu grupo literário Protest, do qual era cofundador, e chegou até a lhe entregar algumas de suas tentativas literárias para uma possível avaliação. Kafka ouvia o rapaz com paciência, dava conselhos úteis, presenteava livros e apresentava alguns de seus contatos no mundo editorial, que talvez pudessem ajudar Hans Klaus. Mas o desnível psíquico entre mentor e aluno prosseguiu inalterado, e assim que a conversa resvalava para a vida de Kafka, ele se mostrava "inacessível como uma montanha".[12]

A amizade de Kafka com Gustav Janouch, ainda mais jovem e também afim com a literatura, seguia o mesmo padrão. Foi o pai do rapaz, um colega de Kafka, quem os apresentou — certamente na esperança de que o escritor exercesse uma influência didática estabilizadora sobre o sonhador de dezesseis anos. A família Janouch era disfuncional; devido às brigas constantes entre os pais, o jovem se refugiava em fantasias de uma literatura onipotente e em bufonarias inocentes e, em vez de ir à escola, ele passava o tempo em cafés e bibliotecas fantasiado de "artista", com chapéu de aba mole e echarpe colorida.

Janouch, que nessa época se chamava "Axel", impressionava principalmente pelas suas leituras — Thackeray, Whitman, Laforgue, Strindberg, ele conhecia tudo —, além de ser um bom pianista e se arriscar na linoleogravura. Mas sua evidente avidez por reconhecimento, que ele tentava alcançar por vezes com uma produção poética maciça, contrastava de maneira cômica com sua aparência juvenil e com seus faniquitos adolescentes, que irritavam até o paciente secretário da seguradora. "Ele veio me ver no escritório", escreveu Kafka, mais tarde, "chorando, rindo, gritando e me trouxe uma porção de livros que devo ler, depois maçãs e, por fim, sua amada, uma pequena e simpática filha de um guarda-florestal; ele mora com os pais dela. Ele se diz feliz, mas às vezes passa a impressão de estar temerariamente confuso, não tem boa aparência, quer terminar a escola e depois estudar medicina ('porque é um trabalho silencioso, discreto') ou direito ('porque leva à política'). Que diabo insufla esse fogo?" Nesse momento, Janouch está com dezoito anos; não é difícil imaginar a inquietação que carregou ao escritório de Kafka durante mais de dois anos.[13]

Mas mesmo o desacreditado *Conversas com Kafka* — aquela reunião de fragmentos autênticos, semiverdadeiros, estilizados e obviamente inventados de conversas, que Janouch publicará apenas décadas mais tarde em dois formatos diferentes e com assistência de Max Brod —,[14] mesmo essa mescla intransponível de mentiras e verdades mostra traços claros daquela manobra defensiva com a qual Kafka queria preservar sua vida íntima diante do jovem amigo. Justamente as afirmações "preservadas" de Kafka, que mostram tentativas de uma autocaracterização ou podem ser lidas como confissões — ou seja, frases que começam com "eu" — são as menos críveis e divergem de sua dicção de maneira até grotesca. O nome de Ottla não aparece nesse *Conversas* nem o de Julie Wohryzek, e Janouch parece ter conhecido Milena Jesenská apenas como tradutora. Todos os acessos lhe foram evidentemente fechados. Kafka também não entrou em discussões sobre suas obras publicadas até então; no máximo, soltava afirmações desimportantes sobre a relação entre vida e literatura, e quando Janouch se mostrava muito teimoso, ele encerrava a conversa.[15]

Entretanto, Kafka manteve sua simpatia pelo jovem confuso, e é impossível não notar que ele seguiu um modelo de comportamento que marcara, alguns anos antes, a amizade (que levantava a mesma estranheza) com Isaac Löwy: era justamente a ingenuidade, com a qual Janouch derramava seus problemas psíquicos para fora, tornando-o vulnerável em larga medida, que gerava em Kafka um impulso de proteção e com certeza também de identificação: é assim que eu seria se não fosse tão calculista. É quase como se Kafka estivesse expiando uma culpa moral diante desse ser frágil. Ele ajudou Janouch numa pequena primeira publicação, desculpou-se com outros pela presunção do rapaz e chegou a pedir que o grupo literário de Hans Klaus mostrasse consideração e aceitasse Janouch entre seus quadros, oferecendo-lhe assim algum apoio social e intelectual. Tudo em vão. Janouch nunca foi além de seus exercícios literários de principiante, trilhou caminhos próprios e logo caiu no esquecimento.[16]

Manifestações de satisfação, de realizações, de autoconfiança são raras nas anotações particulares de Kafka, não apenas porque ele — como quase todos que mantêm um diário — procurava alívio na queixa escrita e, portanto, uma parte bastante desproporcional de seu tempo e de sua tinta era dedicada à infelicidade, mas também porque ele se envergonhava de maneira atávica de chamar a felicidade pelo nome. Ele não queria discuti-la. Kafka temia que o balanço por escrito de um sucesso, ou até sua expectativa expressa de maneira por demais evidente, levasse de modo inexorável ao seu fracasso. Kafka comportava-se como se estivesse frente a um demiurgo invejoso, motivo pelo qual era melhor não lhe franquear a vista de seus assuntos domésticos. E passou a ficar mais cuidadoso desde que começou a se sentir um sobrevivente. Kafka foi deixando de fixar por escrito o cerne de sua vivência, acostumando-se a falar por alusões, como se temesse que uma instância superior estivesse ouvindo. Por fim, passou a usar abreviaturas próprias, cuja decifração desafia seus leitores póstumos.

> Novo diário. Na verdade, só porque andei lendo o antigo. Certos motivos e intenções não logro identificar agora, às quinze para a meia-noite.
>
> Estive no Riegerpark. Caminhei para cima e para baixo com J. [Julie Wohryzek] ao largo dos jasmins. Mentiroso e verdadeiro; mentiroso nos suspiros, verdadeiro no comprometimento com ela, na confiança, na sensação de segurança. Coração intranquilo.[17]

Isso é tudo: as únicas anotações particulares que foram preservadas entre o início de 1919 — quando ele conheceu Julie Wohryzek — e dezembro do mesmo ano; é um fiapo d'água se comparado às cascatas de palavras que haviam inundado a relação com Felice desde o começo. De todo modo, a palavra "segurança" ressalta; até onde sabemos, Kafka nunca a utilizara até então, e também a repetirá no futuro, e mesmo as minúcias que ele como que revela a si mesmo já são "falar demais".

Kafka não chama pelo nome seu real desejo, aquele pensamento insistente, latejante, que lhe causa ansiedade. Qual seria? A sedução pela virginal Julie? Improvável, pois desde o início seu relacionamento não foi platônico, a carta posterior à irmã de Julie evidencia a intensidade da paixão com clareza suficiente. O fato de Kafka manter pela primeira vez em anos — não sabemos quantos — um relacionamento sexual para além de uma noite deve ter contribuído em muito para desarmar as torturantes tensões psíquicas e permitir um olhar mais tranquilo para contemplar tudo aquilo que estava à frente. Com exceção, porém, da questão relativa a casamento e família. *Esse* pensamento era o que aterrorizava Kafka de maneira contínua, visto que despertava um desejo antigo e uma ansiedade ainda mais remota.

Kafka e a srta. Wohryzek já tinham conversado em Schelesen sobre o problema do casamento. Ambos acreditavam haver motivo suficiente para tanto, e ambos falavam de modo tão aberto quanto possível tendo em vista que haviam acabado de se encontrar em seu período de convalescença. Eles *não* se casariam, assegurou Julie (que após a morte violenta do noivo usou luto fechado, como uma viúva), e seu desejo por filhos não era grande o bastante para que a decisão fosse questionada. Ele, por sua vez, afirmava que *não podia* se casar, e isso já estava mais do que comprovado pelo fato de ter ficado comprometido por cinco anos com uma mulher, pressionando-a ao casamento, noivando duas vezes, para depois acabar com todas as esperanças dela. Entretanto — e aqui encerrava-se a surpreendente concordância de ambos — ele dizia considerar "casamento e filhos o que há de mais digno de esforço na Terra, em certo sentido"[18] e isso não havia mudado, mesmo tendo de aceitar que em todos esses anos não havia avançado nem um passo nesse sentido.

As coisas podiam ter ficado assim. O próprio Kafka chamou o verão de 1919 de um "tempo relativamente feliz e tranquilo", cheio de uma "felicidade relativamente pacífica". Ou seja, feliz em relação a todas as suas experiências com mulheres, inclusive os poucos dias maravilhosos em Marienbad. Mas imaginar esse estado como sendo de longa duração, postar-se a dois diante do portão do casamento e assistir ao restante da humanidade adentrando esse portão sem esforço aparente era uma ideia que Kafka suportava cada vez menos. "Não consegui me satisfazer com essa vida, [...] seus lados bons eram meio bons e nem isso; e mesmo aquilo que era ruim não o era totalmente." Ou seja, um estado provisório e de modo algum apenas no sentido intelectual. Pois o contexto social e familiar no qual a nova felicidade de Kafka se concretizava quase não se diferenciava da controlada configuração de um amor ginasiano. Tanto ele quanto Julie moravam com os respectivos pais, estavam sempre sendo controlados, não tinham um lugar onde pudessem ficar à vontade, dependiam da natureza e (supostamente) de pousadas no campo, bem distantes da cidade. Ele não podia apresentar Julie aos amigos, muito menos aos colegas, e quando o casal, de braços dados, topava com um parente, o constrangimento era grande. Mesmo se ele estivesse apto a deixar para trás todas as dúvidas morais — que Kafka havia internalizado tanto quanto cada homem burguês de sua geração — e desafiar os pais e o restante do mundo com a visão de um concubinato num apartamento em comum, o arranjo de modo algum seria aceito pelos parentes de Julie. Eles não entregariam sua "menina", mesmo se já "experiente", às mãos de um funcionário público que se negava a assumir quaisquer responsabilidades.

Uma situação indigna, na opinião de Kafka. Ele recomeçou a falar de casamento, mas agora seriamente, com pedido e pressão. Afinal, as condições lhe pareciam dessa vez "tão mais favoráveis do que antes, sim, quase impossível imaginar mais favoráveis". Pois Julie também estava apaixonada, não pressionava o namorado e também compreendia as esquisitices dele, a moral peculiarmente rígida, a ênfase na coerência, os traços não convencionais que tornavam a vivência cotidiana dele tão mais rica quanto mais complicada. Kafka, por sua vez, tinha descoberto o "ser quase mágico" dela, sentia uma intimidade profunda e concordância com ela, vivenciava uma dimensão erótica que até então lhe tinha sido ocultada: uma intimidade confiável. Tratar-se-ia de um "casamento por amor", ele suspirava, "mas, na verdade, é um casamento de conveniência no sentido mais elevado da palavra". Julie levou um susto. Principalmente a expectativa de filhos, dos quais Kafka falava com frequência, despertou sua leve resistência, e o fato de justo esse solteiro notório, com seus primeiros fios de cabelo branco, sonhar com uma família grande, necessariamente crescente, era um tanto estranho. Mas ela não queria perdê-lo e, por fim, cedeu, logo se acostumando à nova perspectiva. Eles noivaram de maneira muito discreta e é bem provável que na ausência de testemunhas.

> "Provavelmente ela vestiu alguma blusa escolhida, como sabem fazer as judias de Praga, e naturalmente você logo decidiu casar com ela. E na verdade o mais rápido possível, numa semana, amanhã, hoje. Eu não o entendo, você já é uma pessoa adulta, vive na cidade, e não lhe ocorre coisa melhor do que se casar imediatamente com qualquer uma que

aparece. Será que não existem outras possibilidades? Se você tem medo, eu o acompanho pessoalmente."[19]

A voz do seu senhor. O que lhe restou na memória, Kafka anotou numa forma literária, num alemão melhorado e reduzindo a questão à sua essência. Mais não era possível. Pois enquanto as sonoras humilhações de Hermann batiam em sua orelha, ele tinha a sensação de estar vivendo um daqueles pesadelos terríveis nos quais, ainda antes de seu clímax, surge a certeza de que *isso não pode ser verdade*. Ele parou de prestar atenção. O pai tinha falado de bordel, de sexo pago, e de modo algum de maneira reservada, só os dois, com a mão diante da boca, de homem para homem ou de pai para filho; ele o faz em voz alta no meio da sossegada sala de estar dos Kafka, na presença da esposa. Kafka olhou para ela e por um instante sentiu que a vergonha da mãe era maior do que a sua própria. Julie Kafka levantou-se em silêncio, pegou algo da mesa e saiu do cômodo.

Kafka compreendeu imediatamente que se tratava de uma cena paradigmática. Sentiu um déjà-vu; o constrangimento não era inédito. No passado, quando jovem e talvez precoce, ele havia acusado os pais de mantê-lo desinformado em matéria de sexo, colocando-o à mercê dos maiores riscos, e em seguida o pai ofereceu conselhos seguros de como "fazer essas coisas sem perigo". Bem, ele era assim, e vendo a coisa por seu lado cômico, o jovem falastrão talvez tivesse merecido a resposta que o fez corar violentamente. Vinte anos mais tarde, porém, o chefe da família continuava agindo como se estivesse diante de um adolescente, como se seu filho tivesse problemas que podiam ser evitados com o uso de preservativos. Essa repetição tardia foi "horrenda", Kafka lhe disse. "Dificilmente você me humilhou mais fundo com palavras do que desta vez, nem nunca o seu desprezo se mostrou mais nítido para mim."[20]

Esse foi o ápice de uma série de discussões ruidosas, que já duravam dias. Foi impossível acalmar Hermann Kafka desde que ele soube de mais um noivado do filho, e sua esposa — mesmo que de maneira mais cortês e tentando manter ao menos a tranquilidade exterior — lhe dava total razão. Uma noiva que vinha de uma família totalmente sem recursos, a filha de um *shammes*. Se esse casamento desonroso viesse a se consumar, o velho vociferava, ele emigraria. Sem falar que a família toda o consideraria um mentiroso. Pois não fazia nem dois anos que ele precisou explicar às pessoas os motivos pelos quais Franz tinha se separado de sua noiva de

Berlim de muitos anos, bastante elogiada, elegante: na época, a desculpa oficial foi "tuberculose". E agora, com o filho ainda pior, novos planos de casamento? Ainda por cima, com uma doente? Isso seria motivo de piadas, afirmou Hermann Kafka.

O confronto não deve ter pegado Kafka totalmente de surpresa, pois ele já tinha ouvido centenas de repreensões sobre seu planejamento de vida não confiável. Visto que o pai acreditava que ele era incapaz de se decidir de maneira consciente e com total responsabilidade por uma mulher do mesmo nível social, cedo ou tarde uma mulher qualquer se decidiria por ele. Uma profecia desdenhosa, tão familiar a Kafka que já a havia internalizado fazia muito, incorporando-a à imago do pai.

Os leitores de Kafka deparam-se aqui com uma das antecipações mais sinistras da história da literatura e, ao mesmo tempo, com uma indicação clara de que a desconsideração desse pai não podia ser explicada somente por uma fraqueza pessoal de caráter. Tratava-se de uma manobra patriarcal típica, presente em outras famílias também. Já que era impossível evitar que filhos e filhas tornados adultos tomassem suas decisões particulares, restava atacá-los num ponto especialmente sensível, berrando a plenos pulmões que se tratava de decisões *livres*. Sete anos antes, Kafka havia descrito esse cenário, com espantosa exatidão, em sua novela *O veredicto*. Nela, também encontramos um velho comerciante que acusa o filho de avidez sexual como motivação para seu noivado, tentando assim humilhá-lo: "'— Só porque ela levantou a saia — começou o pai em voz de falsete —, só porque a nojenta idiota levantou a saia — e para fazer a mímica suspendeu tão alto o camisolão, que dava para ver na parte superior da coxa a cicatriz dos seus anos de guerra —, só porque ela levantou a saia assim, assim e assim, você foi se achegando [...]'".* Kafka deve ter considerado um sinal o fato de que essas frases cheias de veneno estivessem sendo publicadas justamente naquele momento.[21] É certo que o verdadeiro Hermann Kafka estava bem longe de apresentar gestos tão obscenos e é quase impossível que levantasse o camisolão diante do filho. Mas no desejo da subjugação moral, o pai ficcional e o verdadeiro são coincidentes. São, inclusive, totalmente coincidentes. Pois aquilo que dá um efeito de grande verossimilhança na cena

* Franz Kafka, "O veredicto". In: *Essencial*. Trad. de Modesto Carone. São Paulo: Companhia das Letras, 2014, p. 39.

imaginada por Kafka, como expressão gestual de uma lógica mortífera de relacionamento, reapareceu na realidade de 1919 como um ataque quase inconcebível, teatral.

Kafka certamente não deixou de perceber que algo estava errado ali, que a exasperação dos pais não combinava direito com seus argumentos de pouca objetividade. Emigrar porque o filho se casaria com uma mulher sem dinheiro? Hermann não podia estar falando sério — num tempo em que aqueles que sobreviveram sentiam-se aliviados, em que todas as famílias cujos filhos não foram mortos nem feridos ou presos se consideravam afortunadas. Os anos de guerra tinham acabado com o otimismo de um planejamento familiar judaico-burguês que avançaria por gerações. Nem mesmo os pais de Kafka podiam ter deixado de notar isso. Então, qual o sentido daquela tempestade em copo d'água?

Kafka descobriu rapidamente a solução desse enigma, e é preciso agradecer a um acaso feliz da preservação histórica — e a mais uma intervenção de Max Brod — pelo fato de a posteridade conhecê-la também. Pois a obstinação com a qual Kafka mantinha sua amada distante de seus amigos tinha também despertado a curiosidade preocupada de Brod. E ele também achou muito estranho ter sido inesperadamente apresentado a esses planos de casamento, já sacramentados, em meados de setembro, sem que Kafka tivesse pedido seu conselho. Alguns dias mais tarde, Brod encontrou uma de suas namoradas antigas, que, como ele descobriu, conhecia Wohryzek. O relato dela foi arrasador: "St. desfavorável em relação a W.", anotou Brod, "todas rameiras. — [...] Como lhe dizer? — Talvez os pais dele saibam?".[22]

Esse "talvez" está sobrando na frase. Os Kafka tratavam candidatas ao casamento, cuja origem não era conhecida, da mesma maneira que tratavam novos parceiros comerciais; colher "informações" por meio de um dos inúmeros detetives era rotineiro. Anos atrás, quando a família Bauer estava em questão, os Kafka ainda haviam pedido permissão ao filho, iniciando discussões que se prolongaram por semanas. Eles *não* repetiram o erro, as investigações sobre a srta. Wohryzek aconteceram sem seu conhecimento. Dessa vez, entretanto, não ousaram apresentar os resultados — talvez por covardia, mas talvez tenham imaginado que isso levaria, no máximo, a uma amplificação da teimosia por parte do noivo.

Kafka soube apenas posteriormente que as humilhantes discussões com os pais não se deviam, em primeira linha, à pobreza da sua amada, mas a sua sabida permissividade sexual — não espanta que o pai logo imaginou que seu abúlico filho tivesse sido calculadamente seduzido. Há mais um indício para tanto. Pois quando Kafka esteve mais uma vez em Schelesen, dessa vez sozinho, e era preciso decidir se aceitaria uma visita de vários dias de Oskar Baum, seu principal contra-argumento foi: "afinal, ele me traria uma 'informação' nojenta, da qual Max já me contou um pouco". E mesmo quando todas as outras considerações tinham sido eliminadas: "a informação [...] ele trará de todo jeito".[23]

Os motivos permanecem obscuros, mas duas conclusões são inevitáveis. Brod já tinha lido essa informação, mas Kafka ainda não. Tratava-se, pois, de um documento relativamente novo. E Oskar Baum, que nunca tinha se metido nos assuntos familiares de Kafka, queria de todo modo apresentar as notícias, nada auspiciosas, pessoalmente. Isso só pode significar que o dossiê era endereçado a Kafka. Há poucos detalhes dessa história, bem como da "informação nojenta" em si, mas dois cenários são plausíveis. Ou Julie Kafka visitou o casal Baum e lhe pediu para entregar a informação a Kafka e, por meio de conselhos amistosos, fazê-lo desistir de seus planos de casamento — algo que ela certamente faria. Ou Max Brod revelara ao amigo a má fama da srta. Wohryzek ("Como lhe dizer?"), pressionando-o a buscar informações por conta própria — ou por meio de uma terceira parte, insuspeita —, a fim de ter o mesmo nível de conhecimento dos pais. Isso acabou acontecendo por meio de Baum e com o conhecimento de Kafka. Como resultado, algum investigador particular classificou as irmãs Wohryzek e, por extensão, a família, de párias.

É evidente que ler, por fim, os boatos recolhidos sobre a vida dissoluta de Julie foi algo difícil de Kafka suportar. Ele tinha sua opinião, confiava nas próprias experiências; sua longa carta à possível cunhada Käthe, que também foi afetada pelo assassinato moral, é atenciosa e não contém nenhum sinal de desdém. Em Schelesen, Julie lhe pareceu eroticamente reservada, e agora ela dirigia a ele um afeto carinhoso, afastando os pensamentos em relação a mentiras e infidelidade. E mesmo se restassem dúvidas: Kafka estava protegido das torturas do ciúme — principalmente do ciúme de um suposto "passado" da amada — pela certeza irretorquível de que não era merecedor da felicidade presente de modo contínuo, de que no máximo a desfrutava misericordiosamente e "apesar de tudo". Outros queriam "possuir" uma mulher, ele nunca quis. Kafka utilizava essa maneira de expressar, típica de seu tempo, como qualquer um, mas não conseguia acessar o sentimento que a acompanhava.

Mais uma vez, Hermann Kafka testemunhou que o filho advogado era absolutamente capaz de contra-atacar no momento decisivo usando da retórica. *Então me proíba o casamento*, Franz retrucou secamente ao pai, que o destratava. Hermann acusou o golpe. Pois o velho não proferiria uma maldição expressa, isso era certo, ele tinha receio da responsabilidade, tinha receio também de implodir a família em definitivo, principalmente diante dos olhos e ouvidos da esposa, da mais alta instância em se tratando de assuntos sentimentais. "Faça o que quiser", costumava ser sua resposta nesses casos, "por mim, você é livre; afinal, é maior de idade; não tenho mais conselhos para lhe dar"... Eram as velhas fórmulas, tantas vezes repetidas, que serviam apenas para disfarçar a própria impotência.[24] Com efeito, Hermann retraiu-se também dessa vez, abandonou a resistência ofensiva e logo o tema passou a ser evitado pela família. Todas as decisões seguintes seriam tomadas fora das quatro paredes dos Kafka.

Há indícios de que também os Wohryzek tinham determinadas dúvidas, mas as tratavam com discrição frente a Kafka. Certamente estavam felizes de ver Julie como futura esposa de um funcionário público judeu e materialmente bem resolvido, além disso escritor com interesses culturais, que coloriam o cotidiano — um homem absolutamente atencioso, de boa aparência e que sabia rir. Por outro lado, esse funcionário era doente, sua tosse constante parecia ameaçadora, volta e meia ele tinha de se afastar do trabalho devido às febrículas, e era previsível que apenas estadas longas e curtas em sanatórios poderiam ajudá-lo de modo efetivo. Não eram boas condições para se criar uma família.

Kafka sabia havia tempos que a palavra do médico tinha bastante peso nesse assunto. Em setembro, o professor Pick examinou-o atentamente, e o resultado foi contraditório: o casamento, do ponto de vista físico, estava liberado, disse o pneumologista, mas só se Kafka por fim ganhasse peso. Ou seja, havia uma ordem de "ceva". A palavra já lhe causava repugnância e ele confidenciou a Brod que era absolutamente impossível comer a quantidade exigida. Apesar disso, ele não queria abrir mão do plano pelo qual havia batalhado em casa, e durante um tempo dificuldades práticas o distraíram de dúvidas e medos.

A falta de moradia em Praga constituía-se num obstáculo considerável. A construção civil quase cessou durante a guerra, muitos apartamentos encontravam-se num estado lamentável, e moradias aceitáveis eram caras. Kafka tinha diante dos olhos o exemplo trágico de um colega, o pai de

Gustav Janouch, que dividia com a mulher de quem estava separado não somente o apartamento, como também o dormitório. Ambos simplesmente não sabiam para onde ir, e mesmo o filho se tornava mais um estorvo no lugar de alguém que pudesse alegrar aquela gaiola. Também Kafka, que nunca havia passado por problemas financeiros durante a vida, teve de passar pela dolorosa experiência de constatar que o desejável se encontrava num patamar inalcançável. Nem mesmo o salário de um funcionário público de médio escalão era suficiente para manter um apartamento razoavelmente confortável no centro da cidade. A participação numa cooperativa de construção, que ele havia adquirido antes da guerra, havia muito perdera o valor, e pedir aos pais a cessão de um de seus apartamentos de aluguel na Bílekgasse estava totalmente fora de questão depois dos últimos embates. Por fim, após insistir por uma semana, Julie conseguiu garantir para si uma oferta numa área de construções recentes de Wrschowitz (Vršovice), próximo à sua família, mas distante muitas estações de bonde do centro. Certamente não era o que eles tinham em mente — um apartamento de um dormitório, mobiliado, de paredes finas, que consumiria quase metade da renda anual do noivo. Um endereço provisório, mas, ao mesmo tempo, um golpe de sorte. Kafka assentiu. E ele marcou para um dos domingos subsequentes, no final de outubro de 1919, as proclamas do casamento num cartório de Praga.

Apenas um minúsculo passo o separava agora do casamento, apenas poucos dias o separavam daquela primeira manhã, havia anos imaginada de maneira febril e contínua, do despertar em companhia de uma mulher, uma companheira. Dias especiais, vertiginosos. Mais tarde, Kafka dirá que ele os passou em total "ofuscamento",[25] e a multiplicidade de tarefas e formalidades nas quais era preciso pensar ajudaram a acelerar o tempo e a calar o coro das vozes internas. Por fim, faltavam 48 horas. Foi quando chegou a notícia de que o apartamento, embora já confirmado, tinha sido entregue a outro interessado.

> O obstáculo essencial, porém — infelizmente autônomo em relação ao caso individual —, era que, do ponto de vista espiritual, sou manifestamente incapaz de me casar. Isso se expressa no fato de que, a partir do momento em que decido me casar, não consigo dormir, a cabeça arde noite e dia, isto já não é vida, fico oscilando desesperado de um lado para outro. Não são propriamente as preocupações que provocam isso,

> na verdade correm juntas inúmeras preocupações, de acordo com minha melancolia e meticulosidade, mas não são elas o decisivo [...]. [...] o que me atinge de modo decisivo é uma outra coisa. É a pressão generalizada do medo, da fraqueza, do autodesprezo.[26]

O casamento foi desmarcado, adiado para uma data incerta. Kafka, que havia pressionado Julie para a grande decisão, teve de confessar-lhe que tinha superestimado as próprias forças. Não sabemos se ela recebeu a notícia triste ou aliviada — a irmã Käthe, com quem logo foi se abrir, aconselhou-a a se separar de Kafka. Pois um homem que saía do prumo de maneira tão abrupta devido a acasos externos passava uma impressão muito forte de não ter falado sério desde o começo.

Sim, era sério, retrucou Kafka, que de modo algum queria novamente se retrair em silêncio diante de um tribunal feminino como fora havia cinco anos, em Berlim. Ele assegurou a Käthe que *não* era um mentiroso, que a decisão era verdadeira. Mas aquilo que Julie considerava apenas uma calamidade prática — a perda de um apartamento considerado certo —, era para ele "o ponto da virada"; "depois não foi mais possível manter nada, o prazo que havia sido colocado para mim tinha transcorrido, aquilo que era alertado de longe passou a golpear meus ouvidos realmente dia e noite". E para exemplificar àquela mulher estranha, mas perigosamente influente, o som desse ataque diversionista, ele registrou um daqueles inúmeros debates do cérebro atormentado consigo mesmo, um discurso interior conciso, a quintessência da ansiedade.

> Você, que precisa lutar ininterruptamente pela sua manutenção interna, com todas as suas forças e nem elas são suficientes, você quer criar um lar só seu, talvez a ação mais necessária possível, mas de todo modo a mais positiva e audaz? Quais excedentes de força empregará? Você, que mal é responsável por si mesmo de instante a instante, vai querer ser responsável também por uma família? Com quais forças contará? E você, que quer ter tantos filhos quantos lhe forem dados, pois está se casando para ser alguém melhor do que é no momento, estremece diante de qualquer limitação de filhos no casamento. Mas você não é camponês, cujos filhos são alimentados pela terra e, descendo até o fim, não é nem um comerciante, estou querendo dizer a partir de sua disposição interna, mas (talvez a classe escória dos profissionais europeus)

> funcionário público, além do mais excessivamente nervoso, perdido em todos os perigos da literatura, de pulmões frágeis, abstendo-se, cansado, dos trabalhos de escrevinhação no escritório. É com essas condições preexistentes que você quer se casar (embora seja preciso dizer que se casar é imperativo)? E com essa intenção, você ainda teve a audácia de exigir o sono da noite e não ficar perambulando os dias seguintes meio louco de dor, como se a cabeça estivesse pegando fogo? E com essa prenda matinal você quer fazer feliz uma moça confiável, dedicada, inacreditavelmente altruísta?[27]

É duvidoso que as irmãs Wohryzek fossem aptas a seguir essa lógica. Trata-se do mesmo pensamento simbólico, mas fatalista em suas consequências na vida prática, que já marcava a relação de Kafka com sua doença. Se a tuberculose tem um significado existencial, então ela não pode ser curada *verdadeiramente*. Se o solteiro ultrapassa o "prazo" dado, não obedece aos urgentes "alertas" de longe, então estará provocando uma destruição geral, que inevitavelmente arrastará a futura esposa junto. Pois mesmo um Kafka casado não seria um marido no sentido verdadeiro: o desejo e a incapacidade de preencher o ideal amplificado de um casamento autêntico seria mantido de modo inalterado. Mas para tornar isso plausível, Kafka tem de lançar mão de exageros, que arranham a credibilidade de sua explicação. Afinal, as Wohryzek sabem faz tempo que ele de modo algum se perde em "escrevinhações" quaisquer, mas que é um funcionário público de sucesso e extremamente valorizado, que naquele exato momento, no final de 1919, está diante da perspectiva de uma nova promoção. Isso soa tanto uma desculpa quanto aqueles supostos "perigos da literatura", que Kafka não sabe definir e dos quais nada se percebeu nos últimos meses. Por fim, o desejo urgente de manter a relação com Julie não combina com esse autojulgamento. Ele pede a Käthe que não impeça a irmã e chega até a afirmar que, como antes, Julie pertencia de maneira "indispensável" ao "único futuro imaginável". O que esse homem estava pensando?

Não se sabe se Kafka realmente queria que um casamento fosse possível num outro tempo, num outro lugar. Julie, entretanto, foi cedendo aos poucos aos seus sentimentos e não se deixou dissuadir pelo gradativo abatimento de Kafka. Para que toda aquela retórica moralista, quem estava falando de fracasso? O verão tinha sido bonito, mesmo sem planos de casamento. Outro verão se sucederia. Ela já tinha superado a morte real de um amado; Kafka, por sua vez, vivia e eles estavam juntos.

As esparsas anotações de Max Brod relativas a esses meses que foram preservadas ocultam mais um pequeno segredo. Elas revelam que Kafka, naquele momento um escritor que não escrevia, realmente estava à mercê de certos "perigos da literatura", mas num sentido bem diferente daquele relatado às Wohryzek — como leitor. Ele tinha acabado de ler de uma só sentada *Os frutos da terra*, principal livro de Knut Hamsun, e estava altamente impressionado. Uma saga camponesa de prender o fôlego, na qual, como lhe parecia, até ele mesmo aparecia: como Eleseus, filho mais velho do titânico dono da propriedade rural, um cético, física e mentalmente incapaz de assumir a herança do pai, que prefere morar na cidade às custas da família e, mais tarde, emigra para os Estados Unidos. Uma personagem que é estranha à própria origem, uma pessoa que, segundo os valores aceitos de sua comunidade — e, por fim, dos seus próprios —, é uma fracassada. Isso era gasolina para o mito privado de Kafka, que usa o nome Eleseus no seu diário como uma abreviatura autoexplicativa. Mas por que, nesse romance, todas as pessoas se perdem, por que estão tão seduzíveis, por que não podem se dar por satisfeitas com o simples? Kafka tinha clareza a esse respeito. "As mulheres estragam tudo", ele explicou secamente ao amigo.

15.
Hermann Kafka, posta-restante

O que nos tortura são possibilidades perdidas.
Ter certeza de uma impossibilidade é um ganho.

Karl Kraus, *Ditos e desditos*

A srta. Olga Stüdl estava felicíssima. Um hóspede muito considerado havia chegado — ela conhecia sua família de Praga —, um homem discreto, bem-educado, bem-humorado, alguns anos mais jovem do que ela e que já havia passado vários meses em sua pensão em Schelesen no inverno anterior. Naquela época, chegaram até a desenvolver uma espécie de intimidade; ela lhe contou que tinha ficado sozinha após um noivado fracassado. O hóspede, por sua vez, lia algumas vezes em voz alta para ela e chegou inclusive a lhe entregar uma pilha de provas tipográficas para revisão. Era um livro pequeno de sua autoria, que logo seria lançado, e queria saber sua opinião a esse respeito. Ele havia passado bastante tempo com outra hóspede, uma jovem, que também estava convalescendo, e a srta. Olga percebeu que ambos estavam se aproximando. Mas era evidente que ele não se recuperara à época. Pois voltou se queixando de dores de cabeça e insônia, além de estar tossindo mais do que no ano anterior. Nada incomum, porém. Tossia-se muito na pensão Stüdl.[1]

Dessa vez, Kafka tinha feito uma reserva para duas semanas, o que era muito pouco para uma temporada de tratamento. Seus motivos eram outros, como a srta. Stüdl logo viria a descobrir, e trazia companhia famosa. Max Brod aproveitou a oportunidade para também relaxar por alguns dias e por fim conversar de novo com Kafka, longamente e em particular. O amigo tinha estado longe de sua vista por um longo tempo e dividira o prazer do verão com uma mulher. Brod estava esgotado; a política sionista diária, as discussões com políticos tchecos, as conversas infrutíferas, as muitas viagens, palestras, os discursos eleitorais, tanto passados quanto futuros, faziam com que ele apreciasse a presença tranquila a intensa de Kafka e os passeios nos bosques nevados como um tipo de renascimento mental. Por um triz Brod não se tornou um político profissional: ele ficou em quinto lugar na "lista de candidatos do grupo dos judeus comprometidos", dominada pelos sionistas, que participou das eleições comunais em Praga em 15 de julho de 1919; apenas os três primeiros foram eleitos. O privilégio de se sentar vez ou outra no gabinete do presidente Masaryk, de formação humanista, e de recepcionar enviados internacionais no próprio apartamento era uma recompensa insuficiente pelos insultos públicos que os políticos judeus tinham de ouvir regularmente.[2]

Brod podia ficar apenas poucos dias, depois deixou Kafka a sós em Schelesen. "Foi maravilhoso (para mim) estar em sua companhia", ele lhe escreveu. Os parênteses contam que Brod estava consciente das necessidades totalmente diferentes do amigo. "Como não estou sendo exigido, sinto-me suportavelmente bem", Kafka avisou para Ottla, "entretanto, Max esteve aqui até agora."[3] E havia no horizonte uma visita de Oskar Baum. Essas exigências já eram demasiadas. Pois Kafka estava ocupado com um projeto que exigia toda sua concentração no breve período que lhe restava ali sem ser importunado.

Ele já tinha tentado por diversas vezes chegar, pelo caminho da escrita, a um entendimento com o pai, que na conversa rechaçava de maneira brusca mesmo a mais cuidadosa das críticas. Não sabemos quantas dessas tentativas houve — entretanto, é certo que Kafka enviou de Zürau ao menos duas cartas ao pai, que durante dias foram motivo de agitação. A mãe nem entregou ao marido mais outra carta. Além disso, foi preservado um fragmento de carta, da primavera de 1918, que deveria ter sido entregue a Hermann Kafka na estância hidromineral Franzensbad, em que se encontrava. O motivo para tanto foram as recentes acusações de que Franz se comportava de maneira totalmente indiferente em face das questões da família, sobretudo as financeiras — desde o mau resultado com a fábrica de amianto, esse ponto aumentava muito o sentimento de culpa de Kafka. Sua postura defensiva era equivalente: "Começo a carta sem autoconfiança e apenas com a esperança de que você, pai, me ame apesar de tudo e de que irá ler melhor do que eu escrevo".[4] Kafka, porém, logo perdeu a vontade de insistir nesses gestos de submissão — o melhor a ser alcançado nesse sentido era uma reconciliação exterior, algo que não valia o esforço. Depois de tudo o que acontecera com essa família no ano anterior, e principalmente depois dos acessos de desdém do pai em relação ao planejado casamento, uma carta dessas tinha de ser bem diferente; Kafka precisava criar *clareza*, clareza como fundamento de uma vida humana em comum. Ele e Ottla — a única pessoa a quem confiara seu novo plano — estavam de acordo nesse ponto. Também ela, que estava vivendo de novo com os pais, realmente tinha motivos suficientes para aguardar o duelo futuro entre o irmão e o pai com o coração acelerado, mas também com alguma esperança.

A situação de Ottla havia se agudizado novamente desde o final de 1918 e a responsabilidade era do namorado, Josef David. Sem qualquer anúncio prévio e evidentemente contra a vontade de Ottla, ele se apresentara a um consternado Kafka como seu futuro genro. Josef recebeu um convite para frequentar a casa e foi cuidadosamente avaliado pela família — mesmo por Franz, havia tempos sabedor da situação —, enquanto que a Ottla, ainda em Friedland, só restava aguardar o resultado do confronto, por assim dizer, de mãos atadas. Ela já tinha mostrado aos pais havia tempos que, diferentemente das irmãs, recusava-se a ser oferecida no questionável mercado da intermediação de casamentos. Ela queria tomar a decisão sozinha. Mas que o candidato fosse justo *aquele* foi uma surpresa à qual ninguém estava minimamente preparado.

Josef David, de 27 anos, era oriundo de família católica — seu pai foi sacristão na catedral de são Vito —, não esperava receber nenhuma herança, e se definia como tcheco de orientação nacional-democrata: três características que, anos antes, certamente teriam impedido seu acesso à família Kafka. Mas, naquele momento, em meio à euforia da criação do Estado tcheco, que acontecera apenas poucas semanas antes, os pesos sociais tinham se movimentado: ambiciosos jovens tchecos, que tinham regressado da guerra incólumes feito David, podiam se sentir vencedores, enquanto a burguesia judaico-alemã, cujo padrão de vida passara de súbito a ser uma mácula, foi empurrada a uma posição mental defensiva. Ottla sabia exatamente que o encontro de seu amado com os pais carregava material explosivo para um conflito não apenas individual, mas também eminentemente social. Josef David não estava imune ao antissemitismo, amplificado havia pouco, e Ottla teve de alertá-lo, escrevendo-lhe, de maneira muito explícita, que não queria que ele xingasse os judeus no geral e só abrisse uma exceção para ela.[5]

A primeira apresentação de David foi "maravilhosamente leve e natural", Kafka afirmou à irmã, nervosa, "nenhum coração parecia estar pesado".[6] Nisso ele exagerava, como de hábito. O fato de os Kafka se esforçarem ao máximo para receber o arrojado pretendente (que, formalmente, não estava "pretendendo" nada) sem nenhum desdém social tinha seus motivos, que ele conhecia tão bem quanto Ottla. Semanas mais tarde, os pais sentiram-se muito constrangidos ao ser flagrados por David assando um ganso, que, devido à carestia contínua, não podia ter sido obtido em lugar nenhum exceto no mercado ilegal judaico. Todos respiraram aliviados quando David aceitou o convite para participar da refeição.

Depois que os embaraços iniciais foram superados, logo se descobriu que não havia muita coisa negativa a ser dita em relação a esse jovem tcheco, em termos *pessoais*: um carreirista ambicioso, com formação cultural, que trabalhava num banco e simultaneamente concluiu um curso de direito pago por ele, estando prestes a obter seu doutorado. Além disso, tocava piano, falava francês e muito melhor inglês — Ottla tinha sido incentivada havia anos a aprender também —, e quando não estava discorrendo sobre suas perspectivas de carreira ou sobre sua estada anterior na Inglaterra, gostava de se gabar da sua coleção de selos ou de discutir futebol. Tratava-se de um homem que sabia o que queria e com quem dava para manter uma conversa, algo que até o velho Kafka admitiu. Mas evidentemente apenas em tcheco. Pois David se recusava a ficar trocando as duas línguas de maneira tão relaxada como os Kafka faziam na sua frente;[7] na verdade, ele se recusava a falar alemão, embora também dominasse a língua. Quando a família lhe fazia uma pergunta em alemão, a resposta vinha num tcheco impecável, algo natural para qualquer cidadão consciente de sua nação. Claro que os Kafka não levantaram quaisquer objeções, mas depois perguntaram a Ottla se não era possível fazer com que Josef David deixasse a teimosia de lado, pois era bastante exaustiva e atrapalhava os momentos de convívio. No mais tardar depois de David ter se revelado leitor do jornal patriótico *Národní listy* — enquanto o *Prager Tagblatt* reinava sobre a mesa da sala dos Kafka, como sempre —, eles devem ter descoberto que ou se conformavam com esse homem ou teriam de expulsá-lo de casa.

> Ele nos passou a melhor das impressões, mas não posso negar que nos pareceu muito estranho e primeiro é preciso se acostumar com sua presença. Ele certamente é uma pessoa muito digna & inteligente, mas papai tem diversas dúvidas primeiro quanto ao seu salário baixo, depois quanto à religião, mas tomara que tudo acabe bem.[8]

Nisso, Ottla não podia ajudar os pais; seu amado não tinha o berço adequado, algo que ele nunca conseguiria compensar totalmente por meio de ambição e charme. De todo modo, ela não recebeu de Praga as esperadas reprimendas violentas, mas, por assim dizer, as reservas rotineiras que um tal choque de culturas acabaria necessariamente gerando. Não era preciso levá-las muito a sério. Se o pai tinha reservas e a mãe sentia simpatia, via de regra a mãe se impunha. E foi exatamente isso o que aconteceu também dessa vez. Os Kafka visitaram os David, os pais e os irmãos de Josef David se apresentaram aos Kafka, os familiares se aproximaram durante um agradável jogo de cartas e, por fim, o futuro genro ainda passou por um teste que selou definitivamente a nova união. Ele foi apresentado a dois parentes importantes, que, devido a seus múltiplos contatos culturais e políticos, eram muito bem-vistos no clã. O advogado Robert Kafka, oriundo de Kolin, e a mulher, Elsa. Seu voto foi inequívoco: eles asseguraram que David era habilidoso e haveria de avançar muito na vida. Além do mais, ambos disseram que havia tempos não simpatizavam tanto com uma pessoa.[9] Era o bastante. Poucos dias depois, o pretendente dr. Josef David passou subitamente a ser chamado de "Pepa" ou até "Pepíček". No dia do seu santo, os Kafka o presentearam com seis pares de meias com seu nome bordado e Julie pediu que ele não a chamasse mais de "milostivá paní" (senhora), mas de "maminka" (mamãe). Os dados tinham sido lançados.[10]

Entretanto, só podemos conjecturar os motivos de ter se passado mais de um ano até o casamento se concretizar. É certo que em 1919 houve outras pesadas discussões entre Ottla e os pais, que claramente se uniram a "Pepa" contra a própria filha. Eles estavam aliviados em ver a rebelde sendo conduzida com rédeas curtas. Mas Ottla não estava planejando — como todos os parentes esperavam dela — se preparar exclusivamente para o casamento com um homem dominador, excessivamente ambicioso e por vezes colérico. Ele mostrava pouco respeito pelos interesses dela, com frequência demorava-se até tarde no escritório (o que parecia "não natural" para ela), e passava tanto tempo com seus colegas do Sokol, que ela tinha a impressão de ser dispensável e de que o noivo ficava melhor sem a amada judia.[11]

Depois de ser aprovada, em março, nas provas da escola de agricultura, Ottla voltou à casa dos pais em Praga, mas apenas para procurar um trabalho adequado como administradora de uma propriedade rural, um viveiro ou algo assim. Apesar de meses de busca, seus planos não deram em nada, e de novo os pensamentos de uma decepcionada Ottla vagaram até a Palestina, onde mulheres com sua qualificação eram urgentemente procuradas. Algumas de suas amigas sionistas do Clube de Mulheres e Moças Judias estavam se preparando seriamente para a emigração — a atmosfera cada vez mais inamistosa de Praga tornava a despedida mais fácil. A ideia de dizer "adeus" para sempre a essas mulheres felizes, mas restar em Praga, sem ocupação e com o status de noiva, deve ter custado muito a Ottla. Mas para quem ela podia pedir um conselho, quem haveria de ter compreensão, oferecer o necessário apoio para decisões tão importantes? A nostalgia do campo e, sobretudo, as ideias sionistas eram absolutamente estranhas ao seu noivo, elas não lhe diziam nada. Diante dos ouvidos dos pais, era impossível discutir planos que desembocavam na separação. Irma Kafka, a prima, a única amiga a quem Ottla podia confidenciar *tudo*, morrera de súbito em maio de 1919 (provavelmente vítima da gripe espanhola). E o irmão estava passando justamente esse verão com outra mulher e se torturava com decisões que não eram menos graves. Apesar disso, Ottla prosseguiu com seus esforços e, no início de 1920, enviou seus documentos para Opladen, na Alemanha, a fim de participar de um curso preparatório de emigração à Palestina; ela chegou a solicitar inclusive uma carta de recomendação de Max Brod, tentando garantir um dos poucos lugares disponíveis — tudo em vão.[12]

Visto que Ottla e Josef David viviam novamente na mesma cidade, Kafka e sua irmã inclusive sob o mesmo teto, não foram preservadas quaisquer correspondências dessa fase crítica. Não sabemos se Ottla realmente não tinha com quem trocar ideias nem por que motivo não conseguia — apesar das experiências de Zürau, apesar do curso de agricultura — concretizar seu sonho de independência. As últimas notícias de Kafka para Friedland demarcam as fronteiras dentro da família: ele suplica a Ottla que trilhe seu próprio caminho e se torna quase rude quando ela, com a consciência pesada, anuncia que pretende discutir seu futuro profissional com a mãe e ir a Praga somente para isso — justamente com a mãe, que não faz outra coisa senão afirmar querer o melhor para os filhos, mas que não consegue imaginar o que é esse melhor; que envia alimentos em quantidades generosas e, em troca, exige obediência.[13] O fato de a deferência de Ottla e sua disposição para ouvir conselhos e assumir erros ser pouco honradas pela mãe e absolutamente ignoradas pelo pai irritava o irmão quase tanto quanto as intromissões toscas dos pais em sua própria vida. Essas discussões enervantes, que Kafka acompanhava como espectador amargurado e em cujo resultado tinha pouca influência, contribuíram em muito para que ele, no outono de 1919, se encaminhasse a um acerto de contas abrangedor e inclemente, e explicam por que Ottla se torna um tema central e sua aliada natural na empreitada. Ottla é coautora, o procedimento é iniciado após ter sido discutido em conjunto, e ela mantém o direito de consultar os autos.

> Querido Pai:
>
> Você me perguntou recentemente por que eu afirmo ter medo de você. Como de costume, não soube responder, em parte justamente por causa do medo que tenho de você, em parte porque na motivação desse medo intervêm tantos pormenores, que mal poderia reuni-los numa fala. E se aqui tento responder por escrito, será sem dúvida de um modo muito incompleto, porque, também ao escrever, o medo e suas consequências me inibem diante de você e porque a magnitude do assunto ultrapassa de longe minha memória e meu entendimento. [...]
>
> Curiosamente você tem alguma intuição daquilo que eu quero dizer. Assim, por exemplo, me disse há pouco: "Eu sempre gostei de você, embora na aparência não tenha sido como costumam ser os outros pais, justamente porque não sei fingir como eles". Ora, no que me diz respeito, pai, nunca duvidei da sua bondade, mas considero incorreta essa observação. Você não sabe fingir, é verdade, mas querer afirmar só por esse motivo que os outros pais fingem, é ou mera mania de ter razão e não se discute mais, ou então — como de fato acho — a expressão velada de que as coisas entre nós não vão bem e de que você tem a ver com isso, mas sem culpa. Se realmente pensa assim, então estamos de acordo.[14]

O início não era promissor. Por causa do medo do pai ele não consegue explicar seu medo do pai — quem vai acreditar nisso? E o pai deve ter assumido sua corresponsabilidade há tempos, mesmo que de maneira "velada" ou, por assim dizer, inconscientemente. É o filho quem vai lhe explicar o que seu genitor *realmente* queria dizer. Isso era uma condescendência, se não algo pior.

Carta ao pai, de Kafka, desfruta de uma fama tão duradoura quanto contraditória: como texto-base da modernidade literária e como texto manipulativo, que exige ser analisado e comentado do ponto de vista moral.

É inquestionável que se trata de uma das análises mais atiladas da psicogênese burguesa, principalmente das raízes psíquicas do poder e da dependência. Em sua clareza, linha direta de raciocínio, e apreensão intuitiva de caráter exemplar, cujo valor de conhecimento vai muito além da questão individual, a carta de Kafka pode ser comparada com os estudos de caso de Freud. É evidente que leituras psicanalíticas agiram sobre a carta — em nenhum momento Kafka se apoia em hipóteses gerais, nunca cede à tentação de encurtar a cansativa apresentação de provas por meio de construtos psicológicos ou até substituí-la por meros jargões. Ele se encontra no ápice de suas habilidades intelectuais e linguísticas, e sua carta — lida como um testemunho autobiográfico — é uma das mais impressionantes já publicadas.

Por outro lado, a carta gerou muito desconforto em seus leitores póstumos, e quase todos os seus comentadores não se furtaram a lhe opor um grande "Sim, mas...". Antes de sua publicação na íntegra, Max Brod acreditava ter de armar os leitores contra seus exageros e "construções"; Klaus Wagenbach questionou o valor da carta como fonte primária; Heinz Politzer analisou-a como prosa cheia de finesse e, portanto, parte da obra literária; as biografias de orientação psicanalítica falaram de "parricídio simbólico".[15] Mas a credibilidade da carta se ressentiu sobretudo da suspeita de Kafka ter pretendido menos descrever objetivamente a história em comum do que subjugar retoricamente seu destinatário. Já sua extensão pouco usual — no original, são mais de cem páginas manuscritas — é duvidosa. Contos, e não cartas, são assim. Não foi o próprio Kafka que se autoacusou de ter usado alguns truques de argumentação, denunciando o documento como "carta de advogado"?[16] Principalmente a espantosa mudança de perspectiva no final da carta, inesquecível para os leitores, parece reforçar isso. De repente, Kafka começa a falar com a voz do pai de 67 anos, ele antecipa suas objeções contra a queixa vigorosa do filho em discurso direto — um esforço artístico e lúdico realmente excessivo. Parece mesmo que Kafka perde seu destinatário totalmente de vista. Afinal, já sabe o que o outro vai dizer e sabe formulá-lo de maneira mais elegante e precisa, ele não precisa de uma réplica *real*. Portanto, será que a carta foi *começada* na esperança de uma resposta?

A empreitada heroica de Kafka — a de tornar suportável uma relação insuportável por meio de um único grande esforço linguístico — deve ser encarada num contexto de autocompreensão biográfica, que provavelmente chega até sua juventude. Observações e lembranças que eram adequadas a explicar seu status extraterritorial, seu afastamento supostamente inédito da dinâmica da própria família, tinham sido colecionadas em grande número nos diários e é possível acreditar que ele se voltava a esse material (e talvez até o tenha levado a Schelesen) antes de iniciar o projeto da carta: há trechos que correspondem, literalmente, a anotações muito antigas.[17]

Kafka havia sonhado um dia em escrever uma autobiografia; mais tarde, tendo em vista as dolorosas derrotas, ele concentrou sua energia em compensar as fraquezas que tinham sido escancaradas e encontrar uma normalidade que fosse socialmente aceitável. Por fim, a doença o convenceu de que tais tentativas não valiam a pena; o único caminho restante, agora ele pensava, era "que eu comprove, não apenas em privado, não em conversas particulares, mas pelo meu comportamento, que não consigo me legitimar aqui. Para tanto, não preciso fazer outra coisa senão reforçar, com toda a firmeza, todas as marcas de minha vida até então. O passo seguinte seria aguentar firme, não me desfazer por coisas sem sentido, manter o olhar livre".[18] Esse reforçar as marcas da vida tem, a princípio, um sentido prático: Kafka quer voltar a si mesmo, quer assumir as formas atrofiadas da vida social das quais ele até então se queixava — isolamento, solteirice, posição de observador — como destino, de maneira consciente, e a partir de então encontrar uma espécie de paz. Sartre chamou essa estratégia de "Tornar-se aquilo que se faz", que não deve ser confundida com mera resignação ou até uma acomodação no que é alcançável. Para se identificar de maneira deliberada com características que são consideradas estranhas, malucas ou antissociais pela sociedade é preciso um grau de reflexão que Kafka procura alcançar por meio do caminho linguístico, literário, como leitor e como autor. Isso explica as leituras abrangentes em Zürau e as anotações num estilo contemplativo nessa mesma época.

Reforçar as marcas também significa se ater aos fatos. É totalmente errada a ideia de que Kafka tenha distorcido os acontecimentos em seu favor e, portanto, *Carta ao pai* não serve como fonte biográfica. Afinal, o pai esteve presente, ele é a testemunha mais próxima de todos os eventos que o acusador lhe apresenta como provas, e qualquer erro na ordem dos fatos, qualquer citação falsa, teria ridicularizado Kafka e esvaziado o efeito da missiva. As observações desdenhosas do comerciante de acessórios de moda sobre os próprios funcionários ("Esse cachorro doente devia rebentar de uma vez!"), sobre os amigos do filho (para ele, Isaac Löwy era um tipo de inseto), até sobre uma parente, que lhe serviu quase até a morte precoce de maneira totalmente abnegada ("Essa bem-aventurada me deixou um monte de porcaria", ele estava se referindo a Irma) — as frases são verdadeiras, foram ditas assim. Ou melhor, vomitadas assim.

Depois de poucas páginas, fica patente que Kafka escolheu essas recordações segundo critérios tanto estratégicos quanto didáticos, e as ordenou de uma maneira que se pode chamar de literária — e o remetente tinha consciência de que mesmo o pai, estranho à literatura, certamente notaria o momento artístico da carta. Mas será que justo a carta mais longa que Kafka escreveu se diferenciaria substancialmente nesse aspecto de suas outras cartas? Eis a questão — e saber o quão literal deve ser o entendimento de suas mensagens precisa valer para *toda* a sua correspondência ou não se coloca de todo. Pois ele nunca se satisfaz apenas com "informações"; cada observação comunicada, cada evento passa por um processo de preparação linguística e simbólica, torna-se um conto em miniatura, uma metáfora, uma pequena tragédia ou, mais frequentemente, uma anedota. Kafka brinca, o domínio da língua lhe traz prazer. Por outro lado, seu olhar está treinado para filtrar o que há de essencial, típico ou didático de uma experiência. Para passar ao outro essa impressão, o que é, ao mesmo tempo, um ato de conhecimento, exige-se uma hábil condução da atenção, e a literatura coloca nas mãos de Kafka os instrumentos mais efetivos nesse sentido: omitir o desimportante, realçar ou "exagerar" o que é importante, brincar com a expectativa do leitor, desenvolver uma dinâmica narrativa, seduzir por meio de argúcias.

Essas técnicas por assim dizer propagandísticas do ato de narrar — que certamente lhe eram familiares através do cinema — devem ter sido quase impositivas a Kafka em *Carta ao pai*. Pois aqui não se tratava de modo algum de uma cronologia completa dos acontecimentos, de um registro autobiográfico, que deveria fazer jus ao pai em qualquer circunstância. Kafka quer mostrar que o decisivo não é que o comportamento do pai em relação ao filho seja objetiva e persistentemente terrível: mesmo intervenções algo inofensivas, como por exemplo uma ironia contínua, ordens contraditórias, gestos desdenhosos ou o anúncio em voz alta de castigos podem ter efeito devastador, quando acertam, do lado da "vítima", um "complexo" já existente, como por exemplo o profundo sentimento de insuficiência ou até de nulidade. Kafka confessa, sem mais, que tinha uma predisposição para isso. Mas ele quer entender — e, ao mesmo tempo, fazer entender — como a reunião de pessoas de naturezas tão distintas, *desse* pai e *desse* filho, pôde desembocar num avassalamento tão prolongado, supostamente irreversível, num tolhimento existencial exemplar — e, por consequência, em alienação contínua, ofensas crescentes, mal-entendidos e julgamentos incorretos de ambos os lados.

Desse modo, o tema de Kafka é o imaginário: o eco da natureza do pai na consciência do filho, a sobreposição da realidade por imagens marcadas pelo medo. A carta traz longas passagens nas quais há uma diferenciação muito minuciosa entre o "verdadeiro" caráter do pai — "no fundo você é um homem bom e brando" — e a imagem demasiado forte do pai: "você era forte demais para mim".* Kafka pede quase que encarecidamente para que as acusações mútuas de culpa fossem deixadas de lado por uma vez: "Você influiu sobre mim como tinha de influir, só que precisa deixar de considerar como uma maldade especial da minha parte o fato de eu ter sucumbido a essa influência".** Kafka procura explicar o *efeito*. Mas esse imaginário não pode ser descrito pela língua dos fatos, a única que o pai compreende. Então, como em seus textos literários, Kafka cria imagens potentes:

> É como se alguém tivesse de subir cinco degraus de escada e uma segunda pessoa apenas um degrau, mas que, pelo menos para ela, é tão alto quanto aqueles cinco juntos; o primeiro vai vencer não só os cinco degraus, mas também centenas e milhares de outros, terá levado uma vida ampla e muito fatigante, porém, nenhum dos degraus que subiu terá sido para ele tão importante como, para o segundo, aquele degrau único, primeiro, alto, impossível de escalar com as forças todas de que dispõe, e que ele não só não pode subir, como também passar por cima.

> Assim como somos, porém, o casamento me está vedado pelo fato de que ele é precisamente o seu domínio mais próprio. Às vezes imagino um mapa-múndi aberto e você estendido transversalmente sobre ele.

* Franz Kafka, *Carta ao pai*. Trad. de Modesto Carone. São Paulo: Companhia das Letras, 2021, pp. 10 e 12. ** Ibid., p. 11.

> Para mim, então, é como se entrassem em consideração apenas as regiões que você não cobre ou que não estão ao seu alcance. De acordo com a imagem que tenho do seu tamanho, essas regiões não são muitas nem muito consoladoras, e o casamento não está entre elas.[19]

Kafka não quer dizer que essas sejam descrições verdadeiras da realidade. Nem afirmar ter realmente imaginado, quando criança ou jovem, o pai estendido sobre o mapa-múndi. São imaginações que funcionam como modelos heurísticos: *É como se...* Somente com a imagem, a parábola, é possível dizer por que o imaginário ganha tanta força frente à vida. O processo é familiar a Kafka (e se o pai tivesse lido os livros fininhos da editora Kurt Wolff teria reconhecido também): *é como se* um grande inseto morasse em meio a uma família de humanos. É como se o pai sugasse da destruição do filho a força para a própria ressurreição. Essas cenas seguem a lógica de determinados sonhos, têm origem na mesma zona obscura do pré-consciente, lhes são igualmente herméticas, terríveis e "ultracodificadas". Mas Kafka evitava falar expressamente sobre sonhos, pois entregaria ao pai um novo exemplo de desvario. Ele pede por empatia, quer substituir imagens falsas por verdadeiras. Ele escreve *como se* as imagens verdadeiras possibilitassem finalmente liberar as estigmatizações cotidianas mútuas, há décadas traçadas; e, a partir da compreensão, começar num *outro* nível, para além dos meros fatos — num nível, como Kafka acredita, mais profundo e, portanto, mais verdadeiro.

O projeto estava fadado ao fracasso. Pois aquilo que Kafka exige de si mesmo — e do destinatário da carta — é uma distância mantida à força da própria história e uma porção de controle autoterapêutico, das quais ninguém dispõe. O esforço de se manter, se não objetivo, mas ao menos justo, é observado literalmente em cada parágrafo. O estilo objetivo usado para narrar a devastação emocional, apesar de toda a sua força imagética, dispensa gestos expressivos, e é manifestação de tensão máxima. Mesmo admitindo ter escrito algumas frases dessa carta sob lágrimas, Kafka permanece tão impessoal quanto possível: "Naqueles momentos, nos estendíamos na cama e chorávamos de felicidade, e agora choramos de novo, enquanto escrevemos".*

* "*Zu solchen Zeiten legte man sich hin und weinte vor Glück und weint jetzt wieder, während man es schreibt.*" Na tradução de Modesto Carone: "Naqueles momentos eu me estendia no leito e chorava de felicidade, e choro ainda agora enquanto escrevo".

Kafka consegue manter essa diretriz até a última página, mas seu texto se represa e transborda, por assim dizer. Inimaginável que *qualquer* pai pudesse compreender essa carta senão como uma reprimenda direta e, ao mesmo tempo, como peça acusatória, como terrível acúmulo de provas morais — apesar de o acusador afirmar frequentemente que o que importa não é a questão da culpa. As impressões da infância, que são apresentadas como traumas, não são o ponto decisivo. É certo que o evento da *pavlače* — ser carregado à noite pelo pai até a varanda da casa e ficar trancado ali —, descrito de maneira tão vívida (e, desde então, interpretado milhares de vezes), pode ter sido ruim para a criança; outras, menos sensíveis, talvez também teriam se lembrado disso por toda a vida. Mas o velho Kafka não tinha culpa pelo sentimento de profunda nulidade que o choque desencadeou no filho, não era sua intenção, e outros pais faziam coisas ainda bem piores com seus filhos. Também a não presença física, que foi (e se manteve) fonte constante de vergonha — o jovem magro, de aparência frágil, ao lado do pai forte e musculoso —, não era algo realmente trágico e, a bem da verdade, tinha até um lado cômico. O destinatário talvez tenha sorrido nessas passagens e possivelmente em conjunto com aquele que as registrou no papel.

Mas ao prosseguir com a leitura, o sorriso de Hermann Kafka logo desapareceu. Lá estava escrito que ele se comportava feito um porco à mesa nas refeições. Ele tinha uma preferência por piadas sujas. Estava sempre de mau humor. Irritava a todos com as queixas sobre sua própria infância difícil. Não seguia as ordens que dava aos outros. Ridicularizava os empregados, não deixava ninguém falar, era incapaz de manter uma conversa objetiva, xingava tudo e todos. Os feitos de seus filhos eram desprezados de maneira irônica. Quando não sabia mais o que dizer, passava a falar alto ou se lançava à autocompaixão; mais constrangedor ainda era seu oportunismo social, sua admiração banal por qualquer pessoa que tivesse mais de 1 milhão na conta-corrente ou um título imperial qualquer. E seu senso de família constantemente alardeado era denunciado pelo ódio com que ele perseguia a própria filha mais nova. Esses eram fatos e não meras impressões ou reações psíquicas interiores. O retrato de um tirano doméstico.

Dessa vez, Kafka revelou *tudo* e aproveitou a oportunidade com evidente satisfação. A necessidade de aliviar a pressão havia se tornado forte demais depois das humilhações das semanas anteriores, e as discussões amargas sobre Ottla também o justificaram diante da própria consciência: o pai torturava pessoas que *não* mereciam. Além disso, a concentração de dias, focada unicamente na própria biografia, liberou camadas cada vez mais profundas da memória, de cuja intensidade Kafka não conseguia mais escapar. Ele seguiu até as raízes de um ódio proibido, admitido a si mesmo apenas sob tortura.

Até então, tinha não apenas chamado pelo nome essa agressão quase incontrolável, como também a reconhecido como uma realidade psíquica inelutável: "Fui enganado por eles e não posso me revoltar contra a lei da natureza sem enlouquecer; daí, outra vez o ódio, nada mais que o ódio". Essa tinha sido uma confissão a Felice Bauer de três anos antes. Ele havia tentado explicar a ela por que, apesar de farto da vida em comum com a "horda familiar", não estava em posição de se contrapor plenamente aos pais. Essa também foi uma carta que acabou ganhando a aparência e a extensão de um manifesto e que era tão importante para Kafka que ele a redigiu de antemão no diário.[20] Tratava-se da tentativa de chegar ao fundo de uma cisão que parecia insolúvel, um enredamento. Naquela época, porém, a destinatária era sua noiva, uma pessoa de fora, que não tinha qualquer responsabilidade pelos acontecimentos passados, e à medida que assumiu a sua perspectiva, Kafka foi capaz de se retrair ao posto de observador, se manter "na questão" e abrir mão de todas as invectivas que poderiam desonrar os pais. *Carta ao pai*, por sua vez, é um comunicado interno, o destinatário — o oponente, o causador — estava sentado à mesma mesa e isso tornava impossível a Kafka se manter um conselheiro desapaixonado em causa própria. Sua carta está contaminada de ódio, não é tão controlada, tão estritamente construída em relação ao seu objetivo, quanto Kafka quis acreditar mais tarde. Os eventos passados estão absolutamente presentes, as feridas continuam sangrando eternamente, o imaginário é atemporal. A fim de tornar isso compreensível, Kafka está disposto inclusive a sacrificar a literatura: "Meus escritos tratavam de você, neles eu expunha as queixas que não podia fazer no seu peito. Eram uma despedida intencionalmente prolongada de você [...]".* Isso pode ter sido verdadeiro no passado, havia vinte ou quinze anos, ou ao menos uma faceta da verdade, mas é sem dúvida falso para a época da

* Franz Kafka, *Carta ao pai*, op. cit., p. 52.

guerra e do pós-guerra. Max Brod, que viu a carta apenas quando esta já estava no espólio, sentiu-se muito desconfortável com essa passagem, pois, segundo ele, Kafka está desvalorizando a própria felicidade diante da criação literária.[21]

Na realidade, Kafka está seguindo mais uma vez a lógica do imaginário, a lógica de um mito privado, ao qual subordinou em grande medida os acontecimentos reais. Ele mira uma constelação que está oculta atrás dessa realidade e, segundo seu entendimento, essa constelação é tão fixa quanto a fundação de uma casa — não importa o quanto os andares superiores se modifiquem ao longo dos anos. Daí vem a impressão opressiva de que mesmo quando se trata de vivências datadas da infância, Kafka não está falando de um passado de décadas atrás, mas de um estado eternizado, *impossível* de ser ordenado temporalmente. É como se um passo minúsculo ligasse os tempos mais remotos. Ou um "marchar estagnado", como Kafka mais tarde vai tentar explicar a lei da sua vida.[22]

Mas se não há nenhum desenvolvimento real, mas apenas formas cambiantes de uma infelicidade inicial, então também não há possibilidade de encerrar o processo incerto: não com um acordo negociado de maneira justa, que finalmente arejasse as coisas, muito menos com uma alforria. Na realidade, Kafka nega — contrário à intenção da carta — qualquer iniciativa para um real entendimento: ele desenha a imagem de uma família na qual apenas os filhos adultos refletem sobre o que se passa, enquanto os pais agem cegamente; uma família na qual tudo o que não serve à sua manutenção material e social é recebido com frases desdenhosas, tanto no passado quanto no presente. Apesar disso, ficamos sabendo casualmente que o pai perguntou sobre o medo do filho; que afirmou gostar dele; que leu um livro sugerido por Franz que trata de educação e de família.[23] Houve conversas que ao menos tocaram o torturante conflito. Não parece que Kafka tenha estado totalmente consciente dessas contradições.

Nesse sentido, não sabemos o quanto ele questionava também a verdade interna, a força de convencimento e o efeito esperado da "carta de advogado" — seriam necessários mais relatos de testemunhas, independentes, a fim de avaliar o grau de seletividade das recordações de Kafka e, portanto, do retrato da família por ele criado. Também não fica claro o que ele esperava, para além do alívio momentâneo, de um discurso tão estilizado e abrangente. "[...] que pode nos tranquilizar um pouco e tornar a vida e a morte mais leves para ambos"*, dizem as secas palavras finais, um pouco à semelhança de um sermão. Não se fala de conciliação. Kafka sabe muito bem que ela não viria apenas por meio do esclarecimento, ela nem é desejável enquanto os interlocutores não negociam de igual para igual. Fazer as pazes com um opressor, cujo regime prossegue inquebrantável, seria submissão. Fazer as pazes com um ser humano de natureza diferente, cuja proximidade e influência são suportadas apenas com repugnância, seria um gesto vazio. Enquanto Kafka se mantém sob esse jugo, sua carta também fica presa a uma contradição performática, que de certa forma a emudece. Ele estende a despedida e não chega a um final. Chama o opositor pelo nome, numa franqueza inaudita, mas não consegue se distanciar dele.

Para as pessoas que lhe eram próximas, essa ambivalência foi desde sempre uma de suas características mais estranhas e indecifráveis — e Kafka certamente foi confrontado várias vezes com a questão sobre o que lhe importava a concordância ou até o elogio de seu iliterato pai. Principalmente desde que ele tinha se decidido a decorar seu livro seguinte, os contos de *Um médico rural*, com uma dedicatória a esse opositor ultrapoderoso. Apenas desde essa decisão, afirmou Kafka, passou a querer que o livro fosse publicado logo. "Não que eu pudesse consolar meu pai com isso", ele assegurou a Brod, "as raízes dessa inimizade são inextirpáveis, mas eu gostaria de ter feito algo; se não emigrei para a Palestina, então viajei com o indicador sobre o mapa até lá."[24] Isso não era especialmente convincente e de modo algum justificava a urgência que ele conferia à questão.[25] Era mais provável — e o amigo deve ter percebido isso também — que Kafka secretamente se deleitasse em imaginar a cena em que o pai, depois do carteado que preenchia as noites, acomodava-se na cama para folhear rapidamente o novo produto literário do filho e se deparava com uma página com as seguintes palavras, apenas: "Querido Pai". Uma fantasia deliciosa. E uma jogada muito inteligente. Pois o pai não teria como evitar sentir algum orgulho, talvez proferisse até algumas palavras de agradecimento, e daí o livro estaria como que casualmente sobre a mesa durante a próxima visita de um parente qualquer. Não sabemos se essa fantasia se tornou realidade. Mais tarde,

* Ibid., p. 74.

Kafka afirmou que a dedicatória ao pai era irônica. Mas ele pareceu estar muito sério quando disse isso.[26]

> Não alcançamos imaginar o quão enorme é a impressão que o pai que se parece com um gigante exerce sobre o ser pequenino e necessitado de ajuda. [...] ele é dono de tudo o que a criança recebe e precisa, é a última instância a quem a criança se dirige, a resistência teimosa e egoísta dela fracassa diante da vontade dele. Dele vem o castigo e a recompensa. Ele precisa ser acalmado quando está furioso e obedecê-lo é mandamento da educação e da inteligência emergente.[27]

As frases de Paul Federn, discípulo de Freud, foram publicadas cerca de nove meses antes de Kafka tentar a própria fenomenologia do patriarcado. As concordâncias são surpreendentes e chegam até a terminologia, embora não exista nenhuma prova de que ele tenha sequer ouvido falar do livro de Federn sobre a "sociedade sem pai".* Mas o tema era virulento: a derrocada de grandes sistemas de poder, a expulsão ou assassinato de figuras políticas paternais e a tentativa desesperada de muitas pessoas em arranjar autoridades substitutas o mais rapidamente possível. Uma lei, ancorada profundamente no destino psicológico do indivíduo, parecia ganhar validade em todas as manifestações catastróficas. A teoria psicanalítica já tinha explicado, de maneira plausível, por que ali, no microcosmo da família, o poder do pai se adensava numa *disposição* repressiva, numa inibição cujos efeitos duravam a vida toda e que se mantinha a disposição por muito mais tempo do que o da real presença do pai: um mecanismo que, segundo as ideias de Freud, era possível que se tornasse consciente, mas de modo algum seria eliminado do mundo.

Otto Gross contradisse essa afirmação com veemência já nos anos do pré-guerra: a fixação na autoridade do pai, argumentou ele, tinha não só consequências fatais para a vida social em comum; a esfera do social também era o lugar certo — e não o divã do analista — para atacar essa fixação pela raiz. Toda tentativa de emancipação social e política tinha de levar em conta de que há fatores psicológicos individuais potentes que empurram

* *Zur Psychologie der Revolution: die vaterlose Gesellschaft* [Sobre a psicologia da revolução: A sociedade órfã de pai]. Leipzig: Bruder Suschitzky, 1919.

as pessoas de volta à privação de liberdade. "O revolucionário de ontem", escreveu Gross em *Die Aktion*, sempre fracassou pelo fato de ele "carregar a autoridade em si mesmo. Apenas agora é possível reconhecer que o coração de toda autoridade está na família." Portanto, "o revolucionário de hoje" não podia se satisfazer em combater o pai, ele tinha de se voltar contra o princípio do poder em si, contra o *direito patriarcal*.[28]

Como observador atento da cena berlinense, certamente Kafka se lembrou das publicações anteriores de Gross. No verão de 1917, quando Gross lhe apresentou o projeto de uma nova revista, que deveria se dedicar ao problema da autoridade, Kafka achou que o título deveria ser "Revista para o combate da vontade de poder" e não "para o combate do poder". Não era o caso de levantar a mão contra o próprio pai, mesmo que a literatura expressionista — principalmente os clássicos da dramaturgia *Der Sohn* [O filho] (1915), de Hasenclever; a novela *Nicht der Mörder, der Ermordete ist Schuldig* [Não o assassino, o assassinado é o culpado] (1920), de Werfel; e *Vatermord* [Parricídio] (1920), de Arnolt Bronnen — desenvolvesse uma predileção temporária por esse gesto arcaico, e sim o de perceber que o inimigo mora no próprio interior, que a vítima não é menos apegada ao poder do que o agressor. A peculiar paralisia que impede os protagonistas de Kafka de partir e começar algo novo vem daí: para onde quer que se dirijam, eles trarão o veneno dentro de si, permanecendo no campo de força de uma instância de poder superior, de cuja imagem não conseguem desviar o olhar — mesmo quando se rebelam, como o acusado em *O processo* tentou seriamente por um tempo. A imagem do pai permanece vital, mesmo que o verdadeiro pai esteja decrépito ou ausente. E foi justamente Kafka quem descobriu a expressão literária adequada para essa imagem do pai, na medida em que ele a deixou agir como se fosse de *carne e osso*. É perfeitamente aceitável que, por esse motivo, Gross — que tinha compreendido o realismo psíquico de *O veredicto* e *A metamorfose* — considerasse Kafka um aliado.

Evidentemente, Kafka estava menos interessado em modelos teóricos e utopias sociopolíticas do que em auxílio prático. O que deveria acontecer de concreto, como imaginar uma educação que encerrasse o círculo vicioso de opressão e auto-opressão? Havia pedagogos burgueses, liberais, que agiam de modo mais ingênuo do que Gross, iniciado na psicanálise, e que mesmo assim propunham sugestões que, literalmente, gerariam uma revolução na educação. Por exemplo, Wilhelm Foerster, que defendia em seus escritos de divulgação científica, muito populares, uma educação que, na medida do possível, evitasse tanto a violência física dos pais como suas demonstrações do poder. Quando o *Jugendlehre* de Foerster, de 1904, se tornou leitura obrigatória para todas as educadoras da Casa do Povo Judeu de Berlim — ou seja, também para Felice Bauer —, Kafka começou a se ocupar mais atentamente com o assunto. Ele certamente simpatizou à primeira vista com o pensamento indutivo de Foerster, quase inimigo de abstrações e sempre orientado pela "realidade da vida". O que mais o impressionou foi que a pedagogia de Foerster apostava no desenvolvimento de habilidades já existentes e garantia à criança uma personalidade, que devia ser tratada com respeito. As tendências amorais e destruidoras latentes em todas as crianças, segundo Foerster, não devem ser combatidas com opressão, mas pela recompensa contínua e pelo consequente fortalecimento das igualmente presentes forças opostas positivas.

Tais ideias soavam razoáveis e humanas. Mas Kafka logo percebeu que essa ingenuidade filantrópica tinha um lado sombrio. Crianças e jovens, dizia Foerster, deviam fazer o bem não para obedecer, mas por sua *vontade*. Ou seja, elas deviam fazer, de moto próprio, aquilo que seus educadores consideravam bom, e deviam aprender a dominar fraquezas humanas e impulsos egoístas, chegando a ter prazer nesse autodomínio. Dessa maneira, porém, a pedagogia de Foerster estava a serviço de uma dinâmica psíquica que já era a regra na família burguesa: a vontade do educador se torna absolutamente a vontade do educado; a criança se torna a perpetradora de uma instância que lhe foi inculcada — de maneira consciente ou inconsciente, violenta ou com os meios mais finos da formação do caráter — e que ela pode amar ou odiar, mas da qual nunca se libertará. Após ler a parte teórica de *Jugendlehre*, Kafka chamou essa técnica social de "Educação como conspiração dos adultos". "Com mistificações nas quais também acreditamos, mas não no sentido alegado, atraímos os que brincam livremente para a estreiteza de nossas quatro paredes. (Quem não gostaria de ser um nobre? O fechar da porta.)" E poucos dias mais tarde, irônico: "É lícito brandirmos a vontade, o chicote, sobre nós mesmos e com nossas próprias mãos".[29]

Depois das contemplações da temporada em Zürau e das análises autobiográficas profundas da carta ao pai, Kafka chegou a ideias bem mais radicais sobre uma educação digna. Ele passou a questionar a competência pedagógica da família e passou a insistir com a irmã Elli, em várias cartas detalhadas, para que ela não deixasse mais o filho — Felix, o sobrinho de quase dez anos de Kafka — sozinho no quarto, mas que sua educação se desse num ambiente de crianças da mesma idade, uma educação para a comunidade.[30] Hellerau, uma cidade-jardim de clima favorável, que antes da guerra fora o centro do movimento Lebensreform (do qual ele nunca se desinteressou totalmente), pareceu-lhe o lugar mais adequado para tanto. Em 1920, fundou-se lá a Nova Escola Hellerau — um internato no campo que seguia o exemplo da Odenwaldschule, do movimento Escola Nova —, com salas de aula amplas e iluminadas no lendário teatro-escola do lugar. Lá se praticavam aulas mistas e o direito (bastante abrangente) à opinião dos "camaradas" em todas as decisões que os envolvessem. Mas seu projeto seguia principalmente a "escola de trabalho", com cozinha, jardim, oficinas de metal e madeira, "banhos de ar" e quadra de esporte própria. Habilidades físicas e espirituais deveriam ser estimuladas igualmente até que as aptidões individuais se revelassem com clareza; uma especialização na direção de um ofício manual ou de um estudo universitário estava prevista apenas para as séries finais, a partir dos catorze anos e sob consultoria contínua, muito personalizada, dos pedagogos. Toda a educação e a formação — segundo o prospecto da escola, que Kafka solicitou — aconteciam em meio ao acolhimento de uma comunidade reduzida: "De acordo com suas próprias escolhas, as crianças se vinculam aos educadores e educadoras que vivem junto com elas e formam círculos comunitários mais fechados, que chamamos de família pedagógica, destinados a solucionar as tarefas humanas e educacionais de trabalho e de vida em comum".[31]

Família pedagógica: para Kafka, esse conceito deve ter soado como uma promessa religiosa, uma utopia, e era o exato oposto daquele inferno familiar pequeno-burguês, com pitadas edipianas e maçante, que *Carta ao pai* ilumina de maneira tão impiedosa. É evidente que o prospecto da escola, que ele logo entregou a Elli, continha sobretudo declarações de princípios, e provavelmente Kafka se lembrava dos inícios da Casa do Povo Judeu de Berlim, que não conseguiu cumprir grande parte das promessas e precisou selar muitos compromissos. Mas Kafka sentia o gosto inigualável da liberdade e nisso ele raramente se equivocava. "Aprendi, de quebra, o que é liberdade", lembrou-se meio século depois Peter de Mendelssohn, um discípulo da Nova Escola, e "nunca mais desaprendi." Por sua vez, Kafka anotou sobre si mesmo: "Mas se lhe perguntamos o que ele na verdade quer, não consegue responder, pois [...] não faz ideia do que seja liberdade".[32]

Educação num internato no campo era uma proposta que Elli e Karl Hermann também consideravam simpática; eles discutiram longamente a necessidade de o filho sair do estreito meio de Praga, e é provável que as ofensas antissemitas diárias tenham exercido seu papel, pois gostariam de poupá-lo disso. Mas será que Felix não era jovem demais para uma tal experiência?, perguntou Elli. Kafka era de outra opinião:

> É possível ser jovem demais para o trabalho, o casamento, a morte, mas ser jovem demais para uma educação delicada, sem pressão, que visa a desenvolver tudo o que há de bom? Dez anos é pouco, mas em outro contexto é uma idade avançada, dez anos sem exercícios físicos, sem higiene corporal, numa vida de conforto, principalmente no conforto sem exercício dos olhos e ouvidos e mãos (exceto para guardar o dinheirinho do teleférico do esqui), na gaiola dos adultos, que no fundo — não há como ser diferente na vida cotidiana — usam os filhos para soltar a pressão, dez anos assim não é pouco.[33]

Elli ficou impressionada. Mas ela temia o longo período de afastamento e tinha dúvida se Hellerau forneceria a preparação certa para a vida profissional de um homem... havia dúvidas. Mas talvez fosse o lugar correto para a educação de uma menina? Quando Gerti, sua segunda filha, fez dez anos, Elli e Karl Hermann foram a Hellerau a fim de dar uma primeira olhada na escola. Encontraram-se com a professora Lilian Neustätter, amante e futura esposa do novo diretor, Alexander S. Neill. A srta. Neustätter desaconselhou a ideia. Portanto, a "família pedagógica" permaneceu um sonho em comum dos irmãos Kafka.[34]

Os funcionários do Instituto de Seguros contra Acidentes de Trabalho ficariam muito espantados se soubessem que seu colega, o dr. Kafka, em cujo expediente dedicava-se em grande parte a tratar de correspondências, tinha tirado duas semanas de férias regulares a fim de escrever uma *carta*: uma carta cujo destinatário morava no mesmíssimo endereço que ele. Nem o chefe da seção, Jindřich Valenta, fazia ideia disso quando recebeu a breve notificação de que Kafka gostaria de ficar três dias a mais em Schelesen — caso o bom tempo se mantivesse.

Na realidade, Kafka usou a primeira semana para quase que exclusivamente criar um modo de organizar mentalmente as lembranças que o assolavam e anotar formulações usáveis (a versão que foi preservada é claramente uma cópia passada a limpo). A pensão ficou calma após a saída de Brod e, à exceção da srta. Stüdl e de uma moça de dezoito anos, que parecia se chamar Minze e que se interessava por agricultura, ele não falava com quase mais ninguém. Apesar disso, o tempo era escasso para concluir uma tarefa tão abrangente. Além disso, ele não podia despachar a carta sem antes mostrá-la a Ottla. Certa vez, perguntou ao pai se ele achava mesmo que Ottla o irritava de propósito e se ela ficava contente em agir assim. Sim, exatamente isso, foi a resposta. Havia coisas a dizer a esse respeito; o velho não inculcava uma maldade desse tipo ao filho. Mas Kafka passou noites quebrando a cabeça para saber como abordar o tema. "Sobre Ottla quase não me atrevo a escrever", ele confessou por fim, "sei que com isso ponho em jogo todo o efeito almejado desta carta."[35]

Para Ottla, que veio passar o fim de semana em Schelesen, a leitura da carta deve ter sido um choque, e não apenas pelas passagens que lhe diziam respeito. Ela não se lembrava de ninguém ter falado com o pai usando esse tom e esse tipo de franqueza antes, e nem a constante evocação de uma "inocência" de todas as partes nem o fato de o autor também não se poupar poderia dissimular que se tratava de um impiedoso acerto de contas. Nada tinha passado em branco, estavam sendo cobrados juros e juros sobre juros, e provavelmente nunca nenhum pai havia recebido uma fatura igual. Não sabemos a opinião de Ottla sobre isso, mas, ao contrário do irmão, que havia se enredado em lembranças torturantes por semanas, ela provavelmente vislumbrou o efeito esperado. E, numa visão realista, esse só poderia ser o de uma bomba. A vida em meio a uma família, cuja união baseava-se, no fim das contas, em repressões costumeiras, seria quase insuportável depois de um ataque desses — e o caso de Ottla tinha acabado de comprovar que o pai não sabia diferenciar entre protesto, crítica e ofensa. Além disso, a data era especialmente infeliz: poucas horas antes da partida de Kafka para Schelesen, Elli tinha dado à luz o terceiro filho, uma menina, e em meio à comoção pela nova netinha, era improvável que Hermann e Julie estivessem dispostos a questionar de maneira tão profunda as regras da convivência familiar. Ottla não deve ter tido dificuldade em delinear o conflito previsível e Kafka sentiu-se obrigado a repensar seus planos.

Apesar disso, ele terminou a carta; não sabemos o que aconteceu em seguida. Max Brod relata que Kafka quis entregá-la ao pai, mas não o fez diretamente; pediu à mãe que fosse a intermediária. Ela, entretanto, devolveu-lhe a carta — e Max Brod deixa em aberto se teve oportunidade de ler o texto. Em seguida, nunca mais se falou sobre o assunto.[36] Caso essa versão seja verdadeira, então Kafka fez com que a família fosse poupada do *showdown* preparado de maneira tão extenuante. Pois mesmo se o envelope que ele entregou estivesse fechado: bastava *senti-lo* para adivinhar a desgraça que se anunciava. E ele sabia muito bem que sua mãe podia ser muito enérgica quando se tratava de manter "preocupações" longe do marido.

Por outro lado, suas manifestações posteriores sobre a carta soam como se ele próprio tivesse adiado a entrega. Ele fala de uma "carta gigante, que escrevi há cerca de meio ano para meu pai, mas ainda não entreguei", e reforça: "eu poderia querer entregá-la ao meu pai em algum momento".[37] Isso aponta para um provável engano de Brod: realmente parece que Kafka hesitou a princípio, depois ficou longo tempo pensando em como superar todos os escrúpulos práticos e morais e, por fim, acabar empregando essa arma.

Supostamente foi o efeito catártico do grande esforço autobiográfico que o impediu de considerá-lo um fracasso; do mesmo modo, a satisfação em ter iluminado uma região psíquica tão inacessível e vencido intelectualmente um problema tão complexo e doloroso. Não importa se sua interpelação tenha sido recusada ou não, em novembro de 1919 Kafka ainda não estava disposto a trancar a carta em sua gaveta, sem mais. E muito menos a imaginar que o processo com o pai estivesse se encerrando depois desse ato de autoesclarecimento. Mal terminada a *Carta ao pai*, ele se dedicou a outra peça de defesa, destinada à irmã de Julie Wohryzek. E pouco tempo depois retomou o diário, intocado havia meses. E recomeçou a colecionar pequenas notas autorreflexivas, em sua simbologia comparáveis às contemplações de Zürau.

Mas Kafka não escreve mais sobre ética e religião, sobre o mal e a verdade. Ele se concentra na própria existência, cujos "contornos" lhe parecem mais estranhos quanto mais precisamente tenta retraçá-los. Ele os circunda como fazemos ao observar uma casa. Elimina a palavrinha "eu", fala de si mesmo na terceira pessoa. O mesmo que fazia antes nas cartas, num distanciamento lúdico, mas agora essa lhe parece a única perspectiva correta, e por dois meses ele se mantém assim. Tais anotações foram chamadas de "aforismos do ele", e entre elas há formulações que se tornaram famosas, tendo recebido múltiplas interpretações. Mas o que é mais impressionante — e não resta dúvida de que se trata de um derivado da *Carta ao pai*, resultado de semanas de autoanálise — é a compreensão de Kafka de que a *capacidade* à liberdade é constituída na infância, mas que a desejada libertação de modo algum pode vir de fora. Liberdade necessita de antecipação mental: no momento em que as portas se abrirem, ele precisa saber para onde ir. Se não souber, irá apenas embora, para longe de si mesmo — de um "estar consigo" preso a um "lugar nenhum" livre —, e isso não seria uma promessa, mas uma ameaça. Kafka compreende que ele está se vigiando, que carrega a chave no próprio bolso.

> Com uma prisão, teria se conformado. Terminar prisioneiro — isso seria a meta de uma vida. Mas era uma jaula. Indiferente, imperioso, o barulho do mundo entrava e saía pela grade como se estivesse em casa, o prisioneiro na verdade estava livre, podia participar de tudo, nada do que ocorria lá fora lhe escapava, teria podido inclusive deixar a jaula, uma vez que metros separavam uma barra da seguinte; nem sequer preso estava.[38]

Uma imagem bela e terrível. Ele ainda voltará a ela.

16.
Merano, segunda classe

Ainda não é aquela verdadeira solidão
em que nos ocupamos de nós mesmos.

Karl Kraus, *Ditos e desditos*

O diretor Bedřich Odstrčil estava desconcertado. O atestado médico sobre sua mesa, assinado pelo médico do trabalho dr. Kodym, dizia que um dos seus subalternos diretos, que logo seria promovido a "secretário", dr. Kafka, apresentava — a despeito de várias temporadas em locais apropriados para convalescer — não apenas um estado geral muito ruim, como também "indícios de uma infiltração pulmonar avançada". Ou seja, tecido inflamado que poderia significar muitas coisas, e o colega já havia superado uma pneumonia severa. Mas a palavra "avançada" despertava um indício de tragédia futura.

Odstrčil, sucessor do diretor Marschner e homem de confiança de Masaryk, tinha Kafka em alta conta havia muito tempo; para ele, era natural que o Instituto de Seguros contra Acidentes de Trabalho não pudesse abrir mão de um funcionário tão competente — alemão ou judeu —, mesmo depois das transformações políticas. No início de 1920, quando o serviço foi reestruturado e os assuntos jurídicos acabaram delegados a uma seção central, era incontestável que apenas o experiente especialista Kafka seria adequado para essa função. Claro que todos sabiam que a repartição correria algum risco nesse sentido; em 1919, Kafka trabalhara por apenas sete meses e não parecia que ele voltaria a gozar de saúde plena algum dia. Por outro lado, o novo cargo significava um alívio. Kafka não seria mais chefe interino de um departamento inchado, no qual ele tinha de classificar milhares de empresas em categorias de risco (tarefa temida por todos), além de se ocupar da proteção contra acidentes, de ações de reabilitação e de publicações oficiais; em vez disso, na condição de chefe do Departamento de Projetos Conjuntos, ele poderia se concentrar totalmente na correspondência de grande importância jurídica que se originava nos outros departamentos. E visto que a "classificação", que deveria ter ocorrido em 1919 — e que a cada vez causava uma enxurrada de queixas e processos —, tinha sido adiada por anos (na realidade, Kafka não atuou mais em nenhum processo de classificação), o front jurídico estava relativamente calmo à época. Apenas o status organizacional um tanto estranho de seu cargo deve ter causado alguma espécie. Pois enquanto os departamentos recém-criados, menores, para os quais agora Kafka trabalhava, concentravam dezenas de funcionários, o Departamento de Projetos Conjuntos contava com apenas um cargo. Kafka era diretor de um departamento de um só indivíduo e, portanto, chefe de *ninguém*.

Odstrčil era solícito, mas podia ficar bastante incomodado quando sentia que não estava sendo respeitado. Ele tinha apenas 41 anos de idade, sua autoridade ainda não estava consolidada e, portanto, os trâmites habituais precisavam necessariamente ser cumpridos. O advogado da casa tinha sido informado explicitamente a esse respeito, quando ele — pela segunda vez — concedeu a si mesmo alguns dias extras de férias. Mas tudo isso ficou para trás quando Kafka, que tinha estado acamado, febril, por outros dias, entrou na sala do diretor no final de fevereiro de 1920 para conversar sobre as consequências do seu fatal atestado. O dr. Kodym havia aconselhado uma estada prolongada num sanatório; Odstrčil podia lhe conceder, provisoriamente, dois meses de afastamento. E acrescentou: "Se o senhor estiver se sentindo bem por lá, escreva ao Instituto e poderá ficar mais tempo".[1] No dia seguinte, Kafka recebeu a dispensa médica por escrito; um dia depois, os detalhes sobre o aumento de seu salário. Quem gozava de proteção estava bem protegido na repartição — nesse sentido, pouca coisa havia mudado.

Kafka já tinha decidido meses antes, provavelmente logo após o casamento fracassado e depois da conversa com Brod em Schelesen, que não passaria de modo nenhum o início do ano em Praga. "Em fevereiro talvez viaje por três meses, com algumas esperanças, para Munique", ele havia anunciado a Julie Wohryzek e, inclusive, sugerido que ela o acompanhasse.[2] Uma decisão surpreendente, em diversos sentidos. Pois se passasse dezembro e janeiro sem febre, ele poderia usar no máximo as cinco semanas de férias regulares para ir a Munique e, em seguida, solicitar um afastamento sem rendimentos. Por outro lado, se sua condição física se deteriorasse, o médico do trabalho certamente não o enviaria a uma "estância climática" de 630 mil habitantes.

Mas por que exatamente Munique; quais "esperanças" essa cidade assolada por assassinatos políticos e revoltas abafadas de modo sanguinário despertava; e com a qual Kafka não mantinha mais nenhuma relação digna de nota desde a leitura que fizera por lá, três anos antes? Ele devia estar mirando apenas a editora Kurt Wolff, que desde outubro de 1919 tinha se transferido, com a maior parte de seus funcionários, de Leipzig para Munique. Wolff, que durante anos se deslocou entre Darmstadt e Leipzig, queria finalmente unir a editora e sua residência na mesma cidade, além de combinar a vantagem do público de Munique, que — ao contrário daquele dos comerciantes de Leipzig — era tido como especialmente "afeito às artes", com um lugar de clima e ambiente cultural agradável. E *não* deu ouvidos ao conselho de seu gerente Meyer, que naturalmente preferia Berlim, a cidade dos meios de comunicação. A mudança, porém, paralisou a editora por meses, visto que apartamentos com calefação eram quase impossíveis de ser alugados em Munique, o abastecimento estava catastrófico, uma greve dos livreiros causou dificuldades adicionais — Kafka também devia saber que nessas circunstâncias não adiantava perguntar pelo destino dos contos de seu *Um médico rural*. Apesar disso, ele se anunciou para Wolff — evidentemente instigado por Brod — e manteve seus planos para Munique até que novos acessos de febre o convenceram de que ele não precisava de férias, mas de um tratamento.

Claro que Wolff também tinha interesse em finalmente conhecer seu tímido autor em pessoa, pois sem nenhuma razão aparente ele indagou pelos planos de Kafka — o que nunca acontecera antes — e lhe ofereceu ajuda prática. Apenas depois ele soube, por intermédio de Brod, da real gravidade da doença de Kafka e, num gesto de grande honestidade, desaconselhou a viagem a Munique. Enquanto isso, Kafka estava tentando achar um lugar para ficar nos Alpes bávaros, em Partenkirchen, distante apenas duas horas de trem de Munique, numa cidade que era especialmente aconselhada para a "tuberculose inicial".[3] Mas logo depois de reservar um quarto, chegou a notícia de que devido à carência generalizada em todas as estâncias climáticas bávaras, havia sido decretado um "bloqueio de estrangeiros" e, portanto, nenhuma autorização de entrada seria emitida. Sem esse papel, não havia como obter um visto para a Alemanha. E, com isso, a paciência de Kafka tinha se esgotado; ele se decidiu a fazer algo muito incomum: seguir o conselho de seus amigos e o do seu médico.

Kafka ainda aguardou pela sua nomeação oficial como secretário. Em 1º de abril de 1920, ele se sentou à mesa para responder rapidamente uma carta de "Minze", aquela jovem interessada em agricultura que havia conhecido em Schelesen e que desde então passou a aconselhar — como um tio bondoso — vez ou outra. "Amanhã viajo a Merano", ele escreveu. "O fato de eu ir sozinho [...] é a melhor parte, entretanto aqui o melhor ainda está longe de ser bom."[4] Na noite seguinte, Ottla o acompanhou até o trem noturno. Não sabemos se Julie Wohryzek também se encontrava na estação. É pouco provável.

Merano, a mais privilegiada estância climática dos Alpes orientais, tanto pela paisagem quanto pelo clima, já tinha visto dias melhores. Desde a inauguração da linha férrea sobre o passo do Brennero (1868), mas principalmente desde a virada do século, a cidadezinha austríaca havia passado por um desenvolvimento explosivo do turismo; no último ano de paz, o número de visitantes sempre superava o de moradores, e a maioria desses visitantes — entre eles pacientes e convalescentes ricos da Europa Oriental — costumava ficar mais de um mês. Merano, situada num vale de montanha que se abre para o sul, protegida pelo lado norte por paredes rochosas de quilômetros de altura, tinha a fama de ser um luxuoso posto avançado subtropical e era servida por trens vindos de Paris, Berlim e Viena. Nos lobbies dos hotéis, nos pequenos parques e nas alamedas muito bem cuidadas, sem pó, ouviam-se conversas em inglês, francês e russo, o tráfego das ruas era dominado por carros e fiacres alugados, caros. E, para os visitantes, o dia a dia de Merano se parecia com uma "programação" bem organizada, sequência infinita de aulas de tênis, passeios, piqueniques, concertos ao ar livre, entretenimento às noites, festas nos jardins e corridas de cavalo.

Nessas circunstâncias, era fácil esquecer que a dinâmica Merano localizava-se numa região politicamente quente; mesmo após a entrada da Itália na guerra, depois da quase fuga de quase todos os visitantes em convalescença, ninguém acreditava seriamente que o braço da história mundial alcançaria os suaves vales do sul do Tirol. Entretanto, em novembro de 1918, Merano foi ocupada por tropas italianas — e por muito tempo. Pois esses vencedores da guerra faziam questão de que o Estado italiano assegurasse uma fronteira setentrional "estratégica", e essa só poderia ser a bacia hidrográfica bem ao norte de Merano, uma linha que atravessa o passo do

Brennero. A população majoritariamente alemã foi calada e apenas depois do acordo de paz de Saint-Germain os tiroleses do sul compreenderam que estavam atolados do lado errado: o irredentismo italiano havia feito uso de sua chance histórica, Merano permanecia sob a coroa italiana e estava situada na região do Alto Adige.

Não sabemos como Kafka conseguiu uma permissão de entrada nessa zona instável, ocupada por antigos inimigos — provavelmente sua rotina em lidar com repartições públicas e formulários foi de alguma valia. Depois da viagem de 24 horas, incluindo-se aí duas revistas de bagagem minuciosas, ao se encontrar diante da estação de trem de Merano, ele logo deve ter notado que a cidade ainda estava à sombra da guerra. Ali reuniam-se um grupo de tiroleses de aspiração patriótica, observados nervosamente por *alpini* e *carabinieri*, que se dedicavam à inauguração festiva de um monumento em memória ao herói local e "combatente pela liberdade" Andreas Hofer; na base, lia-se: "Por Deus, pelo imperador e pela pátria", uma provocação política.

Certamente Kafka já se informara em Praga de que Merano dispunha de apenas um hotel elegante — o hotel Frau Emma, também junto à estação de trem. Mais surpreendente era que a economia da cidade continuasse a sofrer de escassez, um ano e meio depois do final da guerra, e de modo tão notório que as pessoas se sentiam transportadas de volta para 1918: filas diante de padarias, cartões de racionamento e "dias sem carne", ruas sujas e jardins descuidados, igrejas saqueadas, sem sinos, o teatro da cidade fechado, assim como o Kurhaus e todos os banheiros públicos. Merano estava absolutamente endividada, a administração municipal mantinha uma pilha de empréstimos de guerra sem qualquer valor, encontrava-se à mercê dos ocupantes e, portanto, grata a todo e qualquer visitante que deixasse algumas liras na cidade.

Isso valia até para um homem tão econômico como aquele de Praga, que se registrou no livro de hóspedes da sra. Emma como "funcionário público". Mas embora Kafka tenha simpatizado imediatamente com a protetora anonimidade do hotel e soubesse que poderia ser muito bem tratado ali, ele não conseguiu ignorar o preço dos quartos e ao menos por uma, duas semanas, se misturar aos ricos hóspedes italianos. Logo após o primeiro café da manhã — era domingo de Páscoa — ele começou a caminhar pela cidade, debaixo de chuva e frio incomum, a fim de procurar uma hospedagem localizada em lugar mais tranquilo e mais barata. Um sanatório estava totalmente fora de questão, e ele queria manter essa decisão, e havia suficientes quartos em casas de família — e ele seria bem-vindo em todos. Por fim, Kafka descobriu uma pensão escondida entre muitas árvores em Merano-Untermais (à época, um distrito independente). Vistoriou o lugar, checou quartos e refeitório, e como a corpulenta e simpática proprietária não se assustou com suas necessidades vegetarianas e outras mais, ele aceitou. Quinze liras por dia ou 4,5 coroas tchecas. Nada exagerado para um secretário.

Ele estava sentado num quarto térreo, as portas bem abertas para um jardim com arbustos gigantes, floridos. Ainda estava frio; à noite a pensão Ottoburg acendia a calefação. Durante o dia, entretanto, os raios de sol chegavam sem barreiras até a confortável varanda e, quando Kafka ficava imóvel, pássaros e lagartixas se aproximavam.

Ele gostava de estar sozinho no estrangeiro, e depois das torturantes lutas de poder em meio à família no ano anterior, Kafka estava mais decidido que nunca a se afastar de tudo que o fazia se lembrar da casa e da intimidade compulsória. E arrependia-se um pouco de não ter ficado no hotel. Ao escrever a Ottla, ele descreveu a pequena pensão como uma "cripta familiar", para não dizer uma "vala comum", embora Merano fosse "incomparavelmente mais livre, ampla, diversa, incrível, de ar mais puro e ensolarada que Schelesen".[5] A princípio tentou evitar os hóspedes da pensão — no total, havia dezesseis quartos; se eles se sentavam juntos no refeitório, à noite, Kafka desaparecia no seu quarto, contíguo. Nos primeiros dias, fez questão de receber suas refeições vegetarianas numa pequena mesa, separada. À dona, explicou que queria "*fletcherizar*"* sem ser incomodado. Ela mostrou compreensão e certamente já tinha hospedado outros hipocondríacos mal-humorados. Aos outros hóspedes, o homem solitário, que mastigava a comida no seu canto, era um tanto desagradável. Por fim, um antigo coronel alemão, entediado na mesa comunitária entre as senhoras mais velhas, desarmou-o com um gesto polido e convidou Kafka a se juntar ao grupo.

* O americano Horace Fletcher (1849-1919) desenvolveu uma técnica própria de mastigação, com abundante insalivação e exaustiva mastigação dos alimentos. Segundo ele, isso traria uma melhora significativa à saúde global do indivíduo.

Kafka consente e já sabe que será o único judeu da mesa. Há muitos judeus em Merano, ele tinha visto e até falado com alguns no hotel Frau Emma. E o Lar de Convalescença para Israelitas Pobres está a poucos minutos de distância da pensão Ottoburg. Ali, entretanto, ele é o único e provavelmente imagina que isso lhe trará uma experiência dolorosa.

Por outro lado, o fato de Kafka rapidamente transformar o silencioso quarto no jardim no lugar de um enlevo inédito supera sua imaginação. Ele também não tem como saber que está inspirando pela última vez o ar tépido do Sul, que as palmeiras, os ciprestes e os pinheiros, que crescem por todos os lados, serão os últimos que verá em sua vida. Ele se sente aliviado por estar longe, certamente também está aliviado por não se encontrar em Munique; passa muito tempo observando as coisas, como costuma fazer nas viagens; lê o jornal e bebe os refrescos de frutas dos quais sentiu tanta falta. Vez ou outra escreve cartas para Ottla e para Brod; obediente, relata aos pais o que há para se comer na pensão. Em relação ao seu verdadeiro *trabalho*, Kafka não sente nenhuma responsabilidade; ele não escreve; além de suas contemplações secretas, há tempos que não escreve mais nada e, no momento, parece que o fato de um dia ter inventado histórias assombrosas é mais importante para os outros do que para si mesmo.

Por exemplo, para uma jovem tcheca de Praga, Milena Jesenská-Pollak. Kafka recebera dela, no ano anterior, o pedido de autorização para traduzir algumas coisas para o tcheco. Ele não tem nada contra, fica até um pouco orgulhoso e chega a mostrar a carta para a noiva, Julie, poucos dias antes do planejado casamento. No inverno, tinha se encontrado rapidamente com a sra. Pollak num café, mas quase não se lembra de seu rosto. Então, ele recebe outra carta, na qual Milena se queixa de não conseguir mais respirar em Viena. A informação o interessa. Ela não parece ser uma interlocutora confiável, pois deixa um questionamento de Kafka sem resposta. Mas a tradução aguça sua curiosidade, e em Merano ele tem tempo, inclusive para cartas que ficam sem resposta. Não há problema em tentar mais uma vez. "Estou vivendo bastante bem aqui", ele lhe assegura, "mais cuidados o corpo mortal quase não suportaria. [...] Adoraria que a senhora desfrutasse de Merano também [...]."[6]

Ela não o responde de novo. Será que o tom foi pessoal demais? Ou aconteceu algo em Viena? Ele sabe que a jovem tem uma vida difícil por lá, embora seja casada. Ele se sente obrigado a perguntar de novo, dessa vez com um pouco mais de insistência: já que está passando mal em Viena, por que não deixa a cidade?

A resposta é fácil. Há o trabalho, responde a sra. Pollak, finalmente. Ela diz que tem de trabalhar porque não recebe nenhum centavo do marido; que escreve para jornais, geralmente para suplementos ruins, e à noite traduz — seu último livro, *O foguista*, de Kafka.

Além disso, está tuberculosa.

A única foto em conjunto de Franz Kafka
e Felice Bauer; Budapeste, julho de 1917.

Entrada da "trincheira-modelo", Praga, 1915.

Franz Kafka, final de 1917.

Josef David e Ottla Kafka.

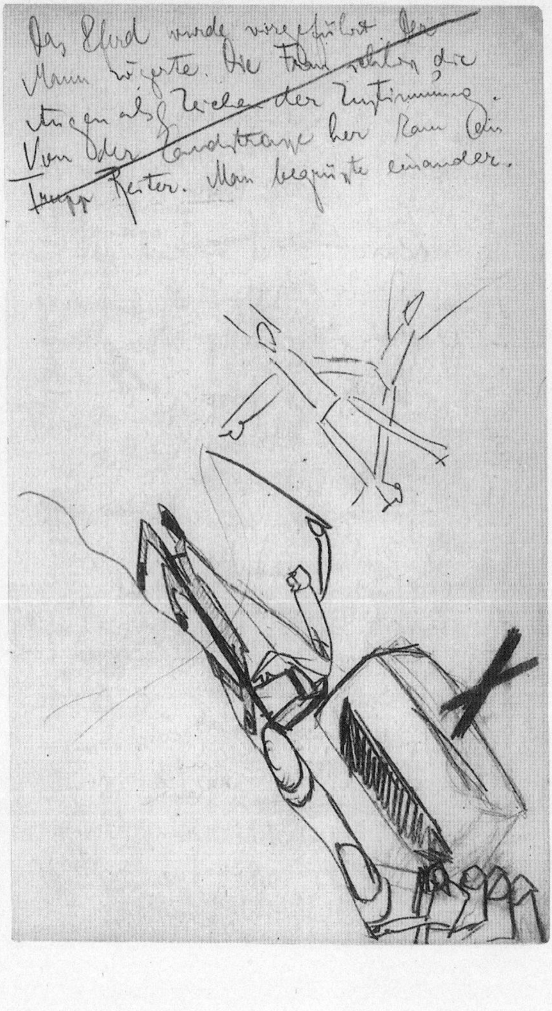

Do “caderno in-oitavo A”, final de 1916.

Ein Landarzt.

Ich war in großer Verlegenheit: eine dringende Reise stand mir bevor; ein Schwerkranker wartete auf mich in einem zehn Meilen entfernten Dorfe; starkes Schneegestöber füllte den

[6]

Do volume *Um médico rural*, Kurt Wolff Verlag, 1920.

Julie Wohryzek.

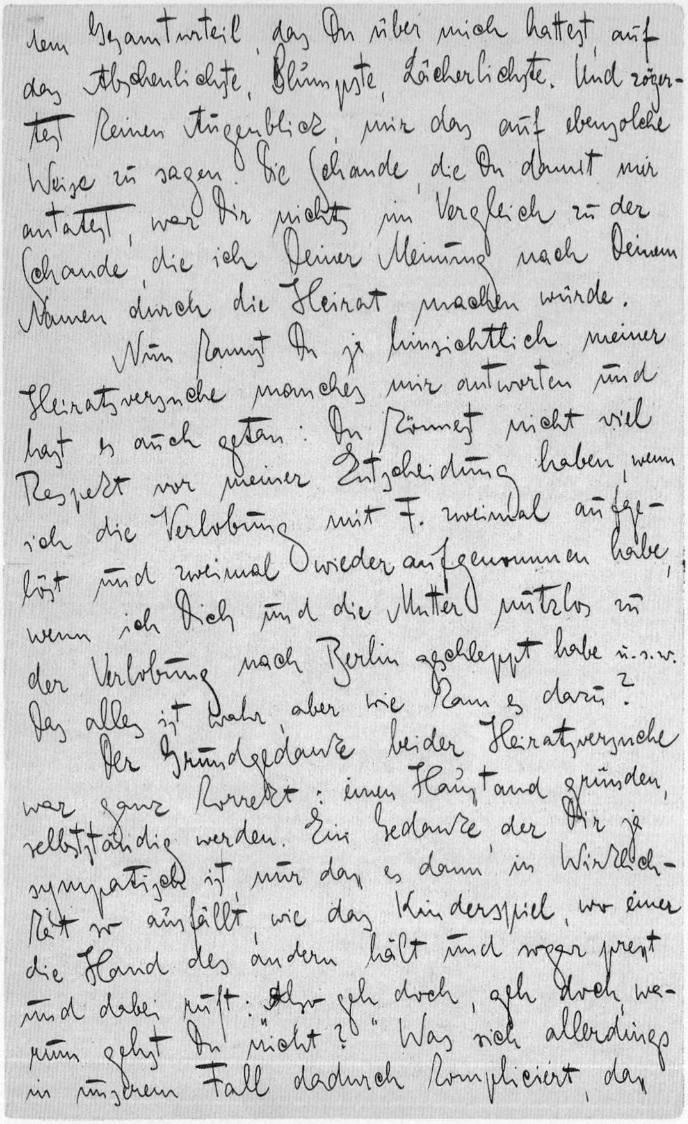
dem Gesamturteil, das Du über mich hattest, auf
das Abscheulichste, Plumpste, Lächerlichste. Und zögertest keinen Augenblick, mir das auf ebensolche
Weise zu sagen. Die Schande, die Du damit mir
antatest, war Dir nichts im Vergleich zu der
Schande, die ich Deiner Meinung nach Deinem
Namen durch die Heirat machen würde.
Nun kannst Du ja hinsichtlich meiner
Heiratsversuche manches mir antworten und
hast es auch getan: Du könnest nicht viel
Respekt vor meiner Entscheidung haben, wenn
ich die Verlobung mit F. zweimal aufgelöst und zweimal wieder aufgenommen habe,
wenn ich Dich und die Mutter nutzlos zu
der Verlobung nach Berlin geschleppt habe u.s.w.
Das alles ist wahr, aber wie kam es dazu?
Der Grundgedanke beider Heiratsversuche
war ganz korrekt: einen Hausstand gründen,
selbständig werden. Ein Gedanke, der Dir ja
sympathisch ist, nur dass es dann in Wirklichkeit so ausfällt wie das Kinderspiel, wo einer
die Hand des andern hält und sogar presst
und dabei ruft: „Ach geh doch, geh doch, warum gehst Du nicht?" Was sich allerdings
in unserem Fall dadurch kompliziert, das

Manuscrito passado a limpo de *Carta ao pai*, novembro de 1919.

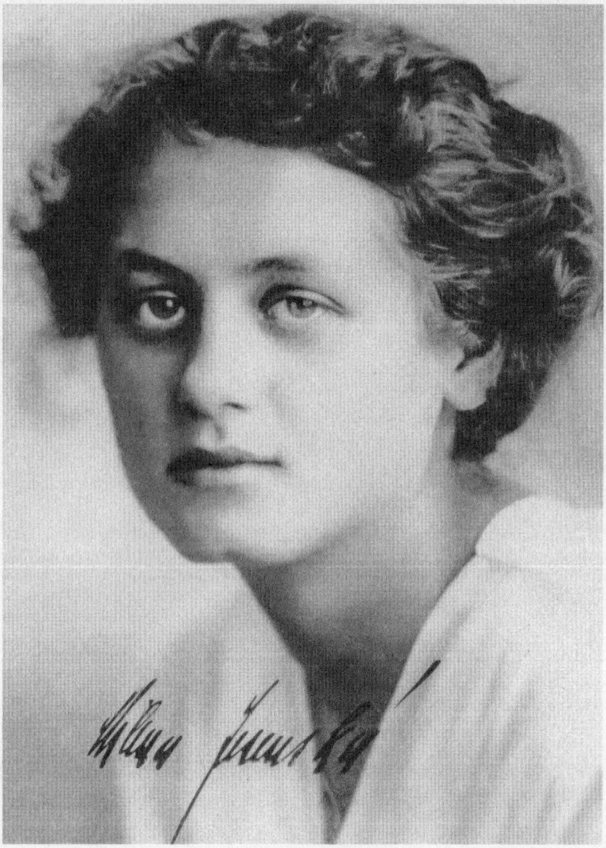

Milena Jesenská, por volta de 1920.

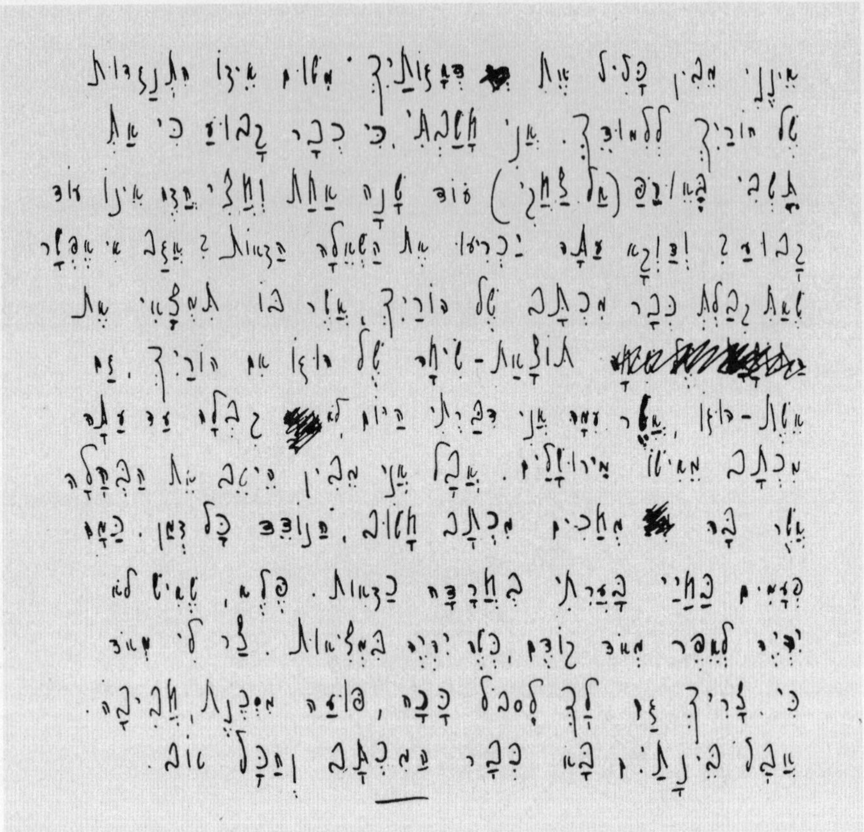

Rascunho de carta em hebraico de Kafka.

Dora Diamant, por volta de 1924.

17. Milena

Faço parte das máquinas
que podem explodir.

Friedrich Nietzsche a Peter Gast, 1881

A ordem mundial não foi feita para ela como foi feita para nós. Ela a infringia todos os dias, todos os minutos. Pegava sua parte, mesmo que os burgueses chamassem isso de roubo ou furto, e distribuía com largueza. Para ela, nada era impossível; a pessoa a quem amava, sobre quem estendia a mão protetora, podia continuar marchando confiante, sem olhar à direita nem à esquerda — todas as suas necessidades seriam cobertas: dinheiro, êxtase amoroso, sedução, elegância, intrigas. Milena cerrou os punhos para conquistar a bênção do céu à força. Ela seria capaz de matar por pura amizade.[1]

Igual a Felice Bauer, Milena Jesenská foi, durante décadas, quase nada além do nome de um boato: uma daquelas sombras anônimas que surgem no halo do gênio e que desaparecem novamente, como personagens de um palco interno. Sua aparição também foi envolta pelo ar da ficção literária, aconteceu na caixa de ressonância de cartas, cartas apaixonadas, arrebatadoras, cujos envelopes traziam seu nome. Milena era um endereço.

Depois da Segunda Guerra Mundial, apenas em Praga a lembrança cultural permaneceu gotejando levemente, alimentada por encontros pessoais, lendas e pelos poucos textos ainda disponíveis de sua mão: a lembrança de que ela foi uma mulher admirável e uma jornalista ainda mais admirável. E depois de seus trabalhos e outros documentos estarem disponíveis em outras línguas é que podemos fazer ideia da dimensão da pessoa que cruzou o caminho de Kafka à época. Ela — ao contrário de Felice Bauer e de Julie Wohryzek — era a mais forte. É possível imaginar que ele tivesse se adaptado à concepção de vida dela, à pessoa de Milena; mas não que ela o seguisse no mundo *dele*. Ela sabia disso e se justificou.

Kafka já devia conhecer Milena Jesenská de nome mesmo antes de ter começado a trocar as primeiras cartas com ela. Provavelmente logo após o início da guerra, cursando os últimos anos da escola, ela aparecia regularmente no Café Arco, junto com duas amigas: jovens tchecas, extravagantes, em meio a literatos alemães, usando vestidos soltos sem espartilho e sem meias-calças, animadas, atrevidas e dispostas ao risco. Certamente o olhar de Kafka recaiu vez ou outra sobre essas caprichadas *groupies*, mas é duvidoso que tenha reconhecido nelas mais do que a tendência adolescente à autoencenação. As três eram uma bem-vinda pitada erótica; apesar de seu considerável conhecimento literário, ninguém as imaginava como futuras jornalistas e tradutoras. As loucas histórias sobre Milena, Jarmila e Staša que logo começaram a circular atiçavam fantasias, mesmo que ninguém soubesse o quanto daquilo era verdade.

Por volta do fim da guerra, as moças apareciam cada vez menos; Kafka, nunca mais. Jarmila e Staša se casaram com tchecos; Milena, por sua vez, com um dos agitadores do Arco, o literato Ernst Pollak, com quem emigrou para Viena. Quando escreveu pela primeira vez para Kafka, ela estava com 24 anos. O que já tinha vivido até então ultrapassava em muito os frívolos boatos de Praga e era incompatível até com a vaga ideia de uma libertinagem "não burguesa". Dois abortos. Duas tentativas de suicídio. Roubos a lojas e falsificação de documentos. Um relacionamento lésbico. Uso de drogas. Nove meses de internação num hospital psiquiátrico. Alguns dias na cadeia por roubo. Trabalho como carregadora de malas. Vida em conjunto com a amante do marido. Realmente era como se ela anulasse a ordem do mundo, tanto a econômica quanto a moral. Ela agia sem se importar com as consequências, era perdulária, pegava e dava. Sabia que sempre lhe restava um déficit. Um pouco mais tarde, formulou assim a constante de sua vida: *Já jsem tem který platí* — Sou eu quem paga.[2]

Milena Jesenská nasceu em 10 de agosto de 1896 em Praga-Žižkov. Ainda criança, descobriu que dinheiro e amor, sucesso social e infelicidade íntima podiam estar dolorosamente interligados: seu pai, Jan Jesenský, oriundo de uma família respeitada, porém empobrecida, de Praga, iniciou sua carreira como dentista com o dote da esposa Milena Hejzloravá, mas exigiu somente para si o grau de liberdade que o bem-estar crescente proporcionava. Jesenský ainda estudava quando sua filha nasceu; já em 1902 a família pôde se mudar para uma construção moderna na Obstgasse, apenas a poucos passos de distância da praça Venceslau, e Jesenský abriu seu confortável consultório no mesmo prédio. Um ano mais tarde, tinha se doutorado, passando a alternar quase diariamente sua presença entre sala de aula, atendimento na clínica odontológica na universidade Karl e o consultório particular com um enorme rol de pacientes, provavelmente quase todos tchecos.

O dr. Jesenský era vibrante, ambicioso, profissional competente e especialista em estomatologia — e de forte inclinação nacionalista. Um daqueles inúmeros acadêmicos tchecos que estavam em concorrência constante com as instituições e os colegas alemães. Em casa, ele fazia o papel do déspota carinhoso e a rotina precisava seguir estritamente suas necessidades, sob o risco de ataques coléricos. À noite, Jesenský se encontrava com os amigos do Sokol, mantinha diversos relacionamentos amorosos (também com pacientes) e arriscava os honorários recebidos na mesa de carteado do clube de cavalheiros. Nos fins de semana ainda lhe restava energia para passeios nas cercanias de Praga e para caminhadas, que nunca lhe eram longas o suficiente. Era uma pessoa cujo temperamento explicitamente festivo podia ser tão opressivo quanto sua ruidosa zanga.

É difícil imaginar que a mãe de Milena tenha encontrado nesse casamento a concretização de seus desejos. Como filha de um professor, ela dispunha de uma educação abrangente e certamente estava em condições de desempenhar bem o papel de anfitriã e de manter uma conversação.[3] Mas seus interesses estavam voltados a outra direção, ela gostava de belos tecidos, belos móveis, tentou trabalhar com o torno e o pirógrafo; ela própria se ocupava da educação da filha, em todos os sentidos. O dr. Jesenský tinha pouca participação nesse mundinho feminino e se retraiu ainda mais depois que o segundo filho — um menino que naturalmente chamou-se Jan — morreu com poucos meses de vida.

O fato de Milena permanecer filha única, sem cumprir o papel de protetora de um jovem príncipe herdeiro, parece ter sido decisivo para seu destino. Pois se Jesenský quisesse projetar a própria carreira científica no futuro, se quisesse continuar valorizando o status social conquistado por meio dos estudos, e o *nome* da família Jesenský, então era preciso dar à filha única a melhor educação possível. Milena deveria se tornar médica. Para tanto, precisava frequentar uma boa escola. Em 1907 decidiu-se que a garota de onze anos entraria no ginásio tcheco de meninas Minerva.

Uma escolha feliz, sem dúvida. Pois o Minerva era mais do que uma escola; era uma das poucas instituições com as quais os tchecos de Praga — depois de anos de embates com as autoridades em Viena — tinham conquistado um avanço emancipatório. Um educandário para moças que valorizava uma educação clássica, integral, que as habilitava para qualquer profissão acadêmica, inclusive línguas modernas.[4] Os alemães afeitos à cultura não tinham nada igual. Os corpos docente e discente sabiam que pertenciam a uma elite e que eram pioneiros de um movimento. O ginásio Minerva foi fundado em 1890; as primeiras formandas já eram professoras e reforçavam a ambição das alunas de mostrar às mulheres burguesas alemãs do que as tchecas eram capazes. Pouco a pouco o Minerva se transformou numa questão de identidade e até em uma forma de vida que eliminava as fronteiras entre gerações. As turmas compareciam com as professoras a exposições, concertos e apresentações teatrais, e as "minervistas" eram incentivadas a praticar esportes: tinham acesso privilegiado a piscinas e quadras de tênis, organizavam-se caminhadas e, no inverno, praticava-se patinação no gelo. Uma programação convincente também aos olhos do dr. Jesenský, que, como a maioria dos tchecos nacionalistas, tinha internalizado a ideia de que o florescimento de uma jovem nação estava muito vinculado ao treinamento físico.

Supostamente o orgulho em comum da filha talentosa era a última ligação substancial entre o casal Jesenský. Mas esse frágil trio ainda não tinha o futuro garantido, pois a mãe de Milena foi acometida de uma doença crônica — anemia perniciosa, talvez — e morreu em 1913, após anos de sofrimento. Por orientação do pai, Milena tinha assumido uma parte substancial dos cuidados da mãe, em cujo quarto passava as tardes. Nos últimos meses, ela teve que fazer com que a mãe, que quase não conseguia mais se mexer, tomasse os remédios nos horários prescritos. Uma experiência que a desiludiu radicalmente. Para a adolescente, tratava-se de um tipo de prisão que inevitavelmente gerava raiva e ódio: contra o pai, indiferente, que se furtava às responsabilidades e que não alterou em nada seu estilo de vida, mas também contra a inocente mãe, cuja morte acabou sendo aguardada como uma espécie de libertação.

O que se seguiu deve ter parecido ao dr. Jesenský, medianamente enlutado, como um castigo incompreensível. Sua linda e obediente filha, que ele conhecia como moça reservada, sonhadora junto ao piano, leitora voraz de romances e encantada com livros de arte, transformou-se num diabo em poucos meses. Era evidente que havia algo para ser recuperado. Ela queria fugir do odor e da consciência pesada do quarto da doente. Não era possível censurar uma garota de dezessete anos por perder um pouco a medida das coisas e ultrapassar alguns limites após um tal golpe de destino. Mas a maneira como Milena vivenciava sua recém-conquistada liberdade, passando a chamar constantemente a atenção, foi como uma declaração de guerra para o pai: ela saqueou a conta-corrente dele, falsificou sua assinatura, contraiu dívidas excessivas, roubou sua roupa para distribuí-la entre amigos necessitados e chegou inclusive a pegar tubinhos de morfina, que Jesenský guardava no consultório e dos quais tinha de prestar contas. Milena desenvolveu uma obsessão por flores, comprava buquês às custas do pai e era flagrada às cinco da manhã colhendo outras tantas em parques públicos. Passou a namorar muito, ficou grávida e mais uma vez o pai teve de pagar o aborto. E, principalmente, passou a se envolver com alemães — Milena sabia muito bem que essa era a provocação mais dolorosa para alguém tão orgulhosamente nacionalista como Jesenský —, passeava com as amigas pelas ruas alemãs e, sempre que houvesse uma chance, chamava a atenção dos dois grupos. Era como se procurasse febrilmente pelos próprios limites, por orientação, talvez por autoridade; era como se ela socasse o peito do pai, embora, via de regra, só acertasse sua carteira.

A esperança de Jesenský de que o efeito disciplinador do curso de medicina proporcionasse calma e juntasse Milena com pessoas mais sérias também não deu em nada: a inócua experiência durou apenas dois semestres. Milena preferia ficar entre pessoas do que se dedicar "ao que importava"; ela não conseguia organizar e compartimentar seu saber, muito menos dissecar corpos. Entretanto, talvez o principal empecilho fosse a inevitável especialização exigida não apenas pela medicina como também por qualquer outro estudo. Seus interesses intelectuais e estéticos eram erráticos, lúdicos, precisavam gerar identificação. Absorvia o que a impressionava — literatura, música, arte. Para ouvir um concerto, ela se sujeitava a um lugar em pé no fundo da plateia; se conseguisse um lugar sentado, trazia as partituras. Mas a música como disciplina, como ciência ou até como profissão remunerada eram opções tão distantes quanto uma carreira como médica. Desse modo, também os cursos que ela frequentou no conservatório de Praga, após interromper o curso de medicina, se tornaram trajetos da história de sua educação, não de uma formação profissional.

Jesenský parece ter apoiado a filha por um tempo. Ele se negava a pressioná-la diretamente, pedindo, vez ou outra, que famílias amigas se ocupassem de Milena. Apesar disso, era impossível evitar o confronto aberto. Um dia, chegou aos seus ouvidos que a filha estava se relacionando com um escritor e que eles iriam se casar. Alemão, claro, e ainda por cima judeu com fama de "mulherengo". Essa foi a gota d'água. Milena tinha vinte anos, ainda não era maior de idade. O dr. Jesenský fez uso de seu direito e disse não.

Ernst Pollak, nascido em 1886 e, portanto, dez anos mais velho que Milena, era desconhecido na literatura de língua alemã, mas figurava entre os proeminentes nos *círculos* literários de Praga — o memorável caso de um "escritor sem obra".[5] Como Brod, Kafka, Pick, ele tinha escolhido uma profissão profana — era correspondente de língua estrangeira no Banco Nacional Austríaco —, mas a enorme quantidade de leituras acumuladas, a eloquência e o julgamento literário diferenciado o transformaram no conselheiro de toda uma geração de autores de Praga. Pollak era amigo íntimo de Werfel, e Willy Haas tinha sido seu colega de escola. Por sua vez, os contatos com Brod eram esporádicos (Pollak não se interessava pelo sionismo), mas evidentemente se conheciam havia anos dos cafés frequentados pelos escritores.

Pollak era tudo menos uma figura imponente. A roupa muito elegante com a qual ele tentava valorizar sua baixa estatura chegava a parecer cômica às vezes; na foto de 1913 que foi preservada, o rapaz de 27 anos se parece com um triste balconista de loja. Apesar disso, seus contemporâneos falam da personalidade peculiar e encantadora de Pollak, algo que com frequência lhe garantia um protagonismo nas discussões literárias, mesmo na presença de escritores mais famosos. Pollak estava absolutamente consciente desse efeito enigmático, ele o nutria, reforçava-o com uma pitada de arrogância, conseguindo assim driblar sua dolorosa incapacidade literária — uma inibição à escrita quase insuperável — e aplicar sua habilidade na conversa. Sua promiscuidade obsessiva também era de natureza abertamente compensatória, mas esse comportamento era usual na boemia literária, sendo tratado no máximo com gracejos de inspiração psicanalítica e, por fim, abrilhantando a aura de Pollak.

Então era essa a figura que a filha do respeitado dr. Jesenský havia escolhido como marido. Não se sabe se informações profissionais a respeito do rapaz foram trazidas a seu conhecimento, mas Jesenský não precisava delas. Sua repulsa estava enraizada em preconceitos ideológicos. Para ele, era insuportável ter de imaginar esse judeu desclassificado e galã de quinta categoria como genro. Depois de o pai, de modo bastante empático, ter apoiado Milena num aborto (que quase lhe custou a vida), a esperança germinou novamente: talvez esse evento chocante e sangrento finalmente a conduzisse à razão. Mas Milena explicou que passaria a morar com Pollak e, se preciso, mesmo sem estar casada.

Visto que todas as objeções foram infrutíferas, em junho de 1917 Jesenský lançou mão de uma atitude violenta: com o auxílio de um médico amigo — justamente o dr. Procházka, pai da melhor amiga de Milena, Staša —, ele internou a filha no hospital psiquiátrico de Veleslavín, no subúrbio de Praga. O diagnóstico anunciou "ausência mórbida de conceitos e sentimentos morais". Na época da medicina dos Habsburgo, um motivo suficiente para manter presa uma jovem solteira por nove meses inteiros. Pollak ainda tentou pressionar Jesenský incitando-o a um duelo — notícia que logo correu os cafés alemães e tchecos —, mas o gesto perturbado e algo passadiço não teve qualquer efeito: experiente em duelos, Jesenský tinha sua própria opinião sobre quem seria um oponente satisfatório.

O tempo trabalhava a favor de Milena. Após o primeiro susto em relação ao seu novo ambiente, enquanto ela encontrava meios e caminhos para retomar o contato com o mundo exterior e até rever Pollak regularmente, pouco a pouco Jesenský começou a perceber que, ao alcançar a maioridade, sua filha despencaria no vazio caso até lá não houvesse algum tipo de entendimento entre eles. Como ela continuava se recusando a frequentar qualquer tipo de estudo formal e como seus escândalos quase públicos eram incompatíveis com o status de um médico de renome e que, além disso, estava alinhado com o sentimento nacionalista, havia uma única solução: Milena tinha de sair de cena, precisava deixar Praga para a boataria cessar. Jesenský estava então disposto a comprar sua liberdade. Pagar todas as dívidas da filha, garantir um enxoval digno, dote e renda mensal, mais todo o resto. Em 14 de março de 1918 Milena casou-se com seu literato baixinho, o rei do Café Pollak.[6] Poucos dias mais tarde, eles viajaram juntos para Viena.

> Não há combustível, carvão, madeira, coque. Os trens estão parados em todo o país, no momento as fábricas estão paradas, as lojas fecham às cinco horas, nos restaurantes e cafés uma pequena lâmpada de carbureto bruxuleia a partir das oito horas. Logo a energia elétrica para o consumo privado será cortada, de modo que teremos de iluminar com velas, que não existem no comércio! Para o aquecimento não há nada, para

> comer não há nada. [...] O que se recebe por semana não é suficiente, mesmo com a maior parcimônia — quantitativa e qualitativa —, para um único jantar minguado. Por pessoa, há um pão (um *Laberl*)* e embora eu tenha frequentado aqui dois anos de escola de carestia, não consegui engolir esse "presente de Deus" amarelo, duro, velho, bolorento.[7]

Milena tinha imaginado a vida de outro jeito. Mas bem antes do fim da guerra anunciava-se que a catástrofe da derrota seria sentida muito mais duramente no centro do que na periferia. Enquanto na Boêmia e na Hungria freavam-se cada vez mais seus envios de alimentos e carvão à capital, chegando a cessá-los depois da proclamação dos novos Estados nacionais, Viena, com seus milhões de habitantes, se tornou um gigante desamparado, de artérias cortadas. As antiquíssimas relações de força foram literalmente viradas de cabeça para baixo: se até então tinham sido os tchecos, eslovacos e húngaros os que batalhavam em Viena para poder manter uma parte justa dos próprios recursos, agora era o governo do Estado residual "Áustria Alemã" que mendigava por trigo em Praga e em Budapeste. E como ele não tinha nada a oferecer em troca, começou a clamar por "consideração humanitária".

A princípio, Milena Pollak não foi capaz de se adaptar à nova situação, inesperada e sombria. Embora seu marido recebesse um salário regular — ele havia pedido transferência para a filial de Viena de seu banco, passando a ser atendente de câmbio —, a quantia não era suficiente para financiar o estilo de vida de até então. O dote foi consumido em poucos meses e o enxoval de Milena foi vendido ou penhorado, e em seguida Pollak negou-se firmemente a colocar dinheiro na mão da mulher. Afinal, ele escorreria entre seus dedos na forma de vestidos, joias, flores, cocaína — já era tempo, dizia, de ela começar a se sustentar. Nisso ele tinha razão e ela concordou, principalmente quando pensava nas suas novas dívidas vienenses, com as quais não angariava simpatia junto às poucas pessoas que ainda estavam do seu lado. (Entretanto, o endividamento de Pollak não afetou nem um pouco a sua reputação.)

É absolutamente crível que Milena, em meio à miséria do pós-guerra vienense, não estivesse longe de escolher o caminho da prostituição, como

* "Pãozinho", no dialeto austríaco.

deu a entender mais tarde.[8] Nessa época, ela já tinha ultrapassado todos os limites que definiam o universo social e moral de uma moça burguesa e talvez conseguisse suportar melhor uma degradação anônima do que um novo e humilhante pedido de socorro ao pai. Melhor receber gorjetas de viajantes de trem, cujas malas ela vez ou outra carregava até seus hotéis, ou de vienenses gelados, que tinham de passar o inverno sem carvão e aos quais ela trazia madeira picada.[9] Uma saída temporária foram as aulas em escolas tchecas, onde sua condição de "minervista" provavelmente foi muito bem-vinda — cerca de 5% da população de Viena usava o tcheco como língua corrente — e também havia procura por aulas particulares da língua. Mas ela foi novamente pega num furto e teve de se apresentar diante de um juiz distrital alemão-austríaco. "Eu estava numa crise erótica", essa foi a sua desculpa, que se tornou lendária.[10]

Milena Pollak não tinha qualquer apoio social em Viena. O sobrenome de prestígio, a rede de mulheres tchecas emancipadas, sua fama local da qual desfrutava ao desfilar por ruas e avenidas alemãs e tchecas — nada disso contava mais. Ela só pôde acompanhar à distância a desejada libertação nacional, que, tanto quanto o pai, saudava de modo tão entusiasmado. No dia a dia, o evento não lhe trouxe nada além de dificuldades, pois Praga havia se tornado terra estrangeira, as fronteiras permaneceram fechadas durante meses, inclusive para remessas de dinheiro e para os urgentemente necessários pacotes com comida.

Depois de poucas semanas percebeu que não podia contar com nenhuma forma de solidariedade conjugal. Pollak não levava a esposa intelectualmente a sério o suficiente para compreender os motivos de ela se sentir desenraizada. É evidente que ele manteve seu estilo de vida polígamo, valendo-se dos arranjos eróticos que se faziam em Praga, e não se furtava em trazer a favorita da vez para o espaçoso apartamento no sétimo distrito. Milena também fazia algumas tentativas pouco empenhadas de viver um "casamento aberto" — manteve um relacionamento fugaz com Hermann Broch —, mas aquele momento maníaco, viciante, que caracterizou a sexualidade de Pollak desde sempre, lhe permaneceu distante, assim como a promiscuidade de tintas ideológicas que se cultivava na cidade, preferencialmente com citações de Otto Gross. Ela permitia bem mais do que aquilo que aceitava, às vezes até mais do que podia suportar, talvez até pelo temor de ser ridicularizada como convencional ou pudica pelos amigos de Pollak, que davam o tom literário e moral em Viena. O andar superior da

Lerchenfelder Straße 114 deve ter sido palco de horas sombrias, sobre as quais pouco sabemos, e pelo menos uma delas levou-a novamente ao limite de sua existência física — a tentativa de um envenenamento, do qual se salvou devido a uma fiel empregada húngara.[11]

A desesperadora sensação de estar na defensiva era absolutamente justificada. Pois enquanto Pollak imediatamente se sentiu em casa na cena literária vienense e logo alcançou um lugar de autoridade semelhante ao que gozava em Praga, tanto no Café Central quanto, mais tarde, no Herrenhof, Milena quase não conseguia ser mais do que uma acompanhante interessante. Certamente isso se devia também à sua aparência externa — da perspectiva vienense, ela era uma beleza marcadamente eslava, "austera", estilo realçado pela recusa de qualquer coquetismo —, mas sobretudo pela barreira da língua. Ela falava tcheco com Pollak, assim como com conhecidos da cidade natal que viviam temporariamente na cidade, como Egon Erwin Kisch ou Otto Pick. Mas nos cafés literários, a única língua permitida para discussões culturais era o alemão, de modo que ela — justo no primeiro e pior ano — não se limitou a apenas ouvir, como também ficou marcada com a etiqueta do provincianismo. Franz Blei, Egon Friedell, Anton Kuh, Alfred Polgar, Robert Musil, Franz Werfel... num círculo de ególatras desse quilate, as ideias da filha de um professor da Boêmia, com pouco domínio do alemão, eram pouco consideradas. E a percepção dos eventos políticos também colocava Milena e os novos conhecidos em mundos totalmente diferentes: enquanto ela ainda estava sob o impacto da "libertação" tcheca e tinha dificuldade em ocultar sua satisfação a esse respeito, questões de identidade nacional e redistribuição política de territórios não animavam a turma de literatos. Ela teve de ouvir a explicação de Gina Kaus — autora que fazia um certo sucesso e uma das poucas mulheres a levar Milena a sério por ali — de que o importante era a Constituição do Estado em que se vive e não o tamanho desse Estado.[12] Todos no Herrenhof concordavam que a questão nacional era uma questão propagandística secundária e o fato de que subitamente todos os austríacos desejaram ser alemães tinha menos a ver com emoções nacionais do que com o medo escancarado da fome.[13] O que estava na ordem do dia era uma questão de ordem *social*: seria possível um recomeço político e cultural sem uma revolução social? Durante algumas semanas, até o facilmente influenciável Werfel se disse adepto do bolchevismo e participou, sob a liderança de Kisch, também desorientado do ponto de vista político, de uma tentativa de golpe das

Guardas Vermelhas em 1918 — eram dias emocionantes, cujos eventos podiam ser acompanhados como que de camarote a partir de Herrenhof, estrategicamente localizado.

Não há dúvida de que Milena Pollak ficou muito mais impressionada com as convulsões sociais e com os abismos da vida cotidiana de Viena do que seus mentores intelectuais, e de que sua simpatia pela esquerda política tinha base empírica. Seus trabalhos, as aulas de língua, mas também as horas perambulando atrás de comida, formando filas e negociando com comerciantes do mercado ilegal — além do rápido domínio de um vocabulário alemão-vienense — lhe angariaram inúmeros contatos com pessoas de todas as camadas sociais e propiciaram uma visão panorâmica, caleidoscópica, da situação. Devido ao sotaque marcado, mesmo fora dos cafés ela permanecia, via de regra, como uma visitante, uma observadora. Entretanto, logo deve ter percebido que aquela distância social e cultural, que a privava de uma participação igualitária no Herrenhof, fomentava o conhecimento da vida "real" e proporcionava momentos libertadores. Milena começou a observar seu ambiente com olhar documental, de jornalista. E, no final de 1919, escreveu pela primeira vez o que tinha visto. Surgiu assim uma série de reportagens sobre Viena. O redator-chefe interino do diário liberal *Tribuna*, de Praga, impressionadíssimo com os artigos, passou a pagar por tudo o que saísse da pena de Milena. Aos 23 anos ela ganhou seus primeiros honorários pelo trabalho intelectual. Pollak riu ao ler os artigos tchecos. Milena, porém, logo avisou o pai sobre o triunfo: assinado "M. P.".

Mais ou menos na mesma época ela vivenciou pela primeira vez Praga sob o governo tcheco — talvez tenha sido a mesma visita que possibilitou a rápida conversa com Kafka e também o encontro provisoriamente mais importante com Arne Laurin, da *Tribuna* (que durante a guerra passara fome em Viena). O fato de ter ousado abordar Kafka — nesse meio-tempo, no rol dos famosos locais — em alemão testemunha não apenas a crescente autoconfiança quanto o maior conhecimento da literatura alemã da época e uma competência linguística rapidamente adquirida. Claro que ela ainda cometia muitos erros, não percebia nuances e entrelinhas. Apesar disso, Kafka teve a sensação de que seus textos estariam nas mãos certas. E como ainda não conhecia a situação do casamento com Pollak, ele podia imaginar que, com certeza, as traduções da sra. Milena seriam ao menos lidas previamente por um literato bilíngue — mesmo que evidentemente mantivesse essa consideração para si.

No início de maio de 1920, Kafka recebeu o mais novo número da revista semanal de literatura publicada em Praga *Kmen* (O clã). Logo na primeira página, aparecia seu nome: "*Franz Kafka. Topič: Fragment. Se svolení autorovým přeložila Milena Jesenská*" (O foguista: Um fragmento. Traduzido com permissão do autor por Milena Jesenská). Ele ficou "quase decepcionado", Kafka escreveu para Milena, quando recebeu o envelope na pensão Ottoburg e não encontrou uma mensagem pessoal dela, mas apenas sua própria história, essa "voz conhecida bem demais do antigo túmulo". Mas isso era puro coquetismo. Mesmo que ela não pudesse imaginar que Kafka tinha encomendado correndo, por intermédio da irmã Ottla, vinte exemplares daquele número, Milena sabia que essa era a primeira tradução de um de seus trabalhos literários e ela podia ficar orgulhosa em ter convencido o redator comunista da *Kmen*, Stanislav K. Neumann, de usar suas doze páginas para imprimir *O foguista*, em duas colunas.

Apenas então ela se deu conta — mais um indício do quão superficial deve ter sido a consulta com o autor — de perguntar a Kafka se ele conseguia ler a tradução. Ela ficou sabendo que ele compreendia tcheco bastante bem e por isso deveria usar sua língua materna também quando escrevesse para *ele*. Somente ali a "Milena em sua totalidade" ficava visível, e sua tradução era justamente a melhor comprovação disso: "é incompreensível para mim que a senhora tenha tido esse grande esforço e estou profundamente comovido com a fidelidade com que o fez, frasezinha por frasezinha, uma fidelidade que eu não imaginava na língua tcheca, e muito menos a habilidade com a qual a senhora a exerce. O alemão e o tcheco assim tão próximos?".[14] E mais uma vez, alguns dias mais tarde: "me surpreendo a cada vez com a verdade evidente da tradução mesmo quando me esqueço dessa evidência, não há quase nenhum mal-entendido, isso não seria grande coisa, mas sempre uma compreensão forte e decidida".[15] Ela sabia que se tratava de um elogio maior. Entretanto, deve ter ficado aliviada em poder lhe escrever na *própria* língua, enquanto ele permanecia com a dele.

A época de carregar malas tinha ficado para trás. Apesar da necessidade persistente — em alguns dias, a base de sua alimentação eram maçãs e chá —, Milena Pollak se acostumou a um ritmo de trabalho rígido e à entrega pontual. Ela se retraiu consideravelmente do círculo de conhecidos do marido e esse tempo passou a ser empregado junto à escrivaninha. Em 1920, ela publicou na *Tribuna* em média três artigos sobre cultura por mês; em paralelo, a *Kmen* trouxe inúmeras traduções suas, entre outras de textos de Werfel, Döblin, Meyrink, Landauer, Rosa Luxemburgo e Upton Sinclair. Ela tinha lido tudo de Kafka que havia nas livrarias e gostava especialmente dos contos de *Contemplação*, que traduziu em sua totalidade e dos quais publicou uma seleção. No outono, Milena conseguiu inclusive um espaço na *Tribuna* para a íntegra de "Um relatório para uma academia".[16] "Tudo o que a senhora vier a fazer com os livros e as traduções estará certo", Kafka escreveu após a leitura de seu exame de proficiência como tradutora e ele nunca teve motivos para se arrepender dessa procuração. Milena Jesenská — apenas ali ela assinava com seu sobrenome de solteira — se tornou *sua* tradutora e ele rapidamente se acostumou a isso. Quando a tarefa era tentada por outra pessoa, às vezes até sem um acordo prévio, ele ficava irritado. E falava de "interferência em nossos assuntos". *Nossos*.[17]

18.
Fogo vivo

Faz bem, faz mal, no mais tardar,
Quem teria contrariado?

Goethe, *Divã ocidento-oriental**

"O senhor é judeu?" Por um instante, ele achou que a pergunta fosse uma piada. Ela já sabia tantas coisas a seu respeito, até mesmo da sua longa e dolorosa história de noivado; certamente Pollak havia lhe contado. Mas não sabia que ele era judeu?

O leitor póstumo também fica surpreso. Será que Kafka já fora confrontado alguma vez com uma pergunta tão direta? Oito anos antes, na correspondência com Felice Bauer, tinham sido necessários meses de tentativas muito cuidadosas antes de eles avançarem para além da fase ritual do flerte e da comunicação de como se sentiam no momento. As relações financeiras permaneceram semiocultas até o final, assim como os conflitos interfamiliares, e a dolorosa questão do significado de ser judeu ou judia era tocada de vez em quando, mas nunca escancarada. O termo "antissemitismo" não apareceu nenhuma vez nas centenas de folhas de sua correspondência.

Em comparação, o relacionamento com Milena desenvolveu-se de modo quase explosivo — ambos os protagonistas, parece, estão decididos a deixar de lado as preliminares sociais. Dessa vez é a jovem quem primeiro pressiona Kafka a uma franqueza até então inédita, mas depois também o encoraja. Depois de ele, em suas primeiras cartas, não fazer nada além de gerar calor para aproveitar do calor (seguindo o padrão aprovado), em poucas semanas se vê confrontado com confissões inesperadas e com perguntas muito sinceras que atingem o cerne de sua existência. Ela não se vexa em falar sobre Pollak — diz que o ama e que se sente maltratada por ele —, mas depois também quer saber se Kafka tem uma amante. Não se trata de uma "confissão" quando

* J. W. Goethe, *Divã ocidento-oriental*. Trad. de Daniel Martineschen. São Paulo: Estação Liberdade, 2020, p. 350.

ela lhe diz que vive da mão à boca e, eventualmente, de alimentos vindos de Praga, e não é coquetismo quando, depois de algumas cartas, fala do próprio corpo, tuberculoso. Talvez suponha que um escritor de Praga, tendo passado algumas noites no Café Arco, sem dúvida há de se lembrar dos boatos relativos às alunas do ginásio Minerva; além disso, há muito ela está acostumada ao convívio (mais ou menos voluntário) com pessoas que sabem a seu respeito. Mas não é apenas isso. Com sua recusa em cumprir as regras de discrição burguesa, ela coloca Kafka diante de uma tarefa totalmente nova — não exerce nem a diplomacia social nem o esforço retórico do duplo sentido. Quando ele deixa passar uma frase por demais cuidadosa, vaga, ela pergunta a esse respeito ou manifesta seu descontentamento.

Certamente ela não é de modo algum indiferente ao carinho presente já nas primeiras cartas. Saber que um homem se preocupa com ela, sem que haja um explícito interesse sexual em jogo, faz bem a Milena. "O que a senhora fará agora?", pergunta Kafka, depois de saber da tuberculose. "Provavelmente não é nada sério quando a pessoa se cuida um pouco. Mas qualquer um que goste da senhora há de saber que é preciso poupá-la um pouco e que todo o resto fica em segundo plano."[1] São frases calorosas, bem distantes da penúria cotidiana de Milena. E ela é de opinião de que essas frases não comprometem ninguém a nada. Kafka, por sua vez, é de outra.

> Se enxergamos a coisa como, por assim dizer, uma tarefa escolar, a senhora tinha três possibilidades em relação a mim. A senhora poderia, por exemplo, não ter falado nada a seu respeito, mas então eu não teria tido a grande felicidade de conhecê-la e nem a felicidade ainda maior, que é a de me testar em relação a isso. Ou seja, a senhora não pode me manter alheio. Daí a senhora poderia ter me ocultado coisas ou as pintado com outras cores, e ainda pode fazer isso, mas na minha atual situação eu perceberia, mesmo se não falasse nada, e tudo seria duplamente doloroso para mim. Ou seja, a senhora também não pode fazer isso. Resta apenas a última possibilidade: tentar salvar-se um pouco [...].
>
> O que a senhora diz sobre sua saúde (a minha é boa, só meu sono é ruim no ar da montanha) não me é suficiente.[2]

Mesmo para ela, o ritmo está acelerado demais. Kafka não apenas escreve cartas, ele fala *sobre* as cartas dela, como se uma correspondência significativa já houvesse se avolumado. E "a felicidade em conhecê-la"? "Na minha atual situação?" Ela não entende o que ele quer dizer, o que se pode "pressentir" depois de meia dúzia de cartas é muito pouco e certamente não se passa a "conhecer" ninguém dessa maneira. São afirmações desse tipo que a mantêm em dúvida sobre o que é ou não para ser levado a sério. Ela também suspeita de uma escrita tática, censurada: "Não há nenhuma palavra que não fosse muito bem escolhida", ela diz sobre as cartas de Kafka; certamente o homem não é espontâneo, existe uma reserva indisfarçável. É evidente que ela não pode saber que o estado de alerta moral, nunca baixado, o princípio de não desculpar nem a sombra de um pensamento oculto, fazem parte dos traços elementares da autoimagem de Kafka. E, portanto, a primeira e não irrelevante ofensa que ela lhe inflige é quando pede explicitamente por *franqueza*.[3]

Apesar da dúvida, ela sente e precisa da emanação quente soprada a partir de Merano, e começa a se acostumar à sensação. A partir do final de maio, inicia-se um fluxo de mensagens quase diárias, que ela responde de maneira igualmente regular e detalhada. As cartas de Milena Pollak não foram preservadas,[4] mas é evidente que são marcadas por oscilações de humor que Kafka tem dificuldade em acompanhar: ela fala do sentimento de nulidade, até de ódio contra si mesma, vez ou outra anuncia revelações incríveis, depois volta a reclamar do ridículo das pessoas que convivem com o marido. Permanece sensível em relação a Kafka, teme não ser levada a sério, não compreende algumas de suas estranhas graças e se recusa a mostrar os trabalhos jornalísticos que assina. Mas não quer mais perdê-lo — "*jen strach o Vás*", cita Kafka, "apenas medo por você", caso o fluxo se interrompa.[5] Quando as cartas dela contêm palavras muito duras, Milena envia um telegrama em seguida, e já em meados de junho — poucos dias depois de Kafka insistir para que abandonassem o pronome formal de tratamento —, ela lhe manda flores.

A tentação é forte demais: cartas que se colocam no lugar de experiências sensuais; cartas que criam um mundo paralelo, um espaço delimitado da imaginação, conhecido apenas pela literatura; cartas mais intensas que a experiência física da vida. Kafka conhece bem demais essa tentação, conhece também seu preço, e desde as solitárias contemplações de Zürau, desde os últimos encontros mudos com Felice Bauer, sabe também do seu potencial de infelicidade. Apesar disso, ele é vencido. Durante algumas semanas, não tem de modo algum a sensação de apenas estar repetindo uma lição já aprendida. É justo a chance completamente inesperada, embora notória, que a vida lhe oferece, pela primeira vez, de se relacionar com uma mulher que está à sua altura no nível sensual, emocional, intelectual, esse conteúdo real de novas experiências, o que o faz esquecer que está brincando com a mesma droga havia tempos conhecida. Mais uma vez, ele começa a "beber" as cartas. Ele as lê diversas vezes, presta atenção na sonoridade das frases, nas entrelinhas. E sabe que esse desejo que lhe custa o sono da noite é "disparatado".[6]

Milena tem pouca consideração com tais excessos da imaginação. Ela não leva a vida desprovida de preocupações externas de um paciente convalescente, que, quando tem vontade de sonhar, consegue afastar de si quase todos os incômodos. Ela tem uma outra noção da utilidade das cartas e de seus limites. A avidez de Kafka por uma intensidade pura, simbiótica, não lhe é estranha — durante anos, Milena pressionou com cartas uma professora que ela amava, mas a adolescência trouxe sobriedade; agora ela se interessa pelo conteúdo, lê as cartas em sua literalidade, e espera, para além de sonhos, metáforas e palavras belas, perguntas e respostas recheadas com vida. "Você reclama de algumas cartas", escreveu Kafka, que imediatamente percebe a diferença, "diz que vira a carta de todos os lados e não sai nada delas, mas se não estou enganado, são exatamente essas em que estive tão próximo de você, tão contido o sangue, tão contendor do seu, tão profundo na floresta, tão pacífico na paz [...]."[7] Isso é muito pouco para ela. De acordo com sua experiência, não é possível dirimir a solidão prestando atenção na voz incorpórea da pessoa que está distante. No melhor dos casos, cartas podem ser um prelúdio da realidade, e são úteis para manter as lembranças. Mas a realidade tem primazia diante do imaginário e essa primazia é *absoluta* e independente das circunstâncias. Por essa razão, mesmo a correspondência mais amorosa e mais intensa fica atrás do relacionamento amoroso dolorosamente incompleto, mas consumado. Duas horas de vida, ela resume de maneira quase fria, são mais do que duas folhas escritas. "A escrita é mais pobre", respondeu Kafka, "mas mais clara."[8] E assim está proferido que a paz, à qual ambos anseiam, não é a mesma.

É fácil despertar um sonhador que brinca com cartas, às vezes bastam algumas poucas palavras inocentes: "O senhor é judeu?", por exemplo, ou "Quando o senhor vem a Viena?". São perguntas que escapam energicamente do papel escrito, perguntas que não exigem um gesto, mas informações. Milena ainda não tem como saber a quais abismos o está conduzindo.

> Aconteceu uma história curiosa que ao menos quero "relatar" em linhas gerais. O jovem redator Reiner, da *Tribuna* (como dizem, um jovem muito fino e realmente exagerado — talvez com vinte anos), se envenenou. Aconteceu enquanto você ainda estava em Praga — acho. Agora descobrimos o motivo: Willy Hass manteve um relacionamento com a mulher dele (nascida Ambrožová, cristã, amiga da Milena Jesenská e muito parecida com ela, dizem), mas restrito a limites espirituais. Não houve nenhum flagrante ou coisa parecida, mas a mulher havia torturado de tal maneira o homem que tinha conhecido anos antes de se casar, com palavras e principalmente com seu comportamento, que ele se matou na redação. Ela chegou cedo com o sr. Haas à redação, para perguntar por que ele não havia voltado do turno da noite. Ele já estava no hospital e morreu antes de chegarem lá. — Haas, que tinha a última prova pela frente, interrompeu os estudos, brigou com o pai e agora dirige uma revista sobre cinema em Berlim. Parece que não está bem. A mulher também vive em Berlim e acredita-se que ele se casará com ela. — Não sei por que conto esta história terrível. Talvez porque sofremos do mesmo demônio e assim a história pertence a nós, assim como nós pertencemos a ela [...].

Kafka recebeu essa mensagem de Max Brod em 12 de junho de 1920. Ainda no mesmo dia, ele a copiou para Milena, quase palavra por palavra; apenas omitiu, por educação, o fato de ter sido uma "cristã" que levara seu jovem marido Josef Reiner à morte, e, além disso, "parecida com Milena Jesenská". Mas para que tanto esforço? Aquela tragédia acontecera meses antes — em 19 de fevereiro, quando Kafka ainda estava em Praga —, e ele devia imaginar que Milena soubesse havia muito, e de primeira mão, dos eventos relativos à amiga Jarmila e que estivesse muito bem informada. Então por que esse sensacionalismo?[9]

Kafka, porém, fez algo ainda mais incompreensível. Ele colocou o episódio num tipo de moldura, escreveu uma introdução e um final, que eram igualmente chocantes. "Você é minha", ele assegurou, sublinhando a frase, "mesmo que eu nunca mais venha vê-la [...]. Como continuaremos a viver? Se você disser 'sim' às minhas cartas, não deve mais continuar em Viena, é impossível." E, no final: "Repito que você não pode ficar em Viena. Que história terrível". É preciso supor que mesmo uma mulher como Milena

Pollak, que estava acostumada a surpresas de caráter cênico e que vez ou outra também as protagonizava, tenha levado um susto diante *dessa* composição. Caso estivesse compreendendo corretamente — e qual era a outra maneira? —, então ela estava sendo exortada a deixar o marido e começar uma nova vida com uma pessoa que havia encontrado fugazmente uma única vez, que conhecia apenas por intermédio de textos literários e algumas cartas pessoais. Uma exortação dupla, interrompida por uma história de suicídio, sem qualquer vínculo evidente com a decisão exigida. Depois desse susto, não se sabe se ela começou a se perguntar pelo estado mental de Kafka — o que seria absolutamente justificável. A princípio, ela contou alguns detalhes que soubera pela própria Jarmila, mas também quis saber por que justamente essa tragédia era tão tocante para Kafka, de modo que ele a vinculasse aos seus assuntos particularíssimos. Pois parecia que ele não conhecia Jarmila, e que tampouco o "sr. Haas" estava entre os seus amigos mais chegados.

Milena talvez pudesse ter adivinhado a explicação ansiosamente aguardada, caso Kafka não tivesse escondido a chave desse enigma. Pois exatamente as palavras que ele omitiu na cópia eram, como fica evidente agora, as decisivas. O momento em que recebeu o relato de Brod era decisivo; foi quase na mesma hora em que ele resolvera agir seriamente e desafiar Milena: ou seja, um momento de grande excitação, no qual lhe foi quase impossível não tomar ciência daquela catástrofe — na qual, infelicidade suprema, o nome Jesenská aparecia — como comentário do próprio destino. Ao mesmo tempo, seu olhar se afastava da insensata Jarmila e dirigia-se a Willy Haas, que parecia ter agido absolutamente consciente de sua responsabilidade: ele era judeu e havia destruído o casamento de uma cristã. Essa história — e Kafka estava convencido de que se tratava de uma intuição superior — *era destinada a ele*. E a certeza o levou a revelar por um instante um ato de ansiedade judaica capaz de ter arrepiado Milena, que teria ficado absolutamente surpresa.

> A princípio, o mais terrível para mim nessa história é a convicção de como os judeus têm necessariamente de se jogar sobre vocês — assim como os animais predadores têm de matar —, e fico horrorizado porque eles não são animais, mas extremamente alertas. Você não consegue imaginar isso em toda a sua extensão e força, todo o resto da história é possível que compreenda melhor do que eu. Não entendo como

os povos — antes dos eventos dos últimos tempos — puderam chegar a ideias de mortes rituais (antigamente tratava-se, no máximo, de ansiedade generalizada e inveja, mas aqui é o olhar inequívoco, aqui vemos "Hilsner" agindo passo a passo; e daí a virgem abraçá-lo enquanto isso?), entretanto, também não compreendo como os povos puderam acreditar que o judeu mate sem se lancetar ao mesmo tempo, pois é o que faz, mas, evidentemente, os povos não precisam se preocupar com isso.

Estou exagerando de novo, tudo são exageros. São exageros porque aqueles que procuram pela salvação sempre se lançam sobre as mulheres, e essas podem ser tanto cristãs quanto judias.[10]

Então esse foi o motivo pelo qual Brod lhe falou de uma história comum a eles, o motivo de Kafka "tê-la lido dez vezes, as dez vezes tremendo".[11] Ambos se identificam com o "perpetrador" judeu, ambos veem em Haas um exemplo. Mas somente Kafka se sente compelido a prosseguir tecendo a história, e justamente naquele momento, no momento da decisão, as imagens ganham ainda mais poder sobre ele, ele as segue como um sonâmbulo, e perde o instante, pois elas fazem seu pensamento desandar. Ele fala de assassinato, sim, evoca inclusive o fatal Leopold Hilsner, aquele suposto "assassinato ritual" cometido contra uma inocente menina cristã, que a imprensa transformara duas décadas antes em símbolo de uma raça odiada.

Kafka não poderia ter escolhido outro termo mais carregado de ansiedade coletiva, e Milena não conseguia compreender o que Kafka queria dizer depois da invectiva que transformou a história da amiga num assunto político. Não se tratava de "exageros" e sim de julgamentos morais arrasadores, e apenas convictos inimigos de judeus concordariam com eles. Será que ele suspeitava de tendências antissemitas em Milena? De todo modo, ele já tinha explicado, com absoluto sarcasmo, por que a sonoridade da pergunta em tcheco sobre seu judaísmo (*Jste žid?*) lembrava um tapa, e claro que ela tinha tentado acalmá-lo a esse respeito. Kafka disse que o comentário tinha sido uma "brincadeira idiota", afirmando que só queria tê-la feito rir com essas brincadeiras fonéticas, e para eliminar imediatamente quaisquer dúvidas, ele prosseguiu com a suposta brincadeira, soltou as rédeas, esquecendo-se novamente de quem era sua interlocutora.

[...] antes eu podia repreendê-la por você ter os judeus que conhece (eu incluso) — há outros! — em consideração demais, às vezes quero metê-los todos, enquanto judeus (eu incluso), na gaveta do armário, esperar, depois abrir um pouco a gaveta a fim de conferir se todos já sufocaram e, se não, fechá-la novamente e continuar assim até o final.[12]

Milena Pollak era amante e mulher de um judeu. Ela teve de deixar a cidade natal devido à sua relação com um judeu. É difícil imaginá-la rindo ao ler essas mensagens estapafúrdias.

Um ano mais tarde, porém, ela comprovou diante de Max Brod que podia incorrer nos mesmos fantasmas ideológicos que Kafka desfilava ali. Quando Brod se referiu a uma de suas rivais, Milena retrucou imediatamente dizendo que todas as judias eram "infelizes, portadoras de infelicidade, moribundas". Nesse instante, ela *sabia* que estava falando com um marido judeu de uma mulher judia.[13]

Há frases de Kafka que são enfáticas, mas quase indecifráveis, que parecem obscuras desde o início; as anotações de Zürau oferecem exemplos espantosos. Suas afirmações sobre o judaísmo *não* se enquadram nisso; o que dificulta tanto a compreensão do leitor contemporâneo é notoriamente a herança de uma história sangrenta, a deformação de conceitos, o rompimento de tradições discursivas. E não só a compreensão é dificultada, mas também a empatia. Após os crimes dos anos 1930 e 1940, motivados pelo antissemitismo, não é mais possível brincar com o assassinato de coletividades judaicas. Também é igualmente impossível se projetar na consciência de uma pessoa na qual crimes dessa dimensão não apenas estão ocultos no futuro, mas também são quase inimagináveis; ou seja, numa consciência na qual a ideia de judeus asfixiados não se relacione compulsoriamente com *gás*. Nem no jogo imaginário com a morte — que é raro em suas cartas — nem na reflexão sobre seu ambiente de fundamentação antissemita, Kafka poderia imaginar um tal destino recaindo sobre a população judaica; por fim, a ideia de que suas próprias irmãs perderiam o direito à vida, que um dia elas seriam eliminadas do mundo de maneira planejada, feito insetos, superava em muito inclusive a imaginação inflada pela guerra das armas químicas. Kafka fazia gracejos com o não-mais-humano, e ele podia agir assim porque isso lhe parecia igualmente impossível e fabuloso como as fantasias sádicas de *Struwwelpeter*.*

* Personagem de livro infantil de Heinrich Hoffmann, conhecido no Brasil como "João Felpudo".

Esse desconhecimento nos horroriza. Qualquer superação de limites civilizatórios que Kafka não conseguia imaginar, porém, se *manteve* inimaginável, e talvez abra um caminho para a empatia histórica.

A fim de compreender as afirmações de Kafka nos anos posteriores à guerra, é preciso ter em mente que acusações de antissemitismo entre os judeus *ocidentais* ainda não tinham o cheiro de sangue que têm hoje nem as usuais conotações negativas. De outro modo, é impossível explicar que Kafka tenha chamado um artigo de Milena Pollak de "mordaz, maldoso e antissemita", mas, no mesmo fôlego, de "excelente".[14] Por outro lado, chama a atenção que ele tenha passado a se referir com muito mais frequência a experiências de marginalização e de ódio antissemita. Kafka se sente compelido a avançar para além da preocupação sobre a identidade judaica, a se tornar mais atento politicamente; ele compreende que a época de uma ampla segurança jurídica está chegando ao fim e reage como qualquer um que percebe sua segurança negada: ele se torna mais sensível; e seu olhar sobre os outros, mais aguçado.

Essa reação é especialmente chamativa no período em que Kafka esteve em Merano. Não era a primeira vez que ele tinha passado semanas rodeado por pessoas que não gostavam de judeus ou, no mínimo, problematizavam o convívio com eles. Oito anos antes, certamente experimentara situações semelhantes no sanatório naturista Jungborn, de orientação cristã, sem que tivesse achado importante anotar algo a esse respeito em cartas ou no diário. Bem diferente do que ocorreu na pensão Ottoburg.

> [...] o grupo é todo alemão-cristão, chamativamente: algumas senhoras idosas, mais um general e um coronel — reformados ou na ativa, é o mesmo —, ambas pessoas inteligentes, simpáticas. [...] Hoje, porém, quando cheguei ao refeitório, o coronel me convidou tão gentilmente à mesa comunitária (o general ainda não havia chegado), que tive de ceder. Daí a coisa tomou seu curso. Após as primeiras palavras, descobriu-se que sou de Praga; ambos, o general (que estava à minha frente) e o coronel conheciam Praga. Um tcheco? Não. Explique a esses fiéis olhos militares alemães o que você é na verdade. Alguém diz: "alemão da Boêmia", outro: "Kleinseite". Daí o assunto cessou e continuamos a comer, mas o general com seu ouvido afiado, educado no Exército austríaco, não está satisfeito. Depois do jantar ele volta a duvidar da sonoridade do meu alemão, talvez o olho duvide mais do que o ouvido. Então

> posso tentar explicar isso com meu judaísmo. Do ponto de vista científico ele está satisfeito, mas não do humano. No mesmo instante, provavelmente por acaso, pois era impossível que todos tivessem ouvido a conversa, mas talvez em algum contexto, todos se levantam para deixar a mesa (ontem eles ficaram por um bom tempo juntos, sei disso porque minha porta é contígua ao refeitório). O general também está inquieto, mas por educação ele leva a pequena conversa a um fim, antes de se afastar com passos largos. Eu também não estou muito satisfeito do ponto de vista humano, por que tenho de torturá-los? Fora isso, é uma boa solução, vou voltar a estar sozinho sem aquela situação engraçada de me sentar sozinho, desde que ninguém invente algum tipo de regulamento.[15]

O tom indiferente engana, a dor está presente e anestesiada apenas na superfície. Kafka *sabe* que é por acaso que todos se levantam no instante em que confessa ser judeu; o sentimento oposto, porém, uma expectativa profundamente enraizada, é tão forte que ele mesmo assim imagina "algum contexto". Também o educado general, assim lhe parece, está subitamente com pressa, e no final Kafka evoca até a visão de uma deliberação secreta, que resultará no banimento do indesejado comensal judeu.

Demora semanas até que a rigidez momentânea se dissipe e Kafka volte a enxergar com mais clareza. Nada tão ruim, ele conclui, talvez tenha exagerado. Afirma que o general o aprecia como ouvinte e lhe demonstra mais simpatia do que os outros; o comandante chega a falar de um antissemitismo "idiota"; e quando a conversa do grupo recai em "canalhices judaicas" e "atrevimento", as pessoas riem e até se desculpam com ele. Resumindo, "à mesa, o antissemitismo revela sua inocência típica", que consiste em que contemporâneos reservados e assimilados, com os quais as pessoas conseguem se relacionar de algum modo, estavam liberados com uma piscadela, enquanto os líderes judaicos da República Soviética da Baviera — o pesadelo da burguesia alemã — eram imaginados, com satisfação, diante dos gatilhos de uma corte marcial.[16] Naquela mesa, Kafka deve ter percebido muito rapidamente o quão ingênuos eram seus planos de viagem para a Baviera: estava patente que os hóspedes judeus eram recebidos por lá unicamente para serem mortos, como ele afirmou mais tarde.[17]

Brod sabia muito bem do que Kafka estava falando. "Atrevimento judaico!": havia poucos dias seus ouvidos tinham ouvido essa frase, numa situação bem mais ameaçadora e em público. Tinha sido num camarote do Kammerspiele, em Munique. Brod estava sentado ao lado de Kurt Wolff e do seu diretor Meyer, a fim de receber os aplausos de sua peça em um ato *Die Höhe des Gefühls* [A altura do sentimento] — um texto inofensivo, apolítico, que sempre havia sido bem recebido pelo público de outras cidades. Dessa vez, porém, houve gargalhadas e assobios, uma chuva de vaias e pateadas. A situação era séria em Munique: desde o final violento da República Soviética da Baviera, todo judeu que tomava a palavra em público tinha de contar com a possibilidade de um pogrom, e, sem dúvida, a maioria daqueles que riam ou escarneciam ali apoiariam a eliminação, sem processo nem sentença, inclusive de figuras políticas tão insignificantes como Gustav Landauer. Talvez um ou outro tivesse estado presente quando, em fevereiro, quase dois meses antes, um agitador recém-surgido chamado Hitler sugerira uma solução administrativa simples para o problema, a retirada da cidadania de todos os judeus alemães. E, nessa oportunidade — o ato de fundação do Partido Nacional-Socialista dos Trabalhadores Alemães, NSDAP, na cervejaria Hofbräuhaus de Munique, acompanhado por 2 mil seguidores —, ele também prometeu avançar "sem complacência" e "se necessário, com o uso da própria vida".[18]

Kafka sentiu-se legitimado quando leu o relato assustador de Munique, mesmo que de maneira um pouco diferente daquela que Brod estava aguardando. Se os judeus eram realmente um povo autônomo do ponto de vista cultural, histórico, racial — como o sionismo cultural afirmava —, que precisava apenas se tornar consciente de sua autonomia, então não era defensável que se metessem massivamente na história política de *outro* povo, ainda que por motivos tão idealistas. Essa conclusão era fatal, embora obrigatória, e apenas poucas semanas antes ela havia sido explicitamente reforçada por Martin Buber — justo num discurso em homenagem a Landauer —, que invocou cautela. "Ele não percebeu", disse Buber sobre o amigo assassinado, "que a circulação sanguínea desse organismo étnico estranho é muito diferente do que a dele e a nossa. Ele queria impor a velocidade e o ritmo do próprio sangue a esse organismo étnico estranho; ele e alguns outros judeus."[19] A argumentação dos antissemitas era igual. Mas a concepção de Buber — cujo ofuscamento ideológico é evidente hoje em dia — imediatamente fez sentido para Kafka, que a encampou. E escreveu a Brod dizendo-lhe que a reação do público no teatro de Munique era absolutamente compreensível:

> [...] talvez os judeus não estraguem o futuro da Alemanha, mas podemos imaginar o presente da Alemanha estragado por eles. Há tempos eles impõem coisas às quais a Alemanha talvez teria chegado por conta própria, devagar e de seu jeito, mas que encontraram oposição porque vieram por meio de estranhos. Uma atitude terrivelmente infrutífera, o antissemitismo e aquilo que vem a reboque; e a Alemanha deve isso aos judeus.[20]

Por que Kafka não fica furioso? Por que ele mostra uma compreensão tão exagerada, imputando inclusive a culpa do antissemitismo aos próprios judeus? Trata-se de uma postura que parece ainda mais enigmática visto que o pós-guerra em Praga oferecia exemplos suficientes de que antissemitas convictos *sempre* encontravam motivos e oportunidades. Por meio da imprensa e, sobretudo, por Brod, Kafka estava inteiramente a par da quantidade de ataques físicos havidos contra judeus de fala alemã e da impotência do governo diante do problema. Quase não há dúvida de que ele próprio tivesse presenciado ataques desse tipo, e que a ameaça de um pogrom geral, a muito custo impedido no final de 1920, não foi uma experiência essencialmente nova:

> Passei a tarde toda nas ruas e tomando um banho de ódio aos judeus. De repente, ouvi chamarem os judeus de "*prašivé plemeno*" [raça sarnenta]. Não é a coisa mais evidente ir embora de onde se é tão odiado? (Sionismo ou sentimento étnico não são necessários para tanto.) O heroísmo de permanecer é aquele das baratas que não conseguimos exterminar do banheiro.
>
> Acabei de assistir da janela: polícia montada, gendarmaria pronta para atacar com baionetas, multidão se dispersando aos gritos e aqui no alto na janela, a vergonha repulsiva de viver continuamente sob proteção.[21]

Em Munique: alemães contra judeus. Em Praga: tchecos contra alemães *e* judeus. O resultado era o mesmo. Porém o resumo de Kafka permite reconhecer que sua atenção não está voltada ao direito inquestionável das vítimas, mas à sua postura moral, que lhe parece suspeita. Pois é vergonhoso passar a vida atrás de um muro de proteção de baionetas, não é força, mas impertinência repulsiva querer viver onde se é indesejado. Sem dúvida também era a apressada disposição em se adaptar, por parte de muitos judeus de Praga, o que irritava Kafka e o levava a observações desdenhosas que não lhe eram costumeiras. Sobrenomes alemães passaram a ser escritos em tcheco, crianças que falavam alemão foram subitamente transferidas para escolas tchecas, e ninguém mais queria ser visto no "cassino alemão".[22] Mas era a rígida sensibilidade de Kafka nas questões de honra pessoal que o impedia de expressar ódio extremo contra os perseguidores e pura empatia com os perseguidos. Os antissemitas tchecos sabiam o que queriam, enquanto os judeus alemães apenas chamavam a polícia. O resultado foi um dilema moral — enquanto as vítimas tinham todo o direito a seu lado, o *papel* social da vítima judia quase não se coadunava mais com autorrespeito. E esse dilema como que contagiava o observador judeu, que de modo algum podia se alegrar em integrar o coletivo dos inocentes.

Milena Pollak, que não fazia uma ideia muito clara da nova atmosfera de Praga, teve dificuldade em compreender por que perguntar se Kafka era judeu reverberou nele de maneira tão violenta. Por que ele levava a coisa para o lado pessoal? Será que tinha medo de enfrentar fantasmas? Mas ele já estava fazendo isso, tinha se voltado a uma mulher de outra língua e religião, uma mulher de outra moral, inclusive, e nada apontava para o fato de que ele tenha tido de superar, de antemão, quaisquer tipos de escrúpulos. Fazia tempo que ninguém mais qualificava Milena como "cristã", ela se interessava tão pouco por religião quanto Pollak, e a oposição das confissões religiosas não oferecia, *dentro* do casamento, nenhuma zona de atrito. Era evidente que Kafka via fantasmas, debatendo-se com problemas que seriam resolvidos facilmente por meio de uma conversa amistosa. Depois de poucas cartas, no final de maio, ela o convidara a Viena. E como sabia com quais cenários mirabolantes ele se torturava, ela estava mais desejosa que nunca. Encontrar um pouco de sossego dependia apenas dele. Por que ele não vinha?

O diretor Odstrčil mantivera a palavra. E o dr. Kafka lhe facilitou as coisas. Ninguém no Instituto de Seguros esperava que o recém-nomeado secretário e chefe de departamento, dr. Kafka, retornasse pontualmente à sua escrivaninha. Surpreendentemente, Kafka não solicitou um prolongamento do afastamento por doença, mas pediu apenas para gozar suas cinco semanas regulamentares de férias imediatamente após a licença e permanecer em Merano. Ele tinha até incumbido a irmã Ottla de aparecer pessoalmente no escritório e fundamentar o pedido — que era impossível de ser negado, tendo em vista os últimos achados médicos.

Naturalmente Kafka não podia prometer total convalescença, embora a autoterapia à qual ele havia se decidido ficasse devendo muito pouco ao tratamento num sanatório especializado. O mais importante era permanecer deitado todo dia, por horas, tranquilo, no ar puro, um exercício para nefelibatas e ao qual ele certamente não precisava ser estimulado. O segundo ponto era a alimentação, e a pensão Ottoburg, apesar da carestia prolongada, atendia em grande medida suas necessidades. Kafka pôde anunciar um considerável ganho de peso, no momento por volta de três quilos e meio. "[...] não acharei de novo uma pensão e um tratamento tão bons", ele escreveu à irmã, que deve ter ficado bastante espantada com a total ausência de queixas.[23] Nesse meio-tempo, Kafka tinha inclusive conhecido um acompanhante adequado — engenheiro e industrial da Baviera —, com o qual fazia passeios ou pequenas excursões, e chegou até a se dedicar a alguns trabalhos leves de jardinagem em Merano.

Entretanto, tudo isso vinha acontecendo simultaneamente a crescentes distúrbios de sono, que colocavam Kafka num estado de difusa agitação. O guia de viagem *Baedeker* informava que esse era um efeito comum do ar de montanha. Mas ele não podia contar que uma desculpa do tipo fosse aceita em Praga, onde seria minuciosamente examinado após o regresso. A falta de sono ameaçava o sucesso do tratamento; se queria permanecer em Merano, era preciso achar um antídoto eficiente. Kafka bebia cerveja, aceitou o conselho do chá de valeriana e fez uso até do detestado bromo, que trazia mais apatia do que sono. Nada chegava à fonte do problema, e ele sabia muito bem onde ela se encontrava apesar de não poder conversar com ninguém a esse respeito.

Kafka havia combinado com Julie Wohryzek — que formalmente ainda era sua noiva — de passar alguns dias em Karlsbad logo após a estada em Merano. Até lá, ele devia fornecer relatos periódicos. Julie estava preocupada e chegava a pedir diretamente a Ottla detalhes sobre o estado de saúde dele. Havia então duas correspondências que Kafka mantinha em paralelo e com igual frequência, sem a princípio sentir que estivesse agindo de maneira contraditória ou até mesmo de modo reprovável. Pois os relatos eram de natureza totalmente diversa um do outro. Enquanto ele não discutia mais com Julie e certamente evitava em seus cartões-postais (não preservados) tudo o que pudesse gerar inquietação, a correspondência com Milena trilhava terrenos psíquicos, que havia muito ele mantinha trancados. Se a medida usada for apenas o grau de intensidade e a complexidade imaginativa — e essa medida sempre foi inegociável para Kafka —, não havia nenhum motivo para relacionar as excitantes cartas de Viena com aquelas protetoras de Praga, muito menos para perder o sono devido à consciência culpada. Milena era presente, Julie estava distante; a primeira era um milagre, a segunda, cinco anos mais velha, continuava sendo "a menina".

Esse cenário psicológico interno foi iluminado de maneira totalmente diferente assim que Milena o convidou a ir para Viena. Para ela, tratava-se de uma passagem natural: as pessoas se escrevem, as pessoas se veem. Para Kafka, por sua vez, um despertar chocante, que o arrancou do imaginário para a lógica dos relacionamentos humanos. Era impossível primeiro ir a Viena e depois a Karlsbad. Era impossível cancelar Karlsbad sem mencionar Viena. Essas cidades ficavam no *mesmo* continente e os caminhos eram curtos.

Além disso, havia a ameaça de um triângulo — ou até um quadrado — amoroso renhido, uma situação com a qual Kafka não tinha qualquer experiência. Encontrar com o sr. e a sra. Pollak, juntos, era totalmente impensável para ele: depois dessas cartas, voltar a uma conversação educada, de lances táticos, teria significado um fim ou ao menos uma mentira abissal, que tornava todo o empreendimento inútil. Mas também não era possível avançar sem um jogo de esconde, caso ele se encontrasse com Milena a sós: a probabilidade de ser reconhecido por alguém no centro de Viena era grande e, assim que a notícia de sua presença chegasse ao Café Herrenhof, seria impossível Kafka se retrair sem melindrar toda uma série de conhecidos, inclusive Ernst Pollak. Independentemente do ângulo de análise, a situação se mantinha incontrolável, seu desfecho estava totalmente em aberto. Kafka escreveu que se sentia mentalmente doente, pois o medo o mantinha totalmente acordado; desse modo, um encontro em Viena era impossível: "pois eu não suportaria o esforço mental". Poucas horas depois, porém, ele também enviou um telegrama a Julie: Não, nada de dias juntos em Karlsbad. Motivos seguirão.

Se Milena Pollak tivesse tido a oportunidade de ler as cartas de Kafka a Felice Bauer — ela morreu bem antes de sua publicação —, teria sem dúvida reconhecido o padrão. Kafka tinha grande dificuldade em fazer a passagem do voo da imaginação à investida da realidade; o que o levava a manobras bizarras era o *medo antes da aterrisagem*, o medo de soltar a mão do comando *depois* dela. Eu venho, eu não venho, eu venho mais tarde — ele repetiu esse refrão inúmeras vezes para Felice. Em Berlim, evidentemente, tratava-se da questão do casamento, do temor de não conseguir tomar uma decisão realmente livre na cidade estranha, entre pessoas estranhas e, ao mesmo tempo, muito próximas. Em Viena, por sua vez, havia a sedução de uma aventura erótica e existencial, que continha um potencial de destruição de modo algum apenas imaginado. Em Viena, ele poderia se tornar culpado — a história com Jarmila havia aberto seus olhos, como se tivesse sido criada especialmente para ele —; culpado em relação a pessoas cuja comprovada vitalidade só podia humildemente admirar. O desejo era muito forte, mas a responsabilidade tinha igual potência: "Com muita certeza, não venho, mas caso eu...".[24]

Demorou mais de três semanas e foram necessárias pelo menos vinte outras cartas até que Kafka conseguisse abafar minimamente a agitação interna e tomar uma decisão prática. Pouco a pouco, tomou consciência de que a imaginação não podia *ultrapassar* a vida a seu bel-prazer. Ele tinha criado uma confiança profunda, inédita em sua vida: abrira a ferida judaica diante de uma não judia; contara a Milena de seu medo, do medo de colocar exigências à vida, daquela "traição interna contra mim" que contra-atacava todo passo cheio de esperança; ainda lhe prometera a *Carta ao pai*, que repousava na gaveta, para que ela pudesse fazer por si mesma uma ideia desse medo. Ele a tinha incentivado a deixar Viena e, para reforçar a seriedade de suas palavras, Kafka tinha dado mais um passo largo: "não ganho muito, mas daria muito bem para nós dois".[25] Ele tinha se preparado, se colocado a postos para o quase impossível. E se ele não quisesse riscar todas as cartas — tanto suas quanto dela —, então era preciso ir a Viena; àquela outrora odiada metrópole, cuja derrocada ele havia profetizado havia anos e sobre a qual, repentinamente, se espalhava uma outra luz, muito diferente e mais promissora, vinda do Ocidente.[26]

Na segunda-feira, 28 de junho, um Kafka cansado arrumou sua mala; conferiu mais uma vez a aparência no espelho do armário; despediu-se das pessoas que o haviam servido com presteza por quase três meses; distribuiu gorjetas; recebeu saudações de despedida em parte formais, em parte calorosas, de alguns companheiros de mesa; jogou rapidamente mais um cartão-postal para Ottla na caixa dos correios; e subiu, por volta do meio-dia, no vagão com a inscrição "Viena". Provavelmente ele ainda passou um tempo olhando para as colinas do grande vale decoradas com castelos, vistoriadas em inúmeros passeios. Tudo lhe deve parecer muito distante — as imagens congeladas de uma vida passada. No fim da tarde, acontecem as tediosas revistas de bagagens no passo do Brennero. Kafka apresenta um visto austríaco havia muito expirado, que piedosamente é aceito. Atrás de Innsbruck, o pôr do sol. As estações de Salzburgo até Linz durante a noite. Kafka permanece desperto.

> Quando ele sentia esse medo, olhava nos meus olhos e esperávamos um momento como se não conseguíssemos respirar ou como se os pés estivessem doendo; depois de um tempo, passava. Não dava nenhum trabalho, tudo era simples e claro, levei-o pelas colinas atrás de Viena, eu andava na frente e ele, que era mais lento, vinha atrás, e quando fecho os olhos ainda vejo sua camisa branca e o pescoço torrado e como ele se esforçava. Caminhou o dia inteiro, para cima, para baixo, caminhou sob o sol, não tossiu nenhuma vez, comeu horrores e dormiu feito um urso; ele estava simplesmente saudável e, nesses dias, sua doença nos parecia apenas um pequeno resfriado.[27]

Ela o chamava de "Frank". Provavelmente nunca o haviam chamado com outro nome senão o seu verdadeiro, mas esse vocativo particular, íntimo, era de sua própria responsabilidade. Pois foi assim que, durante um tempo, ele assinou as cartas. Apenas um olhar mais atento revelaria que era para ser "FranzK", primeiro com ponto, depois sem ponto, antes de ele se aproximar um pouco mais dela com "seu F" ou simplesmente "F". Mas, para Milena, enquanto Kafka estava vivo, Franz foi Frank.

Sua descrição dos quatro dias passados juntos em Viena é a única de que dispomos. Nas cartas de Kafka há apenas indícios, invocações de momentos felizes cheios de relaxamento total, talvez inéditos. O medo de estar à mercê de uma pessoa estranha e, consequentemente, à imensidão caótica da vida, parecia possível de ser derrotado, e mais tarde, em sonhos solitários, ele saboreou durante meses as lembranças de quando pôde entrar por poucas horas na zona proibida da felicidade simbiótica. Certamente em Viena também houve momentos menos auspiciosos. Na terça pela manhã, Kafka havia se registrado num hotel barato próximo à estação sul, mas estava tão exausto que adiou o encontro com Milena para o dia seguinte. Eles se encontraram na calçada defronte ao hotel, em meio aos ruídos do trânsito, e quando chegavam aos lugares que sua fantasia visitava havia semanas — a desagradável Lerchenfelder Straße, onde ela morava; a agência do correio na Bennogasse, onde ela buscava as cartas dele —, olhavam furtivamente ao redor e com medo de testemunhas indesejáveis. Mas nas colinas do Wienerwald eles estavam a sós e o constrangimento logo se dissipou. O primeiro dia, escreveu Kafka, tinha sido "o mais inseguro", e o quarto e último, "o bom".[28]

Porém, a rápida decisão que Kafka pretendia secretamente tomar não aconteceu. Milena estava longe de ter clareza sobre o que pretendia dele, e sabia muito menos como seria uma vida em comum em Praga, uma vida com alguém cuja presença intelectual era avassaladora, mas cuja sensualidade se mostrava tímida, defensiva, por vezes inocente. Aquele último dia na floresta — aniversário de 37 anos de Kafka — foi o da maior aproximação física, quase uma sedução. Mas se o *medo* era seu verdadeiro e mais profundo problema, como era possível que ele considerasse exatamente esse dia como sendo bom?

Não é possível responder à pergunta sem dar uma voz ao sexo mudo. Hoje em dia é difícil compreender o incrível desafio que isso deve ter significado, quais barreiras discursivas, escrúpulos e camisas de força de gênero devem ter sido superados antes que um homem definisse a própria sexualidade diante de uma mulher (ainda por cima muito mais jovem), sem fazer uso da interpretação dupla do flerte, dos jogos de linguagem da corte erótica. Havia algo de utópico nisso, a promessa de uma felicidade estranha, inaudita. Felice sempre desviara das tentativas vacilantes de Kafka de avançar das coisas do coração às do sexo. Milena, por sua vez, colocou as perguntas, ela tinha experiência, sabia que momentos de felicidade sem palavras eram precedidos por uma confiança *articulada*. E agora Kafka tinha essa confiança. Ele deixou de fazer a diferenciação entre menina, mulher e pessoa do gênero feminino. Ele começou a falar para as três.

> As mais belas cartas entre as suas (e isso é um exagero, pois elas são no todo, quase a cada linha, o mais belo que aconteceu em minha vida) são aquelas em que você dá razão ao meu "medo" e, ao mesmo tempo, procura explicar que eu não devo senti-lo. Pois também eu, mesmo que por vezes me pareça como um defensor coagido de meu "medo", provavelmente, bem no fundo, lhe dê razão, afinal, sou feito dele e ele talvez seja o que eu tenha de melhor. E visto que ele é meu melhor, talvez seja apenas isso que você ame. Pois o que haveria mais de adorável em mim? O medo é adorável.

E quando você um dia perguntou como pude, com o medo no coração, chamar o sábado de "bom", a resposta não é difícil. Já que a amo (e a amo, tolinha, assim como o mar ama um pedregulho minúsculo no seu fundo, exatamente assim meu amor inunda você — e na sua companhia me tornarei novamente o pedregulho, caso os céus o permitam), amo o mundo todo e nisso está contido também seu ombro esquerdo, não foi primeiro o direito e portanto eu o beijo quando quiser (e você me faz a gentileza de puxar a blusa dali) e nisso há também seu ombro esquerdo e seu rosto sobre mim na floresta e seu rosto debaixo de mim na floresta e o descansar sobre seu peito quase despido. E por isso você tem razão quando diz que já fomos um e não tenho nenhum medo, mas é minha única felicidade e meu único orgulho e não o limito de modo algum à floresta.

Mas exatamente entre esse dia-mundo e aquela "meia hora na cama", da qual você um dia falou desdenhosamente como se fosse uma coisa de homens, há para mim um abismo que não consigo ultrapassar, provavelmente porque não quero. Do outro lado é um assunto da noite, em todo o sentido um assunto da noite; aqui é o mundo e eu o possuo, e agora tenho de saltar para a noite para possuí-lo mais uma vez? Será que é possível possuir algo apenas uma vez? Será que não se trata de perder esse algo? [...]

Querer agarrar numa noite, por mágica, rápido, ofegante, desamparado, possuído, querer agarrar por mágica o que todos os dias se apresenta aos olhos abertos! ("Talvez" não seja possível ter filhos de outro modo, "talvez" os filhos também sejam mágica. Deixemos a pergunta em aberto.) Por isso sou tão grato (a você e a todos) e então é *samozřejmé* [evidente] que ao seu lado fico extremamente tranquilo e extremamente intranquilo, extremamente obrigado e extremamente livre, por isso, também segundo essa conclusão, abri mão, de toda outra vida.[29]

Não se sabe se Milena Pollak conseguiu compreender o significado integral da última frase — com uma vírgula errada num lugar decisivo. Pois ela anuncia nada menos que Kafka está se despedindo da sexualidade. Mas não porque a considera uma falha pessoal, mas porque não consegue integrá-la, porque não tem relação com sua ambição por felicidade, porque ela permanece algo estranho que se contrapõe à própria psique como poder inacreditável, ingovernável. O bom atrai para o mau, a mulher atrai para a cama,

Kafka anotou laconicamente em Zürau. Ele não conseguiu alcançar esse rigor ético na vida prática, Julie Wohryzek tinha se tornado sua amante, a atração sexual se mantinha em Merano, onde durante semanas ele seguiu em pensamento uma camareira, e certamente também a teria tido nos braços no caso de uma acolhida inequívoca. Mas tudo isso era "contra meu expresso desejo", como ele confessou a Milena. Pois o sexo lhe parece um desvio, um caminho falso, que se não levar ao mal, chega à escuridão, onde homem e mulher se lançam numa tempestade que no final lhes arranca da mão aquilo que consideravam possuir. Kafka só consegue imaginar a felicidade em imagens de paz, de tranquilidade, do relaxamento total. No esquecimento de que se é alguém "à procura de salvação"; sem a necessidade de se manter sempre alerta, de manter as portas abertas. Pousar a cabeça em seu peito ou colo. Sentir a mão fria tocando a testa. "[...] nada mais, silêncio, floresta profunda."[30]

Kafka encontrou o grande apartamento no Altstädter Ring quase vazio; os pais só voltariam de suas habituais férias de verão em Franzensbad em alguns dias. Apenas Ottla estava em casa, ocupada com os preparativos de seu casamento. E foi a primeira a ouvir de Kafka o que havia acontecido. Por sua vez, a irmã lhe contou como Julie tinha reagido e como ele a encontraria. Ambos sabiam que ele tinha uma tarefa penosa pela frente.

E mais uma surpresa estava reservada para Kafka. Claro que tinha contado havia tempos para Brod que sua vida tinha mudado, que Merano fora um ponto de inflexão, não apenas no que se referia à saúde, mas também num sentido bem diferente. Pela segunda vez um relacionamento amoroso floresceu não por contatos físicos, mas por cartas, pela segunda vez houve a tentativa de alcançar e manter uma imaginação erótica superlativa. "Ela é um fogo vivo, como nunca vi antes", ele revelara a Brod com satisfação, mas logo acrescentou: "aliás, um fogo que, apesar de tudo, só queima para ele."[31] *Para ele*: Ernst Pollak. Mesmo que não citasse explicitamente o nome — preocupado com leitores indesejados —, Kafka acreditava ter lançado indícios suficientes para deixar claro a qual casal famoso se referia.

Mas o amigo não sabia de nada. Ele ficou quebrando a cabeça para tentar descobrir quem seria a misteriosa mulher em Viena, e nem a pista de que era "cristã" ajudou. Para Kafka, essa foi uma descoberta surpreendente, quase chocante. Pois significava que Brod não havia lhe contado o trágico episódio envolvendo Jarmila e seu amante judeu alemão (e futuro marido) Willy Haas por algum motivo especial e muito menos com uma intenção didática; significava ainda que o nome Milena Jesenská aparecera apenas *casualmente* na sua carta.

"Essa história tem alguma relação conosco?", Milena lhe perguntara, sem rodeios, em Viena. "Seria uma espécie de aviso?" Kafka lhe assegurou que não, embora tivesse consciência de que tinha sido engolfado por uma generalização — não, nenhuma relação, nenhum aviso. E como ficou claro apenas posteriormente, ele falava a verdade. Os caminhos oficiais do tribunal interno são insondáveis. Max Brod, porém, que nunca antes vira o amigo numa tamanha exaltação, não ficou menos surpreso. "Ele está muito feliz", anotou na noite após o primeiro encontro. "Será que consegue aguentar essas tempestades?" Na mesma hora, Kafka também estava sentado junto à escrivaninha: "[...] se é possível morrer de felicidade, então vai acontecer comigo. E se alguém destinado a morrer por felicidade continuar vivo, então continuarei vivo".[32]

19.
O grande porém

Rios se movem, avançam;
não o mar.

Henri Michaux, *Je vous écris d'un pays lointain* [Escrevo de um país distante]

Eles tinham dado muitas risadas quando estiveram juntos, principalmente nas primeiras semanas, na pequena pensão em Schelesen. Mais tarde, ficaram mais quietos, sonhavam em construir uma família, procuraram um pequeno apartamento em Praga, já tinham decidido o dia do casamento. Mas nada disso aconteceu. As risadas em conjunto silenciaram no final da tarde de 5 de julho de 1930, na praça Carlos [Karlovo náměstí] — um espaço comprido, semelhante a um parque, na área mais nova de Praga. Kafka foi correndo até lá depois do fim do expediente no seu escritório; Julie Wohryzek veio da loja de roupas da irmã, que ficava por perto.

O corpo inteiro da jovem tremia. Havia semanas ela sabia ter uma rival; em vão, esperara o retorno de Kafka no final de maio; em vão aguardara pelo desejado encontro em Karlsbad. Tratava-se de uma amiga tcheca com quem ele se correspondia, ele dizia — uma justificativa não muito convincente. Pois como os textos de uma estranha podiam significar mais do que as carícias de uma companheira? Foi então que Julie descobriu que Kafka havia realmente estado com essa mulher, por vários dias inclusive, e era impossível não notar que ele estava transformado. Ao mesmo tempo, ele enfatizava o tempo todo que nada havia mudado entre eles — apenas estava tão fascinado pela nova experiência em Viena que todo o resto perdia o significado e como que desaparecia. Uma separação era inevitável. Ele repetiu várias vezes que era difícil de compreender; justamente agora, quando a questão não se resumia a problemas de dinheiro ou de moradia, mas se tratava da vida de ambos, ele mostrou uma determinação incomum, quase uma dureza, que não se vergava diante de nenhum argumento. Finalmente ela disse que não se separaria por vontade própria. “Mas se você me dispensar, eu vou. Você me dispensa?” “Sim”, respondeu Kafka, que certamente estava esperando por uma tempestade e sem poder desviar do caminho iniciado. "Mas eu não posso ser dispensada", disse Julie.[1]

A cena breve, lamentável, na praça Carlos — e as únicas frases de Julie Wohryzek que foram preservadas —, mostram Kafka num papel absolutamente novo e surpreendentemente objetivo: o do amante que abandona uma mulher em favor de outra. Não há dúvida de que ele estava consciente do padrão convencional da cena: na mesma medida em que foi excepcional defender justamente essa "menina" da resistência dos pais e da difamação moral, a decisão de deixá-la era igualmente corriqueira. Mas em nenhum dos dois casos Kafka teve a sensação de estar tomando uma decisão verdadeiramente livre; em vez disso, ele seguia uma necessidade fortíssima de fazer o que se impunha como o correto.

As dúvidas morais evidentemente não podiam ser aplacadas assim. "Para além da dor momentânea, você fez a maior boa ação para essa moça", escreveu ele para uma espantada Milena, semanas antes de seu encontro em Viena. "Não consigo imaginar nenhuma outra maneira de me livrar dela, fora essa." A afirmação soava como se essa preocupação estivesse resolvida, um pretexto óbvio que não conseguia convencer nem o próprio Kafka. "Eu lhe fiz talvez a pior coisa possível", ele confessou poucas horas depois à irmã, "e provavelmente terminou. É assim que brinco com um ser humano vivo."[2] A partir daí, ele tinha se aproximado um bom tanto da verdade. Dessa vez, porém, as autoacusações de Kafka permaneceram muito distantes daquela intensidade pânica que o acompanhara na separação de Felice Bauer. Naquela época, havia três anos, ele ficou remoendo a ideia de que tinha destruído a vida de uma inocente, afastando-a para sempre de seu trajeto como mulher — e ao saber por intermédio de Brod, em abril de 1919, que Felice estava casada, Kafka sentiu-se perdoado. A alforria definitiva foi alcançada no início de 1920, ainda antes de sua partida para Merano: Felice tinha dado à luz um menino, e mesmo que Kafka, sabiamente, não a tenha parabenizado em pessoa pela ocasião, ele lembrou Ottla várias vezes de fazê-lo. Por fim, para Milena, que sabia de Felice, mas não dos acontecimentos mais recentes, ele escolheu um tom que realçou a tortura do passado numa suave ironia: "Por quase cinco anos fiquei martelando nela (ou, se preferir, em mim mesmo); felizmente, ela era inquebrável, uma mistura judaico-prussiana, uma forte mistura vitoriosa".[3]

Essa experiência recente, de que mulheres são fortes, de que conseguem superar incólumes sofrimento e abandono, sem dúvida influenciou o comportamento de Kafka em relação a Julie. Ele não duvidava nem um pouco que, do ponto de vista objetivo, a separação era o melhor para ela, em lugar nenhum ele expressa sua preocupação pelo futuro dessa mulher abnegada, que já havia aceitado sem queixas suas oscilações tão dificilmente compreensíveis. Evidentemente, ela era sensível a humilhações. Se Felice suportara a despedida com autocontrole, dando vazão aos seus sentimentos apenas depois, por carta, Julie mostrou seu desespero no meio da rua. Ela inspirava cuidados, pelo menos naquele momento, e mesmo se Kafka, de braços dados com ela, sentia menos pena do que uma inquietação generalizada, ele não ousou roubar-lhe a última esperança. Julie disse que não entendia por que essa tcheca de Viena, que supostamente amava o marido, precisava manter um relacionamento secreto com outro homem. E acrescentou que iria escrever para a tal Milena.

Kafka levou um susto; mas talvez, pensou, isso significasse alguns dias em que não seria preciso temer uma tragédia. E essa perspectiva foi suficiente para ele acatar a sugestão sem sentido. Mas mal deixara uma deprimida Julie em casa, então um pouco mais calma, Kafka foi à agência dos Correios a fim de enviar um telegrama a Viena: "moça vai escrever responda simpática e firme e não me abandone".

A crista da onda havia sido alcançada. Kafka flutuava. Por alguns dias, ele ficou com a impressão de que a imaginação e a realidade se sobrepunham, como se aquele contínuo teste de nervos — que durante anos o aproximara perceptivelmente da loucura — tivesse sido por fim vencido e superado. Milena garantia a licença para o fantástico e, ao mesmo tempo, Milena era a mulher que tinha caminhado ao seu lado pelas ruas de Viena ("imagine, você caminhou ao meu lado"), em cujo apartamento ele tinha estado e junto à qual se deitara, em silêncio, na floresta, na floresta incomensurável, que protegia dos ruídos e do sofrimento do mundo e cuja imagem ele invocará continuamente nas semanas seguintes. A trituradora operada pelos escrúpulos também pareceu silenciar gradualmente por esses dias e, pela primeira e única vez, abriu-se para Kafka uma dimensão passional e amoral do amor, na qual obstáculos e impedimentos pareciam inexistir. Fusão, dissolução no outro, sem medo.

Por um bom tempo Kafka também suportou o inevitável assédio e todas as cerimônias de cumprimentos decorrentes de seu retorno a Praga. Quase junto com os pais chegou também Alfred Löwy, o lendário "tio de

Madri", o velho solteirão que, havia seis anos, não vira mais os parentes de Praga. Claro que Löwy foi hospedado no apartamento dos Kafka; Franz teve de sair de seu quarto e transferiu-se por duas semanas ao amplo apartamento da irmã Elli, vago durante as férias de verão. Entretanto, a situação era incômoda e Löwy, é claro, esperava que o sobrinho o ciceroneasse pela cidade completamente mudada e o inteirasse de todas as novidades — mas, por outro lado, ainda era mais agradável do que suportar a crescente agitação provocada pelo casamento de Ottla, que se realizaria em breve. Decidira-se que ela e o marido, Josef David, se mudariam para um apartamento no mesmo prédio no Altstädter Ring, e mobiliar o imóvel era coisa dos pais; *na prática*, da mãe. Ninguém estava interessado em ser apresentado ao mais novo dilema emocional no qual Franz havia entrado voluntariamente; o olhar da família, por assim dizer, não se fixava nele, algo que não era nada mau.

Entretanto, Kafka não conseguia se furtar às perguntas incisivas sobre sua saúde e não pôde ocultar por muito tempo que Merano não trouxera uma melhoria significativa. A tosse constante — apesar do precoce calor de verão —, agora mais intensa que antes, preocupava a todos. E não havia nem sinal dos três ou quatro quilos que ele supostamente tinha ganhado em Merano. Apesar de parecer animado e saudável à primeira vista, Kafka estava doente e, mesmo segundo os padrões do pós-guerra, claramente abaixo do peso (seu índice de massa corporal era aproximadamente 17). Essa opinião era compartilhada também pelo dr. Kral, médico da família, que encontrou o pulmão de todo inalterado, passando a considerar as temidas "injeções" (tuberculina, de novo) como incontornáveis durante o período de condições climáticas desfavoráveis que se seguiria.

Envolvido em felicidade, Kafka não se importava com os rostos preocupados que o encaravam em todos os lugares; apenas o retorno ao escritório lhe causou alguma palpitação. Ele se envergonhava em aparecer diante do generoso diretor Odstrčil sem qualquer sucesso palpável na sua convalescença, principalmente porque evitara de maneira tão leviana o tratamento num *verdadeiro* sanatório para doenças pulmonares. Kafka teria de confessar que não cumprira as orientações do médico da repartição, que não fizera um tratamento, mas simplesmente tirara férias às custas do seu empregador. Mas tudo correu bem, Odstrčil estava simpático como sempre, e também a nova tarefa de Kafka como chefe de departamento mostrou-se menos complicada do que o esperado. Pois os funcionários aos quais ele emprestaria sua expertise não estavam bem preparados para seu regresso, de modo que demorou mais de uma semana até que as primeiras pilhas de pastas fossem encaminhadas ao seu escritório. Durante esse tempo, Kafka caminhava para lá e para cá, da escrivaninha à janela, de tempos em tempos ia até a salinha das correspondências para perguntar sobre sua correspondência pessoal e, assim que tinha uma carta em mãos, sentava-se imediatamente para respondê-la. Vez ou outra era preciso assessorar um cliente, e a cada duas tardes o jovem e ansioso Gustav Janouch aparecia com seus mais recentes poemas. Visto de fora, aquilo não valia o salário de um funcionário de médio escalão. Kafka escreveu para Viena dizendo que tinha o cargo de *tajemník* (secretário), porque aquilo em que trabalhava havia semanas era muito *tajemné* (secreto).[4]

Seus chefes não devem ter conseguido perceber que, secretamente, ele estava mesmo ocupadíssimo. Nos primeiros oito dias de trabalho, Kafka tinha ditado apenas seis cartas oficiais, mas escrevera quinze cartas minuciosas a Milena Pollak, todas no escritório. Nos intervalos, havia lido com cuidado os artigos dela na *Tribuna* e avaliado suas traduções; certamente Kafka era o único funcionário do Instituto de Seguros contra Acidentes de Trabalho que se aprofundava nos artigos altamente exitosos de Milena sobre moda. (A pauta, que a envergonhava, tinha sido aceita devido aos honorários.) Mas isso estava longe de ser tudo. Sem querer, Kafka se viu no meio de uma tempestade de cartas sem igual, na qual cerca de seis pessoas chegaram a estar envolvidas: uma conversa cruzada, em parte aberta, em parte fechada, que não ficava devendo nada à complexidade das cartas de teor jurídico que ele precisava redigir.

O começo foi com Max Brod: é claro que Milena quis ver a carta na qual ele relatara a trágica história de Jarmila e Josef Reiner, e Kafka enviou-a para Viena. Por sua vez, Kafka recebeu uma carta de Jarmila endereçada à amiga Milena — um texto agressivo, feroz e absolutamente emocional, cuja leitura foi para Kafka como olhar para o inferno. Logo em seguida, Milena se dirigiu várias vezes a Brod, que ela mal conhecia até então, porque finalmente queria ter informações não maquiadas sobre a tuberculose de Kafka. Visto que a esposa de Brod não deveria ler essas cartas, elas eram justamente entregues por Kafka — em envelopes fechados. Mas ele logo percebeu do que tratavam e como considerou indigno ser discutido como um caso médico por alguém tão próximo, pediu a Milena que parasse com aquilo.

Seguiram-se novos capítulos relativos a Julie Wohryzek. Embora tenha "permitido" que ela escrevesse a Milena, no dia seguinte Kafka arrependeu-se amargamente. Ele enviou a Julie uma carta pneumática com o pedido de que ela não fizesse nada naquele momento e rediscutisse a questão com ele. Mas já era tarde demais: Julie, como num transe, já havia redigido uma carta a Milena, que fora imediatamente despachada. Para não irritar Kafka, ela correu até a central dos Correios, onde conseguiu interceptar sua carta. Não foi possível convencê-la de destruir a missiva; em vez disso, confiou-a a Kafka, para que ele a entregasse. E Kafka resistiu à tentação de abri-la. Como recompensa, um pouco mais tarde ele recebeu de Julie a resposta de Milena, embora com algumas omissões. Além disso, ela lhe disse que precisava sem falta do endereço postal dos Pollak em Viena, para também escrever ao marido de Milena...

Um cenário parecido, como que espelhado, desenrolava-se simultaneamente com Staša Jílovská, antiga colega de classe de Milena, sua companhia constante no Café Arco e, mais tarde, sua visitante mais fiel na clínica psiquiátrica. Milena sentia saudades da amiga, ela era a confidente que conhecia toda a sua vida e talvez fosse a pessoa com mais condições de lhe apontar um caminho para fora daquela situação tensa em que havia chegado por causa de dois homens. Novamente Kafka também leu as cartas e se tornou participante direto: ele visitou o casal Jílovský, levou o pedido de Milena para que a amiga viesse vê-la de imediato em Viena (algo que o deixou agitado e enciumado), encaminhou uma detalhada carta de Staša, na qual ela comentava criticamente a situação de Milena, e exatamente essa carta Kafka recebeu de Viena para ler.

Para integrar também o último dos protagonistas, faltava apenas uma carta de Ernst Pollak para seu rival de Praga. Kafka — que havia semanas vivia em meio a uma nuvem de cartas, levantada por ele mesmo e que baixava apenas lentamente — ficou sabendo que Pollak tinha a intenção de escrever para ele. Ninguém poderia se dizer surpreso; Milena não era uma mulher para jogos eróticos secretos: bastaram-lhe apenas alguns dias após a partida de Kafka para compreender que uma conversa franca com Pollak era inevitável e que um possível retorno seu a Praga tinha de ser aventado também. "Ernst sabe de tudo", Kafka leu na tarde de 8 de julho: um momento significativo em sua vida, como percebeu imediatamente; um momento que ele por acaso dividiu com Brod, que estava sentado à sua frente, na cadeira de visitas de seu escritório. Eles foram ao Café Imperial para debater o assunto sem ser importunados. Em seguida, Kafka foi aos Correios, a fim de enviar um telegrama urgente: "foi a única coisa certa, fique tranquila, aqui você está em casa [...]". E ainda se ofereceu para lhe transferir dinheiro.[5]

A reação de Kafka foi generosa, humana; Milena, porém, percebeu que ele não tinha se dado conta do profundo paradoxo da situação. Pois fora Ernst Pollak quem lhe mostrara os contos de Kafka; fora ele que incansavelmente — em casa, nos cafés — elogiava Kafka como o maior escritor vivo de língua alemã.[6] O fato de que esse gênio tenha se interessado justamente por sua mulher deve ter sido um choque para o bon vivant narcisista, torturado desde sempre pela própria esterilidade e cuja autoestima era bem mais frágil do que se podia imaginar. Além disso, ele pôde ler alguns trechos das cartas de Kafka — outra jogada de Milena, da qual supostamente Kafka nunca soube — e a começar pela intensidade linguística da corte, ele deve ter se convencido de que não se tratava de uma paixão fugaz.[7] Seu casamento estava destroçado, ele mal sabia onde Milena passava seus dias e noites; houve ataques de fúria e até episódios de violência física entre os dois. De repente, Pollak mostrou um novo interesse pela esposa, temia perdê-la e talvez até tenha começado a olhá-la com os olhos de um outro — Kafka.

Evidentemente, este último não sabia qual imagem estava projetando nesse espelho distante. A princípio, Kafka não tinha uma lembrança precisa de Pollak: "No café, ele me parecia o mais confiável, compreensível, tranquilo, quase exageradamente paternal, mas também pouco transparente".[8] Um erro de julgamento, que Kafka cometia muito raramente. Mas nem mesmo os detalhes chocantes que ele veio a saber pouco a pouco sobre a vida do casal o fizeram desvalorizar Pollak ou até tomar partido contra ele. Ao contrário: um homem que conseguia manter uma mulher tão vital e autoconfiante ao seu lado por tantos anos deveria dispor de forças que lhe eram absolutamente inalcançáveis. Sem querer, ele começou a idealizar Pollak, enxergando nele qualidades míticas. Se antes da viagem a Viena Kafka o temera apenas como rival, nesse instante — já que Milena estava demorando muito para tomar uma decisão — Kafka o ergueu a uma esfera em que uma acareação era quase impossível e que mesmo o ciúme não tinha mais razão de ser. "Você o ama, independentemente do que me disser", Kafka decidiu, "e quando nos unirmos (penso em você, em seus ombros!) então será num outro nível, não nos domínios dele."[9] Essa afirmação tinha enorme potencial de ser mal interpretada, foi mal interpretada; parecia que

Kafka estava se retraindo fisicamente, abrindo mão, sem lutar, da sexualidade que já era direito de Pollak. Kafka, porém, mirava em algo bem diferente — a dança destemida sobre os abismos da vida celebrada por esse insigne casal; a capacidade de simplesmente viver, garantida por uma força qualquer e admirada de longe por ele.

> Não luto com seu marido por você, a batalha acontece apenas em seu próprio interior; se a escolha entre seu marido e mim dependesse de uma batalha, tudo estaria decidido há tempos. Não estou valorizando demais seu marido, provavelmente eu até o valorize de menos, mas sei o seguinte: se ele me ama, então é o amor de um homem rico pela pobreza (há algo assim em seu relacionamento comigo). Na atmosfera de sua convivência com ele, sou apenas o rato no "grande lar", ao qual só se permite passear abertamente pelo tapete uma vez por ano, no máximo.[10]

É evidente que Kafka já começa a se preparar para a derrota que se delineia. Mais uma vez, demonstra as estratégias imaginativas colocadas em prática há anos. Ele sabe que as imagens que cria são "exageradas", que não devem ser tomadas literalmente. Kafka sabe que Milena conhece *A metamorfose*, que talvez ela vá interpretar erroneamente, como ideia literária, esse olhar do animal correndo pelo chão, o olhar para o alto, encarando pessoas infinitamente superiores. Mas a imagem aponta para um declínio de vitalidade, que Kafka — tanto na literatura quanto na realidade — interpreta como momento decisivo e inalcançável: no lar dos Pollak há vida, amor, brigas; no lar do solteiro, por sua vez, há cálculos e, no máximo, sonhos; e é preciso uma "permissão" para os casos em que se chega a algum tipo de satisfação. Isso não tinha qualquer relação com as qualidades humanas que Kafka imputava ao seu rival, nem mesmo com a decisão — a favor ou contra — de Milena. Kafka acreditava saber que o casamento com Pollak era um beco sem saída *para ela*, simplesmente porque estava carregado de terríveis lembranças, e apenas um recomeço poderia salvá-la. Mas as forças que agiam ali não acessavam tais pensamentos, muito menos os conselhos práticos: Milena permanecia dependente de Pollak, a despeito do que Kafka pudesse oferecer, e pouco a pouco cristalizou-se sua convicção de estar diante de uma "união inquebrantável", de um "segredo insondável".[11]

Em Viena, ele pouco percebera isso. Kafka continuava confiando que tudo terminaria bem mesmo agora, com as cartas diárias de Milena revelando a ele, mais e mais, o quanto lhe era difícil chegar a uma decisão e como os obstáculos se empilhavam no interior da pessoa mais espontânea e inofensiva que ele já havia conhecido. Se não se mudasse imediatamente para Praga, como ele esperava secretamente, então Milena viria mais tarde e muito em breve. Outro cenário lhe parecia incompatível com a vivência de Viena, que o abraçava não como lembrança, mas como presente atemporal, como contínua corrente de energia que o alimentava dia e noite. E Milena dava razão a esse sentimento, ao escrever que tudo era possível, menos ele a perder. Seria possível que ambos estivessem enganados? Que o rato correndo sobre o tapete fosse a verdade? A decisão não estaria contida em cartas — até Kafka tinha consciência disso —, mas na realidade.

A prova prática aconteceu mais cedo que o previsto. Ele havia combinado com Milena que ambos se apoiariam em caso de necessidade extrema, que um ou outro tomaria o primeiro trem, sem titubeios. Do lado de Kafka, esse caso era uma possibilidade real: durante vários dias ele ficou na expectativa de um ato de desespero por parte de Julie Wohryzek, e preventivamente havia pedido a Milena para não o deixar sozinho em meio a essa catástrofe. Mas a situação se acalmou depois de poucas semanas; Julie finalmente se resignou e, sem escândalo, no fim de julho ela sumiu da vida de Kafka, de sua correspondência, de seu pensamento. "Não acredito", ele constatou um pouco mais tarde, "que uma falta contra outra pessoa, na medida em que se refere apenas à outra pessoa, possa ter atrapalhado meu sono."[12] Uma afirmação que talvez tenha nascido com Julie, sua noiva, a quem defendera de maneira tão veemente no ano anterior e sobre a qual literalmente estava passando por cima. Ele não lhe havia dado nenhuma chance, e aquele rato sobre o tapete, para Kafka uma figura do imaginário, tinha se tornado o papel da vida dela.

Os horários de partida dos trens para Viena pareciam, naquele momento, mais presentes em sua vida do que qualquer ser vivo. Quando e onde ele reveria a mulher amada? Kafka ficou magoado quando Milena lhe explicou que eles não deviam, temporariamente, pensar na continuação daqueles dias inocentes na floresta — visto que agora *três* pessoas estavam envolvidas. Mas logo Kafka compreendeu que a intimidade simbiótica na qual se sentia acolhido seria perturbada por um encontro sob condições totalmente diferentes. Isso valia inclusive em Praga, longe da enorme influência de Ernst Pollak. E, consequentemente, ele sentiu mais inquietação do que alegria quando Milena começou a falar não de uma mudança, mas de uma visita a

Praga. "Gostaria quase de pedir: não venha", ele respondeu. "Permita-me a esperança de saber que você virá imediatamente quando eu, num caso de necessidade extrema, algum dia lhe solicitar que venha; agora, porém, não venha. Você teria de partir novamente."[13]

Kafka levou um choque quando apenas poucos dias depois esse chamado foi endereçado a ele. Milena lhe pediu para ir a Viena, não por alguma emergência, mas para uma conversa que era suficientemente urgente. Ela recebera uma carta do pai — a primeira em três anos —, e essa carta acrescentava mais uma camada de dificuldade no conflito entre os dois projetos de vida, dos quais ela teria de escolher um. Pois o dr. Jesenský era da opinião de que Milena tinha fracassado em seu casamento realizado por teimosia. Ele "naturalmente" lhe oferecia ajuda, mas sob "determinadas condições irrevogáveis"; a separação de Pollak e o retorno a Praga eram as primeiras. Jesenský mostrava o *double bind* que lhe era tão característico e que praticava havia anos, uma alternância entre sedução e defesa: de um lado, ele dizia sentir pela filha e que estava "terrivelmente triste" pela longa desavença; por outro lado, sua carta estava repleta de gestos de dominação, e a assinatura que a encerrava era absolutamente ofensiva: *Jesenský*.

O que fazer? Agora eram *dois* os homens que a chamavam de volta a Praga, ambos a amavam de seu jeito, ambos ofereciam apoio altruísta e ambos exigiam o máximo dela. Mas um era judeu e o outro, antissemita. "Diante de seu pai, não há diferença entre mim e seu marido", observou corretamente Kafka. "Ambos temos o mesmo rosto de negro para o europeu."[14] Para Milena, entretanto, isso significava que um retorno só seria possível com base em uma mentira ou com a certeza de um escândalo. Avisar ao pai que ela deixava em Viena um judeu apenas para viver com outro judeu em Praga seria uma declaração de guerra e provavelmente abalaria Jesenský mais intensamente do que a manutenção de seu casamento. É muito provável que Milena chamara Kafka não apenas por desespero em relação a essa carta e pela pressão crescente, quase insuportável, de uma decisão: ela queria saber, olho no olho, como ele lidaria com uma situação desse naipe. Poderia ser preciso brincar de esconder. Haveria encontros e situações desagradáveis, possivelmente um confronto entre o pai e Kafka. Ele era confiável o suficiente?

A resposta a essa pergunta veio surpreendentemente rápido, pois Kafka cancelou a viagem: disse que a repartição não estava liberando suas férias e havia motivos para tanto. Desse modo, ainda sem saber, ele estava pousando a mão sobre a balança oscilante. De repente, Milena acreditou enxergar mais claramente, suas reservas em relação ao distanciamento de Kafka frente à vida se confirmaram. E ela ficou furiosa.

> Eu telegrafei, telefonei, escrevi para ele [...], supliquei em nome de Deus para que viesse me ver por um dia. Naquela época, isso era muito necessário para mim. Eu maldisse sua vida e sua morte. Ele não dormiu durante noites, se torturou, escreveu cartas autodestrutivas, mas não veio. Por quê? Não conseguiu pedir férias. Ele não conseguiu dizer ao diretor, ao mesmo diretor que admira do fundo da alma (sério!) porque datilografa tão rápido, ele não conseguiu lhe dizer que vinha me ver. E dizer alguma outra coisa? Mais uma carta decepcionante: não, mentir, como assim? Impossível.

Essa é a versão categórica que Milena deu a Max Brod, mais tarde.[15] De fato Kafka sentia-se absolutamente incapaz de mentir de modo descarado a Odstrčil, o mesmo homem que o tinha apoiado tão pacientemente durante sua convalescença, com uma confiança inexplicável, deixando em aberto a data de seu regresso. Mas Milena não compreendia. Ela argumentava que não podia ser tão difícil inventar alguma coisa que soasse minimamente crível; Kafka deveria inventar um tio Oskar ou uma tia Klara quaisquer, que estariam seriamente doentes, e poderia também mostrar um telegrama falso, e receberia alguns dias de licença — essa era a maneira como *ela* solucionaria a questão e não seria preciso pensar nem um minuto a respeito. Totalmente impossível, respondeu Kafka, ele não conseguiria aparecer diante do diretor com uma história dessas sem cair na risada. Mas ele disse ter uma outra ideia, muito melhor.

Kafka, em cujos ouvidos ressoavam dia e noite os chamados de socorro de Milena, havia estudado mais uma vez as tabelas com os horários dos trens tchecos e austríacos e descobriu que um encontro em Viena era realmente possível sem um pedido formal de afastamento: partir de Praga no sábado à tarde, chegar às 23 horas, regressar na manhã de domingo. Ou seja, sete horas juntos, à noite. Mas era possível melhorar mais. Por que em Viena, por que não na metade do caminho, na fronteira, em Gmünd? Lá, caso eles usassem um trem de passageiros, seria até possível passar 21 horas juntos — 21, Kafka chegou a sublinhar o número — "e essas horas poderão se repetir (pense!), ao menos teoricamente, toda a semana".[16] Essa era a solução, finalmente ele era capaz de oferecer às inúmeras preocupações dela uma solução refletida, eficaz, praticável.

Mas Milena não era capaz de partilhar desse tipo de satisfação. Ela encontrava-se diante de uma decisão existencial, sentia fome, estava doente e dividida entre o desejo por salvação imediata e a repulsa por homens salvadores que estipulavam condições. A avidez com a qual Kafka procurava por compromissos preferencialmente de baixo risco, que não perturbassem o andamento do mundo, sua alegria inocente ao encontrar uma solução dessas, por fim a citação detalhada de tabelas de horários, o cálculo das horas que lhes eram *dadas* — tudo isso devia lhe parecer mesquinho, estreito, quase obsessivo. É provável que tanto as dúvidas e medos de Kafka quanto suas engenhosas soluções alternativas alimentassem a suspeita de que sua autonomia era real apenas na literatura. Ele chamava Milena de sua "professora" e chegou até a dizer "mamãe Milena" para a moça de 24 anos.[17] No campo da imaginação, não hesitava. Mas ela se perguntava se ele reunia condições — ou vontade — de realizar a troca.

Milena estava disposta a fazê-lo passar por essa prova; ela se deixou convencer, aceitou finalmente a sugestão e combinou um encontro em Gmünd. E deu tempo a Kafka: sob uma desculpa qualquer — ela *conseguia* mentir —, Milena sumiu de Viena por um fim de semana inteiro, sem que Pollak suspeitasse de algo. Ela chegou a Gmünd no final da tarde, Kafka já a aguardava, eles foram passear, relataram detalhadamente as circunstâncias de suas vidas, deitaram-se na grama, passaram a noite no mesmo hotel. Não sabemos mais muita coisa sobre esse encontro, que ainda era alimentado por esperança. Kafka sentia falta da intimidade que ele invocava quase diariamente desde o primeiro encontro; Milena, da clareza e da paixão. Em Gmünd, a decisão foi tomada. Ele percebeu imediatamente. Tinha sido seu segundo encontro secreto — e o último.

Poderia ter dado certo, ambos sabiam, e os leitores contemporâneos de todas as línguas para as quais *Cartas a Milena* foi traduzido entram num estado de impaciência, cheios de expectativa, embora o desfecho da trama seja conhecido. As chances oferecidas aos protagonistas são preciosas demais para que não desejemos ardentemente que eles por fim as aproveitem. Podia ter havido um casamento entre escritores, um apartamento com duas escrivaninhas, com um lendo trechos dos trabalhos do outro, ensino e aprendizagem, uma comunidade intelectual como ninguém no círculo próximo de Kafka havia conseguido realizar até então e com a qual ele poderia ter superado os amigos, supostamente tão cheios de energia. Milena admirava a sua prosa; Kafka, por sua vez, absorvia, como a uma droga, os artigos sensuais, emocionantes, que sabiam brincar com as expectativas dos leitores. Em seu convívio com mulheres, ele nunca havia sentido um tal respeito diante da expressão linguística; as outrora lendárias cartas do casal de escritores Browning haviam lhe mostrado que esse era um modo possível de se fundar e manter uma relação erótica, mas isso sempre pareceu ser um conto de fadas.

A notória franqueza de Milena, que provocava desgostos generalizados, também não assustava de modo algum Kafka, tão frequentemente imerso em insinuações e imagens. Ao contrário, essa fala forçosamente não diplomática parecia não deixar espaço para segundas intenções, passava autenticidade e fortalecia sua confiança, visto que Milena também sabia como revidar julgamentos bruscos. Ele próprio haveria de aprender a partir disso. Se no passado sua reação a ofensas vinha, quase como num reflexo, na forma de autoacusações, ele passou a respondê-las com toda a franqueza, chegando a pedir que censuras injustas fossem reparadas por escrito. O convívio com uma mulher muito mais experiente do que sua idade fazia supor, mas necessariamente ainda imatura e em processo de testar suas possibilidades, parecia aguçar em Kafka a consciência de suas próprias capacidades não examinadas. E as perguntas sempre diretas o obrigavam a dar informações precisas, mesmo quando se tratava de atribulações do próprio submundo psíquico. Nunca antes Kafka tinha se expressado de maneira tão concreta sobre sua angústia existencial e sexual — também não se furtava a relatar experiências constrangedoras —, e quando ela confessava abertamente ainda não compreendê-lo, quando o acusava de não ter uma noção real de erotismo, ele não ficava mudo, mas fazia uma nova tentativa. E Milena sempre assegurava: *apesar disso*, tentaremos. E Kafka sentia então que toda a felicidade humana possível estava contida naquela locução, pois ele havia feito por merecer o *apesar disso*.

Pouco a pouco, porém, ele se viu enredado numa constelação de fatalidades de terceiros que o exauria. O casamento dos Pollak não era, de modo algum, aquela união vital, que podia desafiar o mundo inteiro, como antes havia se apresentado; antes, esse casamento era impregnado por dependências masoquistas, que havia muito tinham descarrilado e cuja pressão Kafka sentia, mas interpretava erroneamente no começo. “No momento, acho que só há de se temer uma coisa", ele escreveu poucos dias após o encontro em Viena, "que é seu amor por seu marido."[18] Em realidade, porém, isso era o que menos o assustava. Kafka acreditava que, para Milena, tratava-se de fazer uma escolha soberana entre dois homens, uma escolha que talvez fosse influenciável com *outro* amor sendo despertado nela. Mesmo a chocante certeza de que ela havia comunicado Pollak imediatamente do que estava acontecendo deixou Kafka confuso por apenas poucas horas, as cartas dele continuaram animadas, carinhosas, às vezes engraçadas e autoirônicas — cartas de um apaixonado que está vivendo o momento.

Demorou semanas para Kafka compreender que naquele jogo valiam outras regras. Chegava a ficar irritado por ela lhe pedir, com frequência, que não fizesse nada por conta própria — principalmente, que não entrasse em contato com o seu marido —, que saísse do seu caminho quando ele fosse a Praga por alguns dias. Mas por que essa mulher tão corajosa temia um encontro dos rivais? E essa não era a única contradição. Milena escreveu que não podia deixar Pollak naquele momento, porque ele estava doente. Mas ela própria não deveria se cuidar, visto que estava tossindo sangue e se sentia cada vez mais fraca, uma vez chegando até mesmo a desfalecer? E em algum momento Pollak havia se preocupado a respeito disso? Mesmo assim, Milena não aceitou a oferta de Kafka em financiar para ela uma estada num sanatório; evidentemente, não saberia como explicar essa súbita prosperidade, mas aceitava as cédulas que ele anexava a muitas de suas cartas. Por fim, ela passou algumas semanas com o doente Pollak em Sankt Gilgen, junto ao lago Wolfgang, embora soubesse que o marido escolhera o lugar por razões bastante profanas: uma amante de vários anos mantinha uma mansão no lugar. Mesmo então Milena não ousava escrever a Kafka diante dos olhos do marido. Eles combinaram um pseudônimo, assim como em Viena, e ela continuou a buscar as cartas que recebia na agência dos Correios.

Kafka assegurou a Milena que apoiava tudo o que ela fazia e que o passado era passado. Ele considerava um desatino completo se meter nos segredos dos relacionamentos, ainda mais tentar influenciá-los com julgamentos morais. Entretanto, chamava a atenção a ênfase com a qual ela evitava tudo o que pudesse colocar em risco seu vínculo com Pollak; e visto que essa preocupação medrosa contrastava de maneira tão flagrante com sua autoconfiança, finalmente Kafka compreendeu também que o relacionamento era tudo menos autônomo e que Milena se debatia com as dores de um vício. Às vezes, Milena se preocupava mais com quem lustraria os sapatos de Pollak na sua ausência do que com a ausência do *próprio* Pollak — algo que implodia a paciência do observador mais paciente: "Caso você saia de casa", escreveu Kafka, angustiado, "ele passará a viver com outra mulher ou se mudará para uma pensão e suas botas estarão mais bem engraxadas do que agora".[19]

A dificuldade, porém, era que Milena não permitia que Kafka tocasse nessas fraquezas ou as tomasse *para si*, embora — em absoluta contradição — tentasse integrá-lo com toda a força em seu mundo social. Enquanto bloqueava a decisiva aproximação, ela criava uma confiança crescente de outro lado, à medida que, de certo modo, apresentava Kafka aos seus contatos em Praga — e, com isso, também à sua história na cidade. Por meio de pedidos e pequenas tarefas ela conseguiu fazer com que ele gradualmente conhecesse as pessoas mais importantes de seu círculo tcheco: Arne Laurin, redator do *Tribuna*; Staša, a melhor amiga, e o marido; e, por fim (nesse momento, Kafka teve de superar um certo incômodo), Jarmila Reinerová, a protagonista daquela tragédia fatal tcheco-judaica, que tanto havia abalado seu exílio em Merano. Kafka gostaria de ter evitado esses encontros, e principalmente suas observações bruscas sobre ambas as mulheres, que lhe pareceram verdadeiros "anjos da morte", deixam transparecer forte resistência.[20] Mas sempre havia novos motivos para manter vivos esses novos contatos e aconteceu de Jarmila — de aparência petrificada, supostamente sob influência de drogas — bater, sem razão aparente, tanto à porta do escritório de Kafka quanto à porta de seu apartamento. Kafka, por sua vez, relatou os episódios detalhadamente a Viena.

Kafka não gostou de ser cobrado dessa maneira. Os pedidos de Milena não eram difíceis, afinal ele literalmente pedia por tarefas, visitava nos dias mais quentes de verão o túmulo do irmão dela, enviava livros e revistas para ela, caminhava horas pela cidade a fim de lhe comprar uma malha. Mas o surgimento de uma terceira, quarta, quinta pessoa distorcia o olhar e apenas desviava a atenção da questão decisiva. Ele adoraria cuidar dessas pessoas na companhia de Milena, cujas extraordinárias histórias de vida o haviam comovido. Mas como enviado de Praga, que mal passava de um mensageiro, seu interesse logo desvaneceu, e ele também não sabia em qual papel deveria se apresentar nesse novo ambiente. E a cada dia se tornava mais evidente que, aos olhos dos antigos amigos dela, ele logo seria ridicularizado como pretendente ao amor de Milena.

É possível supor que Kafka, de sua posição isolada, mas de certo modo autossuficiente, poderia ter se dedicado durante outros tantos meses ao seu amor por correspondência. Ou melhor, poderia torná-lo novamente, pouco a pouco, num amor por correspondência. Mas o contínuo enredamento na vida de uma mulher que ele não podia compartilhar era percebido como um transtorno social. No final, não foram a espera, o ciúme e a distância física que consumiram por completo seu capital emocional, mas uma nova tarefa, a mais periclitante de todas.

Durante aquele encontro infausto em Gmünd, Milena lhe falara sobre seu desejo de fazer as pazes com o velho Jesenský. Se a separação de sua filha realmente lhe doía, por que ele havia silenciado de novo? O que estava esperando? Será que ele precisava de garantias, ou queria que ela, aos 24 anos, voltasse à casa paterna? Milena passou a imaginar que talvez fosse útil se ele tivesse uma imagem objetiva de sua situação, para além da fábrica de boatos de Praga (na qual a palavra "cocaína" tinha um papel decisivo), se compreendesse que ela batalhava e trabalhava. Jesenský empregava em seu consultório dentário uma assistente que estava informada de seus problemas familiares. Talvez valesse a pena usá-la como mediadora. Como primeira medida, essa mulher também deveria ser informada de que as circunstâncias em Viena eram um pouco diferentes daquelas imaginadas em Praga. Ou seja, um briefing abrangente, para o qual era necessário um mediador sério e habilidoso com as palavras. Kafka, quem mais, era o homem talhado para a função. E Milena exigiu que ele não escrevesse cartas trabalhosas, mas simplesmente ligasse para essa sra. Knappová e combinasse um encontro pessoal.

Demorou duas semanas até Kafka criar coragem suficiente. Para seu alívio, a assistente de Jesenský se mostrou uma mulher pragmática e decidida, que não precisava de muita explicação para compreender a precária situação de Milena; tivesse ou não culpa por isso, ela não podia ser ignorada pelo pai. Knappová relatou que as escapadas de Milena não eram mais tabu na casa Jesenský, a começar porque seu casamento era considerado falido, e seu retorno a Praga, tido como inevitável. Mas o professor se recusava terminantemente a aumentar o valor da mesada e ainda estava indeciso em relação a pagar um tratamento para a filha (que, claro, deveria acontecer em solo *tcheco*). Não adiantou Kafka, muito bem preparado, apresentar provas convincentes — as duas últimas cartas de Milena, ambas detalhadíssimas, nas quais ela se referia explicitamente à fome e à doença. As novidades de que Milena carregava malas na estação de Viena oeste e vez ou outra cobria as dívidas do marido também não impressionaram. "Não tem sentido enviar dinheiro", ele ouviu, "Milena e dinheiro..." Mas Kafka insistiu. Então ela podia receber ajuda em espécie: "Uma conta para almoçar e jantar bem no restaurante Weißer Hahn, na Josefstädterstraße".[21]

Ele tinha feito o que estava ao seu alcance, suas habilidades diplomáticas eram conhecidas por seus superiores e pela própria família, e não tinha se saído mal. Knappová iria falar com o professor Jesenský, e a promessa era de que Milena logo receberia notícias. Mas o alívio de Kafka em ter superado a prova não foi duradouro. Pois poucos dias após seu minucioso relatório, recebeu um telegrama furioso de Milena, dizendo que de modo algum ela estava pedindo algo ao pai, que Kafka deveria falar com a sra. Knappová uma segunda vez, "imediatamente", e esclarecer o mal-entendido que ele causara por negligência.

Kafka também cumpriu mais essa tarefa. E rasgou o telegrama. Ele estava com a sensação de ter levado uma surra. No mesmo instante, porém, sentiu a fria certeza de que esse golpe havia de ser o último. "Você tem absoluta razão", ele respondeu sem mais, "agi de maneira lamentavelmente idiota e tacanha, mas não tive alternativa, pois vivemos em meio a mal-entendidos; nossas respostas desvalorizam nossas perguntas. Temos de parar de nos escrever e deixar o futuro ao futuro."[22]

> O grande nadador! O grande nadador!, exclamavam as pessoas. Vim da Olimpíada em X, onde estabeleci um recorde mundial na natação. Eu estava na escada da estação de minha cidade natal — onde ela está? — e olhei para a multidão indistinta no cair da noite. A moça, cuja face rocei de leve, agilmente colocou uma echarpe ao redor do meu pescoço, na qual estava escrito, em língua estrangeira: ao campeão olímpico.

Uma alucinação? Um sonho? O grande nadador retornou, mas não chegou em casa. As pessoas lhe são indistintas, ele não consegue "reconhecer direito" os convidados do banquete festivo que ocorre em sua honra, mas principalmente não consegue compreendê-los. Mulheres estão sentadas de costas à mesa, um homem triste faz um discurso e, ao mesmo tempo, seca as lágrimas do rosto. Por fim, o grande nadador tem certeza de que há algo para ser esclarecido por ali. Ele se ergue e, por sua vez, dirige a palavra à multidão:

> Prezados convidados! Estabeleci um recorde mundial, admito, mas se os senhores me perguntassem como o estabeleci, eu não saberia responder de maneira satisfatória. Na realidade, não sei nadar. Desde sempre quis aprender, mas nunca tive oportunidade. Mas como é possível que eu tenha sido enviado às Olimpíadas por meu país? Essa também é a pergunta que me faço.

E continua sendo feita pelos leitores de Kafka até hoje, pois esse fragmento se encerra logo depois, sem que se saiba como alguém que não nada bate um recorde mundial. As frases foram escritas no final de agosto de 1920, supostamente no mesmo dia em que Kafka ficou sabendo das competições olímpicas de natação que estavam ocorrendo naquele momento na Antuérpia. Os grandes vencedores foram atletas dos Estados Unidos: Norman Ross com três medalhas de ouro, o havaiano Duke Kahanamoku com duas de ouro e um recorde mundial. Kafka apagou essas pistas demasiadamente evidentes depois: "Eu vim da Olimpíada na Antuérpia", ele escrevera a princípio, mas depois substituiu o nome da cidade por um grande "X" e também apagou o número "1500" — com razão, pois na Antuérpia *nenhum* recorde foi batido nessa distância em nado livre.[23]

O fragmento do nadador integra uma condensada série de exercícios literários em 51 folhas soltas no total, que hoje estão reunidas no que se chama de "Konvolut 20". Elas mostram o padrão, típico de Kafka, dos múltiplos inícios: começos de contos, separados por travessões, entretecidos por temas recorrentes, em diferentes estágios de seu desenvolvimento, geralmente sem título, muitas vezes acrescidos de material extra — variações de texto, ideias para sua continuação —, que ele esperava integrar mais tarde. Tudo indica que Kafka havia colocado essas folhas na gaveta perto do fim do ano, sem voltar a manuseá-las: não há quaisquer indícios de correções posteriores e também não há sinais de que ele tenha lido quaisquer trechos em voz alta ou de que tenha imaginado publicá-los.

O fato de que, mesmo assim, alguns desses trechos façam parte das reflexões mais conhecidas de Kafka e de que tenham sido reproduzidos inclusive em livros escolares são fruto da política editorial de Max Brod. No início dos anos 1930, quando Brod começou a publicar também textos curtos do espólio de Kafka, a princípio ele deu preferência àqueles finalizados, que passavam a impressão de estar concluídos, aos quais atribuía um título e os canonizava. Foi assim que ele lidou com as anotações de Kafka da época de Zürau (das quais extraiu "A verdade sobre Sancho Pança", "Uma confusão cotidiana" e "O silêncio das sereias") e também com as folhas de 1920, que, para infelicidade de futuros editores, ele embaralhou consideravelmente e sobre as quais fez anotações. Dessas, começou escolhendo "O brasão da cidade", "Pequena fábula" e "Sobre a questão das leis". A primeira edição em vários volumes das obras acolheu mais cinco textos: "Posêidon", "O abutre", "O pião", "A prova" e "Comunidade".[24]

A segunda geração de leitores de Kafka passou a ter a seu dispor uma seleção bastante abrangente, e quem conhecia o autor até então apenas pelos contos de tintas expressionistas e projetos fracassados de romances era apresentado a uma imagem bem diferente: parecia que Kafka tinha perdido o prazer na narração opulenta e, em vez disso — os textos de *Um médico rural* já apontam nessa direção —, desenvolve uma preferência por formas mais abstratas, pela arte da parábola, pela agudização metafórica de problemas filosóficos e, principalmente, pela forma do paradoxo, da qual conseguiu extrair efeitos inéditos. Se a crítica se impressionara até então principalmente com a perfeição linguística de Kafka — à qual mesmo aqueles que repudiavam seus atrevimentos fantásticos não podiam se furtar —, os textos em prosa que vinham à luz naquele momento faziam pensar porque *incitavam*, de modo explícito e irresistível, ao pensamento.

Desse modo, um filósofo anônimo, que observa as crianças brincando com o pião, mostra-se, à primeira vista, como um protótipo literário, representante imaterial de uma ideia: o autor não se esforça em erguer um cenário ficcional e toda a "história" se passa numa única folha impressa. O pião gira sob os golpes da fieira, mas, assim que o filósofo agarra o brinquedo a fim de investigá-lo, ele se transforma num "estúpido pedaço de madeira"* — compreendemos o que se quer dizer. O apelo formal consiste no fato de que *após* essa revelação epistemológica, não muito original, Kafka incorpora mais dois elementos: "[...] e a gritaria das crianças — que ele até então não havia escutado e agora de repente penetrava nos seus ouvidos — afugentava-o dali e ele cambaleava como um pião lançado com um golpe desajeitado da fieira".** Os gritos das crianças, que não compreendem o pião, mas o *possuem*, torna-se uma atribulação vital, o ruído

* Franz Kafka, "O pião". In: *Narrativas do espólio*. Trad. de Modesto Carone. São Paulo: Companhia das Letras, 2020, p. 136. ** Ibid., p. 137.

impenetrável da própria vida. E a imagem final, que explode a cena curta sem querer, conduz os pensamentos dos leitores àquela mão invisível que conduz a *grande* fieira. Mas de quem é essa mão?

A seleção montada por Brod deixava claro que, com seu número limitado de temas, Kafka girava sempre ao redor das mesmas questões. Trata-se de estranhamento, daquela distância intransponível que separa necessariamente a consciência do mundo. Brincar com o pião e compreender o pião são duas coisas distintas, mas Kafka alimenta a suspeita de que é o jogador quem ganha o verdadeiro conhecimento, não aquele que aposta na observação e na reflexão. A pequena peça em prosa "Posêidon" faz uso da mesma figura de pensamento, mas com uma inclinação cômica. O deus grego do mar administra seu reino a partir da escrivaninha e não tem tempo para viagens longas. Mas como ele pode compreender o que nunca vivenciou? Algo semelhante se passa em "O brasão da cidade", que relata o planejamento da construção da torre de Babel, uma torre perfeita que deveria alcançar o céu. Mas a perfeição exige tempo, infinitamente muito tempo, como se conclui. O plano vai aos poucos tomando o lugar da construção; os atritos que surgem de maneira inevitável no planejamento, o lugar da experiência prática. A reflexão sufoca a si mesma, ninguém aparece para pegar os primeiros tijolos *na mão* e, no final, as pessoas que queriam perfeição não chegam nem a algo perfeito nem a algo imperfeito: elas chegam a *nada*.

Inúmeros leitores e críticos que começaram a ler Kafka a partir das edições organizadas no passado por Brod ficaram com a impressão de que se tratava de um autor filosófico. Sob a casca dura de seus textos didáticos e parábolas, supunham haver verdades metafísicas, e o próprio Brod contribuiu para isso, na medida em que sempre apontou para as funções-chave dos "aforismos" de Zürau: segundo ele, era como se Kafka expressasse ali em voz alta aquilo a que seus textos narrativos apenas se referiam simbolicamente e que por vezes até embaralhavam intencionalmente.

Quando a separação estrita entre documentos biográficos e literários, entre obras e fragmentos, finalmente foi encerrada, ficou clara a insuficiência dessa concepção. Desde que a "escrita" de Kafka se encontra documentada de maneira abrangente e pode ser analisada em seu contexto inicial, sabemos estar diante de um contínuo de expressão linguística sem igual. Apesar da sua rigidez inclusive na seleção de textos próprios à publicação, tudo que Kafka produzia seguia naturalmente a dinâmica de uma circulação da imaginação. Não se coloca nenhuma questão, não se oferece nenhuma resposta que não tenha surgido de um entrelaçamento de experiências íntimas. A dor da existência da criatura e a tortura da neurose pulsam inclusive no problema mais abstrato. E quanto mais afiamos nosso olhar para essa linguagem, mais insubstancial se torna a diferença entre expressão "pessoal" e "literária". "Também eu sou muito contrário à reflexão profunda das possibilidades", ele escreveu, por exemplo, a Milena após seu encontro em Viena; "sou contrário porque tenho você; se estivesse sozinho, nada conseguiria me impedir de refletir profundamente — se nos tornamos, no presente, o palco da batalha do futuro, como o solo revirado poderá sustentar a casa do futuro?" Se eliminarmos a digressão que se destina unicamente a Milena, resta uma frase que podia muito bem estar na história da torre babilônica e, inclusive, fazer as vezes de sua conclusão.[25]

A circulação se mantém ativa pela imagem e pela metáfora. Kafka nunca ilustra apenas uma "afirmação" qualquer, muito menos teses metafísicas; textos de nenhum outro autor confundem tanto os leitores com esse equívoco sobre o processo criativo quanto os seus. Kafka não procura a imagem, *mas a segue*. E ele prefere perder seu tema do que a lógica da imagem. Alguns dos primeiros leitores já haviam notado isso. "Vocês não devem perguntar qual o significado", Tucholsky alertou na primeira resenha de *Na colônia penal*. "Não significa nada." Mas, no começo, tais apelos à sensação estética do leitor tinham poucas chances, pois sempre fracassavam diante do caráter enigmático e provocativo dos textos de Kafka, que também instigavam Tucholsky. Mais tarde, ele chegou inclusive a confessar que gostava menos do romance *O castelo*, pois esse "era um livro no qual uma 'interpretação' dos processos parece quase inevitável", enquanto em *O processo* o símbolo se tornou autônomo: "ele vive a própria vida. E que vida...".[26]

Tucholsky ainda não podia saber que essa vida própria de ideias simbólicas levaria o autor Kafka para além dos limites da sua obra, do gênero e da escrita convictamente literária. Ele segue as imagens até o emaranhado de associações impenetráveis, ele as organiza, tira proveito de sua dinâmica mesmo quando já não está mais consciente de que, dessa forma, surge a literatura — e enquanto ainda não criou as âncoras de significação, as metáforas. O fragmento do grande nadador oferece um dos exemplos mais claros a respeito disso. A princípio, Brod evita incluir o fragmento em sua edição do espólio, visto que não passa de um rascunho e não está claro como Kafka quer explicar ou resolver a situação bizarra. Os manuscritos e os documentos biográficos publicados posteriormente possibilitam uma visão em profundidade muito diferente: eles mostram que Kafka ainda não tinha exaurido a imagem do nadador que não sabe nadar. Como ele nadava com frequência no rio Moldava no quente final de verão de 1930, é até possível imaginar que o ato de nadar em si mantinha aquela imagem em vida e permitia a Kafka continuar desenvolvendo sua lógica interna. Cerca de dois meses após a escrita do fragmento, teve uma ideia:

> Sei nadar como os outros, só que tenho melhor memória que os outros, não me esqueci do não saber nadar de outrora. Como não o esqueci, de nada me adianta o saber nadar e eu não sei nadar.[27]

Quem fala é, sem dúvida, o campeão olímpico de Antuérpia, e o fato de essa explicação estar em contradição com as outras frases de seu discurso ("Desde sempre quis aprender [...]"), não incomoda Kafka minimamente. Ele fortaleceu a coerência de seu enredo, é possível adivinhar por que esse homem está treinando natação naquele momento. E a ideia de que se pode "realmente" dominar uma tarefa e fracassar nela na prática não é mais um jogo mental, mas um paradoxo vital, uma experiência crível. Trata-se de uma experiência que acontece principalmente nas provas. Não acreditamos que sabemos algo e, por essa razão, não sabemos. Ninguém se mantém com a cabeça fora d'água com um medo desses.

Milena Pollak havia percebido muito rapidamente que Kafka estava acometido por um medo elementar, que anulava toda a sua vontade de tomar decisões práticas. Ele tentou se explicar, se justificar, e é provável que apenas na discussão com Milena tenha tomado consciência absoluta do significado do termo "medo", colocado frequentemente entre aspas, como um slogan. "Não conheço suas leis internas", ele explicou num primeiro momento, "só conheço sua mão na minha garganta e isso é realmente *a pior coisa pela qual já passei ou poderia ter passado*." Por outro lado, Kafka tinha a impressão de que havia necessariamente uma justificativa para esse medo: ele era algo essencial, um estado de alerta, de consciência, que não podia ser simplesmente combatido nem resolvido com terapias. Será que Milena poderia ter achado algo amável nele se não existisse esse medo? "Sim, sou constituído por ele e talvez ele seja o que tenho de melhor."[28] Mas Kafka não conseguiu explicar à amada *qual a sensação* de quando essa força interna se erguia.

No início de 1921, ele prosseguiu a discussão com Max Brod, ainda menos propenso que Milena a compreender que inclusive a felicidade de um amor promissor pudesse disparar o medo. Medo do quê?, ele perguntava o tempo todo, mas de quê? A resposta era longa. Subitamente, porém, Kafka reconheceu que já descobrira havia tempos — e até registrara — a imagem decisiva, aquela que conseguia resumir a *experiência* do medo como algo literalmente sem chão. A imagem existia, mas ele não a havia compreendido, Milena certamente o teria feito, mas ele perdeu a oportunidade de mostrá-la à amada. Tratava-se de um tipo de medo da morte, Kafka escreveu a Brod:

> Assim como quando alguém não consegue resistir a uma tentação de sair nadando para o fundo do mar, feliz de ser levado assim, "agora você é homem, você é um grande nadador", e, de repente, sem muito motivo, ele ergue a cabeça e enxerga apenas céu e mar e sobre as ondas há apenas sua pequena cabecinha e é tomado por um medo terrível, todo o resto lhe é indiferente, ele tem de voltar, mesmo que seu pulmão exploda. Não é diferente disso.[29]

O grande nadador, o campeão olímpico. Seu segredo foi revelado. Claro, ele aprendeu corretamente a nadar, mas nadar é algo terrível, não dá para se esquecer disso. E acontece de ele bater o recorde mundial — ao tentar sair da água antes de todos os outros.

> Há alguns dias retomei minha vida no estilo "serviço militar", ou melhor, "manobras", como há anos descobri ser o melhor para mim temporariamente. À tarde, ficar na cama o máximo possível, depois duas horas de caminhadas por aí, depois ficar acordado o máximo possível. Mas o problema está nesse "o máximo possível". "Não dura muito" de tarde nem de noite e, de manhã, estou como que murcho quando chego no escritório. E o verdadeiro butim aparece apenas na noite alta, na segunda, terceira, quarta hora; mas agora se não durmo até a meia-noite no mais tardar, se não me deito na cama, dia e noite estão perdidos, eu estou perdido. Contudo, nada disso importa, esse estar-na-ativa é bom mesmo sem resultados. Também não haverá nenhum, preciso de metade de um ano assim para começar a "soltar a língua" e depois confirmar que acabou e que a permissão para estar-na-ativa expirou.[30]

Ela não o conhecia, não podia saber que essa mensagem continha uma ameaça. Milena era jovem; Kafka, por sua vez, tinha idade suficiente para se lembrar de padrões consolidados. Depois do dia do julgamento em Berlim, no final de julho de 1914, ele se dedicou ao trabalho noturno, num sentimento satisfatório, salvador, de cumprir uma obrigação. Em Zürau foi semelhante, quando ele não mais enchia papéis de carta, mas cadernos de anotações. Naquele momento, em agosto de 1920, o encontro em Gmünd lhe parecia um projeto inconcluso. "Foi o lançamento da pedra fundamental", diziam as primeiras palavras que escreveu logo após, repetindo-as em seguida, a fim de saborear um pouco mais a ênfase do momento. Ele manterá a razão, não conseguirá avançar o túnel até as minas produtivas, das quais se servia em noites no passado. Vai postergar a tarefa e deixar apenas uma porção de folhas para trás. Mas novamente a escrita literária criou uma distância, um espaço de recolhimento, que assegura a sobrevivência. Poucos dias depois do encontro com a assistente de Jesenský e da chicotada de Milena. Agora ele sabe que vai se despedir, que não escreverá mais *para ela* durante as noites. A partir de então, não há mais cartas que não digam que as cartas têm de cessar.

Fica a dúvida se Milena Pollak compreendeu sua contribuição ao fracasso desse amor. Suas cartas dirigidas a Brod, mais tarde, nas quais tentava fazer um resumo da situação e pedir uma tomada de posição franca, se possível, são altamente ambivalentes: por um lado, eram uma expressão de grande eloquência sobre o desespero de perder tal chance de vida; de outro, uma idealização duvidosa de Kafka, que o exclui da comunidade dos aptos à vida e ao amor.

> Aquilo que imputamos ser a não normalidade de Frank, exatamente isso é sua vantagem. As mulheres que se aproximaram dele eram mulheres comuns e não souberam viver de outra maneira senão como mulheres. Acredito que todos nós, todo o mundo e todos os seres humanos estamos doentes e ele é o único saudável, que percebe e sente as coisas corretamente, o único puro. Sei que ele não se defende da *vida*, mas apenas desse *tipo de vida*. Se eu tivesse conseguido me juntar a ele, ele teria conseguido ser feliz comigo. Mas sei disso somente agora, tudo isso. Naquela época, eu era uma mulher comum como todas as mulheres do mundo, uma mulherzinha pequena, movida por instintos. E o medo dele nasceu daí. Esse medo tinha razão de ser. Pois é possível que essa

pessoa sentisse algo que não tivesse razão de ser? Ele sabe 10 mil vezes mais do mundo do que todos nós seres humanos do mundo. Esse seu medo tinha razão de ser. [...] Ele sempre se considera o culpado e o fraco. Entretanto, não há no mundo inteiro ninguém que tenha sua força imensa: essa necessidade absoluta e inabalável pela integridade, pela pureza e verdade.[31]

Não é possível dividir a vida com uma encarnação da pureza, nem como mulher nem como mulherzinha: ou seja, qualquer outra mulher teria fracassado igual, essa era a sua deferência. Mas quando ela compreendeu com quem estava lidando? Milena fala de um "naquela época" mítico, no qual ela ainda não tinha se transformado numa mulher consciente. Na realidade, o momento da decisão tinha acontecido havia poucos meses e então ela já tinha uma imagem muito precisa de Kafka, que apresentava muito mais facetas do que o posterior ícone "Frank", claramente influenciado pela autoestilização de Kafka. Ela conhecia não apenas seu medo, mas também seu humor, seu charme, suas habilidades práticas e diplomáticas e ainda seu anseio por intimidade.

Também "naquela época", no outono de 1920, sua consciência estava pesada, não por insuficiências na pretensão por perfeição, mas por motivos infinitamente terrenos. Ela deixara Kafka esperando por tempo demais e, mesmo após meses de correspondência, ainda não ousara confessar que não conseguiria sair de Viena por conta própria. Apesar disso, ela enredou Kafka em sua vida, como se uma solução feliz estivesse prestes a acontecer: uma simulação de comunhão, da qual ele se dera conta e que os encontros com seus amigos tchecos foram tornando, pouco a pouco, uma tortura. Algum dia ela viveria junto dele, escreveu Milena ainda em meados de outubro, acrescentando que isso aconteceria antes do que ele podesse imaginar. Kafka respondeu que imaginava isso como sendo *totalmente* impossível, "e 'antes' do que 'nunca' é apenas nunca".[32]

A falta de clareza de Milena sobre seu próprio papel e a falta de controle sobre suas fatais dependências e oscilações emocionais eram inversamente proporcionais à sensibilidade com a qual ela registrava o início da retração de Kafka. Provavelmente ela estava contente com o fato de ele ter voltado a trabalhar com literatura, mas logo percebeu que isso também era parte do repertório da história de vida dele, de uma estratégia de autossalvação, que estava ensaiada e à qual ele retornava. E tal impressão era mais certeira do que ela podia supor; as repetições, quase constrangedoras: Kafka lia suas cartas apenas por etapas ou até com dias de atraso, ele se lançava em autoacusações pesadas e fantasias autoagressivas (uma carta contém o desenho de uma pessoa despedaçada) e se estilizava como um ser sujo, não humano, que deveria se esconder no escuro. Por fim, ele dinamitou as pontes e entrincheirou-se atrás da queixa irrefutável de que não conseguia suportar mais contatos. Contato com *ela*? Contato com *qualquer outra* mulher? "Você também tem razão", ele concluiu, "se você enfileirar o que fiz agora com as coisas antigas, só posso ser sempre o mesmo e vivenciar o mesmo." Nesse momento, porém, estava alerta o suficiente. Pois se confessasse que as experiências radicalmente novas que essa mulher havia lhe proporcionado — a experiência de um entendimento ao mesmo tempo erótico, humano, intelectual, um entendimento para além de todos os limites de gênero, da idade, da língua, das mentalidades —, se ele confessasse que nada disso fora capaz de modificar seu padrão de comportamento nem protegê-lo de recaídas, então, o objetivo de se reassegurar da própria autonomia havia sido evidentemente malogrado. E o desmentido seguiu imediatamente: "Mas foi errado e eu me arrependi muito de ter feito comparações com coisas antigas, na última carta. Vamos riscar isso juntos".[33]

Ele ainda devia estar se sentindo no direito, afinal seus sentimentos não tinham esfriado. Dessa vez, o anseio era forte, quase implacável, e Kafka não conseguiu achar um final digno. Durante meses ele não se sentiu capaz de escrever uma "última" carta, ainda não excluía a possibilidade de outros encontros. Demorou até o final do ano para que a decisão irrevogável do ponto de vista psíquico levasse a consequências práticas e a uma verdadeira separação. Apesar disso, a história de Milena e Frank não recebeu seu ponto-final. Ela vai revê-lo e vai se entristecer por causa dele. Mas não haverá mais nenhuma menção a qualquer futuro, como ele desejava.

Kafka tinha encontrado um tipo de "palavras finais" em 1º de outubro de 1920. Trata-se da resposta a uma pergunta de Milena, cujo contexto e formulação não conhecemos, mas supomos. O raro exemplo de uma resposta que prescinde da pergunta, porque tudo o que pode ser perguntado está contido nela. "Se eu sabia que passaria? Eu sabia que não passaria."

20.
Fuga em direção às montanhas

Mas então me faltava uma instrução precisa de como organizar minha penitência.

Christian Friedrich Daniel Schubart, *Leben und Gesinnungen* [Vida e sentimentos]*

"O senhor quer dar um passeio?" Kafka acreditou não ter escutado direito. Mais uma vez ele era um dos últimos frequentadores da Escola de Natação na Sophieninsel [Žofin, hoje Slovanský ostrov], já estava anoitecendo e, perdido em seus pensamentos, ele caminhava na beirada da grande bacia hidrográfica. Foi então que um funcionário do local o abordou.

Um passeio? Só poderia ser naqueles barcos a remo amarrados logo ali ao lado. Mas é claro que a viagem oferecida não era gratuita. Tratava-se de levar um senhor elegante, empresário tcheco da construção civil, para o outro lado do rio Moldava, à Judeninsel [Židovský ostrov; hoje Dětský ostrov]. O funcionário estava à procura de um remador, jovem e forte o suficiente, para encarar a travessia como uma diversão, mas velho o suficiente para ter responsabilidade e trazer o barco de volta. Antes de Kafka compreender a situação, chegou o sr. Trnka, o concessionário do lugar. Ele perguntou se o jovem sabia nadar, para início de conversa. Sim, foi a resposta, estava tudo bem. Em seguida, apareceu o passageiro tcheco. Eles entraram no barco, Kafka tomou os remos e partiu, sempre transversalmente à correnteza. Sim, claro, ele *sabia* nadar.

Um entardecer agradável, disse o homem. *Ano*, disse Kafka. Mas já está um pouco fresco. *Ano*, respondeu Kafka, esforçando-se na medida das possibilidades de seu pulmão. Você está remando bem ligeiro, comentou o tcheco. Kafka apenas sorriu. E aportou com destreza na ilha dos Judeus. O homem agradeceu simpaticamente, desceu e se esqueceu de deixar uma gorjeta. Nem em sonho ele imaginaria ter sido passageiro de um doutor

* Christian F. D. Schubart (1739-91): poeta, organista, compositor e jornalista alemão, passou onze anos confinado na fortaleza Hohenasperg. *Vida e sentimentos* é sua autobiografia escrita nesse período.

em direito de 37 anos, encarregado de departamento, ainda por cima tuberculoso. Kafka, por sua vez, registrou cheio de orgulho a admiração geral quando rapidamente atracou o bote de volta à Sophieninsel. Ele escreveu a Milena dizendo que esse dia tinha sido seu "grande dia de glória".[1] Um dia de verão, no início de agosto de 1920.

Quatro meses mais tarde, as ruas de Praga estavam cobertas por neve pisoteada e suja. Kafka sentia-se fraco, apresentando um quadro subfebril quase o tempo todo; ele tremia e suava, sofria de falta de ar, e o ataque de tosse era inevitável quando inalava muito ar frio ao conversar ao ar livre. A tosse não o deixava em paz nem durante a noite, às vezes durante horas. Algo tinha de ser feito, todos estavam de acordo, os amigos, a família e, principalmente, a irmã mais nova.

Ottla estava casada e tinha passado a se chamar Davidová. Kafka não tinha se entusiasmado pelo seu grande dia — na opinião dos pais, tardio —, seus pensamentos estavam com outra mulher, mas a visão da família David (alguns de seus integrantes ele estava conhecendo pela primeira vez) fez com que se conscientizasse de que, naquele dia, algo estava se encerrando *para ele*, mesmo se Ottla não concordasse com isso. Ainda durante a lua de mel, Ottla lhe assegurou que ele não *perdera nada*. Mas Kafka considerou o consolo tão superficial e diferente da realidade que respondeu a ele com um gracejo morno.[2]

Ele estava sendo injusto. Embora certamente não fosse fácil para Ottla ter de se submeter ao papel de dona de casa, do qual escapara durante anos, e embora já poucas semanas após o casamento tivesse a certeza de estar grávida, as preocupações do irmão eram tão centrais para ela quanto antes. É possível que Ottla tenha recebido mais informações e detalhes do destino da noiva Julie e das complicações envolvendo Milena do que qualquer outra pessoa. E visto que o irmão morava apenas alguns poucos lances de escada acima dela, Ottla enxergava com os próprios olhos que o estado de saúde dele estava se deteriorando rapidamente com a chegada dos dias frios. Mas por que ele não tomava uma atitude? Como sobreviveria ao inverno? Kafka parecia estar mais interessado no pulmão em risco de Milena do que no seu próprio, ele lhe oferecera uma pequena fortuna para ajudá-la na convalescença, sem se dar conta de que teria igual necessidade desse capital nos meses seguintes. Já no final de agosto, o dr. Kral o havia aconselhado a procurar um dos sanatórios especializados na Baixa Áustria, mas a perspectiva de passar, pela primeira vez, semanas e meses entre doentes, despertou uma repulsa máxima em Kafka. "São exclusivamente instituições para doenças pulmonares", ele escreveu logo após a visita ao médico, "lugares onde todos tossem e têm febre, dia e noite, onde é preciso comer carne, onde antigos carrascos deslocam os braços daqueles que não querem tomar injeções e onde médicos judeus, cofiando as barbas, ficam assistindo, severos tanto com judeus quanto com cristãos."[3] Ele não queria de modo algum internar-se voluntariamente numa câmara de tortura dessas, e não adiantaram de nada nem as súplicas da família nem os argumentos absolutamente razoáveis de Brod, que também tinha conversado com o dr. Kral (provavelmente às escondidas do paciente).

Por fim, foi Ottla que deu um jeito na situação. Suspeita-se que ela já tinha anunciado algumas vezes que iria alertar seus chefes caso o irmão não resolvesse, por conta própria, pedir uma licença médica; Kafka, com a consciência pesada diante de sua repartição, tinha pedido que não o fizesse. Mas ela concretizou a ameaça e foi falar com o diretor Odstrčil; como consequência imediata, Kafka recebeu, em meados de outubro, um pedido de comparecimento à sala do médico do trabalho. O resultado foi o esperado: o dr. Kodym também apenas repetiu o que já havia constatado no início do ano: infiltração bilateral dos ápices pulmonares, orientação de uma estada mínima de três meses num sanatório.[4] Esse parecer foi enviado sem demora ao comitê administrativo e, poucos dias mais tarde — sem que Kafka tivesse feito nenhum pedido formal —, ficou decidido que lhe seria concedida mais uma licença, a princípio de três meses. A comunicação oral foi imediata, Kafka foi chamado especialmente pelo diretor para tanto. Um processo realmente curto, pelo qual ele também tinha de agradecer.

Por que essa resistência obstinada? Há muitos indícios de que Kafka, havia mais de meio ano totalmente absorvido pela separação de Milena, ansiava por uma recuperação *emocional*. A sensação de estar à mercê de algo ou alguém, a falta de dignidade que ele combatia havia pouco com o trabalho literário regular, voltariam com força redobrada num sanatório: por isso as fantasias de violência, que, por mais "exageradas" que fossem, representavam para ele a verdade desse momento. Claro que já havia se informado sobre os sanatórios adequados, estudado seus prospectos e comparado preços. Mas sua antiga teoria de que era impossível o corpo ser mais saudável do que a psique se mantinha válida e ele continuava considerando tão ingênuas quanto inúteis as medidas que objetivavam unicamente o estado físico — não importando se fossem prescritas por médicos alopatas ou por aqueles adeptos a curas ditas naturais. "Eu gostaria de ir ao campo", ele escreveu a Milena, "melhor ainda seria ficar em Praga e aprender um ofício manual; o que menos quero fazer é ir a um sanatório. O que farei por lá?"[5] Poucos minutos após ter escrito essas linhas, ele recebeu a mensagem de que a repartição lhe concedera a licença médica. Mas que de modo algum era válida para Zürau e muito menos para uma marcenaria em Praga.

A ação concentrada teve sucesso: Kafka, que não encontrava apoio para sua resistência em lugar nenhum, finalmente se curvou à pressão e decidiu-se pelo sanatório Grimmenstein, na baixa Áustria, a duas horas de trem ao sul de Viena. O lugar não empregava funcionários que se pareciam com ex-carrascos, mas a estada era muito mais cara do que em Merano, o que foi motivo para mais queixas.[6] Havia, também, um ponto a favor: a viagem a Grimmenstein possibilitaria um encontro com Milena, sem todas as dificuldades envolvendo as questões de passaporte, e mesmo durante o tratamento era possível se encontrar no meio do caminho, mesmo que isso fosse "contra as normas" e também nada sensato por todos os outros motivos. A tentação ainda era indomável, apesar da experiência desencantadora em Gmünd e apesar de Kafka saber que tais encontros, sem qualquer perspectiva de uma felicidade em comum, não passavam de um doce veneno. Era inevitável que a proximidade física despertasse desejos novos, ilusórios, porém o preço a pagar era a cabeça ardendo, que delegava sua infelicidade aos pulmões. Mas se Kafka imaginava seriamente que a tuberculose era uma doença mental que havia ultrapassado as próprias margens, ele não haveria de evitar tais emoções?

Os primeiros abalos anunciaram-se já em Praga: mal tomara a decisão de viajar à Áustria, iniciou-se uma nova série de noites insones e literariamente improdutivas, nas quais ele passou imaginando o encontro em Viena. Perguntas sensatas esperavam por ele ali, às quais dificilmente conseguiria escapar: não era ele que sempre apelava ao grande "apesar de", à chance que apareceria a qualquer momento para, com um movimento decidido, mudar de direção? Ela não o havia escutado pacientemente, encorajado, consolado? É bem provável que, durante esses dias, lembranças do hotel Askanischer Hof tenham cruzado sua mente; também lá exigiram dele, e com razão, explicações impossíveis, explicações que não se referiam mais ao horizonte aberto da vida, mas exclusivamente ao passado. Um tribunal que dimensionava a culpa e, mesmo no caso improvável de uma absolvição, não podia trazer de volta nenhuma faísca de esperança. A diferença era que dessa vez Kafka via o tribunal chegando. E isso lhe abriu a oportunidade de requerer, de antemão, o lugar do juiz e adiar o confronto a partir de seu poder. Na manhã de 2 de dezembro, a decisão foi tomada: depois de mais uma noite quase insone, ele mudou imediatamente a direção e fugiu.

> Não tenho a energia para viajar; não consigo suportar de antemão a ideia de estar diante de você, não suporto a pressão no cérebro.
>
> Sua carta é uma decepção irrefreável, infinita, em mim, mais ainda isso. Você escreve que não tem esperança, mas você tem a esperança de se afastar de mim completamente.
>
> Não consigo explicar nem a você nem a ninguém o que se passa dentro de mim. Como eu poderia explicar por que é assim; não consigo explicar nem mesmo para mim. Mas esse não é o principal, o principal está claro: ao meu redor, é impossível viver como ser humano; você está vendo e mesmo assim não quer acreditar?[7]

Duas semanas mais tarde, Kafka está sentado num trem que segue *para o Leste*. Estava mais do que na hora, e as perguntas constantes sobre o que ele, com um quadro médico deprimente, ainda estava fazendo em meio ao inverno em Praga, passaram a irritá-lo. Todos o pressionavam, algumas pessoas o acompanharam até a estação de trem, entre elas provavelmente Ottla, que queria viajar com ele durante alguns dias, mas que acabou ficando em segurança devido à gravidez (e talvez temendo um contágio). Ele viajou de segunda classe, como no início do ano para Merano. Dessa vez, porém, não havia aroma de flores nem palmeiras à sua espera.

Chegou ao seu destino apenas de noite. Uma carruagem de dois cavalos, aberta, aguardava diante da estação e ele subiu. Meia hora de viagem por florestas escuras e campos nevados, que brilhavam sob o luar. Daí surgiu o sanatório, um prédio aparentemente isolado, grande, iluminado como um hotel. Mas o cocheiro não entrou ali; depois de alguns segundos, Kafka estava novamente envolto pela escuridão. Por fim, o veículo parou diante de uma construção lateral menor, não iluminada. Não havia ninguém à vista, foi preciso chamar e, mesmo assim, demorou algum tempo até que uma arrumadeira finalmente aparecesse e conduzisse Kafka por um corredor gelado até seu quarto. Quando a lâmpada se acendeu, ele levou um susto. Era aqui que ele deveria morar? Um armário velho, quebrado, uma porta simples para a varanda, por cujas frestas o vento uivava, e em vez do esperado aquecimento central, apenas um fogão fumacento, alimentado com lenha. O pior, porém, era a cama de metal, e o colchão sem qualquer tipo de cobertura. Ele não se deitaria ali de modo algum, melhor seria passar a noite na poltrona, com o cobertor e o saco de aquecer os pés.

A solene proprietária, uma tal sra. Forberger, apareceu para cumprimentar Kafka. Ela havia respondido seu pedido de última hora e pintado seu sanatório com cores radiantes. Isso dava a Kafka o direito de lhe dizer, sem rodeios, que havia esperado outra coisa. E enquanto ela tentava acalmar o hóspede com promessas excessivamente simpáticas e completamente vazias, Kafka já estava pensando onde conseguir uma carruagem no dia seguinte para sair o mais rápido possível dali.

Por fim, foi a camareira quem apresentou uma ideia salvadora. Kafka tinha vindo sozinho, mas havia um quarto preparado também para sua irmã, do qual ele não conseguiu desistir a tempo devido às ligações telefônicas sempre interrompidas. Um quarto bem melhor, maior e mais quente, com cama de madeira e armário novo, mas sem a imprescindível varanda. Kafka poderia ficar naquele quarto e usar a varanda do quarto pior para se manter deitado, conforme o tratamento exigia. E assim foi feito. Ao acordar na manhã seguinte, Kafka percebeu que tinha tido sorte. Ottla havia lhe dado sorte, mesmo ali.

Ele despertou numa pequena aldeia nos Altos Tatras, com construções espalhadas que serviam quase exclusivamente para a hospedagem de estrangeiros: a antiga cidade de Matlarenau, localizada na parte alemã dos Cárpatos, que depois se tornou a húngara Matlárháza e agora era a eslovaca Tatranské Matliary, a novecentos metros de altura, circundada por florestas de coníferas, com vista para encostas nevadas e os picos alpinos de Lomnitz [Lomnický]. Kafka descobriu, animado, que sua "Villa Tatra" era protegida do vento e estava num amplo prado em meio à floresta, de modo que o sol não encontrava obstáculos para entrar na varanda e no quarto voltados para o sul. O ambiente era silencioso e o hotel parecia estar quase vazio. Ele faria a experiência e disse à sra. Forberger que, provisoriamente, permaneceria hospedado lá; seria possível encontrar algo melhor dentro de algumas semanas, mas esse pensamento ele manteve para si.

Kafka se dirigiu à construção principal, a fim de tomar o café da manhã comunitário. Sentia curiosidade pelos hóspedes e temor por encontros exigentes — a conhecida ambivalência. Veria a grande maioria deles partindo em algum momento, mas não tinha como saber disso naquele instante.

21. Febre e neve: Tatranské Matliary

Não compreendo a queda do herói — quero dizer, com o coração.

Wittgenstein, *Diários*

"O hóspede que mora no andar de baixo pergunta se o senhor não gostaria de lhe fazer uma visita." Kafka não estava muito interessado. Conhecia o homem apenas superficialmente, tinha trocado algumas palavras com ele, um tcheco de cerca de cinquenta anos, simpático, do qual não se escutava muito durante o dia, exceto tosse e toques eventuais na campainha do quarto, e que evidentemente não tinha nenhum interlocutor para conversar. As outras duas hóspedes tchecas, duas mulheres, não se interessaram por ele, muito menos os oficiais tchecos do hospital militar, localizado numa altura ainda maior, que usavam o sanatório como hotel e local para iniciar romances. Mas era difícil recusar um pedido tão explícito. A fim de deixar claro que se tratava, no máximo, de uma visita de cortesia, Kafka desceu um pouco antes do jantar comunitário, mas o tcheco insistiu e pediu que ele voltasse depois.

O homem estava deitado na cama, como a maior parte do tempo durante o dia, pois sofria de tuberculose avançada, alastrada para a laringe. Isso fazia supor uma história médica complicada. Kafka já havia acompanhado suficientes conversas à mesa em sanatórios para ter consciência da dimensão que o egoísmo natural — e, infelizmente, inatacável do ponto de vista moral — dos doentes podia tomar e do quão monótonas eram as conversas sobre as mais recentes terapias, curas milagrosas, sobre o grupo de médicos e sobre quaisquer parentes enfermos. Além disso, ele também se encontrava num estado que tornava inevitável uma reflexão sobre as consequências de sua doença. Max Brod, que dessa vez não tinha conseguido se despedir de Kafka, e que, portanto, lhe enviou por carta a necessária saraivada de advertências, suplicou-lhe que se comportasse finalmente como um paciente e encarasse os três meses nos Altos Tatras como um "serviço militar", uma campanha contra a tuberculose, no melhor sanatório possível e com a ajuda de especialistas legítimos, sem pensar nos custos. Por fim — e aqui Brod repetia suas palavras de 1917 — tratava-se "de vida e morte". Surpreendentemente objetivo, Kafka respondeu que tinha consciência disso, "vejo até a antítese ainda pior, não é vida ou morte, mas vida ou um quarto de vida, respirar ou morrer de febre, lentamente (não muito mais rápido do que a duração de uma verdadeira vida), lutando por oxigênio".[1] Não era mais o flâneur de Merano quem estava falando. Ele já tinha ouvido algumas coisas em Matliary. Mas ainda não sabia o quanto estava certo. Pois apenas agora ele também *enxergaria* a tuberculose.

Quando, após o jantar, Kafka voltou para junto da cama do simpático tcheco, esse lhe assegurou que estava bastante sozinho. Embora tivesse dois filhos adultos, fazia uma semana a família não dava notícias, ele prosseguiu. Os abcessos na laringe tinham aparecido havia três meses, e ele mesmo tinha de tratá-los regularmente com luz solar. E o doente logo demonstrou como: eram precisos dois espelhos: um maior, para visualizar a própria garganta, e um menor, para metê-lo na garganta e conduzir um facho de luz para o tecido afetado. Além disso, tinha feito um desenho dos abcessos a fim de acompanhar suas mudanças. E disse a Kafka: por favor, aqui, olhe!

Kafka pegou os desenhos e depois o espelho pequeno. Ele o segurou distante de si, provavelmente havia pus nele, o tcheco não tomava cuidado com a tosse e Kafka via as partículas de saliva literalmente voando pelo ar. De repente, tudo ao seu redor ficou em silêncio, ele sentiu a proximidade de um desmaio. Levantou-se com bastante dificuldade, foi cambaleando até a varanda, sentou-se na balaustrada, mesmo estando frio, e ficou ali por um tempo. Por fim, depois de se recompor o suficiente, Kafka explicou que estava se sentindo um pouco mal e saiu do quarto sem maiores despedidas. Foi tateando as paredes do corredor, depois subiu a escada, chegou à porta de seu quarto e se apressou até a pia. Foi difícil conciliar o sono naquela noite. O tcheco, por sua vez, não dormiu nada.

> Aquilo que se vê na cama ali é pior do que qualquer execução ou mesmo uma tortura. Afinal, não inventamos as torturas, mas as copiamos das doenças, mas ninguém ousa torturar como fazem aqui, e aqui se tortura há anos com pausas artificiais para que a coisa não se dê de modo muito rápido e — o principal — o torturado é obrigado, por sua própria vontade, de dentro de si, a prolongar a tortura. Toda essa vida miserável na

> cama, as febres, a falta de ar, a ingestão de remédios, a torturante e perigosa lida com os espelhos (com qualquer pequeno desajuste, ele pode se queimar) não têm outro fim senão, por meio da lentificação do crescimento dos abcessos, pelos quais ele irá sufocar no fim, prolongar o máximo possível essa sua vida miserável, as febres etc. E os parentes e os médicos e as visitas literalmente construíram estruturas sobre essa fogueira que não queima, mas arde lentamente, para, sem perigo de contágio, visitar, refrescar, consolar, encorajar para a continuidade da miséria.[2]

Percebemos que a experiência aconteceu há poucas horas, Kafka está em choque e o que mais o deixa nervoso é a impossibilidade de defesa da vítima, cuja própria vontade de sobrevivência se torna perdição. Mas ele não percebe que a doença deixa uma porta de saída e isso a difere fundamentalmente da tortura. O paciente tcheco soube fazer uso dessa saída: depois de mais dois meses, ele estava farto desse tipo de visitas (o próprio Kafka conseguiu fazê-las mais algumas poucas vezes) e principalmente do "encorajamento à continuidade da miséria" que ninguém lhe dirigia à exceção do médico, da enfermeira e das camareiras. Na Páscoa, o paciente tcheco tomou o trem rápido para Praga e, durante a viagem acelerada, caiu entre os amortecedores de dois vagões.

Tinha sido o dr. Kral quem sugerira a Kafka viajar aos Altos Tatras, principalmente devido ao sol forte da altitude. Em dias de clima estável, essa região dos Cárpatos recebe com frequência uma estratificação térmica inversa, com vales frios e carregados de nuvens e céu totalmente claro sobre as montanhas habitadas. Além disso, havia por lá uma série de sanatórios para hóspedes exigentes; tanto o conforto quanto as condições de higiene estavam bem acima do padrão do restante da Eslováquia. Antes da guerra, os Altos Tatras foram um destino popular para os moradores de Budapeste durante o verão. Gradualmente as principais localidades foram ligadas por trens elétricos e estradas reforçadas; depois da guerra, essa infraestrutura foi aproveitada e, portanto, mantida, pelo turismo dos esportes de inverno.

Claro que Matliary não era um sanatório extraordinário para doenças pulmonares como aquele que o dr. Kral tinha em mente, com estrita supervisão médica e dietas adequadas. Mas provavelmente Kafka tinha escolhido esse lugar pelo preço baixo, a perspectiva de uma cozinha vegetariana e a possibilidade explicitamente confirmada de atividades de jardinagem.

Entretanto, o lugar acolhia todo mundo, incluindo esquiadores e caçadores; as refeições eram preparadas segundo a escolha do hóspede (pagando-se apenas o consumido), e quem necessitasse de acompanhamento médico e de enfermagem — no inverno, cerca de trinta hóspedes de longa duração — tinha de combinar previamente com os funcionários responsáveis por isso. Principalmente com o único médico disponível no lugar, dr. Leopold Strelinger: um judeu de meia-idade casado, muito simpático, que também morava na Villa Tatra, a apenas três portas de distância de Kafka. Ele havia estipulado uma visita diária pelas manhãs com esse suposto pneumologista, mas se reservava o direito de escolher quais conselhos seguir. As injeções de arsênico indicadas por Strelinger (que ele sempre carregava consigo) foram logo recusadas por Kafka, que também reduziu pela metade a ingestão solicitada de leite e creme fresco. Strelinger mostrava-se cuidadoso também com doentes graves, como Kafka observou, mas era animado por um otimismo incurável — embora duvidoso pelo seu limitado repertório médico e não atualizado por nenhum tipo de leitura especializada.

Realmente é possível perceber, a partir dos relatos detalhados que Kafka enviava a Praga, que as preocupações com seu acompanhamento médico não eram de modo algum infundadas. Todo um coro de vozes incitava-o a procurar logo um lugar mais adequado; a mãe mobilizou o irmão Siegfried, o médico rural da Morávia, e Hermann Kafka passou algum tempo considerando em ir pessoalmente a Matliary e agir. Havia um verdadeiro sanatório para doenças pulmonares, muito conhecido e que ficava a apenas uma hora de viagem, situado em Nový Smokovec, a mil metros de altura. Kafka também dispunha de prospectos do lugar e, embora sempre pensasse em se mudar, passaram-se três meses inteiros até que ele se dispusesse a ao menos vistoriar o lugar.

Como de costume, foi difícil se decidir por uma mudança nas circunstâncias e hábitos de vida; dessa vez, entretanto, havia obstáculos extras, que permaneceram intransponíveis. Já em janeiro de 1921 Kafka entrou numa crise que se manifestava principalmente por uma sensibilidade em relação a ruídos, que deixavam seus nervos em frangalhos. Para preservar a paz, ele tinha optado em não se mudar para a construção principal, bem mais confortável e que dispunha de aquecimento central — lá, o recém-inaugurado "salão de música" era ameaçador o suficiente. Embora os quartos vizinhos e aqueles em frente estivessem quase sempre vazios, bastava que alguém cantarolasse uma musiquinha na varanda abaixo da sua, que ele entreouvisse a voz baixa, mas penetrante, de um "diabo estranho" do andar de cima, a várias janelas de distância, ou o assobio de um operário qualquer, para que se retorcesse em sua espreguiçadeira com indisposição cardíaca e "quase convulsionando". Por vezes, a pressão desse sofrimento aumentava de tal maneira que Kafka chegava perto de *fugir* para um sanatório melhor. Mas um momento de reflexão era suficiente para ele perceber como se sentiria no comparativamente mais agitado Nový Smokovec, onde se tossia por todos os lados, e em todas as varandas era possível ouvir a rua de passagem mais o bonde elétrico. Frente a isso, de que adiantava o melhor médico? Kafka não estava triste por isso, ele não tinha problemas com renúncias. Evidentemente, devia se perguntar onde no mundo poderia morar caso seus nervos não se acalmassem. "[...] por enquanto, tudo me perturba", ele explicou para Brod, "às vezes, parece que é a vida que me perturba; senão, como é possível que tudo me perturbe?"[3]

As pessoas, principalmente. Desde o início, Kafka estava decidido a evitar a sociabilidade típica dos sanatórios, que levava à monotonia e a hábitos arraigados. Ele se sentia irritado, o enfrentamento do luto o consumia e o temor de encontros dolorosos, principalmente com mulheres, superavam em muito suas necessidades sociais no momento. Nos locais onde era imprescindível, ele mostrava como sempre seu sorriso mais obsequioso, cultivava o melhor relacionamento possível com a sra. Forberger, a proprietária, e se mantinha em alta com os funcionários — principalmente os da cozinha, onde ele tinha diversos pedidos especiais — por meio de gorjetas bem calculadas. Apenas o refeitório com os lugares marcados se manteve um flanco aberto, no qual era preciso contar a todo instante com fatalidades (como foi visto pela última vez em Merano).

Por exemplo, com aquele antissemitismo "inocente", onipresente desde a guerra, dessa vez representado por uma "senhorita mais velha" perfumada, empoada, nervosa e faladeira; uma tcheca, que certa noite foi colocada bem ao lado de Kafka. A situação foi desesperadora, ele sofreu de maneira quase física e, depois do primeiro encontro, teve dificuldade em se acalmar no quarto. De todo modo, ele se lembrou, havia a possibilidade de resolver a situação de maneira grosseira e astuta — ele se livraria dela ao se revelar judeu num momento constrangedor, de preferência. Ledo engano, pois essa mulher, que supostamente desdenhava de tudo o que não era tcheco, abordou justamente o vizinho de mesa judeu com especial simpatia. E quando se soube que ela estava seriamente doente, muitas vezes tendo de passar vários dias na cama com febre, a situação foi abrandada por completo. A solidariedade dos infectados — que Kafka notou pela primeira vez em Matliary — apagava as diferenças e chegava a despertar o desejo de consertar alguma coisa. O que essa senhorita enfraquecida tinha a ver com o vibrante ódio antijudeu, no qual ele estava imerso havia ainda poucas semanas, em Praga? Kafka ainda sabia diferenciar a origem de sua sensibilidade.

Um representante de um mundo bem diferente estava sentado na frente dos dois: Arthur Szinay, um homem de 25 anos com distúrbios estomacais (ele ainda não sabia que estava tuberculoso) de Kaschau [Košice], situada no leste da Eslováquia, judeu, que na imagem de mundo da senhorita certamente ocuparia uma das últimas posições, mas "um jovem para se apaixonar", na opinião de Kafka.

> Encantador no sentido judaico oriental. Cheio de ironia, inquietação, humor, segurança, mas também carência. Tudo lhe é "interessante, interessante", mas isso não significa o usual, mas algo como "incrível, incrível". É socialista, ainda lembra muito o hebraico da sua infância, estudou o Talmude e o Shulchan Aruch. "Interessante, interessante."[4]

Ou seja, um "judeu quente", um tipo que Kafka conhecera entre os atores judeus orientais e principalmente na figura do inesquecível Isaac Löwy. Szinay participava de todas as palestras e reuniões públicas imagináveis, lembrava-se quase com devoção de uma participação de Max Brod em sua cidade natal e inclusive já tinha se encontrado com o (por algum tempo) ultraortodoxo Georg Langer. Naquele momento, tinha a sorte de dividir a mesa com um bom amigo dessas pessoas famosas. Szinay estava contente e Kafka quase teve dificuldade em se defender de tamanha simpatia.

Apesar disso, o entendimento era difícil. A língua materna de Szinay era o húngaro, ele não sabia nada do tcheco ou eslovaco e apenas em Matliary havia começado a aprender o alemão. Desse modo, ele achava "maravilhoso" tudo o que Kafka falava, mas tinha de confessar que não entendia "nem metade daquilo". De todo modo, Kafka teve a impressão de que nunca ninguém o escutara de maneira tão concentrada e compreensiva, mesmo em se tratando da lamentável história de seu estômago.

A principal língua falada no pequeno e internacional grupo que havia se formado no sanatório de Matliary era o húngaro, os funcionários também conversavam em húngaro, de modo que o sociável Szinay não corria o risco de se sentir solitário. Quando Kafka sumia no seu quarto ou indicava de maneira inequívoca que queria seu sossego, Szinay se aproximava de um jovem médico de Budapeste, quase tão "interessante" e culto. Vocês dois, Szinay vivia repetindo, vocês têm de se conhecer. Mas por quê?, perguntava Kafka. Mas por quê?, perguntava o igualmente incrédulo médico, que não gostava de conversas fiadas. "Porque eu não o entendo e não entendo você. Estou certo de que vocês vão se entender." Apesar desse argumento irrefutável, demorou algum tempo até que a relação tão explicitamente incentivada por Szinay acontecesse.

Foi na estrada. Kafka tinha ido passear — era preciso caminhar na estrada, pois as trilhas na floresta estavam interrompidas pela neve —, quando o conhecido de Budapeste veio ao seu encontro. Ele trazia um livro alemão debaixo do braço, Kafka olhou curioso, cumprimentou e não conseguiu evitar fazer uma observação sobre a leitura. "O senhor é Kafka, de Praga?", respondeu o jovem. "Szinay fala quase diariamente sobre o senhor." E disse seu nome: Robert Klopstock, estudante de medicina.[5]

Não é fácil conceber uma profissão que tivesse estado realmente à altura da combinação peculiar de Kafka de competências e constrangimentos sociais. Certamente, chefe nenhum chegou alguma vez a expressar a menor dúvida de que Kafka estivesse no lugar certo em sua repartição: meticulosidade, precisão linguística, habilidade de negociação — o exemplo de funcionário público. Do seu lado, porém, parecia que o Instituto de Seguros contra Acidentes de Trabalho era um reino de sombras de duvidosa legitimidade. Ninguém fora daquele prédio, nem mesmo os colegas das salas contíguas, sabia explicar precisamente qual era sua tarefa. O grau de abstração era alto demais, e o relacionamento com o cliente, considerado apenas como caso do direito securitário ou de relevância estatística, muito distante.

A curiosidade de Kafka em relação aos seres humanos, sua observação atenta da vida e das dificuldades dos outros, raramente eram satisfeitas nessa profissão — via de regra, seu olhar era bloqueado por pilhas de pastas. A curiosidade, entretanto, foi aumentando com o passar dos anos: se antes ele a aplacava com leituras excessivas de biografias e documentos autobiográficos — e não só de escritores, com cuja vida podia se identificar —, ela passou a ser dirigida às pessoas de suas imediações. E quanto mais velho se tornava, com mais cuidado seguia as peripécias de contemporâneos mais novos, que dispunham de opções diferentes e incomparavelmente mais atraentes do que as suas. Quando e quem havia colocado os trilhos dessas vidas? Era possível influenciá-las ou intervir nelas? Como comprova seu interesse no movimento da Escola Nova, essas eram das poucas questões sociais com as quais ele se ocupava também teoricamente. Um inegável impulso pedagógico começava a despontar cada vez mais em sua ação social.

Os padrões eram fornecidos pelos relacionamentos com as irmãs, principalmente com Ottla. Se no início ele havia se limitado a oferecer-lhe acesso a bens culturais gerais por meio de leituras e pequenas palestras improvisadas, aos poucos Kafka tomou consciência de que a satisfação que ambos sentiam nessa hora não se originava da mera transmissão de conhecimento. Certamente Kafka ficava orgulhoso quando Ottla se saía com uma bem colocada citação de Platão. Porém, era muito mais importante que ela ganhasse prazer no conhecimento, uma capacidade crescente de perceber as coisas por meio da reflexão e uma consciência cada vez maior das próprias capacidades e de sua posição no mundo. Esse processo de amadurecimento não podia ser guiado, no máximo iniciado, levando a resultados imprevisíveis. O melhor a fazer era aceitar os interesses, as habilidades e os limites do outro e, por fim, deixá-lo seguir suas próprias forças. Kafka chegou ao paradoxo de, como professor — de certa maneira —, se subordinar ao aluno. Pois estar disposto a absorver e *aceitar* algo estranho é uma característica que não pode ser despertada no outro sem que esteja presente naquele que conduz o processo. Nesse sentido, todo professor tem algo mais a aprender, e Kafka não se retraiu nem diante do fato de que, na relação, por exemplo, com as crianças judias orientais — na escola de refugiados em Praga ou na Casa do Povo Judeu de Berlim —, eram os professores quem mais saíam lucrando.

Essa capacidade pedagógica de perceber o potencial de outra pessoa, refleti-lo e apenas então desenvolvê-lo sempre fez com que Kafka atraísse discípulos. Gustav Janouch e Hans Klaus posicionaram-se diante da autoridade de Kafka — nada professoral e, mesmo assim, sutilmente dominante — com veneração. Minze Eisner, com quase vinte anos, interessada em agronomia, e que Kafka conhecera em Schelesen, considerava tão significativa a correspondência esporádica com ele que, durante anos, se apoiou nela, volta e meia pedindo conselhos (certamente sabendo que ele sempre aconselhava dedicar-se ao trabalho e não ao lazer). Relações semelhantes, que geraram pequenas correspondências, foram criadas também em Matliary. Também a diferença entre a formação de Kafka e a de Julie Wohryzek com certeza fez com que ele, mais de uma vez, tentasse incrementar os passeios de barco no verão com um pouco de aulas, e mesmo nas trocas de cartas com Felice e Milena encontra-se reiteradamente a retórica professor-aluno, sem que nunca Kafka tivesse reclamado sua vantagem em conhecimento e experiência.

Sua obra-prima pedagógica, porém, foi realizada na amizade com Robert Klopstock, que, sem estar totalmente consciente do fato, em poucos dias se tornou seu fâmulo. "A natureza de Kafka", ele se lembrou décadas mais tarde, "era tão abrangente, grandiosa e, mesmo assim, tão isenta de coação ou autoridade, que eu não questionava nada em relação a qualificações ou certificações externas."[6] Durante as primeiras semanas, ficou evidente que ele não sabia com quem estava lidando. Esse dr. Kafka se apresentara a todos como um funcionário comum de seguradora e seus novos amigos ficaram muito excitados ao saber que o famoso Max Brod planejava uma visita a Matliary para vê-lo. A princípio, nem o aplicado Szinary nem o culto Klopstock imaginavam que Kafka fosse escritor. Entretanto, não era possível esconder esse fato por muito tempo; segundo uma anedota que, infelizmente, não está comprovada, Kafka, respondendo à pergunta se era homônimo do autor de *Um médico rural*, teria respondido: "E mais essa!".[7]

Klopstock era de temperamento aflito, melancólico, continuamente à mercê de intensas oscilações psíquicas; durante toda a vida, suas atitudes contraditórias sempre foram motivo de irritação. Ele nascera em 1899 na pequena cidade húngara de Dombóvár, ao sul do lago Balaton, onde o pai judeu mantinha o cargo de engenheiro sênior da ferrovia imperial húngara. Após a morte precoce de Adolf Klopstock, a esposa Gizella (nascida Spitz) mudou-se para Budapeste com os dois filhos, Robert ("Robi") e Hugo Georg. Sabe-se pouco do tempo que Robert passou, a partir de 1912, no Humanistischen Gymnasium [Ginásio humanístico]; entretanto, aos dezessete anos já dominava a língua alemã tão bem que podia fruir a poesia clássica e entreter os amigos com suas leituras. O jovem circulava entre literatos húngaros, mas também tinha aptidão para as ciências naturais, atestada por suas inúmeras notas máximas em seu boletim final. A escolha do estudo da medicina carregava também razões étnicas. Embora tenha sido educado religiosamente por rabinos, Klopstock desenvolveu uma tendência pronunciada por ideais de vida cristãos, a ponto de dizer a Kafka — que lhe parecia "carente de pessoas, à maneira de um médico nato" — que Jesus era seu exemplo pessoal.[8]

Suas experiências de guerra evidentemente reforçaram essa percepção. Ainda durante o primeiro semestre de medicina, Klopstock foi convocado para o serviço militar. Ele serviu num batalhão médico, foi enviado ao front leste e à Itália — algo que permaneceu como uma curiosa lacuna na sua biografia, pois não há quaisquer registros dos horrores que deve ter experimentado com meros dezoito anos. Apenas depois da guerra descobriu-se que ele tinha se infectado nos barracões médicos com tuberculose; no outono de 1920, Klopstock interrompeu temporariamente os estudos de medicina e passou anos em sanatórios, voltando também várias vezes aos Altos Tatras, antes de ser considerado curado.

Kafka repetiu em Matliary um comportamento várias vezes testado: ele transformava a pessoa mais confiável do momento em intermediário e mensageiro, que amortecia o choque do restante do mundo social. Klopstock assumiu a posição de maneira imediata e solícita. "Na realidade, só convivo com o estudante de medicina", Kafka avisou a Praga, "todo o resto é apenas secundário, se alguém quer algo de mim, fala para o estudante de medicina, se eu quero algo de alguém, falo para ele também."[9] Isso está em aparente contradição com as fotos em grupo que foram preservadas, nas quais se vê Kafka, relaxado e quase jovial, em meio a um grupo de pacientes que parecem próximos uns dos outros. Na realidade, porém, ele aproveitava a relação com Klopstock para juntar seus contatos sociais; Kafka solicitava que as refeições sempre fossem entregues no quarto, sem precisar temer cair no isolamento, e "o estudante de medicina" também se ocupava de pequenos procedimentos médicos. Por sua vez, Klopstock — que passou a compreender o entusiasmo de Szinay — tinha ganhado um conselheiro que sabia ouvir com atenção e que não se impressionava minimamente com embaraços sociais e humores incompreensíveis. As oscilações emocionais de Klopstock, que sofria havia tempos por um amor impossível, refletiam-se em seu rosto; várias vezes ele parecia enfastiado (as fotos mostram isso), coisa que não devia lhe render muitos amigos, mas Kafka estava fascinado: "Nunca vi tão de perto", ele escreveu a Ottla, "uma representação teatral assim demoníaca. Não sabemos se são forças boas ou más que estão agindo ali, mas de todo modo são incrivelmente fortes. Na Idade Média, ele seria considerado endemoniado. Mas é um jovem de 21 anos, forte, ombros largos, faces coradas — extremamente inteligente, abnegado, sensível". Certamente fora o desprendimento juvenil que despertou a intensa simpatia de Kafka e, logo em seguida, também sentimentos de amizade. Ele considerava Klopstock "francamente belo" quando este, com o rosto sério, alerta e sonhador ao mesmo tempo, deitava-se de pijama com o "cabelo desalinhado". Logo depois de duas semanas, Ottla teve de enviar um pacote de livros para Klopstock, todos da biblioteca do próprio Kafka — uma honra incomum.[10]

Klopstock deve ter ficado profundamente impressionado pelo fato de ser possível manter uma conversação extensa e profunda, com uma mesma pessoa, sobre sionismo, cristianismo, Dostoiévski e amor, mas também rir e imaginar travessuras. Assim, eles se divertiram juntos com um hóspede tcheco, oficial de alta patente, que ficava sentado no quarto e tocava flauta em horários regulares, mas também podia ser visto com frequência ao ar livre, desenhando e pintando. Certo dia, esse ser solitário chamado Holub teve a ideia de expor suas obras em Matliary. Eram trabalhos mais ou menos diletantes, que evidentemente causavam sensação num sanatório nos Altos Tatras, mas dos quais não se podia esperar qualquer ressonância entre entendidos de arte gozando de boa saúde. O que o homem diria, pensaram Kafka e Klopstock, se visse seu nome — contra todas as expectativas — impresso? Foi o que aconteceu. Kafka escreveu de forma anônima uma pequena crítica vagamente elogiosa para o jornal em língua alemã *Karpathen-Post*, e Klopstock fez algo semelhante para um jornal húngaro. E essa brincadeira tomou rumos inesperados. Holub, que não conseguia ler a crítica húngara, levou-a até o garçom oriundo de Budapeste, que, por sua vez, sugeriu consultar Klopstock, dizendo que ele era culto e saberia como traduzir. Casualmente o jovem estudante de medicina passou esse dia na cama, febril, e Kafka estava com ele quando o capitão do Estado-Maior Holub entrou no quarto com o jornal. Dá para imaginar a cena: Kafka escreveu à irmã que tinha passado metade da tarde rindo. E visto que a farsa tinha sido tão bem-sucedida, ele logo pensou na seguinte. Ottla recebeu um artigo do jornal diário *Lidové Noviny*, de Brünn [Brno], citando autoridades alemãs para relatar que a teoria da relatividade de Einstein possibilitaria uma terapia totalmente nova contra a tuberculose. Embora Kafka não tivesse de modo algum ocultado que, a princípio, também acreditara na bobagem — a edição era de 1º de abril —, a família toda entrou em polvorosa e ele teve de puxar o freio de mão: "Vocês realmente são muito teimosos quando caem em piadas de 1º de abril".[11]

Tratava-se de uma regressão benéfica, nada mais, das alegrias da ingenuidade e da falta de responsabilidade, que Kafka conhecia havia muito como remédios primorosos. No sanatório Jungborn, quase uma década antes, ele ainda tomava parte nelas como observador; em Schelesen, passou tempos ensimesmado, até um pouco ridículo às vezes; em Matliary, porém, ele relaxou, entregou-se às lembranças, devaneios e também às inocentes atividades dos outros hóspedes, que, em sua totalidade, o achavam simpático. Kafka não fazia quase nada, faltavam-lhe forças para caminhadas mais extensas e ele também lia pouco — talvez as revistas *Selbstwehr* e *Die Fackel* [A tocha] ainda fossem folheadas com mais atenção —, demorava para terminar de escrever cartas, o trabalho literário tinha cessado e, quando não estava passeando com Klopstock, ficava deitado em sua espreguiçadeira na varanda, a garrafa de leite sempre à mão, olhando por horas para as nuvens, ou tirava uma soneca numa clareira sossegada e protegida da floresta. Kafka deixava o tempo passar, quase sem desejos. E defendia esse retiro, colocava sentinelas mesmo contra perturbações vindas de fora. "Não escreva mais", Milena Pollak leu numa carta enviada de Matliary no início de janeiro, "não escreva e impeça que voltemos a nos ver." E isso não era um mero pedido, pois Kafka estava decidido a guardar o passado, mesmo que este não tivesse ficado para trás de verdade, numa câmara inacessível e jogar a chave fora. E escreveu a Brod dizendo que queria ser imediatamente informado caso Milena aparecesse em Praga ou acabasse cedendo às insistências do pai e fosse aos Altos Tatras para se curar, a fim de evitar quaisquer tipos de surpresas.[12]

Ele havia voltado as costas à realidade. E desde que saíra quase desfalecido do quarto de seu vizinho gravemente enfermo, sabia que também havia *bons* motivos para agir assim. É provável que a regressão de Kafka não fosse apenas convalescença do esgotamento emocional de 1920, que girou feito um tufão ao redor de Milena; ele tentava também se desviar da nova forma da doença, concreta, escapando para estados de obnubilação, que às vezes duravam dias. Ele confessou a Brod que se sentia vivendo fora do mundo. Entretanto, era preciso ler as entrelinhas para saber que não havia a intenção de um regresso; além disso, Kafka não falava sobre sua doença, apesar de todos os pedidos.

Supostamente Brod foi, durante meses, o único que condenou essa estratégia de repressão; todos os outros, principalmente os pais, permitiam-se enganar com os "sucessos do tratamento". Enquanto Kafka conseguisse relatar que estava engordando, não precisava temer questionamentos céticos. Quatro quilos no primeiro mês era uma ótima notícia, e ele se esforçava em continuar apresentando números impressionantes. Apesar da torturante falta de apetite e embora a cozinha de Matliary logo tenha se tornado monótona, Kafka raspava o prato e até se pressionava a comer carne. Apenas em março, quando a licença médica estava prestes a terminar, ele precisou confessar que os sintomas da tuberculose não estavam regredindo e que, em meio a dias inteiros de agitação, já tinha sentido momentos de desesperada falta de ar. Na avaliação do dr. Strelinger (que se limitou à ausculta do pulmão, sem solicitar o exame de escarro), seu estado tinha melhorado um pouco; mesmo assim, sua orientação explícita foi a de prosseguir o tratamento. Segundo ele, caso regressasse ao escritório em março, Kafka corria o risco de sofrer uma forte recaída. Isso acabou por convencer também o paciente teimoso, que parecia temer mais as reprimendas do Instituto de Seguros contra Acidentes de Trabalho do que a doença em si, mas que, por fim, estava assustado. Literalmente no último minuto, Kafka enviou um pedido de socorro a Praga, fazendo com que Ottla fosse imediatamente falar com o diretor. E, mais uma vez, Kafka teve sorte: embora ele não pudesse apresentar nem um atestado de Matliary e embora tenha se "esquecido" de aparecer numa consulta médica em Praga, Odstrčil anuiu com uma prorrogação de dois meses da licença — e posteriormente concederia outros três meses, até agosto, sem redução do salário. Essa atitude não era explicável somente pelas habilidades diplomáticas de Ottla — Kafka suspeitava que, devido à sua ausência cada vez mais prolongada, ele estava se tornando dispensável, mesmo que o diretor se mostrasse incompreensivelmente bom, quase um anjo salvador.

Kafka sentiu um primeiro grande alívio quando as tempestades de inverno cessaram e a primavera finalmente chegou nos Altos Tatras. Em abril, ele avisou que estava quase sem febre e que a tosse e a falta de ar haviam diminuído. Esse sucesso era sombreado por todo um leque de enfermidades que frequentemente o mantinham na cama por dias: resfriados, abcessos doloridos, um catarro intestinal com acessos febris que o fizeram pensar no fim. Ele tinha a impressão de seu corpo estar saindo dos trilhos e, ao se recordar dos tempos de Zürau e Merano, era preciso admitir que se encontrava numa curva descendente, com os sofrimentos físicos dominando sua existência como nunca. Mesmo o "achado pulmonar objetivo", com o qual Brod sempre o tentava consolar, esmaecia diante da evidência da derrocada. Os relatórios que Kafka enviava a Praga se tornavam cada vez mais esporádicos, e até seu peso máximo de 65 quilos — o que significava um aumento de oito quilos —, conquistado após meses, só foi revelado por meio de um "questionário" médico que Brod inventou. "Você escreve sempre sobre ficar saudável", Kafka escreveu, resignado. "Para mim, isso está fora de questão."[13]

O que ainda poderia ajudar? Todos o aconselhavam a mudar de lugar, certamente também Klopstock; Max Brod sugeriu inclusive tirarem férias juntos por três semanas no mar Báltico, na companhia de sua nova amante. Impossível, respondeu Kafka, o médico havia lhe proibido estritamente o clima de praia. Então talvez passar o verão com Ottla e o marido? Havia dúvidas quanto a isso também. Kafka tinha vergonha da tosse e dos escarros constantes, e mesmo se ainda não quisesse acreditar totalmente que uma pessoa saudável podia se infectar com a tuberculose, parecia-lhe irresponsável expor a primeira filha de Ottla — Věra, nascida em março — a tal "sujeira". Além disso, os David haviam escolhido como local para as férias a cidade de Taus [Domažlice], no flanco norte da floresta da Boêmia, e o sanatório onde *Milena* estava convalescendo naquele momento situava-se a apenas trinta quilômetros de distância e era de fácil acesso por trem. Impossível.[14]

Kafka não se mexeu, literalmente criando raízes. Nem o fluxo de turistas no verão o impactou, e em algum momento ele ficou com a impressão de que nunca mais partiria dos Altos Tatras, a não ser que fosse buscado ou, melhor ainda, carregado na sua espreguiçadeira. Não há dúvida de que ele não resistiria muito a um visitante de Praga que resolvesse interferir energicamente na situação — mas ninguém encontrou tempo para viajar até Matliary. Ottla porque estava enfraquecida e desesperada pela avidez insaciável da sua bebê. Brod, depois de uma tentativa fracassada de viver de direitos autorais do teatro, tinha assumido um cargo no departamento de imprensa do governo, com poucas horas no escritório, mas inúmeros compromissos em exibições teatrais e musicais tchecas. Baum e Weltsch, que havia tempos não recebiam mais notícias de Kafka e a quem consideravam desaparecido, também não tinham disponibilidade. Ou seja, nenhuma visita durante cerca de nove meses. Havia apenas Szinay e Klopstock, o dr. Strelinger e a sra. Forberger, a cozinheira e o garçom judeu, mais algumas mulheres enfermas e um alegre técnico em odontologia, com o qual Kafka fizera duas ou três excursões. Havia muita simpatia, amabilidade, até admiração. Mas, em todos esses meses, será que alguém tinha realmente conseguido compreendê-lo?

Kafka adiou seu retorno mais uma vez. Em 14 de agosto de 1921, cerca de uma semana antes de assumir novamente o escritório, Kafka acordou com febre; e a tosse, mais intensa, não o deixou dormir durante algumas noites. Nada sério, comentou o dr. Strelinger, tais retrocessos aconteciam, o estado dos pulmões era bom. Apesar disso, Kafka teve de se desculpar mais uma vez — quantas tinham sido até então? — com seu diretor. Ainda poucos dias antes, ele havia avisado em Praga que ninguém precisaria buscá-lo nos Altos Tatras, que conseguiria fazer a viagem sozinho. Na hora, Kafka se arrependeu da decisão, pois como todos os vagões estavam lotados, ele — enfraquecido pela febre — teve primeiro de ficar sentado numa mala e, mais tarde, em pé. Mais uma vez tinha sido econômico, já que um bilhete de primeira classe teria evitado tais transtornos. Melhor não contar isso em casa.

Nesse momento, aconteceu um pequeno milagre. Uma cabine da primeira classe tinha sido ocupada por quatro passageiros que não possuíam direito a ela, mas que estavam fartos de ficar tanto tempo em pé. Esses viajantes, entre eles dois ferroviários e uma mulher que Kafka conhecia de passagem, convenceram o bilheteiro a liberar a cabine devido à situação desoladora, quer dizer, transferi-la à segunda classe. O funcionário não queria negar o favor aos colegas e já estava em vias de colar um "2" grande na porta, mas não contava com a sensibilidade de seus clientes. Pois havia outros dois passageiros nessa cabine que realmente haviam pagado pela primeira classe e que passaram a exigir a transferência para outra cabine a fim de não terem de dividir o espaço com passageiros da segunda classe. Dessa maneira, vagaram mais dois lugares, e o desesperado Kafka foi chamado para aproveitar um deles — uma tardia boa ação do espírito de castas da Monarquia austro-húngara.

Não sabemos como Kafka foi recepcionado. Ele estava com boa aparência, bronzeado e bem alimentado; podia se exibir na piscina do rio Moldávia. Sua tosse era discretamente acompanhada; ninguém acreditava direito naquela "convalescença próxima" sempre prometida pelo dr. Strelinger, caso Kafka ficasse tempo suficiente nas montanhas, e talvez tenha sido realmente melhor ele não ter pegado no colo a pequena sobrinha Věra, de cinco meses, que estava conhecendo pela primeira vez. Mas quando ele contava como todos se preocupavam com seu bem-estar em Matliary, era grande a tentação de achar que Kafka realmente tinha estado no lugar certo e que, na verdade, estava apenas voltando de férias longas, muito longas.

Kafka já sabia que, com o retorno ao mundo conhecido e à consequente necessidade de se recordar e relatar, os assuntos reprimidos voltariam a se manifestar. "Foi um erro", ele confessou a Brod já no inverno, "que até então eu não tenha vivido entre tuberculosos nem olhado nos olhos da doença; apenas aqui fiz isso."[15] Essa experiência tinha sido terrível, era preciso silenciar a respeito disso com os pais, mas ele já não conseguia se esquecer dela. E em alguns momentos nos meses e semanas seguintes, era inevitável pensar que essa calamidade se aproximava dele, que se tratava de uma lição para finalmente ser aprendida. Desse modo, tomou o papel e anotou as seguintes linhas:

> Estimadíssimo Max, meu último pedido: tudo o que se encontra em meu espólio (ou seja, nas caixas de livros, no armário de roupas, na escrivaninha em casa e no escritório, ou que tenha sido colocado em outro lugar e você perceba) e que se relacione com diários, manuscritos, cartas, minhas e de outros, desenhos etc. deve ser queimado sem exceção e sem ser lido, assim como tudo o que foi escrito ou desenhado que esteja na sua posse ou na posse de outros, aos quais você deve pedir isso em meu nome. Aqueles que não quiserem entregar cartas a você, que ao menos se comprometam a queimá-las.
>
> Seu
> Franz Kafka.[16]

22.
O relógio interno e o externo

Aqueles que estão comigo
não me compreenderam.

Actus Vercellenses

O recitador Ludwig Hardt era um homem ocupado. Apenas em Berlim, sua cidade de adoção, ele participava de dezenas de eventos muito populares depois da guerra; nos intervalos, viajava por todo o território de fala alemã para suas apresentações. Em abril de 1920 foi a atração em Munique, onde também Thomas Mann quis ver de perto esse virtuoso na arte da declamação. Ele o convidou para sua mansão, escolheu o próprio conto "O guarda-roupa" para ser lido em voz alta e, na noite seguinte, assistiu a Hardt no palco. A impressão que se tinha era a de que aquilo superava o contexto de uma leitura convencional. Pois Hardt combinava a modulação vocal, a mímica e os gestos como uma complexa partitura; sua presença e capacidade de transformação eram insuperáveis e eletrizavam qualquer dos textos apresentados — poemas, fábulas, contos, peças teatrais — desde a primeira linha. Hardt não costumava se curvar à habitual solenidade declamatória, permitindo-se eliminar por alguns instantes a distância entre o pódio e os espectadores. E quando imitava um ator conhecido à perfeição — um quadro famoso no teatro de variedades —, acontecia de ele mesmo rir da cena. Thomas Mann se disse imediatamente disposto a apoiar Hardt, não tão exitoso em Munique, com uma pequena resenha, e como frase final ele escolheu a famosa conclusão de *Anedota da última guerra prussiana*, de Kleist: "Um sujeito desses, disse o estalajadeiro, nunca vi em toda a minha vida".[1]

Hardt, que nasceu em 1886 e fez sua formação de ator em Berlim, era magro e essa compleição contrastava de maneira muito peculiar com o nariz marcante e a testa pronunciada: "um duende com máscara de césar" foi como alguém o chamou certa feita.[2] Ninguém acreditaria nesse homem mercurial que seguia a ingênua idolatria clássica de seu professor Emil Milan, muito menos nos modos pseudossagrados que Gerhart Hauptmann costumava apresentar no palco. Hardt apoiava-se totalmente no efeito das palavras, que ele tentava usar ao máximo, e muitas vezes se aproveitava das faíscas resultantes dos choques que surgiam espontaneamente entre textos de diferentes gêneros, categorias e épocas. A extensão de seu repertório era enorme, ele apresentava quase tudo de memória, e como confrontava de maneira muito descontraída as leituras clássicas presentes em livros didáticos com a mais recente literatura alemã, suas apresentações tinham sempre um caráter lúdico, de experiência divertida e resultado incerto. Hardt alcançava uma intensidade inacreditável ao conseguir mostrar ao público a atualidade de textos havia muito conhecidos, e a lírica de Heinrich Heine lhe proporcionava muitas oportunidades nesse sentido. Thomas Mann escreveu que quem não conhecia "Die Wanderratten"* [Os ratos retirantes] pela boca de Ludwig Hardt, não conhecia o poema.

Em algum momento do inverno de 1920-1, Hardt topou com os contos de *Um médico rural*, ainda pouco conhecidos na Alemanha — supostamente por indicação de Tucholsky —, e se decidiu a ensaiar alguns deles. O resultado deve ter sido extraordinário: o texto "Onze filhos", de Kafka — assim escreveu o crítico do jornal *Vossische Zeitung* após uma apresentação de Hardt —, foi o "ponto alto da noite"; a concorrência contava com Robert Walser, Georg Heym, Christian Morgenstern, Liliencron, Maupassant, Scheerbart, Börne e Heine.[3] Mesmo Kafka (a quem Brod logo enviou a feliz notícia) parece ter ficado impressionado que Hardt tenha escolhido, além de outros dois textos seus, justamente "Onze filhos", um enigmático texto retórico sem ação e sem mensagem, *totalmente* dependente da língua e da precisão de sua apresentação. Kafka também deve ter sabido das consequências desse evento à estratégia editorial: se Hardt, cujo nome era muito mais conhecido entre o público interessado em literatura do que seu próprio, cruzava o país com tal texto virtuosístico, então isso se assemelhava a uma campanha publicitária. Décadas mais tarde, Soma Morgenstern, amigo de Hardt, dizia que "em muitas cidades o nome de Franz Kafka era ouvido pela primeira vez devido a uma apresentação de Ludwig Hardt. Era a primeira vez que muitos jornais citavam o autor Franz Kafka, cuja prosa Ludwig Hardt declamava".[4]

* A primeira das 24 estrofes de quatro versos de "Os ratos retirantes", na tradução de André Vallias: "Há dois gêneros de rato:/ O faminto e o saciado —/ este diz 'lar, doce lar'/ O outro vai ter de emigrar" (In: *Heine, hein?: Poeta dos contrários*. Trad. e intr. de André Vallias. São Paulo: Perspectiva, 2011).

Claro que Hardt era conhecido havia muito, desde 1914, também em Praga. Naquela época, Max Brod apresentara-o rapidamente a Kafka,[5] mas a guerra impediu outros encontros. Em janeiro de 1921, Hardt retornou a Praga com um novo espetáculo; os espectadores ficaram satisfeitos como sempre, foi preciso organizar às pressas uma terceira noite de apresentação — nessa época, em meio a tempestades de neve, Kafka estava com febre em Matliary, e provavelmente não acompanhava de perto os relatos da imprensa. Finalmente, no outono chegou a notícia de que Hardt viria de novo ao Mozarteum de Praga com um programa sensacional. Dessa vez, todos os envolvidos estavam presentes.

Hardt declamou Kafka: tratava-se novamente de três textos de *Um médico rural* que havia escolhido, entre eles o já muito testado "Onze filhos". Diante dele, no auditório, olhando-o com simpatia, estava o criador desse diamante, ao lado de seus amigos mais próximos — certamente um acontecimento não muito usual também para o famoso rapsodo, acostumado a ser convidado à casa de escritores famosos. Ele apresentou parte de seu espetáculo berlinense, colocando novamente Kafka ao lado de Robert Walser, mas depois trouxe cenas de *Os últimos dias da humanidade*, cujo autor, Karl Kraus, já tinha impactado os espectadores de Praga *no mesmo teatro*.[6] Hardt não tinha medo da comparação com esse outro gigante da declamação literária. E o sucesso lhe deu razão: o público aplaudiu ruidosamente até Hardt voltar ao palco e recitar alguns poemas de Gottfried Keller como epílogo tranquilizador. Ele conhecia tudo e sabia fazer tudo.[7]

Para Kafka, essa foi a primeira vez que ouviu os próprios textos por meio de um declamador profissional, e essa ocasião se transformou num dos já raros momentos de agitação feliz. "[...] receba o agradecimento pelas horas de taquicardia, de alegria, de veneração", ele escreveu a Hardt, e nada disso era exagerado.[8] Pois Hardt tinha tornado perceptível de maneira sensorial — e para Kafka isso foi como um retorno ao lar após anos vagando por aí — que era possível se sentir bem, se sentir em casa em sua verdadeira acepção, naquela tremenda câmara de eco que a tradição literária criava ao seu redor. Para Hardt, não parecia haver uma oposição entre vida e arte, sua ênfase era autêntica e, além disso, o fato de ele ser judeu e saber brilhar tanto no café com anedotas de judeus orientais quanto no teatro com poemas de Heine fez soar em Kafka uma corda especialmente sensível.

Logo na noite seguinte à apresentação de Hardt, surgiu a oportunidade de uma conversa mais prolongada, quando se discutiram também minúcias do espetáculo literário; para os dias seguintes, foram combinados encontros no hotel Blauer Stern e, finalmente, até no Instituto de Seguros contra Acidentes de Trabalho. Nessa ocasião, casualmente provou-se como o humor de Hardt era capaz de uma apropriação quase mimética. Na hora marcada, Hardt estava sozinho na cadeira de visitas no escritório de Kafka, apenas o chapéu do senhor doutor estava sobre a mesa. Poucos minutos mais tarde, quando Kafka entrou e, com a cortesia usual, quis se desculpar pelo atraso, Hardt reagiu de maneira absolutamente seca: "O chapéu representou-o perfeitamente".[9] Tratava-se de uma expressão de Kafka, era impossível acertar com maior precisão seu lugar na seguradora, talvez até mesmo seu lugar no mundo. Kafka sorriu, aliviado. Afinal, isso era algo bem diferente daquela bobagem sem sentido trazida pela recente matéria do *Prager Tagblatt*, que afirmava que Kafka era "uma individualidade que precisava de um mediador da categoria de Hardt para ser resgatado de sua solidão". Praga inteira tinha de ser informada a respeito disso? De algum modo, o infeliz redator acabou tendo razão.

Pois a expectativa de não rever Hardt por meses a fio preocupava Kafka. Ele não pôde comparecer a uma segunda noite do espetáculo devido à febre, algo ainda mais doloroso porque Hardt — atendendo a um pedido de Kafka — tinha incorporado rapidamente um texto em prosa, de que ambos gostavam, na sua programação — a "Anedota [...]", de Heinrich von Kleist. Felizmente o declamador permaneceu na cidade alguns dias a mais do que o previsto; duas apresentações extras foram organizadas e Kafka aproveitou a oportunidade inesperada para entregar-lhe um livro com dedicatória (Tratava-se de *Schatzkästlein* [Caixinha de tesouros], de Hebel: "A Ludwig Hardt, para dar uma alegria a Hebel"). Em seguida, o recitador foi embora, e o contato de ambos se tornou esporádico. Mas os encontros em Praga também marcaram Hardt de maneira duradoura. Ainda antes de seu retorno a Berlim, ele sugeriu enfaticamente a Kurt Wolff que finalmente voltasse a se ocupar de seu autor mais importante, talvez. Ele ainda apresentou "Onze filhos" muitas vezes e, logo em seguida — Tucholsky, animado, fez o anúncio na revista *Weltbühne* —, o espetacular "Um relatório para uma academia" também faria parte de seu programa.

Max Brod registrou com satisfação o fato de Kafka ter regressado tão rapidamente ao mundo das pessoas. Entretanto, ele tinha apenas uma ideia vaga, inofensiva demais, a respeito do estado de isolamento psíquico no qual o amigo tinha caído durante os longos meses em Matliary. Sua impressão era simplesmente a de que Kafka fora mimado em excesso por lá, abrindo a porta de modo imprudente aos fantasmas da hipocondria. O retorno à cidade só poderia lhe ser benfazejo.

Realmente a mudança foi impressionante: embora, com o início do outono, Kafka tenha passado a sofrer novamente de acessos de tosse e de febre alta contínua, não ousando pisar na rua em dias chuvosos, ele fez novos contatos sociais, encontrou velhos amigos como Werfel e Langer e recebeu várias visitas: Ernst Weiß, Ehrenstein, sua "aluna" Minze Eisner e pelo menos dois conhecidos de Matliary, entre eles o intrépido Szinay. Isso sem falar das conversas exaustivas com Gustav Janouch, que passou a morar fora de Praga, mas que continuava a aparecer com constância no Instituto de Seguros contra Acidentes de Trabalho.

Kafka também se esforçou de maneira considerável em relação às múltiplas preocupações de Klopstock. Ele fez uma tentativa (frustrada) com Jakob Hegner, em Hellerau, a fim de conseguir para o estudante uma ocupação temporária como gráfico e, dessa maneira, possibilitar sua estada na "cidade-jardim" (claro, a ideia de Kafka vinha com intenções médicas), e ele sondou possibilidades de ajudar Klopstock, quase sem recursos, com pautas jornalísticas e com o prosseguimento de seus estudos em Praga. Juntamente com Weltsch procurou inclusive o médico Egmont Münzer — um parente distante, mas que não conhecia pessoalmente — para perguntar se ele estaria precisando de um "ajudante de hospital" húngaro.[10] Kafka tentou prolongar o visto de estada tcheco de Klopstock e isentá-lo de todas as taxas — algo só possível de ser obtido com esperas de horas em repartições; ele foi se informar se o estudante estava ameaçado de prisão devido às tensões políticas com a Hungria e ajudou a reatar o contato deste com o irmão mais velho, Hugo Georg, que se encontrava na Sibéria.[11]

Mas aconteceu algo ainda mais espantoso. No início do outubro, Kafka ficou sabendo que Milena Pollak havia encerrado seu tratamento na Floresta da Boêmia e que estava passando alguns dias na casa do pai, em Praga, durante sua viagem de volta. É provável que ela não quisesse perder essa pequena chance de se reencontrar com Kafka, assegurando-se, ela mesma, de que a notícia o alcançasse. Certamente Milena não esperava que ele de fato se declarasse disposto a revê-la após todos os implacáveis gestos de defesa, muito menos que a recebesse no próprio território. Pela primeira vez, Milena entrou no apartamento de Kafka no Altstädter Ring, conheceu os pais e possivelmente também Ottla. A recepção não deve ter sido especialmente calorosa ("nunca me dei bem com seus parentes", ela observou mais tarde),[12] mas prosperou entre os dois uma conversa tão cheia de confiança que o encontro teve prosseguimento nos dias seguintes. No fim, ele se decidiu por um gesto único, ofensivo, em total oposição ao silêncio dos meses anteriores: Kafka entregou a Milena seus diários, os documentos íntimos de toda uma década, integralmente, até a última página; ele inclusive rasgou as páginas escritas do último caderno a ser usado, o 12º, para complementar o pacote enorme.

Por quê? Kafka tinha encontrado força para enfrentar o temor de mais noites insones e arriscar um novo confronto graças, sem dúvida, à libertação interna que o regresso temporário à vida "real" e os inúmeros novos encontros haviam lhe proporcionado. Se em Matliary ele havia ocupado apenas um único espaço psíquico, que era imediatamente preenchido por todo e qualquer chamado de Milena, ameaçando explodir, em Praga tentou transferir o encontro (o primeiro em mais de um ano) a um quarto contíguo e trancá-lo tanto do ponto de vista da língua quanto da emoção. "Não posso falar muito sobre o assunto principal", ele escreveu a Klopstock, "ele está, também para mim, trancado no escuro no peito, provavelmente ao lado da doença, num espaço comum." Ele evitava chamar esse assunto principal pelo nome, não anunciou a visita de uma mulher, indicando apenas um acontecimento com o maior distanciamento linguístico possível: "a situação foi prolongada por um dia e agora passou".[13] É o dia em que ele deu suas anotações para mãos estranhas, para sempre.

Não sabemos sobre o que Kafka e Milena Pollak conversaram naquele outono de 1921; certamente, sua inesperada reconciliação com o pai — o teimoso professor Jesenský —, incompreensível e quase decepcionante para Kafka, teve um papel importante. Mas sem dúvida ele também se torturava pela expectativa de Milena, explícita ou não, de ouvir uma explicação justificável de seu comportamento, uma explicação que até aquele momento ele só tinha conseguido entregar, nas dezenas de tentativas, de maneira fragmentária. Depois dos dias que passaram juntos em Viena, Kafka brincara com a ideia de se descarregar moralmente e lhe entregar as atas de seu caso: diversas vezes ele anunciou para Milena que lhe passaria o *Carta ao pai* para que ela o lesse, mas a cada vez desistia dessa tamanha intimidade.[14] Naquele momento, porém, quando não havia mais nada a perder e uma revisão geral estava além de todas suas forças, ele retomou a ideia.

Mas os cadernos do diário eram algo muito melhor do que aquela carta; ele também não dispunha de outro material comprobatório, ninguém podia exigir mais dele. "Você encontrou nos diários algo decisivo contra mim?", ele perguntou algum tempo mais tarde, reforçando assim que a proximidade que ela provavelmente sentiu por meio da leitura não deveria reviver o relacionamento em suspenso, mas "decidi-lo", quer dizer, encerrá-lo.[15]

Dito e feito. Nas estadas seguintes de Milena em Praga — primeiro, no final de novembro, depois novamente em janeiro —, Kafka teve a sensação de que se tratava, na verdade, de visitas a um doente. Ou será que ela já tinha analisado profundamente os seus cadernos? Daí seriam talvez visitas a um condenado numa cela. "Um longo caminho", ele escreveu, "se estende da tristeza que não sinto com sua partida, tristeza de fato, até, efetivamente, minha tristeza infinita com sua partida. De resto, a tristeza não é o pior."[16]

Não foram preservadas anotações suficientes da segunda metade de 1921 para se formar uma imagem clara da vida cotidiana de Kafka, mas é inegável o esforço em seguir o conselho dos amigos e escapar das pequenezas da regressão — não somente sociais, como também intelectuais. Os primeiros sinais vinham de Matliary: Kafka havia lido o mais recente ataque de Karl Kraus contra a cena literária judaico-alemã, dirigida especialmente à "opereta mágica" de Werfel, *Literatur oder man wird doch da sehn* [Literatura ou se verá], o que lhe havia inspirado, nas longas horas passadas na espreguiçadeira, a escrever para Max Brod uma carta de cunho ensaístico a respeito disso. No início de setembro, logo após seu regresso, ele leu os diários de Flaubert e, em meados de outubro, decidiu-se a retomar os próprios registros após uma interrupção de quase vinte meses. Esteve por duas vezes no Neues deutsches Theater [hoje, a ópera estatal de Praga] para rever, após muito tempo, o comediante Max Pallenberg; assistiu a um filme sobre a Palestina; foi a uma leitura privada, e é muito provável que no final de dezembro tenha estado novamente com Karl Kraus, que fez mais quatro leituras no Mozarteum lotado.

Inconscientemente, Kafka tinha tomado um caminho que o levaria de volta à literatura. Encorajamentos externos não faltavam. Em 1921, diversos textos seus mais curtos foram republicados em jornais e revistas — três deles no veículo semioficial *Prager Presse*, que circulava desde a Páscoa; o *Neue Rundschau* trouxe um ensaio mais longo de Brod sobre o "escritor Franz Kafka", algo que finalmente prometia um alcance suprarregional; Milena planejava um volume com traduções para o tcheco de suas obras,[17] e as apresentações de Ludwig Hardt lembraram Kafka de que ele não escrevia para apenas um punhado de amigos, mas que era escritor. E até sua malfadada leitura em Munique, ele nunca havia percebido o quanto o fato de ser escritor o tornava uma figura de interesse público. É bem possível que o admirado Thomas Mann — a quem Hardt havia lido contos de *Um médico rural* — logo se pronunciasse a seu respeito, e até a enciclopédia Brockhaus já manifestava interesse por Kafka.[18] Até por volta do final da guerra, Kafka era considerado um talento local na Praga de fala alemã, mas no meio-tempo ele havia se transformado numa grandeza literária local, e com susto percebeu que o público também já conseguia identificá-lo: quando aparecia num evento, as pessoas começavam a sussurrar o seu nome; se o convenciam a ir ao Café Edison depois, o que aconteceu várias vezes nesse inverno, então era observado de maneira tão direta pelas mesas ao lado que, "tremendo de nervoso", ele partia. "Agora não suporto nem mais os olhares das pessoas", escreveu para Klopstock após uma noite dessas.[19]

Kafka sempre detestou estar no centro de um interesse "geral", isto é, falso, mas não era a timidez que o fazia evitar aparições públicas. Aqueles olhares no café avaliavam, eram questionadores e impunham exigências. Eles o faziam lembrar de que havia muito tempo que já não trabalhava mais. Três, quatro anos? Foi na viela dos Alquimistas que Kafka não apenas se entregara, durante noites, ao êxtase produtivo, como também havia escrito com felicidade e orgulho ao pensar numa publicação futura. Era o inverno de 1916-7, uma época infinitamente longínqua, o tempo da saúde e da esperança de um pós-guerra que ainda era nebuloso. Depois disso, seguiram-se apenas os rabiscos de Zürau, que não eram literatura. No Natal de 1921, ao abrir o *Prager Presse* e encontrar seu "Cavaleiro do balde" impresso pela primeira vez, Kafka deve ter tido dificuldade em relembrar aquela pessoa que havia escrito esse e outros textos naquele frio cubículo no Hradčany.

O abismo entre a própria improdutividade e as expectativas que o público criava a partir de seus trabalhos antigos se tornou dolorosamente perceptível quando Kafka recebeu, para sua grande surpresa, uma mensagem de seu editor dirigida especialmente a ele. Kurt Wolff não escondia que também dessa vez — como sempre, aliás — tinha precisado da iniciativa de uma terceira pessoa para escrever uma carta, e dessa vez o incentivador atendia por Ludwig Hardt. Mas Wolff não tinha a intenção de se limitar a uma pergunta cortês sobre como Kafka estava se sentindo fisicamente. Ele havia notado que depois dos adiamentos infinitos dos contos de *Um médico rural* era preciso consertar as coisas antes que esse autor lhe virasse as costas em definitivo. E assim ele acabou se superando no flerte com o cortejado.

> Nossa correspondência é rara e parcimoniosa. Nenhum dos autores com os quais temos relações entram tão raramente em contato a fim de expressar seus desejos e perguntas como o senhor, e nenhum nos passa tamanha sensação de que o sucesso exterior dos livros publicados lhe é tão indiferente. Nesse sentido, parece adequado o editor dizer ao autor, de tempos em tempos, que essa falta de participação do autor no sucesso dos livros não abala a crença e a confiança do editor na especial qualidade das publicações. Asseguro-lhe, com a maior sinceridade, que o relacionamento pessoal muito apaixonado que tenho com o senhor e com suas obras talvez se repita com apenas mais dois ou três escritores que representamos e que temos o privilégio de editar.
>
> Não tome os sucessos exteriores que conquistamos com seus livros como medida do trabalho que aplicamos na comercialização. O senhor e nós sabemos que, via de regra, as melhores e mais valiosas coisas não encontram seu eco imediatamente, mas apenas mais tarde, e ainda acreditamos que os leitores alemães um dia serão capazes de recepcionar esses livros como merecido.
>
> Eu ficaria muito feliz se o senhor nos desse a oportunidade de confirmar de maneira prática a confiança irrestrita que depositamos no senhor e em sua obra com a entrega de mais títulos para publicação. Todo manuscrito que o senhor se decidir a nos enviar será bem-vindo e publicado, com amor e cuidado, na forma de livro. E ficaríamos especialmente gratos se, depois de um tempo, o senhor pudesse nos encaminhar, ao lado de coletâneas de pequenos textos, uma novela ou um romance — afinal, sei pelo senhor e por Max Brod quantos manuscritos desse tipo estão quase finalizados ou até finalizados. Além disso, é natural que a recepção de um trabalho em prosa mais extenso, concatenado, seja maior do que a de coletâneas de pequenos textos em prosa. Trata-se de uma postura banal e insensata dos leitores, mas é fato. A ressonância que um tal trabalho em prosa receberá vai possibilitar uma distribuição

> muito mais intensa do que aquela que alcançamos até o momento, e o sucesso de um tal livro significaria, ao mesmo tempo, a possibilidade de uma divulgação mais intensa dos já publicados.[20]

Poucos autores contemporâneos de Kafka iriam resistir a uma tal carta, mas ele já estava escaldado o suficiente para não levar as charmosas cantadas de Wolff muito a sério. O editor não mencionou em nenhum momento a negligência com que sua casa lidou com os manuscritos de Kafka, e também não era possível acreditar que ele conseguiria se colocar na situação de seu destinatário, obrigado a desistir do sonho de uma vida livre como escritor, isto é, financeiramente assegurada. Wolff queria acessar os romances que dormiam na gaveta de Kafka, eis a questão, e o motivo pelo qual ele apenas então, depois de anos, se lembrava da existência desses manuscritos era evidente. Max Brod havia acabado de anunciá-los publicamente no *Die neue Rundschau* de maneira muito elogiosa: *O desaparecido* é "um romance muito extenso e quase completo, que se passa, delicado e amoroso, numa América de sonho", assim como *O processo*, "que, segundo minha opinião, está pronto, mas na opinião do escritor, claro, continua inacabado, é inacabável, impublicável". Brod entregou ao público não apenas o título dessa obra, como também contou seu enredo e festejou *O processo* como padrão de perfeição literária, necessariamente fazendo chegar à conclusão de que não havia nada mais a ser escrito depois dele.[21] Eram palavras fortes, ainda que medidas pelos habituais superlativos, tão fortes que Wolff temeu que elas tivessem o mesmo efeito em outros editores. Ou seja, era necessário ter pressa: depois de um, no máximo dois dias, após a publicação do texto de Brod, ele ditou a grande carta sedutora.

As conexões eram fáceis de ser percebidas e Kafka compreendeu que essa nova onda de publicações se devia principalmente às bem-intencionadas indiscrições de Brod, mas que na verdade eram irrefletidas. Em sua próxima visita ao Café Edison, ele precisaria estar preparado para ser interpelado sobre o destino de Josef K. E responder honestamente às ofertas do editor era impossível: ou ele contrariava os mandamentos da cortesia ou o do autorrespeito. Visto que não podia escolher nenhum deles, Kafka foi adiando a resposta semana após semana, até que Wolff, numa nova conversa com Ludwig Hardt, soube que não havia *nada* a se esperar do tão "deprimido" quanto "nervoso" Kafka. Mesmo assim, o editor fez uma nova tentativa quando, logo em seguida, circulou a notícia de que Kafka gozava de melhor saúde: "Se em conjunto com essa convalescença o senhor, seguindo o desejo de seus amigos, se ocupar um pouco com seus manuscritos e trabalho, então lembre-se por favor dos pedidos expressos de minhas últimas cartas".[22] Wolff não recebeu resposta. Mas sua exortação não tinha mais razão de ser.

Certamente quase ninguém do pequeno círculo de conhecidos de Kafka imaginava que, nesse inverno, ele retomaria as leituras, receberia visitas, faria planos, participaria da vida de outras pessoas e até da vida cultural de Praga. Seus padrões de comportamento se repetiam, claro; depois de longas ausências ele estava temporariamente mais presente do que antes, tinha sido assim depois de Zürau e principalmente depois de Merano. E as recém-conquistadas amizades, em especial as de Klopstock e Hardt, causavam um efeito visivelmente revigorante. Mas as condições externas e internas para um retorno ao mundo social haviam se modificado radicalmente, e de modo algum para melhor. Naquela época, em Zürau, ele tinha conseguido mais uma vez tomar iniciativas, havia se decidido por uma separação que era necessária e razoável e que possibilitava um recomeço. "O trabalho que me aguarda é imenso", ele havia anotado. Um certo orgulho ecoava dessa espera justamente *por ele*.

Quatro anos mais tarde, no outono de 1921, a frase ainda era válida. Mas a tristeza que Kafka teve de superar em Matliary estava acompanhada não por decisões, mas por pensamentos de fuga. Dessa vez, ele não tinha a impressão de ter errado com as mulheres, com a sociedade, mas com a vida em si. Aquilo que tinha se passado com ele não podia ser explicado por falta de vontade, de sinceridade e com sua "postura de funcionário"; o abismo era maior, havia nele uma alienação fundamental que se manteria, independentemente de haver ou não uma adaptação consciente a ela. O fato de ele se descrever, em Matliary, como um extraterrestre não era uma brincadeira e, segundo sua percepção, nem um exagero: "Você não é da espécie deles", ele anotou um pouco depois.[23]

Kafka passou por um paradoxo existencial que permaneceu necessariamente oculto a seus amigos: quanto mais intensas e exigentes eram as conversas nas quais ele participava nesse inverno em Praga, quanto mais diversas as relações que mantinha, maior a percepção de um abismo que não queria mais se fechar, independentemente de quantas vidas impactasse, de quantos cafés, leituras e apresentações teatrais ele resolvesse frequentar.

Como a solidão é mais perceptível na massa, todos esses contatos sociais, mesmo as novas amizades com Klopstock e Hardt, reforçavam uma estranheza indecifrável e incurável. Era preciso estar "presente" para perceber que não se faz "parte" — Kafka nunca tinha vivenciado essa experiência de modo tão radical e intenso quanto nesses meses de seu suposto retorno à sociedade. Afinal, não era nada estranho se sentir um pouco fora do mundo num sanatório nas montanhas... Mas ele tinha de se assumir em Praga, e Kafka observou assustado que aquele estranhamento não apenas persistia em seu universo familiar como também aumentava continuamente e por tanto tempo que se tornou uma certeza inédita em sua contundência. Havia uma década que ele havia descrito em *A metamorfose* a vida de alguém intocável, de um pária da própria família; agora, porém, Kafka se sentia um pária sob o olhar do mundo.

A tuberculose respondia por grande parte dessa radicalização, cuja dimensão social apenas então ele passou a compreender e aceitar. Kafka tinha de dizer a si mesmo que seu estado físico não lhe deixava mais opção, nenhum espaço para um "planejamento da vida" que ultrapassasse os meses seguintes. De um lado, a doença lhe permitia diversas possibilidades de disfarçar a própria "estranheza" e justificar de maneira aceitável todo retraimento e desinteresse descortês. Entretanto, a tuberculose — cujos sintomas eram cada vez mais evidentes — fazia com que ele se tornasse uma figura que objetivamente não fazia mais parte: a fim de se proteger, a sociedade evacuava pessoas assim, entregando-as às salvaguardas das salas de espera e dos sanatórios. Ou seja, a doença concretizava o que Kafka até então apenas temia e havia imaginado literariamente. Essa era a razão de sua crescente aversão a tratamentos, e de seu desejo, repetido com frequência, de voltar à "aldeia", a uma "atividade artesanal", quer dizer, a alguma forma reconhecida de vida social *fora do casamento*.

Kafka percebera já no início do ano que os Altos Tatras também não trariam nenhuma melhora drástica da tuberculose, e seus temores foram reforçados com os primeiros dias outonais em Praga. Uma queda na temperatura três dias após seu regresso ao escritório, que tornou o ar da manhã úmido, quase gelado, foi suficiente para prendê-lo por horas na cama, à tarde. A tosse e o escarro aumentaram, e ele se sentiu tão fraco que um defeito no elevador já o impedia de sair. O passo cuidadoso com o qual Kafka, atormentado pela falta de ar, agora se movimentava pelas ruas deve ter sido muito chamativo em comparação com seus hábitos anteriores. "Numa tarde quente", ele escreveu a Klopstock, "caminhar pelo centro da cidade, por mais devagar que seja, é para mim como se eu estivesse num cômodo há muito sem ventilar, como se eu não tivesse força de abrir a janela para finalmente o ar entrar."[24] Em que pese sua vontade, ciceronear suas eventuais visitas a Praga era impossível.

Nos primeiros dias de setembro, Kafka sabia que não sobreviveria de modo algum ao próximo inverno no escritório, independentemente de quão favorável estivesse o "objetivo" estado dos pulmões. Mais uma vez ele começou a se informar sobre sanatórios, apoiado pelo médico da instituição, o dr. Kodym, que aconselhou uma continuação imediata do tratamento. Ele visitou um sanatório na Boêmia, escreveu a um hospital nas proximidades de Hamburgo (provavelmente Geesthacht) e quase se deixou convencer a ir a Görbersdorf (Sokołowsko, em polonês), uma localidade na Saxônia famosa por oferecer tratamento pulmonar, e que registrava mais pacientes tuberculosos do que habitantes. Mas o processo de decisão se arrastou, como no ano anterior. Kafka não tinha mais vontade de passar os meses dormitando numa espreguiçadeira, longe de tudo o que o mantinha intelectualmente preso à vida. Algumas noites passadas com febre e tosse, que acabaram com as últimas ilusões até de sua família, não mudaram isso em nada. Com os rendimentos dos aluguéis, seus pais não teriam muita dificuldade em financiar uma estada em Davos ou no mar Mediterrâneo, mesmo que, nesse momento, as coroas tchecas estivessem desvalorizadas no exterior. Mas Kafka recusou. "Não posso ir ao mar", ele explicou a Klopstock, "de onde eu pegaria o dinheiro? Mesmo se eu quisesse 'pegá-lo', não poderia. Também acho longe demais, com saúde quero viajar até o fim do mundo, com doença no máximo dez horas."[25] O estudante de medicina ainda em Matliary, que indagava constantemente, até por telegrama, pelo estado de saúde de Kafka, só podia balançar a cabeça diante de tais argumentos. Os pais se decidiram a aumentar a pressão.

Na manhã de 17 de outubro, eles pediram que Franz escrevesse o mais rapidamente possível uma carta de desculpas ao seu diretor. Pois ele não iria ao escritório, mas sim, virando a esquina na Niklasstraße, a outro médico especialista, o dr. Otto Hermann, com quem haviam marcado secretamente um horário. Uma ação constrangedora para Kafka, que permitia aos chefes observar a fundo suas relações familiares, mas que trouxe resultados inesperados. Pois o dr. Hermann, que tratou a situação de maneira muito mais consistente do que o médico do sanatório em Matliary, explicou a Kafka que falta de vontade de viajar não era motivo suficiente para não fazer nada. Um tratamento sistemático com massagens, radiações UV e dieta estrita também poderia ser feito em Praga, até mesmo no inverno. E o cuidado era imperioso, pois sua avaliação enumerava: catarro pulmonar bilateral, obstruído à esquerda (estágio I-II segundo Turban), persistente à direita (estágio II-III), abafamento bilateral, à esquerda até *christa scapulae*, à direita até o hilo, abafado no ápice à esquerda posterior, à direita respiração brônquica com ruídos. Egofonia e frêmito aumentado. Opacidade confirmada por raios X sobre ambos os ápices e da glândula do hilo à direita. *Granula* no escarro.[26] Isso era o suficiente.

Mesmo que também esse médico se recusasse a chamar a tuberculose pelo nome, Kafka soube imediatamente que o novo achado era o mais desfavorável até então. Ele ainda recusava os métodos invasivos da medicina alopática, mas se declarou disposto a suportar injeções, caso seu estado piorasse.[27] Também a reação do médico da instituição, a quem Kafka apresentou a avaliação do dr. Hermann, deve tê-lo alarmado. O dr. Kodym, que sempre usou de eufemismos com seu paciente, reportou a situação com total clareza para o Instituto de Seguros: ele explicou que como a doença pulmonar avançava do lado direito, o dr. Kafka necessitava de nova licença médica, mas o resultado era imprevisível. "Uma cura total é pouco provável, motivo pelo qual é imperioso refletir sobre as vantagens de uma aposentadoria, tanto para o enfermo quanto para a seguradora."[28]

Pela primeira vez, a palavra "aposentadoria" tinha sido expressa também pelo lado oficial, e com tais referências Kafka não precisava esmiuçar seu diagnóstico para o diretor. E, principalmente, não era preciso mais pedir favores: em 29 de outubro, o Instituto de Seguros contra Acidentes de Trabalho lhe concedeu mais três meses de licença. Provavelmente em 4 de novembro, Kafka arrumou a escrivaninha e despediu-se. Dessa vez, um pouco menos formal, visto que tinha se decidido a seguir o conselho do médico e prosseguir o tratamento em Praga; assim, eventualmente toparia com os colegas saudáveis na rua. "Para mim, a repartição é um colchão de plumas", ele escreveu no início do ano para Ottla, que o aconselhava a pedir demissão, "tão pesado quanto quente. Se eu saísse, estaria imediatamente em perigo de me resfriar, o mundo não é aquecido." Poucos meses depois, ele parecia se contradizer: "a repartição está mais distante de mim (à exceção do dinheiro) do que a lua".[29] Estava patente que ambas as afirmações eram verdadeiras. Era seu último dia de trabalho no lugar que, nos últimos treze anos, o havia torturado, incentivado, estabilizado, protegido do serviço militar, alimentado e, por fim, libertado. Aquilo que Kafka sonhara no passado e desejara com todos seus sentidos finalmente tornava-se realidade. Ele não haveria mais de voltar, tinha acabado. Mas essa concretização era sem graça e tinha gosto de sangue.

> Essa última semana foi como uma espécie de colapso, tão completo como só o experimentei naquela noite, há dois anos; outro semelhante não vivi. Tudo parecia ter chegado ao fim, e ainda hoje não parece em nada diferente. Pode-se compreendê-lo de duas maneiras, e assim, simultaneamente, se há mesmo de compreendê-lo. Em primeiro lugar: colapso, impossibilidade de dormir, impossibilidade de permanecer acordado, impossibilidade de viver, ou, mais precisamente, de suportar o encadeamento da vida. Os relógios não se coadunam, o relógio interior dispara de uma maneira diabólica, demoníaca ou, de todo modo, inumana; o exterior segue hesitante em seu curso habitual. O que mais pode acontecer a não ser esses dois mundos diversos se separarem? E eles de fato se separam, ou pelo menos conflitam terrivelmente. A selvageria da velocidade interior pode ter diversas razões, a mais visível das quais é a auto-observação, que não dá sossego a nenhuma ideia, compele cada uma delas à tona, e apenas para que sigam sendo então, na condição de ideias, perseguidas por nova auto-observação. Em segundo lugar: essa perseguição toma uma direção que conduz para longe da humanidade. A solidão que, em grande parte, me foi imposta desde sempre mas que em parte busquei — e por que outro motivo senão por coação? — torna-se agora absolutamente inequívoca e extrema. Para onde leva? Ela pode, e parece forçoso que o faça, conduzir à loucura, e nada mais há a dizer a esse respeito: a perseguição me atravessa e me rasga. Ou então posso — posso? — me preservar, ainda que em proporção minúscula, deixar-me levar, portanto, pela perseguição. Para onde? "Perseguição" é apenas uma imagem, posso chamá-la também "assalto contra a última fronteira terrena", e, na verdade, um assalto vindo de baixo, proveniente dos seres humanos; como, porém, também isso é uma imagem, posso substituí-la pela do assalto vindo de cima e alcançando-me aqui embaixo.[30]

Essa era a voz de Kafka no início de 1922. Ela é séria, clara, opera com imagens precisas, é quase analítica. Ele reage a um ataque de nervos como "Em primeiro lugar [...]. Em segundo lugar". Sabe que se encontra numa situação em que as queixas não adiantam mais. Ele já estava consciente disso em Zürau, mas naquela época tratava-se de dignidade e autoestima, principalmente de saber se era possível desviar da vida de maneira permanente, se não era *forçoso* desviar das exigências da vida inconciliáveis com a própria essência, mesmo que moralmente justificáveis. Agora, no quarto ano da doença, Kafka está obrigado a dar mais um passo para o lado. Pois a assincronia entre o relógio interno e o externo não é apenas uma falha ou fraqueza de caráter, essa fenda chega aos fundamentos, e nem a vontade enérgica de normalidade nem um gesto de autoafirmação conseguem fechá-la ou superá-la. Mas também é impossível *exibi-la*. Nenhum de seus inúmeros visitantes nesse inverno — talvez com exceção de Milena — consegue supor que Kafka esteja agindo como seu próprio representante na sociedade, que atrás da máscara sorridente, opaca, há abismos. Ele anota no diário que, no passado, quis ter sido diferente, e foi uma brincadeira idiota; mas agora, continua, tinha alcançado esse objetivo muito seriamente. E assim começou uma nova época de sua vida, na qual a questão da culpa — o desvio daquilo que é lei para todos os outros — é irrelevante frente a uma questão muito mais crucial: a de qual lei é válida para ele e em qual parte do mundo ele pode continuar vivendo. Na realidade, culpa e castigo não terão mais um papel de destaque nas obras tardias de Kafka. Agora ele parece reconhecer que o dilema ético é, por assim dizer, uma planta exótica que só floresce em terreno rico, ou seja, lá onde a vida protegida permite um excedente de forças. O perigo do dilaceramento, da implosão psíquica, porém, não é um perigo moral, mas a ameaça da loucura e da morte.

Kafka faz um balanço, pega o diário quase todos os dias a fim de delinear a nova situação da maneira mais precisa possível. A "direção para fora da humanidade" seria o caminho mais solitário imaginável, do qual não há retorno. Mas como ele chegou a esse caminho? Por uma educação errada? Por pressão do pai, que o empurrou por sobre a beira do próprio mundo? Ou por causa de uma "estranheza" inexplicável, que o exclui da comunidade humana? Kafka oscila, retornará a essa questão várias vezes nas próximas semanas. Definir-se como vítima de maus-tratos ocorridos há décadas não o satisfaz mais, a prestação de contas psíquica já aconteceu faz tempo com *Carta ao pai*, assim como o inventário de suas deficiências. *Ser estranho*, porém, abriga a ideia de uma identidade, que é única e talvez defensável. "Tanto quanto sei, ninguém enfrentou tarefa mais difícil. Pode-se dizer que não se trata de uma tarefa, nem mesmo de uma tarefa impossível [...]. Mas é, sim, o ar que respiro, enquanto seguir respirando."[31]

Kafka procura as imagens certas, abrindo mão totalmente das insinuações metafísicas e bíblicas, não há mais menção ao Paraíso e ao pecado original, à predestinação e à lei; ele volta definitivamente às imagens dos sentidos, *literárias*: o mundo não aquecido, a perseguição, o ar rarefeito da altitude, o alimento dos outros que não é o seu, a construção engenhosa que mantém os perseguidores afastados e, sempre presente, está a exclusão, os dois mundos, entre os quais há um alçapão. As forças imaginativas de Kafka retornam aos poucos. Depois, de maneira cada vez mais forçosa, ele encontra imagens que são, ao mesmo tempo, simples e insondáveis, imagens que serão gravadas na memória cultural. Certamente isso é parte da "tarefa". Mas ele sabe há tempos que essa tarefa não pode ser a de criar imagens a esmo, por mais belas, impressionantes ou surpreendentes que sejam. Elas devem exprimir algo indizível com meios poéticos. Quando funcionam, espalham um brilho que ofusca e também desconcerta. A imagem pode ser comovente e, apesar disso, irreal. Pode ser de uma beleza dolorosa e, por essa razão, distrair de uma verdade terrível. Ele também aprenderá essa lição.

Kafka tece uma rede de metáforas que gradualmente se adensa numa concepção radical: a de que existe um mundo de pessoas que ele algum dia irá deixar e ao qual anseia, em vão, voltar, e um outro mundo, inumano, ao qual ele pertence desde sempre e no qual deve se manter, com dignidade. Uma imagem "trágica", que carrega o ímpeto e a força de convencimento do mito e que, como Kafka logo irá comprovar, também é esteticamente muito frutífera. Mas seria verdadeira? Ele ainda não a internalizou completamente, ainda há outros modelos com os quais brinca.

> De minha parte, nenhuma condução nem sequer minimamente meritória em aspecto algum. É como se, como a todas as pessoas, o centro do círculo me tivesse sido dado, e eu tivesse então de, como todo mundo, percorrer o raio decisivo para, por fim, traçar a bela circunferência. Em vez disso, porém, sempre tomando impulso para percorrer o raio, tive continuamente de interromper minha trajetória (exemplos: piano, violino, línguas, germanística, antissionismo, sionismo, hebraico,

jardinagem, mercenaria, literatura, tentativas de casamento, de ter casa própria). O centro do círculo imaginário está cheio de raios que comecei a percorrer, já não há lugar para nova tentativa; não haver lugar significa idade, neurastenia, e a impossibilidade de nova tentativa, o fim. Se alguma vez percorri um trechinho a mais que de costume, como no estudo do direito e nos noivados, esse trecho adicional só piorou as coisas, em vez de melhorá-las.[32]

Também isso soa convincente, a imagem do círculo e dos raios domina, mas é um acerto de contas com o qual não é possível viver, um acerto de contas do fracasso total. Será que ele realmente tinha recebido a *mesma* tarefa que qualquer outro? Uma lei para todos, sem qualquer perspectiva de algo *diferente*? Essa também não pode ser a verdade integral, afinal Kafka sabe que, com a literatura, ele não avançou apenas "um pouco" no raio, mas superou em muito todas as exigências de uma "maneira de viver justificada". E então? Kafka procura por outras imagens e parece ter consciência de que por trás de todos esses pequenos mitos e grandes metáforas há uma camada mais profunda e mais quente da vivência, uma camada na qual mesmo o prazer pela verdade deve fenecer. Pela duração de um pensamento, de uma única frase, terrível, ele é capaz de mergulhar na luz intensa dessa medula uma única vez nesse inverno:

> Tudo é fantasia — a família, o escritório, os amigos, a rua, tudo fantasia, mais distante ou mais próxima, a mulher é a mais próxima; mas a verdade é tão somente que você comprime a cabeça contra a parede de uma cela sem porta nem janela.[33]

Kafka está no limiar do mundo de Samuel Beckett. Ainda é muito cedo e ele não suporta a cena, evitará a imagem no futuro como se tivesse se queimado com ela. Assim, dá meia-volta e inicia um caminho diferente, próprio.

23.
O mito privado: *O castelo*

é preciso deixar as pessoas escreverem
caso não falem.

Gert Jonke, *Der ferne Klang* [O som distante]

Um estranho entra num albergue no campo. Chega sem avisar, mas para sua surpresa há um quarto enorme à sua disposição, o "quarto do príncipe". O acaso lhe parece suspeito e, de modo bastante rude, ele pede explicações ao dono do lugar e à camareira. E realmente os dois confessam que o vilarejo espera há semanas a sua chegada, supostamente devido a um boato que se espalhou a partir do castelo. O estranho, porém, não se dá por satisfeito com a explicação, pois acredita que a camareira está a serviço do castelo e tem a incumbência de vigiá-lo. Ele veio para conduzir uma "luta", e esse poderia ser o primeiro lance de xadrez do adversário. Apesar disso, ele quer ficar e enfrentar a luta, mesmo que um acesso de fraqueza torne forçoso descansar primeiro. A camareira, que ainda há pouco era alvo de reclamações, lava o rosto dele. "Você quer algo de nós e não sabemos o quê", ela diz. "Fale abertamente comigo e vou lhe responder abertamente."[1]

Em 27 de janeiro de 1922, Kafka chega à estância climática Spindelmühle [Špindlerův Mlýn], um vilarejo cheio de neve na cordilheira Riesengebirge [Krkonoše], a 750 metros de altitude no alto Elba, distante poucos quilômetros da fronteira alemã. Ele se juntou ao seu médico, o dr. Otto Hermann, que está passando férias de duas semanas no lugar juntamente com a esposa e a filha; viajam num trenó puxado por dois cavalos. Visto que já havia se correspondido com o hotel Krone, Kafka é aguardado. Apesar disso, de início ele não está muito satisfeito: sua mala foi danificada durante a viagem; um quadro do salão o anuncia como "dr. Josef Kafka"; a mesa do quarto está bamba; a iluminação é parca; e o estabelecimento, agitado. Mas ele está decidido a não se impressionar com tais adversidades. Tomou uma decisão e essa decisão será colocada em prática ali, em Spindelmühle. Econômico como sempre, trouxe uma pilha de folhas em branco, arrancadas de meia dúzia de diferentes cadernos. Serão usadas como folhas de manuscrito. Apenas poucas horas após a chegada, Kafka as tira da mala e coloca sobre a mesa. Como não é tão rápido arranjar tinta e pena, ele faz uso do lápis. E começa a escrever: a história de um estranho que entra num vilarejo onde ele — como o próprio já supunha — era aguardado havia tempos...

O castelo, terceiro romance de Kafka, surgiu num momento da maior concentração, uma ressonância mútua entre realidade e criatividade. Um acontecimento banal — a chegada de um homem a um vilarejo distante — se tornou literatura quase em *tempo real*, ou seja, em um momento em que ele ainda não estava finalizado, e muito menos seus desdobramentos eram sabidos.

Kafka estava na expectativa por esse momento de libertação, preparando-o no diário conforme suas forças o permitiam. Havia algumas semanas, ele achava que apenas o trabalho literário pudesse protegê-lo do próximo e talvez definitivo colapso nervoso; como relatou a Klopstock, naquele inverno ele fora "açoitado" por "momentos de loucura". É provável que Kafka não tenha começado nenhuma outra obra literária com tanta intenção consciente de autoterapia e tanta esperança no efeito curativo da atenção criadora, que finalmente saberia como impedir o avanço do vazio da irritante auto-observação. E essa esperança parecia estar se concretizando. Mal escreveu as primeiras frases, sentiu novas forças, novo chão sob os pés:

> O consolo curioso, enigmático, talvez perigoso, talvez redentor da escrita: o saltar para fora da fileira dos assassinos — ato-observação. A observação dos fatos a partir da criação de uma modalidade superior de observação, não mais arguta, e sim mais elevada, e quanto mais elevada, quanto mais inalcançável a partir daquela "fileira", tanto mais independente, tanto mais sujeita a suas próprias leis do movimento, tanto mais imprevisível, alegre e ascendente o seu caminho.[2]

Palavras fortes, medidas pelo cuidado com o qual Kafka costumava relativizar toda centelha de esperança. Mas ele estava familiarizado havia tempos com a maneira como a criação literária exitosa liberta de todos as circunstâncias e intenções exteriores, e essa experiência — nisso, não se enganava — lhe foi permitida mais uma vez. Ele primeiro quis escrever "libertador, *objetivo* da escrita", mas logo se corrigiu: "libertador, *consolo* da escrita". Também a escrita é um observar interior, mas não daquele tipo que gira em espirais inúteis. *Essa* observação conduz a uma outra dimensão, semelhante à subida da montanha. Porém, o objetivo externo da escrita foi alcançado como que simultaneamente: quatro ou cinco noites de sono reparador, o presente mais significativo desde muito.

A letra manuscrita revela uma série de indícios que apontam para o fato de que, ao chegar em Spindelmühle, Kafka tinha apenas uma ideia vaga do enredo do romance *Castelo*; é até provável que ele, a princípio, tenha percebido o cumprimento fatal "Josef K." no hotel Krone como um sinal decisivo: "Devo esclarecer-lhes", ele comentou o caso, "ou pedir que me esclareçam?".[3] Supostamente, Kafka reclamou de maneira educada, como qualquer outro hóspede o faria. Mas em seu novo romance, iniciado nesse mesmo dia, o protagonista é recepcionado por um antagonista consciente, que está apto a esclarecer-lhe sobre si mesmo — não é diferente em *O processo*.

As primeiras páginas do manuscrito de *O castelo* não permitem supor nenhum projeto de extensão épica; mostram uma dicção nervosa, errática, que parece mais adequada ao início de uma novela breve. Entretanto, Kafka interrompe essa primeira investida "expressionista" logo no dia seguinte ou, no máximo, dali a dois dias. Ele girou a roda mais uma vez para trás, abriu mão de diálogos nervosos e, em vez disso, formulou cuidadosamente algumas frases de apresentação, que, sem alarmar o leitor de antemão, resumem o objetivo do romance numa imagem de efeito muito mais duradoura.

> Era tarde da noite quando cheguei. A aldeia jazia na neve profunda. Da encosta não se via nada, névoa e escuridão a cercavam, nem mesmo o clarão mais fraco indicava o grande castelo. Permaneci longo tempo sobre a ponte de madeira que levava da estrada à aldeia e ergui o olhar para o aparente vazio.
>
> Depois caminhei à procura de um lugar para passar a noite [...].*

* Franz Kafka, *O castelo*. Trad. de Modesto Carone. São Paulo: Companhia das Letras, 2021, p. 9.

O diálogo mudo com um *aparente* vazio: é como se Kafka estivesse dando o tom básico, que, nos meses seguintes, irá desenvolver cada vez mais, variar e reinterpretar em centenas de páginas. E essas frases não irradiam apenas paz, como também segurança: subitamente, Kafka sabe o que quer, na primeira versão ele apenas afinou os instrumentos, mas o consolo percebido por uma ou duas páginas escritas reflui para a própria escrita e possibilita frases de pureza cristalina. Graças à visão do manuscrito, sabemos como, surpreendentemente, após anos de abstinência narrativa, Kafka retoma, quase sem desvios, a própria linguagem literária, assumindo de imediato seu controle total. Parece até que em todo esse tempo ele se aproximou ainda mais de seu ideal ascético da narrativa: agora, evita tudo o que pode ser compreendido erroneamente como mera produção de efeito tanto na linguagem como na estrutura da ação: nada de catástrofe fantástica como em *A metamorfose*, nada de momentos de tensão policial como em *O processo*, nada de horror psíquico como em *Na colônia penal*. Há apenas um homem, que com uma incompreensível perseverança tenta tomar pé num vilarejo; que, para melhorar suas chances, também mente e se diz agrimensor; que se envolve com mulheres para transformá-las em ajudantes; que absorve informações avidamente e presta atenção a todas as alusões; que se deixa expulsar de casas e albergues e aceita até trabalhos humilhantes — sem se aproximar um passo sequer de seu objetivo. E há o "castelo", um lugar incrivelmente complexo, inacessível e misterioso, que controla o "agrimensor" de longe, observa suas ações à distância, mas que lhe nega qualquer informação sobre seu estado. Kafka narra tudo isso a partir do estreito ponto de vista do herói, um ritmo confortável, com longos diálogos, episódios da vida dos moradores da aldeia delineados de maneira extensa, sempre desaguando em reflexões tanto meticulosas quanto infrutíferas, que exigem paciência do leitor. É a enorme sombra do castelo que mantém tudo unido.

Ou seja, de novo um mundo parcial organizado hierarquicamente, tão semelhante ao inferno de papel de *O processo*, mesmo em suas minúcias, que parece ser sua continuação ou generalização: a torrente de pastas encobrindo as pessoas, a mesma mescla de poder e sexualidade, os mesmos infrutíferos, mas definidores, jogos de palavras, o prosseguimento do jogo com a luz e a escuridão, as cenas de palhaçadas entremeadas, as camas nas quais figuras importantes se deitam e, não por último, a compulsão por controle, os olhares ubíquos que atrapalham qualquer intimidade e que lembram ao leitor, de maneira sutil (porém insistente), do mundo dos centros de confinamento.

O próprio Kafka avalizou ironicamente essa relação entre seus romances ao escolher como sobrenome o código "K." e à medida que permitiu ao seu protagonista se apresentar, na ligação com a autoridade do castelo, como "Josef" — trata-se da única vez em que seu nome é mencionado. Além disso, Kafka decidiu, posteriormente, abrir mão da narrativa em primeira pessoa e continuar a narrar em terceira pessoa, como testado em *O processo*. Nessa época, entretanto, *O castelo* já tinha chegado ao terceiro capítulo; se ele quisesse manter o manuscrito em ordem, teria de riscar centenas de vezes palavras como "eu", "meu", "a mim" e substituí-las por "K.", "ele", "dele", "seu" etc. Tratava-se de um trabalho monótono e mecânico, que acabou fazendo, mas a decisão tardia — como o manuscrito revela — não foi espontânea, mas compulsória. Pois Kafka estava prestes a cometer uma ousadia literária: a descrição de uma união sexual, algo que evitara até então. Em *O processo*, ele havia até se conformado com uma convencional pausa curta interrompendo o fluxo narrativo. Dessa vez, ele não queria fazer uso do estratagema. Mas seria possível descrever o indizível a partir da perspectiva de um "eu", ou seja, de maneira muito direta? Do ponto de vista da linguagem certamente sim, mas naquela hora ficou provado que, do ponto de vista psíquico, não. A resistência se manteve insuperável e literalmente no último instante, em meio a uma frase, Kafka se salvou na distância do narrador.[4]

Um processo notável, importante inclusive pela questão de se o agrimensor K. realmente é um representante de Kafka — como sugere seu nome —, um boneco de Kafka por assim dizer, no qual seu inventor exorciza os golpes do próprio destino à maneira de uma *moritat*.* O estrangeiro desconfiado, que Kafka introduziu no primeiro esboço de *O castelo*, sem dúvida *não* foi um autorretrato; porém, na segunda tentativa, Kafka suavizou justamente traços de caráter que menos correspondiam aos seus. Quando, pouco depois de sua chegada, o agrimensor decide se defender dos moradores da aldeia com um porrete, Kafka imediatamente risca a frase, visto que o protagonista diante de seus olhos é outro, mais humano, menos

* Canto de rua popular na Alemanha no século XIX que tematiza crimes pavorosos. Um exemplo é "Die Moritat von Mackie Messer" ("A balada de Mac Navalha"), do prólogo da *Ópera dos três vinténs*, de Bertolt Brecht.

agressivo.[5] Ele quer tornar seus motivos, *cada um deles*, mais compreensíveis e também mais simpáticos, para que a profunda escuridão na qual a luta *em si* está mergulhada se torne mais tangível. Entretanto, o agrimensor fica mais e mais parecido com seu criador quanto mais tempo permanece na aldeia; determinação e otimismo desaparecem com cada nova experiência; inversamente, a capacidade de olhar criticamente para o próprio comportamento aumenta. Parece que Kafka sente o mesmo que seus futuros leitores: o protagonista se aproxima dele e as decepções vividas por K. conduzem à identificação e à empatia, apesar de tão incompreensíveis as forças que o ligam à aldeia e ao castelo da primeira à última hora. E, naturalmente, resta a questão sobre se *O castelo* não foi, desde o começo, um projeto autobiográfico.

Anos antes, sempre que queria fazer afirmações gerais sobre si mesmo, de preferência independentes de seus estados de espírito, Kafka desenvolvera o costume de se dirigir ao seu reflexo no espelho com "você" ou até na terceira pessoa. O "você", mas principalmente o "ele", lhe possibilitavam uma reflexão mais livre, despreocupada, e essa linguagem literária, solta, até no diário parecia mais frutífera do que as formulações psicologizantes, habituais nas autodescrições. Entretanto, ele manteve tais reflexões como estágios literários prévios e, nesse sentido, as anotações esparsas preservadas de seus meses em Matliary são inequívocas. "A escrita se nega a mim", ele registra. "Por isso, o plano das investigações autobiográficas. Não biografia, mas investigação e descoberta de possíveis componentes menores. A partir daí, quero me construir como alguém cuja casa é insegura e ao lado quer construir uma mais segura, de preferência com o mesmo material da antiga."[6] Ou seja, uma *reconstrução*, no sentido literal. Mas Kafka anuncia esse desmembramento, essa aproximação aos próprios fundamentos, como uma ação compensatória. O escritor a quem a escrita se nega está condenado a jogar paciências autobiográficas.

Em Matliary, onde teria tido a tranquilidade e o tempo necessários, Kafka não executou essa intenção, mas sim após seu regresso a Praga: nessa cidade ele tinha sido abruptamente arrancado da letargia social dos pacientes do sanatório e se sentia pressionado a reforçar a própria posição e conferir mais uma vez, do lado de fora, as condições da "sua própria casa". A partir de meados de outubro de 1921 — logo após ter entregado todos os seus diários para Milena —, Kafka preencheu dezenas de páginas com observações autoanalíticas, mas evitou estritamente recair no tom queixoso de antes: tratava-se não de um alívio de curto prazo, mas de uma revisão autobiográfica, de colunas de "entradas" e "saídas".

> Apesar de minha compleição ser tão lamentável [...] preciso, mesmo de meu modo, tentar alcançar o melhor com ela, e é um sofisma vazio dizer que só é possível alcançar uma coisa e que essa é, portanto, também o que há de melhor, e isso é desespero.

Kafka se conclama para a ordem: basta de coquetismo com a própria derrocada, com o "ser diferente", com o autoimposto status de observador. Isso também vale para as relações com a família e as mulheres. Depois de todas as lutas terem sido superadas — tendo em vista as dependências às quais o enfermo Kafka está sujeito, não é mais possível falar de lutas —, a única tarefa restante é registrar da maneira mais precisa possível o resultado de tais lutas e procurar por caminhos com os quais seja possível viver com resultados inalteráveis. Kafka confronta o desespero desonroso com o páthos sereno do discernimento, chegando a um tom que soa quase estoico se medido pelos inúmeros suspiros que sempre acompanharam as decepções e as perturbações mais cotidianas e mais facilmente previsíveis. Kafka já escreve na primeira folha, "já não preciso, como antes, tomar consciência detalhada dessas coisas; nesse aspecto, não sou tão esquecido como já fui, tornei-me uma memória viva, daí a insônia".[7]

Realmente as anotações que Kafka manteve até o início de 1922 indicam uma tendência não apenas à abstração, mas também a um concentrado simbólico, uma abreviatura, um código privado. Nada aqui é narrado e citado de maneira "incômoda", Kafka também não mais delineia os contornos de sua vida como havia se proposto antes, em Zürau, mas apenas os tateia, amarra as experiências de anos em frases duras, curtas, que sem sua gênese biográfica permaneceriam totalmente incompreensíveis. "Saudade do campo?", ele se pergunta, por exemplo. "Não é certo. O campo tange a saudade, infinita."[8] Isso, trazido à formulação mais concisa, é o ensinamento trazido das excursões com os amigos e com Ottla, das inúmeras conversas sobre o movimento Lebensreform, das próprias tentativas de jardinagem, dos meses em Zürau, Schelesen e Matliary, que diz: a vida no campo não é um objetivo, não é garantia de felicidade, é apenas um sinal.

Kafka encobriu de tal maneira outras passagens com alusões privadas e códigos que o leitor parece estar diante de uma porta fechada, e sua única esperança é que algum acaso lhe traga a chave. Por exemplo, em 18 de janeiro, logo após o terrível dia do "esmorecimento": "Aquela quietude um pouco maior; em compensação, o s. Redenção ou piora, como se queira". Dois parágrafos adiante: "o s., por exemplo, é coisa que urge, que me atormenta dia e noite, eu teria de superar medo, vergonha e decerto pesar para satisfazê-lo". No dia seguinte: "Não há nada de mau; se você ultrapassou o limiar, está tudo bem. É outro mundo, e você não precisa falar". E um dia depois: "Agarrado pelo colarinho, arrastado pelas ruas, jogado porta adentro. Esquematicamente, assim é, mas na realidade há forças contrárias atuando aí, menos selvagens tão somente por uma insignificância que preserva a vida e o tormento. Sou vítima tanto de umas como de outras". Essas frases evidentemente não são dirigidas a nenhum leitor, e seu sentido e contexto só poderíamos tentar adivinhar se não houvesse uma observação, felizmente preservada, de outro lado: uma anotação rápida de Max Brod, que se mostrou "profundamente abalado" após uma visita ao amigo. Pois Kafka havia lhe contado ter estado num bordel, sem encontrar nem sinal do desejado relaxamento. "Tortura dos órgãos sexuais", Brod anotou de maneira significativa. Então, "s." estaria no lugar de "sexo". É claro que Kafka, que temia a curiosidade da família, não podia escrever isso de maneira aberta.[9] Mas a frieza vivenciada soprou em direção ao mundo de *O castelo*: apenas oito dias após o — suposto último — encontro com uma prostituta, Kafka se instala num quarto em Spindelmühle e começa a trabalhar. Nesse seu romance, a sexualidade vai simbolizar a mais profunda alienação humana, a esperança vã na salvação pelo outro. E é uma lembrança muito próxima, muito aviltante, que obriga Kafka a retrair seu "eu" ficcional e transferir essa experiência a um "ele", um agrimensor.

A consciência e a necessidade de ter de *trabalhar* alguma coisa estão entre os motivos mais fortes que incitaram Kafka a tentar a forma do romance pela terceira vez — algo patente mesmo se não soubéssemos nada a respeito das circunstâncias da época de seu trabalho. Mas o assentamento mais importante naquele balanço já vencido era Milena. Pois uma última e decisiva chance talvez tivesse se oferecido a ele no amor a essa mulher; essa era também a opinião de seus amigos, que sempre tentavam afastá-lo de sentenças excessivamente definitivas, e Albert Ehrenstein chegou a afirmar que, com Milena, a vida lhe estendia a mão, e Kafka tinha de se decidir "entre vida e morte". Se levarmos o enunciado ao pé da letra — e Kafka o considerava "verdadeiro em sua essência" —,[10] então ele, de olhos abertos, se decidiu *contra* a vida. Mas por quê? Em vez disso, para ser *o quê*, chegar *aonde*? Essas eram as perguntas mais urgentes que o ocuparam naquele inverno; apenas então ele se conscientizou de que tais recusas, dificilmente compreensíveis, supostamente sem sentido, sempre existiram e não foi de modo algum a falta de "ofertas" e "oportunidades" que o manteve distante da vida. Mas então o quê? Ele havia desconfiado das ofertas, elas tinham parecido ser insuficientes ou muito custosas, a oferta *certa* não apareceu ou será que ele esperava por algo indefinível, que algum dia se lhe revelaria? No diário, Kafka precisa e exacerba essas questões; no romance *O castelo*, por sua vez, tenta transpor a lógica do que aconteceu, a lógica de sua própria existência, numa linguagem saturada de símbolos e, a partir daí, começar a desvendá-la.

Ou seja, um romance autobiográfico, sem dúvida, mas num sentido indireto, muito mais intrincado do que as correspondências aparentemente tão inequívocas entre romance e realidade. Parece ser possível levantar uma grande quantidade de tais correspondências detalhadas, a densidade das referências abertas — e ainda mais das cifradas — é enorme e supera inclusive a de *O processo*. Em meados dos anos 1970, Hartmut Binder precisou de quase cem páginas impressas para explicar o contexto comprovadamente biográfico de passagens distintas de *O castelo*,[11] e um comentário correspondente a partir do conhecimento atual seria provavelmente ainda mais extenso: coisas vivenciadas, coisas lidas e ouvidas, jogos de palavras e nomes sugestivos, lembranças de décadas e impressões de última hora — sem esquecer o jogo com a autocitação, as ligações subterrâneas com outras obras.

Tais correspondências, porém, nunca são simples, e imaginar que o Kafka escritor atravessava por assim dizer um depósito psíquico, escolhendo dali os objetos mais interessantes e úteis a fim de mobiliar com eles o mundo paralelo de seu romance, está totalmente em desacordo com a essência da criação literária. Certamente, a ponte sobre a qual o agrimensor para logo no início deve ser a ponte que Kafka também atravessou um ou dois dias antes de escrever essas frases, a ponte do rio Elba, pela qual se chega de Spindelmühle à parte leste de Friedrichsthal [Bedřichov] e dali para o hotel Krone. Mas essa pontezinha era de pedra, a ponte de *O castelo* é de madeira. Por quê? Talvez porque Kafka nesse instante tenha se lembrado de outra pequena ponte, daquela que ficava na entrada de Zürau e que realmente era de madeira. É possível que a impressão do momento tivesse revivido a lembrança de 1917. Mas também é igualmente possível que Kafka já tivesse entendido a pequena ponte de Zürau como um sinal — um sinal de que estava aportando agora *numa outra margem* — e que só por isso a ponte de Spindelmühle lhe tenha parecido importante. E, uma terceira possibilidade, que esse simbolismo só tivesse se descoberto a partir da *repetição*, que, ao contrário, a lembrança tivesse "revivido" a realidade, tornando-a legível.

O caso não é mais simples com o vilarejo. Kafka não devia estar preparado para o volume de neve e o frio cortante que encontrou em Spindelmühle, ele temia sofrer uma pneumonia e os motivos de o dr. Hermann tê-lo trazido justamente para aquele lugar, depois de proibir uma ida a Semmering — uma sugestão de Werfel, que, para o médico, tinha um clima inóspito demais —, são incompreensíveis. "Nove meses de inverno e três meses de frio" era a piada corrente sobre o lugar, nem tão exagerada assim. Kafka estava impressionado com a paisagem, que lhe pareceu mais bonita e diversificada do que aquela dos Altos Tatras. Mas logo após a chegada ele descobriu como era complicado caminhar por ali: Kafka não conseguiu chegar ao vale do rio Weißwasser [Bílé Labe], distante menos de dois quilômetros dali, pois escorregava o tempo todo na neve e teve de dar meia-volta no caminho sem vivalma assim que começou a escurecer. "Um caminho sem sentido, sem uma meta terrena", ele anotou no diário: uma indicação de que tinha relacionado imediatamente essa experiência com o romance. Logo em seguida, o agrimensor K. também vai ficar preso na neve, na sua primeira e única tentativa de chegar por conta própria até os portões do castelo, e o coibitivo deserto de neve se torna um código central do romance. Kafka conseguiu leituras adequadas — o relato de uma expedição ártica — e soube usar ironicamente até os ditados turísticos sobre o tempo: o inverno na aldeia era muito longo e monótono, descobre o agrimensor, mas a primavera e o verão, por sua vez, duravam "não muito mais do que dois dias", pelo menos era o que ele se lembrava, e mesmo no verão às vezes nevava...[12]

Não há dúvida: o mundo de *O castelo* é inimaginável sem a experiência física da alta montanha no inverno, da qual Kafka imediatamente fez uso. Mas a aldeia em que o agrimensor fica atolado *não* é Spindelmühle. Pois essa aldeia localizava-se numa área que havia décadas dedicava-se ao turismo; Spindelmühle (desde 1923 Spindlermühle/ Špindlerův Mlýn) era uma estância climática que fazia publicidade em muitos jornais e, como nos Altos Tatras, os esportes de inverno rapidamente ganharam importância para o local. Havia trilhas especiais para o esqui "cross-country" (certa vez também Kafka subiu nos esquis, que na época eram chamados de "sapatos de neve", mas logo desistiu), várias rampas para saltos de esqui (dos quais Kafka era um espectador fascinado) e, como grande atração, um sistema para tracionar esquis e trenós para o alto da montanha por meio de um cabo, possibilitando aos turistas fisicamente menos aptos andar horas de trenó — o que Kafka sabia valorizar. Cada sexta construção do lugar era um hotel ou albergue; além disso, a maioria das famílias disponibilizava um quarto para alugar e o grupo político dominante era o Partido para a Ampliação do Turismo, fundado pelo médico distrital, hoteleiro e líder comunitário judeu dr. Wilhelm Pick.

A aldeia sem nome ao pé da montanha do castelo era bem diferente. Ali, esportes eram desconhecidos; trenós eram usados apenas como meio de transporte; o esqui não comparecia. Duas estalagens são citadas: o Albergue da Ponte, que não tinha nenhum quarto adequado, e a supostamente mais elegante, mas também suja Hospedaria dos Senhores, cujos quartos eram disponibilizados apenas aos funcionários do castelo. Parece não haver mais espaços públicos, o que também não seria necessário. Pois estranhos raramente aparecem por lá e ninguém pensa em negócios com viajantes. As pessoas também não se sentiam obrigadas a demonstrar hospitalidade, K. vem a saber depois de ter sido expulso de uma das cabanas, pois — e daí se segue uma frase que teria soado como uma blasfêmia na real Spindelmühle — "*não precisamos de hóspedes*". Os moradores da aldeia parecem não contar com a existência de algo fora dali, nem mesmo como um contraponto, e mesmo cartas e telefonemas servem apenas para manter o contato com o castelo. O sentimento de estar *encastelado*, o pesadelo de um mundo fechado com pregos se torna gradualmente tão dominante para o leitor que as raras alusões a outros locais se assemelham a marchetes esquecidos pelo autor.[13] E o castelo em si? Ele existe apenas no romance, não em Spindelmühle; ou seja, Kafka trouxe essa ideia como uma das experiências de vida mais marcantes. Por quatro décadas o castelo de Praga esteve em seu campo de visão, ele erguia o olhar para a construção, era — como todos — sombreado por ela e, por vezes, as longas sequências de janelas pequenas cintilavam ao sol: "havia nisso algo alucinado", como diz o romance.[14]

Com suas personagens, Kafka faz um jogo em nada menos intrincado entre experiência, lembrança e invenção. Quando Milena Pollak leu *O castelo*, em algum momento do final dos anos 1920 — é certo que o leu —, ela deve ter imediatamente percebido que aparecia nesse romance. De início, a traquinagem de Kafka ao chamar a estalagem do castelo — e, com isso, o local mais importante da ação — de Hospedaria dos Senhores [Herrenhof] convida o leitor a procurar no romance por alusões biográficas, por mensagens clandestinas destinadas a ela. No passado, o Café Herrenhof de Viena tinha sido o palco de Milena; muito mais, o de seu marido. Na Hospedaria dos Senhores do romance, Frieda — a moça que servia cerveja, que a princípio está à mercê de Klamm, poderoso funcionário do castelo — se torna noiva do agrimensor por poucos dias. *Frieda/ Milena*, a semelhança na sonoridade é suspeita. Mas por que então Frieda é descrita como fisicamente inexpressiva, quase repulsiva? E também seu amo, o mudo Klamm, que fica parado sonolento diante de sua cerveja, a quem K. um dia pôde observar pelo buraco da fechadura, tem pouco em comum com o agitado e eloquente Ernst Pollak.

A família de Barnabás, cujo sobrenome nunca é citado, resulta num enigma biográfico ainda mais obscuro. No romance, porém, suas vidas se transformam numa extensa narrativa dentro da narrativa. São três irmãos — Barnabás, Olga e Amália —, e as esperanças do agrimensor são dedicadas aos três, sucessivamente. Barnabás é jovem, forte, despreocupado, traz as raras mensagens das chancelarias do castelo e, portanto, é sempre aguardado com alegre expectativa por K. — provavelmente Kafka pensou aqui em Robert Klopstock. Olga também é alta e forte, mas suave e dedicada ao agrimensor; chama a atenção o fato de qualquer sinal sexual ser evitado: *Olga/ Ottla* é a irmã caçula de Kafka, muito esforçada no trabalho e mesmo assim solícita, exatamente como ele a presenciou em Zürau. Mas Olga serve aos funcionários mais baixos do castelo, aos empregados, como amante, e mesmo que essa disposição à humilhação tenha seus motivos sociais e até morais, Kafka embaça o retrato da irmã até ficar irreconhecível. Por fim, Amália: a única personagem do romance que se coloca abertamente contra o castelo, uma mulher que enfrenta a desavergonhada perseguição dos funcionários com desdém, aceitando que não apenas ela própria, mas também os irmãos e pais sejam apartados da comunidade da aldeia. Não sabemos se Kafka estava pensando em alguém real nessa hora; não é possível descobrir, em todo o seu círculo de relações, um exemplo que seja ao menos vagamente parecido com a silenciosa e impenetrável Amália.[15] Talvez — apesar de tão incomum para Kafka — ela seja pura invenção, talvez ele a tenha encontrado em sonho e também não estivesse bem delineada, pois seu cabelo, que no segundo capítulo é loiro, se torna preto mais tarde.

Kafka faz alusões, é duvidoso saber se ele queria escrever um "romance autobiográfico"; o resultado certamente não é um *roman à clef*. Mas Kafka mostrou a grande arte de fazer com que cada personagem pareça o retrato de uma pessoa viva e, apesar disso, as manteve sob o controle estrito de suas tarefas, suas *funções* — principalmente as mulheres. E para tanto há motivos que, por sua vez, conduzem o olhar à sua vida.

Em dezembro de 1920, Max Brod anunciou mais uma vez uma experiência incrível: uma camareira de nome Emilie, ou Emmy, 27 anos, que conhecera quando se hospedou em um hotel em Berlim e que quase tinha "possuído". Para Kafka, saber de tais aventuras não era nenhuma novidade, elas se repetiam em intervalos regulares e fazia apenas poucos meses que Brod iniciara, durante uma viagem a Brünn para dar palestras, um relacionamento com uma senhora (evidentemente casada), a quem elogiara nos mesmos moldes. Para Brod, tais relacionamentos eram sempre da mais alta prioridade, a despeito de sua improbabilidade. Eles se sobrepunham a todos os outros interesses, até reuniões profissionais eram marcadas de acordo com possíveis encontros amorosos. Depois ele passava horas esperando por notícias, torturando-se ao pensar se devia confessar ou não a situação à mulher e, no final inescapável, não se sentia apenas triste ou decepcionado, mas vazio. Kafka conhecia o padrão havia tempos — tinha sido confidente e conselheiro com alguma frequência — e, portanto, seu relacionamento com Elsa Brod sempre foi embaraçoso: ela sabia de algumas coisas, mas Kafka sabia de muito mais e ela podia apostar nisso.

Nesse campo, a empatia de Kafka foi colocada a uma dura prova. Pois ao longo dos anos, Brod também havia carregado ideologicamente suas experiências sexuais; ele acreditava que "não era possível, mesmo com a melhor das boas vontades, levar a sério" o restante da vida; afirmava inclusive que em nenhum lugar do mundo o "divino-intermitente", a "chama divina", se mostrava de maneira mais intensa e pura do que no erotismo e, principalmente, na intimidade sexual. Kafka sabia muito bem de onde vinham tais ideias de Brod: eram ecos de conversas e leituras em conjunto com o fanático ortodoxo Georg Langer, que trabalhava num livro sobre *O erotismo da cabala* e, para tanto, havia reunido as afirmações mais surpreendentes a esse respeito. "Três coisas carregam consigo algo de transcendental: o sol, o shabbat e a relação sexual." É o que diz o Talmude, e Brod estava tão encantado com essa suprema legitimação que, em sua própria grande obra sobre a história da religião, *Paganismo, cristianismo, judaísmo*, ele afirma que o reconhecimento do erótico "milagre deste mundo" era "o feito do judaísmo que brilhava por milênios", com o qual se diferenciava do cristianismo, inimigo da sensualidade.[16]

Brod certamente sabia que a tese era carente de explicações e que o mainstream da tradição judaica não dava uma importância especial à felicidade amorosa individual. Seu arcabouço ideológico balançava, eram construções que só podiam ajudá-lo temporariamente com a própria compulsão. Brod utilizava a experiência erótica como droga e, para Kafka, que dificilmente se deixava enganar por racionalizações, ele teve de confessar que essa dependência era também uma "fraqueza terrível": "O mundo só significa algo para mim por meio de uma mulher. Sem isso, ele me é desinteressante, nada além de desgosto, atraso e impedimento. Essa disposição natural focada na mulher, totalmente à sua mercê, me manteve preso por um ano no nível mais baixo da vida, do vegetar". Os conceitos são reveladores. Evidentemente nem Brod conseguia escapar da hierarquia culturalmente obrigatória "no Ocidente" de espírito e corpo, uma ordem na qual a sexualidade é vista como recurso biológico e não como o divino no ser humano, mas, ao contrário, como o animalesco. Aqui, no "nível mais baixo", a energia vital não é investida, mas desperdiçada — no fundo, essa também era a opinião de Brod, e assim ele necessitava continuamente de certos subterfúgios a fim de conciliar interesses intelectuais, prática de vida e desejos sexuais. Isso podia assumir formas cômicas — por exemplo, quando Brod se convencia a adorar uma judia principalmente como "filha de meu povo". Uma combinação muito original entre sexo e nacionalismo judaico, que até Kafka, que também se sentia mais confortável entre judias, não conseguia compreender direito.

O relacionamento amoroso berlinense de Brod é de interesse principalmente porque, durante longo tempo, ele só pôde conversar sobre isso com

Kafka por meio de cartas (evidentemente, as cartas tinham de ser buscadas no correio e sob pseudônimos). Pois o caso com Emmy Salveter havia começado logo após a partida de Kafka para Matliary, portanto seu desenvolvimento está documentado desde o início e o simpático interesse de Kafka durou até seu último ano de vida, quando ele também conheceu Emmy pessoalmente. Mas o que o apaixonado Brod podia esperar de um tal conselheiro? A princípio, isso parece espantoso dado o enorme medo de Kafka e suas manifestações generalizadoras, inclusive eticamente desdenhosas, sobre as mulheres, como aparecem nos cadernos de Zürau. A correspondência, entretanto, passa uma boa impressão da inteligência pragmática com a qual Kafka sabia enfrentar o problema *dos outros*.

Brod deve ter considerado a primeira reação de Kafka surpreendente e decepcionante. Emmy Salveter *não* era judia, sendo inclusive capaz de frases antissemitas muito ingênuas, e paradoxalmente Brod tinha alguma consideração por essa sua franqueza — apesar do arrepio que causava. Kafka, por sua vez, não concordou com essa nova dimensão da vida erótica de Brod, mas logo trocou a perspectiva e observou a situação com olhos femininos:

> você leva a moça tão a sério quanto leva a sério seu relacionamento com a moça? [...] como é possível que você não pense no que significa para a moça. Um estranho, um hóspede, um judeu ainda por cima, um entre as centenas dos que gostam da bela camareira, alguém a quem é possível confiar na seriedade momentânea de uma noite (mesmo se ele nem tiver essa seriedade), mas o que pode haver a mais aí? Um amor supranacional? Troca de correspondências? Aguardar por um fevereiro incrível? Você exige toda essa autoanulação?

Parecia que Kafka tinha mais compreensão da situação da jovem do que das necessidades masculinas do amigo. E ele não mudou de opinião quando recebeu uma réplica veemente: Brod respondeu de pronto que não se tratava de castelos de vento, pois em Berlim ele fora muito mais do que um hóspede qualquer. Segundo ele, Emmy era muito musical, tocava violino, passava as horas livres em concertos e seu maior desejo era o de tomar aulas de canto e trabalhar no teatro. E ele iria apoiá-la nesse sentido no limite de suas possibilidades, tanto de maneira técnica quanto financeira; anunciou ainda já ter recebido "duas cartas muito amorosas" dela (entregues nos

Correios) e a data para o próximo encontro em Berlim já estava marcada. Bem, se é assim… respondeu Kafka, aparentemente baixando a guarda… então ele tinha de se envergonhar por seus reparos. "Apesar disso, meu sentimento básico a esse respeito não mudou, só deixou de ser demonstrável de maneira tão fácil e idiota."[17]

O sentimento de Kafka manteria sua razão, mas ele recusava cantar vitória. Afinal, no que dizia respeito às mulheres, Brod havia conseguido tudo o que era humanamente possível, não tinha medo, vivia um casamento burguês e agora estava tentando o impossível. Isso não era nenhuma reprimenda, Kafka vivia lhe assegurando: como poderia, visto que fracassara redondamente naquilo que era possível? Mas Brod também não se dava por satisfeito com uma admiração tão sólida — mais tarde, Kafka falou até de uma "supervalorização" do amigo;[18] parecia-lhe que Kafka estava tomado pela própria ideologia pessimista e a projetava na vida dos outros.

Um erro, como viria a se mostrar. Certamente, os julgamentos de Kafka sobre as mulheres ao longo dos anos foram sendo cada vez mais minados pelo medo, tornando-se ainda mais "ideológicos". À medida que elas apareciam no palco de sua própria vida, ele as via principalmente como representantes: a mulher como perturbação, como tentação, como arauto da vida ou como anjo da redenção. Entretanto, tais tipologias em nada impediam Kafka de imaginar uma vida feminina concreta e avaliar, de maneira muito realista, seus escopos sociais e psíquicos. As próprias mulheres sabiam valorizar essa capacidade — ele não era de adulações nem reprimendas humilhantes —, e até Milena, que reagia com sensibilidade a críticas, sentia-se mais bem compreendida por Kafka do que pelo marido. Também o Eros pedagógico que Kafka mostrava diante de mulheres mais jovens era frequentemente retribuído com afeto e amizade, às vezes até adoração, e curiosamente Emmy Salvater incluiu o desconhecido Kafka em sua oração católica noturna, depois de receber dele algumas linhas simpáticas.

Kafka havia vislumbrado desde o início o que aconteceria a ela e a Max. Ele tinha experiência em relacionamento à distância dependente de agências de correio e linhas de trem Praga-Berlim. Naquela época, com Felice, havia a justificada esperança de que algum dia a difícil situação seria superada. Brod, por sua vez, esperava que Emmy o aguardasse fielmente durante meses, sem qualquer perspectiva de uma vida em comum. Ele não pensava em separação, durante anos omitindo o relacionamento diante da esposa, e aconteceram cenas grotescas que lhe pareciam casos de azar do destino, embora fossem inevitáveis a longo prazo. Assim, no outono de 1921, ele convenceu Emmy a visitá-lo no congresso sionista em Karlsbad (no qual teve de participar, de última hora, como delegado de Praga), mas não pôde evitar que Elsa o acompanhasse. Por essa razão, um atarantado Brod estava menos preocupado com "trabalho na Palestina" e "renascimento judaico" do que em impedir um encontro das duas mulheres. Claro que havia outros admiradores da atraente Emmy, entre eles um estudante de 21 anos, nefasto adorador da suástica, que provavelmente só não a pediu em casamento porque era seis anos mais novo. Mais uma vez Brod se mostrou surpreso e amargurado. Todos esses sofrimentos, Kafka lhe repetiu mais uma vez no outono de 1921, eram apenas expressão de que Brod queria algo impossível, arriscando uma "autodestruição". Kafka afirmou, por fim, que a única solução possível seria Brod manter um casamento a três com Elsa e Emmy (considerando "temerária" a própria sugestão, embora estivesse falando sério), de preferência em Berlim, longe do falatório de Praga. Isso significaria uma separação temporária dos amigos. "Mas onde há duas mulheres a seu redor, por que não haveria um lugar qualquer também para mim?"[19]

Para o leitor do século XXI, é sempre uma experiência espantosa, por vezes engraçada, notar a intensidade com que as ideias tradicionais sobre a diferença dos gêneros, extremamente toscas, ainda impregnam a literatura da "modernidade clássica". A mulher como ser da natureza, como "criação", o homem como representante do espírito e da ação — já antes de 1914, isso pouco espelhava a realidade psicossocial. E tal noção se tornou totalmente obsoleta com as experiências da guerra mundial, que transferiu às mulheres — com e contra sua vontade — responsabilidades masculinas e, com isso, liberdades supostamente masculinas, enquanto os homens — principalmente em seu papel de pais — se mostravam bastante inseguros com a situação que se lhes tinha sido colocada.

Tais determinações sempre foram moralmente obscuras. A partir delas, era possível justificar tanto o desprezo pela mulher como sua adoração, e às vezes as duas coisas de modo simultâneo. O que importava era a classificação ética dada ao conceito de *natureza*. A natureza é o inconsciente, o a-histórico, o caótico e o amoral; um reino no qual não há saber nem lógica, no máximo intuição; mas a natureza também pode — como no movimento

Lebensreform — ser a utopia de uma vida não alienada, na qual o eu que se autodestruiu se "redime". A promessa de felicidade feminina é, portanto, profundamente dúbia e a literatura desmembrou essa contradição em infinitas variações: mulheres como vítimas de convenções sociais, em Ibsen e Schnitzler; como vítimas de sua própria natureza, em Wedekind; como corruptoras, em Hamsun e Strindberg; mulheres como "mulherzinhas", como "vamps", como menininhas, irmãs etéreas e mães resolutas... uma riqueza apenas suposta, pois o padrão tipológico é sempre o mesmo. Onde aparecem figuras femininas, o tema incontornável é a feminilidade; enquanto tragédias "humanas", que não apresentam especificidade de gênero, trazem preferencialmente heróis masculinos.

Além disso, havia um acompanhamento de bibliografia sexológica, capitaneada pela polêmica obra de Otto Weininger *Gelschlecht und Charakter* [Sexo e caráter] (1903), na qual "o feminino" (abreviação: f) é definido como substância decompositora, e às mulheres é negada sem mais a capacidade de reflexão e de produtividade intelectual: "A mulher absoluta não tem Eu". O fato de esse panfleto tautológico de seiscentas páginas, impregnado de ressentimentos e distante dos fatos, ainda demandar reimpressões sobre reimpressões nos anos 1920 — ou seja, numa época em que a psicanálise já estava estabelecida havia muito — atesta de modo impressionante o quão enraizadas estavam tais ideias na consciência coletiva. Weininger era levado a sério; sendo radical e, além disso, antissemita, muitos (principalmente fora da capital) o consideravam moderno. Em 14 de fevereiro de 1921, quando Oskar Baum fez uma palestra sobre Weininger e a "decadência do erotismo e do caráter judaico", o auditório Urania, em Praga, estava lotado, e a revista *Selbstwehr* cobriu extensamente o evento. Também as "mulherzinhas", que com tanta frequência apareciam vitais e imprevisíveis nas obras de Brod — por último no romance *Franzi oder eine Liebe zweiten Ranges* [Franzi ou um amor de segunda classe] (1922), que ele escreveu sob o impacto de Emmy Salveter —,[20] carregam de maneira inconfundível a marca "f".

Kafka não conseguiu escapar dos mitos culturalmente superpoderosos do feminino: o temor da vida inteira de ter de satisfazer as exigências "da mulher" está tão ancorado em sua neurose privada quanto na ideia de que as mulheres são agentes da vida. Elas são tentação, mas também *instâncias* móveis, que se encontram em relação direta com as forças que dominam a vida. É possível tanto ser vencido por elas quanto apelar a elas.

Em *O processo*, Kafka chegou à rica solução literária de tomar essa natureza dupla literalmente e transpô-la em imagens, à semelhança do que acontece nos sonhos: ali as mulheres se movimentam de maneira totalmente desimpedida através das portas fechadas do tribunal, são perseguidas sexualmente, mas por sua vez também sexualizam e feminilizam o tribunal. Kafka aperfeiçoou esse padrão em *O castelo*. Aqui também há "forças" que são comandadas por mulheres, que exigem e recebem sua entrega. No reflexo da força, porém, as mulheres ganham uma dignidade misteriosa que as torna irresistíveis ao agrimensor, uma dignidade que se revela menos em palavras do que em gestos e olhares: "Quando o olhar incidiu sobre K., pareceu-lhe que já havia resolvido questões relativas a K. de cuja existência ele próprio ainda não tinha nenhum conhecimento; era esse olhar, porém, que o convencia de que elas existiam".* É um olhar que sabe que vai prendê-lo à insignificante Frida, que serve cerveja, mas se trata de um olhar que desaparece assim que seu acesso privilegiado ao funcionário do castelo Klamm é interrompido. A dignidade da dona do Albergue da Ponte também é igualmente enigmática; ela também é uma antiga meretriz de Klamm, dona de um estúpido conservadorismo, mas ainda assim uma autoridade para K. Dela, por sua vez, K. vai saber que deveria ter se dirigido não ao prefeito da aldeia mas a ela, uma mulher "que dirige tudo" e que ainda não havia dito nenhuma palavra na presença de K. Por fim, K. sonha com o olhar de uma "moça do castelo", um olhar de cansados olhos azuis, do qual ele só pode desfrutar uma vez e pelo qual ele está disposto a fazer *tudo*.[21]

Certamente não são retratos femininos, mesmo que os olhos azuis devessem ser os de Milena (o que é provável). Seriam vidas femininas paradigmáticas, estudos de casos de psicologia social? Trata-se do matriarcado secreto da comunidade da aldeia? Nada disso. As personagens femininas de Kafka estão totalmente a serviço da função que assumiram no tabuleiro do romance. Elas são representantes de um poder e de um conhecimento que não são conquistados socialmente, mas *entregues* a cada mulher; ou seja, são representações de um mito feminino. Apesar disso, essas mulheres nunca agem como silhuetas de fantasias masculinas de medo e redenção, mas como seres de carne e osso. Um dos segredos mais difíceis de ser decifrados da

* Franz Kafka, *O castelo*. Trad. de Modesto Carone. São Paulo: Companhia das Letras, 2021, p. 60.

principal obra de Kafka — e, ao mesmo tempo, uma conquista muito singular da arte do romance, que aqui supera *O desaparecido* e mesmo *O processo* — é como o autor consegue mesclar mitos sociais e privados da feminilidade enquanto mantém a individualidade e a credibilidade de suas personagens em meio a um mundo totalmente ficcional. O feito é linguístico, estético. Mas ele se baseia num fundamento de habilidades que estão disponíveis apenas muito raramente e em igual intensidade: a habilidade da imaginação simbólica *e* da empatia psíquica. Kafka era capaz de idealizar Milena, sem se esquecer por um instante de suas fraquezas reais, suas insinceridades e limitações. Ele enxergava a amiga dela, Jarmila, cujo marido havia se suicidado, como atriz abúlica de uma tragédia atemporal; e escreveu que Jarmila parecia cumprir "uma tarefa, mas não humana".[22] Apesar disso, Kafka conseguia reagir de maneira tão empática à sua situação que ela tentou aprofundar a relação. Ele podia — de modo menos espetacular, mas mais característico, portanto — defender de maneira muito pragmática os interesses da camareira berlinense Emmy, que a princípio só conhecia de ouvir falar, e interpretar a mesma mulher como uma tarefa imposta pela vida; no fundo, como uma complicação indomável.

O mundo de Kafka é um acontecimento mítico, seus moldes são provenientes de lendas do Antigo Testamento e judaicas, e é extremamente lógico que Kafka faça experiências com o cânone da Antiguidade (mesmo que ele próprio não o diga), interpretando-o de uma maneira nova e incorporando-o na forma de paródias da própria imaginação: por exemplo, com "O silêncio das sereias", "Prometeu" e "Posêidon". No ápice dessa paisagem mítica reina *O castelo*, e as personagens neste jogo não são heróis alegóricos, mas pessoas vivas, que atraem a identificação e puxam o leitor profundamente para dentro do mito. Além disso, aqui reina a lógica do inconsciente, como a conhecemos dos sonhos, uma lógica que faz com que a linguagem de Kafka ataque *pelas costas*. O leitor se entrega a ela ainda antes de compreender alguma coisa. Esse efeito, por sua vez, instiga de maneira irresistível a questão do sentido, e o próprio Kafka reforça essa provocação com todo um arsenal de finesses literárias que, à primeira vista, são difíceis de distinguir. Se lhe acontece de uma vez deixar a cortina um pouco aberta e de podermos lançar um olhar ao interior, ele se corrige imediatamente e diminui a intensidade da luz.[23] Apesar disso, não consegue abandonar a própria criação mítica.

Kafka nunca quis interpretar suas obras. A questão é em que medida ele seria *capaz* disso. O que, por exemplo, significam as infinitas e indecifráveis hierarquias dos funcionários em *O processo*; e em *O castelo*, o que representam? Eles são temidos como forças, mas não agem. Refletem o que acontece, não participam da vida, também não a administram; no máximo, a arquivam. Se os atacamos ou se ignoramos suas exigências, eles se desviam. Eles permitem que estranhos conquistem suas mulheres, não estão em condições de fazer valer as próprias orientações e também não reagem quando alguém, como Amália, os põe agressivamente em seu devido lugar.[24] Que forças curiosas são essas, onde no mundo existem? Mesmo com a melhor boa vontade, Kafka não conseguiria responder — não no sentido de uma definição ou de uma correspondência. Talvez sejam nosso próprio mundo interior, a força do inconsciente ou a violência da vida, o mundo por trás da realidade sensorial, o lugar onde os destinos são traçados... qualquer tentativa desse tipo destruiria a metáfora enigmática ou, por assim dizer, decapitaria o símbolo. De todo modo, Kafka poderia apontar que nosso pensamento sempre carrega consigo essa areia movediça mítica, que lidamos todos os dias com tais códigos. "Amanhã veremos", dizemos por exemplo. Ou "a vingança vem a galope". Mas quem se vinga? São *eles*.

O mundo de *O castelo* é arcano, todas as frestas estão preenchidas e apenas depois de o manuscrito do romance com suas inúmeras variações estar acessível é que sabemos que Kafka estava mais e mais indeciso sobre o desenrolar da ação, mas desde a primeira linha tinha clareza sobre as leis arcaicas desse submundo. Certamente ainda existem outras portas ocultas. Principalmente as anotações dos diários de Kafka, mas também cartas que foram escritas antes e durante o trabalho em *O castelo*, podem ser lidas como comentários. Elas mostram que Kafka lidava com as peças de construção do mito também fora do romance; elas existem ainda *antes* do esforço literário, muitas vezes como imagens e metáforas, até como ideias cênicas, mas no geral ainda numa relação imaginativa e lógica inequívoca. Essas imagens se reproduzem numa variação múltipla, se encadeiam e, antes mesmo de Kafka pensar em trabalhá-las literariamente, nasce delas um tecido de trama fechada, proliferativo, que continuamente agrega novas ideias: um *mito privado*.

No centro dessa teia de aranha está a certeza de que há *forças* e que cada felicidade deve ser arrancada delas. Kafka já havia inserido precocemente o termo "fantasmas" nesse sentido, primeiro apenas como imagem convencional, mas depois como uma ideia autônoma, que se afastava cada vez mais do controle mental. "A cada um sua parte, você recepciona os convidados; eu, os fantasmas", ele escreveu certa vez a Felice, e naquela época ainda se tratava de uma brincadeira. Um pouco mais tarde, porém, relatou detalhadamente como havia chamado os fantasmas no decorrer dos anos e que tinham se tornado cada vez mais numerosos e maiores: "eles vinham por todas as portas, as fechadas eram arrombadas, eram fantasmas grandes e ossudos, uma multidão de fantasmas sem nome, era possível lutar contra um, mas não com todos que estavam ao redor. Quando se escrevia, eles eram uma porção de espíritos bons; quando não se escrevia, eram demônios". Em Spindelmühle, no início de fevereiro de 1922, Kafka tinha internalizado de tal maneira essa ideia que não a chama mais pelo nome, mas apenas a cita: "Escapei-lhes", ele escreve depois de algumas noites surpreendentemente bem dormidas. "É imprudente dizê-lo. Isso os convoca das florestas, como se a lâmpada tivesse sido acesa para ajudá-los a encontrar a pista." Por fim, na mesma época, os fantasmas se tornam objeto de uma pequena leitura mitológica dedicada a Milena Pollak: Kafka os eleva a forças do destino, capazes de minar a vida e arruinar toda a humanidade.

> A fácil possibilidade de escrever cartas — a partir apenas do ponto de vista teórico — deve ter trazido uma terrível perturbação às almas. Afinal, trata-se da lida com fantasmas e não apenas com o fantasma do destinatário, mas também com o próprio fantasma, que se desenvolve na carta, sob a mão que escreve, ou até numa sequência de cartas, onde uma carta fortalece a outra e pode chamá-la de testemunha. Como alguém pôde imaginar que seria possível as pessoas se comunicarem entre si por cartas! É possível pensar numa pessoa distante e é possível tocar uma pessoa próxima, todo o resto está além da força humana. Mas escrever cartas quer dizer se despir diante dos fantasmas, e eles esperam ávidos por isso. Beijos escritos não chegam a seu destino, mas são esvaziados pelos fantasmas no caminho. Por esse rico alimento, eles se multiplicam de maneira tão inaudita. A humanidade sente e luta contra isso, e para eliminar o fantasmagórico entre as pessoas e alcançar o trânsito natural, a paz das almas, ela inventou o trem, o automóvel, o aeroplano, mas nada tem mais serventia, são evidentemente invenções feitas no momento da queda, o lado contrário é muito mais tranquilo e forte,

depois do correio ele inventou o telégrafo, o telefone, a radiotelegrafia. Os espíritos não passarão fome, mas nós vamos perecer.[25]

"O lado contrário", diz Kafka. Esse termo revela que sua imaginação criadora de mitos alcançou o próximo degrau. Ele acabara de escrever — o que a destinatária não tem como saber — um romance sobre esse lado contrário. Em *O castelo*, porém, os espíritos tormentosos (que trabalham preferencialmente à noite) não são uma turba caótica, mas enviados de um sistema, funcionários não livres, submissos a uma vontade insondável. Pois em algum lugar do interior do castelo há uma última instância, é o castelo do conde Westwest, e sem sua tácita aprovação nem um rato se movimenta por lá. Esse ser de nome estrambótico é mencionado pela última vez lá pela página 20 e depois desaparece atrás das paredes nebulosas de um falatório infinito. E ninguém atravessa esses muros, seja esperando teimosamente que eles se tornem transponíveis — como na lenda de Kafka sobre o porteiro ["Diante da lei"] —, seja pela incitação a uma "luta", como aquela conduzida pelo agrimensor. A última instância existe, mas ela permanece implacavelmente distante, e, assim, a questão decisiva, que é saber se ela é inamistosa ou até malvada, fica entregue à mera especulação. Kafka em si não tinha nenhuma clareza a esse respeito. Poucos meses antes do início do romance, ele escreve:

> É espantosa a destruição sistemática de mim mesmo ao longo dos anos, algo como o lento processo que conduz ao rompimento de um dique, uma ação plena de intenção. O espírito que a realizou deve agora estar celebrando seu triunfo; por que não me deixa participar da celebração? Mas talvez ainda não tenha concluído seu trabalho, razão pela qual não consegue pensar em mais nada.

Poucos dias mais tarde, porém, Kafka encontra uma outra interpretação: "O caráter notável, indecifrável do não sucumbir, do ser conduzido em silêncio".[26] Uma lei, uma instância, uma força espiritual que destrói sistematicamente um ser humano, apenas para depois acompanhá-lo silenciosamente até a beira do último abismo, seria uma força sádica. Mas Kafka se recusou até o fim a chegar a essa conclusão. Ele considerava a contradição insolúvel mais suportável do que a destruição de uma última esperança humana.

Apesar disso, ele também utilizou com frequência essas imagens em cartas e sempre apontou para os ataques dos fantasmas tão enfaticamente como se se tratasse de processos reais e que se desenrolavam à vista de todos. Claro que Kafka não temia a questão sobre se "realmente" acreditava em fantasmas, e é provável que tivesse admitido que eram projeções de forças psíquicas interiores — afinal, ele próprio falava às vezes de uma "traição *interior*". Mas no momento em que tinha de se haver com esses fantasmas, considerava mais importante vinculá-los a uma ideia do que medir o grau de sua realidade objetiva. Eles eram fatos psíquicos, exerciam uma considerável influência sobre sua vida e, portanto, o melhor a fazer era se comportar como se *fossem* reais. Nos últimos anos, Kafka se esforçava cada vez mais para não desafiar o outro lado; ele praticava uma antevisão defensiva que assumia gradualmente os traços de rituais pagãos, chegando a evitar a manifestação de justificado contentamento ou de satisfação por temer o contra-ataque. "Cada vez mais angustiado ao escrever", ele anotou em 1923 na última página preservada do diário. "É compreensível. Casa palavra revirada na mão dos espíritos — esse movimento da mão é seu gesto característico — transforma-se numa lança voltada contra quem fala. Sobretudo uma observação como esta. E assim até o infinito."[27]

Uma vida numa cela, numa gaiola, uma vida ameaçada de sufocar-se em si mesma. O mito privado oferece apoio, uma teoria da própria história, da própria natureza, e que literalmente *faz sentido*. Mas o preço é alto, ações espontâneas quase não são mais possíveis, irritações insignificantes despertam a ameaça do "colapso", Kafka se sente cada vez menos capaz de suportar novas experiências, mesmo as mais auspiciosas. Por exemplo, o que aconteceria caso Milena aparecesse de repente em Spindelmühle para fazer a tentativa? Ela seria capaz disso. E Kafka tem de admitir que um milagre erótico como em Marienbad talvez também fosse possível em Spindelmühle. Porém mais improvável, ele acrescentou de pronto, pois "a ideologia é agora mais sólida, e a experiência, maior".[28]

Parece que Kafka percebeu a tempo o perigo dos pesos dessa "ideologia": eles logo se tornariam mais limitantes em relação à sua vida do que a tuberculose. Desse modo, observamos no diário desse inverno um esforço duplo. Enquanto Kafka cria, com uma mão, a construção labiríntica do mito privado ao procurar se esconder, com a outra ele tateia em busca de uma saída de emergência. Entretanto, essa rota de fuga não pode conduzir para fora, para a vida (que, afinal, está sob o domínio do *lado contrário*); ele só pode tomar a direção da literatura. Mas para começar a pensar numa saída dessas, uma mudança radical de perspectiva é imperiosa. Se Kafka se observa do lado de fora, por assim dizer, como acredita que os outros o enxergam, então as "tentativas de escrita" são apenas um entre os muitos raios quebrados do círculo de sua vida, e o sucesso — pouca coisa impressa, muitos fracassos — de modo nenhum justifica os imensos sacrifícios psíquicos. Observada através das grades da própria cela, a escrita é algo bem diferente, é a única possibilidade da justificativa segundo as próprias regras, sob uma outra lei, sobre um outro plano. Kafka chama isso de "assalto contra a última fronteira terrena" e não há aí nenhum sentido religioso, pois ele prossegue: "um assalto vindo de baixo, proveniente dos seres humanos; como, porém, também isso é uma imagem, posso substituí-la pelo assalto vindo de cima e alcançando-me aqui embaixo".[29]

Kafka desenvolveu e concretizou ao longo de meses a imagem do limite que deve ser superado e atrás do qual um outro mundo se abre, no qual palavras como "redenção" ou "lar" ganhem talvez mais um sentido — imagem essa oposta ao mundo das instâncias, recheando-a no final com uma esperança utópica. O desenvolvimento pode ser muito bem acompanhado pelo diário: se a princípio ele ainda tem dúvidas sobre se sua infelicidade não seria igualmente grande "na outra margem", logo sabe que não tem escolha, que é "banido" e "cidadão desse outro mundo", que olha em retrospectiva para a vida habitual como um "estrangeiro" e que futuramente "meu alimento principal vem de outras raízes em outros ares". Kafka, que procura imediatamente por uma concepção sensorial, imagina essa terra com sua atmosfera fria e clara como um *deserto* — não por medo, mas apenas porque o deserto, que suprime todas as marcas da vida, possibilita o recomeço radical. E subitamente — trata-se de um instante raro, valioso — brilha nas frases de Kafka um orgulho fundamental, a dignidade da potência criadora, que não necessita de justificativa e que abre os próprios caminhos:

> [...] estou em outra parte, e a questão é que a força de atração do mundo humano é tremenda, capaz de me fazer esquecer tudo num instante. Só que a força da atração de meu mundo é igualmente grande; aqueles que

> me amam, me amam por causa de meu "abandono" [...], porque sentem que, em tempos felizes, a liberdade de movimento, que aqui me falta por completo, eu a possuo em outro plano.[30]

Nunca antes Kafka tinha desafiado tanto seus "fantasmas" do que com essas frases. Ele acredita que agora pode proferi-las, pois começou seu grande romance: sua *opus magnum*, na qual o impulso da escrita, forma e conteúdo finalmente se mesclam. O escritor se transporta para um deserto e descreve a chegada a um deserto que é *branco*. O que acontece no seu romance é o ataque contra os limites do terreno, mas igualmente o trabalho no próprio romance, para o qual Kafka está agora disposto a apostar tudo mais uma vez. As outras pessoas — tanto na realidade quanto no romance — são testemunhas espantadas, enxergam *temeridade*, mas apesar disso sentem um respeito secreto, que elas mesmas não compreendem. O agrimensor desperta esperanças, principalmente entre as mulheres, é como se estivesse sendo aguardado há muito, como se apenas ele, um estrangeiro, pudesse proferir um golpe de libertação que quebre o encanto. É evidente que ele nunca conseguirá. O escritor que o criou talvez o faça.

O processo e *O castelo*, o mundo dos funcionários e o dos agricultores, ainda assim o mesmo universo mítico, no qual nem a profissão nem a posição social, nem a escolaridade nem a experiência, nem mesmo a razão nem o agudo olhar social têm realmente significado. Trata-se do mesmo procedimento, conduzido pelas mesmas regras insondáveis — embora não no mesmo estágio. "Os mundos de *O processo* e de *O castelo*", observa Roberto Calasso, "são paralelos a quaisquer outros mundos, mas não entre si. A bem da verdade, um é continuação do outro."[31] Isso é avalizado por Kafka também pelo fato de apenas *O castelo* conhecer um passado. O processo contra Joseph K. começou do nada, ex nihilo, era como se de repente a luz se acendesse sobre o palco e nunca tivesse havido qualquer referência a um procedimento decisório formal, que houvesse precedido à prisão. Os eventos ao redor do agrimensor K., por sua vez, têm uma história prévia que é possível pesquisar, está arquivada na memória dos moradores da aldeia e é a seguinte:

Num dia do passado distante, o prefeito da aldeia recebeu uma mensagem surpreendente vinda da autoridade do castelo. Um agrimensor seria chamado e, portanto, era preciso deixar à disposição plantas e desenhos necessários para o trabalho desse homem. Um agrimensor? Obrigado, escreveu o prefeito de volta, mas não precisamos de nenhum agrimensor. Mas a resposta não chegou à repartição original — vamos chamá-la de A —, mas a uma repartição B, e ainda por cima incompleta, na forma de um envelope vazio dos autos, sobre o qual estava anotado apenas que se tratava do processo de designação de um agrimensor. Depois de meses ou anos — o caso quase já tinha sido esquecido na aldeia —, a repartição B devolveu o envelope vazio para ser completado. Visto que não se achava mais o processo original, o prefeito apenas repetiu que não havia nenhuma necessidade de um agrimensor. Surgiu então uma correspondência longa entre o prefeito e a repartição B, onde um funcionário especialmente desconfiado, que não se satisfazia com nenhuma explicação, tomou conta do caso. Apesar disso, não foi possível esclarecer a origem da confusão e, portanto, não sobrou alternativa à repartição B senão enviar à aldeia alguns secretários a fim de checar se o agrimensor era ou não necessário. Após extensos debates, a prefeitura decidiu pelo contrário. Nesse meio-tempo, uma repartição C havia descoberto que havia anos uma carta da repartição A tinha ficado sem resposta. Essa carta foi reenviada e o prefeito respondeu como antes — e pela terceira vez —: não, eles não precisavam de um agrimensor. Mais uma vez se passaram anos até que, certa noite, um estranho apareceu no Albergue da Ponte e se apresentou — era inacreditável — como o agrimensor chamado pelo castelo.[32]

Alguns meses após a escrita desse episódio do romance, Kafka recebeu uma carta do departamento de arrecadação e tributos de Praga-Žižkov, datada de 25 de setembro de 1922, número de referência Rp 38/21, convocando-o a se apresentar o mais breve possível e explicar quando a empresa Erste Prager Asbestwerke [Primeira fábrica de amianto de Praga], da qual era sócio, tinha recebido os últimos aportes de capital. Kafka respondeu de imediato, dizendo que estava gravemente enfermo e que, por essa razão, infelizmente não poderia comparecer pessoalmente, mas assegurava que desde 1914 — ano em que o cunhado Paul Hermann entrou na sociedade — não tinha havido quaisquer aportes de capital e que a empresa em questão constava desde 1917 como inativa na junta comercial, ou seja, não existia havia mais de cinco anos. Passaram-se alguns dias até Kafka receber mais uma carta do departamento de arrecadação e tributos, que perguntava qual era sua intenção com a resposta enviada. Afinal, o departamento não tinha ciência de nenhuma correspondência datada de 25 de setembro nem do número de referência Rp 38/21. Kafka ficou espantado, mas também aliviado; ele já havia saldado inúmeros impostos da empresa em atraso, inclusive havia pedido um parcelamento da dívida e seu perdão, e agora a questão devia estar encerrada definitivamente. Pois se o processo administrativo tinha sido perdido, então também não havia nenhum funcionário à espera de resposta. Um erro, como se viu mais tarde. Pois cerca de um mês depois, em 3 de novembro, o departamento de arrecadação e tributos de Praga-Žižkov manifestou-se mais uma vez: "O senhor está convocado a responder a correspondência de 25 de setembro de 1922 Rp 38/21 em até oito dias; caso contrário, vamos solicitar a expedição de uma multa à secretaria da fazenda de Praga".

24.
Aposentado e *artista da fome*

Todas as conchas medianas dos caramujos
são boas caixas de ressonância...

Brehms Tierleben

"Na minha contabilidade, ainda se fazem os cálculos como se minha vida só fosse começar amanhã, e, no entanto, estou no fim."[1] Certo, há também escritórios *internos*, insondáveis como repartições do Império Austro-Húngaro, e às vezes demora muito até que eles tomem ciência da realidade. Mas quando Kafka retornou a Praga, após três semanas em Spindelmühle — ele tinha passado mais alguns dias lá sem seu médico —, descobriu que havia outros escritórios, bem mais funcionais, por exemplo no Instituto de Seguros contra Acidentes de Trabalho, que organizou as coisas de maneira muito objetiva durante sua ausência.

Foi preciso prolongar a licença médica para a estada de Kafka em Riesengebirge, e dessa vez ele não podia oferecer muito mais do que a esperança de convalescença e uma "gradual" retomada do serviço habitual. Isso não soava nada convincente, e depois de o médico do trabalho ter sugerido, meses antes, a aposentadoria de Kafka, todos os envolvidos concordaram que a situação estava por um fio. É muito provável que, naqueles dias em que Kafka se dedicava ao seu romance, a repartição estivesse debatendo como proceder com ele dali em diante. O diretor tcheco ainda não mostrava interesse em mandar para casa um de seus diretores mais competentes, de 38 anos. Mas as observações médicas do dr. Kodym, que verbalmente ainda eram um tanto mais diretas, estavam mostrando seu efeito. Era preciso ter em mente que Kafka talvez demorasse anos para retomar a aptidão para o trabalho; também era provável que sua tuberculose fosse incurável.

Desse modo ele foi confrontado com uma decisão surpreendente, em seu retorno em 17 de fevereiro de 1922: o Instituto de Seguros o promoveu a secretário-chefe, assentiu com um "aumento extraordinário de proventos" para cerca de 21 mil coroas tchecas anuais (o que correspondia a um aumento de 11%), mas condicionou o pagamento do salário elevado à sua reapresentação no trabalho. Não foi difícil para Kafka adivinhar o significado daquilo, e o diretor Odstrčil não tinha motivo para manter segredo: as medidas não foram tomadas tendo em vista seus rendimentos atuais, mas para assegurar a Kafka uma boa aposentadoria no caso de outro declínio de sua saúde, uma aposentadoria que, após apenas catorze anos de serviço, haveria de ser muito mais baixa do que aquela a ser auferida em final de carreira. É certo que o julgamento do diretor sobre um dos últimos funcionários alemães (e ainda por cima judeu) remanescentes nessa atitude de proteção teve um papel decisivo; por outro lado, ela também significava que a repartição não punha mais todas suas fichas no regresso do dr. Kafka.

A astúcia da medida ficou comprovada logo depois. Restaram indícios esparsos sobre o estado físico de Kafka naqueles meses — anotações apenas de palavras-chave no diário —, mas ele voltou a ter febre e às vezes passava dias na cama. No final de abril, passou novamente em consulta com o médico do trabalho, pois precisava de um atestado — como nos anos anteriores — para gozar suas cinco semanas de férias regulares de uma só vez. Ninguém se espantava mais pelo fato de Kafka ainda não estar apto para o trabalho, e o dr. Kodym também não arriscava mais nutrir qualquer esperança. A tuberculose, constatou, não tinha avançado; entretanto, "num futuro próximo, não se pode esperar que o estado de saúde do dr. Kafka melhore a ponto de ele reassumir seu trabalho na repartição". *Num futuro próximo*. Apenas o médico particular de Kafka ainda achava possível que ele pudesse voltar ao trabalho após mais alguns meses de tratamento sistemático, mas aqui havia a suspeita de um calculado otimismo profissional, e o voto do médico do trabalho tinha um peso maior.[2]

No mais tardar após esse atestado de abril, também Odstrčil teve de se curvar às evidências: garantir o salário integral a um funcionário ausente, durante um tempo indeterminado, não seria possível nem mesmo com o maior protecionismo. Para tais casos havia a "aposentadoria provisória", também chamada de "aposentadoria parcial", que garantia o pagamento de uma pensão, sendo que a retomada do serviço ativo se mantinha possível. Em maio, quando Kafka foi falar pessoalmente com seu diretor,[3] ficou claro que a questão não era a aposentadoria em si, mas, sim, o valor do benefício, e que a melhor coisa a fazer seria adiantar-se ao Instituto de Seguros e revelar sua situação fatal. Foi o que aconteceu em 7 de junho, apenas quatro dias antes do encerramento de suas férias regulares: Kafka entrou com um pedido para ingressar na aposentadoria provisória, mas solicitou que o benefício não fosse calculado a partir de seu salário corrente, mas do salário mais elevado de um secretário-chefe, cargo que havia sido prometido a ele em seu próximo retorno ao trabalho — porque, se não, os proventos "seriam muito reduzidos e principalmente diante da necessidade de um tratamento médico, totalmente insuficientes".[4]

Uma carta com um pedido. Sem dúvida era algo humilhante, e sobretudo sabendo que anos atrás ele havia ameaçado se demitir, exigindo férias não remuneradas. A tuberculose não admitia mais esses arrebatamentos, e pela primeira vez Kafka se encontrava numa situação financeira precária, que o obrigava a fazer contas em relação a um futuro distante. Os honorários do dr. Hermann para o primeiro semestre de 1922 foram da ordem de 2700 coroas, e havia ainda o custo das radiações regulares e dos remédios. Kafka podia calcular que, mesmo no melhor dos casos, a doença engoliria mais da metade de seu benefício e, desse modo, estadas em sanatórios não cabiam mais em seu orçamento. E as reservas, das quais ele poderia se servir, já estavam quase no fim. De acordo com algumas anotações que Kafka usou para sua declaração de imposto de renda de 1920, possuía uma caderneta de poupança que lhe garantia anualmente juros no total de meio salário, algumas ações das estradas de ferro austríacas e tchecas, que não rendiam nada, e títulos de guerra do Império Austro-Húngaro, que naturalmente não eram resgatáveis na República Tcheca, mas que (a partir de 1921) poderiam ser trocados por letras do tesouro, de longo prazo. Visto que ele ainda tinha de pagar vários impostos atrasados referentes à malfadada fábrica de amianto, é provável que em 1922 esses papéis já tivessem sido vendidos. Havia a ameaça daquilo que Kafka tentava evitar de modo quase pânico: a dependência do dinheiro dos pais. Desse modo, foi um pequeno consolo que, com a aposentadoria provisória a partir de 1º de julho, seus vencimentos também fossem ajustados favoravelmente: 10 608 coroas anuais, mais 1920 coroas de ajuda de custo, no total cerca de 60% de seus rendimentos atuais. Kafka sabia que teria de viver com isso, e provavelmente para sempre.[5]

Ele havia se tornado mais fechado nos últimos meses, também menos cortês, e foi Robert Klopstock quem mais sentiu a mudança. O estudante de medicina, que ainda permanecia nos Altos Tatras, conhecia

Kafka apenas como paciente do sanatório, longe de suas responsabilidades cotidianas; o relacionamento era amistoso, Kafka passou a confiar em Klopstock e mostrou-se — também diante de outros hóspedes — um ouvinte e conselheiro atento. Sua disponibilidade em ajudar era espantosa, meses após sua despedida de Matliary, Kafka foi de repartição em repartição para conseguir alguns benefícios a Klopstock e possibilitar sua mudança para Praga. Certamente ele não escrevia mais com a mesma frequência e de maneira tão minuciosa como Klopstock, sedento por diálogo, gostaria que fizesse. E principalmente quando se tratava das próprias preocupações — também em relação à saúde —, era preciso garimpar literalmente cada informação. Kafka enviou apenas um cartão-postal de Spindelmühle. Na volta, ao encontrar novamente um telegrama de Klopstock cobrando notícias, Kafka reagiu com birra e pediu para a mãe responder.

Klopstock não compreendeu, ficou decepcionado e, a fim de fazer frente à ameaça de distanciamento, começou a cortejar Kafka mais intensamente, mas ao mesmo tempo também lhe fazia reprimendas. Em Matliary tudo era tão diferente, ele se queixava. De modo algum, replicou Kafka, esse "fantasma" idealizado que Klopstock agora fazia dele só existia em cartas. "Você vai reconhecer, sem sofrimento algum, que ele não existe, mas é apenas um ser humano difícil de ser suportado, enterrado em si mesmo, trancado internamente com chaves estranhas, mas que tem olhos para ver e para se alegrar por todo passo adiante que você der e por suas grandes realizações no mundo que vem em sua direção."[6] Klopstock não se satisfazia com tais generalizações, e quando finalmente chegou a Praga, em abril de 1922, para se matricular na Universidade Alemã e prosseguir os estudos interrompidos, seus temores foram confirmados: Kafka estava solícito como sempre, acolheu-o temporariamente e conseguiu até um pequeno trabalho no laboratório do dr. Hermann — mas não queria vê-lo todos os dias.[7]

Klopstock também teve de aprender o que Brod havia interiorizado, com esforço, no decorrer de duas décadas: uma amizade com Kafka só era possível quando sua necessidade de estar sozinho era respeitada — a qualquer momento e de maneira incondicional —, sobretudo quando sua retração parecia totalmente surpreendente e sem motivo. Haveria de demorar algum tempo até que o aluno de medicina compreendesse que essa regra não era pessoal em relação a ele. Certa vez, quando Kafka, inflexível, adiou um encontro para o dia seguinte, Klopstock reagiu como um amante abandonado e enviou-lhe algumas linhas tristes e queixosas para seu apartamento. Evidentemente ele tinha a impressão de que estava sendo mantido à distância porque, em Praga, o escritor e secretário-chefe Kafka não dependia mais dele e não o considerava um "igual". Mas isso estava tão distante da realidade que também Kafka se sentiu compelido a reagir por escrito: "A suposta 'desigualdade' consiste em que nós, ratazanas desesperadas, que ouvimos os passos do dono, corremos para direções distintas, por exemplo para as mulheres, você para alguma, eu para a literatura, mas tudo em vão, pois nós mesmos garantimos isso ao escolher os asilos, ao escolher determinadas mulheres etc. Esta, a desigualdade".[8]

A mensagem não soava especialmente delicada. Mas com seu comportamento — e também com alusões na sua carta —, Klopstock havia despertado uma terrível suspeita: será que ele estava em Praga exclusivamente por causa de Kafka? Os motivos que o impediam de prosseguir os estudos em Budapeste haviam sido debatidos em Matliary: a atmosfera antissemita do lugar era insuportável, várias universidades húngaras já tinham introduzido restrições de acesso para judeus (as primeiras na Europa) e Klopstock temia inclusive pela vida caso ficasse preso na Hungria sem passaporte. Como ele logo percebeu, também na Universidade Alemã em Praga não se estava a salvo de agressões antissemitas; no outono de 1922 aconteceram tumultos promovidos por estudantes alemães nacionalistas, que se negavam a receber seus diplomas das mãos de um reitor judeu. Mas a eleição de um reitor judeu e sua proteção especial pelo governo teriam sido completamente impensáveis na Hungria.[9] Por fim, Klopstock sentiu-se profundamente aliviado ao se encontrar com mais de mil companheiros falantes do húngaro em Praga — húngaros que, por meio da remarcação das fronteiras depois da guerra, tinham se tornado cidadãos tchecoslovacos; e judeus húngaros, impedidos de estudar em Budapeste.

Muitas coisas falavam a favor de Praga. Mas em Matliary não havia sido mencionado nunca que a proximidade com Kafka seria um critério decisivo ou até o único para o planejamento da vida futura de Klopstock. Isso ia contra o combinado, Kafka decidiu de maneira quase grosseira. Em seguida, admitiu que não podia mais assumir tal responsabilidade em relação a ninguém. O medo era grande demais,

> medo de uma relação para o momento — não estou falando do futuro — inseparável, forte, manifesta (deixo de lado os acordos tácitos), contendo todos os sacramentos da inseparabilidade, uma relação imponentemente plantada diante dos céus. Ela me é impossível, tanto com mulheres quanto com homens. O que queremos na caminhada, na mendicância, com coisas tão grandes? A cada minuto há oportunidades incontornáveis, aproveitadas de maneira graciosa, para a ostentação mais desavergonhada, por que procurar por outras oportunidades? Além disso, a perda nem é tão grande como parece às vezes; se sentimos algo como uma comunhão do caminho, há nisso ligação suficiente, deixemos todo o resto para as estrelas.[10]

As palavras eram claras e, mesmo que Klopstock certamente não fosse o homem para "acordos tácitos", ele aos poucos percebeu que o limite apontado por Kafka tinha de ser respeitado, mas que também era superável sob determinadas condições. Essa fronteira tinha sido traçada, por assim dizer, sob os olhos dos "fantasmas", do "outro lado", que Kafka não queria desafiar pela exigência ostensiva por felicidade. Mas na reclusão do momento, na espontaneidade da conversa, havia espaço suficiente para também afrontar o "céu".

Para Klopstock foi um consolo saber que a "comunhão do caminho" proposta por Kafka não era, de modo algum, apenas uma figura retórica. *Havia* interesses comuns e seu papel não estava limitado ao de aluno e admirador. Ele ainda cultivava relações intelectuais na capital húngara, conhecia pessoalmente alguns dos autores do entorno da principal revista literária, *Nyugat* [O Ocidente] e, desse modo, Kafka também se tornou conhecido no modernismo que despontava na literatura húngara, principalmente com a obra do importante poeta Endre Ady, que ele lia em tradução para o alemão — um presente de Klopstock. Mas Klopstock não tinha apenas muitas leituras acumuladas, ele também tentava algumas traduções do húngaro, que Kafka revisava e complementava com algumas sugestões. O domínio da língua demonstrado pelo rapaz logo deve ter convencido Kafka, pois já no outono de 1922 ele lhe confiou os próprios trabalhos. Kafka havia descoberto que duas traduções não autorizadas de *O veredicto* e *A metamorfose* haviam sido publicadas em Kaschau e por isso pediu à editora Kurt Wolff (que evidentemente não tinha ciência dessas edições) para reservar futuros direitos de tradução a Robert

Klopstock. Como a editora não se manifestou, esse pedido foi repetido no início de 1923, dessa vez com sucesso. Nessa época, Klopstock planejava apresentar os textos de Kafka não apenas na *Nyugat*, mais também uma seleção deles em forma de livro (num paralelo muito chamativo com Milena Pollak). Ele nunca conseguiu. Mas as publicações posteriores de suas traduções na *Prágai Magyar Hírlap* (Jornal Húngaro de Praga) confirmam que Klopstock levou o projeto a sério e já tinha iniciado os trabalhos. Em 1925, esse jornal trouxe "Na galeria", "Olhar distraído para fora", "As árvores" e "Um fratricídio".[11]

Entretanto, isso não era suficiente para Klopstock, pois temporariamente não era possível falar de uma amizade literária como aquela desfrutada com Max Brod, uma amizade em que um tinha acesso aos escritos do outro. Embora Kafka afirmasse vez ou outra que, após anos de silêncio, ele estava tentando novamente a escrita, tais confissões serviam apenas para desculpar a própria ausência. A escrita, explicava, era para ele agora "a coisa mais importante sobre a Terra, algo como a loucura do louco [...] ou a gravidez para uma mulher".[12] Ele não permitiu que Klopstock vislumbrasse seu local de trabalho e nada indicava que algum dia leria partes de seu novo romance para o amigo. Esse era um privilégio de amigos antigos, principalmente de Brod, que pôde até levar para casa um caderno de *O castelo* e, como de costume, ficar pressionando pela sua continuação. Mas até Brod deve ter ficado consternado quando se descobriu que Kafka, constantemente febril, não apenas trabalhava intensamente em sua maior obra até então — dezesseis capítulos foram escritos em apenas quatro meses —, mas ainda achava tempo para atividades paralelas.

Num dos pequenos cadernos de anotação que Kafka carregava para o alto do Hradčany durante a guerra, a fim de preenchê-los na casinha minúscula de Ottla, há um longo fragmento que parece ser originário de um exótico mundo literário. O título formulado por Kafka é "Durante a construção da muralha da China". Um texto que se move entre narrativa, lenda, reflexão política e lembranças ficcionais, sem que fique absolutamente claro qual o objetivo do narrador em primeira pessoa. Evidentemente, o assunto principal é a função do imperador, que, como símbolo onipresente, mantém o gigantesco povo chinês unido, mas sem um entendimento direto entre alto e baixo, que não funciona nem mesmo quando, excepcionalmente, vem do "alto". Encravada no texto há uma parábola que ilustra essa ideia e que Kafka publicou mais tarde, em separado, com o título "Uma mensagem imperial". Mais uma variação de sua metáfora mais importante, aquela hierarquia de instâncias que se insinua como obstáculo intransponível entre as pessoas e sua determinação. Kafka estava interrompendo seu caminho de *O processo* ao *O castelo*; parece que apenas agora ele compreende que essa metáfora tem mais um avesso obscuro: o portão permanece fechado para nós não porque o guardião se nega a abri-lo; ele permanece fechado porque — e isto é o pior — *do outro lado*, falta a chave.

Entretanto, "Durante a construção da muralha da China" começa com um desvio narrativo; a princípio, não se fala do imperador, mas da grande muralha, cuja construção envolve várias gerações e cuja permanência exige supostamente uma técnica especial: ela não é construída de maneira contínua, mas em seções intervaladas, cada qual com apenas algumas centenas de metros de comprimento. No meio há lacunas que são fechadas gradualmente, mas cuja quantidade e tamanho permanecem desconhecidos dos trabalhadores e dos empreiteiros locais. Por isso, ninguém que não pertença à "chefia" mais elevada sabe dizer, com certeza, o quanto a construção já avançou e não se sabe nem se a muralha, após os trabalhos, realmente não terá deixado lacunas. Na imaginação, ela nunca está completa, permanece um fragmento composto de fragmentos.

Nessa hora, pensamos espontaneamente no processo criativo de Kafka e nos inúmeros pedaços e fragmentos com os quais preenchia seus cadernos. *O processo* não surgiu dessa maneira? Kafka escreveu o primeiro capítulo e, em seguida, o último. Em seguida, tentou fechar as "lacunas", mas não de maneira linear, como na construção de uma ponte, mas com capítulos frouxamente vinculados, entre os quais alguma coisa parece acontecer a que o autor não atenta e que talvez, mais tarde, seja incorporada. Mais ainda, Kafka volta e meia se afasta desse arcabouço construtivo de *O processo* para, com alguma distância — mas ainda o tendo em vista e se relacionando com ele —, trabalhar em outras obras; surgem as construções laterais de "A colônia penal", "O mestre-escola da aldeia" e "Recordações da ferrovia de Kalda". E ao retrocedermos mais um passo, é possível enxergar os contornos da obra de sua vida, fragmentada e ainda mais lacunar, uma superestrutura, que foi chamada de "Mundo de Kafka" ou "Universo de Kafka".

Esse mundo imaginário às vezes aparece de maneira opressivamente fechada e autorreferente. Sua estrutura é a do mito, o que explica a sensação estranha do leitor de que se tem ou não acesso a ele e de que interpretações apenas não são suficientes para garanti-lo. Por outro lado, esse mundo imaginário também é multifacetado e extenso: Kafka só podia fracassar em sua tentativa de enfeixá-lo numa obra única, mesmo que existam alguns indícios de que ele acreditou até o fim nessa utopia da criação literária. E seu maior problema é da ordem da artesania: todo texto que narra algo é conduzido por um enredo, por personagens e lugares; a resistência desse fundamento é limitada e não pode ser expandida à vontade. Nenhuma obra única carrega *tudo*. Desse modo, por exemplo, Kafka certamente teria danificado a estrutura misteriosa, parabólica ou alegórica de *O castelo* se apresentasse seu protagonista manifestamente como judeu ou escritor, embora atrás dessa obstinada luta pelo vilarejo e pelo castelo exista a experiência dupla de marginalização: o isolamento do judeu ocidental, que está apartado de sua própria tradição e ao qual é negado inclusive o direito de hóspede ("não precisamos de hóspedes") e o voluntário apartamento do autor, que sai da vida habitual e almeja "algo mais elevado", a qualquer preço e, se preciso, às custas da família, amigos, amadas. Mas como justo esses dois temas voltaram a oprimir fortemente Kafka — sobretudo depois que o fim de sua carreira profissional e, de certa maneira, também burguesa tinha sido decidido —, ele chegou a uma solução, cujo êxito já comprovara várias outras vezes: ao lado do romance, abriu novos canteiros de obras, novos segmentos da grande muralha, que não estavam ligados entre si, mas se encontravam todos *na mesma linha*.

"Primeira dor" é o título de uma narrativa em miniatura, pela qual ele havia interrompido o trabalho no romance em março. Trata-se do retrato de um artista infantil, dependente de seu empresário, cuja vida é totalmente substituída pela arte: ele evita tocar o chão firme, vive satisfeito sobre seu trapézio e a única e primeira dor que sua profissão lhe proporciona vem com o desejo surgido repentinamente de trabalhar com *dois* trapézios. Kafka enviou uma cópia manuscrita por ele próprio a Hans Mardersteig, redator da revista bibliófila de literatura e arte *Genius*, publicada semestralmente pela editora Kurt Wolff.[13] Mardersteig já havia lhe pedido várias vezes, insistentemente, por uma contribuição, inclusive tendo se disposto a publicar um fragmento, qualquer que fosse sua extensão, mas

Kafka não podia concordar com isso. Portanto, era ainda mais constrangedor que a oferta de despedida de Kafka — a revista contaria com apenas mais um número — não tenha sido respondida pessoalmente por Mardersteig, mas por Wolff, a quem Kafka devia uma resposta havia meses. Não sabemos se dessa vez ele conseguiu agradecer ao editor com algumas frases polidas, mas a perspectiva de voltar a ser pressionado, e com regularidade, devido à pequena oferta à *Genius*, desagradou Kafka profundamente. Ele escreveu a Brod que ficaria feliz se "pudesse retirar a desagradável pequena história da gaveta de Wolff e apagá-la de sua memória; não consigo ler a carta dele".[14]

Ele não passaria pela mesma situação novamente. O caráter hostil da arte em relação à vida, apresentado pelo exemplo do artista: ele já tinha uma versão muito melhor, mais coerente e radical a oferecer, o conto "Um artista da fome". Esse tesouro, para o qual novamente interrompeu o trabalho no romance por um ou dois dias, era considerado mesmo por Kafka como "suportável", e essa era a nota máxima concedida aos próprios textos. Mesmo assim, a princípio Kurt Wolff não soube de nada a respeito — em vez disso, o conto chegou, por intermédio de Max Brod, a um concorrente: Rudolf Kayser, desde o início do ano redator-chefe do jornal *Die neue Rundschau*.

Após o delírio nacionalista de 1914-5, o veículo da editora S. Fischer tinha voltado a ganhar renome, e enquanto os inúmeros jornais mais jovens, que apostavam excessivamente no expressionismo, desapareciam um após o outro — entre eles *Die weißen Blätter*, de Schickele —, *Die neue Rundschau* estabeleceu-se como palco da inteligência de orientação republicana e europeia. Depois de Brod tê-lo apresentado num grande ensaio, a chance de ser publicado ali era uma tentação enorme para Kafka — de todo modo, mais forte do que a expectativa de ser embromado durante anos por Kurt Wolff (que havia imediatamente confiscado o manuscrito), com suas dificuldades técnicas de produção. Kafka certamente estava consciente de que a publicação em Berlim, depois de todas as cartas bajuladoras que ele havia recebido de seu editor, seria quase uma afronta. Apesar disso, "Um artista da fome" apareceu em outubro de 1922 em *Die neue Rundschau*, enquanto *Genius* publicou o texto menos significativo "Primeira dor" no início de 1923. Do ponto de vista de Wolff, um sinal inequívoco. Pois afinal Kafka não havia assegurado o tempo todo que não tinha nada a oferecer à editora? E agora, visto que ele estava retornando à profissão verdadeira, os frutos eram colhidos em outro lugar. Alguns anos antes, Wolff não teria hesitado em sugerir a Kafka uma publicação em separado de ambos os textos, num livro fino de letras grandes. Dessa vez, porém, ele ficou em silêncio.

Era uma paisagem como Kafka gostava agora. Um vale amplo, um rio tranquilo com árvores pontilhando as margens e pequenas praias de areia, que convidavam para o banho, com prados, colinas de encostas suaves e bosques silenciosos ao redor. Uma paisagem simples, que não ficava à sombra de imponentes picos de montanhas, mas livre, sob um céu extenso. O lugarejo se chamava Planá, no sul da Boêmia, distante apenas cem quilômetros de Praga, destino bastante apreciado para férias de verão junto ao rio Luschnitz [Lužnice].

Ottla e Josef David haviam alugado ali um apartamento modesto na casa de um artesão; dois quartos no primeiro andar, um era claro e quente, com duas janelas e bela vista para o rio e a floresta, o outro era um cômodo pequeno, uma mansarda, com vista para o jardim, mais uma grande cozinha. Ottla e a pequena Věra, à época com quinze meses, passariam o verão ali, o marido vinha nos fins de semana e também para umas breves férias: um idílio e, para Kafka, uma oferta irresistível. O lugar despertou-lhe recordações de Zürau, de seu tempo mais feliz, quando nunca esteve tão despreocupado. Agora, com Ottla liberada do trabalho pesado do campo e da batalha diária por alimentos, ela talvez pudesse cuidar, além da filha, um pouco do irmão. Uma empregada também viajou para Planá e assim tudo poderia ser melhor do que no passado, no sítio. Os David estavam de acordo, a mansarda não seria usada o tempo todo e, se Franz dividisse os custos do aluguel, o arranjo ficaria bom para todos.

Apesar disso, a decisão custaria alguma coragem de Ottla e, como ela sabia por experiência própria, também sacrifício. Podia ser muito divertido viver porta a porta com Franz — também em Praga havia apenas um andar entre eles —, mas, por outro lado, era preciso fazer as vezes de cuidadora, cuidar de sua alimentação e suportar sensibilidades que desde Zürau tinham se intensificado de maneira significativa devido às febres e à insônia. Mas o que fazer com ele, para onde ele iria a fim de oferecer ao corpo enfermo um pouco de luz e ar livre no verão? Kafka não podia mais custear uma estada longa num sanatório como em Merano, e passar a melhor época do ano sozinho no apartamento de Praga, no Altstädter Ring — os pais estavam em Franzensbad, Elli no mar Báltico, Weltsch em Schelesen, Klopstock tinha voltado aos Altos Tatras após o fim do semestre — seria contra o conselho do médico e, além disso, deprimente. Foi assim que em 23 de junho, uma semana antes de sua aposentadoria oficial, Kafka tomou o trem rápido em direção ao sul. A estação final da linha era Viena, um destino que agora estava muito além de seu horizonte. Depois de uma hora e meia de viagem, ele desceu em Tábor e prosseguiu num trem regional por mais alguns quilômetros até Planá; até seu endereço, Příčná ulice 145, eram poucos passos. Os trilhos que levavam até Viena corriam próximos, mas os trens de longa distância não paravam ali. Durante três meses passaram pelo campo de visão de Kafka, e ele não sabia quantas vezes Milena Pollak esteve sentada neles.

Planá era "extraordinariamente bonita", ele escreveu a Klopstock. Mas era possível falar algo assim? Será que isso não despertava o *lado oposto*, não chamava os fantasmas? Bingo, lá estavam eles; evidentemente tinham vindo de Praga com o trem regional, e no segundo dia, mostraram suas armas. Era o arsenal conhecido, Kafka estava familiarizado com isso desde Zürau, Matliary e Spindelmühle, mas os fantasmas haviam ampliado seu arsenal nesse meio-tempo, e logo estava à mercê de seus inteligentes ataques, impiedosos e que vinham de todos os lados simultaneamente: um jovem que ensaia com a trompa de caça; uma família numerosa, que fica revirando feno bem embaixo de sua janela; debaixo da outra janela, horas de madeira sendo cortada; algumas centenas de metros dali, uma serralheria com serras circulares elétricas; o ruído típico das estações de trem, onde a partir das 3h30 da madrugada os troncos de árvores que vieram pelo rio são carregados nos vagões; uma moenda que geralmente é puxada por "cavalos razoáveis", mas às vezes também por bois idiotas, com incessantes "*hott* e *hüöh* e *sakramentská pakáz*".[15] E a cereja do bolo: grupos inteiros de crianças, em parte da vizinhança, em parte aparentadas com a locadora, que às oito da manhã aparecem no jardim da casa e ficam brincando por lá com um carrinho de mão. O que dizer contra os pequenos? Eles não têm outro lugar para brincar, e o ruído que fazem é uma expressão da inocente alegria de viver. "Mařenka!", Kafka chama desesperado, assim que vê a líder de treze anos. "Você não vai procurar cogumelos?"[16]

Com certeza ele pensou mais de uma vez se o apartamento grande em Praga, totalmente silencioso durante o verão, não teria sido a melhor solução. Mas ele não queria fazer essa desfeita a Ottla, que se esforçava ao máximo. Às vezes ela descia com a pequena Veruška nos braços e subornava as crianças com bombons para que elas sumissem por um tempo. Mas Kafka ficava envergonhado, principalmente ao observar o vizinho, que se esfalfava no moinho trabalhando em turnos, que tinha muito mais necessidade de sua *siesta* e, portanto, não tinha alternativa senão mandar os sete filhos brincar no gramadinho cercado diante da janela de Kafka. E ficava ainda mais envergonhado quando Josef David, que preferiria muito mais dormir no quarto grande, era colocado por Ottla na mansarda fria. Nos finais de semana, os três se apertavam ali, enquanto o escritor tomava conta do restante dos cômodos. E tinham de fazer silêncio, pois ele dormia muito pouco, e quando não dormia geralmente ficava sentado diante dos cadernos, tossindo baixinho, com tampões nos ouvidos.

Havia também horas tranquilas. Quase todos os finais de tarde, perto do pôr do sol, Kafka saía para um passeio mais longo, acompanhado pelo cachorro de manchas pretas da locadora. Ele atravessava o rio, na floresta do outro lado havia um bairro com casas grandes, novas e confortáveis, que podiam ser alugadas durante o verão, e até o presidente havia se hospedado ali havia dois anos — longe da serralheria e das rampas de carregamento de carga da estação de trem. Também o primeiro-ministro Beneš aparecia de vez em quando por lá, junto com outros políticos importantes de Praga, e era possível topar inclusive com atores, cantores e diretores do Teatro Nacional. Kafka caminhava entre as casas até a floresta, o silêncio do anoitecer entre as árvores lhe parecia o melhor que o mundo tinha a oferecer e havia um banco com uma vista maravilhosa na borda da floresta. Ou ele caminhava por alguns quilômetros rio abaixo, observava os camponeses voltando dos campos, observava o moinho Soukeník próximo à fortificação Sedlec e, quando dava meia-volta, já podia enxergar Tábor. Como seria bom morar desse lado de Luschnitz, num desses terrenos bem cuidados... Com um pensamento desses Kafka desafiava novamente os fantasmas, pois um dia, foi terrível, ele escutou "um barulho infernal", até na borda da floresta. Eram duzentas crianças de Praga acampando ali perto, "um açoite da humanidade".[17]

Ele exagerava e sabia disso; não era assim tão ruim sempre, e Kafka ocultava dos amigos que também ele fazia barulho e cortava lenha para as noites frias. Mas de que outra maneira poderia lhes explicar aquele estado hiperexcitável, que era mais próximo da loucura que qualquer coisa que eles conhecessem por experiência própria? Brod também sofria, também ele passou a conhecer a insônia e a tortura dos pensamentos obsessivos noturnos, que o levavam às raias de fantasias de assassinato por ciúme. De quando em quando, Felix Weltsch era perturbado pela mulher até o limite do suportável. E Klopstock nutria sentimentos de inferioridade que o levaram à depressão. Mas essas pessoas sofriam porque viviam e amavam, e suas perdas não eram nada além da consequência de riscos que tinham querido assumir, riscos da vida e do amor. A existência de Kafka, por seu lado, apontava cada vez mais ao *evitamento*, e o silêncio mortal ao qual ele ansiava era seu símbolo. Evitamento de movimentos, de mudanças — como um ferido que, por medo da dor, permanece numa posição qualquer, independentemente do quão desconfortável seja.

Ele havia perdido a luta por Milena, mas, naquela época, dois anos antes, tinha lutado pela decisão até o fim de suas forças e sempre fora o senhor de suas deliberações. Os amigos respeitavam isso, mesmo que considerassem sua resignação precipitada. Mas pelo que ele estava lutando agora? Oskar Baum havia lhe aconselhado ir para Georgenthal, na Turíngia, passar algumas semanas em sua companhia e da família. O amigo havia procurado uma hospedagem adequada, tendo reservado para Kafka inclusive um quarto tranquilo com varanda e espreguiçadeira. No último instante, porém, depois de outra noite insone, Kafka recusou: disse que tinha medo demais da viagem, que não estava apto a mudar a vida à qual havia se acostumado em Planá. "Assim então está decidido", ele escreveu a Brod, "que não posso mais sair da Boêmia, a seguir vou me limitar a Praga, depois ao meu quarto, depois à minha cama, depois a uma posição determinada do corpo e depois a nada mais."[18]

Dois meses mais tarde, o outono já desponta, Kafka teve uma conversa ligeira com a sra. Hnilička, a dona da casa, que até então não havia se mostrado especialmente simpática. Kafka lhe disse que estava gostando muito de Planá, que gostaria até de ficar mais tempo, se possível o inverno inteiro. Mas sem Ottla por ali, ele teria de cuidar sozinho da própria alimentação na hospedaria, o que não daria certo. A sra. Hnilička respondeu dizendo que parecia que ele tinha medo de ficar totalmente a sós ali. Mas não, não é isso, negou Kafka com um sorriso. Então, disse a dona da hospedaria, eu poderia cozinhar para o senhor, que poderia ficar o tempo que quisesse. Que tal assim? Kafka quase não conseguia acreditar em seus ouvidos, espantado, alegre e, sem um momento de reflexão, ele aceitou e agradeceu inúmeras vezes. Na sua concepção, não havia nada melhor, não seria caro, não teria de comer carne, a redondeza era conhecida e ele gostava dela, o barulho das crianças no inverno iria diminuir e se o rio Luschnitz, congelado, não trouxesse mais toras de madeira, as serras elétricas também fariam silêncio. Deu meia-volta e entrou na casa. Mas enquanto estava subindo a escada em caracol, Kafka foi acometido por uma taquicardia pânica. Sabia que não dormiria nem mais uma hora antes de desfazer essa decisão espontânea. Mas como? Kafka ficou aliviado quando Ottla desaprovou a ideia por motivos médicos. O ar é muito espesso, com frequência o vale fica nublado no inverno. Na manhã seguinte, a irmã ajeitou as coisas com a locatária, algumas poucas frases foram suficientes, enquanto Kafka, ali ao lado, sente-se "como Guliver, enquanto duas mulheres gigantes conversam".[19]

Essa situação não era totalmente nova para Kafka, ele já tinha passado antes por agitações que quase causavam a perda do controle psíquico. A novidade era que esses "desmoronamentos", como os chamava, estavam sendo disparados por eventos comparativamente insignificantes e duravam vários dias. Ele passou a reagir com pânico frente a perturbações e ameaças difusas, enquanto lidava de maneira adequada e suficiente com tarefas muito concretas, mesmo as desagradáveis, à medida que não exigiam nenhuma tomada de decisão. Por exemplo, quando recebeu, em meados de julho, um telegrama da mãe ordenando que voltasse: o pai tinha adquirido uma hérnia umbilical em Franzensbad que estrangulava perigosamente o intestino, fora transportado para Praga e seria operado ainda naquela noite. Kafka passou muitas horas ao lado da cama do doente e foi capaz de aceitar sem queixas a interrupção de suas férias de verão (e, portanto, também do romance) e de observar de maneira bastante objetiva o interessante fenômeno de um pai indefeso.

Max Brod, que era mantido informado por meio de cartas detalhadas, via a causa dos sofrimentos de Kafka naturalmente na repressão voluntária de desejos eróticos. "Você desvia das mulheres", ele escreveu, "você tenta viver totalmente sem elas. E isso é impossível." Kafka podia assumir que desviava delas, e que sentia desejo sexual. Mas evidentemente Brod achava que Kafka abria mão e reprimia tudo isso porque tinha uma preferência por exercícios ascéticos, ou seja, por motivos ideológicos. Brod lhe disse que ele tinha de abandonar essa postura defensiva, conhecer novas pessoas, fazer uma viagem à Alemanha, visitar o editor, assistir a uma estreia teatral em Berlim e talvez assumir uma tarefa jornalística concreta. Belas ilusões que partiam do pressuposto de que Kafka tinha uma escolha e que a única questão era criar coragem. Na realidade, porém, sua irritabilidade era uma ferida aberta. Até as mulheres trajando roupas leves de verão na cidade grande — uma visão que não lhe era nenhuma novidade — agora pareciam subitamente "quase nuas", causando excitações adicionais, quase dolorosas, pressionando-o a acelerar a volta ao campo.[20]

Provavelmente foi o próprio Brod quem se tornou, por motivos compreensíveis, vítima de repressão: quanto mais se enredava em sofrimentos eróticos, mais naturalmente ele assumia que também o amigo — principalmente após o episódio com Milena — estava evitando dores emocionais. Kafka, porém, tinha diante de si uma ameaça de dimensão bem diferente. Era seu pressentimento — e não aquilo que estava reprimido — que causava sua sensibilidade patologicamente exacerbada, sua insônia e seu medo crescente de ficar sozinho. Tratava-se de pressentimento e medo da catástrofe que se avizinhava. Não sabemos se ele pôde falar abertamente a esse respeito em Planá. Mas é certo que Ottla instintivamente percebia bem melhor o que estava em jogo, apesar de o irmão se mostrar tão desinteressado em conselhos médicos. Ela cuidava dele consciente de que talvez não houvesse mais muitas oportunidades para tanto. E quando notou que sua partida iminente no início de setembro o estava deixando quase desesperado, ela se dispôs a ficar mais algumas semanas.

O romance *O castelo* e, principalmente, a intensidade que Kafka investia nesse projeto devem ter contribuído para que Brod não se desse conta da seriedade da situação. Como entrar em desespero se havia a perspectiva desse livro? Somavam-se a isso novos contatos em Berlim e a publicação, a curto prazo, de *Um artista da fome*, que talvez abrisse mais chances. E não havia a impressão real de que a autoconfiança de Kafka como autor tinha aumentado? A princípio, ele tinha quase se envergonhado ao mostrar os primeiros capítulos do romance, pois os considerava tediosos e cansativos, e Brod o havia contradito com veemência: ele escreveu dizendo que se tratava "de um livro colorido, muito divertido", sublinhando duplamente a palavra "colorido". E Kafka continuou a trabalhar. Os capítulos seguintes, redigidos em Planá, lhe pareceram mais bem-sucedidos. Para Brod, era altamente improvável que justo agora, em meio a essa avalanche criativa e totalmente livre de obrigações de trabalho, Kafka fosse ser impedido por quaisquer sensibilidades. Mesmo quando Kafka lhe contou, em 11 de setembro, que o romance estava parado havia duas semanas e que "provavelmente teria de deixá-lo de lado para sempre", Brod não se dispôs a aceitar a má notícia. E respondeu, divertido, que a notícia era apenas um "anúncio mentiroso sensacionalista" e que Kafka deveria continuar escrevendo mais sobre isso, "quer dizer, continuar a trabalhar".[21]

Ao folhearmos as últimas páginas do manuscrito de *O castelo* — elas estão no Caderno do Castelo VI, publicado integralmente apenas em 1982 —, encontramos as inequívocas marcas de esforço artesanal. O enredo começa a se desfazer, diversas tentativas e variações concorrem entre si, os cortes se tornam cada vez mais extensos e complexos e fica evidente que Kafka trabalhava contra uma grande resistência, como se empurrasse uma massa, em contínuo crescimento, montanha acima. Em algum momento, num dia do final de agosto, tinha terminado e não sabia mais como continuar.

O que havia acontecido? O motivo era um novo "desmoronamento" depressivo, como ele havia insinuado a Brod, ou fora uma visita aos pais em Praga, que o desviou por tempo demais e que atrapalhou irreparavelmente o entretecido literário? De todo modo, não foi por incertezas sobre direção e desfecho do romance, pois sabemos que Kafka já tinha em mente, havia tempos, o ponto-final ao qual se dirigia. Provavelmente, como em *O processo*, ele poderia ter colocado no papel o capítulo final do romance ainda antes de sua conclusão, pois a decisão sobre o destino do seu protagonista já fora tomada.

> O suposto agrimensor fica ao menos parcialmente satisfeito. Ele não desiste de sua luta, mas morre de fraqueza. A comunidade cerca seu leito de morte, e do castelo vem a decisão de que, embora K. não tivesse direito a reivindicar moradia no vilarejo, ele poderia viver e morar ali dadas determinadas circunstâncias.

Um fracasso indubitável, mas de modo algum *incondicional*: foi assim que Max Brod apresentou o final planejado pelo autor, antes da publicação do romance do espólio.[22] Trata-se de um final convincente e um volteio característico do pensamento de Kafka: o castelo não pode garantir a desejada legitimação enquanto ela é de alguma valia para o solicitante, assim como o guardião da lei não pode abrir o caminho enquanto o homem que quer entrar ainda tem forças. Esse evidente espelhamento de um tema longamente pensado não ajudou Kafka a ir adiante. Pois ele havia — contra uma impressão à primeira vista e supostamente contra inclusive seus planos originais — encontrado inúmeros problemas técnicos narrativos em *O castelo* que superavam as exigências artesanais de *O processo*. Pois o princípio construtivo da muralha chinesa, testado havia tempos — o sistema da construção em partes —, não funcionou ali, muito menos o princípio linear do drama episódico, no qual o autor pode trabalhar as etapas previstas numa sequência quase aleatória. Em princípio, também *O castelo* narra encontros, quase exclusivamente. Mas enquanto os interlocutores do acusado Josef K. e todas as personagens secundárias de *O processo* surgem e desaparecem como em meio a uma névoa, Kafka desenvolve em *O castelo* uma rede de relacionamentos sociais que engloba cada vez mais pessoas e que, por fim, abarca inclusive a burocracia do castelo, da qual surgem funcionários inconfundíveis entre si. Todas essas personagens têm sua própria história, elas fazem alianças e cultivam inimizades, cultivam desdém ou amor umas pelas outras, e visto que esses episódios secundários têm influência no destino do agrimensor, Kafka precisa seguir com elas até o fim e vinculá-las de maneira plausível.

Por exemplo, o que acontece com a família de Barnabás, cuja história o leitor segue por vários capítulos? Como se desenvolverá a relação entre Frieda e o ex-"ajudante" Jeremias? O que será da ambiciosa camareira Pepi, que após o retorno de Frieda à Hospedaria dos Senhores precisa retornar ao seu cargo subalterno? Além disso, há as inúmeras relações do próprio agrimensor, que em parte permanecem vagas, mas que gradualmente também se manifestam em arranjos concretos. É provável que Kafka planejasse ainda um encontro entre K. e a misteriosa Amália. K. também tem um encontro marcado com uma "moça do castelo", a mãe do menino Hans. A dona da Hospedaria dos Senhores quer algo dele: mais um mistério, cuja solução aguardamos. K. se deixa convencer por Pepi a passar o inverno no porão da Hospedaria dos Senhores num cômodo minúsculo e nas camas de três moças, e por fim a família do camponês Gerstäcker também aparece em cena e surpreendentemente oferece um pequeno cargo a K. Apesar de esse mundo ser tão pequeno, desejamos ao cansado agrimensor uma agenda de compromissos, pois no fim ele perde o controle e, com ele, evidentemente também o autor. É como um malabarista que aprendeu a manter um determinado número de objetos em movimento no ar, mas que deixa todos caírem quando apenas mais um é acrescentado.

Para Kafka, deve ter sido uma experiência deprimente, quase desesperadora, depois de mais de meio ano de trabalho intenso fracassar também no seu terceiro projeto de romance — que ele sabia ser o último. Uma década antes, após a interrupção de *O desaparecido*, ainda manteve por algum tempo a esperança de recobrar a força imaginativa a fim de completar o romance, e também naquela época tinha uma ideia muito concreta e visual do seu final. Kafka poderia ter retomado inclusive *O processo* durante a luta pelo casamento com Felice Bauer — contanto que a constelação biográfica, da qual havia nascido o romance, não tivesse mudado fundamentalmente. Em *O castelo*, entretanto, Kafka havia fracassado como escritor. Ele tinha se colocado uma tarefa à qual não estava à altura no quesito de técnica narrativa e não tinha conseguido concatenar o processo criativo e a quantidade de imaginação com as necessidades artesanais da escrita literária.

As cartas e os documentos de Planá que foram preservados mostram, entretanto, que Kafka não confrontava esse fracasso com queixas — como era seu costume no passado —, mas o tornou imediatamente objeto de intensa reflexão e tentou integrá-lo em sua autoimagem. Ainda no começo do ano ele havia se definido como emigrante que dá as costas à vida a fim de avançar rumo a um deserto extraterrestre desconhecido, e nisso soava o orgulho daquele que ousa algo que os outros não se permitem, daquele que domina solitariamente um reino que outros nem podem pisar. O fato de essa imagem mítica privada, à qual ele devia o prazer renascido pela escrita literária, não ser durável já se insinuava nos textos breves de Kafka. O trapezista que vivia e trabalhava acima da cabeça de seus espectadores em "Primeira dor" é tudo menos uma figura admirável, mesmo que logo no começo se diga que sua arte é uma das mais difíceis, que ele é "um artista extraordinário, insubstituível" e que, portanto, tem de subordinar todas as necessidades da vida à ambição da perfeição. Mesmo se essa pessoa triste considerasse o diminuto trapézio como sua verdadeira pátria, ela não é um reino de liberdade.

E o artista da fome? Também ele é um ser humano do povo nômade, uma existência desenraizada. Kafka brinca aqui com um conceito matizado de "arte", que — aplicado ao mundo do circo e do teatro de variedades — foi questionável desde sempre. A especialização física do artista tem algo de absurdo e tende a ser contra a vida (mesmo se sobreviver aos seus espetáculos), e exatamente por isso ele invoca em toda oportunidade a aura da existência artística. Por sua vez, o público sabe diferenciar muito bem: um escritor, pintor ou músico de segunda linha é, em geral, mais conhecido e desfruta de melhor reputação do que um artista de primeira classe — isso sem falar de engolidores de espada, lançadores de facas, homens fortíssimos, até os "artistas da fome", cuja arte afinal consiste apenas numa abstenção e, portanto, quase incentiva a trapaça. Kafka, que estava muito bem informado sobre as condições de trabalho dos artistas,[23] descreve uma profissão controversa mesmo entre o pessoal do circo, que não se apresentava no brilho das jaulas das feras, mas na luz mortiça das apresentações mambembes: uma habilidade que já no final do século XIX era considerada tão prejudicial e desnecessária que os empresários tinham de alegar fins científicos; no mais tardar após as catástrofes de fome da guerra e do pós-guerra, a prática carregava algo de obsceno. Desse modo, não é possível dizer que Kafka tenha reabilitado ou até idealizado o modo de vida do artista da fome. Permite que o leitor sofra junto e dá ao artista a última palavra da defesa: ele não havia encontrado o alimento que o agradava; caso contrário, "não teria feito nenhum alarde" e teria se empanturrado como todos os outros. Mas mesmo se isso fosse verdade, sua fome continuaria sendo um ato vão, baseado numa sensibilidade meramente individual, talvez até justificado pela loucura. Por isso, talvez seja triste, mas não trágico no sentido estrito, que a atenção de público em relação ao artista da fome tenha escasseado bem antes de sua morte e que a vida o ultrapassasse. No final, Kafka dedica todo um parágrafo à jovem pantera que se encontra na jaula no lugar do "artista" e diante da qual um público fascinado se aglomera.

O caráter controverso da pretensão artística não pode ser expressado de maneira mais simbólica e a ligação com a grande empreitada literária de Kafka é evidente. Pois quanto mais abrangente e intrincado se tornava o manuscrito de seu romance, mais intensamente ele se sentia oprimido por dúvidas em relação ao sentido desse trabalho e mais intensamente se convencia de que, na verdade, tudo não passava de uma forma de escapismo, um mal uso de uma droga facilmente acessível, que como qualquer outro vício comum é pago com as dores da abstinência e da destruição. Depois de escrever *Um artista da fome*, Kafka precisou de apenas poucas semanas para integrar essa nova interpretação da autoria, pessimista, em seu mito privado: nada de deserto, nada de pico, mas uma sucção para as profundezas. E quem o suga é o *lado oposto*, são *forças*.

Hoje, na noite insone, quando não parei de jogar tudo de um lado para outro, entre as têmporas doloridas, conscientizei-me do que quase tinha esquecido nos últimos tempos, tranquilos o suficiente: da fragilidade ou até da inexistência do solo em que vivo, de uma escuridão da qual irrompe segundo sua vontade a violência obscura que, sem se importar com minha gagueira, destrói minha vida. A escrita me mantém, mas é ainda mais correto dizer que mantém esse tipo de vida. Não estou querendo dizer que minha vida seja melhor quando não escrevo. Daí é bem pior e totalmente insuportável e seu fim será a loucura. Isso, porém, apenas sob a condição de que eu, como realmente é o caso, também quando não escrevo, seja escritor, e um escritor que não escreve é um absurdo que desafia a loucura. Mas como é a existência do escritor em si? A escrita é uma recompensa doce e maravilhosa, mas para quê? Durante a noite, percebi com a clareza de uma ilustração infantil didática que é a recompensa por um trabalho diabólico. Essa descida às forças obscuras, esse libertar de espíritos presos por natureza, abraços duvidosos e tudo o mais que pode vir de baixo, que é desconhecido no alto quando escrevemos sob a luz do sol. Talvez exista também outra escrita, eu só conheço essa, durante a noite, quando o medo não me deixa dormir, eu só conheço essa.

Não era a primeira vez que Brod não ouvia afirmações; já antes, de modo quase previsível e principalmente nos tempos da colheita criativa, Kafka confrontava o orgulho pelo próprio desempenho dizendo que o resultado não passava de um irresponsável e vaidoso autodeleite, cujo castigo está em si mesmo. Mas agora Kafka não se limitava a esse ponto, pois para ele não se tratava mais de fraquezas pessoais ou questões morais, mas de um fracasso existencial de proporções catastróficas. O escritor aprecia o que faz como mágica, mas desperta forças vitais às quais não se ombreia. Não é possível brincar nem negociar com tais forças. No final, quando elas o alcançam, são feitas as contas. Mas Kafka se curvou sobre o balanço de sua vida tarde demais, o preço já tinha sido pago havia tempos — como adiantamento e em parcelas.

O que a pessoa ingênua deseja às vezes: "eu queria morrer e ver como sou pranteado" é algo que o escritor concretiza o tempo todo, ele morre (ou não vive) e se pranteia o tempo todo. Daí vem seu terrível medo de morrer, que não pode se manifestar como medo de morrer, mas pode aparecer como medo de mudanças, como medo de Georgenthal. Os motivos para o medo de morrer podem ser divididos em dois grupos principais. Primeiro, ele tem um medo terrível de morrer porque ainda não viveu. Não estou querendo dizer aqui que para viver é preciso de mulher e filho e terra. Para viver, é preciso apenas abdicar da autossatisfação; se mudar para a casa, em vez de admirá-la e coroá-la. Contra isso é possível dizer que se trata do destino e não está nas mãos de ninguém. Mas por que depois temos remorso, por que o remorso nunca cessa? Para se tornar cada vez mais bonito e atraente? Também. Mas porque, para além disso, a senha em tais noites continua sendo: eu poderia viver e não vivo. O segundo motivo principal — talvez seja também apenas um, agora os dois não querem se diferenciar muito — é a reflexão: "O que inventei vai acontecer de verdade. Não me alforriei pela escrita. Morri durante toda a minha vida e agora vou morrer de verdade. Minha vida foi mais doce do que a dos outros, portanto minha morte será mais terrível. O escritor em mim vai morrer imediatamente, pois uma figura dessas não tem chão, não tem existência, não é feita nem de pó; é apenas um pouco possível na vida terrena mais louca, é apenas uma construção do vício por satisfação. Esse é o escritor. Eu próprio não posso continuar a viver, visto que não vivi, permaneci sendo barro, não transformei a faísca em fogo, mas a usei para iluminar meu cadáver. Será um enterro peculiar, o escritor, ou seja, algo não existente, entrega o velho cadáver, o cadáver de sempre, ao túmulo. Sou escritor suficiente para, em total autoesquecimento — não é um estado de alerta, o autoesquecimento é a primeira condição do escritor —, aproveitar isso com todos os sentidos ou, o que dá no mesmo, querer narrar, mas isso não acontecerá mais [...].[24]

A carta de Kafka havia se transformado quase num pequeno tratado; de longe, a reflexão mais detalhada sobre a profissão do escritor que ele trouxe ao papel. A reação de Brod foi morna; parecia-lhe que Kafka usava eventos desimportantes — nesse caso, o temor violento diante da prometida viagem a Georgenthal — para chegar a infundadas conclusões abrangentes. Ele considerava uma vantagem que Kafka, em meio à infelicidade manifesta, ainda conseguisse escrever, enquanto ele ficava totalmente paralisado nesses dias. "[...] não posso (mesmo com a melhor boa vontade) achar seu caso tão desesperador."[25] Mas Brod está confundindo circunstância e causa, o que é surpreendente o bastante. Pois mais uma vez Kafka está falando do "medo da morte" e com toda a clareza desejável explicita que não se trata de uma metáfora. Ele tem medo de morrer de tuberculose e, enquanto luta contra esse medo, imagina personagens que sofrem a morte em seu lugar, um artista da fome e um agrimensor. O escritor pratica um jogo frívolo, mas é em vão, seu castigo natural será encontrado. Ninguém escapa ileso.

Em 18 de setembro de 1922, Kafka e a irmã Ottla retornam para Praga. Havia sido sua primeira viagem como aposentado, numa paisagem bela, tranquila, como quase nunca vivenciara. E na cidade nem o escritório nem qualquer outra obrigação estava à sua espera. Por que então essas oscilações, esse nervosismo atroz? Ottla brincou que ele iria precisar se aposentar uma segunda vez. Ela, com seu carrinho de bebê, com a pequena Věra dentro dele, podia rir.

Na mala, ele trouxe seus cadernos de *O castelo*, cadernos com muitas páginas riscadas. Não sabemos se alguém o convenceu a ler em voz alta alguns trechos — mas é bem provável que sim, pois Oskar Baum, a quem Kafka devia favores, precisava das leituras caso quisesse saber no que os amigos estavam trabalhando. E Kafka havia incluído em seu manuscrito uma pequena e maravilhosa surpresa, destinada antes aos amigos do que aos futuros leitores.

A mudança se dá no 13º capítulo, no qual o agrimensor, em suas tentativas de entrar no castelo por alguma porta lateral, faz uso de métodos muito duvidosos. Ele convence uma criança inocente, o menino Hans Brunswick, cuja mãe, de beleza serena, era oriunda do castelo e, portanto, exercia uma atração irresistível sobre o agrimensor. Hans deveria abrir o caminho de K. até sua mãe. Mas qual seria o motivo para a enfermiça mulher receber K., ocupar-se de sua vida e, além disso, arriscar uma briga com o marido? A doença dela, respondeu K., insolente. Pois disso ele conhecia um pouco, ele — o agrimensor! — tinha até experiência no tratamento de doentes. E, caso isso ainda não fosse suficiente, acrescentou já ter tido alguns sucessos onde os médicos fracassaram. Em casa, foi chamado até de "erva amarga" devido à sua capacidade curativa.

Era preciso ter um bom trânsito na cena literária para compreender para quem o agrimensor está falando aqui e que falava inclusive algo verdadeiro — em certo sentido. Em maio de 1922, não muito tempo antes de Kafka ter escrito essa cena, Franz Blei havia publicado seu espetacular *Bestiarum der modernen Literatur* [Bestiário da literatura moderna], incluindo um léxico satírico no qual retratava escritores e intelectuais contemporâneos como seres exóticos. Blei parece ter conhecido muito bem as preferências íntimas, características e fobias de seus candidatos, pois o verbete "Kafka" era o seguinte: "*O Kafka é um magnífico rato azul-lua visto muito raramente, que não come carne, mas que se alimenta de ervas amargas. Sua visão fascina, pois ele tem olhos humanos*".[26]

25.
O palestino

Os eventos, depois de superar limites,
acabaram por refluir
e deixar um vazio atrás de si.

Heimito von Doderer, *Der Grenzwald*
[A floresta da fronteira]

Caro Max, talvez dessa vez eu não volte a me levantar, a chegada da pneumonia, depois do mês de febre pulmonar, é suficientemente provável e ela não vai ser debelada nem se eu a colocar no papel, apesar de isso ter certa força.

Nesse caso então, meu último desejo em relação a todos meus escritos:

De tudo o que escrevi, valem apenas os livros: *Processo*, *Foguista*, *Metamorfose*, *Colônia penal*, *Médico rural* e o conto "Artista da fome". (Aqueles poucos exemplares de *Contemplação* podem ficar, não quero dar a ninguém o trabalho de destruí-los, mas nada dali pode ser republicado.) Quando digo que esses cinco livros e o conto valem, então não estou dizendo que tenho o desejo de que sejam reeditados e preservados aos tempos futuros, ao contrário, meu verdadeiro desejo seria que se perdessem completamente. Mas visto que já existem, apenas não impeço ninguém de mantê-los, caso a pessoa tenha vontade.

Por outro lado, todos os meus escritos existentes (reproduzidos em revistas, em manuscritos ou cartas), sem exceção, à medida que são encontráveis ou forem solicitados aos destinatários (você conhece a maioria dos destinatários, trata-se principalmente da sra. Felice M, da sra. Julie nascida Wohryzek e da sra. Milena Pollak, não se esqueça de alguns cadernos em posse da sra. Pollak) — tudo isso, sem exceção e de preferência sem ser lido (mas não o proíbo de dar uma olhada, embora eu preferisse que não o fizesse, de todo modo ninguém mais pode olhar) —, tudo isso deve ser queimado, sem exceção, e de preferência logo, é o que lhe peço

Franz[1]

Kafka sabia o que era pneumonia desde que a gripe espanhola o tinha deixado de cama em outubro de 1918. Dessa vez ele teve sorte, a febre cedeu sem maiores complicações. Embora não pudesse, como havia combinado, fazer nova tentativa de convalescença junto ao tio Siegfried em Triesch (Třešt'), na Morávia — agora a família estava muito atenta para que Franz ficasse sob supervisão de parentes —, já era duvidoso que o médico pudesse fazer alguma diferença com os conselhos de sempre.

Kafka também não colocou sua segunda disposição testamentária na mão do amigo, mas a manteve na gaveta. Querer se justificar não teria sido muito promissor. Brod também já tinha pedido que, no caso de uma fatalidade, alguns pacotes de cartas e anotações que ele guardava no escritório deveriam desaparecer discretamente, mas tinha motivos palpáveis para tanto, pois se referiam principalmente à esposa, Elsa. Entretanto, era pequena a chance de que também o último desejo de Kafka, apesar de ter sido formulado tão precisamente, fosse cumprido ponto por ponto, pois ninguém ao seu redor professava a mesma rígida noção do direito de disposição exclusivo do autor. Mas mesmo se Brod salvasse do fogo os três romances inacabados, algo quase indubitável, será que ele concordaria em seguir a disposição no caso das cartas e dos diários? Valia a pena tentar, e é certo que Kafka — temendo o fim próximo, mas ainda totalmente consciente — considerava uma questão de autoestima articular o próprio desejo de modo claro. A objeção levantada até hoje de que Kafka, se realmente estivesse falando sério, não deveria ter incumbido justamente o amigo e empresário com um ato de destruição tão grave, não se sustenta a começar por motivos práticos. Pois ninguém além de Brod tinha a chance de se apoderar dos papéis destinados à destruição: ele era parente de Felice Marasse (nascida Bauer), Milena Pollak o respeitava, ele próprio dispunha de alguns manuscritos de Kafka e também a família deste último não se negaria a lhe entregar materiais (o que veio a se confirmar mais tarde). Brod se transformou no inventariante de Kafka porque não havia nenhum outro capaz de cumprir *essa* vontade. E, paradoxalmente, a quantidade de cartas e manuscritos reunidos por Brod confirma a ideia de Kafka.

Será que seu testamento seria formulado igualmente no ano seguinte ou no outro? É surpreendente que o conto "Primeira dor", que ele próprio havia aprovado para publicação e que mais tarde irá compor seu último livro, esteja faltando na lista das obras "válidas". Também não sabemos por que ele mesmo não destruiu o manuscrito do romance *O castelo* e outros nos cadernos usados nos meses anteriores — ou não destruiu *completamente*. Temos de concluir que pelo menos o romance ainda estava vivo e que Kafka sentia-se indeciso com o que fazer com as centenas de páginas preenchidas em Spindelmühle e em Planá. Sua vontade de destruição não era tão intensa assim para apagar imediatamente o trabalho de todo um ano. Por outro lado, ele não tinha nenhuma dúvida em relação ao "Um artista da fome", cuja publicação nos jornais *Die neue Rundschau* e *Prager Presse* era um primeiro sinal visível de que finalmente regressava à sua verdadeira profissão. A família deve ter ficado muito espantada quando soube que esse conto foi republicado inclusive em jornais de língua alemã nos Estados Unidos. Isso era incomum e talvez tenha sido a primeira vez que os Kafka pensaram em algo tão estranho a eles como "fama". Mesmo lá, tão longe, realmente havia um pessoal que se preocupava com as histórias que *nosso Franz* havia escrito.[2]

A mudança mais chamativa que se pode notar em Kafka então era uma nova forma de acessibilidade — se não psíquica, ao menos social. No passado, quando ainda podia ficar à vontade nos cafés ou caminhar horas conversando, à noite, ele cuidadosamente evitava o apartamento dos pais como espaço de recolhimento. Apenas os amigos mais íntimos podiam ver a cama e a escrivaninha de Kafka; seu quarto era expressamente não hospitaleiro, e nem sempre ele tirava terno e gravata lá dentro. Mas essa separação estrita entre o espaço público e o privado não pôde ser mantida com a piora de uma doença crônica. Pacientes não fazem visitas, eles *recebem* visitas. No mais tardar desde o outono de 1921, depois de seu regresso de Matliary, ficou mais difícil convencer Kafka a qualquer programa; ele não podia sair de casa quando estava frio e úmido e nem quente demais; às vezes, as febres constantes o mantinham em casa por semanas. Pouco a pouco foi se tornando corriqueiro ir ao seu endereço sem muita cerimônia. Acontecia de a empregada abrir a porta para um grupo de visitas e até de ele receber, deitado na cama, pessoas que nunca vira antes — por exemplo, o dramaturgo Georg Kaiser, que Brod havia trazido sem mais.

Desse modo, o fato de também Franz Werfel ter visitado o novamente febril Kafka no apartamento dos pais foi um acontecimento especial, mas não excepcional. Provavelmente Werfel sentia algum constrangimento frente a Kafka, pois o subestimara por longo tempo e mais tarde havia tentado corrigir essa falha por meio de elogios extáticos. Mas é evidente que Werfel não desenvolveu uma relação intensa com a obra de Kafka e não se encontram "influências" desse tipo nos seus textos. Kafka, por sua vez, foi um dos primeiros admiradores de Werfel, e mesmo que a ingenuidade deste último já tivesse em grande medida desaparecido — a guerra tinha se ocupado disso —, as coisas que para outros não davam certo mesmo com esforço máximo ainda pareciam cair misteriosamente em seu colo. Werfel não parecia conhecer a consciência culpada de uma vida desperdiçada; ele escrevia como outros respiravam. Aos olhos de Kafka, ele ainda corporificava uma utópica vida nas letras, não comprometida nem por produções literárias mais fracas. Ele identificava uma "abundância de vitalidade" inclusive no drama patético e carregado de maneirismos estilísticos *Spiegelmensch* [Homem do espelho] (1920) e admirava o autor de *Bockgesang* [Canto do bode] (1921) como "grande nadador" — um dos mais altos predicados no mundo das metáforas de Kafka.[3]

Agora, porém, Kafka recebia o escritor vindo de Viena com evidente nervosismo. Ele havia lido *Schweiger*, à época a mais recente peça teatral de Werfel, uma mistura peculiar de sensacionalismo e drama de ideias, tornada quase intragável pelo seu autor ao incluir fartamente temas que se cruzavam e se sobrepunham: espiritismo, clericalismo, social-democracia, antissemitismo, psiquiatria e psicanálise, aborto, assassinato e suicídio, um amor trágico e uma morte no palco. Era demasiado e, se houvesse algo a ser admirado nisso, escreveu Kafka a Brod, então no máximo a "força de atravessar essa lama de três atos". Mas isso não era tudo. Pois Kafka não estava apenas decepcionado literariamente, mas sofria também de um sentimento irrefutável de insulto pessoal, quase uma humilhação.

> Caso se tratasse de um desgostar usual, então talvez teria sido mais fácil de formular e, além do mais, tão desimportante que eu poderia muito bem ficar em silêncio a esse respeito. Mas foi um horror e justificar isso é difícil, parecemos empedernidos, teimosos e recalcitrantes, embora estejamos apenas infelizes. Você certamente é um líder da geração, o que não é nenhuma adulação e não poderia ser usado com ninguém como adulação, pois algumas pessoas podem conduzir essa sociedade à lama. Por isso você é não apenas líder, mas mais [...]

> e acompanhamos com incrível atenção o seu caminho. E agora essa peça. Ela pode ter todas as qualidades, das teatrais até as mais elevadas, mas se trata de um desvio da liderança, nela não há nem liderança, antes uma traição da geração, um encobrimento, uma anedotização, ou seja, uma afronta de seu sofrimento.[4]

Não sabemos até que ponto Kafka conseguiu justificar sua rejeição também oralmente — é evidente que ele a revestiu com formulações corteses e Werfel se defendeu com a eloquência habitual. Kafka precisou de várias tentativas (a carta só saiu na terceira) para deixar claro que considerava a peça de Werfel não apenas uma pane literária como uma debacle moral. O caso do relojoeiro Franz Schweiger, que não consegue entrar em sintonia com o mundo, que permanece estranho às pessoas, que se sente torturado por algo de que ele não consegue se lembrar e que não chega nem a articular, e que, finalmente, não é tocado nem pelo abnegado amor da esposa — esse caso, absolutamente adequado a servir como molde para um conto de Kafka, é dissolvido de modo brutal por Werfel à medida que ele rebaixa Schweiger a um exemplo literário. Descobre-se que Schweiger havia sofrido um episódio esquizofrênico, tendo atirado em crianças numa alienação psíquica, um caso de manual clínico. E para completar a dose, Werfel aparece com um docente chamado Ottokar Grund, uma caricatura escancarada e bastante maldosa de Otto Gross, que havia saído de órbita. "Você cria a história de um assassinato de uma criança", escreveu Kafka a Werfel, quase sem controlar sua raiva. "Considero isso uma afronta ao sofrimento de uma geração. Quem não tem mais a dizer do que a psicanálise não deveria se meter aqui."[5]

Werfel era uma pessoa irritável, mas via de regra inclinado à conciliação, e sabia separar as observações críticas sobre sua obra (como aquelas que sua amante Alma Mahler lhe jogou na cara num tom bem diferente) dos sentimentos pessoais. Ele entendeu que era melhor adiar um pouco a próxima visita a Kafka,[6] o que não o impediu de convidar o amigo enfermo e crítico mais uma vez a Semmering, sugerindo-lhe inclusive uma estada conjunta em Veneza. É claro que as objeções de Kafka foram quase furiosas tendo em vista sua usual reserva, e para explicá-las não bastava saber que Werfel tinha se permitido brincar com Gross — mesmo se anos atrás eles houvessem se reunido a três e chegado até a pensar em lançar uma revista. Werfel tinha outra opinião sobre o "caso" Otto Gross. Afinal, Max Brod não havia afirmado sempre que um dos costumes de Kafka mais admiráveis e dignos de serem imitados era o de reconhecer cada esforço sério, o de procurar a boa intenção mesmo no insucesso e até na maldade?

Um costume que era facilmente interpretado de modo errôneo. Pois como leitor Kafka não era apenas magnânimo; antes, se comportava frente a obras literárias e até teóricas como se frente a pessoas vivas, cujas existências nos dizem respeito ou não, mas às quais ao menos damos ouvidos num primeiro encontro. Por essa razão ele era capaz de também aceitar com boa vontade coisas de terceiro escalão e recomendá-las sem se atentar a objeções profissionais. Certa vez ele escreveu a Brod dizendo que, no fim das contas, toda arte só podia ser explicada como tentativa de compreensão, como "troca possível de uma palavra verdadeira entre pessoas".[7] Essa postura de levar a literatura de maneira estritamente pessoal com frequência levou Kafka a julgamentos surpreendentemente brandos, sobretudo quando ele era amigo do autor e quando tinha participado de sua criação. Werfel estava descobrindo agora que, pelos mesmos motivos e com a mesma coerência, o oposto podia acontecer também. Kafka reagiu como se *Schweiger* fosse dirigido explicitamente a ele, segurando-lhe um espelho, e nesse espelho ele via o rosto de um homem que é um enigma para si próprio, que vive em eterna distância em relação a seus próximos e, portanto, é incapaz de retribuir o amor. Esse era Franz Schweiger. Werfel havia acertado o alvo, uma flecha bem no meio de uma ferida aberta.

Apesar disso, a Kafka não foi franqueada a consciência de estar totalmente correto por uma vez. Ele estava seguro de sua avaliação de modo cabal, e experimentou a satisfação de ver a peça de Werfel também sendo criticada de maneira bastante rude pela imprensa. Apesar disso, essa sentença podia almejar qual raio de validade? Kafka usou por duas vezes a palavra "geração" em ambos os rascunhos da carta para Werfel a fim de esclarecer que não estava falando apenas em seu nome, mas numa mensagem a Brod ele confessa sem mais que seu sentimento em relação a *Schweiger* era "tão pessoal que talvez valha apenas para mim": "me afeta profundamente, me atinge de modo abominável no mais abominável".[8]

Essa insegurança do julgamento literário não era algo novo e preocupou Kafka durante toda a sua vida: ele era capaz de expressar o efeito de uma obra de arte com tal sensibilidade que era como se se tratasse do carisma de uma pessoa, mas sempre fracassava em se valer de padrões estabelecidos e correlacionar impressões com critérios comumente válidos.

Porém, manter uma vida autônoma de escritor, como Kafka a imaginou várias vezes durante seus anos no escritório, era — continuava sendo — quase impensável sem essa capacidade de ser objetivo. Seja como resenhista, jornalista, redator ou editor de textos freelancer numa editora: em todas essas ocupações, sem as quais Kafka não conseguiria se manter em Praga, a capacidade de emitir uma opinião competente e justificada era mais valorizada do que a pura habilidade linguística. Mas Kafka sentia tanta dificuldade em dar pareceres por escrito que raramente ousava fazê-lo. Havia pouco ele teve de desistir de uma crítica sobre o manifesto antissemita de Hans Blüher, *Secessio Judaica*, após apenas três parágrafos — e isso embora todos seus amigos conhecessem e debatessem a brochura, embora ele pudesse lhes pedir conselhos e ajuda e embora ele, como todos os outros, fosse da opinião de que o ataque de Blüher não podia, de maneira nenhuma, ficar sem resposta.[9]

Um fracasso que agora, em meio à ansiada liberdade da "aposentadoria temporária", era especialmente doloroso. Como crítico ou ensaísta, Kafka não teria de procurar muito por oportunidades de publicação, pois era conhecido como autor literário e suficientemente reconhecido. E mesmo se não fosse possível pensar numa produção seriada ou sob encomenda, como Max Brod o fazia havia meses no *Prager Presse*, Kafka poderia melhorar significativamente sua apertada condição financeira se pudesse escolher com liberdade temas e prazos de trabalho. Essa opção parece ter sido eventualmente discutida entre amigos. Em agosto de 1922, porém, Brod e Weltsch tiveram a curiosa ideia de sugerir Kafka como editor de *Der Jude*, sucedendo Martin Buber, que decidira (temporariamente) abdicar da função. Kafka respondeu dizendo que a oferta só podia ser brincadeira. "Como poderia eu, no meu desconhecimento ilimitado das coisas, na completa falta de relação com as pessoas, na escassez de firme solo judaico sob os pés, pensar em algo assim? Não, não."[10]

Não há dúvida de que a responsabilidade por uma revista teria assoberbado Kafka. A doença e a privação crônica de sono já desaconselhavam tarefas, mas o preponderante era sua lida escrupulosa com os textos e a dependência incontrolável de humores e influências externas. E o judaísmo? A desculpa de Kafka nesse sentido não parecia muito convincente. Tendo se mantido distante do rito judaico, ele se interessava no máximo pela festa do Purim, de caráter carnavalesco, porque era uma coisa das crianças.[11] Entretanto, dispunha de conhecimentos vastos sobre a história política e cultural do judaísmo e havia mais de uma década acompanhava a discussão sobre o sionismo. Kafka lia o *Selbstwehr* e o *Der Jude* e provavelmente conhecia também o jornal *Jüdische Rundschau*, publicado desde 1919. Não se tratava de um conhecimento de especialista, mas era uma abrangente visão panorâmica. Kafka também percebia quais temas judaicos eram virulentos. Ele queria que as publicações de orientação judaica tirassem gradualmente de moda os debates abstratos sobre "identidade judaica" e "etnicidade judaica"; na linha de frente estavam agora a colonização judaica da Palestina, que levantava todo um conjunto de problemas econômicos, políticos, religiosos e étnicos. Kafka estava muito mais interessado nisso do que em considerações gerais histórico-culturais ou histórico-religiosas, como, por exemplo, as apresentadas por Brod em seu livro em dois volumes *Heidentum Christentum Judentum* [Paganismo cristianismo judaísmo] (1921). Sua reação à tentativa de comprovar a superioridade da religiosidade judaica sobre a cristã chegou a ser irônica.

Isso não impedia Kafka, entretanto, de compreender de imediato a gravidade dos ataques frontais contra o coletivo judaico (como, por exemplo, aquele perpetrado por Hans Blüher). Não foi realmente a profundidade intelectual ou quaisquer outras teses surpreendentes de Blüher que provocaram Kafka a também escrever a esse respeito, mas o fato de que Blüher atacava um flanco aberto: ele descrevia o judaísmo com o mesmo vocabulário da decadência e do mimetismo[12] com o qual os sionistas e também o próprio Kafka caracterizavam o *judeu ocidental*. Todo judeu, escreveu Blüher, era "doente em essência: algo que não acontece em nenhum outro povo". Apesar de toda a limitação intelectual de Blüher, que havia copiado o emprego das "essências" empiricamente incomprováveis de Weininger, era terrível a maneira instintiva como um antissemita, que ameaçava os judeus com um "progrom mundial" ("A Alemanha será o único país que se intimida com a morte"), conseguia ao mesmo tempo tocar sua autoconsciência ferida, a dúvida persistente sobre se haveria algum lugar no planeta onde os judeus pudessem ser algo diferente do que o tolerado sublocador.[13]

O interesse de Kafka em tudo que se relacionava ao destino do judaísmo se intensificou de maneira significativa em seus últimos anos. Diversas causas internas e externas reforçavam-se mutuamente, causas que não podem mais ser reconstruídas por completo e de cuja hierarquia e cronologia só restam contornos. É certo que Kafka, como qualquer outro judeu, estava decepcionado e deprimido com a continuidade absolutamente intacta de um antissemitismo de caráter mundial. A nova ordem política que havia sido prometida com o fim da guerra e com o desaparecimento de sistemas autoritários não teve qualquer efeito nesse sentido; ao contrário, parecia que o antissemitismo se propagava de maneira ainda mais visível e agressiva em todos os lugares onde a democracia lhe abria novos espaços de ação. Na Alemanha, o medo da turba dos "suásticos", que lutavam pelo poder não no Parlamento, mas nas ruas, e o assassinato de Walther Rathenau em 24 de junho de 1922 derrubaram as últimas esperanças de que se tratava apenas das dores do parto da República: "Incompreensível que lhe foi permitido viver tanto tempo", Kafka comentou com o cinismo da resignação.[14] Os organizados antissemitas evidentemente não estavam dispostos, mesmo sob relações políticas estáveis, a reconhecer o monopólio de violência do Estado. Isso significava que os judeus não estavam mais seguros num país conduzido democraticamente, mas *mais ameaçados* do que sob o regime de um imperador. E as coisas em Praga eram muito melhores? Por lá, ninguém precisava temer um golpe "da direita". Entretanto, volta e meia a polícia precisava sufocar a violência contra os judeus logo em sua origem, e a atmosfera na Universidade Alemã — que Kafka observava preocupado também por causa de Klopstock — estava incuravelmente envenenada. Nesse mundo, para onde quer que se olhasse, ressuscitavam as antigas ameaças, tão conhecidas, vitais e diversificadas. E fugir de um mundo assim por meio da regressão era insensato e incompatível com uma pretensão à veracidade.

Um escritor não pode se satisfazer em ler o jornal e continuar seguindo seus sonhos. Ele tem de reagir contra aquilo que está germinando na sociedade: seja de maneira produtiva, seja com um olhar aguçado ou com um distanciamento consciente. Mesmo nas fases da calmaria literária, Kafka acompanhava atentamente o posicionamento de outros autores judeus alemães e — uma característica própria — seu fascínio ou admiração não dependia de uma concordância com eles. Claro que se tratava de um sinal de decadência negar as próprias raízes culturais e históricas, comportar-se diante delas de maneira irônica ou indiferente, e o judeu ocidental literalmente *merecia* se deparar com o antissemitismo: essa era a posição de Brod e, durante algum tempo, de maneira ainda mais radical, também a de Kafka. Apesar disso, a decisão sobre o que era possível fazer individualmente para minorar esse estado desonroso ainda estava longe. Juntar-se a um grupo sionista, sem dúvida; aprender hebraico, ir vez ou outra à sinagoga e fazer doações à Palestina. Esses atos exteriores suavizavam a dor, mas de maneira alguma podiam curar as raízes cortadas. Era sobretudo isso que Kafka tinha em mente quando ele lembrava Werfel dos sofrimentos de sua geração, sofrimentos que não têm origem num habitual conflito de gerações, mas numa fratura muito mais profunda: da percepção de que o judaísmo assimilado dos pais foi um movimento totalmente ilusório, sem fundamento nem qualquer legitimação histórica e que estava à mercê de uma destruição que em breve ocorreria e, ao mesmo tempo, da terrível experiência de que não é possível abdicar desse "judaísmo ocidental" sem mais.

> Melhor do que a psicanálise, nesse caso prefiro saber que esse complexo paterno, que alimenta alguns intelectualmente, não se refere ao pai inocente, mas ao judaísmo do pai. A maioria dos que começaram a escrever em alemão queria se afastar do judaísmo, via de regra com uma aceitação vaga dos pais (essa vagueza era o que indignava); eles queriam, mas ainda se mantinham colados ao judaísmo dos pais com as patinhas traseiras e não achavam um terreno novo com as dianteiras. O desespero era sua inspiração.[15]

A consequência desse dilema do escritor estava dada para Kafka havia tempos, mas era oposta às consequências que Max Brod colhia por seu próprio trabalho. Brod apostava na educação, ele acreditava que o autor judeu, que já reconheceu a assimilação como um beco sem saída, deve transmitir esse conhecimento e mostrar possíveis alternativas, imagens opostas positivas. Por essa razão, os termos "judeu" e "judaico" sempre estavam presentes nos romances e contos de Brod e em relações totalmente inesperadas — mesmo quando só se trata do profano problema do ciúme. Kafka, por sua vez, considerava a escrita literária incompatível com a propaganda. O escritor não deve discutir o que vivencia, mas *representar* da maneira mais pura possível — num "autoesquecimento", como escreveu a Brod, quer dizer, excluindo qualquer censura intelectual e, mais ainda, até o princípio de realidade. O ideal estético de Kafka almejava manter totalmente em aberto nos próprios textos quais partes eram pessoais, quais judaicas ou apenas "humanas", e por esse motivo ele rotulava tudo o que fosse explicitamente judaico como sendo um tabu: o termo não aparece em sua obra literária. Entretanto, a agudeza por ele alcançada foi tão profunda que suplantou em muito qualquer literatura de inspiração nacional-judaica.

Essa postura de Kafka de priorizar de maneira absoluta a forma da obra de arte ante o que o autor afirma ou opina teve consequências altamente paradoxais. Pois segundo tais parâmetros, não importava se o escritor almejava uma representação de potência simbólica e linguística da tragédia judaico-ocidental, mas sim que sua obra se tornasse uma *expressão* convincente disso, a despeito de suas intenções ou até de sua vontade. O nome "Karl Kraus" marcou precisamente o ponto em que Kafka afastou-se do crítico e passou a trilhar um caminho próprio: enquanto Brod e Werfel, que não haviam se saído muito bem no confronto com o editor da *Die Fackel*, perdiam pouco a pouco o interesse em Kraus — um debate objetivo parecia estar fora de questão para todo o sempre —, Kafka continuou lendo seus textos com a maior avidez, sem recuar nem diante da inédita abrangência com que Kraus havia disparado por meio da agressiva sátira *Literatur oder Man wird doch da sehn* e cujos tiros atingiam seu círculo imediato. Por que Kafka se sentia atraído por uma leitura dessas? Ele tentou se justificar com Brod.

> Depois da impressão de antes, que, é claro, desde então já esmaeceu bastante, isso me pareceu extraordinariamente acertado, acertado no coração. Ele reina nesse pequeno mundo da literatura judaico-alemã ou, melhor, quem reina é o princípio que representa, ao qual se submeteu de maneira tão admirável que ele chega a se confundir com o princípio e permite que outros participem da confusão. Acredito que sei separar bastante bem o que no livro é apenas graça, apesar de esplêndida, do que são queixumes deploráveis e, por fim, do que é verdade ou, ao menos, tanto de verdade quanto o é a minha mão que escreve, também tão clara e assustadoramente física. A graça é principalmente o *mauscheln*,* apesar de que nesse mundo judaico-alemão quase ninguém sabe fazer

* No passado, o verbo "mauscheln" trazia conotação antissemita, "falar como um judeu" ou "falar incompreensivelmente". Hoje registram-se as acepções "distribuir privilégios de maneira não transparente, fazer acordos proveitosos; roubar no jogo". Como explica a nota 18 correspondente ao presente capítulo, Kraus usa "mauscheln" como sinônimo da mistura desleixada do alemão culto com o iídiche.

> outra coisa senão *mauscheln*, *mauscheln* tomado em seu sentido mais amplo, o único a ser tomado, ou seja, como a apropriação barulhenta ou silenciosa ou autotorturante de uma propriedade alheia, que não adquirimos mas roubamos por meio de um movimento (relativamente) fugaz e a propriedade alheia se mantém, mesmo que nenhum erro de linguagem possa ser apontado, pois aqui tudo pode ser apontado pela mais leve chamada da consciência numa hora pesarosa. Com isso, não estou dizendo nada contra *mauscheln*, *mauscheln* em si é até bonito, é uma ligação orgânica entre o alemão escrito e a língua de sinais [...] e resultado de uma delicada percepção linguística, que reconhece que no alemão apenas os dialetos estão vivos e, fora eles, apenas o alemão culto mais altamente pessoal, enquanto o resto, a classe média linguística, não passa de cinzas que só podem parecer vivas com mãos judaicas excessivamente vitais remexendo nelas. Isso é um fato, divertido ou terrível, como queira; mas por que seduz os judeus de maneira tão irresistível? Antes da libertação dos judeus, a literatura alemã já vivia e em grande esplendor; ela era, em minha opinião, principalmente na média, nunca menos diversa do que hoje em dia, talvez tenha até perdido um pouco de sua diversidade hoje. O fato de essas duas coisas estarem relacionadas com o judaísmo em si, ou melhor, com a relação dos jovens judeus a seu judaísmo, com a terrível situação interna dessa última geração, foi especialmente Kraus quem reconheceu — ou melhor, se tornou visível tendo-o em vista.[16]

A última frase é decisiva: o que importa não é se Karl Kraus realmente "reconheceu" e compreendeu a crise — ele não a compreendeu, segundo a opinião de Kafka —,[17] e também não faz muita diferença se Kraus julgou de maneira "justa" ou não os protagonistas dessa crise. O que importa é que sua obra gigante representa a crise judaico-ocidental de maneira grandiosa e, ao mesmo tempo, cômica, num duplo sentido. O *Fackelkraus*, o literato judeu-ocidental por excelência, o defensor inabalável da língua, que repreendia toda conjugação errada como se fosse uma ofensa pessoal, o festejado declamador, que desdenhava de todo salpicamento de iídiche nas obras de seus oponentes — era exatamente esse Kraus que Kafka elogiava como mestre do *mauscheln*. Esse era um ponto cuja sagacidade mesmo Brod não podia negar, pois reforçava seu credo várias vezes repetido de que não se abandonava o judaísmo.[18]

Mas será que era possível ter de suportar Kraus para compreender isso? Os velhos amigos de Kafka não conseguiam compreender o motivo de a *Die Fackel* ficar lado a lado com a *Selbstwehr* sobre a escrivaninha de Kafka, visto que pertenciam a dois mundos incompatíveis tanto do ponto de vista linguístico quanto ideológico, e de ele ler ambas as publicações com a mesma satisfação. Kafka podia se expressar com muito mais liberdade diante de um jovem leitor sem parti pris, como Robert Klopstock. Em Matliary, eles provavelmente devem ter lido em conjunto *Die Fackel* e também a opereta de Kraus, *Literatur:* "não quero me negar essa iguaria doce feita de todas as pulsões boas e más", ele escreveu de Planá, esperando havia meses pelo último número da revista; mais tarde, relatou até sobre "orgias relaxantes" que havia feito "noite adentro" com a *Die Fackel* e, segundo ele, Klopstock já estava bastante familiarizado com elas. Brod não foi mais informado de nenhum desses pecados.[19]

Kafka já havia demonstrado que era possível apresentar os terrores da assimilação de maneira muito vivaz sem chamá-los por seus nomes verdadeiros: seu "Um relatório para uma academia", apresentado por um "símio" adestrado, arrepiou até sionistas confessos. Em outubro de 1922, logo após a interrupção do romance *O castelo*, Kafka se colocou novamente diante da tarefa, mas dessa vez encontrou uma forma ainda mais sutil. "Investigações de um cão" é o título (dado por Brod) a um texto bastante trabalhado que, caso tivesse sido terminado, teria alcançado talvez a extensão de *A metamorfose* ou até de um romance pequeno e que, apesar disso, abria mão quase totalmente de uma ação estruturada.[20] Trata-se do relato autobiográfico de um cachorro que passa anos investigando fenômenos da vida canina, por meio da observação, de questionamentos extensos e também de maneira empírica, com autoteste. Essa avidez pelo conhecimento foi disparada pela excitante aparição de sete "cães músicos", que o narrador em primeira pessoa havia conhecido na infância — cães que dançavam, saltavam, caminhavam apenas com as patas traseiras e faziam música de maneira misteriosa. A questão sobre o que eram essas criaturas leva o jovem espectador muito rapidamente a outras reflexões, que abrangem manifestações tanto cotidianas quanto extraordinárias: por exemplo, saber de onde vem a comida dos cachorros, mas também as lendas sobre os assim chamados "cães aéreos", que supostamente nunca tocavam o chão.

Mesmo que também essa narrativa tenha se mantido inacabada, Kafka realizou uma obra de arte cujo refinamento confundiu (ou refreou) por décadas toda a pesquisa dedicada ao seu autor. Evidentemente, a princípio, o texto provocou questionamentos sobre a quem se referia, afinal. Visto que cachorros, via de regra, não produzem autobiografias, e que certamente também não era a intenção de Kafka realizar uma contribuição ao behaviorismo, seu conto faz parte da tradição das fábulas com animais. Trata-se de um povo humano, e os costumes pesquisados e relatados aqui são humanos; também não é difícil adivinhar quem está sendo referido. "Pelo que sei, nenhuma criatura vive tão amplamente dispersa quanto nós, cães [...] nós, que queremos estar unidos — e apesar de tudo, em efusivas ocasiões, o conseguimos —, justamente nós vivemos muito separados uns dos outros."* Trata-se dos judeus, pois nenhum outro povo combina tanto com essa descrição. Tudo parece combinar. Cães aéreos [*Lufthunde*] são evidentemente os famosos "seres humanos aéreos" [*Luftmenschen*], que não têm chão sob seus pés — seja porque estão socialmente desenraizados, seja porque vivem mais nas antigas Escrituras do que na realidade. Também é evidente que Kafka retratava na figura dos cães musicais os atores judeus orientais no Café Savoy — que também lhe transmitiam uma experiência de revelação; a descrição da atmosfera em "Investigações de um cão" bate com as passagens correspondentes no diário de 1911. Desse modo, não é de espantar que "Investigações" fale de dois tipos de alimentação: aquela que encontramos na terra e aquela que vem "do alto", alimentação espiritual oriunda da religião, arte e história, sem a qual nenhum povo poderia sobreviver, muito menos os judeus.

Esse é um modo de leitura ao qual não se vê alternativa convincente. Sua desvantagem é que funciona apenas no todo, enquanto inúmeros detalhes permanecem enigmáticos. Por que, por exemplo, o texto insiste em afirmar que os cães aéreos são pequenos e fracos? O que significa a "confusão de madeiras" em que o narrador está metido enquanto assiste aos cães músicos? Também o encontro com um outro cão, que supostamente está caçando e por isso quer — ou até *precisa* — espantar o narrador,

* Franz Kafka, "Investigações de um cão". In: *Narrativas do espólio*. Trad. de Modesto Carone. São Paulo: Companhia das Letras, 2020, p. 148.

permanece incompreensível sob a premissa de que os cães representam os judeus. A equação quase se resolve, mas o restante sem explicação é grande demais para relegá-lo simplesmente como um calhau literário.

A graça que Kafka se permite fazer aqui com seus leitores é inédita em toda a sua obra. "Investigações de um cão" clama por interpretações, como todos os textos de Kafka, e o fato de aqui se tratar expressamente de ciência reforça esse clamor e o torna irresistível. Na realidade, o narrador em primeira pessoa só pode ser desvendado à medida que é tomado literalmente, abrindo-se mão das interpretações metafóricas. Espantosamente o texto ainda permanece legível quando se assume que não há *nada* por trás, que ali vive e sofre um cachorro entre cachorros. Pois os pequenos cachorros aéreos que reinam lá no alto, dos quais ninguém sabe como se reproduzem, não passam de cãezinhos de colo. O cão caçador, que não sabe fazer outra coisa senão tirar obstáculos do caminho, é um cão de caça adestrado, que está cumprindo ordens, e a ameaça sombria que faz ao narrador — para se afastar devagar senão terá de correr depois — só pode significar que seu dono já está por perto com a espingarda nas mãos. A confusão de madeiras, na qual o cão narrador se meteu ao acompanhar a apresentação dos cães músicos, são as pernas das inúmeras cadeiras sobre as quais os verdadeiros espectadores estão sentados, e o fato de estar num espaço com "uma mancha de névoa" indica que há fumaça de cigarro no alto — enquanto os cães músicos não estão, de fato, "a conjurar a música como mágica", mas seguem como animais adestrados uma melodia feita por humanos. E a comida? Do ponto de vista de cachorros domesticados, ela realmente sempre vem do alto, e não se trata de observação de uma "ciência canina" qualquer, como o narrador afirma, presunçoso, mas de um processo natural em que a comida muitas vezes é fisgada enquanto está no ar, na medida em que um cachorro que permanece passivo tem de recolhê-la do chão. O prazer de Kafka com a graça narrativa é tão concreto que quase pode ser tocado com as mãos. E essa graça consiste principalmente no cão investigador não tomar consciência do fator decisivo de seu mundo. "[...] pois o que havia, fora os cães?", ele pergunta. "Quem é que se pode chamar, no mundo vasto e vazio?"* Bem, talvez os seres humanos, que não são mencionados nem uma vez

* Ibid., p. 162.

em seu relato. Caso ele finalmente se desse conta deles e compreendesse que os cães são um "povo explorado" dependente, que vive na órbita de um "povo dominador",* então os enigmas de seu pequeno universo se resolveriam por si e ele poderia encerrar a atividade científica. É o ofuscamento que os impede de não compreender por que exatamente eles, que preferem andar em bandos, vivem de maneira tão isolada. Eles o fazem porque *precisam*. Como os judeus.[21]

A comunidade judaica de Praga foi reanimada no outono de 1921 por um acontecimento extraordinário, quase inimaginável alguns anos antes: em seu centro estava uma jovem de dezoito anos vinda de Jerusalém, que não estava de visita ao antigo país, mas que era palestina de *nascença*, pisando pela primeira vez na Europa. Desde a tragédia dos refugiados dos anos de guerra, a comunidade de Praga havia se tornado compulsoriamente mais aberta, a flutuação era alta, e as pessoas tinham se acostumado com o aparecimento de judeus de cantos longínquos do mundo, pessoas de aspecto estrangeiro e majoritariamente não cultas, que tocavam a vida com iídiche, polonês, russo e húngaro estropiados. Puah Ben-Tovim, a viajante de Jerusalém, era um caso bem diferente. Ela se expressava num hebraico moderno e puro, que não se originara do manual do professor Rath, mas de Eliezer Ben-Yehuda em pessoa, o criador do novo hebraico,[22] e também falava um alemão razoável, que aprendera numa escola dirigida por missionários alemães em Jerusalém. Por meio desses conhecimentos linguísticos, ela foi apresentada a Hugo Bergmann, o fundador e diretor da biblioteca da Universidade de Jerusalém, que, por sua vez, a enviou a Praga, onde se matriculou na Universidade Alemã a fim de estudar matemática. Bergmann escreveu uma carta de recomendação para o dr. Brody, o rabino-chefe, e Puah passou a viver num quarto na casa da mãe de Bergmann.

Ela tinha vindo para aprender. Mas então aconteceu algo inesperado: os judeus de Praga — e justamente os mais cultos entre eles — estavam ansiosos para que *ela* os ensinasse. Puah visitou muita gente, passou inúmeras noites com os jovens do Blau-Weiß judaico, deu aulas na pequena escola

* No original, "Gastvolk" e "Wirtsvolk", respectivamente. A ideologia nacional-socialista carregou esses termos com conotações biologistas — "povo parasita" e "povo hospedeiro" —, a fim de designar judeus e arianos em sua narrativa.

comunitária judaica, participou dos seminários do professor de línguas orientais Isidor Pollak e foi convidada por membros da comunidade B'nai B'rith, à qual Felix Weltsch também pertencia. Todos estavam encantados com seu hebraico, e depois que correu a notícia de que com ela não se ouvia o vocabulário da Torá, mas um *ivrit* de primeira mão, a moça se tornou uma disputada professora de língua.

Inclusive por Kafka. Não se sabe quando e onde ele encontrou Puah pela primeira vez; possivelmente na presença de sua mãe, que era uma antiga conhecida da sra. Bergmann, mas talvez também na casa de Brod ou Weltsch, que não perderam a rara oportunidade de conhecer o cotidiano na Palestina a partir de uma perspectiva não europeia. Para os sionistas de Praga, que em sua maioria apenas sonhavam com a Palestina, Puah representava nada menos que o futuro do judaísmo: uma autoconsciência judaica que não dependia mais de modo algum do mimetismo, que conhecia as obrigações da assimilação apenas das aulas de história e que observava o Velho Continente não com uma memória nostálgica, mas com uma curiosidade por vezes turística. As perguntas de Kafka sobre a Palestina também eram infinitas; o que se podia saber por intermédio de Puah era incomparavelmente mais vivaz e expressivo do que os relatos publicados na *Selbstwehr*, até mesmo mais autêntico e atual do que as reportagens de um observador inteligente como Arthur Holitscher, que publicara poucos meses antes *Reise durch das jüdische Palästina* [Viagem pela Palestina judaica].[23] Por fim, foi também a "pequena palestina", como ele a chamava, que reacendeu o interesse de Kafka pela língua hebraica. Em 1922, supostamente após o retorno de Kafka de Planá, ela começou a frequentar duas vezes por semana o apartamento no Altstädter Ring para ministrar aulas.

Judaísmo, juventude e feminilidade — para Kafka, três motivos para encarar Puah com a maior simpatia, com o olhar de uma inconfundível idealização. Na velhice, Puah Ben-Tovim recordou-se de que ele fora educado e reservado; mas não se furtava a lhe fazer um elogio a respeito de uma nova saia ou sobre sua aparência. "Ele se sentia inegavelmente atraído por mim, mas antes por um ideal do que pela moça de verdade que eu era, e mais especificamente pela imagem da longínqua Jerusalém, sobre a qual ele me interrogava de maneira incessante e à qual queria me acompanhar quando do meu regresso." Kafka também lhe pareceu alguém que estava se afogando emocionalmente, que agarrava qualquer hastezinha.[24] Era evidente que ela não podia retribuir tais sentimentos. Para Puah, Kafka era um homem notável, mas vinte anos mais velho e bastante doente, e é pouco provável que ela pudesse compreender "Investigações de um cão", no qual ele trabalhava em paralelo às lições de hebraico — mesmo se depois de olhar seus manuscritos talvez tivesse entendido melhor por que ele se interessava tanto por determinadas famílias de palavras, como por "lechaker", "investigar".

Kafka soube usar a chance de educação que lhe foi oferecida. Seus cadernos de vocabulário demonstram que ele não considerava as visitas de Puah (às quais certamente pagava bem) apenas umas horinhas de chá palestinas, mas se preparava intensamente para elas e por escrito — cerca de 350 páginas com anotações em hebraico no total foram reunidas no seu espólio. Evidentemente, eles exercitavam mais conversação em hebraico do que gramática, e Kafka tentava aprender campos lexicais inteiros a fim de enfrentar situações cotidianas — à semelhança do que acontece atualmente nas aulas de língua com *native speakers*. Além disso, ele anotava inúmeras expressões que eram muito novas ou muito coloquiais para serem encontradas em dicionários. Georg Langer, por assim dizer o precursor de Puah como professor de língua, relatou que em algum momento Kafka começou a falar hebraico "com fluência" e orgulho, resultado de uma perseverança extraordinária. Apesar da tosse, que atrapalhava continuamente as aulas, e apesar de algumas interrupções provocadas pela febre, Kafka prosseguiu os exercícios intensos com Puah até meados de 1923.[25] E ele certamente teria avançado ainda mais caso os assédios excessivos (também eróticos) aos quais Puah Ben-Tovim estava exposta na cena sionista de Praga[26] e o trabalho constante com temas judaicos não a tivessem feito mudar de planos: contra o desejo de seus pais e para a decepção de Kafka, ela interrompeu os estudos acadêmicos e foi a Berlim a fim de se dedicar a tarefas sociopedagógicas com crianças judias.

É difícil definir a seriedade dos planos de Kafka sobre a Palestina; de início, certamente não estavam tão distantes da realidade como ele mais tarde os considerou. Entretanto, esses planos não eram consequência de uma convicção sionista, mas resultantes — como havia dez anos, no primeiro encontro com Felice Bauer — de relações pessoais e se mantiveram dependentes destas últimas. A ideia de se mudar para a Palestina sob a proteção de uma jovem confidente foi um sonho acalentado durante meses por Kafka. Esse objetivo pareceu estar ainda mais próximo quando, em abril de 1923, também Hugo Bergmann e a mulher Else apareceram em Praga e reforçaram os planos de emigração de Kafka. Provavelmente o casal se assustou com sua aparência modificada. Eles tinham se visto pela última vez havia três anos, antes da partida para Jerusalém, mas agora Kafka estava enfraquecido, mais magro, e seu carisma juvenil, que sempre o fez parecer muitos anos mais jovem, gradualmente dava lugar à fisionomia de um tuberculoso. Else Bergmann ficou tão comovida que convidou Kafka a morar com eles, apesar do pouco espaço e contra o conselho enfático do marido, que considerava a responsabilidade grande demais, além de temer pelo bem-estar da filha e dos dois filhos.[27]

Será que Kafka sabia o que o esperava em "Eretz Israel"? É bem provável que não compartilhasse da ilusão ainda difundida entre os sionistas entusiasmados de que a Palestina era uma região marcada pela vida judaica — ou, pelo menos, que assim seria marcada no futuro. Mesmo um filme de propaganda como *Shivath Zion* (Regresso a Sion), a que Kafka havia assistido em outubro de 1921 e que se concentrava nos feitos de construção judaicos, não deixava dúvida quanto às verdadeiras relações majoritárias, principalmente quando o foco era a vida urbana: uma cena sem sombra de dúvida oriental, multiétnica.[28] No outono de 1922, dos 750 mil habitantes da Palestina, apenas 11% eram judeus, e também a ideia de que a reconquista da Palestina acontecia principalmente por meio das mãos — ou seja, pela aquisição e cultivo do solo — era antes um mito coletivo. Na realidade, apenas 3% das propriedades estavam em mãos judaicas, apenas cerca de mil pessoas viviam em kibutzim, e os imigrantes judeus subsequentes acorriam às cidades e com frequência diziam ter outras profissões, a fim de não serem mandados para o campo.[29] O problema permanecia o mesmo do tempo do Império Otomano: a colonização pressupunha aquisição de terra, mas a grande maioria dos imigrantes não dispunha de nada além de sua força de trabalho. Eles dependiam dos créditos do Fundo Nacional Judaico e do Keren Hayessod (fundo comunitário), ambos, por sua vez, financiados por doações de todo o mundo.

Também o tour de palestras que Hugo Bergmann fez na primavera de 1923 tinha como principal objetivo a arrecadação de dinheiro para o fundo comunitário. Ele era um orador competente e convincente, como Kafka sabia desde muito; nesse meio-tempo, porém, Bergmann conhecia com os próprios olhos a matéria sobre a qual discorria, era o cidadão de Praga mais proeminente que ousara o grande passo e havia se tornado uma autoridade judaica. Em 26 de abril de 1923, quando Bergmann falou diante de um grande público em Praga sobre "A situação na Palestina" — Brod, Weltsch e Baum naturalmente também estavam presentes —, Kafka ficou tão entusiasmado que depois acorreu ao camarim, apertou a mão do antigo colega de escola, assegurando-lhe: "Você fez esse discurso para mim".[30] Ele poderia ter acrescentado: você enviou a srta. Puah também apenas para mim.

Bergmann não tinha motivo para abafar o entusiasmo de seus ouvintes. Ele não tinha nada contra o fato de que em Praga as pessoas nutriam ideias muito otimistas em relação às condições de vida na Palestina e principalmente em Jerusalém, algo muito vantajoso para sua lista de donativos. Nas conversas em grupos menores — os casais Bergmann e Brod também passaram uma noite no apartamento dos Kafka —, as condições opressivas reais devem ter vindo à tona. Afinal, todo leitor de jornal sabia que as tensões entre árabes e judeus se intensificavam de modo contínuo, com a ocorrência de episódios de violência. Alguns sionistas já haviam desistido das esperanças de uma coexistência pacífica, mesmo que ninguém quisesse confessar isso publicamente.[31] A Palestina não tinha sido, como esperado, colocada sob responsabilidade da Liga das Nações ou dos Estados Unidos, mas entregue por mandato à Grã-Bretanha, força vencedora local. Mas a política inglesa no Oriente Médio não se dirigia aos interesses dos judeus, como alguns sionistas sonhadores esperaram após a sensacional Declaração Balfour de 1917. Em vez disso, o governo em Londres operava segundo o conhecido padrão da política colonial de força; ou seja, pautado pelo pragmatismo e objetivando uma pacificação controlada. A solução dos problemas locais era transferida à iniciativa de funcionários judeus e árabes, e as relações com os nacionalistas árabes, nesse meio-tempo bem organizados, também deviam ser mantidas sem conflitos, na medida do possível — principalmente por meio de uma diminuição da área que havia sido originalmente prevista à colonização judaica e por um escancarado suprapartidarismo.[32] Os interesses judaicos tinham de se conformar a condições prévias e, fora isso, estavam entregues a uma autoadministração fática. Em grande medida, os judeus também tinham de cuidar pessoalmente de sua proteção contra ataques árabes, embora lhes fosse negado um treinamento paramilitar e a posse de armamentos. Os ingleses eram a força de ocupação e, apesar de seu estreito trabalho em conjunto com a executiva sionista — o primeiro alto-comissário britânico Herbert Samuel era judeu e sionista moderado —, não escondiam que as inúmeras reclamações e pedidos dos judeus incomodavam tanto quanto os dos árabes.

Bergmann também sofria sob esse desenrolar pouco promissor e não dava a impressão de ser uma pessoa feliz que havia alcançado o objetivo de seus sonhos. Ele parecia mais sério do que antes, e descobriu-se que vivia com a família sob condições mais duras do que em Praga, em todos os sentidos — material, cultural e até social. "Como somos arremessados de país a país e de ponto de vista a ponto de vista, de esperança à dúvida", ele escreveu em 1922 a Leo Herrmann, antigo diretor da *Selbstwehr*. "Estou há mais de dois anos no lugar, mas ainda muito distante de enxergar meu caminho aqui. Sinto-me muito estrangeiro, não tenho amigos, não frequento nenhum grupo e, fora o trabalho na biblioteca, não vejo nenhuma tarefa à minha frente."[33] Uma experiência de isolamento que não foi poupada a nenhum imigrante ocidental, principalmente em Jerusalém. Era preciso falar *árabe* para se sentir em casa ali, e as boas maneiras burguesas não ajudavam a dar conta do dia a dia. Os "*yekkes*", como os judeus de língua alemã eram conhecidos, circulavam em grande parte apenas entre si, sofriam com lembranças nostálgicas e eram ridicularizados ou até desdenhados pela maioria de imigrantes europeus orientais, geralmente pequeno-burgueses e proletários. E "diretor da Biblioteca Nacional Hebraica" era um título imponente apenas aos ouvidos de sionistas culturais, mas na realidade Bergmann consertava livros danificados e preenchia cartões de arquivo.

O jurista mediano, assim Kafka escreveu a Klopstock, deveria "primeiro ser transformado em pó" antes de poder ir à Palestina, "pois a Palestina precisa de terra, não de juristas".[34] Nesse meio-tempo, Kafka estava aposentado e a Palestina precisava menos ainda de juristas aposentados; de tuberculosos, nem pensar. Embora ele pudesse comprovar rendimentos regulares, que o tornavam independente do mercado de trabalho na Palestina e da caridade judaica — na verdade, sua pensão era mais alta que as entradas mirradas e incertas de Bergmann —, a imigração privilegiava pessoas jovens, saudáveis e aptas ao trabalho, e o acordo entre britânicos e sionistas estabelecia uma pré-seleção, se possível, já nos países de origem. Havia notícias de emigrantes judeus com tuberculose que não puderam desembarcar em Haifa e que foram enviados de volta no mesmo navio.[35] Kafka estava querendo assumir o risco. Ele tinha se proposto a aprender um ofício manual leve, e se o que importava na Palestina era o solo — como ainda acreditava —, então talvez seus conhecimentos de jardinagem pudessem ser úteis. Kafka poderia ter arcado com os custos da viagem, até sem a ajuda dos furiosos pais, ele dominava o hebraico melhor do que a maioria dos emigrantes alemães, tinha uma acompanhante e informou um endereço em Jerusalém onde era aguardado. As chances eram boas, tudo o que faltava eram alguns vistos, não custava tentar. Mas a Palestina permaneceu um sonho que seu corpo acabou destruindo. Em julho de 1923, quando Else Bergmann pressionou-o por uma decisão, um pouco antes do próprio regresso, ele teve de confessar a ela e a si mesmo que era tarde demais:

> Sei que agora não irei com certeza — como poderia ir —, mas que com sua carta o navio literalmente aportou na soleira de meu quarto e o fato de a senhora estar parada ali, perguntando para mim, me perguntando de um jeito, não é algo de somenos. [...] Não teria sido uma viagem à Palestina, mas no sentido espiritual algo como uma viagem de um cobrador à América, que fez mau uso de muito dinheiro, e a viagem em sua companhia teria aumentado em muito a criminalidade espiritual do caso. Não, eu não poderia viajar assim, mesmo se eu pudesse — repito, e a senhora acrescenta: "todos os lugares já estão tomados". E novamente a sedução tem início e novamente a absoluta impossibilidade responde e assim é que, apesar de toda a tristeza, está certo no fim das contas. E a esperança permanece para mais tarde e a senhora é boa e não vai se perturbar com isso.

Poucos meses mais tarde, os Bergmann acolhem outro emigrante: o jovem e genial Gerhard Scholem. Um retrato foi o que lhes restou de Kafka, que nunca mais reviram. Eles o emolduraram e colocaram sobre o piano.[36]

26. Dora

Ninguém ouve sem prazer a voz
*que vos convida a comer, a viver.**

Petrônio, *Satíricon*

Uma bolsa de água quente, duas cobertas, uma cama de molas. Ao lado, o aquecedor mantido em funcionamento pela empregada. Dez anos antes, quando dormia de janela aberta mesmo no inverno, Kafka consideraria um ambiente desses um atrevimento infernal, e em suas obras ambientes excessivamente aquecidos eram sempre metáforas da falta de liberdade e da renúncia à vida. Agora ele estava deitado todo coberto, tremendo e temendo contrair uma pneumonia.

Dias assim se repetiram várias vezes no inverno de 1922-3, às vezes era até pior e Kafka passava horas torturado por dores no estômago e no intestino. Será que isso também estava relacionado à tuberculose? Max Brod logo foi falar com o médico de família de Kafka e sua suspeita foi confirmada: sim, era possível que a infecção tivesse se alastrado até o intestino, informou o não especialmente discreto dr. Hermann. Pela primeira vez um médico confessava que os limites das possibilidades terapêuticas talvez já tivessem sido superadas de modo desesperançado. Seu prognóstico não se confirmou, mas tais complicações adicionais pioravam as chances de convalescimento de Kafka. E elas também lhe roubavam a força para se concentrar *simultaneamente* em duas de suas tarefas principais, a literatura e o hebraico. Ele se decidiu pela última, e as "Investigações de um cão" ficaram pelo caminho, para sempre.

Por vezes, não só seu quarto, mas todo o apartamento ficava imerso numa atmosfera de hospital. Pois a mãe de Kafka precisou de muito tempo para se recuperar de uma operação "extraordinariamente complicada" com "os procedimentos mais dolorosos", como ele escreveu.[1] A situação melhorou apenas na primavera, a febre de Kafka sumiu por completo durante

* Trad. de Miguel Ruas (São Paulo: Escala, 2006).

alguns meses e, apesar do retorno da torturante insônia, a qual ele tinha de combater às vezes até com remédios, em abril já estava forte o suficiente para sair de casa. No início de maio, Kafka se decidiu a passar alguns dias sozinho num destino de verão próximo a Praga: Dobrichowitz [Dobřichovice], que ficava a meia hora de trem e onde ele se sentia tão bem quanto em Planá. Era evidente que Kafka não podia esperar por uma melhora acentuada em tão pouco tempo; de todo modo, tratava-se de um teste com o qual ele confirmava para si mesmo que ainda estava apto a viajar e não era, de maneira nenhuma, um enfermo que necessitava de cuidadores. Certamente também havia a ideia não manifesta de não atrapalhar o parto de Ottla, previsto para breve. Mas permanecer um período mais prolongado no campo revelou-se impossível, pois Dobrichowitz era tão caro, ele escreveu a Milena, "que só deveria ser permitido passar aqui os últimos dias antes da morte, pois depois não resta nada".[2] Desse modo, um ou dois dias após o feliz nascimento da sobrinha Helene, ele estava de volta a Praga.

Ottla também tinha de se recuperar por algum tempo, mas isso só era possível em casa; férias de verão com a irmã e a bebê, antes de agosto, eram impensáveis. Até lá, Kafka sentiu-se pouco tentado a viajar mais uma vez sozinho, a começar pelo risco de ficar preso à cama em um hotel qualquer e depois, com grande esforço, precisar ser buscado. Ele tinha ainda menos vontade de ir na companhia de Klopstock até os Altos Tatras para ficar entre hordas de enfermos. Mas então para onde? Sua outra irmã, Elli, também viajaria de férias com os três filhos — entre eles, Hanna, de apenas três anos —, porém rumo ao mar Báltico, e o médico havia desaconselhado o irritativo clima setentrional. Ele precisava de uma pessoa de confiança que, no caso de uma eventualidade, pudesse entrar em ação e — algo importante para os pais — precisava também se distrair um pouco de seus planos relativos à Palestina, que, sob incentivos de amigos de Praga, haviam tomado pouco a pouco contornos ameaçadores. Esse cálculo acabou dando errado de uma maneira quase cômica. Pois também em certas praias do mar Báltico era possível topar com um número suficiente de pessoas que sonhavam com a Palestina e, sem se dar conta disso, a família havia escolhido um lugar assim.

Kafka provavelmente aceitou participar da viagem também porque o trajeto passava por Berlim. Ele não visitara mais a cidade desde aqueles dias infelizes no hotel Askanischer Hof, havia nove anos, mas estava consciente da miséria indescritível, dos baques terríveis que Berlim sofrera desde então. Pois ao contrário de Viena, o antigo centro de poder de seu mundo, que se iluminava para Kafka apenas temporariamente e apenas como o ambiente de Milena, Berlim se mantivera um ponto de refúgio e de orientação intelectual, não se tratava de um tipo de Praga apenas aumentada ou acelerada, mas algo *totalmente diferente*. É certo que o entusiasmo de Kafka era um tanto ingênuo e, do ponto de vista de seus amigos que conheciam Berlim de suas próprias experiências, também um tanto comovente. Certa vez ele escrevera a Felice que assim como o céu paira sobre a Terra, para ele Berlim pairava sobre Praga.[3] Tinha mantido essa opinião, a imagem não se referia à amada, mas era originária de um sonho recorrente, como aquele sonhado por pessoas presas, uma fantasia de libertação. O equivalente do vasto mundo das crianças era, para Kafka, Berlim. E assim ele estava seguindo o sentimento justificado de que Berlim representava o "mundo" — ou seja, a modernidade futura, que já se insinuava — de modo bem diferente de Viena, democratizada de maneira precária, e mesmo da Praga tcheca: todos os conflitos — sociais, étnicos, culturais, intelectuais — eram vivenciados em Berlim de maneira mais aberta, mais articulada, por assim dizer num nível energético mais alto. A pulsação não batia apenas mais rápido, era também mais forte: "Vai dar certo", Brod disse certa vez, completamente exausto depois de poucos dias em Berlim. E Kafka respondeu que ficava com calor quando ouvia algo assim. E confessou que nunca poderia recusar uma "oferta" séria vinda de Berlim.[4]

Mas foi então Max Brod que não apenas recebeu um tal chamado, como também o aceitou, com todas as consequências. Ele se deslocava a Berlim com a maior frequência possível, pois era aguardado por uma amante que demandava sua presença. Kafka tinha de conhecer essa moça, ele repetia havia mais de dois anos e meio, dizendo que Emmy também estava muito curiosa. Como Brod não podia convidá-la para Praga, Kafka tinha de ir a Berlim. Kafka afirmou que iria com o maior prazer, caso a doença e a fraqueza não o impedissem. As viagens que ele ainda ousava fazer se tornavam cada vez mais curtas. Mesmo assim, a ida a Berlim se concretizaria. Kafka festejou o quadragésimo aniversário em Praga. Em seguida, finalmente partiu em viagem à Alemanha. Um presente que quase não esperava mais receber.

Na tarde de 5 de julho, Kafka despediu-se da irmã na estação Anhalt, em Berlim. Enquanto Elli continuava a viagem com os filhos na direção de Rostock, para chegar no começo daquela mesma noite em Müritz, junto ao mar Báltico, Kafka tomou um quarto de hotel. Claro que ele queria logo conhecer a amante de Brod, Emmy Salveter, com a qual já havia trocado alguns cartões-postais; ela também já sabia alguma coisa a seu respeito. Porém, Puah Ben-Tovim se encontrava igualmente em Berlim. Ela tinha acabado de iniciar um estágio assistencial e pedagógico, uma estada no campo com crianças judias refugiadas da Polônia e da Ucrânia que estavam morando num abrigo. A comunidade judaica de Eberswalde, a cerca de uma hora de trem a nordeste de Berlim, tinha se disposto a aceitar essas crianças por um mês, e Puah, que nunca tinha trabalhado com crianças antes, era sua tutora.[5]

Kafka queria ver isso com os próprios olhos e Emmy havia se oferecido a ir até Eberswalde em sua companhia — uma ação realmente delicada, como ele sabia muito bem, pois Emmy não só tinha permitido ser cortejada durante meses por um seguidor de Hitler, como também nutria sentimentos antissemitas, voltados principalmente a judeus orientais, que Brod havia conseguido apenas gradualmente aplacar. Infelizmente, apenas a primeira parte do plano deu certo. Pois quando Kafka e Emmy Salveter haviam chegado mais ou menos à metade do caminho, perceberam que o tempo para a excursão era curto demais e que retornariam apenas à noite — para Kafka, que estava em pé desde o início da manhã, algo muito desgastante. Por isso, desceram do trem em Bernau, fizeram um passeio e regressaram.

Apesar disso, Kafka estava de ótimo humor e animado com a nova conhecida. "Ela é encantadora", escreveu a Brod. "E totalmente concentrada em você. Não houve nenhuma oportunidade em que ela não se lembrasse de você. [...] Uma espontaneidade realmente intensa, retidão, seriedade, seriedade amorosa e infantil." A confiança mútua cresceu de maneira tão rápida que eles puderam conversar inclusive sobre temas periclitantes. Ela observou algumas vezes que era curioso "como assumimos os pontos de vista de uma pessoa querida, mesmo sendo contrários àqueles próprios de até então". Emmy Salveter tinha aprendido coisas, isso era muito claro. "Ela foi muito boa comigo", resumiu Kafka.[6]

Seu relato soava como se ele não estivesse circulando com uma bela jovem, mas com uma cuidadora (e talvez fosse essa a intenção). Mas é claro que Brod recebeu um relato também de parte de Emmy, sem dúvida detalhado, e aqui o encontro e a pequena viagem em conjunto apareciam sob uma luz um pouco diferente. "Eu quase o teria beijado", Emmy escreveu infantilmente séria para Praga. Se o fizesse, teria sentido uma face quente. Pois Kafka estava febril, também naquele 5 de julho de 1923.

Haus Glückauf, pensão, telefone 29. Construída em 1909. Situada numa área muito tranquila, junto à floresta seca, a oito minutos do belo litoral báltico, do ancoradouro, das instalações do balneário bem como da extensa praia para banhos, protegida dos ventos leste e norte. Quartos claros, bem mobiliados, arejados, quase todos com varanda ou balcão coberto. Vista livre para o mar. Alimentação reconhecidamente de qualidade. Preços honestos. As refeições são servidas num refeitório simpático, amplo, em pequenas mesas. Luz elétrica. Água encanada. Vasos sanitários com descarga. Outras informações à disposição. Folhetos grátis. Endereço telefônico: Glückauf. Balneário Müritz. Karl Schütt Jr.

Havia dez anos que Kafka não via o mar e lhe parecia que, nesse meio-tempo, ele se tornara mais bonito. Estava feliz em revê-lo, mesmo que não pudesse nadar de maneira tão despreocupada quanto antes. Isso dependia da temperatura — da sua, que ele controlava diariamente, como de costume.

Não é possível saber como Kafka chegou à cidade litorânea báltica de Müritz — talvez por recomendação de Elli, que no ano anterior tirara férias em Brunshaupten, situada a trinta quilômetros a oeste, quando pode ter conhecido as redondezas. Ou alguém da família vira o anúncio da pensão Glückauf, e Kafka gostou especialmente das "pequenas mesas" onde eram servidas as refeições. Uma vantagem da localização de Müritz, que os guias de viagem confirmavam e que também servia para tranquilizar o médico da família, provavelmente era o fato de ser um balneário praiano e uma estância climática ao mesmo tempo. Ele se localiza na beirada da Rostocker Heide, uma enorme área de floresta que se aproxima das dunas da praia. Esse contraste entre dois mundos num espaço muito pequeno oferecia a Kafka uma constelação quase ideal: alta estação na praia, com suas confortáveis e robustas cadeiras, homens jogando futebol, mães conversando e crianças brincando ao redor; e quase do lado a franja de uma antiga floresta mista, na qual o silêncio imperava logo após algumas poucas centenas de metros adentro, e que se tornava cada vez mais selvagem e diversa à medida que se avançava. De modo muito apropriado, o lugar era recomendado para convalescentes e dispunha de estabelecimentos pioneiros para esse fim dirigidos profissionalmente.

A maioria das pensões e hotéis — construções assemelhadas a mansões, com uma arquitetura de balneário típica da virada do século, com inúmeros balcões e varandas protegidos, em parte fechados como jardins de inverno — ficava pegada à floresta. Kafka instalou-se num quarto assim no segundo andar, longe da rua, com vista para o pequeno jardim e a floresta, distante apenas alguns passos. Também seu caminho diário até a praia (antigo Badeweg, hoje Franz-Kafka-Weg) se dava sob as copas de carvalhos e faias; essa cobertura cessava na altura do caminho que ladeava as dunas e de repente se estava em meio a hordas de banhistas caminhando de lá para cá. Depois havia áreas chamadas de “local de banho para senhoras”, “local de banho para senhores” e “local de banho para famílias”, onde a vida na praia (na época ainda dependente de cabines para troca de roupa) era a mais animada. Ali Kafka alugava uma cadeira de praia típica, feito um cesto; diante dela, eram colocadas as iniciais F. K. formadas por pinhas — um trabalho que provavelmente estava a cargo de Gerti e de Felix, com dez e onze anos respectivamente.

E Müritz reservava uma surpresa. Quando Kafka abria a porta de seu balcão, ele escutava vozes de crianças, um número incomum delas. Isso lhe despertava lembranças desagradáveis da turba brincando sob sua janela em Planá, que quase o havia levado ao desespero. Mas o ruído aqui era bem diferente. Elas cantavam, estavam ensaiando canções, também era possível ouvir acompanhantes adultos, em duas ou três línguas. Através das folhas das árvores ao redor, Kafka conseguiu reconhecer o grupo que morava numa casa a cerca de cinquenta metros de distância, quase dentro da floresta. Muito rapidamente ele deve ter notado que não se tratava de canções folclóricas alemãs, mas sim de inconfundíveis canções judaicas — o canto chassídico.

O fato de Kafka — que no dia anterior à sua chegada quase tinha visitado uma colônia de crianças judias orientais — estar hospedado em Müritz justo *ao lado* de uma colônia de férias da Casa do Povo Judeu de Berlim era um acaso tão improvável que ele não apenas deve tê-lo considerado um sinal, mas uma exortação do destino. Houve um tempo em que a Casa do Povo em Berlim o interessou mais do que toda a programação cultural de Praga, ele havia pressionado Felice Bauer a trabalhar lá voluntariamente, feito donativos, mas nunca tinha visto com os próprios olhos esse lugar dos sonhos. Nos sete anos passados desde então muita coisa certamente havia mudado, e fazia tempo que não se apresentavam mais poemas de Werfel para espantadas crianças polonesas refugiadas a fim de apresentá-las à cultura ocidental. Nesse meio-tempo, o sionismo tinha encontrado também inúmeros adeptos jovens no bairro de Scheunenviertel, em Berlim, e a Casa do Povo Judeu estava sob a direção da Associação dos Jovens Caminhantes Judeus, que não queria transformar as crianças em trabalhadores e comerciantes, mas educá-las como pioneiros para a Palestina. Tudo era subordinado ao sentimento de comunidade judaica, e as festas e cantos conjuntos não eram apenas diversão, mas serviam principalmente para superar os limites entre línguas maternas e ambientes domésticos diferentes. Todos chamavam uns aos outros de "*chaverim*" (amigos), como se já estivessem num kibutz. E, claro, estudava-se hebraico.

Antigamente teria sido preciso um dia de viagem até Berlim, agora bastavam alguns passos. Kafka tinha de ir até lá, até as crianças, finalmente se certificar de que isso *não* era um sonho. E aconteceu espontaneamente. Pois ele também não passou despercebido do outro lado. Devem ter sido Felix e Gerti que divulgaram na praia que o senhor magérrimo, delicado, de tez escura, que aparecia todos os dias por lá era seu famoso tio, o escritor dr. Franz Kafka. Uma das moças dessa colônia de férias, Tile Rössler, de dezesseis anos, explicou aos seus *chaverim* de quem se tratava. Ela era estagiária numa livraria, conhecia *O foguista* e, desde o primeiro momento, cortejou o escritor. Tile conseguiu conversar a sós com ele, Kafka teve boa vontade e ouviu longas histórias sobre suas dificuldades domésticas. Afinal, foi Tile que arranjou para que ele fosse convidado para as comemorações do shabbat seguinte.[7] Um grande acontecimento para todos. Ainda no mesmo dia, Kafka arranjou um livro de orações em hebraico, um *Siddur*, e perguntou quais trechos seriam lidos. Ele queria se preparar, não chamar muita atenção com sua falta de conhecimento. Pois Kafka nunca havia participado de uma celebração dessas num salão especialmente decorado, com bênçãos, música chassídica e comida opulenta.

No final da tarde de 13 de julho, uma semana após sua chegada, Kafka foi até lá com o livro de orações no bolso. Enxergou a cozinha através de uma janela no térreo, na qual trabalhava uma jovem de cabelos semilongos, grossos e cacheados, faces redondas e lábios cheios. Na mão, segurava uma faca com a qual descamava peixes para a grande refeição. Kafka hesitou nesse momento. Ele entrou apenas quando ela ergueu o olhar. "Mãos tão delicadas", ele falou, "e você tem de fazer um trabalho tão sangrento."[8]

Dymant, Dimont, Dyamand, Diament, Dimant, Diamant. Prenome Dvojne, Dworja ou Dora. A imprecisão do sobrenome, que aparece nos parcos documentos preservados em seis grafias diferentes, significa estranheza, não pertencimento: são transcrições de letras hebraicas ao iídiche e ao alemão. A jovem pertencia a ambos os mundos: para as autoridades alemãs, era Dora Diamant; mais tarde, ela assinou uma dedicatória num exemplar de *Um médico rural* como "Dora Dymant-Kafka".

"Vim do Leste", ela se lembra, "como um ser sombrio":[9] nascida em 4 de março de 1898 em Pabianice, uma cidade industrial perto de Łódź. Nessa época, ainda não existia um Estado polonês, por essa razão seus pais eram súditos do tsar: Herschel Aron e Frajda (Friedel, em iídiche), que no casamento não contavam, os dois, nem vinte anos de idade. Tiveram oito filhos; os dois primeiros não passaram dos primeiros meses de vida, das duas meninas e quatro meninos sobreviventes, Dora foi a segunda filha. A mãe morreu cedo; talvez tenha sido o último parto, em 1905, que lhe custara a vida, talvez tenha sido tuberculose.[10]

Herschel foi com os filhos até Będzin, na Alta Silésia, uma cidadezinha de maioria judaica na região carvoeira. Ele abriu uma fábrica que produzia suspensórios e pregadores para meias e se tornou afluente. Mas quando ia de manhã ao trabalho, já tinha passado várias horas entre leituras e orações. Pois ele era o exemplo de um chassídico culto, possuía uma biblioteca extensa, lia hebraico antigo, falava — além do polonês — também iídiche e alemão, observava rigorosamente não apenas os rituais religiosos como também os mandamentos práticos do judaísmo ultraortodoxo — inclusive o apoio generoso a famílias sem dinheiro, até com comida e hospedagem. Por muitos anos, o mentor espiritual de Herschel foi o "rabino milagroso" de Ger (o nome em iídiche de Góra Kalwaria), líder máximo de uma "corte" chassídica extremamente conservadora, influente em toda a Polônia.

Dora cresceu num mundo em que cada emoção e cada acontecimento cotidiano era amplificado simbolicamente, mas também amarrado a uma rede de trama fechada de diretrizes religiosas. Aqui não havia projetos de vida individuais, muito menos para mulheres, e era preciso muita força de vontade e condições extraordinárias para deixar a trilha previamente traçada sem arriscar uma derrocada social. Nesse sentido, foram dois acontecimentos catastróficos que abriram a porta de Dora para o lado de fora. De um lado, a morte precoce da mãe, que lhe obrigava a desenvolver certa autonomia já antes da puberdade e que provavelmente também impediu o pai de chamar logo o intermediador de casamentos. Afinal, ele precisava de alguém para tocar a casa. A segunda catástrofe foi o início da guerra mundial, que fez com que surgissem em Będzin milhares de rostos estranhos e a queda definitiva das barreiras entre os diferentes círculos judaicos. Também ali o sionismo acabou influenciando sobretudo os jovens e, de repente, moças de famílias ultraortodoxas, medianamente religiosas e totalmente assimiladas, estavam frequentando juntas o mesmo curso de hebraico.

Dora se interessava pelos clássicos sionistas, principalmente os textos de Herzl, estudava *ivrit*, assistia a teatro judaico oriental e até participava como atriz de algumas apresentações. Um escândalo que colocava o pai num conflito absolutamente constrangedor. Pois a mais elevada autoridade espiritual que ele conhecia, o rabino de Ger, ameaçava com a exclusão da comunidade todos os judeus que não tirassem os filhos o mais rapidamente possível dos círculos sionistas. Essa era a posição que o influente Herschel tinha de defender. Como agir? Parecia aconselhável tirar a moça de vista, sair de Będzin, ficar longe de seus inúmeros amigos. Ele foi com ela até Cracóvia e colocou-a num internato judaico-ortodoxo que tinha a bênção do *rebbe*, a primeira escola da rede Bais Yaakov para a formação de professoras ortodoxas e que seguia as leis religiosas. Mas era tarde demais. Dora já estava com dezenove anos e o furor antissemita, que percebeu na cidade grande polonesa, não era de modo algum adequado para demovê-la de seus sonhos palestinos. Ela fugiu de Cracóvia, chegou a Breslau, o pai encontrou-a novamente, mas depois de sua segunda fuga bem-sucedida, ele desistiu da perseguição e começou a agir como se a filha tivesse morrido.

Por cerca de um ano ela permaneceu em Breslau, uma cidade da Silésia alemã, provavelmente registrada como refugiada. Dora trabalhou num orfanato, passou a frequentar círculos estudantis e aprendeu alemão muito rápido. Provavelmente foi a família Badt, da burguesia educada por valores idealistas e de orientação sionista, que fez com que ela seguisse a Berlim, pois lá começou a trabalhar na casa de um dos filhos, o congressista social-democrata e diretor da comunidade judaica Hermann Badt. Ela própria participou de reuniões políticas; um dos conhecidos de Dora de Breslau, o médico Ludwig Nelken, inclusive se lembra de tê-la encontrado em Berlim juntamente com a famosa comunista Angelica Balabanoff.[11] Em 1920, porém, Dora foi transferida a um outro endereço, mais significativo para sua vida até então: a Casa do Povo Judeu. Uma jovem que dominava todas as línguas necessárias ali, estava acostumada a condições precárias de vida, tinha experiência com crianças difíceis e, além disso, ainda sabia cozinhar — para a Casa do Povo Judeu, Dora Diamant deve ter sido um excepcional caso de sorte. Não sabemos quando ela viajou para se encontrar com as crianças refugiadas pela primeira vez; em Müritz, porém, parece ser a principal responsável pela turma: era líder da cozinha, governanta, professora de canto e de língua.

Dora também já tinha notado o simpático senhor da pensão, de aparência juvenil, que costumava estar acompanhado de uma mulher e várias crianças, e essa família lhe parecia tão curiosa — ela se perguntou até se ele seria uma "mistura de indígena" — que certa vez chegou a segui-la na rua.[12] Apenas então ela descobriu que ele era um solteiro de Praga, judeu e, além disso, um escritor recebido por todos com comoção. Um escritor muito discreto, como viria a se mostrar, alguém que não queria falar sobre si, mas queria aprender como todos os outros. Ela gostou disso e ficou impressionada. A partir de então, eles se viam tantas vezes quanto as inúmeras obrigações de Dora lhe permitiam.

Kafka manteve silêncio sobre esse importante encontro durante muito tempo, de maneira ainda mais firme do que seu costume. Ele contava a todos sobre sua satisfação pela Casa do Povo, pelas "crianças alegres, saudáveis, animadas": "Quando estou entre elas", ele escreveu a Bergmann, "não estou feliz, mas diante do limiar da felicidade" — a felicidade da identificação, como antes em Praga, quando ele, fascinado e excitado, observava pela janela da Prefeitura judaica as crianças judias orientais refugiadas, provisoriamente abrigadas ali, e seu maior desejo era ser uma delas. Apenas para Klopstock ele admitiu que esse sonho de felicidade não era possível sem a dor da desilusão. Embora a colônia de férias, na qual passava agora quase todas as noites, "era o mais importante em Müritz e para além de Müritz", permanecia por lá na condição de visitante, "e nem um visitante explícito, o que me dói, não explícito pois uma relação pessoal se sobrepõe à relação geral".[13] De todo modo, ele tentava manter as outras relações conexas, conversava com a enciumada Tile Rössler e mais tarde até lhe escreveu uma carta longa e séria, que enviou para Berlim. E, por fim, ele podia oferecer uma surpresa aos *chaverim*, algo que aumentou ainda mais seu renome: a visita breve de sua amiga e professora Puah Ben-Tovim, palestina autêntica — uma sensação em Müritz.

No início de agosto, Karl Hermann, marido de Elli, chegou para também passar alguns dias na praia, mas teve azar. O tempo fechou, a temperatura caiu e esvaziou a praia, fazendo com que muitos hóspedes resolvessem partir. Também para Kafka as horas diárias em companhia de Dora, que eles passavam na areia quente em meio às crianças e muitas vezes com leituras em hebraico, tinham chegado ao fim. Os Hermann se decidiram a partir mais cedo, com ou sem Franz. Ficou então combinado que, após o tempo no mar Báltico, ele viria a Marienbad por alguns dias para encontrar os pais, que como todos os anos passavam uma temporada lá. Mas também em Marienbad o tempo virou de maneira tão abrupta de repente que eles desmarcaram o encontro e foram para casa. Kafka estava livre. Ele tinha de pensar o que fazer.

Do ponto de vista da saúde, as férias na praia em Müritz foram um erro. A insônia e as dores de cabeça não haviam melhorado, a sensação de contínuo cansaço e fraqueza persistia, e ele havia até perdido peso. Justamente ali, onde todos se sentiam mais fortes, percebeu que a Palestina se manteria fisicamente inalcançável. Nessas circunstâncias, mesmo planos em comum com Dora eram dificilmente realizáveis. Ela não podia ainda viajar com ele, as férias das crianças judias ainda não tinham terminado, mas desejava ardentemente que ele fosse a Berlim e estava disposta a facilitar-lhe a vida na cidade na medida de sua capacidade. Entretanto, passar o inverno voluntariamente como tuberculoso em Berlim, numa metrópole fria, assolada pela inflação e socialmente abalada, era uma decisão que não seria apoiada em Praga e pela qual teria de lutar.

Apesar disso, ele deu o primeiro passo. Sem revelar à irmã e ao cunhado o que tinha em mente, despediu-se em Berlim e reservou um hotel por três noites. Kafka queria sondar a situação, supostamente estudou o mercado imobiliário no jornal *Berliner Tageblatt* e visitou os bairros sugeridos por Dora. Não sabemos se entrou em contato com conhecidos em Berlim — com uma exceção. Já na primeira tarde, ele estava tentando entrar na livraria Jurovics, no distrito de Charlottenburg, na qual Tile Rössler trabalhava. Talvez ele já tivesse notado que alguns comércios tinham começado a fechar as portas bastante cedo — ninguém queria vender nada à noitinha com os preços anteriores ao fechamento da bolsa, livros inclusive. Por fim, depois de bater à porta várias vezes, Tile o recepcionou, surpresa e encantada. Entregando-lhe um buquê de violetas, Kafka perguntou se ela queria acompanhá-lo naquela noite ao teatro para assistir a *Os bandoleiros*, de Schiller, e ela podia convidar outras amigas da colônia de férias também.

No fim da tarde, Kafka foi de metrô até a estação Oranienburger Tor e sentou-se na plateia do teatro com três moças muito jovens. Ele estava cansadíssimo e sentiu dificuldade em acompanhar a peça que conhecia desde a época da escola. Uma vez, porém, ele cutucou a vizinha, curvou-se até ela e disse baixinho: "Ouviu, Tile, um dos canalhas se chama Franz!".

Era impossível não notar que Kafka havia emagrecido nos últimos tempos; estava tão esguio e frágil como havia três anos. A balança marcava 54,5 quilos — não havia sobrado nada dos sucessos exteriores das temporadas de convalescença que tinham sido batalhados arduamente nos refeitórios de Merano e Matliary, e os pais, para os quais o peso de Franz ainda era uma medida de esperança, perguntavam-se com razão como as coisas iriam prosseguir. Claro que não poderia ter sido tarefa de Elli cuidar da alimentação do irmão em Müritz. Agora, entretanto, alguém tinha de se ocupar do problema, afinal os tempos de necessidade e do mercado ilegal tinham ficado havia muito para trás; ao contrário da Alemanha, os mercados da Boêmia ofereciam de tudo, ele tinha apenas de engolir a comida e não pensar nos preços. No fim das contas, foi Ottla mais uma vez quem veio em seu auxílio. Afinal, ela já tinha provado ser mestre em "cevagem", mesmo sob as condições mais desfavoráveis. Além disso, ela queria fazer algo diferente, pois desde a segunda gravidez não tinha tido férias. Decidiu-se então que Kafka — como no ano anterior — deveria viajar a algum lugar de veraneio com Ottla por um tempo, dessa vez para Schelesen, que era próximo o suficiente para que Josef David pudesse visitá-los de vez em quando.

Kafka permaneceu em Schelesen por cinco semanas — há pouca informação sobre as circunstâncias externas da estada dos irmãos na casa de um comerciante. Mas a escolha não poderia ter sido melhor. Por um lado, ele conhecia Schelesen havia tempos, Kafka não seria surpreendido por nada, e mesmo a melancólica lembrança dos animados passeios com Julie Wohryzek e das batalhas interiores com *Carta ao pai* — como tudo isso estava longe — deve ter reforçado sua percepção de que Dora era um milagre tardio e de que seus novos planos eram muito mais realistas e autônomos do que tudo o que ele ainda defendera amargamente anos atrás. De outro lado, porém, Ottla era a única pessoa a quem ele podia confiar decisões dessa gravidade. Ela mostrava compreensão para assuntos do "coração" mesmo quando eles contrariavam frontalmente suas próprias experiências, e ela sabia e aceitava que o irmão podia ficar muito bem sem os habituais conselhos bem-intencionados da família.

Kafka havia combinado com Dora que ela procuraria um endereço adequado para ele em Berlim e lhe providenciaria tudo o que fosse necessário para depois de sua mudança (como uma "governanta", como ele a definiu para Tile). A perspectiva de que a mudança talvez fosse definitiva e que essa administração comum do lar poderia se transformar na vida em comum com uma mulher, desde muito tão intensamente desejada, parecia tão aterrorizante para Kafka que ele não conseguia traduzi-la em palavras: "devo ser um bem precioso das forças contrárias", escreveu para Brod, "elas lutam como os diabos ou são os próprios".[14] Por enquanto, nem Brod sabia que Kafka planejava uma despedida definitiva de Praga e da família; apenas

Ottla ficou a par dos preparativos e da correspondência quase diária entre Berlim e Schelesen. No final de agosto, Dora encontrou um lugar acessível, um quarto mobiliado em Stegliz, distante do centro, e de maneira absolutamente secreta Kafka enviou-lhe a confirmação decisiva.

Parece que ele informou os pais sobre sua partida apenas no último momento, e ajeitou as coisas para não haver oportunidade de grandes discussões sobre o assunto. Visto que Ottla havia reservado sua hospedagem em Schelesen até meados de outubro, os Kafka assumiram que Franz também ficaria por lá enquanto as condições atmosféricas o permitissem. Subitamente, porém, em 21 de setembro, ele apareceu em Praga e informou que dali a dois dias viajaria para Berlim, sozinho, contrariamente a todas as objeções médicas. Sim, ele havia ganhado um pouco de peso sob a supervisão da irmã, era possível notar quando se olhava com atenção, e os méritos eram todos da manteiga fresca do campo. Mas isso não existia em Berlim, e muitas outras coisas só podiam ser adquiridas a preços exorbitantes, como ele se alimentaria por lá? Entretanto, Kafka não parecia estar preocupado com sua futura dieta de enfermo. Em vez disso, ele se ocupou por horas com sua mala, cujo conteúdo devia revelar o mínimo possível sobre suas reais intenções. Por exemplo, nada de roupas de inverno — afinal, tratava-se apenas de uma excursão. De todo modo, não havia dinheiro vivo em casa para mais de uma ou duas semanas. Os pais teriam de enviar algum para ele. Era hora de partir.

É a noite anterior ao grande passo. Kafka a passa desperto, pois os fantasmas de Praga se reuniram para um último grande ataque. Soníferos não adiantam de nada, ele tem de lutar, o medo é avassalador. Não, não irá viajar. Dora vai compreender e ele entrará em contato com o locador em Steglitz, por telegrama. O que falta é uma justificativa crível. Desesperado, Kafka começa a formular o texto do telegrama, mas não consegue terminá-lo. Por fim amanhece, a "mocinha" vem se ocupar do café da manhã, sua bagagem está pronta. O marido de Ottla sobe para se despedir, ele não compreende como alguém quer ir a Berlim nesses tempos. O pai ainda reclama um pouco, mas dessa vez não está bravo, talvez esteja até impressionado com a súbita força de decisão de Franz. A mãe olha para o filho e está triste. Kafka pensa o que combinou com Ottla, com qual dedicação ela o preparou para essa grande viagem. Não, não há mais retorno, nada de telegrama. Ele dá meia-volta, entra no elevador, as portas se fecham e, pela primeira vez, não informa quando estará de volta.

27.
A periferia de Berlim

Muitas das coisas que me doem
aos outros apenas dão pena.

Lichtenberg, *Sudelbüchee*
[Caderno de rascunho]

> Parece-me que, no instante que duas pessoas se casam porque querem ser felizes juntas, nesse mesmo instante elas roubam e trancafiam a possibilidade da felicidade [...]. Duas pessoas só podem ter um motivo razoável para se casar, o de ser impossível não estarem casadas. Que simplesmente não conseguem viver uma sem a outra. Sem qualquer romantismo, sentimentalidade, tragédia: isso existe.

Foi Milena Pollak quem publicou essas palavras nada sentimentais no início de 1923, num ensaio intitulado "O diabo junto ao fogão". Kafka não apenas leu o texto, como o estudou e comentou-o extensamente, quase linha por linha.[1] Era evidente que Milena estava tirando uma lição do próprio casamento, principalmente dos longos anos de desequilíbrio entre convicções grandes, excessivas até, e cansativos atritos por situações que, muitas vezes, mostravam-se menores. Era inútil, ela escreveu, fazer promessas mútuas que ninguém podia cumprir; melhor — mas também mais difícil — seria aceitar o outro como ele é e comportar-se "com decência humana" frente aos reveses do cotidiano. Essa também era a opinião de Kafka havia muito: para ele, não era suficiente substituir as tarefas compulsórias do casamento e da família, que seus pais ainda representavam, por juras de amor e paixão eternos; e a procura sem fim pelo parceiro "ideal" também não era a solução. Em relação a Felice, ele sempre postulou que apenas o profundo sentimento de pertencimento conseguiria manter um casamento, independentemente de por qual forma da vida em comum o casal se decidiria. Havia nisso um páthos existencial, mas a renúncia de Kafka em relação ao vocabulário romântico do coração carregava também um tanto de pragmatismo e objetivação que Felice tinha de aceitar. Infelizmente, ele só podia apontar como exemplo casais de matrimônios burgueses — e tudo o que ia além disso era fantasia e literatura.

Essa percepção tinha mudado no decorrer da década. Kafka havia conhecido mulheres tchecas autoconfiantes, também Ottla percorreu por anos seu próprio caminho. As leis não escritas da "fama" e do "bom nome" se tornavam cada vez mais frouxas. Por fim, a guerra e a destruição social também lhe trouxeram a convicção de que os procedimentos outrora inatacáveis do planejamento burguês de vida não eram apenas inimigos da vida, como também anacrônicos. Não fazia mais sentido calcular em décadas ou em gerações. Kafka também tinha envelhecido. Mesmo segundo os parâmetros dos pais, pelos quais Kafka sempre se deixava influenciar, apesar de a contragosto, ele era um homem de quarenta anos e não estava mais obrigado a quaisquer "expedições de noivado", e mesmo entre a classe média burguesa, contratar escritórios de detetives para vigiar a família da possível noiva era algo cada vez mais equivocado.

Para Kafka, essa evolução trouxe um tipo de relaxamento, havia poucos anos ainda inimaginável. Certo, ele havia perdido a batalha do casamento, também aquela contra um casamento — aquela por Milena —, e se o casamento era uma instituição que representava a vida, então como eterno solteirão ele seria não apenas um perdedor, mas, pior, um tipo de fantasma social. Por um tempo, Kafka esteve realmente decidido a aceitar essa consequência e sair da vida — não rumo à morte real, ameaça já posta pela tuberculose, mas à literatura. E ele precisou se perguntar se esse impulso de fuga não determinava inclusive seus planos relativos à Palestina, se eles não serviam, no fim das contas, apenas para sair rapidamente do campo da derrota.

Mas agora, muito tarde, Kafka começou a compreender que algumas coisas possíveis haviam se mantido impossíveis para ele e principalmente porque as tinha forçado. O termo "tentativa de casamento" era definidor nesse sentido: seu sentido não era irônico, mesmo assim lembrava mais o desempenho de um atleta do salto com vara ou de um candidato na hora da prova do que um ato social íntimo, e exatamente essas noções confirmavam o quanto ele havia internalizado, apesar de tudo, o catálogo de obrigações que lhe havia sido entregue. Mas qual era a alternativa se a pessoa não queria despencar numa falta de responsabilidade social, como o exemplo de Otto Gross? Paradoxalmente foi o medo desse tipo de exame — um medo que só aumentava com cada reprovação — que apontou uma saída para Kafka. Ele decidiu não se importar mais com as relações humanas; nada mais de "sacramentos da indissolução", nada mais de "união grandiosamente apresentada aos céus". Essas foram as formulações que ele apresentou a Klopstock a fim de abafar um pouco seu ímpeto de amizade. Quando esses termos são relacionados à vida com uma mulher, então ele estava dizendo exatamente o que Milena incentivava em seu ensaio: o final de expectativas forçadas, destrutivas, em relação a si mesmo e ao outro.

Kafka dificilmente teria imaginado que ele, que nunca havia passado um único dia com uma amante numa casa em comum, algum dia seria capaz de assumir uma posição tão relaxada, totalmente focada no presente, não apenas para consigo como também na relação com uma mulher. Mas foi o que aconteceu, ainda em 1923. Com Dora Diamant não se precisava discutir planos de casamento nem sobre planejamento familiar ou o papel dos pais, nem mesmo sobre a questão de como e sob qual nome a nova união seria apresentada para o mundo exterior. Pois tudo isso acabaria acontecendo naturalmente. Ambos desejavam passar muito tempo em companhia um do outro, ambos sabiam que isso era possível sob três condições: Kafka tinha de deixar Praga e a órbita de sua família; Dora tinha de se ocupar das necessidades cotidianas dele; e, por fim — o menor dos obstáculos —, ele tinha de dividir os rendimentos de sua pensão com ela. Esse era o combinado.

A partir daí, só o futuro diria se essa história — uma judia oriental de 25 anos com um judeu ocidental de quarenta anos e tuberculoso — "acabaria bem". Tratava-se de uma constelação extraordinária e feliz, e eles tinham essa percepção. A energia com a qual Dora abrira seu próprio caminho, apesar de ser diretamente afetada pelo destino de outros, impressionou e comoveu Kafka, fazendo com que ele se lembrasse da irmã mais nova. Dora havia escapado dos grilhões da ortodoxia judaica, aceitando inclusive o rompimento com a própria família e, apesar disso, ela se mantinha fiel às suas origens, triste, mas também com orgulho — uma postura de Isaac Löwy que ele também havia admirado e pela qual se encantara. Por sua vez, para Dora, Kafka representava um ideal humano: um homem que afirmava totalmente sua identidade judaica e que, ainda assim, havia absorvido e refinado no mais alto grau tudo pelo que ela se sentia seduzida no Ocidente: a formação cultural, o individualismo, o humor inteligente e a sensibilidade social para além do próprio coletivo. Dora reencontrou em Kafka inclusive a atenção amplificada pelo insignificante, pelo cotidiano, por aquela "santificação" da vida, que o chassidismo pregava e que Dora havia internalizado profundamente. Nada escapava a Kafka, ele se alegrava pelas coisas mais simples, e mesmo quando fazia oposição ou crítica, nunca usava de sentimentos de desprezo.

Por fim, ficou patente que até sua relação com a literatura era totalmente subordinada a essa postura que objetivava o imediatismo. Nas primeiras noites na colônia de férias em Müritz ele tinha sido recepcionado como escritor, um homem importante, ao qual se deviam honrarias especiais. Mas era exatamente isso que Kafka não queria. Apesar da importância que dava à palavra escrita, a ideia de que justamente a literatura o tornaria uma pessoa pública, isto é, alçada a um pedestal social, ainda o assustava. Mas ele tinha consciência de que criava obras de arte que, uma vez no mundo, desenvolviam um efeito autônomo que ia muito além do horizonte de sua própria vida, tanto espacial quanto temporal. (Quando se esquecia disso, os amigos faziam com que se recordasse.) Esse era um pensamento, porém, que nunca tinha conseguido harmonizar com a intimidade da escrita.

"Quando se trata de literatura", lembrou-se Dora Diamant, "ele não negociava consigo mesmo nem conhecia acordos, pois toda sua existência estava em jogo. Ele não queria apenas chegar ao âmago das coisas — já estava no âmago."[2] A formulação é precisa, talvez seja até de autoria de Kafka, e confirma a ideia de Dora de que a linguagem literária não pode ser separada de seu criador, como tampouco um gesto significativo ou uma expressão mímica o podem. Ela lia e ouvia as anotações de Kafka como mensagens pessoais, procurando nelas o que se referia a ela, pois como eram textos escritos pela mão do homem amado, então se tratava de mensagens *para ela*. Apenas mais tarde, tarde demais, Dora Diamant conseguiu relativizar essa noção (que haveria de trazer muitas dificuldades para Max Brod na publicação do espólio), mas defendia que era impossível para alguém de fora compreender Kafka unicamente a partir de suas obras publicadas ou compreender as obras sem sua presença. Ela consideraria absurda a noção de que um escritor de prestígio é uma grandeza da história do pensamento, que paralelamente leva uma vida física, privada — e tudo indica que ela se encantava não pelo desempenho literário de Kafka, mas somente por seu efeito pessoal.

Precisava ser um lugar tranquilo, longe da balbúrdia da cidade, com ar de qualidade, lojas próximas e um acesso não muito complicado ao centro. Não era simples, mas Dora tinha escolhido bem. Quando Kafka visitou pela primeira vez seu novo endereço em Steglitz, que até então conhecia apenas de descrições em cartas, ele se sentiu mais do que aliviado: um quarto amplo, mobiliado de maneira agradável, com uma janela de sacada envidraçada, acesso franqueado à varanda dos locadores — um comerciante e sua esposa —, que também moravam de aluguel na Miquelstraße 8 (hoje Muthesiusstraße, esquina com Rothenburgstraße). O ambiente era pequeno-burguês, sossegado, típico desse distrito fora do centro. Os vizinhos de prédio eram um funcionário de banco, um operário, um engenheiro, mais um comerciante e três aposentados. Kafka gostou principalmente dos arredores e logo pensou em passar o inverno: estava nas franjas de Berlim, com alamedas silenciosas e margeadas por árvores, que pareciam quase inalteradas desde a época em que Steglitz ainda era um vilarejo. Berlim expandido havia englobado essa área havia apenas duas décadas, Steglitz virara distrito da cidade, mas a Miquelstraße, escreveu Kafka, era a última a apresentar um caráter urbano, visto que poucos passos o separavam de jardins e grandes casas de campo. "Quando saio de casa, nessas noitinhas mornas, sinto um aroma vindo desses antigos jardins exuberantes que acho nunca ter sentido igual em delicadeza e intensidade, nem em Schelesen nem em Merano nem em Marienbad."[3] Ainda mais distante, cerca de meia hora a pé, era possível chegar à floresta Grunewald, e se essa ficava longe demais, Kafka podia descansar no novo jardim botânico de Dahlem, que não ficava nem a mil metros de distância. Virando a esquina havia a Schloßtraße, que na época começava a se tornar um centro regional do comércio varejista, e ali também ficava a Prefeitura de Steglitz e o ponto da linha 6, pela qual se chegava ao centro da cidade. Caminhos curtos para tudo, as vantagens da cidade grande e o aroma de um balneário mediterrâneo — mesmo que Kafka tivesse exagerado um pouco a fim de convencer os familiares em Praga, a escolha tinha sido bem melhor do que ele podia esperar com seus poucos recursos.

Não sabemos nada de Dora a partir das cartas para a família; é provável que os pais de Kafka ainda não estivessem cientes de sua existência.[4] E, desse modo, uma das maiores vantagens do apartamento de Steglitz não é mencionada: o fato de que as "visitas femininas" eram toleradas. Evidentemente, não para passar a noite. Mas Kafka não ousava pensar numa vida em conjunto com Dora nem teria conseguido superar de maneira *simultânea* esse êxodo duplo, batalhado durante anos — para fora da cidade natal e rumo à metrópole estrangeira, do celibato autárquico à convivência com uma mulher. Dora, que mantinha um quarto ou uma cama em Scheunenviertel, percorria quase diariamente o longo caminho até Steglitz, a fim de prover o amigo de tudo o que necessitava. Kafka fazia as compras miúdas — todas as manhãs, ele saía de casa com a jarra de leite, ficava na fila, de terno e gravata — e os locatários garantiam o café da manhã. Todo o resto ficava por conta de Dora, e visto que eles só podiam se dar ao luxo de frequentar restaurantes uma ou duas vezes por mês, ela também se ocupava das refeições quentes com duas espiriteiras e uma "caixa de cozinhar" com isolamento térmico, na qual a comida terminava de ser cozida. Depois eles davam passeios juntos, à tarde Kafka fazia a *siesta* e muitas vezes lia em voz alta para ela, contos dos irmãos Grimm, E. T. A. Hoffmann ou Kleist, às vezes ainda no finalzinho da tarde, enquanto ela estava deitada no canapé. Ou eles brincavam de fazer sombras com as mãos, algo para que ele mostrava um talento especial. O quarto era um pouco escuro, não havia eletricidade e, portanto, apenas lamparinas a gás, mas Dora conseguiu montar uma grande lamparina a querosene a partir de peças emprestadas ou compradas, de modo que Kafka dispunha de iluminação razoável ao menos para ler e escrever. O idílio de Stegliz tinha apenas uma desvantagem, embora ameaçadora, e Dora não tinha como contorná-la: seu custo mensal era de 500 bilhões de marcos.

"Como vai?" "Mal, multiplicado pelo índice" — os berlinenses tinham uma tirada atrevida para quase tudo.[5] Entretanto, o que se passava desde o outono de 1921 em seus mercados, lojas de departamentos, mercearias e bancos colocava mesmo a mais enérgica "empáfia berlinense" à prova. Os números do índice divulgados diariamente — valores de câmbio e preços de atacado, nos quais o próprio rendimento real se espelhava — começaram a balançar, aceleraram e, por fim, explodiram. Feito um oráculo, o valor do dólar era o mais procurado todas as manhãs, também por assalariados que nunca lidavam com moedas estrangeiras. Antes da guerra, um dólar valia 4,20 marcos. Em janeiro de 1922, um dólar valia duzentos marcos; em agosto, mil; a partir de julho de 1923, a conta estava na casa dos milhões; logo em seguida, dos bilhões.

O processo não tinha precedentes históricos e até economistas que depois da guerra haviam alertado sobre uma derrocada da moeda alemã não tinham sido capazes de imaginar sob quais circunstâncias bizarras essa catástrofe realmente iria acontecer. Por outro lado, qualquer leitor de jornal sabia identificar as causas da debacle: o endividamento imenso do Estado alemão, que havia conduzido sua guerra de conquista não por meio de aumento de impostos, mas de empréstimos. E os altos valores exigidos como reparação pelas potências vencedoras europeias — a França como a mais implacável — obrigavam a que os danos provocados fossem cobertos a longo prazo. O governo alemão não conseguiu obter um desconto considerável ou ao menos uma ampliação das parcelas nem na conferência de Spa (em junho de 1920) nem em outras tentativas de negociação. Apenas bens materiais foram aceitos como alternativa. "Estamos dispostos a pagar, mas não conseguimos", desfiava a ladainha diplomática. "Se as reparações cessarem, vamos buscá-las", era a resposta de Paris. Quase ninguém podia acreditar que as ameaças eram sérias, pois tanto fazia a Alemanha estar ocupada militarmente ou não: de onde a Alemanha, com sua economia arruinada, tiraria mais de 2 bilhões de marcos-ouro anualmente? Mas a França estava decidida a dar um exemplo e em janeiro de 1923 invadiu a região do rio Ruhr, levou carvão e bens industriais, além de entregar a conta da ocupação. Pois a acusação que havia anos pesava sobre a Alemanha — de enfraquecer de maneira proposital a própria moeda, de aceleração da inflação — estava acontecendo verdadeiramente agora e numa dimensão autodestrutiva. A fim de saldar as perdas e apoiar a população da região do Ruhr em sua "resistência passiva", o banco do Reich mandou imprimir quantidades imensas de papel-moeda, que não tinham nenhum lastro a não ser promessas. Os preços subiram vigorosamente mais uma vez e os aumentos de salário, com os quais era preciso apaziguar as iradas vítimas dessa política monetária, eram pagos com papéis de tinta ainda fresca. A partir de julho de 1923, esse carrossel se tornou impossível de ser detido, o marco perdia valor todos os dias; em agosto o sistema monetário alemão saiu totalmente de controle; em 21 de setembro, dois dias antes da chegada de Kafka a Berlim, as primeiras cédulas com o valor nominal de 1 bilhão de marcos entraram em circulação. E esse ainda não era o fim.

Uma época mais desfavorável para se mudar à capital alemã era quase impensável. Aqui as desigualdades sociais eram as mais agudas e os efeitos da hiperinflação, os mais catastróficos. Berlim sofria de fome como nas últimas semanas da Monarquia — com a diferença que, dessa vez, os produtos ambicionados *existiam* e às vezes eram expostos de maneira provocativa nas vitrines. Quem havia apostado em empréstimos de guerra, cadernetas de poupança ou na aposentadoria não dispunha de mais nada, independentemente do valor das entradas até então; por outro lado, aqueles que haviam assegurado bens materiais os trocavam por dólares e, depois do fechamento das lojas, quase tudo podia ser adquirido. Essa evidente injustiça levou a um embrutecimento da vida pública, inédito até nos tempos de guerra. Mendicância agressiva, roubos à luz do dia, depredações e saqueios espontâneos, confrontos violentos com a polícia e manifestações de protesto, que a proibição de reuniões imposta havia meses não conseguia coibir. A partir de meados de outubro a situação agudizou-se dramaticamente uma vez mais, quando a cidade de Berlim interrompeu a distribuição de selos para pão (cuja produção e distribuição ela não conseguia mais pagar), acabando com a fama de os "pãezinhos da Prefeitura" serem o último alimento possível de ser adquirido. Nos bairros mais centrais, muitas lojas não abriam mais as portas ou apenas sob proteção policial, carros blindados faziam rondas e o avanço da população contra a Prefeitura de Berlim só podia ser contido por meio de armas.

Para Kafka, era como se ele tivesse se instalado à beira de um campo minado. Lá fora, nos distritos que pertenciam à "grande Berlim" fazia pouco tempo, as coisas ainda estavam comparativamente sossegadas; e ele preferia descobrir o que acontecia no centro lendo o *Steglitzer Anzeiger*, que ficava exposto na Schloßstraße, do que sendo testemunha ocular da situação. Ele ia ao centro uma, no máximo duas vezes por semana, e sempre com o medo dos seres frágeis de não conseguir suportar a agitação e o tumulto. Ele se encontrava com Brod no Café Josty, visitava Puah, que trabalhava num lar para moças, tirava fotos para passaporte no Kaufhaus Wertheim — e, em seguida, voltava "esgotado e profundamente grato por morar em Steglitz".[6] Também aqui ele se mantinha fiel ao costume de reprimir, na medida do possível, as queixas que *todos* tinham. Mesmo nas notícias para Brod, que era constantemente informado por Emmy sobre a situação de Berlim, Kafka só fazia alusões; suas cartas não passam a ideia de que ele vivia numa metrópole à beira da anarquia social ou de uma guerra civil. Mas também seus familiares, aos quais relatava apenas as preocupações práticas, nunca políticas, acompanhavam as notícias no *Prager Tagblatt*, suficientemente esclarecedoras. Felizmente eles não tinham como saber que ele mantinha um relacionamento especial com o bairro mais afetado, Scheunenviertel. Mas as reportagens, como aquelas feitas por Alfred Döblin e que serviam de duvidosa distração para os moradores de Praga, eram fantasmagóricas o suficiente e não deixavam dúvida de que Kafka — depois de todos os vales de montanhas, balneários e sanatórios — dessa vez havia escolhido um purgatório.

> A visão era fantástica também para um berlinense. Grenadierstraße e Dragonerstraße, a sede dos judeus orientais, se encontram bloqueadas por tropas policiais; as ruas estão no escuro. Nas esquinas, vigorosas aglomerações de pessoas; vitrines e lojas com vidros quebrados. Um xingamento e conversas cifradas. Essa Münzstraße já é habitualmente um centro da turba perigosa, rondas policiais são diárias aqui. Agora eles estão todos contentes, os homens com lenço no pescoço e gorro bacana. Mas também há homens estranhos e gordos, de aparência muito burguesa, e muitas mulheres. Um olhar mostra: a maioria é indiferente ao antissemitismo; o que vale é saquear.[7]

Era difícil rivalizar com tais testemunhos oculares, mas os pais tinham uma fraqueza que Kafka conhecia muito bem e usava de maneira quase rotineira: sua disposição à repressão. Caso eles tivessem de lidar com um problema passível de ser manejado, que não pudesse ser resolvido muito facilmente e sim por meios práticos, então eles rapidamente concentrariam toda a sua energia nisso e, por algum tempo, se esqueceriam dos problemas bem mais sérios, cujo desenlace não estava em suas mãos nem talvez nas de ninguém. E também dessa vez o estratagema funcionou.

Foram preservados dezenove cartões-postais e cartas que Kafka enviou a seus pais de Berlim; eles tratavam quase exclusivamente dos preços e do câmbio, das necessidades do vestuário e do lar, sem falar, naturalmente, das preocupações com a alimentação, que segundo a noção de Kafka ainda era razoável. Ele afirmava que havia o suficiente para comer, o pão era inclusive melhor do que em Praga; apenas a manteiga era intragável — seria possível lhe enviar um tanto? Também havia ovos, só que caros; havia pouco uma unidade custava o equivalente a meia coroa, agora, subitamente, 1,60 coroa. Kafka não precisava nem dizer que o preço nominal de um único ovo estava realmente em 3 bilhões de marcos; era evidente que nessas condições ele talvez pudesse garantir a alimentação de alguém saudável, mas não a de um tuberculoso. Para a mãe, tratava-se de um motivo suficiente para, com a ajuda de Ottla, enviar regularmente pacotes com comida ao filho, depois também com roupas de inverno e pequenos utensílios para a casa. Mas nenhuma das cartas dele indica que os pais tivessem perguntado por seu acompanhamento médico, e apenas uma única vez o pai se esforçou para fazer uma pergunta sobre o sentido de tudo aquilo: ele queria saber se Franz tinha "*um futuro para mais tarde*" em Berlim.

Na realidade, Kafka não se debatia apenas com questões financeiras — ele já estava habituado à situação desde que parara de receber o salário integral; em Berlim, vivia próximo à linha da pobreza, tendo pensado mais de uma vez em interromper a experiência antes da chegada da ruína completa. A fim de economizar com o correio, em vez de cartas enviava cartões-postais totalmente preenchidos com letra miúda (algo que, mesmo assim, custava 36 bilhões). Não comprava mais o jornal diário, não ia ao cinema, não ia ao teatro e não fazia viagens desnecessárias de bonde. Claro que também não comprava remédios. Quando o valioso álcool tinha sido consumido, acontecia de Dora aquecer a comida sobre tocos de velas, e a ida à lavanderia era postergada ao máximo. Kafka não dispunha de quaisquer reservas; quando sua pensão de Praga não chegava a tempo, então ele precisava — talvez pela primeira vez na vida — pedir um pouco de dinheiro emprestado a conhecidos. Também a aquisição de livros estava além de qualquer possibilidade; tudo o que havia em suas estantes tinha vindo quase que exclusivamente na mala de Praga: uma visão triste. E era de uma especial perfídia do destino que justamente o telefone — um aparelho que irritava Kafka mais do que nunca — fosse uma das poucas amenidades da vida cujo preço se manteve aquém da inflação geral. A coisa mais sensata, o jornal *Vossische Zeitung* já havia aconselhado no início do terremoto econômico, era usar o telefone o máximo possível, pois aí o dinheiro ainda valia alguma coisa. Para Kafka, um conselho não muito útil. De todo modo, sua casa em Steglitz também contava com um telefone, mesmo se quem ligasse para lá ouvisse geralmente a voz de Dora.

Kafka se manteve solvente e ao menos não passou fome no auge da hiperinflação, entre setembro e o início de dezembro de 1923, principalmente devido ao fato de que seus rendimentos eram em moeda tcheca. Esse era o motivo paradoxal para ele não estar em situação muito melhor do que a de um aposentado alemão. Pois as cerca de mil coroas que lhe cabiam mensalmente eram pagas em Praga. A fim de poder gastá-las, era preciso não apenas realizar uma transferência para Berlim (o que sempre implicava em taxas), como também, e o que era pior, trocá-las por marcos, pois os comerciantes e locatários eram proibidos de negociar em moeda estrangeira (caso contrário, ele poderia fazer a festa nas lojas de Berlim). Todo o processo demandava tempo, e tempo agora significava perda de dinheiro, precisamente calculada. Kafka ficou fora de si quando soube que seus pais, ignorantes no quesito do câmbio, haviam enviado um cheque de várias centenas de coroas a Berlim, mas preenchido em marcos, calculados na cotação do dia do envio. Três dias mais tarde, quando Kafka recebeu o valor, um terço dele havia sido engolido pela inflação galopante, a diferença foi contabilizada pelo banco pagador como lucro. "[...] prefiro eu mesmo perder dinheiro", Kafka escreveu, bravo, "do que de maneira indireta, por meio de bancos."[8] Nesse sentido, era ainda muito mais seguro enviar as cédulas tchecas simplesmente por carta, e mais tarde os Kafka começaram a pedir a amigos e conhecidos que casualmente estivessem viajando a Berlim que levassem quantias maiores ao filho — que depois tinha de buscar o dinheiro em algum lugar de bonde. Impossível escapar das dificuldades e dos inconvenientes, e Kafka estava tudo menos feliz em depender dos pais não só em relação aos pacotes de manteiga como, devido aos parcos rendimentos, também financeiramente.

Além disso, nem era garantido que esses rendimentos fossem pagos à sua família. A bem da verdade, Kafka não era um aposentado precoce, ele estava apenas gozando de uma "aposentadoria provisória", e isso significava que o Instituto de Seguros contra Acidentes de Trabalho continuava a dispor de sua força de trabalho. Uma convalescença espontânea da tuberculose teria significado para ele o retorno ao escritório — ou a cessação da aposentadoria. Também a repartição não estava de modo algum obrigada a aceitar um domicílio no exterior, fora de sua alçada. Kafka não havia pensado nesse problema; na sua apressada saída de Praga, ele não se informou sobre o regulamento nem sobre o que teria de fazer para assegurar juridicamente a continuidade do pagamento da aposentadoria. Bem, ele não precisava justificar a ninguém uma pequena viagem. Três meses mais tarde, quando Kafka se decidiu também a passar o inverno em Berlim, estava mais do que na hora de deixar as coisas em pratos limpos com o diretor. Ottla, que se encarregou de fazer isso o mais rápido possível, compareceu à seguradora e foi ouvida com boa vontade. Num relatório detalhado, Kafka descreveu sua situação financeira e de saúde, e para não desgostar Odstrčil com algum erro de linguagem, ele pediu ao cunhado Josef David que vertesse a carta para um tcheco impecável.

Ele tinha de justificar principalmente como uma estada justo em Berlim servia à recuperação de sua aptidão ao trabalho, pois o Instituto de Seguros contra Acidentes de Trabalho não teria aceitado durante muito tempo que um aposentado temporário arruinasse sua saúde propositalmente. Não, escreveu Kafka, a decisão havia sido bem pensada e razoável. De um lado, ele esperava que a mudança de cenário trouxesse uma influência favorável sobre sua "enfermidade neurológica" (essa era a linguagem oficial para "fantasmas"); de outro, o médico havia lhe assegurado que Steglitz "não era desfavorável" para sua tuberculose, pois se tratava de um "subúrbio assemelhado a uma cidade-jardim", onde ele, além disso, contava com a ajuda de amigos. Apenas financeiramente as coisas andavam mais difíceis do que o esperado, por isso ele pedia para que sua aposentadoria continuasse a ser paga aos pais. Dá para imaginar o sorrisinho maroto do diretor ao ler a diplomática carta. Berlim como estância climática era uma novidade, e o fato de Kafka inserir a palavra "jardim" cinco vezes numa mesma frase não tornava as coisas mais críveis. Mas também em Praga o estado de saúde de Kafka havia piorado, algo claramente visível a partir da carta, e por isso talvez o melhor a fazer fosse deixar que ele próprio tomasse essas decisões de tamanha gravidade. Em 31 de dezembro, a estada de Kafka no estrangeiro foi oficialmente aceita. Era suficiente, Odstrčil informou generosamente, que Kafka enviasse uma procuração para os "senhores seus pais" e um "atestado de vida" emitido na polícia uma vez por mês. "Caso o senhor queira se estabelecer *a longo prazo* na Alemanha ou em algum outro lugar no exterior, é preciso nos informar a esse respeito e solicitar a continuidade do pagamento de seus benefícios previdenciários integrais."[9]

Kafka omitiu que a cidade-jardim Steglitz também era um território conflagrado, no qual só poderia se manter com muita sorte. Ele estava ficando desesperado com os custos de sua estada e, mais ainda, com a sua locadora. Fazendo a conversão, seu quarto havia sido alugado em agosto por 28 coroas tchecas; no momento de sua chegada a Berlim, o preço havia triplicado, em outubro era preciso pagar seis ou sete vezes o valor, mais o custo do aquecimento, que com temperaturas outonais baixas, além de portas e janelas de vedação ruim, era tão alto quanto o aluguel. Não sabemos com qual periodicidade esses aumentos lhe foram impingidos, mas é possível supor que, no mais tardar no fim de outubro, o aluguel tivesse de ser continuamente negociado: apenas na noite de 31 de outubro para 1º de novembro, o marco alemão perdeu a metade de seu valor; na noite seguinte, novamente mais da metade. Ele estava pagando meio trilhão agora, Kafka escreveu nesses dias (infelizmente, a datação não é precisa), mas isso não deve ser o ápice da escalada inflacionária, pois em 7 de novembro essa montanha de dinheiro valia apenas um único dólar americano.[10]

As queixas dos locadores eram um tema diário na imprensa econômica alemã, e realmente é possível comprovar que por muito tempo a correção do valor dos aluguéis ficou abaixo da inflação — entretanto, eram pagos adiantado, mas no valor monetário equivalente ao da data do pagamento, de modo que, em geral, era o locatário quem saía ganhando. As desavenças que compulsoriamente nasciam daí eram inúmeras, e as conversas desagradáveis que Kafka tinha de manter com cada vez mais frequência na Miquelstraße não permitem supor que ele estivesse numa posição de proeminente vantagem. Certamente, a locadora tinha imaginado que um funcionário público aposentado com título de doutor tivesse um padrão de vida diferenciado, principalmente quando essa pessoa dispunha de moeda estrangeira e estava sempre vestido de maneira tão correta. Já na primeira conversa, ela havia perguntado pelos rendimentos dele e recebido informações verídicas. Esse — assim supôs Kafka, mais tarde — foi o erro decisivo, pois mil coroas por mês eram, em setembro, uma quantia razoável, que convidava a reajustes no aluguel. Além disso, a presença constante de Dora também deve ter contribuído para o tensionamento da situação. A atmosfera piorou rapidamente e, por fim, no início de novembro a situação desandou de vez e Kafka recebeu a notícia de que teria de deixar o apartamento.

Ele se sentiu aliviado. Mas não era possível partir sem nenhum tipo de vingança. Pois Kafka fez com que a sra. Hermann, da Miquelstraße 8, recebesse seu lugar na literatura. "Uma mulher pequena" é o título de um perfil saturado de ironia que Kafka escreveu por volta do fim do ano: a descrição de uma raiva resistente a qualquer apaziguamento. "Ora, essa mulherzinha está muito insatisfeita comigo, sempre tem algo a censurar em mim, diante dela estou sempre errado e irrito-a a cada passo [...]."* A fim de abrandar a irritação da mulher, ele tinha até procedido a "certas mudanças",** relata o narrador em primeira pessoa numa resignação cômica e com indeterminação igualmente cômica, mas tudo em vão. "A insatisfação dela comigo, como agora eu entendo, é uma questão de princípio; nada pode suplantá-la, nem mesmo a supressão da minha pessoa; a notícia do meu suicídio, por exemplo, provocaria nela acessos de fúria sem limites."*** Mas caso ele se

* Franz Kafka, "Uma mulher pequena". In: *Um artista da fome/ A construção*. Trad. de Modesto Carone. São Paulo: Companhia das Letras, 2021, p. 13. ** Ibid., p. 18. *** Ibid.

comportasse assim, o sofrimento dessa mulher sem nome não sumiria do mundo nem por meio de um sacrifício extremo, então era possível continuar vivendo bem e com a consciência tranquila. "Portanto, de onde quer que eu observe esse pequeno caso", diz o final desse estranho texto em prosa, no qual *nada* realmente acontece, "evidencia-se sempre — e nisso me apego — que, se eu o mantiver tapado com a mão, mesmo que seja bem de leve, poderei prosseguir ainda por muito tempo, calmamente, sem ser importunado pelo mundo, na vida que tenho levado até agora — a despeito de toda a fúria dessa mulher."[11]

E foi assim que Kafka agiu. Ele encontrou um novo endereço, apenas a duas ruas de distância, omitindo à furiosa locadora, até o último instante, o dia da mudança. Na manhã de 15 de novembro, ele deixou a casa e foi ao centro da cidade. Ao retornar, por volta das dezoito horas — bem mais tarde que o planejado —, e tocar a campainha no portão do jardim do seu novo domicílio, uma mansão na Grunewaldstraße 13, ele encontrou dois quartos mobiliados no primeiro andar. Dora se ocupara da mudança, transferindo os poucos pertences dele, e não lhe restara mais nada a fazer. Quase um sonho. Quem ficou de mãos abanando foi a "mulher pequena".

Temos uma imagem muito pouco nítida do cotidiano berlinense de Kafka, e as peças do mosaico representadas pelas cartas estrategicamente formuladas à família são muito poucas para preencher as lacunas entre elas com meras suposições. Não há como responder de maneira simples nem à questão sobre se Kafka e Dora Diamant "viviam juntos". Pois na lembrança de Dora, esses meses em Berlim mesclam-se num estado único, por assim dizer atemporal, a uma época de sua vida: *nós* vivíamos em Steglitz, ela diz, "primeiro num quarto, depois tivemos dois". Assim, ela se mantém no espaço interno da vivência psíquica; na realidade, porém, as circunstâncias externas não eram aquelas de um "casamento sem papel passado". Uma relação erótica com Kafka também se desenvolveu apenas gradualmente, mesmo que as barreiras da discrição máxima, que ele levantava inclusive diante dos amigos, permitam à posteridade lidar apenas com indícios. Por exemplo, numa carta de janeiro de 1924, há um pós-escrito de Dora, a partir do qual se conclui que ela começara a passar as noites em Steglitz.[12] Entretanto, dois meses antes, quase no momento da mudança à Grunewaldstraße, Kafka havia pensado seriamente em sublocar um dos dois quartos por razões de custo, e justo para seu tio Siegfried, o médico rural. Kafka certamente não teria tolerado esse preposto da família de Praga no ápice de uma paixão erótica — principalmente porque, entre os dois quartos que ele ocupava naquele momento, havia o quarto da locatária, o que mesmo na tolerante Berlim teria significado um arranjo bastante incomum. As pistas são ambíguas: em janeiro, Dora ainda mantém endereço próprio em Berlim; por outro lado, nas mensagens aos pais — que finalmente foram informados da amante em Berlim —, Kafka sempre parte do pressuposto evidente de que, no futuro, sempre viverá junto com Dora, independentemente do lugar. Não sabemos qual era a intensidade erótica desenvolvida nessa vida ou que talvez pudesse ter sido desenvolvida mais tarde, se Dora também conheceu o "medo" dele e como a crescente fraqueza física de Kafka passou a limitar a possibilidade da experiência erótica. Ele escreveu a Tile Rössler dizendo que Dora era "um ser maravilhoso"[13] — uma declaração indireta de amor, mas também aqui ele não podia revelar mais. Dora e ele dividiam a vida dela, em certo sentido também viviam juntos, porque lhes era impossível *não* viver juntos. Esse era o critério formulado publicamente por Milena, e Kafka sem dúvida estava consciente de que, pela primeira vez e contra todas as expectativas, o preenchia.

Eles permaneceram isolados, mas, de modo algum, solitários. O fato de Kafka não participar da vida cultural de Berlim era motivado, a princípio, por questões financeiras, depois de saúde, mas logo a notícia se espalhou de que estava morando em Berlim e que era possível falar com ele pelo telefone. Toda uma série de enviados literários se colocou a caminho de Steglitz: Rudolf Kayser, do jornal *Die neue Rundschau*; Willy Haas; o escritor Ernst Blass; o igualmente empobrecido Ernst Weiß; o amigo e admirador Ludwig Hardt; Egon Erwin Kisch e Jarmila Haas (que, nesse meio-tempo, estavam casados); até Werfel, que ainda não queria acreditar na rejeição de Kafka e que, dessa vez, se despediu com lágrimas.[14] Brod também visitou o lar de Kafka diversas vezes e não ficou nem um pouco surpreso ao encontrar o quarto do amigo mobiliado de maneira tão frugal quanto aquele de Praga, sem falar no frio desagradável que reinava ali. Por sua vez, em Dora, que sem maiores rodeios tratou-o informalmente por "você", encontrou quase uma "imagem ideal" da humanidade: anotou que ela se preocupava "com uma veneração comovente" com Kafka, que havia pouco se encontrava febril, e apesar dos apertos financeiros ela conseguiu servir à visita de Praga uma refeição com gulache, ovos e salada.

Era um pouco curioso e ninguém poderia ter previsto que Kafka tinha agora mais oportunidades de conversar com Emmy Salveter do que o próprio Brod, que muitas vezes não conseguia se ausentar de Praga por semanas e sempre tinha de usar motivos profissionais como desculpa. Naquele momento, a situação estava tão tensa que Emmy foi visitar Kafka para tão somente pedir conselho e apoio. Brod afirmava a ela — Kafka ficou sabendo disso com espanto — que nada o mantinha preso ao casamento senão a "obrigação". Ninguém tinha como acreditar nisso. Emmy, que pouco antes ainda havia declarado estar satisfeita com as visitas mensais do amante, subitamente passou a exigir que Brod se separasse da esposa, e a troca de cartas e telegramas entre Berlim e Praga se tornou tão intensa que Kafka deu o sério conselho (e, como ficaria provado mais tarde, o único razoável) de simplesmente ambos fazerem silêncio e deixar a solução do problema para o próximo encontro.[15]

Claro que entre as visitas estava também a "pequena livreira" de Kafka, a sonhadora Tile — demorou algum tempo até ela compreender o papel da ciumenta e bastante rude Dora nessa situação —, e várias vezes ela trouxe consigo o jovem namorado, um pintor, a quem podia apresentar um escritor de verdade. Certamente, as visitas de Lise Weltsch — que Kafka conhecera em Praga havia muito e que agora vivia em Berlim com o marido, Siegmund Kaznelson — eram mais agradáveis e educativas para Dora.[16] Kaznelson, um destacado sionista que, até 1918, fora editor da revista *Selbstwehr*, tinha muito êxito como diretor da editora Jüdischer Verlag, e é possível supor que Kafka pudesse aumentar um tanto sua minúscula biblioteca com presentes de primeira mão.

Apenas uma amiga mostrou-se arredia: Puah Ben-Tovim. Kafka havia combinado com ela de retomar as aulas de hebraico depois de sua saída de Praga e, realmente, nas primeiras semanas, ela esteve por algumas vezes em Steglitz. De repente, porém, sumiu, sem reagir a repetidos convites feitos por cartões-postais. "O que fiz a ela?", Kafka perguntou triste, mas nem Klopstock, que a encontrara no fim do ano em Praga, conseguiu descobrir o motivo.[17] Nesse meio-tempo, ela havia encontrado o futuro marido, o pedagogo Josef S. Menczel, e é possível que tenha aberto mão da amizade de Kafka — uma experiência rara para ele — devido a esse novo relacionamento, muito intenso. Não é possível comprovar a hipótese.

Desde que Kafka soube que a Palestina lhe era inalcançável, seus esforços em aprender *ivrit* diminuíram de maneira considerável. Em Müritz ele já lia em hebraico, mas tinha abandonado a memorização sistemática de palavras novas. Também em Berlim ele não fez mais nenhum progresso considerável, até porque Dora não podia substituir a abrangente competência linguística de Puah, principalmente sua capacidade de conversar com fluência. O que restou foram sonhos comuns, que pouco a pouco se afastavam de qualquer futuro imaginável e se tornavam uma brincadeira particular. Kafka se divertia imaginando um pequeno café palestino que eles um dia iriam gerenciar — Dora na cozinha, ele como garçom —, e enquanto na vida real ele preparava uma única xícara de chá com formalismo cerimonial, demonstrava a Dora, com talento para a mímica, que sabia dar conta de servir um estabelecimento totalmente ocupado. Para tais diversões, entretanto, as leituras em hebraico que faziam juntos não combinavam muito bem: um romance de Josef Chaim Brenner, que pintava um quadro bastante deprimente, quase chocante, de Jerusalém. Com esforço, Kafka conseguia digerir uma página por dia, mas não chegou a ler o livro até o fim.[18]

Seu interesse em história e cultura judaicas permaneceu inalterado e ele quase tremia de curiosidade ao ouvir Dora contar do cotidiano chassídico de sua infância e juventude. Kafka também dava grande valor ao recebimento pontual da revista *Selbstwehr*: tratava-se quase de sua última ligação, envolvida por sentimentos nostálgicos, com a cena sionista de Praga. E, por fim, Berlim oferecia também a possibilidade de estudos de fontes judaicas. A liberal Escola Superior para a Ciência do Judaísmo, um prédio na Artilleriestraße (hoje o prédio Leo Baeck, na Tucholskystraße 9), não distante da sinagoga: para Dora, o grande arquivo do conhecimento judaico ao qual ela algum dia teve acesso; para Kafka, "um local de paz em meio à agitada Berlim e nas regiões agitadas do centro" e durante meses a única instituição pública que ele frequentou.[19] Kafka frequentou um curso introdutório e juntos eles assistiram à palestras sobre o Talmude; enquanto Kafka se interessava mais pelos textos exegéticos não legalísticos (*Agadá*), Dora prestava especial atenção na interpretação das leis (*Halachá*). Tudo isso era gratuito, como ele relatou satisfeito, acontecia em belos salões e com acesso a uma biblioteca bem sortida e bem aquecida. É provável que Kafka tenha feito alguns conhecidos novos durante os pequenos seminários,[20] e ele participava sempre que estivesse fisicamente apto, mas sempre mantendo uma certa distância irônica em relação ao espírito iluminista da faculdade, que se afastava da religião. Lá não se vivenciava o núcleo quente do judaísmo, o arrebatamento advindo de uma tradição de milênios. Mas certamente em Steglitz, quando Dora orava no encerramento do shabbat, e Kafka, que logo decorou as palavras, ao mesmo tempo balançava lentamente a cabeça.[21]

Uma nova palavra entra em circulação: "Rentenmark". No começo, parecia ser uma magia da técnica financeira, como de costume. Dava para acreditar que bastava cortar doze zeros para se chegar a uma moeda estável? Um trilhão de marcos (um "Billmark",* em berlinês) correspondia a um Rentenmark, que equivalia a um marco-ouro, lastreado supostamente por uma dívida básica, garantido pelo conjunto das indústrias alemãs. Seu funcionamento detalhado era entendido na Alemanha por no máximo algumas dezenas de pessoas, e ninguém entendeu como o milagre realmente aconteceu, com o Rentenmark permanecendo estável. O corte foi doloroso, os caixas públicos foram saneados sem exceções, o tempo de trabalho foi prolongado por decreto emergencial e todas as cidades dispensaram milhares de empregados e inclusive funcionários públicos (39 mil somente em Berlim). Apesar disso, o sentimento de alívio era predominante. A queda livre havia sido interrompida, era possível tomar decisões que se mantinham válidas para além de um dia, e foi suficiente substituir o caos por um tipo de ordem mais ou menos factível, a fim de assegurar à nova moeda a confiança necessária. E um pequeno truque da psicologia de massas também estava embutido no pacote: 4,20 marcos valiam agora um dólar americano, como em 1914.

Para os estrangeiros que viviam na Alemanha, a reforma monetária de dezembro de 1923 significou, a princípio, o fim de um privilégio. Mesmo que conseguissem trocar suas divisas sem perdas e gastá-las imediatamente, mesmo que usassem o forte dólar para pagar pelas coisas por baixo dos panos, isso não era mais vantagem em relação aos que recebiam o novo marco. Os forasteiros passaram a enfrentar o alto custo de vida, embora estável, da mesma maneira que os locais — e esses custos eram bem mais significativos em relação à Áustria ou à Tchecoslováquia. Também para Kafka foi de pouca valia que a oferta de produtos tenha se multiplicado em poucas semanas e que as filas diante das lojas de Berlim tenham

* Um *Billion* equivale a 1 trilhão.

sumido quase da noite para o dia. A atmosfera geral estava mais relaxada, mas os novos cartazes com os preços rapidamente o conscientizavam de que, sem um auxílio externo, ele não se sustentaria em Berlim por muito mais tempo. Na realidade, Kafka dependia cada vez mais da ajuda de Praga — mesmo que negasse isso ainda no início de janeiro; os pais lhe enviavam adiantamentos da aposentadoria dos meses seguintes e ele recebia também algumas centenas de coroas de Ottla e de Elli. "Os pobres estrangeiros em Berlim", era o título de um pequeno artigo no *Prager Tagblatt*, e foi de uma comicidade fatal os Kafka terem usado justamente essa página para embrulhar um pedaço de manteiga para Franz e Dora.[22] Seu *doppelgänger* — um segundo Franz Kafka, que também se mudara para Berlim em 1923 — teve muito mais sorte, pois havia comprado pouco tempo antes a casa em que morava. Profissão: "proprietário", dizia o catálogo de endereços de Berlim. Invejável.[23]

Os pais o haviam alertado a tempo: *um futuro para mais tarde*, sim ou não, essa era a questão decisiva. Pois "não há o mínimo indício da possibilidade de ganho de dinheiro por minha parte".[24] Tratava-se de uma informação seca, não inesperada e, mesmo assim, altamente inquietante. Afinal, não fora Franz que dissera no passado que, se fosse para ele viver do trabalho literário, então isso se daria em nenhum outro lugar senão Berlim? Isso significava que havia desistido de seus planos literários? Assim sendo, ficava ainda mais difícil compreender o motivo de ter se agarrado justamente a essa metrópole economicamente devastada, violenta.

Supostamente, foi uma decisão inteligente de Kafka não dar mais esperanças infundadas aos pais, coisa que ele fizera para o bem da paz familiar com muita frequência e de modo muito apressado. Esse sufocamento das questões desagradáveis era, na realidade, uma herança dos pais e fazia parte das práticas insinceras e emocionalmente travadas; com sua partida abrupta, Kafka queria se afastar justamente desses estratagemas. No fim, era possível acreditar nas próprias vagas promessas. Nesse sentido, era melhor não exagerar e divulgar boas novas apenas quando estas tivessem se concretizado. Havia um "indício" de rendimentos futuros, mesmo que isso não fosse mencionado em nenhuma de suas muitas cartas para Praga.

Meses antes, Kafka havia feito contato com a nova e notoriamente pujante editora de Berlim chamada Die Schmiede. Não está claro de que modo isso aconteceu. Max Brod relata que foi ele quem o apresentou ao diretor da editora, Georg Salter — mas, na realidade, em 1º de agosto de 1923 a editora tinha preparado um acordo escrito. Ou seja, numa época em que Kafka, em trânsito para Müritz, passara apenas um dia em Berlim. É muito mais provável que ele tenha iniciado esse contato por carta já de Praga.

Nem Kurt Wolff deve ter ficado surpreso com o fato de Kafka, em algum momento, ter passado a se ocupar seriamente com as ofertas de outras editoras que eram recebidas de vez em quando. Seu relacionamento com Wolff não era especialmente vantajoso. Certamente, o editor havia reconhecido a posição singular de Kafka, e alguns dos leitores mais importantes — não apenas de Praga — reforçavam esse julgamento. "Nunca li nenhuma linha desse autor que não tivesse me tocado ou me surpreendido de maneira muito peculiar", escreveu-lhe por exemplo Rilke ainda em 1922, solicitando que fosse alertado "especialmente" de tudo o que fosse publicado de Kafka no futuro.[25] Ludwig Hardt também enfatizou para Wolff que ele considerava os textos de Kafka extraordinários. Entretanto, Wolff nunca se esforçou em manter um diálogo mais pessoal e contínuo com Kafka. O tênue fio sempre se rompia nos intervalos de anos entre as publicações, e no início dos anos 1920 estava claro que Wolff perdera totalmente o interesse. Afinal, os maravilhosos romances de Kafka, elogiados de modo contínuo e até público por Brod, nunca eram terminados, e sem um romance esse autor não se "garantiria" — os lamentáveis números de vendas não permitiam outra conclusão.

No mais tardar desde a produção torturantemente arrastada de *Um médico rural*, Kafka também se perguntava se a editora de Wolff era o lugar certo para ele. As palavras amáveis do editor eram incompatíveis com descuidos contínuos e incompreensíveis. Por exemplo, a editora insistia — apesar de várias reclamações — em enviar informes ao endereço do antigo escritório de Kafka; também ninguém se preocupou, durante muito tempo, em negociar com Robert Klopstock os direitos de tradução para o húngaro por ele solicitados. No outono de 1923, Kafka recebeu duas cartas da editora que podem ter reforçado sua decisão: numa delas, ele era informado de que tinha direitos autorais a receber oriundos de uma certa "empresa Kloppstock" e, na outra, a editora dizia que havia encerrado sua conta de direitos autorais devido às poucas vendas — por esse motivo, não era possível fazer nenhuma transferência, mas, como alternativa, ele receberia alguns livros. Embora Kafka tenha podido escolher os títulos, precisou reclamar seu envio após semanas de espera.[26]

Não era segredo na cena literária que por essa época inúmeros autores já tinham se afastado de Wolff. O editor não se interessava mais pela nova literatura de língua alemã com o mesmo afã de antes da guerra, o impulso criativo dos expressionistas parecia tê-lo paralisado. "Sinto cada vez mais intensamente", ele escreveu a Werfel, "que sua geração, que também posso chamar de minha, não apresenta nenhuma renovação criativa nos últimos tempos; pelo menos, não consigo observar nada no meio, apesar de prestar a maior atenção [...]."[27] Em realidade, ele desocupava um espaço significativo no território literário, que durante uma década esteve identificado com o nome Kurt Wolff. Sua série Der neue Roman [O novo romance] abriu-se para a literatura europeia, e o fim da coleção Der jüngste Tag teve um efeito especialmente marcante: em 1920 foram publicados quatro volumes; em 1921, apenas três, todos textos literários secundários, e o de número 86 foi o último — ou seja, essa não era mais uma possibilidade para a publicação em separado de *Um artista da fome*. Também era impossível não notar que as ambições de Wolff se dirigiam cada vez mais às artes plásticas.

O segmento editorial mergulhou no caos principalmente devido à galopante inflação na Alemanha nos anos 1920. Falências de editoras, novas fundações e fusões faziam os direitos autorais migrarem de empresa para empresa, cenas literárias locais se desfaziam, antigas redes de proteção não funcionavam mais. Até mesmo autores muito identificados com suas editoras sentiam-se inclinados a se mudar para outras casas mais robustas financeiramente, as correspondências eram dominadas por brigas sobre modalidades de pagamentos e atrasos (que desvalorizavam o valor devido), e quase nenhuma editora escapou da acusação de enriquecer na crise às custas de seus autores. Pois enquanto os preços dos livros disparavam nas lojas, o rendimento real dos autores diminuía drasticamente, e podia acontecer de um livro das listas de mais vendidos não render nada a seu autor porque este não tinha garantido, por contrato, uma indexação adequada de seus direitos autorais. "Certamente todos os envolvidos são da mesma opinião", escreveu Herbert Eulenberg, dramaturgo de sucesso, "que, entre todas as empresas na Alemanha, as editoras foram as campeãs na exploração." A editora Kurt Wolff também estava sob a suspeita geral da vantagem excessiva, e até Kafka era da opinião que Wolff devia ter ganhado "uma porção realmente imensa de dinheiro" por causa da inflação.[28]

Muitas vezes a disputa incendiava-se no câmbio, pois os autores de língua alemã que moravam na Áustria ou na Tchecoslováquia não gostavam de receber os marcos que lhes eram transferidos. Mesmo Werfel, cujas obras faziam mais sucesso do que nunca com Wolff, ganhava tão pouco que ele se decidiu a deixar o antigo mentor e assinar um contrato com a editora Zsolnay, que pagava em coroas austríacas. Mas também na Alemanha os adiantamentos de direitos autorais com os quais os autores tinham de contar nos meses após a assinatura do contrato até que o livro estivesse finalmente à venda eram muito baixos se comparados com o custo de vida. Kafka soube desse problema em primeira mão: a começar, por intermédio de Max Brod, que recebia pagamentos ínfimos de Munique; depois, também de Ernst Weiß, cujos direitos tinham sido transferidos em 1921 da editora S. Fischer para a Kurt Wolff.

No outono de 1922, Weiß anunciou ao novo editor que havia terminado um pequeno romance, e a fim de comprar algumas roupas de inverno, ele disse estar obrigado a pedir um adiantamento de 70 mil a 80 mil marcos — a quantia oferecida por outra editora.[29] Wolff, entretanto, não queria entrar nesse tipo de negociação, dizendo que o pedido de Weiß correspondia à venda de vários milhares de exemplares e lhe parecia quase impossível que uma oferta assim generosa tenha sido feita a ele. Porém, como se soube depois, não se tratou de um blefe, mas sim da intervenção de um concorrente para ser levado a sério: a editora berlinense Die Schmiede. O romance de Ernst Weiß, *Die Feuerprobe*, foi lançado com um acabamento que deve ter impressionado inclusive o bibliófilo Kurt Wolff: 675 exemplares numerados, ilustrados por Ludwig Meidner e impressos manualmente sobre material nobre. Como isso era possível, de onde a jovem editora conseguia tanto dinheiro?

Fundada no outono de 1921, a editora Die Schmiede chamou a atenção no ano seguinte devido a seu catálogo abrangente e literariamente pretensioso; a maioria de seus títulos era da editora Roland, de Munique, que havia sido adquirida em sua totalidade: Alfred Wolfenstein, Georg Kaiser, Oskar Loerke, Arnold Zweig, Heinrich Mann e outros, perfazendo, no total, um perfil que lembrava muito o da editora Kurt Wolff. Isso fez com que muitos autores da Wolff a trocassem pela editora Die Schmiede, entre eles Carl Sternheim e até o colega de Wolff e eventual editor de texto Walter Hasenclever. Uma rápida expansão, acompanhada de bom grado pela crítica literária e com esperança pelos autores. Die Schmiede logo ficou famosa por pagar generosos direitos autorais.

Apenas aos poucos ficou claro que essa estratégia de aquisição e de conquista de autores de outras editoras apoiava-se numa administração ruim.

Die Schmiede tinha sido criada como subsidiária de uma rentável agência teatral. Seus ativos passaram a ser constantemente usados pelos donos para cobrir os déficits da editora. Não é mais possível reconstruir o processo em detalhes, mas é evidente que a separação insuficiente entre ambos os setores levou a erros de cálculo de grandes proporções: enquanto a parte do teatro continuava gerando rendas, não era preciso se inquietar com o destino de cada um dos projetos literários. A ordem era primeiro ir às compras, "amarrar" autores; todo o resto se daria naturalmente na sequência.

Essas relações se mantiveram ocultas por muito tempo e Kafka também não tinha ciência da situação. Como muitos outros, a oferta concreta lhe pareceu tão sedutora que ele não viu maiores problemas em iniciar um trabalho a longo prazo com os inexperientes editores. Embora ele tivesse apenas dois contos a oferecer — "Um artista da fome" e "Primeira dor" —, o acréscimo de "Uma mulher pequena" resultaria num volume compacto de narrativas, para o qual foi negociado um contrato em fevereiro e que lhe rendeu um adiantamento de 8 mil coroas tchecas:[30] uma soma considerável, certamente também aos olhos dos pais, mas que chegou tarde demais para ser útil a Kafka na defesa de sua estada em Berlim. É provável que Kafka tenha se dado conta, mais tarde, de que a editora Die Schieme era um endereço duvidoso — a produção do livro aconteceu de maneira estranhamente lenta, alguns questionamentos se mantiveram sem resposta —, mas apenas seu inventariante Max Brod foi testemunha do rápido declínio da empresa. Logo surgiram de todos os lados queixas sobre o pagamento intermitente de direitos autorais e, em 1925, a editora estava praticamente falida. Ninguém daquela lista de autores proeminentes, com a qual Die Schmiede tinha causado furor por pouco tempo, prolongou seu contrato. E Brod acabou fazendo com que isso valesse também para Kafka.

Na tarde de 24 de dezembro de 1923, Dora voltou do centro da cidade depois de fazer algumas compras antes dos feriados. Havia dias que as temperaturas eram muito baixas, Dora estava totalmente gelada e a ideia de uma xícara de chá quente a reconfortava. Mas uma surpresa ruim esperava por ela na Grunewaldstraße: Kafka, que pela manhã ainda estava com boa disposição, encontrava-se deitado na cama com febre alta, tremendo. A situação era inédita e, embora ele já tivesse contado algumas vezes de fases febris que tinham persistido por semanas no passado, eles não haviam feito quaisquer preparativos nem planejamentos para o caso. Onde chamar um médico na véspera do Natal? Dora, que entrou em pânico, primeiro ligou para Lisa Weltsch, que prometeu um auxílio rápido e, por sua vez, mobilizou um parente, especialista em tuberculose. Esse homem, porém, tinha o título de professor extraordinário, e era possível adivinhar o que isso significava no valor da consulta. Então fazer o quê? Dora, apesar de saber exatamente como Kafka era sensível às intervenções familiares, não viu alternativa senão ligar para Praga e pedir dinheiro com urgência para Elli. No final da tarde, eles receberam finalmente um médico, que acabou percorrendo o longo trajeto desde o centro de Berlim; felizmente o professor havia enviado um assistente um pouco mais em conta, mas a consulta não teve um resultado palpável: a orientação foi permanecer na cama e aguardar. A visita custou vinte marcos. E mesmo que Dora tenha conseguido, mais tarde por telefone, barganhar o valor até a metade, essa noite representou um pesado golpe. Kafka teve de se conscientizar de que sua independência, duramente batalhada, estava por um fio.[31]

Independência principalmente do julgamento da família: apesar de toda a cordialidade da correspondência escrita, desde o início Kafka havia enviado inequívocos sinais de distanciamento. Por exemplo, meses antes ele havia pedido a Ottla que o visitasse em Berlim de preferência sozinha:

> Você sabe o tom usado para falar das minhas coisas, evidentemente por influência do pai. Não há nada de mau nisso, mas sim empatia, compreensão, pedagogia e afins, não é nada mau, mas é Praga, como eu não apenas amo, mas também temo. Ouvir e ver uma avaliação dessas, em que se pese ser tão bem-intencionada, tão simpática, seria para mim como uma transferência de Praga aqui para Berlim, me faria mal e atrapalharia as noites.[32]

Isso se referia a "Pepa", o marido de Ottla, que muito a contragosto, devido às crianças, permitiu sua viagem. Mas Ottla, que já tinha passado por situação semelhante — ela ainda se lembrava bastante bem dos pacotes com alimentos e mais os bons conselhos enviados a Zürau —, compreendeu exatamente o que o irmão temia. Desse modo, ela realmente chegou sozinha a Berlim no final de novembro, e depois de conhecer Dora, compreendeu o irmão ainda melhor. Ficou sendo a única pessoa da família que tinha uma noção concreta da vida corrente de Kafka e foi ela quem anunciou (para assombro dos pais) que ele estava vivendo com uma jovem judia oriental e, *apesar disso*, estava sendo muito bem cuidado. Embora possíveis viagens a Berlim por parte dos pais tivessem sido discutidas de ambos os lados, uma data concreta nunca foi marcada — parece que Kafka não estava muito disposto a receber nem Robert Klopstock, que vivia entrando e saindo da casa dos pais de Kafka e portanto quase já pertencia a "Praga".

Nada disso era para ser levado pessoalmente, e Kafka também não temia nenhuma influência concreta. Ele fazia o que considerava ser o certo, vivia numa cidade estrangeira e defendia a porção de liberdade que a doença lhe permitia. Mas é provável que temesse os fantasmas do passado reunidos em Praga, cuja "transferência" para sua nova vida — e para as noites novamente tranquilas desde o surgimento de Dora — ele tentava impedir com toda a sua força. Desse modo, em meados de janeiro Kafka escreveu a Brod dizendo que seus pais estavam se comportando de maneira "muito encantadora", ou seja, eram generosos do ponto de vista material, mas no mesmo instante ele recusou a sugestão de se mudar para Schelesen, para a "quente e saciada Boêmia": "Schelesen está fora de questão, Schelesen é Praga; além disso, tive calor e saciedade durante quarenta anos e o resultado não anima novas tentativas". Ele recusou inclusive a ideia de ir a Viena, pois no caminho teria de passar por Praga, e mesmo apenas uma parada por lá — e, como se lê nas entrelinhas, confrontar Dora com a família e sua vida passada — lhe era, então, "arriscada demais".[33]

Foi principalmente esse temor da nova interferência familiar que fez com que Kafka ocultasse por semanas a ameaçadora progressão da sua doença. O acesso de calafrios sofrido por Kafka no Natal não se repetiu, mas dessa vez esperou em vão por uma convalescença integral. Ele passou a registrar um aumento diário na temperatura e, visto que o aquecimento central funcionava de modo insuficiente para as contínuas baixas temperaturas, Kafka passava metade do dia na cama. A tosse também retornou aos poucos — desagradável principalmente à noite, parede a parede com a locadora —, e como antes em Matliary, teve de colecionar o escarro num frasquinho com tampa a fim de evitar o perigo de contágio. Em janeiro de 1924, o estado físico de Kafka deteriorou-se rapidamente, ele perdeu mais peso e no fim do mês precisou inclusive suspender as idas à faculdade.

O fato de a locadora querer passar a alugar, em vez de dois quartos, o andar inteiro e assim aumentar seus rendimentos, foi fatal. O que Kafka e Dora Diamant fariam com três quartos? Eles não tinham como bancá-los e, portanto, foram rapidamente despejados pela segunda vez — como "pobres estrangeiros sem dinheiro", como ele relatou de maneira irônica a Brod.[34] É certo que havia suficientes apartamentos vagos em Berlim desde que os proprietários passaram a exigir marcos-ouro em vez de "Billmark" (que ainda eram válidos oficialmente). Um anúncio colocado por Dora, onde um suposto "senhor mais velho" procurava por uma nova moradia, teve alguma repercussão. Mas apesar das inúmeras ofertas, poucos dias antes da data do despejo Kafka ainda não tinha achado um apartamento que pudesse pagar. Portanto, não lhe restou outra saída senão levar em conta também os imóveis fora de seu alcance e apostar nas habilidades de negociação de Dora.

No fim da tarde de 28 de janeiro, uma certa sra. dra. Busse, do distrito residencial de Zehlendorf, situado a sudeste, ligou: ela tinha o andar superior de sua casa a oferecer, um cômodo grande e outro menor, com aquecedor e varanda, na Heidenstraße 25-6. Kafka folheou o catálogo telefônico: *Busse, Carl.* Ele conhecia o nome. Era um escritor, que no passado havia chamado a atenção com imitações do poeta e novelista Detlev von Liliencron, mas se tratava principalmente de um crítico convencional, que não festejava a modernidade literária, muito menos autores judeus de língua alemã. Depois de tantos reveses, será que Kafka teria de se submeter a mais *essa* tribulação? Ele se decidiu a não levar isso em conta e foi visitar o lugar. No dia seguinte, quando se apresentou à locadora — supostamente a sós, primeiro, sem sua "administradora", cujo sotaque poderia pôr tudo a perder —, descobriu que o esperado opositor era, na verdade, um companheiro de destino. Carl Busse havia contraído gripe espanhola no final de 1918, aos 46 anos, mas, ao contrário de Kafka, não sobrevivera. A sra. Paula Busse era viúva e vivia apenas com uma filha adolescente.

Três dias mais tarde, em 1º de fevereiro, deu-se a despedida e a temida mudança. Para Dora, um trabalho penoso, pois como Kafka não estava em condições de levar suas coisas sozinho, ela — carregada com malas — teve de fazer várias vezes o percurso de bonde até Zehlendorf. O vento forte e a chuva da noitinha tornaram o táxi imperioso para vencer a última viagem. Infelizmente o novo apartamento ficava ainda mais longe do centro de Berlim e do transporte público do que o endereço em Steglitz. Era preciso gastar no mínimo quinze minutos da Heidestraße (hoje Busse-Allee) até a estação de Zehlendorf, para Kafka um obstáculo sério, e visto que ele não conseguiu apresentar à seguradora a prova de vida expedida pela polícia, é questionável que ele tenha se afastado do entorno mais próximo da residência dos Busse.

Para Kafka, deve ter sido uma coincidência especial o fato de que justamente no dia de sua mudança a família em Praga foi assistir a uma leitura de Ludwig Hardt, enquanto dois dias mais tarde ele teve de recusar o convite do próprio recitador, que apresentaria seu "Um relatório para uma academia" no Meistersaal, em Berlim. Kafka estava febril, como quase todas as noites, e assim Dora teve de fazer mais esse percurso sozinha. De todo modo, ela conseguiu convencer Hardt a visitar Zehlendorf e supostamente foi nessa ocasião que Hardt realizou uma pequena apresentação particular diante do amigo. Hardt estava planejando uma viagem à Itália e, um pouco desconcertado com a desoladora situação de Kafka, sugeriu que ele o acompanhasse. Foi um gesto, apenas isso. Afinal, como poderia Kafka — para quem a estação já era longe demais e o táxi, caro demais — pensar numa viagem de várias semanas ao Sul? E, como de costume, ele não queria dizer simplesmente "não", a resposta também veio por meio de um gesto. Kafka presenteou Hardt com uma descrição da Sibéria, que ele havia lido pouco antes, e sua dedicatória foi: "Como preparação para uma viagem juntos à Itália".[35] Sibéria, Itália, Palestina: todos esses destinos estavam para além do horizonte da gigante Berlim, todos igualmente distantes e inacessíveis.

A sra. Busse se comportou de maneira muito mais simpática em relação aos novos inquilinos, que a princípio se temiam. E isso talvez se devesse a um pequeno segredo: ela também era de família judia, tendo se convertido posteriormente ao cristianismo. É muito improvável que ela receasse o falatório dos vizinhos na afastada região de Zehlendorf ou que Kafka se apresentasse como "ariano", como sua filha Christine relatou mais tarde. Mesmo se ele tivesse êxito nesse disfarce, a origem judaico-oriental de Dora era inegável, assim como sua situação de amante, e ambos dificilmente eram compatíveis com a personagem do químico sisudo "dr. Kaesbohrer", como parece que Kafka se apresentou ali. Por outro lado, é mais crível que Paula Busse ficasse um pouco preocupada com o convívio com alguém evidentemente tuberculoso. Sua tosse era ouvida pela manhã e durante a noite, às vezes durante horas, e ela deve ter percebido que ele precisava expelir uma grande quantidade de catarro. Acontecia de Kafka cuspir do terraço para o jardim embaixo — bem sobre um pequeno caramanchão, no qual Christine ficava sentada às escondidas com uma amiga: um evento bastante constrangedor, depois do qual o caramanchão ficou proibido às meninas por algum tempo.[36]

Febre, tosse, escarro — Kafka conhecia esses sintomas havia anos, e como sua experiência dizia que o início da primavera trazia consigo um alívio, ele imaginava poder dispensar também dessa vez um tratamento médico. Afinal, o que um médico poderia fazer? Se o paciente fazia questão de aguardar o final da época fria em Berlim, então o melhor a fazer era ficar na cama ou, como Kafka passou a tentar vez ou outra, bem enrolado em cobertores na cadeira de balanço e junto à janela aberta. Tais conselhos prescindiam de médico. Dora, por sua vez, amedrontada pela fraqueza crescente de Kafka, queria buscar ajuda mais uma vez. Ela se comunicou com o médico assistente do dr. Ludwig Nelken, seu conhecido de Breslau e que agora trabalhava no hospital judaico de Berlim, solicitando uma visita domiciliar urgente. "Quando entrei no seu quarto, ele não estava na cama", recordou-se Nelken mais tarde. "Mas estava em péssimo estado." Nelken também não tinha mais nada a fazer do que prescrever remédios para baixar a febre e aliviar a tosse, confirmando para Kafka que honorários médicos tinham se tornado dinheiro mal investido.[37]

Noite após noite, 38 graus de febre: não era possível continuar assim. Também Max Brod, que tinha visto Kafka pouco antes da mudança, estava extremamente apreensivo e, visto que os pais de Kafka "gostavam de ser acalentados pela segurança" (de acordo com suas próprias anotações), ele insistiu com Ottla para que finalmente uma atitude fosse tomada. Havia algumas semanas o irmão de Julie, Siegfried Löwy, estava morando com os Kafka, e o médico rural oferecera dinheiro para ajudar Kafka. O mais urgente no momento, porém, era ter um quadro real da situação. Foi provavelmente outro pedido de socorro de Dora — a Brod ou às irmãs de Kafka — que trouxe a decisão: Löwy, que originalmente tinha outros planos de viagem, foi a Berlim a pedido dos Kafka, e visto que essa ação despertaria suspeitas em Kafka, ela lhe foi comunicada apenas em cima da hora. A manobra deixou Kafka muito irritado: ele também havia sugerido tempos antes que o tio o visitasse alguma vez na companhia da mãe, mas não com a temperatura de 10 °C abaixo de zero — o frio daquele ano foi persistente —, e sim mais tarde, na primavera, quando ele estivesse novamente de pé e oferecesse uma imagem um pouco mais animadora. Mas quando Kafka pegou o telefone, em 21 de fevereiro, para tentar reverter a visita, ele soube que o médico já estava no trem para Berlim.

Siegfried Löwy não deixou recordações por escrito sobre seu sobrinho, e mesmo de Berlim foram preservadas apenas poucas linhas suas, escritas num cartão-postal: nele, dizia que Franz "estava muito bem cuidado".[38] Na realidade, porém, Löwy deve ter ficado chocado. Inclusive o último retrato de Kafka em Berlim, com os traços duros, nada joviais, deixa visível o avanço da enfermidade, e caso — como se supõe — essa foto de passaporte seja aquela que ele fez em outubro de 1923, então em fevereiro, após inúmeras noites com febre e mais perda de peso, devia estar com a aparência bem pior. Löwy constatou que, nesse estado, estava absolutamente fora de questão Kafka continuar em Berlim e sob cuidados particulares. Ele precisava de um ar melhor, uma alimentação melhor, ajuda profissional e tudo isso só existia em sanatórios especializados. Uma perspectiva que deprimiu Kafka de tal maneira que ele, pela primeira vez, tentou negar o que era evidente por mais um tempo. "O apartamento silencioso, amplo, ensolarado, arejado", ele escreveu aos pais, "a agradável dona da casa, a bela redondeza, a proximidade de Berlim, o início da primavera — devo deixar tudo isso só porque estou com a temperatura um pouco elevada devido a esse inverno incomum e porque o tio esteve aqui num dia de tempo ruim e só me viu uma vez ao sol e algumas vezes na cama, como também aconteceu no ano passado em Praga? Eu sairia daqui muito a contragosto e devolver o espaço também seria uma decisão difícil para mim."[39]

O tempo — uma explicação que não era mais suficiente para tranquilizar os pais. Mesmo que Kafka não passasse semanas acamado, ele não conseguia deixar a casa, e isso havia semanas. E enquanto Siegfried Löwy aproveitava um pouco da vida cultural de Berlim, Kafka não estava em condições de lhe fazer companhia, nem mesmo em uma leitura de Karl Kraus, que se apresentava justamente nesse dia em Berlim. Era como uma última prova da mobilidade de Kafka: teria sido possível assistir juntos a Kraus em quatro noites diferentes, mas em nenhuma delas Kafka estava disposto o suficiente para ir ao centro de Berlim. Desse modo, Dora o acompanhou, e enquanto eles ouviam, satisfeitos, a retórica do "teatro de Karl Kraus" (foi como o chamou a revista social-democrata *Vorwärts*), Kafka estava deitado na cama e tinha de se satisfazer com o último número da *Fackel*, que acabara de receber por intermédio de Klopstock. Não, a culpa não era apenas do tempo.[40]

Löwy, que ficou mais de uma semana, fez valer sua autoridade e convenceu também Dora — ou ao menos intimidou-a. Kafka finalmente cedeu, prometendo (apesar da enorme aversão às ameaçadoras "obrigações alimentares") fazer mais uma tentativa num sanatório. A família daria um jeito de cobrir os custos e Dora assegurou que estaria perto, independentemente do lugar que ele escolhesse. Ambos temiam apenas a confrontação com os pais de Kafka. Isso iria despertar os fantasmas de Praga; e observações desdenhosas sobre judeus orientais, como aquelas que saíam facilmente da boca do pai, teriam gerado um dissenso ao qual Kafka não se sentia preparado. O tio sugeriu que ele evitasse Praga e se dirigisse diretamente a um sanatório. Mas já havia se passado meio ano desde que Kafka vira os pais pela última vez,[41] e assim ficou decidido que ele passaria dois ou três dias em Praga, enquanto Dora esvaziava o apartamento em Berlim. E daí eles se reencontrariam — em algum outro lugar, num solo neutro.

Visto que Kafka não estava mais em condições de viajar sozinho a Praga, foi preciso primeiro aguardar a chegada de um acompanhante. Em 14 de março, Brod chegou a Berlim e entregou a Dora uma mala vazia para os poucos pertences de Kafka. Enquanto malas eram arrumadas em Zehlendorf, Brod foi atrás tanto de Emmy Salveter quanto também da ópera *Jenufa*, de Janáček, cujo libreto em alemão tinha sido escrito por ele e cuja estreia estava prevista para dali a pouco na Staatsoper de Berlim. Em 17 de março, todos se encontraram na estação Anhalter: Kafka, Dora Diamant, Brod e, para sua enorme surpresa, Robert Klopstock, que pedira insistentemente para apoiar seu mentor nesse dia difícil.

Mudanças dentro de Berlim não eram muito problemáticas para ele, Kafka assegurou aos pais certa vez; em Praga, elas eram terríveis, mas não em Berlim,[42] pois sinalizavam que ele ainda podia se movimentar, que não havia trocado imediatamente as raízes recém-cortadas por outras — eram exigentes e revigorantes como pequenas viagens que levavam de um quarto de hotel a outro. *Essa* mudança, por sua vez, era diferente; Kafka resistiu até as últimas semanas. Tanto fazia para onde fosse levado, tratava-se de uma derrota inegável. "Dia mais exaustivo de minha vida", anotou Brod no seu diário. Kafka não anotou nada. Ele abraçou Dora, deixou a cidade, o grande mundo.

As pistas de Kafka em Berlim se apagaram. Os poucos cartões-postais para Puah foram perdidos. Dois contratos assinados na editora Die Schmiede, que fechou em 1931, desapareceram junto com o arquivo. Uma quantidade de bilhetes a Emmy Salveter e Tile Rössler permanece desconhecida. Há assinaturas em formulários da polícia, junto ao caixa do câmbio do banco, em três contratos de aluguel, no formulário de inscrição da Faculdade de Ciências Judaicas. E certamente existem mais coisas, das quais não sabemos nada.

Também foram perdidos os cadernos com anotações e rascunhos de Kafka feitos em Berlim. Ele sempre carregava um consigo, mesmo durante passeios, e quando percebia fora de casa que o havia esquecido, comprava um novo. Para desgosto de Brod, que se esforçou energicamente em assegurar o espólio literário do amigo, Dora explicou mais tarde que havia queimado esses cadernos, cerca de vinte, atendendo a um pedido de Kafka e diante dos olhos dele. Kafka teria cumprido por si próprio suas disposições testamentárias, pois sabia que Brod lhe negaria esse último pedido? Possível, visto que também em Praga foram encontrados envelopes vazios de cadernos in-quarto, indicando que ele havia destruído dezenas ou até centenas de páginas escritas ainda antes de sua viagem à Alemanha. Mesmo assim, não era verdade. Na realidade, os cadernos berlinenses de Kafka, ou a maioria deles, encontravam-se intocados na cômoda de Dora. Ela os considerava sua propriedade particular e não apenas no sentido jurídico; além do mais, ela sabia que sob nenhuma hipótese Kafka teria concordado com sua publicação. A situação justificava sua dissimulação; não era Brod quem tinha de explicar seu modo de agir? Certamente. Mas Dora compreendeu que estava metida num dilema moral muito mais profundo apenas quando já era tarde demais. Em março de 1933 a Gestapo realizou uma busca em seu apartamento em Berlim à procura de provas contra seu marido, o comunista Ludwig Lask. Toda folha de papel escrita foi confiscada, entre elas dezenas de cartas que ela havia recebido de Kafka, além da pilha de seus cadernos de anotações guardados em segredo. Nada disso nunca reapareceu.[43]

Há mais uma perda, talvez igualmente importante: um quarto romance de Kafka, sua única obra epistolar. Sabemos dele a partir de recordações de Dora; ela também contou a história a Brod, que faz parte dos mitos da vida dela.

> Quando estávamos em Berlim, Kafka ia com frequência ao parque de Steglitz. Às vezes eu o acompanhava. Certo dia encontramos uma garotinha que estava chorando e parecia muito desesperada. Conversamos com a garotinha. Franz perguntou pelo seu problema e descobrimos que ela havia perdido a boneca. Imediatamente ele inventou uma história plausível a fim de explicar seu desaparecimento. "Sua boneca está fazendo uma viagem, sei disso, ela me enviou uma carta." A garotinha fica um pouco desconfiada. "Você ainda tem a carta?" "Não, deixei-a em casa, mas trago ela para você amanhã." A menina, agora curiosa,

quase tinha esquecido sua tribulação e Franz voltou imediatamente para casa a fim de redigir a carta.

Ele se lançou ao trabalho com toda a seriedade, como se se tratasse de criar uma obra. Ele estava no mesmo estado de atenção que lhe era habitual assim que se sentava à sua escrivaninha. [...] No dia seguinte, ele levou a carta à garotinha, que a aguardava no parque. Como a pequena não sabia ler, ele leu a carta em voz alta. Nela, a boneca explicava que estava farta de viver sempre com a mesma família, expressava o desejo de uma mudança de ares; resumindo, ela queria se separar por algum tempo da menina, de quem gostava muito. Ela prometeu escrever todos os dias — e Kafka realmente escreveu todos os dias uma carta, que trazia sempre novas aventuras e que se desenrolava muito rapidamente, de acordo com o ritmo de vida especial da boneca. Depois de alguns dias a criança havia se esquecido da perda real de seu brinquedo e pensava apenas na ficção que lhe fora oferecida em substituição. Franz escrevia cada frase do romance de maneira tão detalhada e com tanta graça que a situação da boneca parecia quase real: a boneca tinha crescido, ido à escola, conhecido pessoas diferentes. Ela sempre reassegurava seu amor à criança, mas também fazia alusões às dificuldades da própria vida, a outras tarefas e outros interesses que não lhe permitiam no momento retomar a vida em conjunto. E pediu à garotinha que pensasse a esse respeito, e assim ela foi preparada para a inevitável ausência.

A brincadeira durou no mínimo três semanas. Franz ficou com muito medo ao pensar em como encerrá-la. [...] Ele refletiu muito e se decidiu por fazer a boneca se casar. Ele primeiro descreveu o jovem, a festa de noivado, os preparativos do casamento, depois a casa dos recém-casados nos mínimos detalhes: "Você vai compreender que teremos de abrir mão de um reencontro no futuro". Franz havia resolvido o pequeno conflito através da arte, através do meio mais eficaz de que ele dispunha, a fim de trazer ordem ao mundo.[44]

Uma história comovente, agridoce, que foi contada com prazer e muitas vezes, e que realmente faz lembrar, como nota Brod, a *Schatzkästlein* [Caixinha de tesouros], de Hebel: uma história moral que oferece um exemplo do que se chama amor ao próximo e que apresenta Kafka em seus últimos anos como uma figura emblemática, ao mesmo tempo atemporal. Certamente também é uma história que não poderia ser mais característica em seu gesto literário: pelo seu prazer pelo lúdico e pela invenção; pela coerência e a responsabilidade com as quais ele se movimenta na sua própria ficção; e, não menos importante, pela sua capacidade em emprestar ao imaginário a força do real. Mas Kafka sabia que havia mais coisa à espreita ali e que a tentação do imaginário tem seu preço. Ele garantiu à criança o alívio de anestesiar sua dor da perda pelo poder de imaginação trazido pela carta, mas havia muito que não o estendia a si mesmo. E podemos estar seguros de que o romance epistolar de Steglitz, que provavelmente está perdido para sempre, não continha uma faísca de esperança artificial, irrealizável.[45]

Há outra história da época berlinense de Kafka, bem menos conhecida, mas igualmente impressionante. Seu defeito é não ter um herói moral e, portanto, não serve a propósitos educativos. Sua grande vantagem é que a conhecemos de primeira mão. Kafka contou-a à irmã Elli, numa carta cujo significado ela não podia avaliar em 1923, mas que, mesmo assim, é certamente inesquecível:

> Recentemente tive uma aventura amorosa. Estava sentado ao sol no jardim botânico [...] quando uma escola de moças passou. Entre as moças havia uma loira bonita e alta, pueril, que me sorriu coquete, franziu a boquinha e disse alguma coisa para mim. É evidente que sorri de volta excessivamente simpático, também quando ela, mais tarde, se virou, com as amigas, outras tantas vezes na minha direção. Até que comecei a entender o que ela na realidade havia dito para mim. "Judeu", ela me dissera.[46]

28.
Última dor

When I die,
just keep playing the records.

Jimi Hendrix

"Instalei a construção e ela parece bem-sucedida."* É um animal quem profere essa frase autoconfiante, um dos animais narradores, que explicam a própria história, seres vivos que se perdem na própria história, que tomam tantas formas na obra de Kafka; um animal na sucessão do macaco Pedro Vermelho, dos chacais sedentos por misericórdia e do cachorro pesquisador. Trata-se do início do conto "A construção", escrito em dezembro de 1923, redigido com tinta preta sobre as folhas de um bloco de papel comum, quadriculado.

"A construção" é especialmente característica do estilo literário tardio de Kafka, que se afasta cada vez mais da prosa de seus romances. Um texto narrativo, mas com uma história exterior nada espetacular e cujo tom é o de um monólogo que se desenvolve lentamente, enredando o leitor passo a passo numa lógica paranoide. Trata-se de uma prosa contemplativa, explicativa, na qual toda questão suscitada, todo sopesamento de alternativas e até a eventual existência de uma dúvida geral exercem uma pressão de convencimento do discurso compreensível, enquanto o absurdo dos pressupostos, sobre o qual tudo se baseia, vai gradualmente se perdendo de vista. Também em "Investigações de um cão" o leitor percebe que, no momento em que garante racionalidade ao eloquente narrador em primeira pessoa, as perguntas deste último passam a ser as suas próprias e, portanto, a tentação de se juntar à sua procura por sentido se torna quase irresistível. Para se liberar desse feitiço é preciso uma chave de fora. É preciso saber que o narrador se engana e, consequentemente, também nos engana.

* Franz Kafka, "A construção". In: *Um artista da fome/ A construção*. Trad. de Modesto Carone. São Paulo: Companhia das Letras, 2021, p. 63.

"A construção" segue o mesmo padrão, mas o desmascaramento é muito mais difícil. Um animal que vive o mais das vezes debaixo da terra (poderia ser um texugo) cavou, durante anos de trabalho intenso, um espraiado sistema de túneis, fechados para o exterior por diversas ações de camuflagem, mantendo-o internamente em ordem, armado contra invasores e também altamente equipado intelectualmente com planos táticos emergenciais. A autossatisfação do construtor é inegável, mas como ele evita manter vínculos com outros da mesma espécie e seus pensamentos giram exclusivamente ao redor dos próprios planos, é preciso ter cuidado. Qual a credibilidade de um narrador tão isolado? O leitor atento vai perceber que essa construção, de organização e silêncio continuamente elogiados, na verdade é uma caverna habitada por animais pequenos e que fede devido à carne apodrecida das caças. Na lógica da narrativa de animais, as ideias humanas de higiene não são inerentes. Também a exagerada necessidade de segurança do animal ainda não nos faz chegar necessariamente à conclusão de que se trata de uma loucura compacta; de todo modo, o criador da construção confessa que talvez tenha feito muita coisa boa e que talvez não exista a segurança absoluta; ele sonha em entrar em entendimento com um inimigo que eventualmente apareça, suportá-lo, mesmo se o afastamento da construção, que faz lembrar uma cova, naturalmente não contemple uma "vizinhança audível". Por fim, descobre-se que a segurança não é o único sentido da construção e talvez nunca tenha sido.

> Quando estou na praça do castelo, cercado pelas altas provisões de carne, a cara voltada para os dez corredores que dali partem, cada qual rebaixado ou erguido, reto ou arredondado, se ampliando ou se estreitando de acordo com o conjunto e todos igualmente silenciosos e vazios, e prontos cada um à sua maneira a me conduzirem aos vários recintos, também silenciosos e vazios — então a ideia de segurança fica distante, então sei exatamente que aqui está o burgo que conquistei ao chão recalcitrante com unhas e dentes, batidas de pé e golpes de cabeça, meu burgo que não pode de modo algum pertencer a qualquer outro e que é tão meu que aqui, afinal, posso calmamente receber do inimigo o ferimento mortal, pois o meu sangue se infiltra neste chão e não se perde.[1]

Uma olhada nos manuscritos mostra que Kafka primeiro fala de "pátria" e depois troca o termo por "burgo". Ou seja, trata-se de pertencimento, de identificação, que é mais profunda e duradoura visto que o animal não se apoia em nenhum coletivo — a maneira mais barata de se obter identidade —, mas pode apontar para um desempenho próprio. *Isso sou eu*: um orgulho em certa medida humano, que nunca é avaliado per se como delirante. O animal prossegue com o trabalho de sua vida e, apesar de toda a bizarrice dos detalhes, o leitor está convencido de que a conclusão do trabalho de uma vida não é a pior coisa que pode acontecer com alguém.

Um dos refinamentos formais desse conto é que apenas quando o animal já granjeou algum respeito pela sua incrível empreitada acontece o verdadeiro teste de seu senso de realidade. O silêncio da construção é subitamente perturbado por um ruído incessante dia e noite, "invariavelmente fino ele soa em intervalos regulares, ora como assobio, ora como apito".* Será que é um inimigo poderoso, que chega cavoucando de algum lugar? Será que o ruído se torna cada vez mais intenso ou é só impressão? A torrente de especulações que a situação suscita não desemboca em nenhum resultado palpável, mas oferece ao leitor alguns pontos de apoio que lhe permitem resistir ao magnetismo e abandonar a perspectiva exageradamente estreita do narrador. Se o ruído estranho, como vamos descobrir, é perceptível em todos os cantos da construção com igual intensidade, então ganha corpo a suposição de que seja produzido pelo próprio animal. Essa é a conclusão evidente à qual ele *não* chega de imediato, mas é conduzido pela evidência. Um assovio e um apito a intervalos regulares: o animal está escutando o ruído da própria vida, da própria respiração. O animal é a última fonte de inquietação que ainda perturba o silêncio perfeito de sua criação.

Não sabemos qual o final imaginado por Kafka para o animal que está preso na sua construção, em pânico. O manuscrito se interrompe no meio de uma frase, entretanto a folha está preenchida até embaixo, de modo que deve ter havido uma continuação do texto que foi preservado.[2] Mas essa história não demanda uma conclusão real; sua grande questão, terrível, é biográfica, ela não se explica a partir do texto, mas das circunstâncias sob as quais ele foi criado. Pois para alguém tuberculoso, não importa se a construção está ameaçada por um inimigo externo ou se o ruído contínuo sinaliza um perigo interno. O ruído é a própria respiração, cada vez mais curta, esse sinal de vida que sempre existiu, mas ao qual apenas o enfermo presta

* Ibid., p. 88.

atenção, amedrontado; esse ruído *é* o inimigo.[3] Kafka também não inventou essa metáfora, mas a achou, e quem consegue compreendê-la mais literalmente estará mais próximo do texto.

Isso também vale para o último trabalho de Kafka, "Josefina, a cantora ou O povo dos camundongos", um conto cujo velho pseudônimo "Josef" já aparece no título. Novamente quem relata é um animal — dessa vez, um camundongo que parece ser muito objetivo, mesmo se um tanto erudito e mal-humorado —, e novamente trata-se do verdadeiro significado de um ruído, que Josefina, a diva dos camundongos, faz para a arte enquanto na verdade isso é "um assobio delicado, algo débil": trata-se de uma "manifestação vital bem característica", que qualquer camundongo pode produzir igualmente bem e sem maiores esforços, mais precisamente um "nada de voz", um "nada de desempenho".[4] Isso suscita a pergunta sobre por que ela acha um público (descobre-se que a coisa está em parte organizada) e por que a petulância artística de Josefina é tolerada até determinado ponto. O narrador dedica um grande espaço a esse enigma. Ele chega à conclusão de que não é a arte, mas a aura da encenação em si, o que mantém o público encantado temporariamente, mas toda pretensão que pretende ir além da encenação limitada espacial e temporalmente é descartada com toda a justiça pelo povo dos camundongos. Arte ou não arte: não há ninguém fora do conjunto de leis. Os privilégios sociais exigidos — principalmente a liberação do trabalho físico — são totalmente negados a Josefina, e sua ameaça de limitar a performance artística atesta uma negação quase delirante de seu status real. Pela primeira vez, Kafka juntou muito proximamente os dois temas centrais de seus anos finais, levando-os a uma espécie de curto-circuito: a pretensão de verdade total, que só pode ser satisfeita pela arte do indivíduo autônomo, por certo com o sacrifício de sua vida, e o desejo por comunidade, por um vínculo real, social e também físico com o próprio coletivo. O fato de ambos se excluírem mutuamente sempre foi o núcleo heroico do mito privado de Kafka. Agora, no final do percurso, ele parece sair dessa posição e a batalha de sua vida fica sob a luz da ironia. A diva também finalmente se retrai e, independentemente de se mantém viva para si sua pretensão artística ou não, seus companheiros artísticos podem muito bem viver sem ela, durante algum tempo suas encenações permanecem como uma herança anedótica, mas gerações futuras irão se esquecer dela e daí será como se Josefina nunca tivesse existido.

É difícil imaginar como Kafka — curado da tuberculose — poderia ter continuado a se desenvolver literariamente a partir desse ponto. Max Brod considerava até um emudecimento total e a decisão por uma vida disposta ao sacrifício social: "Muito do que ouvi de sua boca aponta nessa direção".[5] Por outro lado, as frases finais do conto "Josefina" são marcadas por uma tristeza inconfundível e não há nem sinal do alívio de ter finalmente escapado de um delírio que trazia risco de morte. No máximo, sua despedida do mito do lutador solitário, de todos os filhos, dos acusados e dos agrimensores reprimidos, cujo narcisismo é tão loquaz e, entretanto, tão solitário.

Kafka achava que permaneceria apenas alguns poucos dias em Praga, para depois seguir até um sanatório. Deveria ser Davos, na Suíça, provavelmente o melhor, mas certamente também o mais caro; era a sugestão do tio e parecia já haver uma reserva, pois em 19 de março, após somente dois dias em Praga, Kafka avisou ao seu diretor da viagem que faria em breve. Devido a um motivo qualquer, porém, o plano fracassou (provavelmente a permissão de entrada no país não tenha chegado a tempo) e foi preciso consultar outros sanatórios. Por segurança, Kafka deu entrada num pedido de passaporte que lhe garantisse viajar para diversos países, Alemanha, Áustria, Itália e Suíça: um sinal de que apenas então ele passou a refletir sobre alternativas razoáveis e de que estava parado em Praga.

Essa situação se mostrou infeliz. Por volta de 20 de março, Kafka — em vias de fechar o conto "Josefina" —, continuamente febril, percebeu que havia algo de errado também na sua garganta. Principalmente a ingestão de sucos de frutas provocava ardor e parecia que falar também estava um pouco mais difícil do que o habitual, como no início de uma rouquidão. "Acho", ele falou para Klopstock em relação a Josefina, por vezes rouca, "que comecei a investigar o pipilar dos animais no tempo certo."[6] Os sintomas poderiam ser de uma dor de garganta comum, mas foram se intensificando pouco a pouco e atrapalhavam a alimentação. Não sabemos se Kafka já estava ciente do perigo que se aproximava; evidentemente sabia, de conversas com companheiros de infortúnio e com médicos, que a tuberculose pulmonar com frequência causava infecções secundárias, mesmo que ele costumasse reprimir essa ameaça. Também Max Brod, de quem Kafka exigia — num tom inequivocamente determinado — visitas diárias, estava bem mais preocupado com a aparência exterior ruim do amigo e sua respiração por vezes ruidosa do que com a fraqueza na voz, inicialmente quase imperceptível. Por outro lado, é incompreensível que nem mesmo o médico chamado para uma visita domiciliar tenha tido a ideia de examinar a laringe de Kafka. Mais tarde, ele escreveu que esse homem fora preguiçoso demais até para trazer o espelho para laringe.[7] Bem, também havia otorrinolaringologistas de verdade em Praga. Mas em vez de fazer Kafka se consultar com um especialista, ficou decidido que ele deveria viajar e retomar um tratamento sistemático no sanatório Wienerwald, na baixa Áustria. Löwy conhecia um dos dois médicos responsáveis do lugar, que ao mesmo tempo eram donos do estabelecimento, o que significava proteção e um desconto de 10%.

Não sabemos nada sobre sua despedida de Praga e da família. Foi o último adeus, pois ele não haveria de rever nem os pais nem a cidade natal. Tudo que restou foi um fiapo de recordação, uma pequena cena preservada pelo jornalista e poeta Michal Mareš, conhecido de longa data, que encontrou Kafka na rua poucos dias antes de sua partida, num belo dia de primavera. Kafka estava segurando uma grande bola colorida nas mãos, que lançava para a sobrinha Věra, Ottla estava ao lado observando a brincadeira. "Você não quer almoçar conosco?", perguntou Kafka, sorrindo. Mas Mareš tinha um compromisso, infelizmente, e se despediu. Isso foi no Altstädter Ring, na calçada, diante da entrada de um velório.[8]

O sanatório especializado em moléstias pulmonares Wienerwald, de reputação internacional, era uma construção de cinco andares com as dimensões de um grande hotel, erguido segundo modelos arquitetônicos de Davos, com um espaço para espreguiçadeiras, salas de estar, de leitura e de música, salas para tratamentos com irradiação ultravioleta e até uma sala para cirurgias. O prédio ficava numa colina com uma bela vista para o sul e, além disso, estava rodeado por um parque extenso; depois dele, não havia nada além de quilômetros de floresta. O sanatório encontrava-se isolado no fim de um vale estreito, e o vilarejo mais próximo, Ortmann (hoje parte de Pernitz), ficava a uma hora de caminhada. Chegar lá era cansativo; para se vencer os setenta quilômetros de distância de Viena era preciso fazer várias baldeações, e no final havia um trajeto de horas na bela, mas desesperadoramente lenta, estrada de ferro de Gutenstein. Não sabemos se Kafka realmente fez sozinho essa "viagem sem fim", como escreveu.[9]

Dora esperava pacientemente para rever o amado: os poucos dias de separação, como ela previra no começo, tinham se tornado quase três semanas. Ele lhe escrevia regularmente, mas, como antes, Kafka temia um encontro de Dora com a família, os inevitáveis atritos e agitações, e, por esse motivo, ele lhe pediu que aguardasse em Berlim. Mas assim que o dia de sua viagem foi marcado, Dora também se pôs a caminho da Áustria. Ela chegou a Viena em um dia, pegou um quarto de hotel e, provavelmente por telefone, pediu aos Kafka o endereço do sanatório. Enquanto ele tentava adiar mais um pouco a chegada de Dora, ela já estava indo em sua direção. Em 8 de abril ela chegou a Ortmann, instalou-se numa casa de camponeses próxima ao sanatório e foi visitar Kafka em seu quarto.

Ele se sentia absolutamente desconfortável no Wienerwald, e mais tarde referiu-se inclusive a um sanatório "maldosamente repressor". Provavelmente ele estava sofrendo com a mudança abrupta de um cuidado prático individualizado, como aquele que gozara por meses, para um esquema bastante anônimo, envolvendo um público internacional como o encontrado em Ortmann. Ele não notou estar recebendo qualquer tratamento supostamente privilegiado por parte dos dois médicos-chefes e nenhum deles lhe parecia confiável: "um tirano, outro meigo, mas ambos crentes da medicina e na hora da necessidade, sem recursos".[10] Kafka ficava em geral na cama, ouvindo as conversas dos balcões vizinhos, às quais de todo modo ele não podia mais participar devido à rouquidão crescente. Mas o pior era que ninguém ali queria lhe dizer o que fazer a longo prazo e que o tratamento se resumia a minorar os sintomas: aminopirina líquida para baixar a febre, um remédio inócuo para abafar a tosse e pastilhas anestésicas a fim de facilitar a alimentação. "O principal deve ser a laringe", ele escreveu a Klopstock; de todo modo, isso era certo. "Não se descobre nada de específico com palavras, visto que nas conversas sobre tuberculose de laringe todos falam de uma maneira tímida, esquiva e com o olhar fixo. Mas 'inchaço atrás', 'infiltração' 'não maligna' e 'não é possível falar nada mais específico', isso em conjunto com dores muito intensas, deve ser suficiente."[11] Essa foi a primeira vez que Kafka se queixou de fortes dores e Klopstock, como qualquer outro médico, sabia muito bem o que isso significava. Se realmente não se tratava de um tumor cancerígeno — mas como os médicos no Wienerwald podiam ter certeza sem uma biópsia? —, então as dores cada vez mais fortes, os edemas e infiltrações eram um sinal evidente de que a tuberculose de Kafka havia atingido a laringe.

Deve ter sido sua vergonha em se apresentar num estado tão frágil e mal-humorado que fez com que ele ocultasse seu real desespero até para Dora. Ela tinha compromissos em Berlim, não podia viver no exterior sem renda e apesar de se alegrar com sua visita, ele considerava inconcebível que ela mudasse a rotina apenas por sua causa. Ao ver Kafka pela primeira vez, Dora já deve ter percebido que seria necessário se instalar por ali durante um tempo mais prolongado. Nesse ínterim, Kafka estava pesando menos de cinquenta quilos, sua voz estava totalmente modificada, e o estado de espírito relaxado, por vezes até animado, de Berlim havia desaparecido com a pressão das dores. Em apenas três semanas seu namorado se transformara numa pessoa necessitada de cuidados intensivos, que ela não podia simplesmente deixar para trás, mesmo se Kafka fosse de outra opinião. Dessa maneira, em 9 de abril ele escreveu aos pais dizendo que Dora passaria alguns dias com ele para depois retornar a sua casa. Dora, porém, complementou: "Ainda não está definido que irei para casa". Um cartão-postal para Brod, que Kafka escreveu no mesmo dia, é ainda mais claro: "Parece que é mesmo a laringe". Dora anotou embaixo: "Se for possível ajeitar as coisas, ficarei aqui e não em Viena. Veremos". E, sem o conhecimento de Kafka, ela incluiu um segundo pós-escrito: "Por favor, Max, venda o que for possível. Eu tenho de ficar aqui de qualquer jeito. Preciso de muito pouco, portanto será possível. A situação é muito, muito séria".[12]

Os médicos do Wienerwald finalmente confirmaram isso. Ainda no mesmo dia, informaram a Kafka, com a maior inocência, que o tratamento que ele necessitava estava além das possibilidades de um sanatório e que, sem a resseção do nervo da laringe, as dores não cessariam. Para tanto, era preciso consultar um especialista em otorrinolaringologia, presente apenas em Viena. Ou seja, tratou-se de uma expulsão com uma justificativa chocante. No dia seguinte — era apenas o sexto desde sua chegada —, Kafka e Dora Diamant subiram num veículo aberto. Parece que o sanatório não dispunha de nenhum outro meio de transporte naquele momento, apesar do vento e das pancadas de chuva. "Em 10 de abril, o auge do terror", anotou Max Brod no seu diário, "com a notícia de que Kafka foi mandado de volta do sanatório Wienerwald. Clínica em Viena. Constatação de tuberculose na laringe. O mais terrível dia trágico."[13]

A batalha pela sobrevivência de Kafka começou em 11 de abril de 1924. Até essa data, o objetivo de todas as ações médicas e higiênicas sempre se voltara à "convalescença", inclusive na fase mais crítica até então, em outubro de 1918, quando restou à família apenas aguardar o desenvolvimento da pneumonia causada pela gripe espanhola. Mas a situação agora era totalmente outra. Uma espera inativa significava a morte certa, e antes de pensar em convalescença era preciso finalmente chegar a um diagnóstico à altura do conhecimento médico e prevenir uma piora no seu estado com todos os meios disponíveis. Para Kafka, uma diferença fundamental, um profundo corte existencial. Pois até então ele sempre decidira sozinho sobre todas as ações referentes à sua enfermidade, mesmo nas épocas de crescente dependência social. Mas agora, pela primeira vez, essa liberdade lhe havia sido subtraída. Ele se encontrava numa clínica, era um caso entre tantos outros semelhantes, seu corpo foi avaliado, discutido e tratado, e todas as outras necessidades da vida, principalmente psíquicas e sociais, foram estritamente subordinadas às ações médicas.

Em pouco tempo, ele havia conseguido uma vaga na grande Clínica de Doenças de Garganta e Laringe do Hospital Geral (Laryngologische Klinik, Lazarettgasse 14); um parente distante em Viena havia feito as tratativas. Era um bom endereço, um dos melhores na Europa, e a clínica devia isso principalmente à reputação de seu diretor, o professor Markus Hajek, especialista em garganta, nariz e ouvidos. "[...] o fato de ele estar com Hajek é quase uma profecia", escreveu Robert Klopstock a Ottla, "pelo ser humano maravilhoso que é nessa área, e seu fascínio não está na ciência objetiva, mas nele [...]. Ainda antes disso tudo, eu pensava em Hajek [...]."[14] Certamente, Hajek era a primeira escolha; também Sigmund Freud havia sido operado no ano anterior pelo médico. Mas o tratamento pessoal pelo médico-chefe era dedicado prioritariamente aos pacientes que necessitavam de uma intervenção cirúrgica, e para saber se esse era o caso de Kafka, primeiro seria preciso passar por uma anamnese cuidadosa e dispor de um diagnóstico certeiro.

Os resultados dos exames que foram realizados logo após a chegada de Kafka em Viena são os mais detalhados relativos à sua tuberculose que foram preservados.[15] Ele foi avaliado primeiro por um clínico, que auscultou o pulmão e constatou uma respiração brônquica ruidosa bem como "abafamentos" bilaterais; portanto, espessamento dos tecidos. Na anamnese (nela, Kafka aparentemente se esqueceu da gripe espanhola), de sua ficha médica, lê-se:

> Há seis anos hemoptise [tosse com sangue], diagnosticada tuberculose pulmonar. Ao longo dos anos, os sintomas variam em intensidade. Paciente relata épocas com aparência bastante boa e sentindo-se relativamente bem. Nos últimos sete meses o paciente emagreceu cerca de seis

quilos e agora se sente pior do que nos anos anteriores. Há duas semanas, o paciente ficou rouco. Há cinco dias a deglutição é acompanhada por queimação, principalmente à direita, com frequência também sem engolir, o que às vezes o desperta. O paciente está totalmente inapetente e se sente muito fraco.

Por fim, o ponto decisivo foi examinado com um espelho de laringe: "Laringe: ambas cartilagens aritenoides edemaciadas. Parede anterior levemente infiltrada. Pregas vestibulares avermelhadas. Diagnóstico: *Tbc laryngis*". As últimas dúvidas haviam sido dirimidas. Mesmo o sanatório mais confortável no melhor clima possível não seria mais de nenhum auxílio. A medicina alopática, cujo pensamento instrumental Kafka havia considerado presunçoso, criticando-o por isso, era agora a última tábua de salvação.

Em 1924 ainda não havia um remédio que combatesse diretamente o causador da tuberculose, havia muito identificado, e Hajek não acreditava nas experiências com tuberculina — ele já havia testemunhado muitas vezes a piora dos pacientes que haviam adotado esse tratamento.[16] Por outro lado, uma intervenção cirúrgica não parecia urgente, no máximo considerava-se o "pneumotórax artificial", sempre aconselhado por Klopstock — o colapso temporário de um dos pulmões para promover sua cicatrização. Mas o tratamento era arriscado tendo-se em vista o precário estado geral de Kafka. Dessa maneira, decidiu-se primeiro minorar as dores e a irritação na tosse, algo relativamente fácil de ser alcançado com jatos de mentol na laringe — uma ideia que o pessoal do Wienerwald podia ter tido. Realmente as queixas na deglutição diminuíram depois de poucos dias e Kafka estava de novo apto a comer o suficiente. Provavelmente ele teria obedecido durante algum tempo o estrito regime médico por gratidão, se sua desconfiança ante a medicina não tivesse sido confirmada de outro modo, da maneira mais terrível.

Essa era a primeira vez na sua vida que ele tinha de dividir um quarto com pessoas totalmente estranhas e, além do mais, gravemente enfermas, e era a primeira vez que mesmo suas necessidades mais elementares — dormir, comer, conversar — estavam submetidas a um rígido cronograma. Os pacientes eram acordados às 5h30; eles se lavavam, um após o outro, com o auxílio de uma bacia e água quente corrente, depois vinha o café da manhã e, às 6h30, todos estavam novamente deitados nas suas camas com lençóis novos, prontos para a visita médica. As visitas só eram permitidas entre as 14h e as 16h, e mesmo que Dora ignorasse essa regra, sempre aparecendo uma hora mais cedo, essa limitação era difícil de ser suportada por Kafka. Apesar disso, ele gracejava com os pais, dizendo que tudo isso era ainda uma "compensação posterior muito pequena e fraca da vida militar que me faltou".[17]

Uma forte depreciação, pois ao que Kafka teve de assistir nesse grande e ensolarado quarto coletivo certamente não se repetiria na caserna. Na cama ao lado havia um sapateiro casado de Waldviertel (região noroeste da Baixa Áustria), também com tuberculose de laringe, que os médicos só conseguiram salvar do sufocamento com uma traqueostomia. Embora esse Josef Schrammel tivesse um cateter de respiração no pescoço, ele era animado, comia com grande apetite e também conseguia suportar o fato de não receber visitas, pois sua família era pobre demais para isso. Certamente ele fazia Kafka se recordar do solitário tcheco com os terríveis espelhos e de alguns outros conhecidos de Matliary. Klopstock já havia lhe informado da morte de dois pacientes daquela época, e para o desgosto de Kafka tratava-se das pessoas mais otimistas, as mais vitais (ao menos na aparência) que ele conhecera. Tampouco o sapateiro bonachão Schrammel, que nunca havia se tratado com médicos antes, sabia da gravidade de seu problema e, indignado, Kafka observava como ele era abandonado ao seu destino pelos funcionários da clínica. "Eles mataram o homem ao meu lado", Kafka anotou mais tarde. "Permitiram que ficasse caminhando com pneumonia, febre de 41 °C. Incrível como, durante a noite, todos os médicos assistentes estavam em suas caminhas, só aparecendo o sacerdote com seus auxiliares."[18] Na manhã seguinte, como a cama de Schrammel estava desocupada, Kafka teve dificuldade em se acalmar, as lágrimas escorriam o tempo todo e pela primeira vez em dias, a curva da febre voltou a subir.

Entretanto, de antemão já era possível prever que seria impossível Kafka se recuperar num entorno tão carregado, e os cartões enfaticamente animados que ele enviava aos pais não enganavam ninguém a esse respeito. Uma série de ajudantes se pôs a caminho: como enviado da família, apareceu o marido de Elli, Karl Hermann, a fim de resolver os problemas financeiros; Felix Weltsch, que também visitou Kafka, informou-se sobre sanatórios localizados nas redondezas. Por fim, Max Brod avisou Werfel, que morava em Viena, que por sua vez dirigiu-se por carta ao professor Hajek. Além disso, pediu a uma médica amiga que aparecesse na clínica e intercedesse em favor de Kafka; ao próprio paciente, Werfel enviou rosas e um exemplar com dedicatória do seu recém-publicado romance *Verdi*. Supostamente o professor Hajek teria dito: "Um certo Werfel me escreveu, pedindo que eu fizesse algo por um certo Kafka. Quem é Kafka, eu sei. O paciente número 12. Mas quem é Werfel?". Uma boa anedota. Na realidade, Hajek confirmou que Kafka seria transferido em poucos dias para um quarto individual, opondo-se veementemente à sugestão de liberá-lo, pois em seu hospital "todas as possibilidades de tratamento, suporte e convalescença estão à mão" e essa seria a "única possibilidade" de Kafka.[19] Mas era tarde demais, Kafka estava decidido a deixar o hospital. Em 19 de abril, num quarto ensolarado e de janelas abertas, Dora arrumou os poucos pertences do amado. Ele tinha conseguido evitar uma visita de Werfel nesse quarto de morte. No último registro de seu prontuário, lê-se: "Liberado para tratamento domiciliar". O que não era exatamente correto.

Sem a inscrição SANATÓRIO na frente da casa, seria possível tomar a casa de saúde especializada em doenças pulmonares do dr. Hoffmann no vilarejo de Kierling, perto de Klosterneuburg, a quinze quilômetros de Viena, por uma pensão modesta: um sobrado totalmente desprovido de ornamentos; térreo com mais dois pavimentos; nos fundos uma varanda; na frente um pequeno jardim. Havia apenas doze quartos, parcialmente ocupados por visitantes, e o tratamento médico dos pacientes estava a cargo do dr. Hoffmann, mais um assistente para cobrir suas ausências, e uma enfermeira. Os equipamentos técnicos resumiam-se a um aparelho de inalação e uma lâmpada de luz ultravioleta, e não havia prontuários, pois os dados dos poucos pacientes eram guardados de cabeça. Ou seja, um negócio familiar, e o professor Hajek também não teria chamado o que se oferecia ali de nada muito além de "cuidados domésticos".

Do ponto de vista de Kafka, entretanto, o sanatório Hoffmann tinha vantagens impagáveis, que superavam em muito suas insuficiências médicas: Dora podia se hospedar na casa durante o tempo que quisesse, e até mesmo usar a cozinha. Pedidos especiais eram atendidos, o médico estava sempre por perto mesmo durante a noite, e não ser perturbado também era possível. Kafka ocupou um quarto privativo simples no segundo andar, totalmente decorado em branco, com uma varanda ensolarada e bela vista para o roseiral, o riacho, as parreiras e a floresta. Ele sentiu um alívio incrível depois de todos os meses de confinamento e, pouco a pouco, os choques dos últimos dias em Viena foram desaparecendo sob a impressão de uma paisagem primaveril, perfumada e colorida. Kafka passava o máximo de tempo possível ao ar livre, conseguiu até fazer um pequeno passeio ao vilarejo e, por fim, Dora teve a ideia de alugar por algumas horas uma charrete, com a qual eles — confortavelmente sentados — puderam percorrer o entorno de Kierling. Para Kafka, um deleite que não se repetia desde os dias de Planá.

A questão era se esse arranjo também seria o mais razoável do ponto de vista médico. O que faziam austríacos abonados numa situação igualmente precária? Quando não estavam mais aptos a viajar, internavam-se em sanatórios particulares de Viena e entregavam-se aos cuidados intensivos dos melhores médicos especialistas. Era exatamente assim, Klopstock aconselhara, que Kafka devia proceder: sair da clínica, mas de modo algum se afastar de Hajek. E nada de experiências com a medicina alternativa. Klopstock, que estava novamente passando uma temporada no Alto Tatra e, portanto, só podia entregar seu voto por carta, ficou decepcionado quando soube que Dora havia contatado um médico para tratamentos ditos naturais. Ele escreveu a Ottla dizendo que a maneira como Dora cuidava do doente era maravilhosa, mas que a família tinha de demovê-la sem falta desse desatino. Felizmente o dissenso logo se esvaiu, porque o dr. Hoffmann não apoiava a medicina alternativa e não toleraria de modo algum um tratamento paralelo em seu pequeno sanatório.

Mas é claro que ele não tinha nada contra a visita de uma das grandes sumidades de Viena a Kierling. Isso era apenas uma questão de honorários e de bons relacionamentos. Novamente os ajudantes se colocaram em ação a fim de indicar a Dora o caminho aos endereços certos: Werfel informou o amigo médico, professor Tandler, o conselheiro de Viena para assuntos de saúde e bem-estar social; Max Brod escreveu várias cartas de recomendação; o otorrinolaringologista Kurt Tschiassny estava disposto a tratar Kafka de graça, se necessário; um certo dr. Glas, discípulo de Rudolf Steiner, foi chamado até Kierling; Felix Weltsch conhecia Oscar Beck, um professor de otologia do hospital universitário e, por fim, foi mobilizado até o superior deste último, o professor Heinrich Neumann, o "rei dos pneumologistas de Viena", que, para espanto de Kafka, não cobrou nada além da corrida noturna de táxi até Kierling.[20] Essa profusão de médicos de primeira classe — provavelmente o sanatório Hoffmann nunca tinha vivenciado nada igual — deveria primeiro responder à pergunta sobre o que fazer contra as dores cada vez mais intensas, que não cediam mais apenas com mentol e que transformavam o ato de comer numa tortura para Kafka e que também estavam dificultando até a ingestão de líquidos. A total inapetência, que ele tinha de superar a cada garfada, já era ruim o suficiente. Se não conseguia engolir nem mesmo os pratos preparados por Dora, especialmente apetitosos e delicados — macarrão, arroz-doce, ovos —, como alcançaria uma compleição física estável que ainda possibilitasse a talvez salvadora intervenção cirúrgica? E contra as dores, que pioravam dia após dia, nem a mais linda primavera trazia algum alento.

Nenhum relatório por escrito dos professores Neumann e Tschiassny foi preservado, mas há um relatório detalhado do dr. Beck, composto depois de sua visita a Kafka, a fim de informar Felix Weltsch. Enquanto toda a correspondência entre familiares e amigos é marcada por cuidados estratégicos — até Klopstock se queixava de que não era possível saber nada de confiável sobre o estado objetivo de Kafka —, a carta de Beck é o único documento a apresentar uma imagem totalmente franca da situação. É provável que Weltsch não a tenha mostrado a ninguém, exceto a Max Brod. E ele fez bem.

> Ontem fui chamado pela srta. Diamant a Kierling. O sr. Kafka está com dores muito fortes na laringe, principalmente ao tossir. As dores aumentam de tal maneira ao comer que a deglutição é quase impossível. Pude constatar um processo tuberculoso putrescente na laringe, que também abrange uma parte da epiglote. Nesse caso, não se pode aventar nenhuma intervenção cirúrgica e apliquei uma injeção alcoólica no *nervus laryngeus superior*. Hoje a srta. Diamant me ligou novamente, a fim de me informar que o sucesso foi apenas momentâneo e que as dores retornaram com igual intensidade. Sugeri à srta. Diamant levar o sr. Kafka a Praga, visto que também o dr. Neumann calculou em três meses sua expectativa de vida. A srta. Diamant não concordou, visto que acredita que desse modo o paciente tomaria ciência da gravidade de sua situação. Compreendo, do ponto de vista psicológico, que a srta. Diamant — que se ocupa do enfermo com devoção e de modo comovente — tenha a necessidade de chamar Kierling e mais alguns especialistas para um conselho. Entretanto, tive de deixar claro a ela que o dr. Kafka se encontra — tanto no pulmão quanto na laringe — num estado em que nenhum especialista pode mais ajudá-lo e que apenas Pantopon ou morfina amenizará suas dores.[21]

A tensão sob a qual Dora Diamant foi colocada pela sentença destruidora e definitiva da medicina foi enorme. O sofrimento pela perda iminente era grande demais para que ela se entregasse sem resistência ao seu destino, mas em Kierling não havia ninguém com quem conversar francamente a esse respeito. Avisar a Kafka que, segundo a visão dos médicos, ele não tinha mais chance de sobrevivência, era impossível. Ela estava convencida de que isso minaria em definitivo as forças de uma autocura, que talvez ainda estivessem adormecidas num lugar qualquer, e o anúncio da sentença seria igual à sua execução. Mas a situação se tornara ainda mais difícil pelo fato de Kafka delegar cada vez mais para Dora sua comunicação com a família. Se antes ela acrescentava observações breves ou apenas saudações nos cartões-postais que enviava de Viena a Praga, agora a situação era inversa: Dora escrevia aos pais de Kafka e, quando sobrava espaço, Franz também comparecia com algumas frases. Em paralelo, ela se correspondia com Elli e Ottla — Kafka não tomava conhecimento dessas cartas —, e também tinha de atender os inúmeros telefonemas de Praga, às vezes diários, de pessoas que nunca vira e cujas reações não sabia como antecipar. Uma vez, Ottla passou algumas horas em Kierling; outra vez, foi o austero tio Siegfried — essas eram as únicas oportunidades para conversar mais detalhadamente com os parentes de Kafka. Enquanto Dora tentava encorajar a si mesma e ao amado, precisava demonstrar muito tato em relação aos parentes de Kafka, pois cada um dos familiares suportava uma dose diferente de verdade. Ainda em 19 de maio ela escreveu aos pais que as dores de garganta de Kafka eram "totalmente insignificantes" e não "apresentavam nenhum motivo de inquietação", enquanto teve de confessar a Elli, duas semanas antes, que o irmão só dormia com injeções analgésicas e que sua situação era extrema.[22]

Entretanto, não havia apenas ações médicas a serem discutidas; os problemas financeiros eram igualmente significativos e, por sua vez, também tinham de ser resolvidos com um cuidado diplomático. Pois se não havia "nenhum motivo de inquietação", então para que os inúmeros especialistas que quase faziam fila para chegar a Kierling, para que as quantidades cada vez maiores de medicamentos analgésicos, as muitas e custosas visitas noturnas? Além disso, havia as necessidades da própria Dora, que não tinha rendimentos e se manteve totalmente dependente de Kafka. Era difícil explicar tudo isso. Mesmo que a família em Praga dispusesse de reservas suficientes — inclusive tendo recebido mais uma pequena fortuna com a morte do "tio de Madri", Alfred Löwy —,[23] estava totalmente fora de questão apresentar aos pais de Kafka as despesas reais. Dora comunicou primeiro às irmãs de Kafka o desejo imperioso de receber finalmente Robert Klopstock, que dispunha de experiência com pacientes tuberculosos, a fim de apoiá-la. Afinal, Klopstock não podia pagar nem a passagem e precisava também de uma ajuda financeira vinda de Praga. Mas tudo indica que foi rápido encontrar uma solução, pois Klopstock chegou a Kierling apenas poucos dias após as terríveis revelações do dr. Beck, instalando-se num pequeno quarto do sanatório e assumindo algumas das tarefas médicas de rotina. E, para grande alívio de Dora, também uma parte das correspondências e telefonemas de Praga.

Kafka foi poupado de grande parte desses problemas — a começar, pela preocupação de que ele viesse a recusar uma consulta médica ou um remédio devido aos custos envolvidos. Quando fazia perguntas, Dora lhe passava informações vagas e também não se constrangia em edulcorar um pouco a situação de acordo com sua própria percepção. Ela lhe disse que a família havia enviado dinheiro suficiente para sua subsistência nos cinco meses seguintes. Um presente surpreendente, desde que se acreditasse nele. Mas Kafka não apenas confiava, ele havia entregado seu destino exterior totalmente nas mãos de Dora, e depois da chegada de Klopstock, que agora era seu cuidador literalmente dia e noite, Kafka sentia-se acolhido no colo de uma "pequena família", uma expressão que ele gostava de usar. Kafka parece ter desejado manter a compostura mesmo numa tal situação de desamparo infantil, pois, até o final, não sugeriu a Klopstock (por vezes pouco cerimonioso) que o tratasse por "você".

É curioso que essas cenas de baixa voltagem emocional, passadas num silencioso quarto de doente, ensolarado e branco, no qual nada parece se mover, tivessem deixado pistas escritas mais ricas do que todos os meses anteriores que Kafka passara com Dora. O motivo é, paradoxalmente, médico; outra orientação terapêutica. Foi sugerido a Kafka que falasse o mínimo possível, no máximo com o médico, e mesmo assim apenas aos sussurros. Essa "terapia do mutismo", que deveria acalmar a laringe inchada e em geral também inflamada, era uma das medidas habituais (apesar de inócuas) aplicadas em pacientes tuberculosos, que lhes exigia um enorme autocontrole. Embora Kafka também não estivesse em condições de se submeter integralmente à proibição da fala, ele com frequência anotava palavras-chave e frases curtas sobre coisas que queria comunicar ou perguntas que tinha a fazer. Klopstock reuniu essas folhas e, posteriormente, Brod publicou uma seleção das notas.[24] Trata-se de documentos comoventes: de um lado, refletem o impulso do momento quase sem filtros e realmente se parecem com fragmentos de uma conversa, na qual o afã de Kafka pela forma da linguagem não é, nem de longe, tão intenso quanto nas suas cartas. Por outro lado, as notas das conversas permitem reconhecer que, embora o interesse de Kafka tivesse se afastado um pouco do mundo — o que é externo ao sanatório aparece quase apenas no passado —, sua atenção pelo entorno aumentara na mesma medida. Como era de esperar, muitas das notas se referem a estados físicos, a comida, bebida e remédios. Mas ele também se preocupava porque alguém podia pisar em cacos de vidro espalhados no chão, e se incomodava que suas visitas pudessem talvez atrapalhar o descanso das varandas vizinhas, embora não mantivesse qualquer tipo de relacionamento com os demais pacientes do sanatório. Ele apreciava as flores que lhe eram entregues continuamente, mas desejava que fossem arranjadas de tal modo que cada uma delas tivesse destaque, e queria ter certeza de que estavam sendo cuidadas a contento: "O senhor dispõe de um pouco de tempo? Então, por favor, borrife ligeiramente as peônias".

Essas conversas, entretanto, não reproduzem a realidade de Kierling, mas apenas um recorte. A relação com Dora quase não aparece: Kafka não podia anotar o que estava destinado apenas para ela (pelo menos, não nas folhas que Klopstock juntava), e é possível supor que nas últimas semanas ele tenha ficado ainda mais dependente da atenção de Dora do que as anotações fragmentárias revelam. A única questão preservada que toca a vida em comum permite entrever que Kafka estava absolutamente consciente do que exigia dela: "Quantos anos você vai suportar? Quanto tempo suportarei que você suporte?". Entretanto, não havia nenhuma menção aos inúmeros planos que eles ainda faziam em Berlim, sobre os possíveis lugares de um futuro em conjunto: Viena, Brünn, alguma cidadezinha na Boêmia, o lago de Garda. E nenhuma palavra sobre mais um plano, o mais importante de todos, engendrado dentro da "pequena família", mas mantido em segredo da "grande família". Apenas Max Brod soube dessa história em primeira mão, registrando-a em suas lembranças sobre Kafka:

> Ele queria se casar com Dora, tinha enviado uma carta ao pai muito religioso dela, na qual explicava que não era um judeu praticante no sentido do pai, mas um "arrependido", um "retornado" e, portanto, talvez pudesse ter esperança de ser aceito na família do homem religioso. O pai

levou a carta à pessoa que mais admirava, cuja autoridade lhe era mais importante que tudo, o rabino de Ger. Esse rabino leu a carta, colocou-a de lado e nada disse exceto um "não". Sem maiores explicações. Ele não costumava dar explicações.[25]

Era a terceira vez que Kafka pedia a mão de uma mulher; também dessa vez ele levantou objeções e se defendeu, também dessa vez não quis nenhuma decisão que contrariasse o desejo dos familiares. Pela primeira vez, porém, a resposta foi "não". Arrependimento e retorno não eram suficientes, o rabino de Ger enxergava mais profundamente, Herschel Diamant ficou convencido disso e divulgou a negativa. Kafka ficou triste. Mas estava impressionado. Se estivesse saudável, ele talvez dissesse que esse "não" era dogmático. Em sua situação atual, precisava considerá-lo como um mau prenúncio.

Em 3 de maio, Max Brod recebeu a visita de Elli, irmã de Kafka. A carta do dr. Beck ainda não havia chegado a Praga, mas Elli já sabia de seu conteúdo por intermédio de Dora. *Irreprimível*, Brod anotou. Ele tinha de ir a Kierling. Mas ele nunca havia empreendido uma viagem tão longa apenas para visitar Kafka, nem mesmo durante os longos meses de Matliary, e se o fizesse dessa vez estaria roubando toda a esperança do amigo. Brod decidiu-se por uma mentira de ocasião: diria que tinha sido convidado para uma palestra em Viena e que essa era uma boa oportunidade para uma visita.

Ele esperava ser confrontado em Kierling com a miséria emocional e física de um moribundo. Mas Kafka ficou feliz pelo reencontro, estava presente, não parecia especialmente mal-humorado, embora estivesse febril, não pudesse falar muito e justo nesse dia tenha tido de engolir a resposta rude do pai de Dora. Brod achou inacreditável que o amigo, tão animado, fosse um caso médico perdido e, quase se convencendo a si mesmo, ele passou a falar do encontro seguinte dos dois, por ocasião da viagem à Itália que estava planejando para o próximo verão. Ele tentou enganar Kafka. Agora, porém, enganava a si mesmo.

Pois do ponto de vista de Kafka não era apenas um amigo de anos, íntimo, que aparecia em seu leito de morte. Max Brod era representante de um mundo que, apesar de todo o esforço, tinha se mantido fechado para ele. Brod era casado, político, jornalista, escritor, sabia falar em público, viajava bastante, e sua capacidade de trabalho parecia ilimitada. No ano anterior, ele havia iniciado um novo romance, histórico: *Reübeni: Fürst der Juden* [Reübeni: Príncipe dos judeus] seria, ao lado de *Tycho Brahe*, seu maior sucesso, e Kafka ficou impressionado, até mesmo "encantado", com o que conhecia até então do projeto. Além disso, Brod podia ajudar, ajudava muita gente, tinha relacionamentos, foi fácil para ele conseguir que, na Páscoa, dois contos de Kafka — "Uma mulher pequena" e "Josefina, a cantora" — fossem publicados em jornais de Praga.[26] Além disso, Brod ainda era redator fixo do *Prager Tagblatt*, que havia meses publicava um artigo seu a cada dois, três dias, em geral relatos sobre apresentações teatrais ou concertos, a que ele havia assistido na noite anterior. E esse homem agora o visitava no sanatório em Kierling. Nesse caso, não era natural tentar manter um pouco da compostura? Quando se despediram pela última vez, seus pensamentos divergiam; Brod imaginava ter nutrido um pouco de esperança e Kafka estava deprimido pela sua autoimagem. Ele escreveu ao amigo consternado que havia "claramente estragado" essa visita transcorrida de maneira tão "melancólica". E que deveria ter se mostrado um pouco mais "semelhante a um ser humano".[27]

As últimas semanas de Kafka foram de dor. Desde Matliary, ele tinha consciência de que nem todos os tuberculosos morriam eufóricos, como ditava o clichê literário, mas que tinham de contar com um final bem diferente. E depois de ter testemunhado uma morte lastimável num dos quartos vizinhos ao seu naquele sanatório, ele havia feito o jovem Klopstock lhe prometer uma injeção de morfina para que uma tortura daquela intensidade não se visse prolongada artificialmente. Desde sua última internação no hospital vienense, Kafka tinha consciência de que poderia ser mais duramente atingido pela enfermidade do que aquele companheiro de sofrimento que havia, por fim, se atirado do trem.

Até o professor Hajek, que Klopstock havia chamado a Kierling — apesar dos inúmeros diagnósticos deprimentes e, via de regra, concordantes —, espantou-se com a velocidade com que os tecidos haviam sido danificados desde que vira Kafka pela última vez, quatro semanas antes. Também ele tentou, como o dr. Beck, um bloqueio do nervo laríngeo superior por meio de injeções de álcool, sem qualquer sucesso — o efeito não era duradouro. Mas essas injeções altamente desagradáveis que Kafka passou a receber regularmente (e, de preferência, sem testemunhas) eram imprescindíveis. A menor movimentação da laringe produzia dores lancinantes, tossir era uma tortura. Beber só era possível em pequenos goles, Kafka sentia sede o tempo todo, sonhava com todo o tipo de bebidas e babava quando alguém tomava um copo d'água na sua frente. Durante o dia, ele se esforçava para tomar um pequeno copo de vinho, às vezes um pouco de cerveja; até a água tinha de ser pré-aquecida antes de ele conseguir bebericá-la. "Você já experimentou o vinho dos produtores locais?", ele perguntou ao pai. "Tenho muita vontade de tomá-lo algum dia em sua companhia, com uns bons goles. Pois mesmo que a capacidade de beber não seja muito grande, não perco para ninguém no quesito sede. Foi assim que dei vazão ao meu lado beberrão." Um ou dois dias após essa observação espirituosa, Kafka teve de ouvir Klopstock dizer que sua sobrevivência só podia ser assegurada por meio de alimentação forçada. "Nem consigo dizer o quão desesperado ele ficou com essa medida", escreveu Klopstock. "Mentalmente a coisa lhe é difícil."[28]

"Na realidade, ele exigiu muito respeito por si mesmo", Dora falou mais tarde sobre Kafka. "Quando nos relacionávamos com ele de maneira respeitosa, tudo estava bem e ele não dava muita importância às formalidades. Do contrário, ele ficava muito magoado."[29] Uma indicação que torna compreensíveis algumas manifestações surpreendentes de brusquidão: mesmo seus julgamentos mais arrasadores sobre si próprio não davam a ninguém o direito de sair falando coisas a seu respeito. Essa característica de Kafka tinha um reverso igualmente importante: até o fim ele manteve a consciência de que era preciso ganhar esse respeito e tinha sérias dúvidas de que um homem de quarenta anos, que já não dispunha dos reflexos mais naturais e que se mantinha vivo apenas com alimentação forçada, pudesse oferecer aos outros uma figura respeitável.

Isso também valia para sua capacidade de trabalho intelectual. Kafka tinha se conformado, havia muito tempo, com o fato de que suas reservas se esvaíam. A doença, a fraqueza, o suportar das dores, a batalha entre o medo e a esperança: "O estado natural dos meus olhos é estarem cerrados", ele escreveu a Brod, que lhe enviara alguns livros da editora Reclam, "mas brincar com livros e revistas me deixa feliz". Ele avançava a leitura do romance *Verdi*, de Werfel, apenas lentamente e com intensa resistência interna;[30] preferia folhear o *Prager Tagblatt*, que a família lhe enviava regularmente. Também estava grato que Dora e Robert lhe aliviassem em grande medida o esforço da correspondência diária. Algo bem diferente e muito menos aceitável pareciam ser os efeitos colaterais psíquicos dos remédios. "Mesmo que eu acabe me recuperando um pouco de tudo isso, certamente não me recuperarei dos anestésicos", ele anotou. Sua repulsa era despertada principalmente pelas injeções com álcool, que tinham de ser repetidas a intervalos cada vez menores, porque o obnubilavam e diminuíam sua capacidade de articulação. Era possível ter respeito diante de uma pessoa cansada, até de alguém condenado pelos médicos ao silêncio — mas não diante de uma pessoa alcoólatra. Vez ou outra Kafka pensava se não seria melhor suportar as dores do que perder o controle e, consequentemente, a autoestima.

As provas tipográficas de *Um artista da fome* foram esperadas com impaciência. Era ponto pacífico que, enquanto Kafka estivesse apto para tanto, as correções seriam feitas por ele e com a habitual diligência. Brod pressionava a editora a começar com a composição o mais rapidamente possível, lembrando também do estado crítico de Kafka, mas Die Schmiede esperava ainda pelo quarto conto prometido, "Josefina, a cantora". Por fim, em meados de maio, Kafka recebeu as primeiras provas tipográficas, numa época em que sua capacidade de trabalho estava bastante reduzida e ele dormia também durante o dia. "Agora quero ler as provas", ele anotou, apesar disso. "Vou ficar muito nervoso, talvez, mas preciso vivenciar de novo o processo." Pela primeira e única vez, Kafka sentiu algo semelhante a medo do próprio texto. E de *um* texto em particular: o conto "Um artista da fome", a história de uma pessoa que não *quer* mais comer, escrita por uma pessoa que não *consegue* mais comer. Para Kafka, que havia usado tantas metáforas da alimentação e da recusa da alimentação em seus textos, era difícil suportar o terrível paradoxo; foi impossível segurar as lágrimas durante a leitura, e inclusive Klopstock, que nesses dias se dedicava totalmente a Kafka, considerou a situação como "verdadeiramente fantasmagórica".[31] Apesar disso, Kafka fez questão de também corrigir as provas diagramadas, que chegaram no final de maio, e estava trabalhando nisso no dia anterior a sua morte.

Era como se ele se recusasse a aceitar qualquer tipo de desconto intelectual, e mesmo diante da morte tentava se manter no ápice de sua capacidade cognitiva e conservar uma postura intelectual respeitável. As anotações das conversas permitem reconhecer claramente que ele rejeitava tentativas de tranquilização e encorajamento que eram objetivamente injustificáveis. "Sempre falamos a respeito da laringe", ele escreveu, "como se a coisa pudesse apenas se desenvolver em direção ao lado bom, mas isso não é verdade." Outra vez: "Se for verdade, e é provável que minha alimentação atual seja insuficiente para provocar uma melhoria a partir do interior, então, excetuando-se milagres, é tudo em vão". Na vez em que Klopstock quebrou uma espátula de boca, Kafka anotou: "Caso eu continue vivendo, o senhor ainda vai quebrar dez em mim". Klopstock assegurou-lhe que ele continuaria vivendo, claro, e Kafka retrucou: "Era o que gostaria de ouvir agora, embora não acredite".

Kafka exigia consolo, como qualquer outro ser humano em sua situação; em meados de maio, sua vontade de sobreviver ainda era inquebrantável, e qualquer sinal de uma *verdadeira* esperança deixava-o tão ansioso que conseguia esquecer seu estado por alguns instantes. "Assim que comecei a comer", ele anotou, "algo na laringe baixou, deixando-me maravilhosamente livre e já comecei a pensar em todos os milagres possíveis, mas logo passou." O professor Tschiassny, que vinha semanalmente a Kierling, certa vez surpreendeu Kafka com a observação de que sua garganta estava com melhor aspecto do que da vez anterior. Quando Dora entrou, Kafka estava chorando e não parou de abraçá-la, assegurando-lhe que nunca antes havia desejado tanto ter saúde como agora.[32] Mais uma anotação — "Quando vamos viajar para a cirurgia?" — é testemunho de que, em maio, Kafka ainda acreditava na possibilidade de uma ajuda cirúrgica.

Eram momentos. Mas o que dominava era a ciência de que o horizonte do futuro — que não aparece mais em suas últimas manifestações que foram preservadas — estava se fechando inexoravelmente. E dominava também o medo: não do fim da vida, não da transposição a uma escuridão desconhecida, mas o medo da morte dolorosa. Kafka sabia o que o aguardava, mesmo que todos que conversassem com ele evitassem estritamente o tema. Entretanto, os achados eram inequívocos, e o que Kafka havia observado no hospital em Viena, também. Inchaços na laringe, principalmente na rima da glote, significavam morte por sufocamento. Se não se decidisse a enfrentar a inescapável traqueostomia sob supervisão do professor Hajek, ele sufocaria em Kierling.

> Queridíssimos pais, então vamos às visitas, sobre as quais vocês às vezes me escrevem. Penso nisso todos os dias, pois para mim trata-se de algo muito importante. Seria tão bom, faz tanto tempo que não estamos mais juntos, não conto com um encontro em Praga, que perturbaria o lar, mas passar tranquilamente alguns dias em sua companhia, numa região bonita, sozinhos, não me lembro quando isso aconteceu, uma vez por algumas horas em Franzensbad. E depois tomaríamos "um

bom copo de cerveja", como vocês escrevem, de onde vejo que meu pai não tem o vinho local em alta conta, no que concordo com ele tendo em vista a cerveja. Aliás, como agora durante o calor me lembro com frequência, fomos uma vez regulares bebedores de cerveja, há muitos anos, quando meu pai me levava junto à escola civil de natação.

Essas e outras tantas coisas falam a favor da visita, mas muitas coisas falam contra. Bem, primeiro, meu pai não vai conseguir vir devido a dificuldades com o passaporte. O que tira grande parte do sentido da visita, mas principalmente minha mãe, independentemente de com quem esteja acompanhada, estará muito fixada em mim, muito dependente de mim e continuo não sendo muito bonito, nada bom de se ver. Vocês conhecem as dificuldades dos primeiros tempos aqui e em Viena, elas me derrubaram um pouco; elas impediram uma diminuição rápida da febre, o que contribuiu para avançar minha fraqueza; a surpresa da questão da laringe me enfraqueceu a princípio mais do que lhe era devido objetivamente — apenas agora vou me esforçando para sair de todas essas fraquezas com a ajuda, absolutamente inimaginável à distância, de Dora e Robert (o que seria de mim sem eles!). Agora também há perturbações, como por exemplo um catarro intestinal ainda não totalmente superado dos últimos dias. Tudo isso faz com que eu, apesar de meus ajudantes maravilhosos, apesar de bom ar e de boa comida, do banho de ar quase diário, ainda não esteja totalmente recuperado, sim, no todo ainda não estou nem como estava da última vez em Praga. Se vocês acrescentarem a isso que eu só posso falar sussurrando e também não com muita frequência, então haverão de achar por bem adiar a visita. Tudo está nos melhores começos — recentemente um professor constatou uma melhoria significativa da laringe e mesmo que eu não [ilegível]* nesse homem muito amável e generoso — ele vem uma vez por semana com seu próprio carro até aqui e não cobra quase nada —, suas palavras foram um grande consolo; tudo está, como disse, nos melhores começos, mas mesmo os melhores começos ainda não são nada; e se não é possível mostrar às visitas — não falo nem de visitas como a de vocês — grandes progressos, inequívocos, perceptíveis a olhos leigos, então é melhor deixar para lá. Então, por ora, não seria melhor deixar para lá, meus queridos pais?[33]

* Truncado no original, faltando talvez "acredite".

Kafka escreve essa carta no dia anterior à sua morte. Ele é o senhor do processo, e a linguagem, o meio da sua vida, continua a servi-lo até o final. Ele quer selar a paz, inclusive com o pai, os pensamentos estão no passado, nos poucos momentos luminosos da lembrança, ele também tinha contado para Dora do dia em que pôde tomar um copo de cerveja com o pai. Mas para que faça as pazes com isso, é preciso que seja deixado em paz. A visita da mãe já tinha sido motivo de conversa anteriormente, mas havia pouco os pais escreveram que queriam vir os dois. Ele não pôde imaginar o motivo. Julie Kafka pediu um prognóstico médico em relação a seu filho para Klopstock, que respondeu com silêncio.

Kafka tem de discutir a questão da visita com Dora. Os pais no quarto de hóspedes do sanatório: uma ideia lamentável. Talvez se eles considerassem o lugar como um destino de férias de verão, instalando-se em alguma pensão nas redondezas, fazendo passeios e, em paralelo, uma vez por dia, vindo ao sanatório? Kafka está quase disposto a aceitar. Mas a comoção seria grande demais, não só a sua própria, como também a dos pais — que eles inevitavelmente refletiriam. Não, isso não. "Tudo está nos melhores começos."

Segunda-feira, 2 de junho de 1924, foi um dia ensolarado e quente. Kafka permaneceu deitado na varanda, lendo as provas diagramadas de seu último livro. Mais tarde Klopstock regressará de Viena, onde fez compras, trazendo morangos e cerejas; Kafka sempre cheira as frutas antes de comê-las lentamente. Mais tarde, em algum momento, a carta aos pais. Ela ficou longa demais e, de tão cansado, Kafka sentiu-se incapaz de terminá-la. "Estou tirando a carta das mãos dele", Dora prosseguiu escrevendo na mesma folha. "De todo modo, foi um feito e tanto. Apenas duas linhas a mais, que, da maneira como ele pede, parecem ser muito importantes:" Mas depois desses dois-pontos não veio mais nada. Talvez ele tenha adormecido.

Dispomos apenas de testemunhos indiretos dos acontecimentos do dia seguinte, 3 de junho. São informações de Klopstock que Brod reproduziu em suas memórias sobre Kafka, bem como o relato oral de uma enfermeira, registrado por Willy Haas. Tais lembranças apresentam algumas contradições entre si, mas se completam:

Às quatro da manhã Dora foi correndo ao quarto de Klopstock e o acordou: Kafka respirava com dificuldade. Klopstock se vestiu, deu uma olhada no amigo e avisou imediatamente o médico que estava de plantão no sanatório aquela noite. Kafka recebeu uma injeção de cânfora para estimular a respiração e um saquinho de gelo foi colocado ao redor de sua garganta. Nada adiantou, Kafka estava com falta de ar e dores. Passaram-se horas assim.

Em algum momento durante a manhã Kafka fez um sinal brusco à funcionária para que deixasse o quarto. Exigiu de Klopstock uma dose mortal de morfina. "O senhor sempre me prometeu, há quatro anos." Klopstock, que havia semanas temia tal responsabilidade, recusou, apresentou objeções. Mas Kafka, que nesse momento estava mais dependente da decisão dos outros como nunca, se tornou agressivo de repente: disse que Klopstock estava se comportando como um assassino ao lhe negar esse último serviço. "O senhor me tortura, sempre me torturou. Não falo mais com o senhor. Então vou morrer desse jeito." Klopstock injetou Pantopon, um opiáceo quase tão anestesiante como a morfina. Kafka permaneceu cético — "Não me engane, o senhor está me dando um antídoto!" —, mas ao sentir a diminuição das dores, exigiu mais. Klopstock lhe ministrou mais — não sabemos quanto.

Klopstock e Kafka haviam combinado de mandar Dora até o vilarejo com uma desculpa qualquer, a fim de que ela não se tornasse testemunha dessa batalha. Mas nos últimos minutos ele sentiu falta dela, uma camareira teve de chamar Dora de volta. Ela chegou ofegante, sentou-se na cama de Kafka, conversou com ele, segurou algumas flores diante do rosto dele, disse que era para ele cheirá-las. E Kafka, que parecia já inconsciente, ergueu mais uma vez a cabeça.

Kafka chegou aos quarenta anos e onze meses. Na declaração de óbito da comunidade a causa da morte foi descrita como "parada cardíaca". Siegfried Löwy e Karl Hermann, que viajaram imediatamente a Kierling, assumiram as formalidades. Dois dias mais tarde, o corpo de Kafka foi transportado para Praga num caixão de metal soldado; no mesmo trem, na cabine com Klopstock, Löwy e Hermann, estava também Dora Diamant, que haveria de pisar pela primeira vez na cidade natal de Kafka. Ela foi acolhida pelos seus pais e irmãs como havia merecido. "Apenas quem conhece Dora sabe o que é o amor", Klopstock escreveu para Elli no dia da morte de Kafka.

Nos dias seguintes, vários obituários foram publicados na imprensa em Praga, todos escritos por amigos íntimos: de Max Brod, no jornal *Prager Tagblatt*; Rudolf Fuchs, *Prager Abendblatt*; Oskar Baum, *Prager Presse*; Felix Weltsch, *Selbstwehr*; Milena Jesenská, *Národní Listy*. Todos estavam chocados, procuravam por superlativos a fim de dar uma voz ao desaparecido, lançavam mão do tom elevado, das convenções das honras póstumas.[34]

Kafka foi enterrado nas cercanias de Praga, no novo cemitério judaico em Strašnice, a alguns quilômetros de distância da Cidade Velha. A cerimônia, que seguiu o rito judaico, aconteceu em 11 de junho, com o tempo abafado, por volta das quatro da tarde. Pouco menos de cem pessoas se juntaram ao cortejo fúnebre, nenhum representante das instituições políticas ou culturais de Praga compareceu, nem das alemãs nem das tchecas.

Oito dias mais tarde, em 19 de junho, aconteceu no teatro alemão de câmara de Praga uma solenidade em memória de Kafka, promovida por Max Brod e Hans Demetz, dramaturgo dos teatros alemães de Praga. O auditório ficou lotado. Brod e Johannes Urzidil, escritor e jornalista de 28 anos, discursaram. Em seguida, um ator leu textos de Kafka, entre eles "Um sonho", "Diante da lei" e "Uma mensagem imperial".

O texto de Urzidil está preservado, visto que foi publicado pouco tempo depois. Ele havia se encontrado com Kafka algumas vezes e o observara também no café em meio a um grupo maior. Sua fala não dá pistas de nenhum contato pessoal mais próximo e contém expressões do tipo "fanático da verdade interior", "nobre e cândido literato" e "gênio raro". E Urzidil talvez tenha sido a primeira pessoa após a morte de Kafka a apontar para a questão decisiva com sua frase: "Se por acaso um dia existiu uma congruência total entre vida e arte, então foi a de Franz Kafka".[35]

Mais tarde, em suas memórias sobre a cena literária alemã em Praga, Urzidil voltou a essa questão, o enigma da congruência. Ele escreveu que todos os amigos concordavam que as frases de Kafka eram extraordinariamente "profundas", independentemente se seguissem uma orientação literária, como Max Brod e Oskar Baum; filosófica, como Felix Weltsch; ou da história da religião, como Hugo Bergmann. Mas todos procuravam em vão a chave para a última porta. "No máximo, eles sabiam explicar o que Kafka poderia estar querendo dizer e então era possível concordar com sua interpretação ou opor-lhe outra. Mas nenhum deles sabia explicar como aconteceu de Kafka dizer o que disse; como aconteceu de ele dizer da maneira como disse; como aconteceu de nunca ninguém entrar em conflito direto com aquilo que ele disse e com ele próprio."[36]

Como aconteceu. Seria um começo.

Epílogo

Principalmente nos primeiros anos de sua fama mundial, a obra de Kafka, seu mérito como escritor, foi constantemente chamada de "profética". Kafka, dizia-se, foi um dos precursores a vislumbrar a violência anônima do século XX e a descrevê-la de maneira visionária, e esse é, fundamentalmente, o motivo de seu efeito avassalador. Pouco se levou em conta que Kafka viveu como testemunha ocular da devastação de uma violência totalmente despersonalizada, tecnicizada, que se iniciou em agosto de 1914 e que mais tarde foi interpretada como "catástrofe inicial" desse século, e que também a aliança mortal entre violência e administração já fazia vítimas durante o tempo de sua vida. Ele sabia melhor do que todos os seus amigos escritores que nenhuma guerra mundial era possível sem máquinas de escrever, pastas, cartões de arquivos e carimbos. Mas ele não tinha como prever — ninguém tinha — o inferno que, apenas uma década e meia após sua morte, assolaria seu círculo social e até aquele mais íntimo.

As três irmãs de Kafka morreram em câmaras de gás, Elli e Valli em Chelmno, Ottla em Auschwitz. Siegfried Löwy, tio de Kafka, o médico rural, suicidou-se para escapar da ameaça de deportação. É provável que Felix, filho de Elli, tenha morrido num campo de concentração francês. Marie Wernerová, que durante décadas trabalhou como governanta na casa dos Kafka, também foi deportada e nunca regressou.

Das quatro mulheres com as quais Kafka se relacionou mais intensamente, duas morreram em campos de concentração: Julie Wohryzek foi assassinada em Auschwitz; Milena Jesenská morreu como presa política em Ravensbrück. Grete Bloch também foi assassinada em Auschwitz. Isaac Löwy, amigo de Kafka, morreu no campo de Treblinka. Otto Brod, o único irmão de Max Brod, em Auschwitz. Ernst Weiß cometeu suicídio em Paris, visto que após a invasão dos alemães não havia mais escapatória para ele.

Ewald Felix Přibram, colega de escola de Kafka, morreu num navio bombardeado pelos alemães.

Essa lista está incompleta. Se fosse possível incluir nela os conhecidos mais distantes de Kafka — amigos da época da faculdade, conhecidos dos círculos sionistas, colegas do Instituto de Seguros contra Acidentes de Trabalho, atores judeus orientais, médicos que o atenderam, amizades que Kafka fez nos sanatórios, artistas, autores e jornalistas de Praga, as pessoas do entorno de Dora Diamant —, a relação das vítimas se tornaria bem mais extensa. O destino do poeta Ernst Feigl é exemplar: ele sobreviveu em Praga graças à mulher não judia, mas três de seus irmãos foram assassinados em campos de concentração.

Judeus de Praga que não dispunham de tais tábuas de salvação como Feigl escapavam do assassinato apenas de dois modos: na medida em que morriam antes ou fugiam antes. Hermann Kafka não precisou assistir à ascensão dos nazistas; mas Julie, a mãe de Kafka, que sobreviveu ao marido por três anos e veio a morrer em setembro de 1934, ainda teve de presenciar a ameaça. Oskar Baum teria sido inevitavelmente deportado caso não tivesse morrido em 1941 devido a uma cirurgia. A mulher, Margarete, por sua vez, passou seus últimos dias no campo de concentração Theresienstadt.

Muitos outros que eram próximos de Kafka sobreviveram ao fugir. Felice Bauer emigrou com o marido Moritz Marasse e ambos os filhos para os Estados Unidos, assim como suas duas irmãs Erna e Else (duas tias de Felice acabaram se suicidando imediatamente antes da deportação). Os casais Brod e Weltsch escaparam das tropas alemãs invadindo Praga no último minuto e chegaram à Palestina. Dora Diamant viveu primeiro na União Soviética ao lado do marido, Ludwig Lask; depois da condenação dele à prisão, ela conseguiu sair do país, ficando presa por pouco tempo na Inglaterra durante a guerra; permaneceu em Londres até sua morte precoce em 1952. Também Marianne Steiner, sobrinha de Kafka, fugiu para a Inglaterra, assim como os escritores Otto Pick e Rudolf Fuchs, bem como o primeiro marido de Milena, Ernst Pollak. Robert Klopstock emigrou para os Estados Unidos e fez carreira como pneumologista. Georg Langer, Puah Ben-Tovim e Tile Rössler foram à Palestina. Uma série de emigrantes famosos que Kafka havia conhecido se espalhou por vários continentes: Franz Werfel, Willy Haas, Egon Erwin Kisch, Johannes Urzidil, Albert Ehrenstein, Martin Buber e outros.

O mundo em que Kafka cresceu e que ele, por décadas, nunca considerou terra natal, mas terreno conhecido e centro existencial, foi assolado por duas ondas de destruição. A princípio pela Primeira Guerra Mundial, que embora tenha poupado em grande medida sua família e seus amigos, causou uma transformação social, cultural e até moral e obrigou Kafka a se reorientar por completo. Ele se sentia desenraizado, mais ameaçado que nunca na sua condição de judeu, e era difícil para ele enxergar a Praga de suas memórias através de Praga dos anos 1920 dominada pelos tchecos.

Kafka foi poupado da segunda onda de violência, iniciada com o regime nazista na Alemanha. Mas a ocupação da Tchecoslováquia, o terror alemão, o genocídio dos judeus e a Segunda Guerra Mundial explodiram definitivamente o seu mundo. Isso não apenas selou o destino de inúmeras pessoas que lhe eram próximas como também apagou pistas incontáveis que o mundo de Kafka havia deixado na memória coletiva. Cartas, fotografias, espólios, arquivos inteiros foram destruídos: uma violência que agia de modo como que retroativo na história, tornando em muitos casos impossível identificar o que foi perdido ou até considerar algo como perdido. Se Kafka tivesse tido duas sortes grandes, escapar da tuberculose e do campo de concentração, ele não teria reconhecido mais nada ao final dessa catástrofe civilizatória. Seu mundo não existe mais. Apenas sua língua vive.

Agradecimentos

Este trabalho biográfico foi realizado a partir de trocas contínuas com Ulrike Greb, Ursula Köhler, Jochen Köhler e Anna Boskamp. Inúmeras melhorias na redação e no conteúdo, a solução de problemas de apresentação, bem como o encorajamento em fases especialmente críticas se devem a anos de paciente leitura e colaboração.

Meu agradecimento especial vai para Hans-Gerd Koch. Ele disponibilizou uma quantidade enorme de materiais, informações e resultados de pesquisas, sem os quais algumas relações biográficas não seriam "narráveis" ou teriam ficado totalmente no escuro.

Agradeço a Hartmut Binder, Klas Daublebsky, Theodor Gheorghiu, Michael Haider, Jan Jindra, Waltraud, John, Věra Koubová, Leo A. Lensing, Naděžda Macurová, Henry D. Marasse, Judita Matyasová, Michael K. Nathan, Reinhard Pabst, Wolf-Detlef Schulz, Václava Vyhnalová e Klaus Wagenbach pelas conversas, informações e auxílios factuais.

As abrangentes pesquisas para este volume da biografia de Kafka também ultrapassaram os limites temporais e materiais combinados de antemão. Foi graças ao generoso apoio da fundação S. Fischer que o trabalho pôde prosseguir até o final sem qualquer prejuízo ao seu conteúdo.

Siglas e citações

Citações de obras, cartas e diários de Franz Kafka seguem a edição crítica organizada por Gerhard Neumann, Malcolm Pasley e Jost Schillemeit, publicada pela S. Fischer Verlag, de Frankfurt am Main. As cartas são citadas, na medida do possível, de acordo com seus manuscritos, mas sempre com a indicação dos volumes da edição crítica já existentes dedicados à correspondência.

Uma exceção é o uso que Kafka faz do "ss" no lugar do "ß" (corrente desde 1907): nesse caso, os organizadores da edição crítica seguiram as regras de ortografia vigentes no início da edição (1982). Mas visto que essas regras foram revogadas nesse meio-tempo, o "ss" usado por Kafka em todas as citações é mantido. Isso também vale para o título *Der Process* [*O processo*] e *Das Schloss* [*O castelo*], que Kafka escreveu "corretamente" segundo as regras atuais.

Referências à edição crítica (e apenas essas) acontecem, via de regra, por meio de siglas e números de páginas (por exemplo: "B2 416" refere-se ao volume *Briefe 1913-1914* [Cartas 1913-1914], p. 416). A abreviação "App" anexada à sigla faz menção ao volume de aparatos que o acompanha (por exemplo: "V App 153" refere-se à página 153 do volume de aparatos do romance *O desaparecido*).

Cartas dos anos 1921 a 1924, cuja edição crítica ainda não está disponível, são citadas conforme o original ou o manuscrito do volume de cartas (B5). As referências de cartas desse período que foram publicadas integralmente em outros lugares indicam a publicação correspondente. Isso se refere em grande medida à correspondência com Max Brod, Robert Klopstock, com a irmã Ottla e com os pais.

As siglas são as seguintes:

AS *Amtliche Schriften* [Escritos oficiais]. Org. de Klaus Hermsdorf e Benno Wagner. Frankfurt am Main: S. Fischer, 2004.

AS MAT *Materialien auf cd-rom* [Materiais em CD-ROM], que acompanham a edição crítica de *Amtliche Schriften*.

B1 *Briefe 1900-1912* [Cartas 1900-1912]. Org. de Hans-Gerd Koch. Frankfurt am Main: S. Fischer, 1999.

B2 *Briefe 1913-1914* [Cartas 1913-1914]. Org. de Hans-Gerd Koch. Frankfurt am Main: S. Fischer, 2001.

B3 *Briefe 1914-1917* [Cartas 1914-1917]. Org. de Hans-Gerd Koch. Frankfurt am Main: S. Fischer, 2005.

B4 *Briefe 1918-1920* [Cartas 1918-1920]. Org. de Hans-Gerd Koch. Frankfurt am Main: S. Fischer, 2013.

B5 *Briefe 1921-1924* [Cartas 1921-1924]. Org. de Hans-Gerd Koch. Frankfurt am Main: S. Fischer, 2024.

D *Drucke zu Lebzeiten* [Obra publicada em vida]. Org. de Wolf Kittler, Hans-Gerd Koch e Gerhard Neumann. Frankfurt am Main: S. Fischer, 1994.

NSF1 *Nachgelassene Schriften und Fragmente I* [Escritos e fragmentos do espólio I]. Org. de Malcolm Pasley. Frankfurt am Main: S. Fischer, 1993.

NSF2 *Nachgelassene Schriften und Fragmente ii* [Escritos e fragmentos do espólio II]. Org. de Jost Schillemeit. Frankfurt am Main: S. Fischer, 1992.

P *Der Process*. Org. de Malcolm Pasley. Frankfurt am Main: S. Fischer, 1990. [Ed. bras.: *O processo*. Trad. e posf. de Modesto Carone. São Paulo: Companhia das Letras, 1997.]

S *Das Schloss*. Org. de Malcolm Pasley. Frankfurt am Main: S. Fischer, 1982. [Ed. bras.: *O castelo*. Trad. e posf. de Modesto Carone. São Paulo: Companhia das Letras, 2021.]

T *Tagebücher*. Org. de Hans-Gerd Koch, Michael Müller e Malcolm Pasley. Frankfurt am Main: S. Fischer, 1990. [Ed. bras. dos três volumes dos *Diários* (1909-1912, 1912-1914 e 1914-1923). Trad. de Sergio Tellaroli. São Paulo: Todavia, 2021.]

V *Der Verschollene*. Org. de Jost Schillemeit. Frankfurt am Main: S. Fischer, 1983. [Ed. bras.: *O desaparecido ou Amerika*. Trad., notas e posf. de Susana Kampff Lages. 3. ed. São Paulo: Editora 34, 2012.]

Notas

Prólogo: As formigas de Praga [pp. 9-15]

1. Sobre a história das exposições de guerra cada vez mais elaboradas no Reich alemão e que serviam de exemplo para a Áustria, cf. Britta Lange, *Einen Krieg ausstellen: Die "Deutsche Kriegsausstellung" 1916 in Berlin.* Berlim: Verbrecher, 2003.
2. Não é possível provar com certeza o depósito das 2 mil coroas em 6 de novembro de 1915. Nas listas diárias publicadas pela imprensa, aparece a observação sobre o último dia de adesão para o terceiro empréstimo de guerra: "Dr. K. 5000 K" (*Prager Tagblatt*, edição matutina, p. 5, 7 nov. 1915). É provável que se trate de Kafka. De um lado, a quantia foi registrada no Böhmische Eskompte Bank [Banco de Descontos da Boêmia], o banco alemão do Instituto de Seguros contra Acidentes de Trabalho de Praga. Por outro, os pais de Kafka haviam investido 3 mil coroas em seu nome (sem seu conhecimento, cf. Diário, T 771 [ed. bras.: p. 449]), e nesses casos as listas de pessoas publicadas indicavam a soma total. É natural que Kafka não quisesse ter seu nome completo impresso nesse contexto, até porque o valor lhe era um tanto constrangedor. Em comparação, o bem situado dr. Robert Kafka, advogado de Kafka, havia emprestado 8 mil coroas no mesmo dia; alguns dias antes, Egon Erwin Kisch contribuíra com 2 mil; os sionistas Robert Weltsch e Hans Kohn, com quinhentas coroas cada.

1. Autoabandono [pp. 17 38]

1. Carta a Felice Bauer, supostamente de 3 de maio de 1915 (B3 132 ss.).
2. Cynthia Ozick, "The Impossibility of Being Kafka", *The New Yorker*, 11 jan. 1999, pp. 80-7.
3. Carta a Felice Bauer, 31 de outubro de 1912 (B2 201).
4. Max Brod a Kafka, 19 de janeiro de 1921; Kafka a Max Brod, fim de janeiro de 1921 (B5).
5. Cartas a Felice Bauer, 1 e 2 de novembro de 1914, 20 de abril de 1915 e início de março 1916 (B3 106 ss., 129, 154).
6. Diário, 4 de maio de 1915 (T 743). [Ed. bras.: p. 433.] A abreviatura "E" deve se referir a Elli, irmã de Kafka, com a qual ele havia empreendido uma viagem à Hungria dez dias antes dessa anotação; naquela oportunidade, ele deve ter discorrido extensamente sobre suas preocupações; cf. o capítulo "Na terra de ninguém", in: Reiner Stach, *Kafka: Die Jahre der Entscheidungen*. Frankfurt am Main: S. Fischer, 2002, pp. 594 ss. [Ed. bras.: *Kafka: Os anos decisivos*. Trad. de Sofia Mariutti. São Paulo: Todavia, 2022.]
7. P 48; Diário, 3 de agosto de 1914 (T 544). [Ed. bras.: pp. 387, 534.]

8. Julie Kafka a Anna Bauer, 7 de agosto de 1914. In: Franz Kafka, *Briefe an Felice und andere Korrespondenz aus der Verlobungszeit*. Org. de Erich Heller e Jürgen Born. Frankfurt am Main: S. Fischer, 1967, pp. 613 ss.
9. Expressão da carta de Kafka a Felice Bauer, 19 de outubro de 1916 (B3 261).
10. Cf. o capítulo "Da vida das metáforas: *A metamorfose*", in: Reiner Stach, *Kafka: Os anos decisivos*, pp. 221 ss.
11. Carta a Grete Bloch, 11 de junho de 1914 (B3 85).
12. Cartão-postal a Ottla Kafka, fevereiro-março de 1915 (B3 125).
13. NSF2 590 ss., 592. [Ed. bras.: *Um artista da fome/ A construção*. Trad. de Modesto Carone. São Paulo: Companhia das Letras, 2021, p. 76.] — Também nesta passagem há uma correção reveladora, que mostra Kafka literalmente oscilando no ápice da reflexão. Em vez de: "isso me dá uma alegria indizível e me tranquiliza", ele primeiro havia escrito: "mas isso me dá uma alegria indizível, que por certo está desassossegada o suficiente por conta de agitações".
14. Carta a Grete Bloch, 15 de outubro de 1914 (B3 104 ss.). Os documentos que chegaram até nós não esclarecem o que Grete Bloch insinuou a respeito de Felice Bauer. Mas o fato de Kafka falar de um autoengano por parte de Felice que o teria deixado triste permite supor que a conversa tenha girado em torno de uma renúncia permanente em relação ao casamento e a filhos — para o caso de o contato com ele ser definitivamente encerrado. Felice Bauer já havia expressado tal intenção numa discussão oral com Kafka, cf. sua carta a Grete Bloch de 2 de março de 1914 (B2 338).
15. Sobre esse conteúdo *manifesto* da carta de Kafka a Grete Bloch, a imaginação de um tribunal interior, cf. Reiner Stach, *Kafka: Die Jahre der Entscheidungen*, pp. 577 ss. [Ed. bras.: pp. 483 ss.]
16. Todas as citações são do Diário, registro de 15 de outubro de 1914 (T 678-680). [Ed. bras.: p. 401.]
17. Carta a Felice Bauer, 18 de janeiro de 1916 (B3 150 ss.).
18. Diário, 22 de fevereiro, 13 de março, 23 de março, 27 de abril, 3 de maio, 14 de maio de 1915 (T 728, 732, 733, 734, 742, 745). [Ed. bras.: pp. 424, 426, 427, 428, 432, 434.]
19. Carta a Felice Bauer, 20 de abril de 1915 (B3 129).
20. Diário, 25 de fevereiro de 1915 (T 729). [Ed. bras.: p. 424.]
21. Cartas a Felice Bauer, 26 e 27 de maio de 1915 (B3 136, 137); Diário, 27 de maio de 1915 (T 745). [Ed. bras.: p. 435.]
22. Carta a Felice Bauer, 9 de agosto de 1915 (B3 140).

2. Nenhum prêmio literário para Kafka [pp. 39-52]

1. T App 44.
2. Cf. a correspondência de Brod com Hans-Joachim Schoeps, na qual o envio pelo correio dos manuscritos de Kafka é mencionado diversas vezes, in: Julius H. Schoeps (Org.), *Im Streit um Kafka und das Judentum*. Königstein, Ts: Jüdischer Verlag bei Athenäum, 1985. Em 1935, Brod deu de presente a Stefan Zweig uma folha do manuscrito de *O desaparecido*, cujo verso, em branco, continha uma anotação sua; cf. V App 43.
3. Cf. Malcolm Pasley, "Die Handschrift redet", *Marbacher Magazin*, v. 52, 1990.
4. Carta a Felice Bauer, supostamente de meados de fevereiro de 1916 (B3 152).

5. Carl Sternheim a Thea Sternheim, 15 de agosto de 1915. In: Carl Sternheim, *Briefe ii*. Org. de Wolfgang Wendler. Darmstadt, 1988, p. 175.
6. Georg Heinrich Meyer a Max Brod, 7 de julho de 1916; apud Joachim Unseld, *Franz Kafka: Ein Schriftstellerleben. Die Geschichte seiner Veröffentlichungen*. Munique; Viena, 1982, p. 131. — Max Brod a Kafka, 1º de agosto de 1919 (B4 722). — Georg Heinrich Meyer a Franz Werfel, 28 de fevereiro de 1915; apud Wolfram Göbel, *Der Kurt Wolff Verlag 1913-1930: Expressionismus als verlegerische Aufgabe*. Munique, 2000, coluna 715.
7. Sobre os vínculos organizacionais entre *Die weißen Blätter*, a editora Verlag der Weißen Bücher e a editora Kurt Wolff Verlag, cf. Reiner Stach, *Kafka: Die Jahre der Entscheidungen*, pp. 460 ss. [Ed. bras.: pp. 453 ss.] — O contato de Schickele com Kafka, bem como com Brod, já estava rompido, visto que Schickele tinha emigrado à Suíça por motivos políticos, trocando de endereço várias vezes em pouco tempo.
8. Georg Heinrich Meyer a Kafka, 11 de outubro de 1915 (B3 739 ss.). O cartão de Carl Sternheim não foi preservado; outras fontes biográficas também não trazem indícios de que Sternheim tenha se ocupado com a obra de Kafka. Um registro do diário de Thea Sternheim de 3 de março de 1947 sugere que Sternheim também nunca conversou com ela sobre Kafka nem sobre as circunstâncias da premiação.
9. Carta a René Schickele, 7 de abril de 1915 (B3 128).
10. Carta a Georg Heinrich Meyer, 25 de outubro de 1915 (B3 145).
11. Carta a Georg Heinrich Meyer, 15 de outubro de 1915 (B3 142).
12. Carta a Georg Heinrich Meyer, 20 de outubro de 1915 (B3 144).
13. Carta de Otto Stoessl a Kafka, supostamente de 30 de janeiro de 1913; apud uma carta de Kafka a Felice Bauer, 31 de janeiro e 1º de fevereiro de 1913 (B2 72).
14. Uma prova disso — bem como o indício da reação defensiva de Kafka — aparece numa carta de Brod a Kafka de 18 de dezembro de 1917: "Werfel [...] acha que você é o maior escritor alemão. Também é a minha opinião, como você sabe. Com uma única desconfiança, aquela que se refere a formulações tão rompantes, sobre as quais você me alertou, mas ela não nasce do meu coração" (B3 782).
15. Franz Werfel a Franz Kafka, 10 de novembro 1915 (B3 740 ss.).

3. O civil Kavka: O trabalho da guerra [pp. 53-88]

1. A conversão dos preços para a moeda atual é apenas muito aproximada: cerca de 55 centavos de euro por um ovo, doze euros por meio quilo de manteiga e vinte euros por um quilo de carne (preços de 2000).
2. Uma das provas mais curiosas dessa mentalidade do influente secretário de Estado da Armada Imperial alemã, grão-almirante Alfred von Tirpitz, era que ele — ainda em 1912 — fazia questão de armar os navios de guerra com rostros, embora havia muito fosse evidente que as futuras batalhas navais seriam travadas com torpedos e artilharia pesada, ou seja, com uma distância de quilômetros entre as embarcações.
3. Carta a Felice Bauer, 3 de maio de 1915 (B3 133).
4. Solicitação do Instituto de Seguros contra Acidentes de Trabalho ao comando militar austro-húngaro em Praga, 10 de junho de 1915; notificação do comando militar de 21 de junho de 1915; cf. AS MAT 860-3.
5. Cartão-postal a Felice Bauer, supostamente de 20 de junho de 1915; carta a Felice Bauer, 9 de agosto de 1915 (B3 138, 141).

6. Os números provêm do "Relatório do Instituto de Seguros contra Acidentes de Trabalho para o reino da Boêmia em Praga, sobre sua atividade durante o período de 1º de janeiro a 31 de dezembro de 1914", publicado em 1915 e compilado em grande parte por Kafka (AS 306-437).
7. Cartão-postal a Felice Bauer, 31 de maio de 1916 (B3 166).
8. Cartão-postal a Felix Weltsch, 26 de junho de 1915 (B3 138).
9. Diário, 25 de dezembro de 1915 (T 775). [Ed. bras.: p. 452.] "Pedir demissão não posso neste momento, por causa de meus pais e da fábrica", escreve Kafka. Provavelmente ele esperava assumir obrigações depois da falência iminente da fábrica de amianto dos Kafka, da qual era sócio. Se tivesse se demitido em 1915, ou seja, aberto mão de um rendimento regular, a responsabilidade seria transferida aos pais.
10. A conversa decisiva de Kafka com Marschner pode ser aproximadamente reconstruída a partir de um registro de diário do mesmo dia (T 785 ss.) bem como de uma carta a Felice Bauer (B3 159 ss.), escrita provavelmente três dias mais tarde. Ambos os documentos reproduzem o acontecimento de maneira praticamente idêntica. Entretanto, no diário, Kafka comete um erro falho (por ele percebido). Em vez de "Pediu [...] a suspensão da queixa", ele primeiro escreve: "Pediu [...] a queixa" — quase que o *oposto*. — Ver também B3 152: "o departamento entra em colapso quando eu for".
11. Rainer Maria Rilke a Axel Juncker, 19 de outubro de 1914. In: *Briefe zur Politik*. Org. de Joachim W. Storck. Frankfurt am Main; Leipzig: Insel, 1992, pp. 97 ss. A consulta de Juncker referiu-se a ambas as coletâneas, por ele planejadas, *Neue Kriegslieder* [Novos cantos de guerra], que foram publicadas em 1914-5, sem a participação de Rilke. De maneira coerente, Rilke também negou uma colaboração para o segundo almanaque da editora Insel. Além disso, ele se opôs à apresentação de uma musicalização do "corneteiro" [*História de amor e de morte do corneteiro Christopher Rilke*], por temer, com razão, seu mal-uso para fins propagandísticos; cf. sua carta a Kurt Stieler de 15 de junho de 1915, ibid., pp. 112 ss.
12. Rainer Maria Rilke a Helene von Nostitz, 12 de julho de 1915, ibid., p. 125.; a Erica Yvette Hauptmann-von Scheel, 18 de agosto de 1915, ibid., p. 134.
13. Stefan Zweig, *Die Welt von Gestern*. Frankfurt am Main: Fischer, 1970, p. 261. Sobre o chauvinismo de Zweig e seu comportamento oportunista, politicamente insincero, mesmo em relação ao amigo Romain Rolland, cf. Hans-Albert Walter, *Deutsche Exilliteratur 1933-1950*, v. 1.1, Stuttgart; Weimar, 2003, pp. 520 ss.; sobre a reação de Zweig em relação aos horrores dos primeiros meses de guerra, cf. Reiner Stach, *Kafka: Die Jahre der Entscheidungen*, pp. 528 ss. [Ed. bras: pp. 514 ss.]
14. Hugo von Hofmannsthal; Richard Beer-Hofmann, *Briefwechsel*. Org. de Rudolf Hirsch e Eugene Weber. Frankfurt am Main: S. Fischer, 1972, p. 134. — Hofmannsthal, *Briefwechsel mit Ottonie Gräfin Degenfeld und Julie Freifrau von Wendelstadt*. Org. de Marie Therese Miller-Degenfeld. 2. ed. Frankfurt am Main: S. Fischer, 1986, p. 314.
15. Diário, 11 de maio de 1916 (T 786). [Ed. bras.: p. 458.]
16. Na realidade, nenhum dos envolvidos manifestou tal desejo. O único caso de resistência que se tornou conhecido foi o de Rilke, que recusou o "pentear os heróis". Hofmannsthal, por sua vez, recusou estilizar o suicídio de Trakl como morte heroica, tendo em vista o terror da batalha de Grodek — contra sua própria convicção, como está comprovado (cf. Eberhard Sauermann, *Literarische Kriegsfürsorge: Österreichische Dichter und Publizisten im Ersten Weltkrieg*. Viena; Colônia; Weimar: Böhlau, 2000, p. 60).

17. Sobre a reação de Kafka em relação ao início da guerra, cf. Reiner Stach, *Kafka: Die Jahre der Entscheidungen*, pp. 530-5. [Ed. bras.: pp. 517 ss.]
18. Um exemplo significativo do retrocesso da censura é o artigo "Die Wirkung der Gasbomben" [O efeito das bombas de gás], publicado pelo jornal *Prager Tagblatt* em 3 de junho de 1915, dia do exame médico de Kafka. Por ocasião do primeiro ataque de gás clorídrico sobre tropas francesas em Flandres (em 22 de abril), os sintomas físicos do envenenamento são descritos de maneira realista, mas nega-se o intentado efeito de assassinato em massa da nova arma. Apenas três mortos são citados, "entre eles dois tuberculosos". Até hoje não está claro quantas foram as vítimas do exitoso ataque alemão.
19. Cf. os relatos das testemunhas oculares em *Die weißen Blätter*, ano 2, caderno 3, pp. 269-84, mar. 1915. Sobre a viagem de Kafka para Sátoraljaújhely em abril 1915, cf. o capítulo final de Rainer Stach, *Kafka: Die Jahre der Entscheidungen*.
20. Excertos de uma lista das "Possibilidades de ocupações para inválidos", *Der Arbeitsnachweis: Zeitschrift für Arbeitslosigkeit, Arbeitsvermittlung, Auswanderung und innere Kolonisation*, ano 9, pp. 272-9, 1915.
21. Robert Marschner, *Die Fürsorge der Frauen für die heimkehrenden Krieger, Sammlung gemeinnütziger Vorträge*. Org. de Deutschen Vereine zur Verbreitung gemeinnütziger Kenntnisse in Prag. Praga, 1916, p. 4.
22. Diário, 11 de maio de 1916 (T 786). [Ed. bras.: p. 458.]
23. Carta a Ottla Kafka, posterior a 16 de junho de 1918 (B4 45).
24. "An die Leitung der Kanzlei der Staatlichen Landeszentrale für das Königreich Böhmen zur Fürsorge für heimkehrende Krieger", relatório de atividades do Instituto de Seguros contra Acidentes de Trabalho de Praga para os anos 1917-8 (AS MAT 752-9).
25. "Ein großer Plan der Kriegsfürsorge verlangt Verwirklichung: Gründung einer Nerveheilanstalt in Deutschböhmen", *Rumburger Zeitung*, 8 out. 1916 (AS 494-8). O artigo é assinado pelo "Inspetor-chefe", mas seguramente foi redigido por Kafka; cf. o comentário a esse respeito em AS 894 ss.
26. Os supostos êxitos do dr. Wiener foram relatados pelo jornal de Praga *Bohemia*, sob o título "Wunderbare Heilungen: Der Stumme spricht, der Taube hört, der Lahme geht" [Curas milagrosas: O mudo fala, o surdo escuta, o paralítico anda] (9 out. 1917, edição matutina). Antes de 1917, Kafka provavelmente não sabia que diversas formas de torturas terapêuticas eram empregadas também em larga escala — por exemplo, no Hospital de Guarnição II de Viena, sob a responsabilidade de Julius Wagner-Jauregg, mais tarde laureado com o Nobel e tendo se tornado um "higienista racial" nacional-socialista. Reportagens confiáveis a respeito foram publicadas na imprensa diária apenas após o fim da guerra, depois de antigos pacientes entrarem com queixas (mais detalhes em K. R. Eissler, *Freud und Wagner-Jauregg vor der Kommission zur Erhebung militärischer Pflichtverletzungen*. Viena: Löcker, 1979). — Em algumas regiões do reino alemão, por exemplo na Baviera, a "terapia Kaufmann" foi proibida ainda durante a guerra.
27. AS 498-501; Kafka redigiu este texto no final de outubro de 1916.
28. Todas as citações são do extenso artigo "Helfet den Kriegsinvaliden!: Ein dringender Aufruf an die Bevölkerung" [Ajudem os inválidos de guerra!: Um apelo incisivo à população], que apresenta minuciosamente também as atividades e os primeiros sucessos dos "escritórios regionais" (AS 506-13); o artigo foi publicado (sem crédito de autoria) em 16 de dezembro de 1916, simultaneamente nos jornais *Prager Tagblatt* e *Bohemia*.

Provavelmente é de Kafka também outro apelo mais curto e bem mais objetivo, publicado em 10 de maio de 1917, no jornal *Bohemia* (AS 513 ss.).

29. Anexo à carta para Felice Bauer, 30 de outubro de 1916 (B3 615 ss.).
30. Karl Dittrich, proprietário do sanatório Rumburg e industrial do ramo têxtil na cidade vizinha de Schönlinde (Krásná Lípa), também fez parte da reunião de fundação da organização e dos signatários do chamado de Kafka aos "compatriotas". Também o fato de o vigoroso artigo de Kafka sobre os "neuróticos de guerra" ter sido publicado justamente no periódico *Rumburger Zeitung* — semanas antes da fundação da instituição — reforça que a escolha pelo sanatório local tinha sido tomada fazia tempo.
31. Na segunda reunião da Associação Alemã, em 12 de maio de 1918, foi anunciado que o patrimônio da associação, incluindo-se aí subvenções estatais, havia chegado a 1,5 milhão de coroas, com mais de 1600 membros. Não se sabe por quanto tempo Kafka participou desse prolongado êxito.
32. Cidadãos austríacos que moravam na Alemanha podiam ser dispensados do serviço militar pela autoridade militar alemã desde que comprovassem exercer uma atividade cultural "de interesse público alemão". Entretanto, tal declaração devia ser assinada por uma terceira parte — por exemplo, uma editora alemã ou uma redação de jornal. Não se sabe se Kafka alguma vez tomou ciência desse combinado entre as partes. "Eu deveria ter partido em 1912", ele escreve em 21 de dezembro 1915 a Felice Bauer, sem mais comentários (B3 148).
33. Diário, 7 de outubro de 1915 (T 769). [Ed. bras.: p. 447.]
34. Cartão-postal a Felice Bauer, 27 de maio de 1915; carta a Felice Bauer, 9 de agosto de 1915 (B3 137, 141).
35. Cartão-postal a Felice Bauer, 14 de abril de 1916 (B3 156).
36. "Was empfindet man beim Bajonettkampf?: Psychologisches von der Front" [O que se sente num combate de baionetas?: Questões psicológicas do front], *Prager Tagblatt*, edição matinal, p. 4, 8 maio 1915.
37. *Die Schaubühne*, 1º jul. 1915, p. 26. Trata-se de uma citação dos *Süddeutschen Monatsheften* de junho de 1915.
38. Albert Anzenbacher para Kafka, 17 de abril de 1915 (B3 738). Anzenbacher, o único colega a quem Kafka sugeriu um tratamento mais informal, foi perfurado no ano de 1916 em Przemysl por uma baioneta russa.
39. Carta a Felice Bauer, 8 a 16 de junho de 1913 (B2 210).
40. Carta a Felice Bauer, 11 de fevereiro de 1915 (B3 120).
41. Carta do Escritório Regional de Assistência aos Combatentes Retornados, em Praga, à Central de Polícia, 9 de outubro de 1918; telegrama da Central de Polícia aos comissariados de assuntos exteriores, 16 de outubro de 1918; carta da Central de Polícia à Direção da Polícia em Praga, 22 de outubro de 1918 (AS MAT 864 ss.).

4. O milagre de Marienbad [pp. 89-110]

1. Diário, 3 de novembro de 1915 e 2 de junho de 1916 (T 769, 787). [Ed. bras.: pp. 447, 459.]
2. Diário, 13 de setembro de 1915 (T 751). [Ed. bras.: p. 436.]
3. Diário, 21 de novembro e 25 de dezembro de 1915 (T 774 ss.). Os dois registros se sucedem imediatamente. [Ed. bras.: p. 451.]

4. Cf. o cartão-postal coletivo a Egon Erwin Kisch de 28 de dezembro de 1915, assinado por Kafka e também por Max e Elsa Brod, Franz Werfel, Heinrich Mann e a esposa Mimi (B3 149). Provavelmente houve outros encontros do tipo, pois Heinrich Mann ficou por mais tempo em Praga. Em 11 de janeiro ele apresentou no Palace Hotel seu ensaio "Zola" e a novela *Die Unschuldige*, e certamente Kafka também esteve presente.
5. A correspondência de Kafka com Ernst Weiß desapareceu. Entretanto, foi preservado um exemplar de *A metamorfose* com uma dedicatória escrita por Kafka: "Ao meu caro Ernst 20/XII 15 Franz", bem como a anotação de propriedade "Ernst Weiß".
6. Hans Sahl, "Erinnerungen an Ernst Weiß", *Weiß-Blätter*, n. 2, p. 4, ago. 1973.
7. Cartões-postais a Felice Bauer, 19 de abril e 11 de maio de 1916 (B3 156, 159).
8. Ernst Weiß a Rahel Sanzara, 27 de junho de 1916 e 10 de janeiro de 1917 (Deutsches Literaturarchiv, Marbach).
9. Soma Morgenstern, carta a Peter Engel de 22 de abril de 1975. In: *Kritiken, Berichte, Tagebücher*. Org. de Ingolf Schulte. Lüneburg, 2001, pp. 564 ss. — Ernst Weiß, "Bemerkungen zu den Tagebüchern und Briefen Franz Kafkas", *Mass und Wert*, v. 1, pp. 319-25, 1937-8; republicado em: Jürgen Born (Org.), *Franz Kafka: Kritik und Rezeption 1924-1938*. Frankfurt am Main: S. Fischer, 1983, pp. 439-51, aqui p. 443. No ensaio de Weiß encontram-se outros julgamentos críticos sobre a constante autorreferência de Kafka.
10. Carta a Milena Pollak de 10 de junho de 1920 (B4 171).
11. Carta a Felice Bauer, 28 de maio de 1916 (B3 164).
12. O romance, revisto, foi publicado em 1919 com esse título (bem mais conhecido) na editora S. Fischer. Para além da influência de Kafka, a mudança se deu para evitar associações militares, pois a maioria dos leitores estava farta disso por ora.
13. Carta a Felice Bauer, 9 de agosto de 1915 (B3 139 ss.). — A observação de Kafka de que o terceiro sofrimento "já está até impresso" refere-se ao texto em prosa "A infelicidade do celibatário", reproduzido em *Contemplação*.
14. Cartas a Felice Bauer, 5 e 26 de dezembro de 1915, 18 de janeiro de 1916 e início de março de 1916 (B3 146 ss., 148, 150, 154). — O telegrama de 6 de abril de 1916 (B3 155) é a resposta à sugestão de Felice Bauer de se encontraram na casa da irmã de Brod, Sophie Friedmann, em Waldenburg (Breslau), a poucos quilômetros de distância da fronteira da Boêmia. Entretanto, na ficha de Kafka na polícia não há nenhum pedido de passaporte durante essa época.
15. O termo "provento exorbitante" — estranho, mas decisivo no contexto — não foi evidentemente criado por Doderer, mas emprestado de uma regulamentação austríaca. Doderer cita esse modelo em seu romance *Die erleuchteten Fenster oder Die Menschwerdung des Amtsrates Julius Zihal* [As janelas iluminadas ou a encarnação do conselheiro oficial Julius Zihal]: "Caso um funcionário público cujos proventos sejam pagos trimestralmente tenha direito a um aumento, esse deverá ser considerado na próxima liquidação dos proventos. E se houver um estorno devido por parte do funcionário público, este deve ser pago durante tantos meses quanto aqueles em que se constataram proventos exorbitantes" (Munique: C. H. Beck, 1995, p. 37).
16. Cf. o cartão-postal a Felice Bauer de 19 de abril de 1916 (B3 156). A terapia sugerida pelo neurologista foi justamente "eletrização", à qual Kafka se recusou, por escrito. Duas semanas antes, em 3 de abril, Ottla escrevera a seu namorado, Josef David: "Ele realmente não está bem e às vezes tenho de ter paciência com ele".

17. Cartão-postal a Felice Bauer, 15 de maio de 1916 (B3 161); carta a Felice Bauer, 28 de maio de 1916 (B3 163).
18. Carta a Felice Bauer, 28 de maio de 1916 (B3 164).
19. Dois cartões-postais a Felice Bauer, 31 de maio de 1916 (B3 165 ss.).
20. O casamento de um primo, o advogado dr. Robert Kafka, com Elsa Robitschek. Um cartão-postal a Max Brod, de 5 de julho, permite supor que Kafka não estivesse especialmente envolvido, onde curiosamente o assunto é o "casamento do cunhado" (B3 168).
21. Cf. o registro do diário de 9 de abril de 1916 (T 777) [Ed. bras.: p. 453]. — Poucos dias mais tarde, Kafka começa uma história cujos protagonistas crianças são puxados violentamente por uma porta (o fragmento "Hans e Amália", T 780-4). [Ed. bras.: p. 453.]
22. Diário, 3 de julho de 1916 (T 790). [Ed. bras.: p. 461.]
23. Diário, 5 e 6 de julho de 1916 (T 791 ss.). — As palavras "pobre Felice", separadas por travessão, devem ter sido acrescentadas posteriormente. [Ed. bras.: p. 462.]
24. Dois cartões-postais a Max Brod, 8 de julho de 1916 (B3 169).
25. Carta a Max Brod, 12 a 14 de julho de 1916 (B3 172 ss.).
26. Diário, supostamente de 10 de julho de 1916 (T 795). [Ed. bras.: p. 464.] — A preocupação de Kafka por discrição fica patente em sua frase final a Brod: "Esta carta pode evidentemente ser mostrada a Felix [Weltsch], mas de modo algum a mulheres".
27. Trata-se de um dos bilhetes de conversa de Kafka (cf. o capítulo "Última dor"): "Ela não era bonita, mas magra, corpo elegante, que, segundo relatos, manteve (irmã de Max, sua amiga)" (Kafka, *Briefe 1902-1924*. Frankfurt am Main: S. Fischer, 1975, p. 491).
28. Carta a Max Brod, 12 a 14 de julho de 1916 (B3 174). — A pista dos antigos conflitos com Felice Bauer aparece no "obscurecimento" da convivência, várias vezes mencionado, bem como numa observação posterior sobre Felice, ao dizer que em Marienbad ele teria tomado um dos "antigos caminhos" dela, a "alameda da teimosia e do segredo" — uma alusão às duas principais reprimendas levantadas contra Kafka em 1914 e que por certo voltaram a ser discutidas em Marienbad.
29. Diário, 29 de janeiro de 1922 (T 896 ss.). [Ed. bras.: p. 528.]
30. Carta a Felice Bauer, supostamente de meados de fevereiro de 1916 (B3 152).
31. As fontes comprovam facilmente que se tratava, essencialmente, de propaganda e não de piedade. Na realidade, os governos das potências centrais esforçavam-se em colocar o sempre acusado "vício por prazer" a serviço da própria guerra, a fim de ocultar seu caráter catastrófico. Desse modo, a grande exposição da guerra, em Viena, que no primeiro fim de semana atraiu 60 mil pessoas (foi no dia 2 de julho de 1916, dia em que Kafka viajou a Marienbad), tinha um cinema próprio. A atração principal era *Wien im Krieg: Vier lustige Akte* [Viena em guerra: Quatro atos divertidos]. — Brinquedos de guerra também tinham espaço nesse contexto. Durante um tempo, o Departamento de Bem-Estar da Guerra vendeu um jogo de paciência chamado "Morte russa" por 3,60 coroas. E em 1915 a Secretaria de Auxílio à Guerra do Ministério do Interior de Viena publicou *Wir spielen Weltkrieg!: Ein zeitgemässes Bilderbuch für unsere Kleinen* [Brincando de guerra mundial!: Um livro ilustrado contemporâneo para nossos pequenos] "em benefício da Cruz Vermelha, do Departamento do Bem-Estar da Guerra e da Secretaria de Auxílio à Guerra".
32. Carta a Felice Bauer, 20 de julho de 1916 (B3 184 ss.).

5. O que tenho em comum com os judeus? [pp. 111-34]

1. Cartão-postal a Felice Bauer, 18 de julho de 1916 (B3 182).
2. Carta a Felice Bauer, 20 a 21 de janeiro de 1913 (B2 51).
3. Max Brod, Franz Kafka. "Eine Biographie". In: *Über Franz Kafka*. Frankfurt am Main: S. Fischer, 1974, p. 137. — Muito semelhante foi a reação de Werfel, que também peregrinou com Langer (um "psicopata") até Žižkov, e considerou a "indiferença frente à sujeira" como mentalmente comprometedora; cf. anotações do diário de Werfel, in: *Zwischen Oben und Unten*. 2. ed. Munique; Viena: Favorite-Book, 1975, pp. 696 ss.
4. Diário, 14 de setembro de 1915 (T 752). [Ed. bras.: p. 437.]
5. Havia uma corte chassídica de influência suprarregional também na cidade húngara de Sátoraljaújhely, onde Kafka esteve brevemente em abril de 1915. Entretanto, as anotações do diário não permitem dizer se ele sabia de sua existência.
6. Carta a Max Brod, 17 a 18 de julho de 1916 (B3 177).
7. Julius Elias, "Marienbad", *Berliner Tageblatt*, p. 2, 20 jul. 1916, edição da noite.
8. Em 6 de fevereiro de 1916, a revista sionista *Selbstwehr* publicou um artigo polêmico assinado por Abraham Kohane, explicitamente contrário ao rabino de Belz, que chamava seu regime de corrupto.
9. Cartões-postais a Felice Bauer, 20, 26 e 16 de julho de 1916 (B3 185, 189, 176).
10. Cartões-postais a Felice Bauer, 18 e 25 de agosto de 1916 (B3 204, 212).
11. Alguns anos antes, Kafka já tinha dito que se interessava pouco pelas afirmações de Feigl sobre arte, mas sim pela sua vida: "Mas eu só queria ouvir o tempo todo que ele está casado há um ano, vive feliz, trabalha o dia todo, ocupa dois cômodos numa casa com jardim em Wilmersdorf e outras coisas que despertam inveja e as forças" (Carta a Felice Bauer, 28 de novembro de 1912; B1 282).
12. Carta a Felice Bauer, 12 de setembro de 1916 (B3 222).
13. Cf. o cartão-postal a Felice Bauer, 5 de agosto de 1916 (B3 195).
14. Cartão-postal a Felice Bauer, 2 de agosto de 1916 (B3 194).
15. Carta a Felice Bauer, 12 de setembro de 1916 (B3 222-4).
16. Siegfried Lehmann, "Die Stellung der westjüdischen Jugend zum Volke", *Der Jude*, ano 4, n. 5, pp. 207-15, aqui p. 211, 1919.
17. Carta a Felice Bauer, 11 de setembro de 1916 (B3 219).
18. Sobre a Casa do Povo Judeu de Berlim, Lehmann escreveu posteriormente: "a grande experiência de usar novamente o *Volk* [povo] como fonte de energia para a própria vida a partir do cotidiano partilhado intimamente com o *Volk* não se realizou, não podia se realizar, porque as partes do povo judeu que haviam deixado suas terras natais à procura de uma nova existência nas cidades europeias não são mais *Volk*. São partículas mortas que não se alimentam mais do *Volkskörper* [corpo do povo] e, portanto, não são adequadas a transmitir aos interessados a grande vivência de *Volk*" ("Von der Straßenhorde zur Gemeinschaft", *Der Jude*, 2 ed. especial, pp. 22-36, aqui p. 23, 1926). — Lehmann foi para a Lituânia em 1920, a fim de criar em Kowo um orfanato para refugiados judeus que regressavam. Em 1927, ele fundou em Lod, na Palestina, a vila de crianças Ben Shemen.
19. Cf. Gustav Landauer, "Christlich und christlich, jüdisch und jüdisch", *Der Jude*, ano 1, n. 12 pp. 851 ss., mar. 1917.
20. Cartas a Felice Bauer, 11 e 16 de setembro de 1916 (B3 220, 227). — O romance de Gerhart Hauptmann *Emanuel Quint, O louco em Cristo* também foi um presente de Kafka para o

28º aniversário de Felice em novembro de 1915. — O estudante universitário Abraham Grünberg tinha vindo de Cracóvia para Praga como refugiado de guerra, passando a fazer parte da cena sionista; cf. o registro do diário de 6 de novembro de 1915 (T 772 ss.) [Ed. bras.: p. 449]. Em novembro de 1916, Grünberg entregou a Kafka seu livro fininho, publicado às próprias expensas, *Ein jüdischpolnisch-russisches Jubiläum: Der grosse Pogrom von Siedlce im Jahre 1906*, com a dedicatória: "Ao estimado dr. e escritor Franz Kafka [...]".

21. Diário, 8 de janeiro de 1914 (T 622). [Ed. bras.: p. 333.]
22. *Selbstwehr*, ano 9, n. 34, pp. 2 ss., 7 jul. 1915.
23. Martin Buber a Kafka, 22 de novembro de 1915 (B3 741); carta a Martin Buber, 29 de novembro de 1915 (B3 146).
24. Max Brod a Martin Buber, 9 de maio de 1916. In: Martin Buber, *Briefwechsel aus sieben Jahrzehnten*. Org. de Grete Schaeder. v. 1. Heidelberg: Schneider, 1972, p. 433.
25. Max Brod a Martin Buber, 2 de junho de 1916 (transcrição no arquivo Max Brod, Biblioteca Nacional de Israel, Jerusalém). — "Unsere Literaten und die Gemeinschaft" foi publicado em outubro de 1916 em *Der Jude*, ano 1, n. 7, pp. 457-64; as manifestações de Brod sobre Kafka estão nas pp. 463 ss.
26. A princípio, Buber havia concordado com a sugestão de Brod, mas mudou de opinião assim que leu o texto de Kafka. Sua carta de recusa não foi preservada; para Kafka ela foi "mais honrosa [...] do que um aceite normal poderia ser" (cartão-postal a Felice Bauer, 23 de setembro de 1916; B3 232). — A estreita relação do sonho com o fragmento de *O processo*, que Kafka gerou pela uniformização dos nomes dos protagonistas, "Josef K.", era conhecida por Brod, mas Buber não a deve ter notado, assim como os leitores da antologia judaica publicada em 15 de dezembro de 1916 e no jornal *Prager Tagblatt* em 6 de janeiro de 1917. (Quase simultaneamente "O sonho" também apareceu no *Almanach der Neuen Jugend auf das Jahr 1917* [Almanaque da nova juventude do ano 1917], da editora berlinense Neue Jugend, sob a direção de Wieland Herzfelde.)
27. Carta a Felice Bauer, 7 de outubro de 1916 (B3 250). — Kafka refere-se à resenha de vários livros intitulada "Fantasia", de Robert Müller, no caderno de outubro do jornal *Die neue Rundschau*, que diz o seguinte sobre *A metamorfose*: "agrada como um jogo inteligente, ambicioso e pensado em seus mínimos detalhes, mas a ousadia é exagerada [...]. A arte narrativa de Kafka, em geral despropositada, possui algo genuinamente alemão, distintamente obediente, magistral na execução, mas é deformada pelo remendo hipotético em sua bela aparência objetiva".
28. M.G., "Rasende Motore", *Deutsche Montags-Zeitung*, 20 nov. 1916.
29. *Das Tagebuch*, Berlim, ano 11, n. 18, p. 726, 3 maio 1930.
30. Max Brod a Martin Buber, 21 de junho de 1916 (transcrição no arquivo Max Brod, Biblioteca Nacional de Israel, Jerusalém).
31. Max Brod a Martin Buber, 20 de janeiro de 1917. In: Martin Buber, *Briefwechsel*, v. 1, p. 461.
32. Carta a Max Brod, final de junho de 1921 (B5). A carta com a resposta imediata de Brod, de 4 de julho de 1921, foi preservada (B5), mas não traz nenhum comentário sobre as afirmações incomuns para Kafka, detalhadas e com comentários muito pontuais, sobre a linguagem. Mais tarde, porém, Brod percebeu como era fácil colocar tais figuras sionistas de pensamento a serviço da política cultural nacional-socialista. Em sua monografia *Franz Kafkas Glauben und Lehre*, Brod refere-se de maneira discreta sobre o "radicalismo" de Kafka, "que na minha opinião é equivocado" (p. 274).

33. "Jüdische Volksarbeit", *Der Jude*, ano 1, n. 2, pp. 104-11, aqui p. 106. Lehmann trouxe esse ideal explicitamente da prática dos movimentos inglês e americano de assentamentos.

34. Felice Bauer tinha de dar uma palestra sobre o capítulo "Pontos de vista éticos para diversas matérias" (in: Friedrich Wilhelm Foerster, *Jugendlehre: Ein Buch für Eltern, Lehrer und Geistliche*, 71-5 mil, Berlim, 1915, pp. 49-83). O texto de Kafka está em sua carta de 25 de setembro de 1916 (B3 233 ss.). — Não há menção de "valores 'étnicos' [*völkisch*], muito menos de uma educação judaico-nacional em Foerster, que segue uma orientação cristã. Apesar disso, essa obra foi escolhida para a formação pedagógica dos auxiliares, escreve Siegfried Lehmann, "visto que faltam obras baseadas na ética judaica" (*Das Jüdische Volksheim Berlin: Erster Bericht. Mai-Dezember 1916*. Berlim: [s.n.], 1916, p. 15).

35. Fragmento de carta de Felice Bauer a Kafka, supostamente de outubro de 1916 (B3 742). Na mesma folha, ela se descreve como a "única não sionista" do clube de moças. A resposta de Kafka a essa carta não foi preservada.

36. A partir de seus diários, é possível reconstruir com bastante precisão a postura de Scholem em relação à Casa do Povo Judeu (v. 1, 1913-7. Org. de Karlfried Gründer e Friedrich Niewöhner. Frankfurt am Main: Jüdischer, 1995; cf. especialmente pp. 262 ss.); ele também retoma o assunto em suas memórias de juventude *Von Berlin nach Jerusalem* (Frankfurt am Main: Suhrkamp, 1997), pp. 83 ss. — Uma resposta à crítica agressiva de Scholem está no posfácio do primeiro relatório de Lehmann sobre o trabalho da Casa do Povo Judeu, no qual o termo "sionismo" não aparece, mas são muito frequentes as referências à arte e à literatura não judaicas. Lehmann fala de "valores diferentes", "que, presenteados pela Europa, caíram sobre solo judaico, foram acolhidos e trabalhados pelo espírito judaico e também são verdadeiramente adequados a atuar na educação pela sociedade judaica. Entretanto, nos parece totalmente não judaica a postura desses judeus que se colocam tão profundamente nas sombras de sua própria individualidade como povo que nem chegam a ver o sol que brilha sobre toda a humanidade [...]. Ao contrário de outros nacionalistas, não consideramos doloroso quando a voz da mente abafa a voz do sangue" (pp. 17 ss.).

37. Carta a Felice Bauer, 22 de setembro de 1916 (B3 231).

38. Citado na carta a Felice Bauer, 12 de outubro de 1916 (B3 255). — Há evidências da criação de vínculos pessoais com essas crianças e de que, pelo menos em um caso, nasceu daí uma amizade de vida inteira. Em outubro de 1960, quando Felice Bauer foi enterrada próximo a Nova York, esteve presente também Trude Bornstein, antiga "aluna" na Casa do Povo Judeu de Berlim (informação de Henry F. Marasse).

6. Kafka encontra seus leitores [pp. 135-45]

1. A carta de Siegfried Wolff é datada de 10 de abril de 1917 (B3 744); uma resposta de Kafka não foi preservada. Informações sobre Wolff segundo Jochen Meyer, "Diese Suppe hat ihm Kafka eingebrockt", *Frankfurter Allgemeine Zeitung*, p. 53, 8 jul. 2006. — Mais uma curiosidade: no fim de 1917, Kafka, por motivos desconhecidos, anotou o endereço da autora best-seller Hedwig Courths-Mahler (Berlim-Charlottenburg, Knesebeckstraße 12), provavelmente sem notar que o autor da carta do leitor, Siegfried Wolff, morava no mesmo prédio.

2. Citado na carta a Felice Bauer, 6 e 7 de março de 1913 (B3 124). Supostamente tratava-se do autor de Praga Hans (Jan) Gerke, de dezoito anos, que também frequentava a casa de Oskar Baum.
3. Oskar Walzel, "Logik im Wunderbaren", *Berliner Tageblatt*, 6 jul. 1916. Kafka gostou tanto da resenha assinada por Walzel sobre *O foguista* e *A metamorfose* que ele pensou em agradecer por carta a seu autor. Georg Heinrich Meyer, gerente administrativo da editora Kurt Wolff, escreveu imediatamente a Brod, dizendo que a matéria de Walzel devia ser "aproveitada em favor de Kafka" (7 de julho de 1916; arquivo Max Brod, Biblioteca Nacional de Israel, Jerusalém).
4. Cartão-postal a Felice Bauer, 19 de setembro de 1916 (B3 230).
5. Carta a Kurt Wolff, 11 de outubro de 1916 (B3 253 ss.). Sobre a série de Wolff chamada Der jüngste Tag, na qual *O processo* foi publicado um mês depois, cf. Reiner Stach, *Kafka: Die Jahre der Entscheidungen*, pp. 375 ss. [Ed. bras.: pp. 376 ss.]
6. Cartão-postal a Felice Bauer, 3 de novembro de 1916 (B3 272).
7. Anúncio no jornal *Münchener Neueste Nachrichten* e em *Münchener Zeitung*, 7 nov. 1916.
8. Max Pulver, *Erinnerungen an eine europäische Zeit*. Zurique: Orell Füssli, 1953, pp. 52 ss. O trecho completo da leitura de Kafka está reproduzido em Hans-Gerd Koch (Org.), *"Als Kafka mir entgegenkam..."*. Ed. ampl. Berlim: Wagenbach, 2005, pp. 141 ss.
9. Pulver afirma que no dia seguinte Kafka deu um passeio com ele fora de Munique — ou seja, no único dia em que Kafka e Felice Bauer podiam ficar juntos — e que, por conta de um problema pulmonar, perdeu o fôlego com frequência. Pulver devia estar se referindo à própria respiração, pois em outubro de 1916 Kafka não apenas estava saudável como também havia feito inúmeras caminhadas durante uma parte do dia nas cercanias de Praga nos meses anteriores. Pulver tampouco dispõe de uma citação autêntica para conseguir comprovar a fixação negativa de Kafka em relação ao próprio pai. — É revelador que Pulver, apesar de sua impertinência, "por um tempo como que fascinou" Kafka; logo em seguida, Kurt Wolff — que havia publicado um livro de poemas e dois dramas de Pulver — sentiu-se desprezado pelo seu autor já no primeiro encontro e sentiu-se aliviado em se livrar dele novamente (carta de Kafka a Gottfried Kölwel, 3 de janeiro de 1917, B3 283; cartas de Kurt Wolff a Rainer Maria Rilke, 1º de fevereiro e 10 de dezembro de 1917. In: Kurt Wolff, *Briefwechsel eines Verlegers*. Frankfurt am Main: Heinrich Scheffler, 1966, pp. 141 ss. e 148).
10. Eugen Mondt, "Ein Abend mit Franz Kafka". In: Koch (Org.), *"Als Kafka mir entgegenkam..."*, p. 139.
11. Cartão-postal a Felice Bauer, 7 de dezembro de 1916 (B3 277). — Infelizmente não existe um testemunho indubitável da presença de Rilke na leitura de Kafka. O fato de a afirmação de Rilke ter sido feita na conversa direta com Kafka (e de não lhe ter sido relatada a posteriori) é comprovado pela anotação na agenda de Rilke, inédita: "Noite de Franz Kafka na [livraria] Goltz" (arquivo Rilke, Gernsbach).
12. Cartão-postal a Felice Bauer, 21 de novembro de 1916 (B3 274). — Mais um indício de que o enfrentamento verbal em Munique pode não ter sido tão inocente foi o fato de que os primeiros cartões-postais de Kafka após esse episódio não constam do pacote de cartas; trata-se de mensagens que, de acordo com a própria afirmação de Kafka, referiam-se "ao ponto central da vida em conjunto" (ibid.). Evidentemente, Felice não queria ver publicadas as "argumentações posteriores" de discussões orais — principalmente as cartas nas quais ela era citada. Em fevereiro de 1914 havia se passado algo semelhante,

igualmente com a falta das cartas correspondentes, cf. Reiner Stach, *Kafka: Die Jahre der Entscheidungen*, pp. 450 ss., em particular a nota 12.

13. Cartão-postal a Felice Bauer, 24 de novembro de 1916 (B3 276).
14. Uma carta de Kafka a Ottla de 29 de agosto de 1917 reforça a ideia de que essa impressão não surgiu apenas pela escassez de documentos. Com insinuações a Felice, ele escreve: "Nos últimos tempos, sofri de novo terrivelmente com o antigo delírio, aliás, o último inverno foi até agora a maior interrupção desses cinco anos de sofrimento" (B3 309).

7. O alquimista [pp. 146-61]

1. Cartões-postais a Felice Bauer, 9 e 14 de dezembro de 1916 (B3 279).
2. Carta de Ottla Kafka a Josef David, 3 de dezembro de 1916. Tradução alemã apud Hartmut Binder, "Kafka und seine Schwester Ottla", *Jahrbuch der deutschen Schillergesellschaft*, v. 12 p. 426, 1968. — Stern (Hvězda) é um castelo em forma de estrela situado a oeste do castelo de Praga, com um grande zoológico; na época, um apreciado local para passeios.
3. Cartão-postal a Felice Bauer, 14 de dezembro de 1916 (B3 279).
4. Stürgkh foi assassinado em 21 de outubro de 1916 num restaurante de hotel em Viena. Friedrich Adler, o assassino de 37 anos, era marxista convicto e redator-chefe da revista social-democrata *Der Kampf*; seu pai, Viktor Adler, era deputado do Reichstag e chefe do partido dos social-democratas austríacos. — Até a imprensa conservadora diária (por exemplo, o jornal *Reichspost*, em 22 de outubro) achou estranho a vítima não ter sido um bode expiatório parcial da Primeira Guerra. Mesmo o oficioso *Pester Lloyd* alertava que "o exterior inimigo" não devia acreditar que o atentado tivesse qualquer relação com as questões alimentares.
5. Julie Kafka a Felice Bauer, 8 de outubro de 1916. In: Franz Kafka, *Briefe an Felice*, p. 721.
6. Em meados ou no final de novembro de 1916, uma carta de Felice Bauer a Kafka não passou pelo crivo da censura e foi devolvida, supostamente por afirmações sobre a situação alimentar em Berlim. Nessa carta, ela propunha novamente um encontro no Natal, algo que Kafka continuava a recusar; cf. o cartão-postal a Felice Bauer de 4 de dezembro de 1916 (B3 276). Cf. também a carta de Julie Kafka a Anna Bauer de 31 de dezembro de 1916: "Acredito que a simpática Felice irá nos surpreender com sua amável visita no Natal" (Kafka, *Briefe an Felice*, p. 748).
7. Para Ottla Kafka, 1º de janeiro de 1917 (B3 282); evidentemente, um recado que Kafka deixou para Ottla na viela dos Alquimistas.
8. Citação de um trecho do diário (arquivo Max Brod, Biblioteca Nacional de Israel, Jerusalém).
9. Sobre as intervenções extensas e descaracterizadoras com as quais Brod tentou enfrentar o caos e extrair unidades de texto "amigáveis ao leitor" dos cadernos in-oitavo de Kafka, cf. a monografia de Annette Schütterle, *Franz Kafkas Oktavhefte: Ein Schreibprozess als "System des Teilbaues"*. Freiburg im Breisgau: Rombach, 2002, aqui pp. 268-83.
10. NSF1 384-93. — No manuscrito, aparecem primeiro "ninguéns" escrevinhadores, depois "histriões", depois novamente "ninguéns", daí mais uma vez "histriões"; finalmente, "cabeças de vento" (NSF1 App 324). Kafka parecia ter dificuldades com invectivas. [Ed. bras.: Franz Kafka, *Essencial*. Trad. de Modesto Carone. São Paulo: Companhia das Letras, 2014, pp. 113, 115.]

11. Oskar Baum se recorda que, no final dos anos 1920, Kafka escreveu — e concluiu — na viela dos Alquimistas um drama intitulado "A gruta" ou "A cripta". Entretanto, negou-se estritamente a ler o texto em voz alta para as pessoas, retrucando com ironia: "A única coisa não diletante na peça é que não a lerei em voz alta". — Baum fala aqui claramente de "O guarda da cripta", mas que, segundo todos os testemunhos de que dispomos, permaneceu incompleta, sem título também no manuscrito (o título atual foi dado por Brod). Também o fato de o texto ter sido passado a limpo, datilografado por Kafka, dobrado de uma maneira que facilitasse a leitura em voz alta, não corresponde exatamente às lembranças (no mais das vezes, não confiáveis) de Baum. Cf. Oskar Baum, "Rückblick auf eine Freundschaft". In: Koch (Org.), *"Als Kafka mir entgegenkam..."*, pp. 71-5. O original datilografado, possivelmente incompleto, foi publicado em NSFI 290-303.
12. Os seguintes textos em prosa do inverno 1916-7 chegaram até nós apenas impressos: "Um médico rural", "Na galeria", "A próxima aldeia", "Um fratricídio", "Onze filhos", "A preocupação do pai de família" e "Uma visita à mina". Certamente esses textos foram compostos em outros cadernos in-oitavo não preservados (nos quais, sem dúvida, podem ter havido outros que desconhecemos, além de fragmentos), mas é possível datá-los quanto ao mês de sua criação. — Numa carta a Ottla de 19 de abril de 1917 (B3 296 ss.), Kafka afirma que também usou "manuscritos" para acender o fogo na viela dos Alquimistas; mais um indício de que o volume total de sua produção foi maior do que aquele comprovado pelos manuscritos preservados.
13. Uma das variações de "O guarda da cripta" caracteriza um príncipe ainda inexperiente, que combina espantosamente com Carlos I. Visto que nas semanas em que "O guarda da cripta" foi criado o assunto público mais importante foram os primeiros passos autônomos do monarca, uma influência que fosse apenas casual pode ser descartada. "O príncipe tem dois lados. Um se ocupa com o governo e, ausente, cambaleia diante do povo, sem respeitar os próprios direitos. O outro procura, de maneira muito precisa, fortalecer seus fundamentos. Ele procura no passado, e lá cada vez mais fundo" (NSFI App 255).
14. Pela primeira vez — mas certamente não pela última —, em 10 de dezembro de 1916, como documenta uma carta de Ottla a Josef David. — A crise do carvão (que se devia principalmente pela falta de vagões de trens, causada pela guerra) agudizou-se de tal forma que em meados de fevereiro Carlos I ordenou que a distribuição de carvão em Praga fosse assegurada, se necessário, com o auxílio dos militares.
15. Isso não vale de modo algum apenas para o início da nova fase de escrita. O texto "Uma folha antiga" surgiu apenas poucos dias após a perda da batalha pelo poder e a abdicação do tsar russo em meados de março de 1917 — um acontecimento incrível na época.
16. Carta a Felice Bauer, 24 de novembro de 1916 (B3 276).

8. Ottla e Felice [pp. 162-72]

1. Carta a Felice Bauer, 24 de novembro de 1916 (B3 276).
2. Carta a Felice Bauer, janeiro-fevereiro de 1917 (B3 290). — Restam dúvidas se Kafka realmente enviou essa longa e significativa carta, a única preservada do inverno de 1916-7. Em seu espólio foi encontrada uma cópia datilografada, mas seu original não consta do conjunto de cartas disponibilizado por Felice.

3. Naquela época, banheiros eram exceção nos prédios antigos, mesmo naqueles "senhoriais". O antigo locador daquele grande apartamento no palácio Schönborn que foi a princípio oferecido a Kafka tinha construído um banheiro às próprias custas (para tanto, usou metade do corredor). — Até o final da guerra, não havia banheiro no requintado palacete Fuchsschlössl em Rodaun, que Hugo von Hofmannsthal habitava desde 1901 (no andar superior, nem mesmo água corrente).
4. Carta ao Instituto de Seguros contra Acidentes de Trabalho, 5 de fevereiro de 1917 (B3 285 ss.). O pedido foi indeferido, tendo sido aceito apenas um aumento "do subsídio de subsistência regular", o que significava para Kafka aproximadamente mais seiscentas coroas anuais. De todo modo, isso correspondia ao aluguel do apartamento no palácio Schönborn.
5. Ottla Kafka a Josef David, 20 de agosto de 1916; apud Binder, "Kafka und seine Schwester Ottla", p. 439.
6. Foi preservado um rascunho de carta de Kafka, no qual ele pede conselhos a esse respeito para Ottla (B3 286). O destinatário é supostamente Moriz Schnitzer, vegetariano fanático e fundador de inúmeras associações naturopáticas, que vivia em Warnsdorf, no norte da Boêmia. Em abril de 1911, Kafka havia passado por uma "consulta" com Schnitzer. — O xingamento paterno "malandro" [*Halunke*] está documentado na carta de Kafka a Ottla de 19 de abril de 1917 (B3 296); *Carta ao pai* passa uma ideia da intensidade das discussões entre Ottla e seus pais (NSF2 170 e 178 ss.).
7. Channa Meisel, "Landwirtschaftliche Mädchenerziehung", *Jüdische Rundschau*, ano 22, n. 8 e 9, (23 fev. e 2 mar. 1917). É certo que esse artigo foi debatido no clube de Ottla, inclusive porque era raro ouvir coisas concretas sobre a vida de mulheres judias na Palestina. Também Kafka, que lia regularmente o jornal *Jüdische Rundschau*, deve ter conversado a respeito com a irmã.
8. Sobre os conflitos internos da família relativos às fábricas de amianto de Praga, cf. Reiner Stach, *Kafka: Die Jahre der Entscheidungen*, pp. 130 ss. [Ed. bras.: pp. 148 ss.] — A baixa na junta comercial aconteceu em 26 de julho de 1918.
9. Carta a Ottla Kafka, 19 de abril de 1917 (B3 296).
10. Carta a Ottla Kafka, 16 de maio de 1917 (B3 299 ss.).
11. Irma Weltsch ficou tão brava com a consulta de Kafka (interpretando-a como um sinal de desconfiança) que não apenas xingou o marido por trazer esse tipo de "amigos" para casa, como também escreveu uma carta bastante agressiva para Kafka (essa informação provém dos diários não publicados de Weltsch). Kafka recebeu essa carta ao regressar de Budapeste e desculpou-se longamente e com muita diplomacia (em 20 de julho de 1917, B3 302 ss.).
12. A partir de uma carta de Julie Kafka a Felice Bauer, de 26 de março de 1917, sabe-se que essa visita estava planejada para a primavera.
13. Max Brod, *Franz Kafka: Eine Biographie*, p. 140. — Outra observação de Brod, de que nesse verão de 1917 já havia "um apartamento alugado para o jovem casal", bem como a compra de móveis, é um equívoco de memória.
14. Cartão-postal a Ottla Kafka, 28 de julho de 1917 (B3 304).
15. O escritor Rudolf Fuchs, com quem Kafka se encontrou na viagem de volta de Viena, escreveu em suas memórias: "Anteriormente, em Praga, ele já havia me insinuado que em Budapeste tomaria a decisão de manter o noivado ou terminá-lo. Em Viena, me contou que tinha rompido com a noiva. Kafka estava totalmente tranquilo a respeito. Ele

parecia até se sentir bem" (Rudolf Fuchs, "Kafka und die Prager literarischen Kreise". In: Koch (Org.), *"Als Kafka mir entgegenkam...*", p. 110). É muito provável que Kafka não tenha se manifestado de maneira tão inequívoca, mas, com algumas reservas, essa peça do mosaico também se encaixa. — A viagem de Felice Bauer a Arad é mencionada na biografia de Kafka escrita por Brod, mas não há uma prova definitiva para tanto. Embora Arad não estivesse mais ameaçada militarmente, as irmãs podiam também ter combinado um encontro em Budapeste.

9. O *médico rural* sai a passeio [pp. 173-88]

1. Carta a Felice Bauer, 20 de dezembro de 1916 (B3 280).
2. "Um sonho", *Prager Tagblatt*, 6 jan. 1917, suplemento de lazer, p. 1.
3. Nos primeiros seis números da revista mensal *Die schöne Rarität* (julho a dezembro de 1917), Kafka aparece como colaborador, mas não tem nada seu publicado. No final de 1917, sob condições externas e internas totalmente modificadas, Kafka rescinde sua colaboração (B3 390). — O breve vínculo com *Donauland* é citado em duas cartas a Josef Körner, 8 a 10 e 16 de dezembro de 1917 (B3 376 ss., 380 ss.).
4. Também nesse caso a iniciativa partiu de Feigl, que no outono de 1916 já havia pedido uma intercessão de Kafka junto à Kurt Wolff Verlag. Kafka cumpriu esse desejo (carta a Georg Heinrich Meyer, 30 de setembro de 1916, B3 243), mas sem sucesso.
5. Cf. Felix Weltsch a Kafka, outubro de 1917: "a simplicidade personificada" (B3 762 ss.) e a resposta de Kafka de 19 a 21 de outubro de 1917: "despachá-lo não é fácil assim" (B3 354).
6. A prisão de Gross em Berlim aconteceu em 9 de novembro de 1913; em 20 de dezembro, as revistas *Die Aktion* (Berlim) e *Revolution* (Munique) publicaram um número especial dedicado a Otto Gross, que em inúmeros artigos atacavam diretamente seu pai. A cooperação às escondidas (e provavelmente ilegal) da polícia berlinense com o professor austríaco de direito penal havia suscitado grande exasperação. É possível que Kafka tenha se lembrado desse evento na cena inicial de *O processo*, redigida apenas oito meses mais tarde.
7. Carta a Milena Pollak, 25 de junho de 1920 (B4 197). "Ele explicou sua teoria a partir de um trecho bíblico", Kafka prossegue, "ele destrinçou incessantemente esse trecho, incessantemente trouxe novo material, incessantemente exigiu minha aprovação." É muito provável que o conteúdo dos ensinamentos noturnos de Kafka esteja contido em seu ensaio "Die kommunistische Grundidee in der Paradiessymbolik", *Sowjet*, n. 1, pp. 12-27, 1919, pois esse é o único de seus textos nos quais ele faz uma exegese mais extensa de passagens do Gênesis. — Kafka frequentou as aulas de Hans Gross do semestre de inverno de 1903-4 até o semestre de inverno 1904-5, tendo participado também de um seminário. As aulas sobre história da filosofia do direito (verão de 1904) foram frequentadas juntamente com Max Brod.
8. Carta a Max Brod, 14 de novembro de 1917 (B3 364).
9. Martin Buber a Max Brod, 15 de janeiro de 1917. In: *Briefwechsel aus sieben Jahrzehnten*. v. 1: *1897-1918*. Org. de Grete Schaeder. Heidelberg: L. Schneider, 1972, p. 459.
10. Cf. Franz Werfel, "Die christliche Sendung: Ein offener Brief an Kurt Hiller", *Die neue Rundschau*, n. 28 pp. 92-105, 1917; bem como Max Brod, "Franz Werfels 'christliche Sendung'", *Der Jude*, v. 1, pp. 717-24, 1916-7.

11. Martin Buber, "Vorbemerkung über Franz Werfel", *Der Jude*, v. 2, n. 1-2, pp. 109-12, 1917-8. — Buber podia se apoiar numa mensagem confidencial de Werfel de 31 de janeiro de 1917: "Tome agora minha mão e minha confissão (talvez isso seja muito pouco importante) de que me sinto totalmente 'nacional' como judeu e reconheço todas as más implicações desse nome e algumas boas". (Buber, *Briefwechsel*, v. 1, p. 468). Sobre a desconfiança de Buber com relação a êxitos externos, políticos, cf. sua carta a Siegmund Kaznelson de 9 de julho de 1917: "O sinal externo da situação é o 'êxito' atual do sionismo; há apenas muito poucos sionistas que dividem comigo o sofrimento ou apenas compreendem o que ele me causa" (ibid., p. 502).
12. Max Brod a Martin Buber, 7 de abril de 1917 (Biblioteca Nacional de Israel, Jerusalém). — Nesse número de *Der Jude*, Max Brod assinou um ensaio que tratava dos horrores do taylorismo ("Zwei Welten").
13. Carta a Martin Buber, 12 de maio de 1917 (B3 299).
14. Anotação no "caderno in-oitavo G", 19 de outubro de 1917 (NSF2 30). — Em vez de "diante da calma do exterior", Kafka escreveu primeiro: "diante do olhar tranquilo do espectador" (NSF2 App 199).
15. No inverno 1916-7, Hugo Bergmann havia pedido a Buber tratar não só de temas judaicos, mas também de "temas de interesse geral das pessoas" (Buber, *Briefwechsel*, v. 1, p. 488, n. 1).
16. Já no primeiro número de *Der Jude*, Buber havia reproduzido um texto de propaganda da Palestina no qual o judeu ocidental era caracterizado como oportunista e parasita: "Dispomos de um talento de adaptação que se desenvolveu no *Galuth* [exílio] — trabalhar os resultados da vida do outro segundo nossa mente e a partir do fruto de seu trabalho, preparar gostosuras para nosso paladar" (A. D. Gordon, "Arbeit", *Der Jude*, v.1, pp. 37-43, 1916-7; aqui pp. 39 ss.).
17. Uma seleção de exemplos em Julius H. Schoeps; Joachim Schlör (Orgs.), *Antisemitismus: Vorurteile und Mythen*. Munique; Zurique: Piper, 1995, pp. 21 ss. — Kafka certamente conhecia o conto "Abdias", de Stifter, que relata o convívio muito próximo de "judeus sujos" com chacais.
18. Max Brod, "Literarischer Abend des Klubs jüdischer Frauen und Mädchen [am 19. Dezember 1917]", *Selbstwehr*, 4 jan. 1918.
19. Carta a Martin Buber, 22 de abril de 1917 (B3 297).
20. Kurt Wolff a Kafka, 3 de julho de 1917 (B3 745).
21. Kurt Wolff a Kafka, 1º de setembro de 1917 (B3 748).
22. Kurt Wolff a Kafka, 1º de agosto de 1917 (B3 747).
23. Carta a Kurt Wolff, 4 de setembro de 1917 (B3 312).
24. Cf. carta de Kafka a Kurt Wolff, 20 de agosto de 1917 (B3 306 ss.).
25. Mais detalhes sobre os inúmeros erros acontecidos na editora Kurt Wolff, cf. Unseld, *Franz Kafka: Ein Schriftstellerleben*, pp. 155-7 e 160-8. — "Um assassinato" apareceu no final de 1917 no almanaque da Wolff, *Die neue Dichtung*; a versão mais recente de "Um fratricídio" já havia sido publicada na revista expressionista bibliófila bimensal *Marsyas* (ano 1, n. 1, jul.-ago. 1917).
26. A correspondência de Wolff com o pai de Franz Werfel (outubro e novembro de 1917) está no arquivo Kurt Wolff da Yale University, New Haven.
27. Carta a Josef Körner, 16 de dezembro de 1917 (B3 381).

28. Infelizmente a carta de Kafka a Wolff não foi preservada; entretanto, ele a chamou para Brod de "carta de ultimato" (carta a Max Brod, final de março de 1918, B3 33). "Não aconselho sair da Wolff", respondeu Brod em 29 de março. "Como os livreiros dizem, a desorganização agora é geral em todas as editoras" (B4 705).
29. *Sagen polnischer Juden* [Fábulas de judeus poloneses]. Sel. e trad. de Alexander Eliasberg. Munique: [s.n.], 1916. O volume encontra-se na parte preservada da biblioteca de Kafka. — As duas histórias citadas são "Auferweckung der toten Braut" [Despertar da noiva morta] (pp. 40-4) e "Rasche Reise nach Wien" [Rápida viagem a Viena] (pp. 182-4). Num outro texto curto, "Rabbi Mojsche Lejbs Trauermusik" [A música fúnebre do rabino Moishe Leib] (p. 195), cavalos encontram sozinhos seu destino, galopando com uma carruagem "sobre montanhas e vales".
30. Para a datação da publicação, cf. Unseld, *Franz Kafka: Ein Schriftstellerleben*, p. 173. A única resenha de *Um médico rural* durante a vida de Kafka foi publicada em 31 de outubro de 1920 no *Prager Tagblatt*: R[udolf] Th[omas], "Drei Prager Autoren".

10. *Mycobacterium tuberculosis* [pp. 189-202]

1. Carta a Ottla Kafka, 29 de agosto de 1917 (B3 308 ss.).
2. Visto que o fraco sangramento inicial não foi mencionado nos relatos a Ottla e Felice Bauer, é provável que Kafka também o tenha omitido aos amigos. Apenas três anos mais tarde, em 28 de julho de 1920, ele relata a respeito disso para Milena Pollak, e é impossível não notar um sinal de consciência pesada. "Se naquela época eu tivesse ido logo ao médico — bem, então provavelmente tudo teria acontecido como aconteceu sem o médico, só que naquela época ninguém sabia do sangue, na verdade nem eu, e ninguém se preocupava" (B4 257). — Esse tipo de perda de sangue não é, em si, um sintoma típico de tuberculose, mas alarmante em combinação com a hemorragia subsequente.
3. Cartão-postal a Ottla Kafka, 4 de setembro de 1917 (B3 313).
4. Cartão-postal a Max Brod, 29 de agosto de 1917 (B3 310).
5. NSFI 401 ("caderno in-oitavo E").
6. Estava difundida a ideia de que pessoas delicadas, não atléticas, com os músculos peitorais pouco desenvolvidos — o chamado *habitus phthisicus*, ao qual Kafka correspondia e que se imaginava hereditário — eram mais propensas a doenças pulmonares. Embora questionada havia tempos por dados empíricos, a hipótese ainda era ensinada nas faculdades de medicina durante a guerra. Apenas nos anos 1920 é que todas as teorias relativas a disposições e constituições foram deixadas de lado, e o único fator que se manteve relevante, tanto na hereditariedade quanto na tuberculose, é a capacidade do sistema imunológico. — Em sua monografia *Franz Kafka, the Jewish Patient* (Nova York; Londres: Routledge, 1995), Sander L. Gilman tentou analisar a história médica de Kafka e seu autodiagnóstico a partir das teorias sobre a tuberculose prevalentes à época, principalmente à do *habitus phthisicus* e da muito divulgada suposta constituição especial dos judeus. Gilman apresenta um material extraordinariamente rico da história da medicina; entretanto, o significado de tais noções eugenistas para a própria interpretação de Kafka permanecem no campo da especulação. Pois não foi preservada nenhuma citação de Kafka que colocasse sua enfermidade numa relação direta ou até causal com sua ascendência judaica ou com o hipotético *habitus phthisicus*.

7. Ainda não se sabia (mas dali a poucos anos seria descoberto) que os preparados de arsênico, prescritos rotineiramente e também bastante eficazes, elevavam o risco de câncer de pele.
8. Carta a Ottla Kafka, 29 de agosto de 1917 (B3 309).
9. David Epstein, *Diagnostisch-therapeutisches Taschenbuch der Tuberkulose: Ein Leitfaden für den praktischen Arzt*. Berlim; Viena: Zerban & Schwazenberg, 1910, p. 85.
10. Max Brod a Kafka, 24 de setembro de 1917 (B3 751).
11. Felix Weltsch a Kafka, 5 de outubro de 1917 (B3 757). — O termo *chochme* é iídiche e significa tanto humor quanto sabedoria, correspondendo em certa medida a "chiste".
12. Carta a Felix Weltsch, 11 de outubro de 1917 (B3 344 ss.).
13. Cartão-postal a Ottla Kafka, 4 a 5 de setembro de 1917 (B3 313).
14. Carta a Kurt Wolff, 4 de setembro de 1917 (B3 312).
15. Anos mais tarde, Kafka chega à seguinte conclusão sobre esse paradoxo: "Teria sido fácil pedir férias se eu pudesse dizer a mim e aos outros que a doença era devida ao escritório ou tinha piorado em razão dele, mas o oposto é verdade. O escritório impediu o avanço da doença" (carta a Ottla David, abril de 1921, B5).
16. Kafka relata suas conversas no Instituto de Seguros contra Acidentes de Trabalho em dois cartões-postais para Ottla, de 6 e 7 de julho de 1917 (B3 315 ss.), bem como na carta a Felice Bauer de 7 de setembro de 1917 (B3 317).
17. Esta citação e outras informações sobre a partida de Kafka são provenientes de um excerto não publicado do diário de Max Brod. — Kafka revelara a doença a Felice Bauer cinco dias antes de sua partida; devido à demora da correspondência durante a guerra, a mencionada carta não pode ter sido sua reação à notícia. Brod anota em seu diário: "Carta desesperada dela, embora ainda não saiba de nada".

11. A arca de Zürau [pp. 203-22]

1. Carta a Oskar Baum, final de novembro de 1917 (B3 370).
2. Segundo um censo de fevereiro de 1921 (*Statistický lexikon obci v Čechách*, Praga, 1924, p. 254). A atual Siřem tem menos de cem habitantes.
3. Antes da guerra, o distrito de Podersam (Podbořny), do qual Zürau fazia parte, registrava um porcentual acima da média de casos de tuberculose (cf. Wenzel Rott, *Der politische Bezirk Podersam*. Praga: Verlag des Bezirkslehrervereinen Potsdam, 1902-5, p. 30). É provável existir uma relação com os inúmeros poços de argila da região.
4. Carta a Felix Weltsch, cerca de 11 de outubro de 1917 (B3 345).
5. Carta a Max Brod, 14 de setembro de 1917 (B3 319).
6. Carta a Oskar Baum, supostamente de 23 de setembro de 1917 (B3 329).
7. Cartas a Max Brod, 14 e 18 de setembro de 1917 (B3 319, 324).
8. Não sabemos quando Felice Bauer encerrou sua atividade pedagógica na Casa do Povo Judeu de Berlim. No início de 1917, a correspondência de Kafka traz as últimas referências indiretas a essa atividade, quando ele pede à sua editora que envie a Felice Bauer os direitos autorais de *Contemplação*, de cerca de cem marcos (cartões-postais à editora Kurt Wolff, 20 de fevereiro e 24 de março de 1917, B3 292).
9. Carta a Felice Bauer, 30 de setembro de 1917 (B3 332-4).

10. Elias Canetti, *Der andere Prozess: Kafkas Briefe an Felice*. Munique: Hanser, 1969, p. 125. [*O outro processo: As cartas de Kafka a Felice*. Trad. de Herbert Caro. Rio de Janeiro: Espaço e Tempo, 1984, p. 126.]
11. Diário, 10 de novembro de 1917 (T 843). [Ed. bras.: p. 493.]
12. Diário, 15 de setembro de 1917 (T 831). [Ed. bras.: p. 485.]
13. Diário, 19 de setembro de 1917 (T 834). [Ed. bras.: p. 487.] Uma pequena correção na primeira frase chama a atenção. A princípio, Kafka quis escrever "que todos que conseguem escrever...", corrigindo a frase para "que *quase* todos [...]" (T App 393).
14. Sem data, B3 394. — A folha deve fazer parte da longa carta (citada detalhadamente aqui) a Felice Bauer de 30 de setembro de 1917 (B3 332-4), que foi escrita no mesmo papel quadriculado.
15. Max Brod a Franz Kafka, 8 de novembro de 1917 (B3 769); carta a Max Brod, 14 de novembro de 1917 (B3 365).
16. Ottla Kafka a Josef David, 8 de novembro de 1917; apud Binder, "Kafka und seine Schwester Ottla", p. 445.
17. Wilhelm Reinwarth assumiu seu cargo em Oberklee em 31 de outubro de 1917. Sua crônica pastoral encontra-se atualmente no arquivo municipal de Žatec (Saaz).
18. As impressões da loja de Hermann Kafka foram tiradas principalmente dos relatos de Irma Kafka à prima Ottla (essas cartas não foram publicadas e estão hoje em mãos de particulares).
19. Ela escreveu a Josef David em 14 de novembro de 1917: "Quero que meu pai preste mais atenção em mim, tanto faz de que jeito".
20. Em 20 de novembro de 1917, Brod escreveu ao escritor Rudolf Fuchs pedindo por discrição quanto a "assuntos absolutamente pessoais" de Kafka (arquivo de literatura do Museu da Literatura Nacional, Praga).
21. Carta a Ottla Kafka, 30 de dezembro de 1917 (B3 394). Ottla descreveu as reações do pai numa carta a Josef David, 23 de novembro de 1917 (propriedade particular).
22. Carta a Elsa e Max Brod, 2 a 3 de outubro de 1917 (B3 340). Elsa e Max Brod a Franz Kafka, 29 de setembro de 1917 (B3 753).
23. Gustav Weiss, "Tuberkulose-Verhütung und -Fürsorge". In: Anton Ghon; R. Jaksch-Wartenhorst (Orgs.), *Die Tuberkulose und ihre Bekämpfung*, Viena; Breslau: Haim, 1922, pp. 326-63, aqui p. 336. Cf. Epstein, *Diagnostisch-therapeutisches Taschenbuch der Tuberkulose*, p. 50.
24. O anúncio de Felice Bauer chegou em Zürau em 18 de dezembro, Kafka respondeu por telegrama em 21 de dezembro (cf. NSF2 65); nenhum dos escritos foi preservado.
25. O restante da correspondência entre Kafka e Felice Bauer não foi preservado, com exceção de um cartão-postal de Felice, que traz apenas rápidos votos de convalescença (12 de novembro de 1918, B4 714). O contato se rompeu por volta do final de 1918.
26. Carta a Ottla Kafka, 28 de dezembro de 1917 (B3 390). — Cf. a descrição detalhada em Brod, *Franz Kafka*, pp. 147 ss.
27. O "humor terrível" de Hermann Kafka devido à conversa com o filho está documentado numa carta de Irma a Ottla de 3 de janeiro de 1918. Nela também há a única pista da visita de Josef David a Zürau: "Seu convidado do Natal". A "senhorita convidada", mencionada por Kafka em sua carta a Ottla de 8 de dezembro de 1917 (B3 392), é Ella, irmã de Josef David.
28. Carta a Ottla Kafka, 30 de dezembro de 1917 (B3 392-4).

12. Contemplações [pp. 223-44]

1. Brod certamente tirou a notícia dos jornais diários de Praga de 3 de dezembro de 1917. Na realidade, o encontro entre delegados alemães e russos em Brest-Litovsk foi apenas o início de negociações visando um cessar-fogo válido para todo o front oriental.
2. B[uber], "Judenzählung", *Der Jude*, ano 1, n. 8, p. 564, nov. 1916. — A "contagem de judeus", ordenada em 11 de outubro de 1916 pelo ministro da Guerra da Prússia, Wild von Hohenborn, também incluía os reservistas e aqueles dispensados do serviço militar. O procedimento foi interrompido em fevereiro de 1917; os resultados nunca foram divulgados integralmente.
3. Apud carta de Ruth Haubrichs, neta de Emilie Marschner, a Waltraud John, 22 de junho de 2004.
4. Cf. os espaços em branco em *Selbstwehr*, ano 11, n. 7, 10 e 11, 16 de fevereiro, 9 e 16 de março de 1917.
5. A passagem decisiva dizia: "O governo de Sua Majestade vê com bons olhos a construção de um lar nacional para o povo judeu na Palestina e fará o seu melhor para facilitar a conquista desse objetivo; entretanto, note-se bem, nada deverá colocar em questão os direitos civis ou religiosos das comunidades já existentes na Palestina ou os direitos e o status político dos judeus em outros países" (carta de Arthur Balfour a Lord Walter Rothschild, 2 de novembro de 1917).
6. *Allgemeine Zeitung des Judentums*, ano 81, n. 47, p. 556, 23 nov. 1917. *Dr. Bloch's Österreichische Wochenschrift*, ano 34, n. 44, pp. 718-20, 16 nov. 1917. Max Brod, "Die jüdische Kolonisation in Palästina", *Die neue Rundschau*, ano 28, n. 9, pp. 1267-76, set. 1917. Quando Brod redigiu esse artigo, no qual ele evocou o "prosseguimento tranquilo do domínio turco e o discernimento das autoridades turcas", o governo turco já havia iniciado a evacuação compulsória dos assentamentos judaicos.
7. Carta a Max Brod, supostamente de 6 de fevereiro de 1918 (B4 29).
8. Alguns textos de *Um médico rural* são, de acordo com sua forma, autorreflexivos, algo que os leitores da época não devem ter percebido. Malcolm Pasley afirmou, de maneira convincente, que os contos "Uma visita à mina" e "Onze filhos" são literatura sobre literatura ("Drei literarische Mystifikationen Kafkas". In: BORN, Jürgen et al. (Orgs.), *Kafka-Symposion*. Berlim: Wagenbach, 1965, pp. 21-37). Uma frase de Kafka, anotada por Brod, confirma isso: "'Onze filhos' são simplesmente onze histórias nas quais estou trabalhando agora" (*Über Franz Kafka*, p. 122).
9. Max Brod a Franz Kafka, 4 de outubro de 1917 (B3 754). Carta a Max Brod, 7 a 8 de outubro de 1917 (B3 343).
10. NSF2 40-2, 38. Ambos os textos sem título no original; os títulos conhecidos hoje são de autoria de Brod.
11. Diário de Max Brod, 26 de dezembro de 1917 (inédito). Carta a Max Brod, 26 ou 27 de março de 1918 (B4 33).
12. NSF2 30, 44, 55, 61, 68, 73, 91, 100 ss.
13. No verão de 1920, Kafka inseriu uma versão modificada do "aforismo" 69 numa carta a Brod, sem fazer qualquer citação — um indício de que Brod, mesmo após anos, ainda não tinha visto os bilhetes de Zürau (carta a Max Brod, 6 de agosto de 1920, B4 285; cf. a versão original NSF2 65, 128).
14. Diário, 25 de setembro e 10 de novembro de 1917 (T 838, 843). [Ed. bras.: pp. 490, 493.]

15. Franz Kafka, *Beim Bau der Chinesischen Mauer: Ungedruckte Erzählungen und Prosa aus dem Nachlass*. Org. de Max Brod e Hans Joachim Schoeps. Berlim: Kiepenheuer, 1931; as observações aqui estão nas pp. 225-49. — Como original para a composição foi usada uma cópia datilografada (que não foi feita por Kafka), com vários erros que levam a diferenças no sentido; cf. NSF2 App 53.
16. Max Brod, *Franz Kafkas Glauben und Lehre*. Winterthur: Mondial, 1948.
17. Principalmente no palco. Durante a guerra, entretanto, Kafka não assistiu a nenhum teatro judaico. Em janeiro de 1917, uma trupe judaica apresentou-se no Hotel Schwan, a poucos metros de distância de seu escritório; em 18 de janeiro houve por lá uma "noite de gala" em homenagem à atriz Flora Klug, que Kafka conhecia do grupo de Isaac Löwy. Mas mesmo esse evento não pareceu ser suficiente para que ele interrompesse seu trabalho na viela dos Alquimistas. Kafka manteve apenas o contato, por algum tempo, com Isaac Löwy, a quem havia prometido redigir suas memórias sobre o teatro judaico (cf. NSF1 424 ss., 430 ss.). — Sobre o encontro de Kafka com o teatro judaico oriental, cf. Reiner Stach, *Kafka: Die Jahre der Entscheidungen*, pp. 46 ss. [Ed. bras.: pp. 69 ss.]
18. Moses Rath, *Lehrbuch der hebräischen Sprache für Schul- und Selbstunterricht*. 2. ed. Viena: Selbstverlag, 1917.
19. Miriam Singer, "Hebräischstunden mit Kafka". In: Koch (Org.), *"Als Kafka mir entgegenkam…"*, pp. 151-4, aqui p. 152. — Os parcos conhecimentos de hebraico dos sionistas de Praga foram motivo de conflito durante anos; cf. Oskar Epstein, "Die Prager Zionisten und das Hebräische", *Selbstwehr*, ano 14, n. 42, 22 out. 1920.
20. Cartão-postal a Max Brod, 21 de setembro de 1918 (B4 53).
21. NSF2 29, anotação de 19 de outubro de 1917.
22. Carta a Robert Klopstock, supostamente de 20 de junho de 1921 (B4).
23. A única exceção digna de nota são dois registros no diário em 20 de julho de 1916, nos quais Kafka dirige-se diretamente a Deus (T 798 ss.) [Ed. bras.: p. 467.] Mas mesmo essas frases — escritas na situação psíquica extraordinária de Marienbad — são tudo menos reverentes. "Se estou condenado, então estou condenado não apenas a meu fim, mas também a me defender até o fim."
24. "Segundo Deus, a consequência momentânea de comer da árvore do conhecimento seria a morte; segundo a cobra (ao menos é possível entendê-la assim), assemelhar-se a Deus. De modo semelhante, ambos estariam incorretos" (NSF2 73).
25. NSF2 124, cf. 58.
26. NSF2 94 e NSF2 App 230; NSF2 62.
27. NSF2 354.
28. Carta a Ottla Kafka, 4 a 5 de julho de 1917 (B3 313); a afirmação consta também no diário de Brod do mesmo dia. — No original, a frase é: "Eu achava que vocês eram mais elegantes!" (Richard Wagner, *Os mestres cantores de Nuremberg*, 2º ato, cena 4).
29. As afirmações são de 28 de fevereiro de 1920; cf. Brod, *Franz Kafka*, p. 71. — Mais tarde, Brod deve ter se arrependido de preservar essa conversa, pois ela tornou muito mais difícil estilizar Kafka como um pensador judeu. Por fim, ele se refugia na afirmação de que Kafka havia retirado a segurança apenas do judeu ocidental secularizado — uma limitação que é claramente contradita pelo contexto da afirmação (Brod, *Franz Kafkas Glauben und Lehre*, p. 246).
30. Max Brod a Kafka, 10 de outubro de 1917 (B3 758).
31. Carta a Max Brod, 13 de outubro de 1917 (B3 346).

32. "Mal-estar após excesso de psicologia", está escrito no "caderno in-oitavo F" (NSFI 423). Não é possível datar o registro com precisão, mas deve ter ocorrido pouco *antes* da carta de Brod.
33. Carta a Felice Bauer, 16 de outubro de 1917 (B3 348 ss.).
34. NSFI 402, 407, 403 ("caderno in-oitavo E").
35. Carta a Max Brod, 14 de novembro de 1917 (B3 363).
36. Sören Kierkegaard, *Buch des Richters: Seine Tagebücher 1833-1855*. Jena; Leipzig: [s.n.], 1905, p. 160. Kafka cita este trecho de maneira muito detalhada numa carta a Max Brod anterior a 28 de março de 1918 (B4 35 ss.).
37. NSF2 97 ss. — O texto foi escrito em 25 de fevereiro de 1918.

13. Gripe espanhola, revolta tcheca, medo judaico [pp. 245-64]

1. Richard Katz, "Im Prager Literaten-Café", *Prager Tagblatt*, p. 3, 11 jun. 1918, edição matutina.
2. Carta a Max Brod, fim de março-início de abril de 1918 (B4 38).
3. No início da guerra, até Masaryk acusava os judeus de serem ativos denunciantes; cf. Reiner Stach, *Kafka: Die Jahre der Entscheidungen*, p. 525. [Ed. bras.: p. 511.] Embora essa suspeita não pudesse ser confirmada de modo algum pelos documentos oficiais tornados públicos após 1918, as reações contra supostos denunciantes judeus se mantiveram, por anos, como gatilhos para ações antissemitas, principalmente em áreas adjacentes a Praga.
4. O termo foi usado explicitamente por um membro da diretoria. Ele exigiu que "as autoridades devem enfrentar os nocivos com absoluto rigor". Apud Martin Welling, "*Von Hass so eng umkreist*"*: Der Erste Weltkrieg aus der Sicht der Prager Juden*. Frankfurt am Main: P. Lang, 2003, p. 203.
5. B. R., "Haß ringsum", *Selbstwehr*, ano 12, n. 31, p. 1, 16 ago. 1918. Por essa época, viviam menos de 6 mil refugiados judeus em Praga, o que correspondia a uma diminuição de cerca de dois terços.
6. Em 18 de janeiro de 1918 e provavelmente também no dia seguinte, a loja de acessórios de moda permaneceu fechada, pois todos os funcionários aderiram a uma greve geral (carta de Irma Kafka a Ottla Kafka, 18 de janeiro de 1918).
7. Sabemos da existência dessa carta, escrita por volta de uma semana antes da partida de Kafka de Zürau, apenas por meio de uma correspondência de Irma, na qual ela se queixa: "o que Franz arranjou para mim com sua carta ao pai" (Irma Kafka a Ottla Kafka, 25 de abril de 1918). Dois dias mais tarde, Ottla escreve ao namorado Josef David: "Estou me dando bem de novo com meu irmão e estou feliz que entre nós não haja nada". Isso pode ser um indício de que também Ottla tenha manifestado sua divergência com o tom e o conteúdo dessa carta.
8. Em 18 de março de 1918, Ottla escreveu a Josef David: "eles não me deixam escrever, principalmente Franz, você sabe, é o meu quarto, e eu poderia colocá-los para fora, meu irmão e a moça [uma das empregadas], mas ele sempre promete que fará silêncio e, no mais, fico feliz quando ele está feliz" (apud Binder, "Kafka und seine Schwester Ottla", p. 443).
9. Herbert Elias, "Grippe". In: Clemens Pirquet (Org.), *Volksgesundheit im Krieg*. Parte 2. Viena: [s.n.], 1926, pp. 54-66, aqui pp. 55 ss.

10. Os termos "doença espanhola" e "gripe espanhola" só se cristalizaram porque a imprensa espanhola, livre de uma censura de guerra, foi a primeira a reportar sobre a epidemia. O rei espanhol Alfonso XIII também ficou doente.
11. Até hoje não há uma explicação definitiva para esse fenômeno comprovado estatisticamente. Na época, supunha-se que pessoas mais velhas, que haviam vivenciado a onda de gripe de 1889, estavam imunizadas. Atualmente, acredita-se que o mais provável seja que muitas mortes tenham sido causadas por uma intensa reação autoimune, de modo que, paradoxalmente, pacientes bem nutridos de meia-idade, com ótima resposta do sistema imunológico, também fossem os mais ameaçados.
12. Carta a Max Brod, por volta de 14 de outubro de 1918 (B4 55).
13. Numa carta a seu superior Eugen Pfohl de 25 de novembro de 1918 (B4 58), Kafka escreve: "até 42 °C de febre". — Os relatórios clínicos da época apontam que febre de 39 °C a 40 °C eram a regra. Entretanto, quase não são mencionados casos com mais de 41 °C, de modo que o transcurso da pneumonia de Kafka foi extraordinário mesmo sob o pano de fundo da epidemia.
14. Cf. *Prager Tagblatt*, 10 out. 1918, p. 3.
15. Apud Richard Georg Plaschka et al. (Orgs.), *Innere Front: Militärassistenz, Widerstand und Umsturz in der Donaumonarchie 1918*. v. 2: *Umsturz*. Munique: Verlag für Geschichte und Politik, 1974, p. 145.
16. "Die Erfahrungen eines Tages", *Prager Tagblatt*, 15 out. 1918, p. 1. — O comandante municipal de Praga, Eduard von Zanantoni, registrou em suas memórias de guerra ter recebido uma orientação de Viena para que se evitasse um derramamento de sangue no centro de Praga (manuscrito p. 464, Arquivo de Guerra de Viena).
17. Houve diversos pontos na cidade em que uma explosão de violência pôde ser contida apenas com muito custo. Por exemplo, a bloqueada ponte Carlos contava com duas metralhadoras apontadas para a multidão tcheca quando esta quis forçar a passagem para o distrito de Kleinseite. Visto que o comando militar estava estacionado a poucas centenas de metros do local, um banho de sangue teria sido inevitável caso os tchecos realmente tivessem avançado até a ponte.
18. Uma carta de Max Brod ao sionista baseado em Londres Leo Hermann, enviada em 18 de outubro de 1918, poucos dias antes da esperada queda da Monarquia, atesta a concretude desse medo. Brod sugere um código secreto telegráfico, a fim de conseguir informar Hermann de imediato no caso de conflitos antissemitas; "Parabéns pelo casamento" significava "começou o pogrom em Praga", "recebi as férias" significava "os militares avançam contra os judeus" etc. Brod sugeria que Hermann, imediatamente após o recebimento de um telegrama desses, deveria replicar a mensagem a políticos ingleses e americanos bem-intencionados, que, por sua vez, estariam em condições de pressionar o conselho nacional tcheco por meio de telegramas. Cf. Max Brod, *Streitbares Leben*. Frankfurt am Main: Insel, 1979, pp. 236 ss.
19. A íntegra do memorando redigido por Kafka, in: Leon Chasanowitsch; Leo Motzkin (Orgs.), *Die Judenfrage der Gegenwart: Dokumentensammlung*. Estocolmo: [s.n.], 1919, pp. 51-5.
20. Brod traduziu os libretos de cinco óperas de Janáček para o alemão (começando com *Jenufa*, 1917), possibilitando apresentações em metrópoles como Berlim e Viena. Ele publicou também uma breve biografia do compositor, ainda em vida. (*Leoš Janáček: Leben und Werk*. Viena: [s.n.], 1925). — Brod e Janáček sentiram resistência principalmente

por parte do influente musicólogo e crítico Zdeněk Nejedlý, que considerava as óperas de Janáček folclóricas.

21. As primeiras conversas entre os sionistas de Praga (entre eles Brod) e parlamentares tchecos aconteceram no final de 1917. Do lado tcheco, participou também Karel Baxa, antissemita agressivo e um dos principais responsáveis pela escalação do "processo de assassinato ritual" contra Leopold Hilsner. Depois do golpe, Baxa se tornou prefeito de Praga, permanecendo na função até 1937; vários outros encontros com Brod devem ter ocorrido. — Também a imprensa tcheca tratava Brod com muito mais deferência do que todos os outros representantes do conselho nacional judaico.
22. Em publicações técnicas médicas por volta de 1920, afirmava-se com frequência que o transcurso de tuberculoses pulmonares *não* era influenciado negativamente pela gripe espanhola: um período de observação muito curto levou a essa conclusão apressada. As discussões havidas durantes as décadas posteriores acabaram chegando ao resultado oposto. — Embora não se possa comprovar, é possível que, no caso de Kafka, o processo infeccioso tenha permitido que o encapsulamento do tecido pulmonar fosse rompido de novo e que o patógeno da tuberculose voltasse a circular livre pelo corpo.
23. Carta a Felice Bauer, 23 de outubro de 1916 (B3 265).
24. Carta a Eugen Pfohl, 25 de novembro de 1918 (B4 58). — É possível que Kafka estivesse aqui influenciado por Brod, que também só aparecia esporadicamente em seu posto de trabalho nos Correios.
25. Carta a Ottla Kafka, 3 de setembro de 1918 (B4 51).
26. A partir do início de dezembro de 1918, os territórios alemães da Boêmia passaram a ser ocupados gradualmente pelo exército tcheco; em 16 e 17 de dezembro, o mesmo aconteceu com Friedland. Em novembro, a cidade já registrava saques.
27. Em agosto de 1902, Kafka e a família passaram um tempo em Liboch (Liběch), nas proximidades. Mas é muito provável que ele conhecesse a cidade de Schelesen das visitas a Oskar Baum, que passou várias de suas férias de verão na localidade.
28. Cartão-postal a Max Brod, 17 de dezembro de 1918 (B4 63).
29. Carta a Max Brod, 29 de novembro de 1918 (B4 60).

14. A pária [pp. 265-84]

1. Cf. o atestado do dr. Josef Popper, 8 de janeiro de 1919 (B4 460 ss.).
2. Talvez preocupado com seu trabalho, Kafka logo tentou melhorar seu tcheco. A partir de 1919 ele passou inclusive a ser assinante da revista *Naše řeč: Listy pro vzdělávání a tříbení jazyka české* [Nossa língua: Revista para o estudo e conservação da língua tcheca].
3. Os ataques tchecos contra Pfohl não cessaram nem mesmo com sua morte. Em 26 de outubro de 1919 o jornal *Národní Listy* chamou-o de "intrigante-mor" e "espírito mau". Marschner e Pfohl haviam feito negociações "imorais" com empresas alemãs-austríacas; por sua vez, empresas tchecas teriam sido severamente negligenciadas durante a guerra. (AS MAT 766 ss.). — Os dossiês funcionais de Marschner e Pfohl que foram preservados contam que ambos dominavam a língua tcheca (arquivo "Státní ústřední", Praga).
4. Décadas mais tarde, o funcionário Václav K. Krofta relatou que, no fim da guerra e na condição de membro do Conselheiro Revolucionário da Seguradora, checou o dossiê funcional de Kafka e sugeriu que permanecesse empregado, "porque ele não contraiu nenhuma dívida com o povo tcheco durante seu tempo de serviço" (V. R. Krofta,

"Im Amt mit Franz Kafka". In: Koch (Org.), *"Als Kafka mir entgegenkam..."*, p. 99). Entretanto, essa versão carece de comprovação. Visto que Krofta tinha apenas 23 anos de idade à época, é pouco provável que seu julgamento fosse importante para o prosseguimento da carreira da Kafka.

5. Em 1985, aos 86 anos, Hermine Beck, nascida Pomeranz, tinha apenas lembranças esparsas de seu encontro com Kafka; cf. Koch (Org.), *"Als Kafka mir entgegenkam..."*, pp. 157 ss.
6. Carta a Max Brod, 8 de fevereiro de 1919 (B4 70 ss.).
7. Diário, 20 de agosto de 1912 (T 431). [Ed. bras.: p. 242.]
8. Dados confiáveis sobre Julie Wohryzek e sua família só foram obtidos a partir dos anos 1990; cf. Anthony Northey, "Julie Wohryzek, Franz Kafkas zweite Verlobte", *Freibeuter*, n. 59, pp. 3-16, 1994; bem como Hartmut Binder, "Puder und Schleier, Glanz und Genuss. Eine Entdeckung: Kafkas späte Verlobte Julie Wohryzek", *Neue Zürcher Zeitung*, p. 49, 28-29 abr. 2001.
9. Carta a Max Brod, 2 de março de 1919 (B4 78).
10. Carta a Käthe Nettel, 24 de novembro de 1919 (B4 86-93). A carta foi publicada pela primeira vez em 1947 (in: Hugo Siebenschein et al., *Franz Kafka a Praha: Vzpomínky, Úvahy, Dokumenty*. Praga: Vladimír Žikeš, 1947), e como prova de sua autenticidade, uma de suas páginas foi reproduzida como fac-símile. Entretanto, o original manuscrito da carta se perdeu.
11. "Da srta. W. você não escreve nada", Kafka escreve numa carta a Ottla de 13 de novembro de 1919 (B4 86). Esse é o único indício de que Kafka havia apresentado sua amada a alguém. — Max Brod também não tinha qualquer lembrança de Julie Wohryzek ao escrever sua biografia sobre Kafka. Como explicação, afirma que em 1919 Kafka "geralmente não estava em Praga", o que é comprovadamente falso. (Brod, *Franz Kafkas Glauben und Lehre*, pp. 273 ss.).
12. Todas as informações sobre os irmãos Klaus são do livro organizado por Hartmut Binder, *Prager Profile: Vergessene Autoren im Schatten Kafkas*. Berlim: Gebr. Mann, 1991 (a afirmação de Hans Klaus sobre o comportamento de Kafka está nas pp. 62 ss.). — Victor Klaus morreu em 12 de novembro de 1919 depois de uma má-sucedida operação no pulmão. Hans Klaus formou-se em química, como o irmão.
13. Carta a Robert Klopstock, 14 de setembro de 1921 (B5). Cf. a carta a Milena Jesenská, 6 de setembro de 1920: "Ah, o escritor deve ter estado aqui durante duas horas e foi embora chorando" (B4 336).
14. A primeira versão foi publicada em 1951 em alemão; em 1968, seguiu-se uma edição ampliada com acréscimo de material supostamente novo. Visto que essas publicações têm erros cronológicos comprovados, as anotações que serviram de base para Janouch não devem ter sido tomadas quando de suas conversas no escritório de Kafka.
15. "Conversas sobre seus livros sempre eram muito breves" (Gustav Janouch, *Gespräche mit Kafka*. Ed. ampl. Frankfurt am Main: Fischer, 1981, p. 46).
16. Foi no escritório de Kafka que Janouch conheceu Hans Klaus, mas não foi levado a sério pelo círculo literário deste último (que soterrou suas produções poéticas), sendo por fim excluído. — A linguagem do pequeno texto de Janouch intermediado por Kafka à revista *Selbstwehr* (ano 14, n. 13) — uma resenha do romance de Oskar Baum, *Die Tür ins Unmögliche* — é tão vaga quanto atropelada, e já em 1920 deveria mais parecer uma paródia do expressionismo.
17. Diário, 27 de junho, 30 de junho e 6 de julho de 1919 (T 845). [Ed. bras.: p. 495.]

18. Esta e as próximas citações são da carta de Kafka à irmã de Julie, Käthe Nettel; cf. nota 10.
19. *Carta ao pai* (NSF2 205). [Ed. bras.: p. 63.]
20. *Carta ao pai* (NSF2 206). [Ed. bras.: p. 64.]
21. D 57. — A segunda edição de *O processo* é do outono de 1919, a dedicatória "Para F." foi mantida. A partir daí é possível concluir que Kafka foi novamente surpreendido pela editora e não teve oportunidade de fazer correções.
22. Trecho do diário de Max Brod, registro de 23 de setembro de 1919 (arquivo Max Brod, Biblioteca Nacional de Israel, Jerusalém).
23. Carta a Ottla Kafka, supostamente de 7 de novembro de 1919 (B4 84).
24. *Carta ao pai* (NSF2 158). [Ed. bras.: p. 61.]
25. Carta a Milena Pollak, 10 de junho de 1920 (B4 173).
26. *Carta ao pai* (NSF2 208). [Ed. bras.: p. 66.]
27. Carta a Käthe Nettel, 24 de novembro de 1919 (B4 92, 90).

15. Hermann Kafka, posta-restante [pp. 285-308]

1. As parcas recordações de Olga Stüdl a respeito de Kafka foram publicadas em 1931 sob o pseudônimo "Dora Geritt"; cf. Koch (Org.), *"Als Kafka mir entgegenkam..."*, pp. 155 ss.
2. Um episódio característico ocorreu em 30 de maio de 1919, duas semanas antes das eleições. Brod tinha sido convidado para uma convenção alemã de eleitores social-democrata. Quando ele explicou que o conselho nacional judaico representava verdadeiramente os interesses do povo judeu como um todo, alguém gritou: "Interesses de agiotas!" (*Selbstwehr*, 5 jun. 1919, p. 2). Na mesma semana, lojas alemãs em Praga foram saqueadas novamente.
3. Max Brod a Kafka, 11 de novembro de 1919 (B4 722); carta a Ottla Kafka, supostamente de 7 de novembro de 1919 (B4 84).
4. Carta a Hermann e Julie Kafka, supostamente de fim de maio de 1918 (B4 44). — O fragmento da carta começa com as saudações "Queridos pais", mas a missiva se dirige apenas ao pai.
5. Ottla Kafka a Josef David, 14 de outubro de 1918 (propriedade particular).
6. Cartão-postal a Ottla Kafka, 11 de dezembro de 1918 (B4 62).
7. O próprio Kafka oferece um exemplo curioso dessa confusão de línguas: o pai quis contar a Josef David que "estava em pé de amizade" com alguém, mas traduziu essa expressão literalmente ao tcheco, "*na přátelské noze stojí*". O espantado David soube, dessa maneira, que Hermann Kafka estava pisando nos pés de alguém, muito amigavelmente (carta a Ottla Kafka, 20 de fevereiro de 1919, B4 72).
8. Julie Kafka a Ottla Kafka, 1º de dezembro de 1918 e 5 de fevereiro de 1919 (propriedade particular).
9. Julie Kafka a Ottla Kafka, 14 de março de 1919 (propriedade particular). — Robert Kafka também nutria simpatias pelo nacionalismo tcheco, algo que deve ter contribuído para seu contentamento a respeito de Josef David.
10. Julie Kafka a Ottla Kafka, 20 de março de 1919 (propriedade privada).
11. Cf. a carta de Kafka a Ottla, por volta de 30 de abril de 1920 (B4 124 ss.). Aqui se fala explicitamente da "hesitação" de Ottla diante do casamento.

12. Esse único indício, mas inequívoco, de que Ottla pensava em emigrar poucos meses antes de seu casamento está em numa carta de Kafka a Max Brod, supostamente de começo de março de 1920 (B4 109).
13. Kafka realiza aqui um de seus notavelmente frequentes atos falhos. "Como você quer procurar um trabalho e por que você precisa falar antes com nossa mãe? Não entendo isso", ele escreveu em 20 de fevereiro de 1919. Em sua resposta, Ottla afirma que a vida é curta demais para manter tais tensões entre mãe e filha carregadas infinitamente. Kafka replica, em 24 de fevereiro: "o fato de a vida ser curta não é tanto um argumento a favor da viagem, mas contra ela". Evidentemente, ele queria dizer o oposto: "*... não é tanto um argumento contra a viagem, mas a seu favor*" (B4 74, 75).
14. *Carta ao pai* (NSF2 143, 145). [Ed. bras.: pp. 7-9.]
15. Brod, *Franz Kafka*, p. 30; Klaus Wagenbach, *Franz Kafka: Biographie seiner Jugend*. Nova ed. Berlim: Rowohlt, 2006, p. 10; Heinz Politzer, *Franz Kafka, der Künstler*. Frankfurt am Main: S. Fischer, 1965, pp. 439-50; Margarete Mitscherlich-Nielsen, "Psychoanalytische Bemerkungen zu Franz Kafka", *Psyche*, v. 31, n. 1, pp. 60-83, 1977; Ernst Pawel, *Das Leben Franz Kafkas*. Reinbek: Rowohlt, 1990, p. 432.
16. Carta a Milena Pollak, 4 a 5 de julho de 1920 (B4 202).
17. Comparem-se, por exemplo, lembranças que Kafka cita da infância do pai, sempre apresentadas num tom de acusação moral (*Carta ao pai*, NSF2 169), com as passagens correspondentes do diário em 26 de dezembro de 1911 (T 323 ss.). [Ed. bras.: p. 175.]
18. Carta a Max Brod, 14 de novembro de 1917 (B3 363).
19. *Carta ao pai* (NSF2 200, 210). [Ed. bras.: pp. 59 e 68.]
20. Carta a Felice Bauer, 19 de outubro de 1916 (B3 262); Diário, 18 de outubro de 1916 (T 808). [Ed. bras.: p. 472.] As palavras "sem enlouquecer" foram acrescentadas posteriormente no diário. — Também em relação à briga a respeito de Isaac Löwy, Kafka fala de "ódio", mas como se se tratasse de uma perturbação atmosférica: "Por certo, eu não deveria ter feito essa anotação, porque registrei assim um ódio contra meu pai [...]" (Diário, 31 de outubro de 1911, T 214 ss.) [Ed. bras.: p. 114]. Algo semelhante acontece depois de uma discussão sobre a fábrica de amianto: "odeio todos eles, em sequência" (carta a Max Brod, 7 a 8 de outubro de 1912, B1 180). — Num dos blocos de notas que Kafka usava antes da guerra, há a seguinte anotação estenográfica: "Meu ódio de meu pai" (T App 68).
21. Brod, *Franz Kafka*, p. 30.
22. Diário, 23 de janeiro de 1922 (T 887). [Ed. bras.: p. 524.]
23. Para tradução para o tcheco da autobiografia de Benjamin Franklin, *The Life of Benjamin Franklin* (1868).
24. Carta a Max Brod, 26 ou 27 de março de 1918 (B4 33).
25. "Peço não esquecer da dedicatória do livro, 'A meu pai'" (carta à editora Kurt Wolff, 1º de outubro de 1918, B4 55). "Em relação ao livro *Um médico rural* faltaram a folha de rosto e a página de dedicatória" (carta à editora Kurt Wolf, supostamente de final de fevereiro de 1919, B4 76).
26. Friedrich Thieberger, "Kafka und die Thiebergers". In: Koch (Org.), *"Als Kafka mir entgegenkam..."*, p. 134.
27. Paul Federn, *Zur Psychologie der Revolution: Die vaterlose Gesellschaft*. Leipzig; Viena: Anzengruber, 1919, p. 7.
28. Otto Gross, "Zur Überwindung der kulturellen Krise", *Die Aktion*, ano 3, n. 4, coluna 386 ss., 2 abr. 1913.

29. Diário, 8 e 16 de outubro de 1916 (T 804 ss.). [Ed. bras.: p. 470 ss.] — Cf. a carta a Max Brod de 10 de dezembro de 1917, na qual Kafka escreve, referindo-se expressamente a Foerster, que a "pedagogia do autocontrole" parece para ele "cada vez mais frágil" (B3 379).
30. Foram preservadas apenas três dessas cartas (maio a agosto de 1921); algumas formulações permitem reconhecer, entretanto, que a correspondência pedagógica entre Kafka e a irmã Elli era mais abrangente.
31. Apud Thomas Nitschke, *Die Gartenstadt Hellerau als pädagogische Provinz*. Dresden: Hellerau, 2003, p. 75.
32. Peter de Mendelssohn, *Hellerau, mein unverlierbares Europa*. Dresden: Hellerau, 1993, p. 54. — Diário, 17 de janeiro de 1920 (T 851).
33. Carta a Elli Hermann, supostamente de final de junho de 1921 (B5).
34. Carta a Elli Hermann, entre 6 e 13 de julho de 1922 (B5). — Não é possível reconstruir em detalhes o motivo de o casal Hermann, após a conversa com Lilian Neustätter, ter se decidido contra Hellerau. Mas é provável que nesse encontro tenham vindo à tona, além da situação política instável, também os problemas financeiros da escola, que ameaçavam constantemente sua continuidade. Em 1924 Neill retornou à Inglaterra para criar a Summerhill School; em 1925 a Nova Escola Hellerau teve de fechar as portas. — Dois professores que Neill empregara em Hellerau acabaram se tornando, um pouco mais tarde, os primeiros tradutores de Kafka para o inglês: Edwin e Willa Muir.
35. *Carta ao pai* (NSF2 178). [Ed. bras.: p. 39.]
36. Brod, *Franz Kafka*, p. 23.
37. Cartas a Milena Pollak, 21 de junho e 4 a 5 de julho de 1920 (B4 192, 202).
38. Diário, 13 de janeiro de 1920 (T 849). [Ed. bras.: p. 498.]

16. Merano, segunda classe [pp. 309-16]

1. Carta a Hermann, Julie e Ottla Kafka, 4 de maio de 1920 (B4 128). — Licenças médicas tinham de ser formalmente autorizadas pela diretoria da seguradora.
2. Carta a Käthe Nettel, 24 de novembro de 1919 (B4 93).
3. *Internationales Bäderhandbuch*, Berlim: [s.n.], 1914, p. 286. — Depois da derrota da República Soviética de Munique (1919), Partenkirchen era um dos poucos balneários bávaros onde os hóspedes judeus ainda eram explicitamente bem-vindos. Não se sabe se Kafka estava consciente disso.
4. Carta a Minze Eisner, 1º de abril de 1920 (B4 114).
5. Carta a Ottla Kafka, 5 de abril de 1920 (B4 114 ss.).
6. Carta a Milena Pollak, por volta de 12 de abril de 1920 (B4 120). — Nesse momento, Kafka ainda não sabia que pouco após sua partida de Praga, recebera uma carta de Milena, que permaneceu guardada para ele no posto de correio do Instituto de Seguros contra Acidentes de Trabalho.

17. Milena [pp. 329-41]

1. Willy Haas, *Die literarische Welt: Erinnerungen*. Munique: List, 1957, pp. 36 ss.
2. Na carta de Kafka a Milena Pollak, por volta de 12 de maio de 1920 (B4 135).
3. O pai de Milena Hejzlarová era o pedagogo tcheco František Hejzlar, que em 1886 foi nomeado inspetor escolar nacional e, em seguida, transferiu-se juntamente com a família

para Praga. Hejzlar escreveu, entre outros, um manual de química, empregado tanto em escolas tchecas quanto alemãs.

4. Grego e latim eram obrigatórios no Minerva; alemão, francês e inglês, matérias optativas. Milena frequentou, comprovadamente, aulas de alemão; cf. a carta a sua professora Albína Honzáková, na primavera de 1915: "Há pouco tive alemão às dez [...]". In: Milena Jesenská, *"Ich hätte zu antworten tage- und nächtelang": Die Briefe von Milena*. Org. de Alena Wagnerová. Mannheim: [s.n.], 1996, p. 30.

5. O termo foi cunhado por Hartmut Binder, que reuniu informações esparsas de sua vida no perfil "Ernst Polak — Literat ohne Werk". *Jahrbuch der Deutschen Schillergesellschaft*, n. 23, pp. 366-415, 1979; a forma tcheca de "Polak" é dos anos da emigração, a partir de 1938.

6. Era assim que Egon Erwin Kisch chamava o Café Arco; cf. Kisch, *Briefe an den Bruder Paul und an die Mutter 1905-1936*. Berlim; Weimar: Aufbau, 1978, p. 135.

7. Milena Jesenská, "Wien". In: *"Alles ist Leben": Feuilletons und Reportagen 1919-1939*. Org. de Dorothea Rein. Frankfurt am Main: Neue Kritik, 1984, pp. 11 ss. O original tcheco, "Vídeň", foi publicado no jornal *Tribuna* de Praga de 30 dez. 1919.

8. No fim dos anos 1930, ela escreveu a Willy Schlamm que, no início de sua temporada em Viena, o jornalista tcheco Josef Kalmer foi o único a apoiá-la de maneira desinteressada. "Se não salvou minha vida, então provavelmente me salvou dos programas" (apud Alena Wagnerová, *Milena Jesenská: "Alle meine Artikel sind Liebesbriefe": Biographie*. Mannheim: Bollmann, 1994, p. 70).

9. Numa carta de Kafka a Milena Pollak de 15 de setembro de 1920 (B4 342) são mencionadas três das atividades dela: "carregar lenha, carregar malas, o pianinho". Ela descreveu o esforço de juntar e distribuir lenha em seu primeiro artigo cultural, "Viena" (cf. nota 7), evidentemente sem mencionar que ela própria tinha de ganhar dinheiro dessa maneira. O "pianinho" pode ser um indício de que ela trabalhava às vezes também com música em bares noturnos.

10. Gina Kaus, *Und was für ein Leben: Mit Liebe und Literatur, Theater und Film*. Hamburgo: Albrecht Knaus, 1979, p. 56. — Kaus também foi roubada uma vez por Milena Pollak, cf. ibid., pp. 55 ss.

11. A muito robusta Adele Koller, que deve ter tido um papel bastante significativo na vida de Milena como "assistente, cozinheira, governanta, camareira, lavadeira, costureira, lavadeira, espiã", foi retratada por ela em dois artigos: "Meine Freundin" e "Scheiden tut weh". In: *"Alles ist Leben"*, pp. 27-32 e 50-4. Os originais tchecos, intitulados "Moje přítelkyně" e "Louvení, louvení", foram publicados no jornal *Tribuna* de 27 jan. e 17 de ago. de 1921, assinados com "A. X. Nessey". — Kafka provavelmente conheceu Adele Koller durante sua estada em Viena. Em 10 ou 11 de julho de 1920, ele lhe perguntou, por telegrama, pelo estado de Milena, mas não recebeu resposta. Em 15 de julho, enviou-lhe um envelope com dinheiro, destinado a Milena.

12. Kaus, *Und was für ein Leben*, p. 75. — Em 1920, Gina Kaus, a amante de Franz Blei, estava fazendo sucesso no Burgtheater de Viena com a comédia *Diebe im Haus* [Ladrões em casa] (sob o pseudônimo de "Andreas Eckbrecht"). No mesmo ano, ela recebeu o prêmio Fontane pelo seu conto "Der Aufstieg" [A ascensão].

13. "A Áustria alemã é uma parte da República Alemã", especificava o artigo 2 da declaração da República, de 12 de novembro de 1918. Entretanto, essa união foi impedida pelos Aliados; em outubro de 1919 o novo Estado teve de ser renomeado como "República da

Áustria". — Nessa época, cerca de 6,5 milhões tinham a nacionalidade austríaca; 2 milhões moravam em Viena.

14. Carta a Milena Pollak, por volta de 6 de maio de 1920 (B4 132).
15. Carta a Milena Pollak, por volta de 19 de maio de 1920 (B4 145). — Sobre a qualidade das traduções de Milena Pollak e os comentários de Kafka, cf. Marek Nekula, *Franz Kafkas Sprachen*. Tübingen: Max Niemeyer, 2003, pp. 243 ss.
16. "Zpráva pro jistou akademii" ("Um relatório para uma academia"), *Tribuna*, 26 set. 1920, pp. 1-4. — Do volume *Contemplação* foram publicados "Náhlá procházka" ("O passeio repentino"), "Výlet do hor" ("Excursão às montanhas"), "Neštěstí mládence" ("A infelicidade do celibatário"), "Kupec" ("O comerciante"), "Cesta domů" ("O caminho para casa") e "Ti, kterí bezí mimo" ("Os que passam por nós correndo"), todos in *Kmen*, 9 set. 1920. Outro texto de *Contemplação* foi publicado no jornal *Tribuna* de 16 jul. 1920: "Nešťastný" ("Ser infeliz"). — A tradução de Milena Pollak de "O veredicto" foi publicada na revista *Cesta*, ano 5, n. 26-7, dez. 1923-jan. 1924.
17. Cartas a Milena Pollak, por volta de 19 de maio e 22 de outubro de 1920 (B4 145, 359). — Em 24 de outubro de 1920 foi publicado "Před zákonem" ("Diante da lei") no suplemento dominical do jornal diário de orientação social-democrata *Právo lidu* [O direito popular], traduzido por Milena Illová. Ela era a esposa de um colega de escola de Kafka, Rudolf Illový, que lhe comunicou a empreitada, por carta, apenas poucos dias antes da sua publicação.

18. Fogo vivo [pp. 342-62]

1. Carta a Milena Pollak, por volta de 5 de maio de 1920 (B4 131).
2. Carta a Milena Pollak, por volta de 12 de maio de 1920 (B4 135 ss.).
3. "Nem uma única palavra que não estivesse muito bem pensada": Kafka cita Milena em tcheco: "*ani jediné slovo které by nebylo velmi dobře uváženo*". Carta a Milena Pollak, 10 de junho de 1920 (B4 70).
4. "Se tiver oportunidade", ela escreveu para Max Brod pouco após a morte de Kafka, "por favor, faça com que minhas cartas em posse de Franz sejam queimadas; eu tranquilamente as confio ao senhor, de todo modo não é importante" (Jesenská, "*Ich hätte zu antworten tage- und nächtelang*", p. 52). Não sabemos se Brod cumpriu o pedido nem se ele encontrou as cartas em meio ao espólio de Kafka.
5. Carta a Milena Pollak, 11 de junho de 1920 (B4 176). Isso se refere supostamente a uma afirmação de Kafka de 1º de junho: "Você faz a gentileza de se preocupar, você sente falta de cartas, sim, não escrevi alguns dias da semana passada [...]" (B4 158).
6. Carta a Milena Pollak, 31 de maio de 1920 (B4 157).
7. Carta a Milena Pollak, 10 de junho de 1920 (B4 170).
8. Carta a Milena Pollak, 6 de junho de 1920 (B4 165).
9. Max Brod para Franz Kafka, 9 de junho de 1920 (B4 730); carta a Milena Pollak, 12 de junho de 1920 (B4 179). — O relato de Brod contém algumas imprecisões: por exemplo, Jarmila Reinerová ainda estava temporariamente em Praga, enquanto Haas não trabalhava como chefe, mas como redator da revista *Film-Kurier* em Berlim. O boato da semelhança física de ambas as amigas se deve talvez ao fato de Jarmila ter tentado imitar Milena durante algum tempo.
10. Carta a Milena Pollak, 20 de junho de 1920 (B4 189).

11. Carta a Max Brod, no dia ou logo depois de 12 de junho de 1920 (B4 180).
12. Cartas a Milena Pollak, 12 e 13 de junho de 1920 (B4 180, 183 ss.).
13. Carta de Max Brod a Kafka de 24 de maio de 1921. In: Marx Brod; Frank Kafka, *Briefwechsel*. Frankfurt am Main: S. Fischer, 1989, p. 348. — Brod também relata que, nessa conversa, Milena revelou inclusive seu "ódio instintivo" contra sua esposa. Kafka explicou que isso devia se dar antes devido à admiração que Elsa Brod mostrava diante do marido e que Milena considerava "humilhante" demais. "M[ilena] odeia quase todas as judias", ele completou um pouco mais tarde (cartas a Max Brod, supostamente de 29 de maio ou por volta de 30 de junho, B5).
14. Trata-se da segunda parte da matéria de Milena Pollak "Nový velkoměˇstský typus" [O novo tipo da cidade grande], publicado em 7 de agosto de 1920 no jornal *Tribuna*. Curiosamente o texto fala de "novos ricos" e "aqueles que lucram com a guerra", mas não de judeus. Cf. a tradução para o alemão de Marek Nekulas (B4 618ff) bem como a carta de Kafka a Milena Pollak de 10 de agosto de 1920 (B4 300).
15. Carta a Max Brod, 6 a 8 de abril de 1920 (B4 117 ss.).
16. Carta a Max Brod, posterior a 16 de maio de 1920 (B4 141 ss.). — Uma ilustração daquilo que Kafka queria dizer com a "inocência do antissemitismo" foi dada no mesmo ano — e certamente a partir de experiência própria — por Otto Pick na *Selbstwehr*. Em seu texto ficcional "Conversa sobre antissemitismo", lê-se: "Visto que eu, apesar de ter nascido judeu, não sou considerado judeu nem por minha aparência nem por meu modo de falar, testemunhei diversas vezes cristãos fazendo abertas afirmações antissemitas na minha frente. [...] Entretanto, se me revelasse judeu, eles aceitavam a notícia com a apaziguadora observação de que eu era uma exceção à regra (por que não me pareço judeu?!) e diziam ainda que se todos os judeus fossem como eu, não haveria antissemitismo" (24 de dezembro de 1920, p. 1).
17. Carta a Ottla David, 16 de março de 1921 (B5).
18. O quarto ponto do "Programa de 25 pontos do NSDAP", apresentado em 24 de fevereiro de 1920 na cervejaria Hofbräuhaus por Hitler, dizia: "Apenas quem é *Volksgenosse* [compatriota, camarada de raça] pode ser cidadão. Camarada de raça só pode ser quem tem sangue alemão, independentemente do credo. Portanto, nenhum judeu pode ser *Volksgenosse*".
19. Buber fez esse discurso em 27 de março de 1920 em Praga; Max Brod e Hugo Bergmann também estavam presentes. A íntegra está reproduzida na revista *Selbstwehr* de 2 de abril de 1920, pp. 6 ss.
20. Carta a Max Brod, posterior a 16 de maio de 1920 (B4 141). Kafka solicitava o envio regular da *Selbstwehr* para Merano; ele podia pressupor o conhecimento compartilhado do texto de Buber.
21. Carta a Milena Pollak, 17 a 20 de novembro de 1920 (B4 370 ss.). — Os conflitos, a princípio de motivação antialemã, duraram vários dias, ambos os teatros de língua alemã foram ocupados, assim como vários cafés e a redação dos jornais *Prager Tagblatt* e *Bohemia*. Mais uma vez, Baxa, o prefeito antissemita de Praga, fez com que a maioria dos agitadores presos para investigação fossem rapidamente soltos.
22. Em Merano, no Hotel Emma, Kafka havia conversado com um judeu de Praga que lhe pareceu um exemplo perfeito desse oportunismo. Também o filho deste último havia trocado de escola: "agora ele não vai saber nem alemão nem tcheco, ele vai latir", cita Kafka (carta a Max Brod, 6 a 8 de abril de 1920, B4 117). — Os conflitos de novembro de

1920 mostraram de maneira paradigmática que a mudança de nome dos judeus foi em vão: as dezenas de placas de empresas destruídas estampavam quase que exclusivamente nomes tchecos, mas *soavam* judeus.

23. Carta a Ottla Kafka, em ou logo depois de 16 de maio de 1920 (B4 137).
24. Carta a Milena Pollak, 31 de maio de 1920 (B4 154, 156).
25. Carta a Milena Pollak, 23 de junho de 1920 (B4 194).
26. Numa carta a Grete Bloch, a quem ele também pressionava para deixar Viena o mais rapidamente possível, Kafka falava — ainda antes do início da guerra — de uma "cidade gigante moribunda" (8 de abril de 1914, B3 19).
27. Milena Pollak, Carta a Max Brod, janeiro-fevereiro de 1921. In: Jesenská, "*Ich hätte zu antworten tage- und nächtelang*", p. 46. — O termo "torrado" significa aqui "bronzeado", um uso coloquial austríaco usado eventualmente também por Kafka.
28. Carta a Milena Pollak, 15 de julho de 1920 (B4 228).
29. Carta a Milena Pollak, 9 de agosto de 1920 (B4 297f).
30. Cartas a Milena Pollak, 8 a 9 de agosto e 29 de julho de 1920 (B4 295, 261).
31. Carta a Max Brod, posterior a 16 de maio de 1920 (B4 142).
32. Carta a Milena Pollak, 5 a 6 de julho de 1920 (B4 208).

19. O grande porém [pp. 363-88]

1. Carta a Milena Pollak, 5 a 6 de julho de 1920 (B4 207 ss.).
2. Carta a Milena Pollak, 10 de junho de 1920, e a Ottla Kafka, 11 de junho de 1920 (B4 172, 175).
3. Carta a Milena Pollak, 31 de maio de 1920 (B4 154). — A partir de uma carta de Milena Pollak a Max Brod, é possível deduzir que ela falava com Kafka também sobre Felice Bauer: "Se o senhor lhe perguntar por que ele amou a primeira noiva, ele responderá: 'Ela era tão empreendedora', e o rosto dele começa ficar radiante por respeito" (Jesenská, "*Ich hätte zu antworten tage- und nächtelang*", p. 42; na carta original, Kafka escreve em alemão). O próprio Kafka ironizou essa informação, enviando a Milena um exemplar do livro *Der Arme Spielmann*, de Grillparzer, com a justificativa, entre outras, de que "ele tinha amado uma moça empreendedora" (4 a 5 de julho de 1920, B4 202).
4. Carta a Milena Pollak, 24 de julho de 1920 (B4 247).
5. Cf. a carta a Milena Pollak, 10 de julho de 1920 (B4 218).
6. Mais tarde, Heimito von Doderer afirmou inclusive que Pollak e outros desses conhecidos vienenses mantinham um "culto a Kafka" no Café Central ("Nicht alle zogen nach Berlin", *Magnum*, n. 9, p. 61, 1961).
7. Décadas mais tarde, Pollak também foi um dos primeiros leitores de todo o conjunto das cartas. Willy Haas, a quem Milena havia confiado as cartas em 1939, pediu conselho a Pollak em 1946, um ano antes da morte deste último, de como agir no caso de uma possível publicação. Ou seja, não foi Max Brod quem decidiu pela publicação das cartas de Kafka a Milena, mas justamente as duas pessoas que mais precisavam temer serem comprometidas — Pollak, por seu duvidoso papel como marido; Haas, por sua influência sobre o destino de Jarmila e Josef Reiner, que é comentado nas cartas várias vezes e com palavras incisivas. O resultado da checagem em conjunto das cartas foi uma edição organizada por Haas (1952), mutilada, que embora contivesse passagens relativas a Pollak, suprimia totalmente o episódio Haas-Jarmila. "Nesta edição, infelizmente alguns

trechos das cartas tiveram de ser omitidos por respeito a pessoas ainda vivas", escreveu Haas em seu posfácio. "O organizador lamenta o fato principalmente porque seu nome também aparece repetidamente nesses trechos. Ele não se opõe à sua publicação — isso seja dito de antemão a todo futuro organizador —, apesar de algumas conclusões a que Kafka tenha chegado sobre um determinado trágico episódio serem tão fantasiosas e improcedentes." Nessa época, a primeira esposa de Haas, Jarmila, ainda estava viva; ela fez carreira como jornalista e tradutora, vindo a morrer em 1990 aos 94 anos.

8. Carta a Milena Pollak, 25 a 29 de maio de 1920 (B4 148).
9. Carta a Milena Pollak, 8 de julho de 1920 (B4 213 ss.).
10. Carta a Milena Pollak, 18 de julho de 1920 (B4 233).
11. Carta a Milena Pollak, 13 de agosto de 1920 (B4 308).
12. Carta a Milena Pollak, 27 de setembro de 1920 (B4 350).
13. Carta a Milena Pollak, 18 de julho de 1920 (B4 236).
14. Carta a Milena Pollak, 4 de agosto de 1920 (B4 280).
15. Carta de Milena Pollak a Max Brod. In: Jesenská, *"Ich hätte zu antworten tage- und nächtelang"*, p. 42. — A datação dessa carta como "início de agosto de 1920" parece duvidosa. Nesse momento, ainda não havia nenhuma decisão definitiva sobre a viagem de Kafka a Viena, mas Milena escreve: "*Naquela época*, isso era muito necessário para mim".
16. Carta a Milena Pollak, 2 de agosto de 1920 (B4 275).
17. Cartas a Milena Pollak, 31 de maio e 12 de julho de 1920 (B4 157, 219).
18. Carta a Milena Pollak, 9 de julho de 1920 (B4 215).
19. Carta a Milena Pollak, 13 de agosto de 1920 (B4 308).
20. O termo "anjo da morte" aparece numa carta a Milena Pollak, de 3 a 4 de setembro de 1920 (B4 335). Kafka expressou-se de maneira incomumente agressiva logo após o primeiro encontro com Staša: "provavelmente ela foi apagada pelo marido. Ela está cansada e morta e não sabe disso. Se quero imaginar o inferno, penso nela e no marido" (carta a Milena Pollak, 13 de julho de 1920, B4 222). Kafka parece não ter sabido que Staša Jílovská trabalhava como editora, traduzia de diversas línguas e conhecia diversos autores de língua alemã, principalmente os mais jovens.
21. Cf. a descrição da conversa com Vlasta Knappová na carta a Milena Pollak, 3 a 4 de setembro de 1920 (B4 331-4). Kafka menciona diversas vezes em sua correspondência o restaurante do qual Milena era frequentadora assídua, Weißer Hahn, na Josefstädter Straße 24, o que indica que ele o conhecia pessoalmente. Uma outra carta de Kafka, escrita em 15 de setembro de 1920, comprova que ele também havia se referido às dívidas de Pollak (B4 342 ss.). — A situação financeira dos Pollak não melhorou nos anos seguintes. Numa carta de Milena a Karel Horch, de 5 de março de 1924, na qual ela relata sua separação iminente, lê-se: "e vendo meus móveis — meu marido tem dívidas vultosas e eu quero que estejam pagas antes de partir" (Jesenská, *"Ich hätte zu antworten tage- und nächtelang"*, p. 68).
22. Carta a Milena Pollak, 10 de setembro de 1920 (B4 339). — O texto integral do telegrama de Milena Pollak não foi preservado (apenas a palavrinha "imediatamente"), mas seu tom e conteúdo podem ser depreendidos das cartas seguintes de Kafka.
23. Cf. NSF2 254-7 e as variações textuais correspondentes no volume de aparatos que o acompanha. — A edição crítica de Kafka data o fragmento em 28 de agosto de 1920 (cf. NSF2 App 68 ss.), as finais da competição de natação ocorreram na Antuérpia de 24 a 26 de agosto. Não está claro o quanto Kafka sabia a respeito, pois devido à bancarrota do

comitê olímpico local, as notícias divulgadas aos jornalistas eram absolutamente insuficientes. A imprensa de língua alemã fez uma cobertura também muito discreta, visto que tanto a Alemanha quanto a Áustria estavam excluídas das Olimpíadas de verão.

24. Franz Kafka, *Beim Bau der Chinesischen Mauer: Ungedruckte Erzählungen und Prosa aus dem Nachlass*. Org. de Max Brod e Hans-Joachim Schoeps. Berlim: Gustav Kiepenheuer, 1931. — Franz Kafka, *Gesammelte Schriften*. v. 5: *Beschreibung eines Kampfes: Novellen, Skizzen, Aphorismen aus dem Nachlass*. Org. de Max Brod. Praga: Heinrich Mercy Sohn, 1936. — Todos os títulos citados são de Brod, exceto "Sobre a questão das leis".
25. Carta a Milena Pollak, 8 de julho de 1920 (B4 214). O texto em prosa "O brasão da cidade" surgiu cerca de dois meses mais tarde.
26. Peter Panter (pseudônimo de Kurt Tucholsky), "In der Strafkolonie", *Die Weltbühne*, 3 jun. 1920; id., "Der Prozeß", *Die Weltbühne*, 9 mar. 1926; id., "Auf dem Nachttisch", *Die Weltbühne*, 26 fev.1929. Cf. Born, *Franz Kafka: Kritik und Rezeption zu seinen Lebzeiten. 1912-1924*, p. 96, bem como *Franz Kafka: Kritik und Rezeption 1924-1938*, pp. 110, 206.
27. NSF2 334.
28. Cartas a Milena Pollak, 21 de julho e 9 de agosto de 1920 (B4 241 ss., 297).
29. Carta a Max Brod, 13 de janeiro de 1921 (B5).
30. Carta a Milena Pollak, 26 de agosto de 1920 (B4 318 ss.).
31. Milena Pollak para Max Brod, janeiro ou fevereiro de 1921. In: Jesenská, "*Ich hätte zu antworten tage- und nächtelang*", p. 48. — Não sabemos se Kafka viu essas frases, mas isso é possível, quando se leva em conta o relaxo de Brod nas questões de discrição.
32. Carta a Milena Pollak, c. 15 de outubro de 1920 (B4 358).
33. Cartas a Milena Pollak, 25 e 27 de setembro de 1920 (B4 348, 351).

20. Fuga em direção às montanhas [pp. 389-94]

1. Carta a Milena Pollak, 10 de agosto de 1920 (B4 299). — O termo "grande dia de glória" refere-se ao fato de essa carta ter sido escrita no dia do aniversário de 24 anos de Milena.
2. "[...] sei muito bem que não perdi nada, afinal será que você desde o casamento por acaso perdeu as orelhas? E como você ainda as tem, não posso mais brincar com elas? Ora essa" (cartão-postal a Ottla David, 25 de julho de 1920, B4 249).
3. Carta a Milena Pollak, 31 de agosto de 1920 (B4 326).
4. Avaliação médica do dr. Odolen Kodym, 14 de outubro de 1920 (B4 658 ss.).
5. Carta a Milena Pollak, 21 ou 22 de outubro de 1920 (B4 359).
6. As diárias dos quartos no sanatório Grimmenstein custavam a partir de trezentas coroas austríacas, incluindo pensão completa e acompanhamento médico; no final de 1920, isso correspondia a cerca de sessenta coroas tchecas. Desse modo, Kafka teria de dispender dois salários inteiros por cada mês no sanatório.
7. Carta a Milena Pollak, 2 de dezembro de 1920 (B4 374).

21. Febre e neve: Tatranské Matliary [pp. 395-410]

1. Max Brod a Kafka, 6 de janeiro de 1921 (B5). Carta a Max Brod, 13 de janeiro de 1921 (B5).
2. Carta a Max Brod, 15 e supostamente 21, 25, 26 e 29 de janeiro de 1921 (B5).
3. Cartas a Max Brod, 13 assim como 15 e supostamente 21, 25, 26 e 29 de janeiro de 1921 (B5).

4. Carta a Max Brod, 31 de dezembro de 1920 (B4 382). — *Shulchan Aruch* [mesa posta] é um compêndio do século XVI sobre rituais judaicos e leis, destinado a leigos; seu autor é o rabino e cabalista Josef ben Ephraim Karo (1488-1575). Visto que o texto foi soterrado por inúmeros comentários em edições posteriores, a partir do século XIX começaram a circular versões compactas da obra.
5. Todas as citações são dos breves relatos orais de Klopstock, gravados na editora Schocken em Nova York e reproduzidos sob o título "Mit Kafka in Matliary". In: Koch (Org.), *"Als Kafka mir entgegenkam..."*, pp. 164-7. — Evidentemente, Klopstock se enganou ao dizer que estava lendo *Temor e tremor* de Kierkegaard no momento do primeiro encontro com Kafka e que este lia a mesma obra. Pois foi Kafka quem solicitou o envio do próprio exemplar do livro, que foi entregue em Matliary duas semanas mais tarde, para emprestá-lo a Klopstock.
6. Klopstock, "Mit Kafka in Matliary", p. 166.
7. Ludwig Hardt, "Der Autor und sein Rezitator". In: Koch (Org.), *"Als Kafka mir entgegenkam..."*, p. 216.
8. Carta a Max Brod, 1 e 2 de fevereiro 1921 (B5). — Sobre a primeira fase da vida de Klopstock, cf. o catálogo n. 13, publicado em 2003, da livraria de obras fora de catálogo Inlibris, de Viena: *Kafkas letzter Freund: Der Nachlass Robert Klopstock (1899-1972)*. Org. de Hugo Wetscherek, com textos de Leonhard M. Fiedler e Leo A. Lensing. (Sempre que possível, as cartas de Kafka a Klopstock são citadas segundo este catálogo.) — No exílio americano, Klopstock se tornou membro da Igreja episcopal.
9. Carta a Max Brod, 10 ou 11 de maio de 1921 (B5).
10. Cartas a Ottla David, 16 de março e 2 a 3 de fevereiro de 1921 (B5). Carta a Max Brod, supostamente de 1º ou 2 de maio de 1921 (B5).
11. Cartas a Ottla David, supostamente de 24 de abril de 1921 e 6 de maio de 1921 (B5). — O artigo do jornal *Karpathen-Post* de 23 de abril de 1921 intitulava-se "Aus Matlárháza" (D 443).
12. Cf. as cartas a Max Brod, de 15 e supostamente 21, 25, 26 e 29 de janeiro, assim como supostamente de 12 a 13 de abril de 1921 (B5).
13. Carta a Max Brod, 10 ou 11 de maio de 1921 (B5). — As respostas ao "questionário" de Brod de 12 de junho de 1921 eram as seguintes: "Situação objetiva dos pulmões? Segredo dos médicos, supostamente favorável. — Temperaturas? No geral, sem febre. — Respiração? Não boa, nas noites frias quase como no inverno" (cf. o fac-símile, ibid., p. 361).
14. Kafka escreveu a Brod em junho, "se eu estivesse saudável, a tuberculose do próximo iria me incomodar muito, não apenas pela possibilidade de contágio, mas principalmente porque esse estado contínuo de doença é sujo, é suja essa contradição entre o aspecto do rosto e o do pulmão, tudo é sujo" (B5). — No verão de 1921, Milena Pollak vivia num sanatório em Spitzberg (Špivák) nas proximidades de Eisenstein (Železná Ruda).
15. Carta a Max Brod, 5 ou 6 de março de 1921 (B5). — De modo semelhante, Kafka escreveu ao diretor Odstrčil de seu "desamparo diante da tuberculose, que eu apenas aqui, vivendo entre tuberculosos, reconheci pela primeira vez" (carta em alemão, de 3 de abril de 1921 [B5]).
16. Max Brod encontrou esta primeira disposição testamentária ao revisar os papéis de Kafka após sua morte. A folha dobrada está com o endereço postal de Brod (Brod; Kafka, *Briefwechsel*, p. 365).

22. O relógio interno e o externo [pp. 411-28]

1. Thomas Mann, "Ludwig Hardt". In: *Essays ii. 1914-1926*. Org. de Hermann Kurzke. Frankfurt am Main: Fischer, 2002, pp. 303-5. — O texto apareceu primeiro na publicação especializada de Munique *Wort und Ton* de 17 de abril de 1920, apenas seis dias após a apresentação (não esgotada), a que Mann assistiu em companhia do filho Klaus. A resenha foi republicada no jornal de Praga *Bohemia* em 17 de novembro de 1922.
2. E. Dietrichstein, "Berliner Podium", *Deutsche Zeitung Bohemia*, Praga, 21 nov. 1920.
3. H. St., "Vortragsabend", *Vossische Zeitung*, Berlim, 10 mar. 1921; reproduzido em: Born, *Franz Kafka: Kritik und Rezeption zu seinen Lebzeiten*, pp. 130 ss. — A declamação de Hardt em Berlim de 9 de março de 1921 é a primeira na qual Kafka comprovadamente consta do programa. Mais tarde, Hardt escreveu que antes de conhecer Kafka pessoalmente, "há anos" já apresentava suas obras; trata-se, sem dúvida, de um lapso de memória (Hardt, "Der Autor und sein Rezitator". In: Koch [Org.]. *"Als Kafka mir entgegenkam..."*, p. 215). Em várias apresentações em Praga, nos meses de janeiro e fevereiro de 1921, ele não leu *nenhum* texto de Kafka.
4. Soma Morgenstern, "Franz Kafka [2]". In: *Kritiken. Berichte. Tagebücher*. Org. de Ingolf Schulte. Lüneburg: Zu Klampen, 2001, pp. 453 ss.
5. Uma informação crível de Janouch, *Gespräche mit Kafka*, p. 114.
6. Em 11, 12 e 14 de junho de 1920, Karl Kraus havia se apresentado no Mozarteum; nos dois primeiros dias também recitou trechos de *Os últimos dias da humanidade*. Por essa época, Kafka estava em Merano. — Kraus não gostou nada do estilo de declamação de Hardt; depois de tê-lo assistido numa apresentação em 12 de maio de 1922 em Viena, anunciou que não permitiria a leitura de suas obras por terceiros em geral ("Durch das Betragen eines Berliner Schauspielers dazu veranlasst..."; cf. *Die Fackel*, n. 595-600, p. 80). Kraus claramente também se refere a Hardt no seu poema satírico "Der neue Rezitator" [O novo declamador] (*Die Fackel*, n. 622-31, jun. 1923, pp. 74 ss.).
7. Em seu relato para o *Prager Abendblatt*, Brod fala de "torrente de aplausos": "Der Rezitator Ludwig Hardt. (Vortragsabend im Mozarteum)", 4 out. 1921; reproduzido em: Born, *Franz Kafka: Kritik und Rezeption zu seinen Lebzeiten*, p. 133. — Brod evidentemente não gostou que nessa noite também tenham sido apresentados textos de seu mais ferrenho opositor, Karl Kraus (como informa um breve relato, anônimo, no *Prager Tagblatt* do mesmo dia); o repertório de Hardt talvez tenha sido "um pouco variado demais", ele escreveu.
8. Carta a Ludwig Hardt, supostamente de 10 de outubro de 1921 (B5).
9. Hardt, "Der Autor und sein Rezitator", pp. 213 ss.
10. A partir de uma observação de Kafka, sabe-se que Klopstock só conseguia financiar sua estada de mais de um ano em Matliary realizando pequenas tarefas de caráter médico: "No mais, como vão as coisas no seu trabalho em Matliary? No que consiste? E ele está assegurado a longo prazo? (carta a Robert Klopstock, supostamente de 30 de outubro de 1921 [B5]). Numa carta inédita a Julie Kafka, por volta de 17 de maio de 1924, Klopstock escreve que "durante cerca de quatro anos, trabalhei nos maiores sanatórios especializados em doenças pulmonares".
11. O engenheiro Hugo Georg Klopstock (nascido em 1891) esteve numa prisão de guerra russa e num campo em Krasnojarsk (Sibéria), mas depois parece ter permanecido voluntariamente na Rússia, o que o tornava suspeito para o governo Horthy, nacionalista

e estritamente anticomunista. Por essa razão, era muito importante avisá-lo a tempo dos perigos que o ameaçavam no caso de um regresso à Hungria. Em 1923, porém, ele resolveu arriscar; não se sabe se ele sofreu represálias quando entrou em Budapeste com sua esposa russa. — O temor de Robert Klopstock em ser preso também não era totalmente infundado. As tensões entre a criação da Tchecoslováquia e a Hungria assumiram formas ameaçadoras após o segundo golpe, igualmente fracassado, do imperador Carlos I em meados de outubro de 1921. Manobras militares eram realizadas na fronteira eslovaca com a Hungria e jornalistas húngaros chegaram a ser presos por um curto período na Eslováquia, suspeitos de agir em favor do retorno da Monarquia na Hungria. Em 26 de outubro, o primeiro-ministro Beneš declarou, no Parlamento em Praga, que não se tratava apenas de resistir às ambições de Carlos I, mas de impor a democracia em toda a Europa Central — uma declaração que foi lida, na Hungria, como uma ameaça de guerra.

12. Milena Pollak a Max Brod, 27 de julho de 1924. In: Jesenská, *"Ich hätte zu antworten tage- und nächtelang"*, p. 52.
13. Cartas a Robert Klopstock, 4 e 8 de outubro de 1921 (B5).
14. "Talvez eu o leve junto a Gmünd", ele escreve ainda em 9 de agosto de 1920 (B4 292). Kafka deve ter considerado esse plano longa e seriamente, pois no original de *Carta ao pai* há o início de uma explicação a lápis, destinada a Milena (com a qual ele também tornava impossível entregar a missiva posteriormente ao pai; cf. NSF2 App 55). Além disso, no verão de 1920, ele providenciou uma cópia datilografada do texto, provavelmente para tê-la consigo. Alguns erros típicos de leitura ("Freunde" [amigos]/ "Fremde" [estranhos]) indicam que não foi ele a datilografá-la; infelizmente não sabemos a quem confiou o trabalho. (Não deve ter sido para Julie Kaiser, que durante anos transcreveu ditados de Kafka e que também o visitou em Zürau, pois ela deixou o Instituto de Seguros contra Acidentes de Trabalho em meados de maio de 1920, enquanto Kafka ainda se encontrava em Merano.)
15. A questão aparece apenas no registro do diário de 19 de janeiro de 1922 (T 882), mas o contexto torna muito provável que tenha sido endereçada explicitamente a Milena. Oralmente, pois quatro dias mais tarde, lê-se no diário que ele havia "contado" algo a ela (T 888). [Ed. bras.: p. 520.]
16. Diário, 1º de dezembro de 1921 (T 874). [Ed. bras.: p. 515.]
17. Isso aparece numa carta de Milena Pollak a Brod do início de 1921. O volume que a editora de Praga, F. Borový, planejava para o inverno 1921-2 (Edição Červen) deveria conter também uma tradução de *A metamorfose*, além de um prefácio de Max Brod. Visto que a publicação atrasou (e, por fim, foi abandonada definitivamente por motivos desconhecidos), Milena Pollak sugeriu a Brod publicar o prefácio já pronto em outro lugar, em separado. Portanto, é possível supor que a matéria de Brod no jornal *Die neue Rundschau*, de novembro de 1921, seja uma versão ampliada desse prefácio, originalmente endereçado a leitores tchecos. (Jesenská, *"Ich hätte zu antworten tage- und nächtelang"*, pp. 49-51).
18. No diário de Thomas Mann está registrado que Hardt lhe apresentou, em 1º de agosto de 1921, textos em prosa de Kafka, chamando assim sua atenção a esse autor pela primeira vez. Em 22 de setembro, lê-se: "Fiquei muito interessado nos escritos de Franz Kafka, que o declamador Hardt sugeriu a mim" (Thomas Mann, *Tagebücher 1918-1921*. Frankfurt am Main: Fischer, 1979, pp. 542, 547). Entretanto, Kafka não chegou a vivenciar Mann sugerindo a leitura do "extraordinário" *O processo* no *Prager Tagblatt* (em resposta à questão "Quais livros o senhor presenteará no Natal?", 29 nov. 1925, in: Thomas

Mann, *Essays ii*, p. 1053). — Numa carta a Kafka de 29 de novembro de 1921, a empresa F. A. Brockhaus [editora responsável pela famosa enciclopédia homônima] pedia, "para fins lexicográficos, um breve resumo de sua vida e de suas obras" (B5).

19. Carta a Robert Klopstock, por volta de setembro de 1921 (B5). — O escritor francês Fred Bérence manteve supostamente uma longa conversa com Kafka no Café Edison nessa noite; cf. Bérence, "Zwei Abende mit Franz Kafka". In: Koch (Org.), *"Als Kafka mir entgegenkam..."*, pp. 168-72. O Café Edison também era ponto de encontro depois das apresentações de Ludwig Hardt; cf. Johannes Urzidil, *Da geht Kafka*. Zurique; Stuttgart: DTV, 1965, p. 14.
20. Kurt Wolff a Kafka, 3 de novembro de 1921 (B5).
21. Max Brod, "Der Dichter Franz Kafka", *Die neue Rundschau*, nov. 1921, pp. 1210-6. — Embora Kafka sem dúvida tenha desaprovado esse panegírico, logo em seguida ele foi publicado numa antologia: *Juden in der deutschen Literatur*. Org. de Gustav Krojanker. Berlim: Welt, 1922, pp. 55-62.
22. Kurt Wolff a Kafka, 1º de março de 1922 (B5). — Wolff usa os termos "muito deprimido" e "nervoso" numa carta a Brod de 30 de janeiro de 1922, um dia após um novo encontro com Ludwig Hardt, que por essa época supostamente ainda mantinha uma correspondência com Kafka (arquivo Max Brod, Biblioteca Nacional de Israel, Jerusalém).
23. Diário, 30 de outubro de 1921 (T 872). [Ed. bras.: p. 513.] — Ele escreveu a Brod no início de maio de 1921: "Se você conversar com ela [Milena] sobre mim, então fale como se estivesse se referindo a um morto, quero dizer, o que se refere à minha 'externalidade', minha 'exterritorialidade'" (B5). O termo "exterritorialidade", incomum para Kafka, é uma menção ao escritor Albert Ehrenstein, que será citado logo na frase seguinte. Em 1911, Ehrenstein havia publicado *Ansichten eines Exterritorialen*, sobre a visita de um "extraterritorial" à Terra (*Die Fackel*, n. 323, pp. 1-8, 18 maio 1911).
24. Cartas a Robert Klopstock, supostamente de 19 de setembro de 1921 (B5) e 21 de setembro de 1921: "para subir à cidade estou muito fraco" (B5).
25. Carta a Robert Klopstock, 23 de setembro de 1921 (B5). Nesse dia, Kafka faltou no trabalho devido à febre. — Em setembro de 1921, cem coroas tchecas valiam apenas entre cinco e seis francos suíços, de modo que viagens ao exterior "inimigo" ou neutro realmente eram muito caras (na época da introdução da moeda tcheca, na primavera de 1919, cem coroas tchecas valiam mais de trinta francos).
26. Parecer do dr. Otto Hermann, novembro de 1921, apud: *Franz Kafka, Amtliche Schriften*. Org. de Klaus Hermsdorf. Berlim: Akademie, 1984. — "Egofonia" significa uma voz anasalada, parecida com o balido de uma cabra, levemente trêmula, sintoma de doenças pulmonares. O "frêmito" é uma vibração perceptível (com o toque da mão) da caixa torácica durante a fala; um frêmito aumentado indica tecido espessado no pulmão.
27. Uma mensagem sem data a Brod faz chegar a essa conclusão: "Caro Max, não venho, tenho de comer às sete horas, senão não durmo, a ameaça da injeção é eficaz" (B5). Supostamente trata-se de injeção de arsênico.
28. Kafka, *Amtliche Schriften*, 1984, p. 438.
29. Cartas a Ottla David, 9 de março e meados de junho de 1921 (B5).
30. Diário, 16 de janeiro de 1922 (T 877 ss.). [Ed. bras.: p. 517.]
31. Diário, 21 de janeiro de 1922 (T 884). [Ed. bras.: p. 521.]
32. Diário, 23 de janeiro de 1922 (T 887 ss.). [Ed. bras.: p. 524.]
33. Diário, 21 de outubro de 1921 (T 869). [Ed. bras.: p. 511.]

23. O mito privado: *O castelo* [pp. 429-56]

1. S App 115-7.
2. Diário, 27 de janeiro de 1922 (T 892). [Ed. bras.: p. 527.] — Kafka usa o termo "tempos de loucura" numa carta a Robert Klopstock, abril de 1922 (B5).
3. Diário, 27 de janeiro de 1922 (T 893). [Ed. bras.: p. 527.]
4. Cf. S 67, linha 24, e S App 185. — Cf. a cena correspondente em *O processo*, o encontro do réu com a "cuidadora" Leni em P 146.
5. "Foi então que me levantei, a sensatez me deixou e eu peguei o cajado..." (S App 125).
6. Uma nota no chamado "caderno do artista da fome", NSF2 373.
7. Diário, 15 e 16 de outubro de 1921 (T 863 ss.). [Ed. bras.: p. 507.]
8. Diário, 20 de janeiro de 1922 (T 883). [Ed. bras.: p. 521.]
9. Diário, 18 a 20 de janeiro de 1922 (T 879-82). [Ed. bras.: pp. 518-20.] — A princípio, Kafka escreveu "Ges" [de "*Geschlecht*", sexo], para depois sobrescrevê-la com um "G".
10. Carta a Max Brod, 10 ou 11 de maio de 1921 (B5).
11. Cf. Hartmut Binder, *Kafka-Kommentar zu den Romanen, Rezensionen, Aphorismen und zum Brief an den Vater*. Munique: Winkler, 1976.
12. Uma informação de Pepi, a moça que servia bebidas, S 488. — O passeio interrompido a uma ponte está anotado no diário em 29 de janeiro de 1922 (provavelmente a Jubiläumsbrücke [ponte do Jubileu] na cidade de Weißwasser; não há outra digna de nota na região), a cena correspondente no primeiro capítulo de *O castelo* deve ter surgido imediatamente depois (T 894). — Em Spindelmühle Kafka leu *Ein arktischer Robinson*, de Einar Mikkelsen (Leipzig: F. A. Brockhaus, 1922). É provável que ele tenha adquirido o livro, que foi preservado em seu espólio, também em Spindelmühle.
13. Frieda fala da possibilidade de emigrar para o sul da França ou para a Espanha, o que K. logo rejeita. E ele soube que, certa feita, inúmeros visitantes dos vilarejos vizinhos vieram participar de uma festa dos bombeiros. (S 24, 215).
14. S 18. — Como outros exemplos conhecidos e controversos, há os castelos em Friedland (onde também existe uma ponte da qual era possível avistar o castelo) bem como em Wossek, a cidade natal do pai. Detalhes in Wagenbach, *Franz Kafka: Biographie seiner Jugend*, anexo "Wo liegt Kafkas Schloss?" [Onde fica o castelo de Kafka?], pp. 265-80.
15. O romance popular *Babička* [Vovozinha], de Božena Němcová (que Kafka já lia para as irmãs enquanto era estudante), pode ter sido uma motivação literária. Nesse livro, assim como no episódio de Amália, um funcionário do castelo é despachado por uma furiosa moradora do vilarejo.
16. Cartas de Max Brod a Kafka, 6 e 19 de janeiro de 1921 (B5). — Max Brod, *Heidentum Christentum Judentum: Ein Bekenntnisbuch*. 2 v. Munique: [s.n.], 1921, capítulo "Liebe als Diesseitswunder: Das Lied der Lieder", v. 2, pp. 5-65, aqui p. 11. Kafka tinha lido o manuscrito dessa obra no verão de 1920, de maneira bastante crítica, como atesta uma carta de 7 de agosto (B5); ou seja, ele conhecia havia tempos a noção de "milagre do aquém" de Brod. Kafka também deve ter visto o livro de Georg Langer, *Die Erotik der Kabala* (Praga: [s.n.], 1923) ainda como manuscrito; a citação do Talmude está na p. 25 deste último.
17. Cartas a Max Brod, 13 de janeiro e 15 a 29 de janeiro de 1921; carta de Max Brod a Kafka, 19 de janeiro de 1921 (B5).
18. Carta a Max Brod, 16 de agosto de 1922 (B5).

19. Carta a Max Brod, 16 de agosto de 1922 (B5). — A partir de um registro do diário de Brod sabemos que uma conversa franca com a esposa, que havia muito sabia da sua amante, aconteceu apenas no início de 1924. A relação entre Brod e Emmy Salveter, que em 1925 entrou para o teatro como atriz com o pseudônimo de "Änne Markgraf", durou até o início dos anos 1930 (mais documentos a respeito em Leonhard M. Fiedler, "'Um Hofmannsthal'. Max Brod und Hugo von Hofmannsthal. Briefe, Notizen", *Hofmannsthal--Blätter*, n. 30, pp. 23-45).
20. As edições posteriores foram intituladas *Eine Liebe zweiten Ranges* [Um amor de segunda classe]. — No início de 1923, Kafka enviou esse romance, cujo pano de fundo biográfico ele conhecia exatamente, a Milena Pollak, claramente atendendo a um desejo dela. Ele provavelmente imaginava qual seria a opinião da antiga "minervista" sobre a obra, como mostram suas observações explicativas e quase indulgentes (carta a Milena Pollak, janeiro-fevereiro de 1923 [B5]). Brod abordou os conflitos com Emmy Salveter também nas obras *Leben mit einer Göttin* (1923) e *Mira: Ein Roman um Hofmannsthal* (1958).
21. S 60, 138, 25. — A insídia que K. pretende forçar com uma visita àquela "moça do castelo" é o objeto de "A censura de Frieda" (o título do capítulo 14). — Para uma pesquisa detalhada sobre a tipologia feminina na obra de Kafka (e também sua relação com Weininger), cf.: Reiner Stach, *Kafkas erotischer Mythos: Eine ästhetische Konstruktion des Weiblichen*. Frankfurt am Main: S. Fischer, 1987.
22. Carta a Milena Pollak, 2 de setembro de 1920 (B4 329).
23. A partir do manuscrito do romance *O castelo* é possível comprovar muitas vezes essa tendência ao obscurecimento posterior. O episódio sobre o relatório que Momus, o secretário de Klamm, está fazendo sobre o comportamento de K. é especialmente esclarecedor a respeito. Quando Momus se nega a permitir que K. leia o relatório, K. o toma com alguma violência, sem encontrar qualquer resistência, chegando a receber a informação de qual página é preciso ler em particular. Kafka cita essa página literalmente, ela contém a acusação de que K. é uma pessoa calculista, que não sente nada em relação à noiva Frieda. Esta é a única vez na obra de Kafka que seu protagonista tem acesso a documentos, o único olhar direto que os leitores têm sobre a atividade das autoridades. Kafka, porém, percebeu imediatamente essa inconsequência e riscou todo o trecho, que se estende por várias páginas no manuscrito — muito a contragosto de Brod, que reclamou que a culpa do agrimensor se tornava absolutamente clara ao leitor por meio desse relatório. Talvez influenciado por essa objeção, Kafka colocou as acusações contra K., de maneira quase literal, na boca da dona do Albergue da Ponte e de Frieda (cf. S App 272 ss., S 243 ss., bem como a carta de Max Brod a Kafka de 24 de julho de 1922 [B5]).
24. As autoridades em *O processo* e *O castelo* têm em comum o fato de se manterem passivas e funcionarem como imensas câmaras de eco. Já na noite da sua chegada, a profissão de K., que lhe serve apenas de desculpa, é confirmada telefonicamente pelo castelo (S 12). O castelo ainda irá lhe indicar dois ajudantes, em substituição daqueles que ainda devem chegar — também uma mentira inocente de K. (S 31, 367). A demissão de K. como servente da escola é ineficaz simplesmente porque K. não a aceita (S 239 ss.), e a leitura dos documentos do castelo lhe é negada, mas ele não é impedido de fazê-lo (cf. a nota anterior). Depois de Frieda ter deixado K. e voltado a trabalhar servindo bebidas na Hospedaria dos Senhores, K. é instigado por um funcionário a mandar de volta a noiva à Hospedaria dos Senhores (S 427 ss.). Também a "punição" de Amália e sua família parte primeiro dos moradores do vilarejo e, depois, do próprio sentimento de culpa;

o castelo, por sua vez, permanece totalmente inativo, o funcionário demitido desaparece do campo de visão do vilarejo (cf. o capítulo "A punição de Amália" e "Caminhos de petição", S 319-45).

25. Carta a Felice Bauer, 26 de abril de 1914 (B3 45); carta a Grete Bloch, 8 de junho de 1914 (B3 83); Diário, 5 de fevereiro de 1922 (T 902) [Ed. bras.: p. 533.]; carta a Milena Pollak, 6 de abril de 1922 ou posteriormente (B5).
26. Diário, 17 e 30 de outubro de 1921 (T 866, 872). [Ed. bras.: pp. 509, 513.]
27. Diário, 12 de junho de 1923 (T 926). [Ed. bras.: p. 550.]
28. Diário, 29 de janeiro de 1922 (T 897). [Ed. bras.: p. 530.]
29. Diário, 16 de janeiro de 1922 (T 878). [Ed. bras.: p. 517.]
30. Diário, 24, 28 e 29 de janeiro de 1922 (T 890, 893, 895 ss.). [Ed. bras.: p. 524, 527, 529.]
31. Roberto Calasso, *K.* Munique; Viena: Carl Hanser, 2006, p. 16.
32. Essa descrição do prefeito do vilarejo é bem mais detalhada no romance *O castelo*; cf. S 96-111.

24. Aposentado e *artista da fome* [pp. 457-80]

1. Diário, 12 de fevereiro de 1922 (T 906). [Ed. bras.: p. 535.]
2. Trechos dessa avaliação médica in: Kafka, *Amtliche Schriften*, 1984, pp. 438 ss. Em 7 de junho de 1922, o dr. Kodym voltou a escrever de maneira bastante vaga: "Não se pode esperar por nenhuma melhora significativa num futuro próximo, mesmo com tratamento ininterrupto. Seria possível haver talvez certa melhora após repetidos tratamentos adequados".
3. Numa carta a Hans Mardersteig, antes de 6 de maio de 1922 (B5), Kafka afirma ter estado no escritório havia poucos dias, pela primeira vez em três meses.
4. Carta ao Instituto de Seguros contra Acidentes de Trabalho, 7 de junho de 1922 (AS MAT 837 ss.). Cf. também a "Tabela de funções II" com os proventos de Kafka (AS MAT 871-3).
5. O pedido de Kafka para que o cálculo fosse baseado em seu salário como secretário-chefe foi aceito pela repartição ("excepcionalmente", cf. AS MAT 875). Por outro lado, foi negado o procedimento, muitas vezes praticado, de se contar os meses ou anos que o funcionário aposentado ainda precisava para chegar "automaticamente" ao próximo nível salarial como tempo de serviço prestado; no caso de Kafka, isso teria sido 1º de janeiro de 1926. — As anotações de Kafka para a declaração de imposto de renda de 1920 estão reproduzidas em Nekula, *Franz Kafkas Sprachen*, pp. 358 ss.
6. Carta a Robert Klopstock, supostamente de abril de 1922 (B5).
7. Nos arquivos da Universidade Alemã de Praga, na qual Klopstock se matriculou em 8 de maio de 1922, seu endereço "provisório" é o de Kafka no Altstädter Ring (cf. o fac-símile em Rotraut Hackermüller, *Kafkas letzte Jahre: 1917-1924*. Munique: P. Kirchheim, 1990, p. 83). Mais tarde, Klopstock se mudou para um quarto na Bolzanogasse e na praça de Malá Strana.
8. Carta a Robert Klopstock, abril de 1922 (B5).
9. Tratava-se do historiador Samuel Steinherz (nascido em 1857); entretanto, ele foi eleito reitor da Universidade Karl apenas por motivos formais (era o professor com mais tempo de casa). Os ataques dos nacionalistas alemães duraram até o semestre seguinte; em 15 de novembro, eles ocuparam o prédio da universidade e convocaram uma greve. Steinherz colocou o cargo à disposição em fevereiro de 1923, mas sua saída não foi aceita pelo

ministro de Educação e Cultura. — Steinherz foi assassinado em 1942 no campo de concentração Theresienstadt.

10. Carta a Robert Klopstock, abril de 1922 (B5).
11. Mais detalhes sobre a relação de Klopstock e de Kafka com a literatura húngara estão contidos nos ensaios biográficos de Christopher Frey e Leo A. Lensing, in: Wetscherek, *Kafkas letzter Freund*, pp. 83 ss. e 275-7.
12. Carta a Robert Klopstock, abril de 1922 (B5).
13. Desde o início de 1917, Hans Mardersteig era o produtor gráfico chefe na editora Kurt Wolff, responsável pelos detalhes técnicos e pela composição tipográfica dos contos de *Um médico rural*, de Kafka. — A revista *Genius*, que sob influência de Mardersteig dava significativamente mais espaço às artes plásticas do que à literatura, esteve em circulação de 1919 até o início de 1923 (subtítulo: *Zeitschrift für werdende und alte Kunst* [Revista para arte futura e antiga]; o segundo redator era Carl Georg Heise). Sua tiragem inicial era de 4 mil exemplares, e os números tinham de 145 a 185 páginas.
14. Carta a Max Brod, 26 de junho de 1922 (B5).
15. "Maldito bando!" — Cf. o cartão-postal a Robert Klopstock, 25 de junho de 1922 (B5), e a carta a Max Brod, 12 de julho de 1922 (B5).
16. Esse e outros detalhes das cercanias de Kafka em Planá foram retirados das pesquisas de Josef Vermák: "Pobyt Franze Kafky v Plané nad Lužnicí (Léto 1922)", *světová literatura*, v. 34, n. 1, pp. 219-37, 1989.
17. Carta a Max Brod, 12 de julho de 1922 (B5).
18. Carta a Max Brod, 5 de julho de 1922 (B5).
19. Cf. a carta a Max Brod, supostamente de 10 de setembro de 1922 (B5).
20. Carta de Max Brod a Kafka, 14 de setembro de 1922; carta a Max Brod, por volta de 13 de agosto de 1922 (B5).
21. Carta a Max Brod, supostamente de 10 de setembro de 1922; Max Brod a Kafka, 24 de julho de 1922 e 14 de setembro de 1922 (B5). — Em sua carta a Hans Mardersteig (de antes de 6 de maio de 1922), Kafka ainda desprezava intensamente o romance. Segundo ele, seria "uma coisa lamentável, tedioso trabalho de tricô, mecanicamente montado, bricolagem tacanha". Mas na carta a Brod, supostamente de 10 de setembro, ele considerou que "aquilo escrito em Planá não é tão ruim quanto o que você conhece".
22. Max Brod, separata do seu posfácio à primeira edição (não publicada à época) de *O castelo*, *Berliner Tageblatt*, 1 dez. 1926.
23. Os detalhes realistas em "Primeira dor" e "Um artista da fome" provêm evidentemente da leitura de revistas especializadas. Kafka conhecia o periódico *Der Artist: Central-Organ des Circus, Variété-Bühnen, reisenden Kapellen und Ensembles*; em 1917, ele chegou a pedir o envio da menos importante *Proscenium* até Zürau. Apenas o fato de o artista da fome ser exibido numa jaula é uma invenção de Kafka que serve evidentemente para possibilitar, no fim, a aparição da pantera. — Logo antes de "Um artista da fome", o caderno de manuscritos de Kafka traz o início de mais um conto ambientado no circo. Trata-se de um número que é definido como "cavalgada dos sonhos", cujo inventor havia morrido muito tempo antes de "tísica" (NSF2 383 ss.). — Kafka ocupou-se do tema ainda em seus últimos meses. Embora "Um artista da fome" já estivesse publicado, na primavera de 1924 ele anotou uma cena no qual o artista da fome recebe a visita de um antigo amigo de brincadeiras e atual antípoda, um "comedor de gente" (NSF2 646-49). — Para mais detalhes, cf. os ensaios de Walter Bauer-Wabnegg, "Monster und

Maschinen, Artisten und Technik in Franz Kafkas Werk", bem como Gerhard Neumann, "Hungerkünstler und Menschenfresser: Zum Verhältnis von Kunst und kulturellem Ritual im Werk Frank Kafkas"; ambos em Wolf Kittler; Gerhard Neumann (Orgs.), *Franz Kafka: Schriftverkehr*. Freiburg im Breisgau: Rombach, 1990.

24. Carta a Max Brod, 5 de julho de 1922 (B5).
25. Carta de Max Brod a Kafka, 9 de julho de 1922 (B5).
26. Franz Blei, *Das grosse Bestiarium der modernen Literatur*. Berlim: Rowohlt, 1922, p. 42. Sobre o trecho citado em *O castelo* (acrescentado a posteriori por Kafka), cf. S 229. — São poucas as cenas de *O castelo* cuja escrita podemos datar, mas a coincidência temporal com a caracterização de Kafka é evidente. No início de abril de 1922, Kafka escreveu o capítulo 8; em meados de junho, o capítulo 16. O capítulo 13 com a alusão a Blei foi escrito, muito provavelmente, em maio, ou seja, no mesmo mês da publicação de *Das grosse Bestiarium*. — Entre os conhecidos de Kafka, são descritos ainda "O Brod" e "O Werfel".

25. O palestino [pp. 481-502]

1. A disposição testamentária é de 29 de novembro de 1922 (B5). Ela encontrava-se num envelope com o sobrescrito "Max".
2. "Um artista da fome" foi publicado no início de outubro de 1922 em *Die neue Rundschau*; 11 de outubro em *Prager Presse*; 5 de novembro em *Sonntagsblatt der New Yorker Volkszeitung*; 11 de novembro em *Wochenblatt der New Yorker Volkszeitung*; 15 de novembro em *Vorbote: Unabhängiges Organ für die Interessen des Proletariats*, Chicago.
3. Carta a Milena Pollak, supostamente de 7 de outubro de 1920 (B4 357). Carta a Robert Klopstock, por volta de 5 de novembro de 1921 (B5).
4. Rascunho de carta a Franz Werfel, entre meados de novembro e meados de dezembro de 1922 (B5).
5. Ibid.
6. Werfel foi para casa, sem visitar Kafka mais uma vez. Mas menos de dois meses mais tarde, ele estava de volta a Praga, pois em 6 de janeiro de 1923 acontecia na cidade a pré-estreia de *Schweiger* no Neue Deutsche Theater. É certo que Kafka evitou o programa; não se sabe se a conversa com Werfel teve continuidade. Entretanto, há um indício a esse respeito numa observação de um excerto do diário de Brod, datado de janeiro de 1923: "K. não gosta de uma peça de Werfel". — O diário de Arthur Schnitzler também aponta que ele, assim como Alma Mahler, consideraram *Schweiger*, de Werfel, um fracasso total. Em 12 de dezembro, Werfel e Schnitzler tiveram uma conversa sobre isso, que evidentemente transcorreu de maneira semelhante ao debate de Kafka com Werfel, um mês antes (cf. Arthur Schnitzler, *Tagebuch*, v. 7: *1920-1922*. Viena: Verlag der österreichischen Akademie der Wissenschaften, 1993, p. 388). A reação do público, por sua vez, foi mais amistosa, as encenações de 1923 contaram com um bom público (por exemplo, no teatro da Königgrätzerstraße em Berlim, com Ernst Deutsch, amigo de juventude de Werfel, no papel principal).
7. Carta a Max Brod, 22 a 24 de outubro de 1923 (B5).
8. Carta a Max Brod, supostamente de novembro de 1922 (B5).
9. Hans Blüher, *Secessio Judaica: Philosophische Grundlegung der historischen Situation des Judentums und der antisemitischen Bewegung*. Berlim: [s.n.], 1922. — Kafka leu a brochura de apenas 66 páginas — apesar do título pomposo — em junho de 1922; sua tentativa

de escrever uma resenha, destinada possivelmente à revista *Selbstwehr*, acontece na semana anterior à sua partida para Planá (T 923 ss.). Depois de ter desistido dela, ele sugeriu como resenhista Robert Klopstock, ainda pouco versado em história judaica (carta a Robert Klopstock, 30 de junho de 1922. (B5). Por fim, Oskar Baum assumiu a tarefa: "Philosophischer Antisemitismus: Bemerkungen zu Blühers 'Secessio judaica'", *Selbstwehr*, ano 16, n. 50. Em 7 de março de 1923, Baum também deu uma palestra sobre a obra de Blüher, à qual Kafka provavelmente esteve presente.

10. Max Brod a Kafka, 6 de agosto de 1922; carta a Max Brod, 7 de agosto de 1922 (B5).
11. Em 12 de março de 1922, Kafka participou de uma comemoração infantil de Purim, na qual também sua sobrinha Marianne Pollak esteve presente. Por outro lado, no início de 1923, ele ainda não sabia que a comemoração de *bar mitzvá* sempre ocorre no shabbat; cf. sua carta a Oskar Baum, depois de 13 e supostamente antes de 16 de janeiro de 2023 (B5).
12. O termo "mimetismo", divulgado pelo darwinismo, era usado tanto entre antissemitas quanto entre sionistas a fim de caracterizar o "comportamento de camuflagem" dos judeus num entorno que seria "estranho ao seu ser"; Max Nordau e Theodor Herzl também falaram de maneira desdenhosa do mimetismo. Cf. Ritchie Robertson, *Kafka: Judentum, Gesellschaft, Literatur*. Stuttgart: J. B. Metzler, 1988, pp. 219 ss.
13. Blüher, *Secessio judaica*, pp. 20, 57.
14. Carta a Max Brod, supostamente de 29 de junho de 1922 (B5).
15. Carta a Max Brod, por volta de 30 de junho de 1921 (B5).
16. Ibid.
17. Um comentário oral de Kafka, registrado por Brod, também aponta nessa direção: "Karl Kraus tranca os autores judeus no inferno, fica de olho neles, mantém as rédeas curtas. Ele só se esquece de que também deveria estar nesse inferno" (Brod, *Über Franz Kafka*, p. 70).
18. Os termos "mauscheln" e "jargon" são usados por Kraus principalmente para designar a mistura desleixada do alemão culto com as peculiaridades da língua e do falar alemão judaico ou iídiche. Alguns exemplos da revista *Fackel*: "*Entschuldigen Sie zur Güte*"; "*man fand die Börse ohne dem Geld*"; "*du meinst den, der was immer...*"; "*er hat direkt geweint*"; "*man fragt sich, wieso solches möglich ist*"; "*was sagt man!*" (n. 37, p. 27; n. 178, p. 18; n. 457-61, p. 3; n. 751-6, p. 55; n. 876-84, p. 158). Entretanto, não existe nenhum texto de Kraus em que ele ataque a língua iídiche como tal. Ele podia até apreciar o uso consciente do jargão no teatro de variedades judaico; ele avaliou as apresentações do Budapester Orpheumgesellschaft [que falava um alemão vienense com tintas iídiches] como a melhor coisa a ser vista nos palcos vienenses. "O fato de haver *mauscheln* no Burgtheater não quer dizer nada. Na arte, importa quem o faz" (*Die Fackel*, n. 343-4, p. 21). — No *Bestiarium* de Franz Blei, Karl Kraus apareceu como "O Fackelkraus"; por sua vez, o próprio Kraus reproduziu esse perfil bastante maldoso e o comentou (*Die Fackel*, n. 601-7, pp. 86 ss.).
19. Cartas a Robert Klopstock, 30 de junho de 1922 e 29 de fevereiro de 1924 (B5). — Mais detalhes sobre como Kafka lia a revista *Die Fackel* em Leo A. Lensing, "'Fackel'-Leser und Werfel-Verehrer: Anmerkungen zu Kafkas Briefen an Robert Klopstock", ibid., pp. 267-92.
20. NSF2 423-82, 485-91.

21. Ritchie Robertson foi o primeiro a demonstrar essa interpretação literal de "Investigações de um cão"; cf. *Kafka: Judentum, Gesellschaft, Literatur*, pp. 356 ss. — Para as citações de "Investigações...", cf. NSF2 425 ss., 441.
22. Eliezer Ben-Yehuda (nascido em 1858) era amigo e vizinho dos pais de Puah, emigrados nos anos 1880 da Rússia à Palestina. O primeiro dicionário completo do hebraico moderno, compilado por Ben-Yehuda, começou a circular em Berlim a partir de 1911. — Puah não o reviu, pois ele morreu durante sua estada em Praga, em 16 de dezembro de 1922.
23. O livro sobre a Palestina de Holitscher aparece numa lista de pedidos à livraria judaica Ewer, em Berlim, que Kafka montou no final de junho de 1922 para sua irmã Elli; Kafka pôde ler uma prévia dele no jornal *Die neue Rundschau*. Entretanto, a reportagem de Holitscher (que trazia quinze fotos) não tinha informações atualizadas sobre a Palestina, visto que haviam se passado dois anos entre sua viagem e o lançamento do livro.
24. Puah Menczel-Ben-Tovim, "Ich war Kafkas Hebräischlehrerin". In: Koch (Org.), *"Als Kafka mir entgegenkam..."*, p. 178. — Para mais detalhes, cf. o prefácio do livro organizado por Puah Menczel-Ben-Tovim, *Leben und Wirken: Unser erzieherisches Werk. In memoriam Dr. Josef Schlomo Menczel, 1903-1953* (Jerusalém: Dr. J. S. Menczel Memorial Foundation, 1983); bem como Ernst Pawel, *Das Leben Franz Kafkas: Eine Biographie* (Reinbek: Rowohlt, 1990, pp. 480-3).
25. Georg Mordechai Langer, "Etwas über Franz Kafka". In: Koch (Org.), *"Als Kafka mir entgegenkam..."*, p. 136. — Cf. Hartmut Binder, "Kafkas Hebräischstudien: Ein biographisch-interpretatorischer Versuch", *Jahrbuch der Deutschen Schillergesellschaft*, v. 11, pp. 527-56, 1967.
26. Na conversa com Ernst Pawel, reproduzida no jornal *New York Times* de 16 ago. 1981, Puah Ben-Tovim esclareceu os motivos de sua partida: "[...] *too many proposals, and too many propositions. I was no prude, but I must say that the sexual attitudes and behavior of many Prague intellectuals - whom I otherwise greatly admired - seemed to me shockingly primitive. This, by the way remained true later on, when many of them found themselves transplanted to Israel*" [(...) muitas propostas, e muitas proposições. Eu não não era nenhuma pudica, mas devo dizer que as atitudes e o comportamento sexual de muitos intelectuais de Praga — que, contudo, eu admirava muito — me pareciam chocantemente primitivos. A propósito, isso continuou sendo verdadeiro mais tarde, quando muitos deles se viram transplantados para Israel].
27. Hugo a Else Bergmann, início de agosto de 1923. In: Bergman, *Tagebücher und Briefe*, v. 1, pp. 170 ss. — Segundo Martin S. Bergmann (informação verbal, 1997), o perigo da contaminação foi discutido com frequência na família.
28. Sobre detalhes relativos a esse filme, cf. Hanns Zischler, *Kafka geht ins Kino*. Reinbek: Rohwolt, 1996, pp. 145 ss.
29. O desenvolvimento de Tel Aviv é exemplar; um polo residencial criado apenas em 1909, originalmente planejado como cidade-jardim e que foi desdenhado como Grunewald da Palestina. Nos anos 1920, o número de habitantes subiu de 3 mil para 50 mil — um terço da população judaica da Palestina.
30. Hugo Bergmann, "Schulzeit und Studium". In: Koch (Org.), *"Als Kafka mir entgegenkam..."*, p. 29.
31. David Ben Gurion, o futuro primeiro primeiro-ministro de Israel, disse em junho de 1919: "Não são todos que reconhecem que este problema não tem solução. Não tem

solução! [...] Esta é uma questão nacional. Queremos a terra para nós. Os árabes querem a terra para eles" (apud Tom Segev, *Es war einmal ein Palästina: Juden und Araber vor der Staatsgründung Israels*. Munique: Siedler, 2005, p. 129).

32. Já antes de 24 de julho de 1922, o dia em que o mandato sobre a Palestina, outorgado pela Liga das Nações, entrou em ação, o governo britânico já estava decidido a liberar aos assentamentos judaicos apenas as regiões a oeste do rio Jordão — cerca de metade do total esperado pelos sionistas. Por sua vez, a "Transjordânia", igualmente pertencente à região do mandato (essencialmente a área da atual Jordânia), tornou-se um emirado semiautônomo, sobre cujas fronteiras os britânicos decidiam de facto sozinhos.
33. Hugo Bergmann a Leo Herrmann, 19 de julho de 1922. In: Bergman, *Tagebücher und Briefe*, v. 1, p. 174. — Como se sabe a partir de uma carta a Robert Weltsch (ibid., p. 171), por essa época Bergmann encontrava-se em tratamento psicanalítico.
34. Carta a Robert Klopstock, por volta de 10 de novembro de 1921 (B5).
35. As cotas de emigração foram negociadas secretamente entre britânicos e sionistas, mas eram as organizações sionistas locais nos países de origem que emitiam os comprovantes correspondentes, uma espécie de visto sionista. (Nesse sentido, Kafka deveria se dirigir ao comitê distrital sionista de Praga.) Para os britânicos, esse arranjo era confortável, visto que havia uma concordância bastante grande sobre as pessoas a serem excluídas: doentes graves, prostitutas, alcoolistas e comunistas. Mas entre os judeus desejosos de emigrar, que em grande parte não eram sionistas convictos, o procedimento permanecia controverso. — Para detalhes históricos sobre essa questão extremamente complexa, cf. Segev, *Es war einmal ein Palästina*, pp. 243 ss.
36. Carta a Else Bergmann, julho ou começo de agosto de 1923 (B5). — Essa carta faz menção ao fato de os pais de Kafka condenarem seus planos de emigração. Kafka fala ironicamente do "perigo palestino" que sua mãe enxerga nesses planos. — Uma viagem de Praga a Haifa (segunda classe) custava cerca de 3500 coroas tchecas, o que correspondia a três meses e meio dos proventos de Kafka. Era preciso estar de posse de um visto inglês, italiano, iugoslavo e austríaco. — A informação sobre o retrato foi obtida numa conversa com Martin S. Bergmann.

26. Dora [pp. 503-15]

1. Carta a Minze Eisner, inverno de 1922-3 (B5). — Não se sabe que tipo de operação foi essa.
2. Cartão-postal a Milena Pollak, 9 de maio de 1923 (B5).
3. Carta a Felice Bauer, 9 de fevereiro de 1914 (B2 328).
4. "Se me mantive distante de Berlim foi devido à grande fraqueza e pobreza, que impediam a 'oferta', mas isso nunca teria me impedido de sucumbir à 'oferta'." Carta a Max Brod, 31 de dezembro de 1920 (B4 734-6); cf. Max Brod a Kafka, 27 de dezembro de 1920 (B5).
5. Para detalhes, cf. Puah Menczel, "In memoriam Emma und Salomon Goldschmidt: Eine deutsche jüdische Familie". In: Puah Menczel-Ben-Tovim. *Leben und Wirken*, pp. 62 ss.
6. Carta a Max Brod, 10 de julho de 1923 (B5).
7. Mais tarde, Tile (Tilla) Rössler registrou por escrito memórias bastante sentimentais de Kafka, não integralmente confiáveis e que, de modo compreensível, destacam seu próprio papel (trechos publicados com o título "'Hörst du, Tile, Franz heißt die Kanaille!': Tile Rösslers Begegnungen mit Franz Kafka". In: Koch (Org.), *"Als Kafka mir*

entgegenkam...", pp. 180-93). Apesar disso, esses registros são uma fonte importante, visto que são poucas as cartas que Kafka escreveu de Müritz. Também a característica de Kafka, ressaltada por Rössler, de levar a sério os conflitos sentimentais e relativos à vida dos adolescentes, foi atestada e documentada em suas cartas a Minze Eisner. — A partir de meados dos anos 1920, Tile Rössler estudou dança moderna na escola Palucca, em Dresden; mais tarde, trabalhou em Israel como coreógrafa.

8. Dora Diamant, "Mein Leben mit Franz Kafka". In: Koch (Org.), *"Als Kafka mir entgegenkam..."*, p. 194.
9. Ibid., p. 195. — Os dados referentes aos primeiros anos de Dora, sobre os quais durante muito tempo havia poucas informações concretas, seguem principalmente o trabalho pioneiro de Kathi Diamant, *Kafka's Last Love: The Mystery of Dora Diamant*. Nova York: Basic Books, 2003.
10. Há um indício de tuberculose numa das "folhas de conversa" do último mês de Kafka: "conte mais uma vez de como sua mãe bebia [...]. Ela nunca teve uma complicação que a impediu de beber por um tempo?" (Kafka, *Briefe 1902-1924*, p. 486). Visto que Kafka não chamava ninguém de "você" em Kierling, exceto Dora, evidentemente ele está se referindo a Frajda Diamant.
11. Ludwig Nelken, "Ein Arztbesuch bei Kafka". In: Koch (Org.), *"Als Kafka mir entgegenkam..."*, p. 211.
12. Diamant, "Mein Leben mit Franz Kafka", p. 194.
13. Carta a Hugo Bergmann, julho ou início de agosto de 1923; carta a Robert Klopstock, início de agosto de 1923 (B5). — Sobre a observação de Kafka das crianças imigrantes na Prefeitura judaica de Praga, cf. a carta a Milena Pollak, 7 de setembro de 1920: "se me dessem a opção de ser o que quisesse, então queria ser um menino judeu oriental" (B4 337).
14. Cartão-postal a Max Brod, 29 de agosto de 1923 (B5).

27. A periferia de Berlim [pp. 516-48]

1. Milena Jesenská, "Ďábel u krbu", *Národní listy*, pp. 1 ss., 18 jan. 1923 Uma tradução alemã de Kurt Krolop está reproduzida como anexo de Kafka, *Briefe an Milena*, pp. 394-401, a citação aqui está nas pp. 394 ss. — Sobre a observação de Kafka, de janeiro ou fevereiro, cf. ibid., pp. 309-13, como também B5.
2. Dora Diamant, "Mein Leben mit Franz Kafka". In: Koch (Org.), *"Als Kafka mir entgegenkam..."*, p. 199.
3. Cartão-postal a Ottla David, 2 de outubro de 1923 (B5).
4. Isso é reforçado pelo fato de Dora também nunca ser mencionada nem nos cartões-postais a Ottla anteriores a dezembro, embora é claro que a irmã já estivesse sabendo dela; Kafka evidentemente queria ter certeza de que os cartões também pudessem ser mostrados aos pais.
5. Kafka cita a expressão numa carta a Valli Pollak, 12 a 15 de novembro de 1923 (B5).
6. Carta a Max Brod, 22 a 24 de outubro de 1923 (B5).
7. Alfred Döblin, "Während der Schlacht singen die Musen", *Prager Tagblatt*, pp. 3 ss., 11 nov. 1923.
8. Carta a Ottla David, 22 de novembro de 1923 (B5).
9. Cf. a carta a Ottla e Josef David de meados de dezembro 1923, na qual ele formula sua comunicação a Bedřich Odstrčil primeiro em alemão (B5). — Kafka caracterizou seu

endereço da seguinte maneira: "Steglitz é um subúrbio quase rural de Berlim, assemelhando-se a uma cidade-jardim. Moro numa pequena casa com jardim e varanda envidraçada, com meia hora de caminhada entre jardins estou na floresta Grunewald, o grande jardim botânico está a dez minutos de distância, há outros parques nas imediações e, a partir de minha rua, todas atravessam jardins". Entretanto, parece pouco plausível que o médico de Kafka considerasse, de antemão, o lugar bom. Pois a transferência a Steglitz foi combinada apenas durante a estada de Kafka em Schelesen; depois ele ficou apenas mais alguns dias em Praga. — A carta com a resposta do diretor, de 31 de dezembro de 1923 está reproduzida em alemão em: Franz Kafka, *Briefe an die Eltern aus den Jahren 1922-1924*. Org. de Josef Vermák e Martin Svatoš. Frankfurt am Main: S. Fischer, 1990, p. 103.

10. Carta a Hermann e Julie Kafka, entre 26 e 30 de outubro de 1923 (B5). — Em 22 de novembro Kafka escreveu a Ottla que precisava "se livrar de preferência rápido de 31 bilhões", antes que a moeda perdesse ainda mais valor (B5).
11. D 322, 328, 333. — Dora Diamant confirma em suas memórias de que se trata realmente de um retrato da locadora de Steglitz; cf. "Mein Leben mit Franz Kafka", p. 198.
12. Carta a Ottla David, 3 ou 4 de janeiro de 1924 (B5). As linhas de Dora dizem: "Apenas uma saudação, muito muito cordial. Tão cansada! Já estou dormindo. Boa noite".
13. Carta a Tile Rössler, 3 de agosto de 1923 (B5).
14. "Uma vez veio Werfel, a fim de ler trechos de seu novo livro para Kafka. Depois de eles terem ficado um bom tempo juntos, vi Werfel indo embora às lágrimas. Quando entrei no quarto, Kafka estava sentado totalmente exausto, murmurando algumas vezes diante de si: 'Não é possível que exista algo tão terrível!'. Ele também estava chorando. Ele deixara Werfel partir sem ter conseguido lhe dizer uma única palavra sobre seu livro" (Diamant, "Mein Leben mit Franz Kafka", p. 202). Não se sabe de qual livro Werfel leu. — O encontro de Kafka com Kisch e sua amante Jarmila Haas está registrado nas lembranças do jornalista holandês Nico Rost, que na época foi testemunha do encontro em Berlim ("Persoonlijke ontmoetingen met Franz Kafka en mijn Tsjechische vrienden", *De Vlaamse Gids*, n. 48, pp. 75-97, fev. 1974). Kafka, porém, não convidou os três para casa, mas marcou um encontro com eles num banco de parque, sem Dora. — Outra possível visita foi a do jurista, contista e jornalista Manfred Georg, que mais tarde criaria a revista de imigrantes de Nova York intitulada *Aufbau*. Dora Diamant havia conhecido Georg em Breslau, onde ele trabalhava como correspondente do jornal *Vossische Zeitung*. Desde 1923 ele voltara a viver em Berlim, escrevendo críticas teatrais para o jornal *Berliner Volkszeitung*. — Por sua vez, o encontro casual de Kafka com o dadaísta Raoul Hausmann, que este último relatou posteriormente, pode ter sido inventado (cf. Hausmann, "Begegnung mit Franz Kafka 1923 in Berlin". In: Koch (Org.), *"Als Kafka mir entgegenkam..."*, pp. 206-10).
15. Carta a Max Brod, entre 2 e 4 de novembro de 1923 (B5).
16. Lise Weltsch aparece junto com Kafka na famosa fotografia em que parecem estar num avião (Viena, 1913); ver Reiner Stach, *Kafka: Die Jahre der Entscheidungen*, ilustr. 39.
17. Cartão-postal a Robert Klopstock, 19 de dezembro de 1923 (B5). — Na entrevista com Ernst Pawel (*New York Times*, 16 ago. 1981) Puah Ben-Tovim explicou que, em Steglitz, havia inclusive ajudado Kafka com as tarefas da casa algumas vezes: "*Dora didn't know much about keeping house, so I did some sewing and laundry for them*" [Dora não sabia muito sobre como cuidar da casa, então eu costurava e lavava roupa para eles]. Visto que

nesse ano Dora Diamant havia trabalhado, entre outras coisas, como costureira num orfanato judaico, a afirmação parece improvável; todos os outros testemunhos indicam que, muito pelo contrário, ela realizava rotineiramente as tarefas da casa.

18. Josef Chaim Brenner, *Unfruchtbarkeit und Scheitern oder Buch des Ringens*. Tel Aviv: [s.n.], 1920. Há uma descrição dos três primeiros capítulos, que Kafka comprovadamente leu, em Binder, "Kafkas Hebräischstudien", p. 550. — Brenner foi morto em maio de 1921 na revolta árabe de Haifa, aos quarenta anos de idade. Kafka sem dúvida sabia disso.
19. Cartão-postal a Robert Klopstock, 19 de dezembro de 1923 (B5).
20. Em 21 de dezembro de 1923, Kafka — por meio de um cartão-postal enviado à irmã Elli — fez chegar uma lista de judeus pobres a uma associação de mulheres judias de Praga que enviava pacotes de alimentos para a Alemanha. Nessa lista encontram-se, ao lado de Ernst Weiß, também um ouvinte da Escola Superior Judaica, com a observação "kosher". — Entre os professores cujas aulas Kafka frequentou na Escola Superior, apenas o rabino Julius Grünthal é identificável. Embora Leo Baeck também fosse docente no estabelecimento à época, não há documentação de um encontro pessoal com Kafka.
21. Segundo uma anotação de Dora Diamant; cf. Kathi Diamant, *Kafka's Last Love*, pp. 77 ss.
22. Hella Rohm, "Die armen Ausländer in Berlin", *Prager Tagblatt*, 21 dez. 1923, p. 3.
23. O homônimo de Kafka, que aparece listado no catálogo de endereços de Berlim de 1924 pela primeira vez, morava no distrito de Schöneberg, Würzburger Straße 4.
24. Cartão-postal a Hermann e Julie Kafka, 20 de novembro de 1923 (B5).
25. Rainer Maria Rilke a Kurt Wolff, 17 de fevereiro de 1922. In: Wolff, *Briefwechsel eines Verlegers*, p. 152. — Rilke havia recebido uma pilha de lançamentos de Wolff e a primeira coisa que leu foram os contos de *Um médico rural*.
26. Cf. a lista de pedidos de Kafka a Georg Heinrich Meyer, final de novembro de 1923, bem como a reclamação (sua última carta preservada escrita à editora) de 31 de dezembro de 1923 (B5).
27. Kurt Wolff a Franz Werfel, 24 de agosto de 1921. In: Wolff, *Briefwechsel eines Verlegers*, p. 344.
28. Herbert Eulenberg, "Unsre Verleger", *Die Weltbühne*, ano 20, n. 2, p. 48, 10 jan. 1924. — As discussões de meses entre Arthur Schnitzler e seu editor são exemplares para a situação. A questão envolvia, entre outros, o pagamento em moeda estrangeira e quase fez com que as partes rompessem seu acordo. Fischer chegou inclusive a oferecer uma viagem de trem a Berlim para Schnitzler, a fim de ele verificar os livros contábeis da editora. Cf. Samuel Fischer; Hedwig Fischer, *Briefwechsel mit Autoren*. Org. de Dierk Rodewald e Corinna Fiedler. Frankfurt am Main: S. Fischer, 1989, pp. 134 ss. — A afirmação de Kafka nessa carta a Max Brod, 1º de novembro de 1923 (B5).
29. Ernst Weiß a Kurt Wolff, 11 de novembro de 1922. In: Wolff, *Briefwechsel eines Verlegers*, pp. 381 ss.
30. O contrato apresentado em 7 de março de 1924 pela editora Die Schmiede previa um adiantamento de 750 marcos de ouro, pagos em duas parcelas. Na época, isso correspondia a cerca de 6300 coroas tchecas. Em meados de março Kafka escreve à irmã Elli, dizendo que Dora, seguindo um conselho de Brod, iria negociar o valor a fim de elevá-lo a 8 mil coroas tchecas (B5). É muito provável que Kafka tenha recebido esse adiantamento melhorado, pois, segundo o contrato, 2 mil exemplares de *Um artista da fome* deveriam ser pagos adiantados; foram impressos 3 mil exemplares.

31. O médico aparentado com Lise Weltsch era o professor Eugen Kisch, que lecionava em Berlim, trabalhava no sanatório de doenças pulmonares Hohenlychen e também assinava publicações sobre tuberculose. — Dora confessou a Kafka que havia falado ao telefone com Elli apenas alguns dias mais tarde, mas evidentemente ela não revelou que também tinha pedido por dinheiro. Pois em janeiro, quando Elli enviou sem maiores comentários quinhentas coroas (cerca de sessenta marcos), Kafka não conseguiu explicar o presente. Cf. sua carta a Elli Hermann, no dia ou logo depois de 28 de dezembro de 1923 (B5), bem como a Hermann e Julie Kafka, supostamente entre 25 e 28 de janeiro de 1924 (B5).
32. Carta a Ottla David, 8 de outubro de 1923 (B5).
33. Carta a Max Brod, antes de 14 de janeiro de 1924 (B5).
34. Ibid. — A mesma formulação aparece num cartão-postal a Felix Weltsch, 28 de janeiro de 1924 (B5).
35. Visto que Hardt escreve que viu Kafka nessa ocasião pela última vez, a dedicatória é supostamente de fevereiro de 1924. Também a lembrança de ter declamado poemas de Matthias Claudius junto à "cama de doente" de Kafka indica esse tempo. Cf. Hardt, "Der Autor und sein Rezitator", pp. 213 ss.
36. Cf. as lembranças de Christine Geier (nascida Busse) na matéria de Heike Faller, "Die Suche", *Die Zeit*, 2001, caderno 2, seção "Leben", p. 4. — A locadora de Kafka, Paula Busse, foi uma das sobreviventes, mais tarde, do campo de concentração Theresienstadt.
37. Mas Nelken se recusava a enviar uma conta; por essa razão, Kafka lhe deu de presente o ensaio de Georg Simmel sobre Rembrandt, que havia recebido de graça da editora Kurt Wolff. — A data da visita médica é questionável. Nelken relata ter sido no início de março de 1924, mas é improvável que Dora Diamant tivesse chamado o médico, que conhecia pessoalmente, apenas no momento em que a partida de Kafka de Berlim era iminente. Cf. Nelken, "Ein Arztbesuch bei Kafka", pp. 211 ss.
38. Cartão-postal a Julie Kafka, 23 de fevereiro de 1924 (B5).
39. Cartão-postal a Hermann e Julie Kafka, 1º de março de 1924 (B5).
40. Entre 21 de fevereiro e 21 de março de 1924 Karl Kraus apresentou-se doze vezes no Lustspielhaus de Berlim. A programação está listada na revista *Fackel*, n. 649-56, pp. 74 ss. Sobre a leitura que Kafka fazia da *Fackel*, cf. o cartão-postal a Robert Klopstock, 29 de fevereiro de 1924 (B5).
41. Tendo em vista essa longa separação, a sugestão de Siegfried Löwy é surpreendente e faz supor que ele queria poupar os Kafka de ver o doente, externamente muito mudado. Cf. a carta de Kafka a Robert Klopstock, início de março de 1924 (B5).
42. Carta a Hermann e Julie Kafka, bem como a Ottla David, supostamente entre 5 e 8 de janeiro de 1924 (B5).
43. Depois que Dora Diamant confessou a Brod, em abril de 1933, que os cadernos de anotações tinham sido perdidos após uma revista na casa, ele se dirigiu ao escritor Camill Hoffmann, na época adido cultural da embaixada tcheca em Berlim. Mas a tentativa de Hoffmann em resgatar os papéis de Kafka da Gestapo não foram exitosas. — Ludwig (Lutz) Lask (nascido em 1903) era suspeito de participar da produção e distribuição do proibido *Rote Fahne*; em 1933, ele foi preso pela Gestapo (assim como sua mãe e os dois irmãos), torturado durante meses e internado num campo de concentração. Em 1934, passou por Praga e fugiu para a União Soviética, onde, quatro anos mais tarde, foi preso sob suspeita de espionagem e condenado à prisão na Sibéria. Morreu em 1973 em Berlim Oriental.

44. Diamant, "Mein Leben mit Franz Kafka", pp. 196-8. — A versão de Max Brod contém algumas variações. Nessa última, Kafka afirma ter visto e conversado com a boneca (o que é mais plausível do que a história da carta recebida) e encerra o assunto presenteando a menina com uma outra boneca antes de sua partida de Berlim (algo muito improvável, visto que ele teria de ter mantido o contato com a menina de Steglitz desde seu endereço em Zehlendorf). Cf. Brod, *Über Franz Kafka*, pp. 338 ss.
45. Em 1959, houve uma ação em Steglitz para achar a menina do parque e talvez reencontrar também a carta da boneca de Kafka. Mark Harman, tradutor de Kafka, repetiu a experiência em 2001, igualmente sem êxito.
46. Carta a Elli Hermann, supostamente de 4 de outubro de 1923 (B5).

28. Última dor [pp. 549-74]

1. NSF2 600 ss. — No manuscrito, o conto não tem título. [Aqui, reproduz-se o trecho correspondente da ed. bras., em tradução de Modesto Carone, p. 83.]
2. Entretanto, é pouco provável que o conto "A construção" tenha terminado, como Dora Diamant posteriormente diz se lembrar. Pois nesse caso, Kafka — que necessitava urgentemente de dinheiro — teria oferecido o texto para ser publicado e também o teria incluído no contrato com a editora Die Schmiede. O texto manuscrito faz supor que sua escrita tenha sido interrompida em dezembro de 1923 devido aos severos episódios de febre; cf. NSF2 App 142 ss.
3. A descrição inconsistente do ruído na construção combina aqui. A princípio, estava escrito: "E não é nem mesmo contínuo, como costumam ser ruídos assim, ele faz grandes pausas", mais tarde, aparecem "pequenas pausas" (NSF2 607, 624). [Ed. bras.: pp. 87.]
4. D 352, 362. — O fato de Kafka ter escolhido dessa vez uma espécie animal tão distante do ser humano deve-se possivelmente à sua leitura intensa da revista *Fackel*. Desde dezembro de 1922, Karl Kraus usava mais frequentemente o polêmico termo *mausi* [ratinho] (apropriado de Mechtilde Lichnowsky), que ele definia assim: "se algo faz o gesto de algo e o resultado fracassa totalmente naquilo que quer mostrar, é preciso ficar de braços cruzados, deixar acontecer, olhar fundo nos olhos e, para não atrapalhar, apenas sussurrar: *mausi!*" (*Die Fackel*, n. 608-12, p. 71). Cf. Lensing, "'Fackel'-Leser und Werfel-Verehrer", pp. 280 ss.
5. Max Brod, *Über Franz Kafka*, p. 339.
6. Kafka, *Briefe 1902-1924*, p. 521; cf. D 367.
7. Cartão-postal a Hermann e Julie Kafka, 13 de abril de 1924 (B5).
8. Michal Mareš, "Kafka und die Anarchisten". In: Koch (Org.), *"Als Kafka mir entgegenkam..."*, p. 90.
9. Cartão-postal a Hermann e Julie Kafka, 7 de abril de 1924 (B5). — Siegfried Löwy, que a princípio queria levar Kafka a Davos, estava havia duas semanas em Veneza e por isso não foi levado em consideração como acompanhante. Segundo a lembrança de Dora Diamant, uma irmã viajou junto; porém, permanece incompreensível por que Kafka chamou a atenção várias vezes dos pais quanto à grande distância entre Viena e o sanatório, como se a informação fosse nova para eles.
10. Carta a Max Brod, 19 de abril de 1924; cartão-postal a Hermann e Julie Kafka, 21 de abril de 1924 (B5).
11. Carta a Robert Klopstock, 17 de abril de 1924 (B5).

12. Cartão-postal a Hermann e Julie Kafka, 9 de abril de 1924; cartão-postal a Max Brod, 9 de abril de 1924 (BS).
13. Brod, *Über Franz Kafka*, p. 178. — Deve ser lenda a história divulgada por Brod, de que Dora Diamant teria ficado de pé no carro durante a viagem de horas até Viena a fim de proteger Kafka da chuva. O famoso sanatório Wienerwald não permitiria um tratamento desses a um paciente. É mais provável que Kafka tenha percorrido os cinco quilômetros até a estação de trem Ortmann com o carro aberto, algo já suficientemente desagradável no seu estado.
14. Robert Klopstock a Ottla David, meados de abril de 1924 (arquivo Kritische Kafka-Ausgabe, Wuppertal). — Markus Hajek (1862-1941) era aluno do renomado laringologista Johann Schnitzler, pai de Arthur Schnitzler. Ele trabalhava como assistente na policlínica na mesma época que Arthur Schnitzler e, mais tarde, ainda se tornou seu cunhado. Hajek contribuiu para o primeiro atlas clínico de laringologia (1895), além de ter sido um dos pioneiros da cirurgia endonasal. Foi o criador de um ambulatório para distúrbios de fala e voz na clínica laringológica em Viena.
15. Cf. os fac-símiles em Rotraut Hackermüller, *Kafkas letzte Jahre: 1917-1924*. Munique: Peter Kirchheim, 1990, pp. 111-3.
16. Cf. Markus Hajek, *Pathologie und Therapie der Erkrankungen des Kehlkopfes, der Luftröhre und der Bronchien*. Leipzig, 1932: [s.n.], p. 263.
17. Cartão-postal a Hermann e Julie Kafka, 16 de abril de 1924 (BS).
18. Cf. uma anotação destinada a Klopstock em uma das folhas de conversa in: Kafka, *Briefe 1902-1924*, p. 487. — Sobre Josef Schrammel cf. Hackermüller, *Kafkas letzte Jahre*, pp. 114 ss. — Claro que Kafka não podia saber que, um ano antes, Sigmund Freud quase morrera de hemorragia após uma operação com Hajek, também devido à desatenção dos funcionários. Cf. Peter Gay, *Freud: Eine Biographie für unsere Zeit*. Frankfurt am Main: Fischer, 1989, p. 471.
19. Franz Werfel a Max Brod, por volta de 27 de abril de 1924 (arquivo Kritische Kafka-Ausgabe, Wuppertal). — Ver a suposta afirmação de Hajek, apud Brod, *Über Franz Kafka*, p. 178. É impossível que Hajek, que recebia com frequência o cunhado Arthur Schnitzler, não conhecesse o nome de Werfel, famoso em Viena. A partir do diário de Schnitzler é possível comprovar que Hajek acompanhara Schnitzler ao teatro pelo menos uma vez e que, num outro dia, vira Schnitzler, que estava prestes a assistir a uma apresentação de *Spiegelmensch*, de Werfel. (25 de maio de 1922 e 10 de março de 1923; cf. Arthur Schnitzler, *Tagebuch 1920-1922*, p. 311; *Tagebuch 1923-1926*, pp. 32 ss.).
20. Cf. o cartão-postal a Hermann e Julie Kafka, 25 de abril de 1924 (BS). — O conselheiro municipal Julius Tandler, colocado em cena por Werfel, teria podido arranjar uma vaga mais barata ou até gratuita no sanatório Grimmenstein na Baixa Áustria. Kafka, entretanto, não aceitou, visto que não se sentia em condições de viajar nem de suportar os procedimentos de um grande sanatório.
21. Oscar Beck a Felix Weltsch, 3 de maio de 1924. Apud Brod, *Über Franz Kafka*, p. 179.
22. Dora Diamant e Kafka a Hermann e Julie Kafka, por volta de 19 de maio de 1924 (BS). Dora Diamant a Elli Hermann, 5 de maio de 1924 (arquivo Kritische Kafka-Ausgabe, Wuppertal).
23. Alfred Löwy havia morrido em 28 de fevereiro de 1923 em Madri; em seguida, correu o boato em Praga de que os Kafka haviam herdado uma fortuna imensa. Depois de a irmã de Alfred, Julie Kafka, ter estado em Paris no início de setembro de 1923 a fim de

esclarecer questões jurídicas e tributárias, Kafka escreveu a Brod: "A verdade é que o valor bruto da herança equivale a cerca de 600 mil coroas; além de minha mãe mais três tios têm direito a ela. Isso ainda seria bom, mas infelizmente os principais sócios são os governos francês e espanhol e advogados e tabeliões parisienses e madrilenhos" (carta a Max Brod, 1º de novembro de 1923 [B5]). Não sabemos quando a herança foi finalmente paga nem seu valor.

24. Cf. Kafka, *Briefe 1902-1924*, pp. 484-91, bem como D App 395 ss.
25. Brod, *Über Franz Kafka*, p. 181. — Uma observação jocosa de Kafka, registrada numa das folhas de conversa, talvez contenha um indício oculto desse plano de casamento: "queremos morar lá e você já começa com a fofoca". De acordo com o contexto, a referência só pode ser o lugar onde o pai de Dora morava ou Breslau.
26. Trata-se da primeira publicação de ambos os contos, "Josefina, a cantora", *Prager Presse*, 20 abr. 1924; "Uma pequena mulher", *Prager Tagblatt*, 20 abr. 1924 (versão abreviada). — *Reübeni: Fürst der Juden* foi publicado em 1925 na editora Kurt Wolff. Brod havia lido o início do romance para Kafka em maio de 1923 e em seguida anotou no diário: "Ele está encantado".
27. Carta a Max Brod, 20 de maio de 1924 (B5). — Em janeiro de 1924, Brod trocara o semioficial *Prager Presse* pelo *Prager Tagblatt*, no qual publicou mais de cem artigos até 1939. Cf. Peter Doležal; Tomáš G. Masaryk, *Max Brod und das "Prager Tagblatt" (1918-1938)*. Frankfurt am Main: Peter Lang, 2004, pp. 131 ss.
28. Carta a Hermann e Julie Kafka, por volta de 19 de maio de 1924 (B5). Robert Klopstock a Elli Hermann, por volta de 20 de maio de 1924 (arquivo Kritische Kafka-Ausgabe, Wuppertal).
29. Apud Brod, *Über Franz Kafka*, p. 185.
30. Observação de Kafka num bilhete do espólio de Klopstock: "Leia também o episódio do romance de Werfel. Ele me afeta tanto quanto *Schweiger*, não posso dizer nada a respeito" (Wetscherek, *Kafkas letzter Freund*, p. 74). Certamente *Verdi*, de Werfel, não foi o último livro lido por Kafka. Pois além de Max Brod, a editora Die Schmiede também havia lhe enviado um pacote de livros, que deve ter chegado em Kierling no início de maio (cf. D App 393). Em 20 de maio, Kafka recebeu um livro pelo qual havia mostrado interesse; Brod transmitiu o pedido a uma livraria de Praga, que procedeu ao envio (carta a Max Brod, 20 de maio de 1924, B5). — A informação a Brod está numa carta de 28 de abril de 1924 (B5).
31. Kafka, *Briefe 1902-1924*, p. 520.
32. Brod, *Über Franz Kafka*, p. 182.
33. Carta a Hermann e Julie Kafka, 2 de junho de 1924 (B5).
34. Há uma tradução para o alemão do obituário de Milena Jesenská em Hackermüller, *Kafkas letzte Jahre*, pp. 158 ss. Os necrológios em língua alemã estão reproduzidos em: Born, *Franz Kafka: Kritik und Rezeption 1924-1938*, pp. 16 ss.
35. Ibid., p. 57.
36. Urzidil, *Da geht Kafka*, p. 74.

Referências bibliográficas

Kafka

ALT, Peter-André. *Franz Kafka: Der ewige Sohn*. Munique: C. H. Beck, 2005.

ANZ, Thomas. "Jemand musste Otto G. verleumdet haben... Kafka, Werfel, Otto Gross und eine 'psychiatrische Geschichte'", *Akzente*, v. 31, n. 2, pp. 184-91, 1984.

BAIONI, Giuliano. *Kafka: Literatur und Judentum*. Stuttgart; Weimar: Metzler, 1994.

BAUDY, Nicolas. "Entrentiens avec Dora Dymant, compagne de Kafka", *Evidences*, Paris, v. 8, fev. 1950.

BAUER-WABNEGG, Walter. "Monster und Maschinen, Artisten und Technik in Franz Kafkas Werk". In: KITTLER, Wolf; NEUMANN, Gerhard (Orgs.). *Franz Kafka: Schriftverkehr*. Freiburg im Breisgau: Rombach, 1990, pp. 316-82.

BINDER, Hartmut. "Franz Kafka und die Wochenschrift 'Selbstwehr'", *Deutsche Vierteljahresschrift für Literaturwissenschaft und Geistesgeschichte*, v. 41, pp. 283-304, 1967.

_____ (Org.). *Kafka-Handbuch*. v. 1: *Der Mensch und seine Zeit*, v. 2: *Das Werk und seine Wirkung*. Stuttgart: Kröner, 1979.

_____. *Kafka-Kommentar zu den Romanen, Rezensionen, Aphorismen und zum Brief an den Vater*. Munique: Winckler, 1976.

_____. *Kafka-Kommentar zu sämtlichen Erzählungen*. Munique: Winckler, 1975.

_____. "Kafka und seine Schwester Ottla", *Jahrbuch der deutschen Schillergesellschaft*, v. 12, pp. 403-56, 1968.

_____. "Kafkas Briefscherze: Sein Verhältnis zu Josef David", *Jahrbuch der Deutschen Schillergesellschaft*, v. 13, pp. 536-59, 1969.

_____. "Kafkas Hebräischstudien: Ein biographisch-interpretatorischer Versuch", *Jahrbuch der deutschen Schillergesellschaft*, v. 11, pp. 527-56, 1967.

_____. *Kafkas "Verwandlung": Entstehung, Deutung, Wirkung*. Frankfurt am Main: Stroemfeld, 2004.

_____. "Puder und Schleier, Glanz und Genuss: Eine Entdeckung; Kafkas späte Verlobte Julie Wohryzek", *Neue Zürcher Zeitung*, p. 49, 28-29 abr. 2001.

BORN, Jürgen; DIETZ, Ludwig; PASLEY, Malcolm; RAABE, Paul; WAGENBACH, Klaus (Orgs.). *Kafka-Symposion*. Berlim: Klaus Wagenbach, 1965.

BORN, Jürgen (Org.). *Franz Kafka: Kritik und Rezeption zu seinen Lebzeiten 1912-1924*. Frankfurt am Main: S. Fischer, 1979.

_____. *Franz Kafka: Kritik und Rezeption 1924-1938*. Frankfurt am Main: S. Fischer, 1983.

_____. *Kafkas Bibliothek: Ein beschreibendes Verzeichnis*. Frankfurt am Main: S. Fischer, 1990.

BROD, Max. "Der Dichter Franz Kafka", *Die neue Rundschau*, v. 32, pp. 1210-6, 1921.

BROD, Max. *Über Franz Kafka*. Frankfurt am Main: S. Fischer, 1974. (Esta coletânea traz: *Franz Kafka. Eine Biographie/ Franz Kafkas Glauben und Lehre/ Verzweiflung und Erlösung im Werk Franz Kafkas.*)

CALASSO, Roberto. *K.* Munique; Viena: Hanser, 2006. [Ed. bras.: *K.* Trad. de Samuel Titan Jr. São Paulo: Companhia das Letras, 2006.]

CANETTI, Elias. *Der andere Prozeß: Kafkas Briefe an Felice*. Munique: Hanser, 1969. [Ed. bras.: *O outro processo: As cartas de Kafka a Felice*. Trad. de Herbert Caro. Rio de Janeiro: Espaço e Tempo, 1988.]

CAPUTO-MAYR, Maria Luise; HERZ, Julius Michael (Orgs.). *Franz Kafka: Internationale Bibliographie der Primär- und Sekundärliteratur. Eine Einführung*. 2 v. 2. ed. rev. e ampl. Munique: K. G. Saur, 2000.

ČERMÁK, Josef. *Franz Kafka: výmysly a mystifikace*. Praga: Odeon, 2005.

_____. "Pobyt Franze Kafky v Plané nad Lužnicí (Léto 1922)", *světová literatura*, n. 34, v. 1, pp. 219-37, 1989.

DIAMANT, Kathi. *Kafka's Last Love: The Mystery of Dora Diamant*. Nova York: Basic Books, 2003.

DIETZ, Ludwig. *Franz Kafka. Die Veröffentlichungen zu seinen Lebzeiten (1908-1924): Eine textkritische und kommentierte Bibliographie*. Heidelberg: Stiehm, 1982.

GELBER, Mark H. (Org.). *Kafka, Zionism, and Beyond*. Tübingen: De Gruyter, 2004.

GILMAN, Sander. *Franz Kafka, the Jewish Patient*. Nova York; Londres: Routledge, 1995.

GRÖZINGER, Karl Erich. *Kafka und die Kabbala: Das Jüdische im Werk und Denken von Franz Kafka*. Frankfurt am Main: Campus, 1992.

_____; MOSÈS, Stéphane; ZIMMERMANN, Hans Dieter (Orgs.). *Kafka und das Judentum*. Frankfurt am Main: Athenäum, 1987.

GRUŠA, Jiři. "Die Verlockung auf dem Dorfe oder, Die Jungfrau und das Ungeheuer". In: ZIMMERMANN, Hans Dieter (Org.). *Nach erneuter Lektüre: Franz Kafkas "Der Proceß"*. Würzburg: Königshausen & Neumann, 1992, pp. 251-67.

HACKERMÜLLER, Rotraut. *Kafkas letzte Jahre: 1917-1924*. Munique: Kirchheim, 1990.

JANOUCH, Gustav. *Gespräche mit Kafka: Aufzeichnungen und Erinnerungen*. Ed. ampl. Frankfurt am Main: S. Fischer, 1968.

HERMES, Roger; JOHN, Waltraud; KOCH, Hans-Gerd; WIDERA, Anita (Orgs.). *Franz Kafka: Eine Chronik*. Berlim: Klaus Wagenbach, 1999.

KAFKA, Franz. *Amtliche Schriften*. Org. de Klaus Hermsdorf. Berlim: Akademie, 1984. [Para a edição crítica de *Amtlichen Schriften*, cf. o índice de siglas.]

_____. *Beim Bau der chinesischen Mauer: Ungedruckte Erzählungen und Prosa aus dem Nachlaß*. Org. de Max Brod e Hans-Joachim Schoeps. Berlim: Kiepenheuer, 1931 [reimp. a partir da edição de 1931 — Hildesheim: Olms, 2008].

_____. *Beschreibung eines Kampfes: Novellen, Skizzen, Aphorismen aus dem Nachlaß*. Praga: Heinrich Mery Sohn, 1936.

_____. *Briefe 1902-1924*. Frankfurt am Main: S. Fischer, 1958.

_____. *Briefe an die Eltern aus den Jahren 1922-1924*. Org. de Josef Čermák e Martin Svatoš. Frankfurt am Main: S. Fischer, 1990.

_____. *Briefe an Felice und andere Korrespondenz aus der Verlobungszeit*. Org. de Erich Heller e Jürgen Born. Frankfurt am Main: S. Fischer, 1967.

_____. *Briefe an Ottla und die Familie*. Org. de Hartmut Binder e Klaus Wagenbach. Frankfurt am Main: S. Fischer, 1974.

KARL, Frederik R. *Franz Kafka: Representative Man*. Boston: Ticknor & Fields, 1993.

KILCHER, Andreas. "Franz Kafkas 'hebräische Kraftanstrengung'", *Neue Zürcher Zeitung*, 8 abr. 2000.

KOCH, Hans-Gerd (Org.). *"Als Kafka mir entgegenkam…": Erinnerungen an Franz Kafka*. Ed. ampl. Berlim: Klaus Wagenbach, 2005.

_____. *Kafka in Berlin: Eine historische Stadtreise*. Berlim: Klaus Wagenbach, 2008.

_____. "Kafkas Max und Brods Franz: Vexierbild einer Freundschaft". In: PLACHTA, Bodo (Org.). *Literarische Zusammenarbeit*. Tübingen: Max Niemeyer, 2001, pp. 245-56.

_____; WAGENBACH, Klaus (Org.). *Kafkas Fabriken*. Marbach am Neckar: Schillergesellschaft, 2002.

LENSING, Leo A. "'Fackel'-Leser und Werfel-Verehrer: Anmerkungen zu Kafkas Briefen an Robert Klopstock". In: WETSCHEREK, Hugo (Org.). *Kafkas letzter Freund: Der Nachlaß Robert Klopstock (1899-1972)*. Viena: Inlibris, 2003, pp. 267-92.

MITSCHERLICH-NIELSEN, Margarete. "Psychoanalytische Bemerkungen zu Franz Kafka", *Psyche*, n. 31, v. 1, pp. 60-83, 1977.

MORGENSTERN, Soma: "Franz Kafka [1]", "Franz Kafka [2]", "Wer ist Franz Kafka?". In: SCHULTE, Ingolf (Org.). *Kritiken. Berichte: Tagebücher*. Lüneburg: Zu Klampen, 2001, pp. 443-8, 449-54, 455-80.

MÜLEROVÁ, Radana. *Franz Kafka a Siřem*, 2000 [dissertação, inédita].

MURRAY, Nicholas. *Kafka*. New Haven; Londres: Yale University Press, 2004.

NEKULA, Marek. *Franz Kafkas Sprachen*. Tübingen: Max Niemeyer, 2003.

NEUMANN, Gerhard. "Hungerkünstler und Menschenfresser: Zum Verhältnis von Kunst und kulturellem Ritual im Werk Franz Kafkas". In: KITTLER, Wolf; NEUMANN, Gerhard (Orgs.). *Franz Kafka: Schriftverkehr*. Freiburg im Breisgau: Rombach, 1990, pp. 399-432.

NORTHEY, Anthony. "The American Cousins and the Prager Asbestwerke". In: FLORES, A. (Org.). *The Kafka Debate*. Nova York: Gordian, 1977, pp. 133-46.

_____. "Julie Wohryzek, Franz Kafkas zweite Verlobte", *Freibeuter*, Berlim, v. 59, pp. 3-16, 1994.

_____. *Kafkas Mischpoche*. Berlim: Klaus Wagenbach, 1988.

OZICK, Cynthia. "The Impossibility of Being Kafka", *The New Yorker*, 11 jan. 1999, pp. 80-7.

PASLEY, Malcolm (Org.). *Max Brod. Franz Kafka. Eine Freundschaft*. v. 1: *Reiseaufzeichnungen*, v. 2: *Briefwechsel*. Frankfurt am Main: S. Fischer, 1987, 1989.

PASLEY, Malcolm. "Die Handschrift redet", *Marbacher Magazin*, v. 52, Marbach am Neckar, 1990.

PAWEL, Ernst. *Das Leben Franz Kafkas: Eine Biographie*. Reinbek: Hanser, 1990.

_____. "Kafka's Hebrew Teacher", *The New York Times*, 16 ago 1981.

POLITZER, Heinz. *Franz Kafka, der Künstler*. Frankfurt am Main: S. Fischer, 1965.

ROBERT, Marthe. *Einsam wie Franz Kafka*. Frankfurt am Main: S. Fischer, 1985.

ROBERTSON, Ritchie. *Kafka: Judentum Gesellschaft Literatur*. Stuttgart: Metzler, 1988.

ROST, Nico. "Persoonlijke ontmoetingen met Franz Kafka en mijn Tsjechische vrienden", *De Vlaamse Gids*, v. 48, pp. 75-97, fev. 1964.

SCHOEPS, Julius H. (Org.). *Im Streit um Kafka und das Judentum: Max Brod, Hans-Joachim Schoeps, Briefwechsel*. Königstein, Ts: Jüdischer Verlag bei Athenäum, 1985.

SCHÜTTERLE, Annette. *Franz Kafkas Oktavhefte: Ein Schreibprozeß als "System des Teilbaues"*. Freiburg im Breisgau: Rombach, 2002.

_____. "Franz Kafkas 'Tropische Münchhausiade: Eine Lesung in München", *Freibeuter*, v. 75, pp. 153-6, jan. 1998.

SCHWEPPENHÄUSER, Hermann (Org.). *Benjamin über Kafka: Texte, Briefzeugnisse, Aufzeichnungen*. Frankfurt am Main: Suhrkamp, 1981.

SIEBENSCHEIN, Hugo et al. *Franz Kafka a Praha: Vzpomínky, Úvahy, Dokumenty*. Praga: Vladimir Zikes, 1947.

STACH, Reiner. *Kafka: Die Jahre der Entscheidungen*. Frankfurt am Main: S. Fischer, 2002. [Ed. bras.: *Kafka: Os anos decisivos*. Trad. de Sofia Mariutti. São Paulo: Todavia, 2022.]

_____. *Kafkas erotischer Mythos: Eine ästhetische Konstruktion des Weiblichen*. Frankfurt am Main: S. Fischer, 1987.

STOELZL, Christoph. *Kafkas böses Böhmen: Zur Sozialgeschichte eines Prager Juden*. Frankfurt am Main: Edition Text + Kritik, 1989.

TISMAR, Jens. "Kafkas 'Schakale und Araber' im zionistischen Kontext betrachtet", *Jahrbuch der deutschen Schillergesellschaft*, v. 19, pp. 306-23, 1975.

UNSELD, Joachim. *Franz Kafka: Ein Schriftstellerleben. Die Geschichte seiner Veröffentlichungen*. Munique; Viena: Hanser, 1982.

URZIDIL, Johannes. *Da geht Kafka*. Zurique; Stuttgart: Artemis, 1965.

VOIGTS, Manfred. *Kafka und die jüdisch-zionistische Frau: Diskussionen um Erotik und Sexualität im Prager Zionismus*. Würzburg: Königshausen & Neumann, 2007.

WAGENBACH, Klaus. *Franz Kafka: Bilder aus seinem Leben*. 2. ed. Berlim: Klaus Wagenbach, 1995.

_____. *Franz Kafka: Eine Biographie seiner Jugend 1883-1912*. Berna: [s.n.], 1958. (2. ed. Berlim: Klaus Wagenbach, 2006.)

_____. *Kafkas Prag: Ein Reiselesebuch*. Berlim: Klaus Wagenbach, 1993.

WAGNEROVÁ, Alena. "*Im Hauptquartier des Lärms*": *Die Familie Kafka aus Prag*. Colônia: Bollmann, 1997.

WEISS, Ernst. "Bemerkungen zu den Tagebüchern und Briefen Franz Kafkas", *Mass und Wert*, v. 1, pp. 319-25, 1937-8.

WETSCHEREK, Hugo (Org.). *Kafkas letzter Freund: Der Nachlaß Robert Klopstock (1899-1972)*. Com 38 cartas de Franz Kafka em parte até então inéditas, comentadas. Contribuições de Leonhard M. Fiedler e Leo A. Lensing. Viena: Inlibris, 2003 [n. 13 do catálogo da série Antiquariat Inlibris].

ZISCHLER, Hanns. *Kafka geht ins Kino*. Reinbek: Rowohlt, 1996. [Ed. bras.: *Kafka vai ao cinema*. Trad. de Vera Ribeiro. Rio de Janeiro: Zahar, 2005.]

Literatura e crítica literária

AMANN, Klaus; WALLAS, Armin A. (Orgs.). *Expressionismus in Österreich*. Viena; Colônia; Weimar: Böhlau, 1994.

BINDER, Hartmut (Org.). *Brennpunkt Berlin: Prager Schriftsteller in der deutschen Metropole*. Bonn: Kulturstiftung der deutschen Vertriebenen, 1995.

_____ (Org). *Prager Profile: Vergessene Autoren im Schatten Kafkas*. Berlim: Mann, 1991.

_____. "Ernst Polak — Literat ohne Werk: Zu den Kaffeehauszirkeln in Prag und Wien", *Jahrbuch der Deutschen Schillergesellschaft*, v. 23, pp. 366-415, 1979.

BLEI, Franz. *Das große Bestiarium der modernen Literatur*. Berlim: Rowohlt, 1922.

BRENNER, Josef Chaim. *Unfruchtbarkeit und Scheitern oder Buch des Ringens*. Tel Aviv: Shtiebel, 1920.

BROD, Max. "Gerhart Hauptmanns Frauengestalten", *Die neue Rundschau*, v. 33, pp. 1131-41, 1922.

_____. *Das große Wagnis*. Leipzig; Viena: Kurt Wolff, 1918.

_____. *Leben mit einer Göttin*. Munique: Kurt Wolff, 1923.

BROD, Max. *Mira: Ein Roman um Hofmannsthal.* Munique: Kindler, 1958.

_____. "Die neue Zeitschrift", *Die weißen Blätter*, v. 1, pp. 1227-30, 1913-4.

_____. *Der Prager Kreis*. Frankfurt am Main: Suhrkamp, 1979.

_____. *Rëubeni, Fürst der Juden: Ein Renaissanceroman.* Munique: Kurt Wolff, 1925.

_____. *Streitbares Leben: Autobiographie 1884-1968.* Frankfurt am Main: Insel, 1979.

_____. *Tycho Brahes Weg zu Gott.* Munique: Kurt Wolff, 1915.

BUBER-NEUMANN, Margarete. *Milena: Kafkas Freundin.* Munique: Langen Müller, 1963.

ČERNÁ, Jana. *Milena Jesenská.* Frankfurt am Main: Neue Kritik, 1985.

CORINO, Karl. *Robert Musil: Eine Biographie.* Reinbek: Rowohlt, 2003.

DIETZ, Ludwig. "Kurt Wolffs Bücherei 'Der jüngste Tag': Seine Geschichte und Bibliographie", *Philobiblon*, v. 7, pp. 96-118, 1963.

DODERER, Heimito von. *Die erleuchteten Fenster oder Die Menschwerdung des Amtsrates Julius Zihal.* Munique: C. H. Beck, 1995.

_____. *Die Strudlhofstiege oder Melzer und die Tiefe der Jahre.* Munique: C. H. Beck, 1995.

FIALA-FÜRST, Ingeborg. *Der Beitrag der Prager deutschen Literatur zum deutschen Expressionismus: Relevante Topoi ausgewählter Werke.* St. Ingbert: Röhrig Universitätsverlag, 1996.

FIEDLER, Leonhard M. "'Um Hofmannsthal'. Max Brod und Hugo von Hofmannsthal. Briefe, Notizen", *Hofmannsthal-Blätter*, v. 30, pp. 23-45, ago. 1985.

FISCHER, Samuel; FISCHER, Hedwig. *Briefwechsel mit Autoren.* Org. de Dierk Rodewald e Corinna Fiedler. Frankfurt am Main: S. Fischer, 1989.

GÖBEL, Wolfram. *Der Kurt Wolff Verlag 1913-1930: Expressionismus als verlegerische Aufgabe.* (Ed. especial de *Archiv für Geschichte des Buchwesens*, v. XV e XVI, colunas 521-1456, Frankfurt am Main, 1976 e 1977. Reed.: Munique: Buch & Media, 2000.)

GOLD, Hugo (Org.). *Max Brod: Ein Gedenkbuch. 1884-1969.* Tel Aviv: Alamenu, 1969.

GOLDSTÜCKER, Eduard. *Weltfreunde: Konferenz über die Prager deutsche Literatur.* Praga: Academia, 1967.

HAAS, Willy. *Die literarische Welt: Erinnerungen.* Munique: List, 1957.

HERMANN, Frank; SCHMITZ, Heinke. "Avantgarde und Kommerz: Der Verlag *Die Schmiede* Berlin 1921-1929", *Buchhandelsgeschichte*, v. 4, pp. B129-B150, 1991.

HEYDEMANN, Klaus. "Der Titularfeldwebel: Stefan Zweig im Kriegsarchiv". In: *Stefan Zweig 1881/1981: Aufsätze und Dokumente.* Org. de Dokumentationsstelle für neuere österreichische Literatur (= *Zirkular*, número especial 2, out. 1981), Viena.

HIRSCH, Rudolf; WEBER, Eugene (Orgs.). *Hugo von Hofmannsthal/ Richard Beer-Hofmann: Briefwechsel.* Frankfurt am Main: S. Fischer, 1972.

HOCKADAY, Mary. *Kafka, Love and Courage: The Life of Milena Jesenská.* Londres: Andre Deutsch, 1997.

HOFMANNSTHAL, Hugo von. *Briefwechsel mit Ottonie Gräfin Degenfeld und Julie Freifrau von Wedelstadt.* Org. de Marie Therese Miller-Degenfeld. 2. ed. Frankfurt am Main: S. Fischer, 1986.

JESENSKÁ, Milena. "*Alles ist Leben*": *Feuilletons und Reportagen 1919-1939.* Org. de Dorothea Rein. Frankfurt am Main: Neue Kritik, 1984.

_____. *Prager Hinterhöfe im Frühling. Feuilletons und Reportagen 1919-1939.* Org. de Alena Wagnerová. Göttingen: Wallstein, 2020.

JUNGK, Peter Stephan. *Franz Werfel: Eine Lebensgeschichte.* Frankfurt am Main: S. Fischer, 1987.

KAUS, Gina. *Und was für ein Leben: Mit Liebe und Literatur, Theater und Film.* Hamburgo: Albrecht Knaus, 1979.

KAYSER, Werner; GRONEMEYER, Horst. *Max Brod*. Hamburger Bibliographien, v. 12. Hamburgo: Christians, 1972.

KISCH, Egon Erwin. *Briefe an den Bruder Paul und an die Mutter 1905-1936*. Berlim; Weimar: Aufbau, 1978.

_____. *Briefe an Jarmila*. Org. de Klaus Haupt. Berlim: Das neue Berlin, 1998.

KRAUS, Karl. *Die letzten Tage der Menschheit: Tragödie in 5 Akten mit Vorspiel und Epilog*. Viena: Die Fackel, 1919.

_____. *Literatur oder Man wird doch da sehn: Magische Operette in 2 Teilen*. Viena: Die Fackel, 1921.

KROLOP, Kurt. *Reflexionen der Fackel: Neue Studien üb6er Karl Kraus*. Viena: Verlag der Österreichischen Akademie der Wissenschaften, 1994.

MANN, Thomas. "Ludwig Hardt". In: Id., *Essays ii. 1914-1926*. Org. de Hermann Kurzke. Frankfurt am Main: S. Fischer, 2002, pp. 303-5.

_____. *Tagebücher 1918-1921*. Frankfurt am Main: S. Fischer, 1979.

MORGENSTERN, Soma. *Kritiken, Berichte, Tagebücher*. Org. de Ingolf Schulte. Lüneburg: Zu Klampen, 2001.

MUSIL, Robert. *Briefe 1901-1942*. Org. de Adolf Frisé. Reinbek: Rowohlt, 1981.

_____. *Tagebücher*. Org. de Adolf Frisé. Reinbek: Rohwohlt, 1983.

PAZI, Margarita. *Fünf Autoren des Prager Kreises*. Frankfurt am Main: Peter Lang, 1978.

_____ (Org.). *Max Brod 1884-1984: Untersuchungen zu Max Brods literarischen und philosophischen Schriften*. Nova York: Peter Lang, 1987.

_____. *Staub und Sterne: Aufsätze zur deutsch-jüdischen Literatur*. Göttingen: Wallstein, 2001.

_____; ZIMMERMANN, Hans Dieter (Org.). *Berlin und der Prager Kreis*. Würzburg: Königshausen & Neumann, 1991.

PULVER, Max. *Erinnerungen an eine europäische Zeit*. Zurique: Orell Füssli, 1953.

RAABE, Paul (Org.). *Expressionismus: Aufzeichnungen und Erinnerungen*. Olten; Freiburg: Walter, 1965.

RILKE, Rainer Maria. *Briefe zur Politik*. Org. de Joachim W. Storck. Frankfurt am Main; Leipzig: Insel, 1992.

SAHL, Hans. "Erinnerungen an Ernst Weiß", *Weiß-Blätter*, n. 2, p. 4, ago. 1973.

ŠRÁMKOVÁ, Barbora. *Max Brod und die tschechische Kultur*. Wuppertal: Arco, 2010.

SCHAMSCHULA, Walter. "Franz Werfel und die Tschechen". In: Herbert Zeman (Org.). *Die österreichische Literatur: Ihr Profil von der Jahrhundertwende bis zur Gegenwart (1880-1980)*. Graz: Akademische Druck und Verlaganstalt, 1989, pp. 343-59.

_____. "Max Brod und die tschechische Literatur". In: PAZI, Margarita (Org.). *Max Brod 1884--1984. Untersuchungen zu Max Brods literarischen und philosophischen Schriften*. Nova York: Peter Lang, 1987, pp. 233-49.

SCHNITZLER, Arthur. *Tagebuch*. v. 7: *1920-1922*. Viena, 1993. v. 8: *1923-1926*. Viena: Verlag der Österreichischen Akademie der Wissenschaften, 1995.

STEENFATT, Margret. *Milena Jesenská: Biographie einer Befreiung*. Hamburgo: Europäische Verlagsanstalt, 2002.

STERNHEIM, Carl. *Briefe ii: Briefwechsel mit Thea Sternheim, Dorothea und Klaus Sternheim*. Org. de Wolfgang Wendler. Darmstadt: Luchterhand, 1988.

STERNHEIM, Thea. *Tagebücher 1903-1971*. Org. de Thomas Ehrsam e Regula Wyss. v. 3: *1936--1951*. Göttingen: Wallstein, 2002.

TIMMS, Edward. *Karl Kraus: Satiriker der Apokalypse. Leben und Werk 1874 bis 1918*. Frankfurt am Main: Suhrkamp, 1999.

UNGERN-STERNBERG, Christoph von. *Willy Haas 1891-1973: "Ein großer Regisseur der Literatur"*. Munique: Edition Text + Kritik, 2007.

WAGENKNECHT, Christian. "Die Vorlesungen von Karl Kraus: Ein chronologisches Verzeichnis", *Kraus-Hefte*, v. 35-6, pp. 1-30, 1985.

WAGNEROVÁ, Alena (Org.). *"Ich hätte zu antworten tage- und nächtelang": Die Briefe von Milena.* Mannheim: Bollmann, 1996.

_____. *Milena Jesenská: "Alle meine Artikel sind Liebesbriefe": Biographie.* Mannheim: Bollmann, 1994.

WALTER, Hans-Albert. *Deutsche Exilliteratur 1933-1950.* v. 1.1: *Die Mentalität der Weimardeutschen/ Die "Politisierung" der Intellektuellen.* Stuttgart; Weimar: J. B. Metzler, 2003.

WEISKOPF, F. C. *Das Slawenlied.* Berlim: Aufbau, 1960.

WEISS, Ernst. *Die Feuerprobe.* Berlim: S. Fischer, 1923.

_____. *Franziska.* Berlim: S. Fischer, 1919.

_____. *Der Kampf.* Berlim: S. Fischer, 1916.

WERFEL, Franz. *Schweiger: Trauerspiel in 3 Akten.* Munique: Kurt Wolff, 1922.

_____. *Spiegelmensch: Magische Trilogie.* Munique: Kurt Wolff, 1920.

_____. *Verdi: Roman der Oper.* Viena; Berlim: Zolnay, 1924.

_____. *Zwischen Oben und Unten: Prosa, Tagebücher, Aphorismen, Literarische Nachträge.* 2. ed. Munique; Viena: Langen Müller, 1975.

WOLFF, Kurt. *Autoren, Bücher, Abenteuer: Betrachtungen und Erinnerungen eines Verlegers.* Berlim: Wagenbach, 1965.

_____. *Briefwechsel eines Verlegers 1911-1963.* Org. de Bernhard Zeller e Ellen Otten. Ed. ampl. Frankfurt am Main: S. Fischer, 1980.

ZWEIG, Stefan. *Briefe 1914-1919.* Org. de Knut Beck, Jeffrey B. Berlin e Natascha Weschenbach Feggeler. Frankfurt am Main: S. Fischer, 1998.

_____. *Tagebücher.* Frankfurt am Main: S. Fischer, 1984.

_____. *Die Welt von Gestern.* Frankfurt am Main: S. Fischer, 1970. [Ed. bras.: *Autobiografia: O mundo de ontem.* Trad. de Kristina Michahelles. Rio de Janeiro: Zahar, 2014.]

Filosofia, sociologia, psicologia, pedagogia

BLÜHER, Hans. *Die Rolle der Erotik in der männlichen Gesellschaft: Eine Theorie der menschlichen Staatsbildung nach Wesen und Wert.* 2 v. Jena: Diederichs, 1917-9.

DELF, Hanna; SCHOEPS, Julius H. (Orgs.). *Gustav Landauer — Fritz Mauthner: Briefwechsel 1890-1919.* Munique: C. H. Beck, 1994.

FEDERN, Paul. *Zur Psychologie der Revolution: Die vaterlose Gesellschaft. Nach Vorträgen in der Wiener Psychoanalytischen Vereinigung und im Monistenbund.* Leipzig; Viena: Anzensgruber, 1919.

FOERSTER, Friedrich Wilhelm. *Jugendlehre: Ein Buch für Eltern, Lehrer und Geistliche.* Berlim: Reimer, 1904.

GAY, Peter. *Freud: Eine Biographie für unsere Zeit.* Frankfurt am Main: S. Fischer, 1989. [Ed. bras.: *Freud: Uma biografia para nosso tempo.* Trad. de Denise Bottmann. São Paulo: Companhia das Letras, 1999.]

GROSS, Otto. "Die kommunistische Grundidee in der Paradiessymbolik", *Sowjet*, v. 1, pp. 12-27, 1919.

HOSCHEK, Maria. *Friedrich Wilhelm Foerster (1869-1966): Mit besonderer Berücksichtigung seiner Beziehungen zu Österreich.* Frankfurt am Main: Peter Lang, 2002.

KIERKEGAARD, Sören. *Buch des Richters: Seine Tagebücher 1833-1855 im Auszug aus dem Dänischen von Hermann Gottsched.* Jena; Leipzig: Diederichs, 1905.
KIERKEGAARD, Sören. *Stadien auf dem Lebensweg.* Jena: Diederichs, 1914.
TAGGER, Theodor. *Das neue Geschlecht: Programmschrift gegen die Metapher.* Berlim: Heinrich Hochstim, 1917.
WELTSCH, Felix; BROD, Max. *Anschauung und Begriff: Grundzüge eines Systems der Begriffsbildung.* Leipzig: Kurt Wolff, 1913.

Judaísmo

ABELES, Otto. *Jüdische Flüchtlinge: Szenen und Gestalten.* Viena; Berlim: Löwit, 1918.
BAJOHR, Frank. "*Unser Hotel ist judenfrei*": *Bäder-Antisemitismus im 19. und 20. Jahrhundert.* Frankfurt am Main: S. Fischer, 2003.
BÄRSCH, Claus-Ekkehard. *Max Brod im Kampf um das Judentum: Zum Leben und Werk eines deutsch-jüdischen Dichters aus Prag.* Viena: Passagen, 1992.
BENJAMIN, Walter; SCHOLEM, Gershom. *Briefwechsel.* Frankfurt am Main: Suhrkamp, 1980.
BERGMAN, Hugo Schmuel. *Tagebücher und Briefe.* Org. de Miriam Sambursky. v. 1: *1901-1948.* Königstein: Jüdischer Verlag bei Athenäum, 1985.
_____. *Jawne und Jerusalem: Gesammelte Aufsätze.* Berlim: [s.n.], 1919. (Reed.: Königstein; Taunus: Jüdischer Verlag bei Athenäum, 1981.)
BLÜHER, Hans. *Secessio Judaica: Philosophische Grundlegung der historischen Situation des Judentums und der antisemitischen Bewegung.* Berlim: Der Weisse Ritter, 1922.
BRENNER, Michael. *Jüdische Kultur in der Weimarer Republik.* Munique: C. H. Beck, 2000.
BROD, Max. "Franz Werfels 'christliche Sendung'", *Der Jude*, v. 1, pp. 717-24, 1916-7.
_____. *Heidentum Christentum Judentum: Ein Bekenntnisbuch.* 2 v. Munique: Kurt Wolff, 1921.
_____. *Sozialismus und Zionismus.* Berlim; Viena: Löwit, 1920.
_____. "Unsere Literaten und die Gemeinschaft", *Der Jude*, v. 1, pp. 457-64, 1916-7.
BUBER, Martin. *Briefwechsel aus sieben Jahrzehnten.* Org. de Grete Schaeder. v. 1: *1897-1918.* Heidelberg: L. Schneider, 1972.
_____. "Die Eroberung Palästinas", *Der Jude*, v. 2, pp. 633 ss., 1917-8.
_____. "Vorbemerkung über Franz Werfel". *Der Jude*, v. 2, pp. 109-12, 1917-8.
CHASANOWITSCH, Leon; MOTZKIN, Leo (Orgs.). *Die Judenfrage der Gegenwart: Dokumentensammlung.* Estocolmo: Judäa, 1919.
COHEN, Gary B. "Jews in German Society: Prague, 1860-1914". In: BRONSEN, David (Org.). *Jews and Germans from 1860 to 1933: The Problematic Symbiosis.* Heidelberg: Carl Winter Universitätsverlag, 1979.
ELIASBERG, Alexander. *Sagen polnischer Juden.* Munique: Georg Müller, 1926.
FROMER, Jakob. *Der babylonische Talmud.* Berlim: Reichel, 1909.
GRAETZ, Heinrich. *Volkstümliche Geschichte der Juden.* 3 v. Leipzig: Otto Leiner, 1888.
GRÖZINGER, Karl Erich. *Jüdisches Denken: Theologie — Philosophie — Mystik.* v. 2: *Von der mittelalterlichen Kabbala zum Hasidismus.* Frankfurt am Main, Nova York: Campus, 2005.
GRONEMANN, Sammy. *Hawdoloh und Zapfenstreich: Erinnerungen an die ostjüdische Etappe 1916-18.* Berlim: Jüdischer, 1924.
GRÜNBERG, Abraham. *Ein jüdisch-polnisch-russisches Jubiläum: Der große Pogrom von Sedlice im Jahre 1906.* Praga: Grünberg, 1916.

HACKESCHMIDT, Jörg. "Jüdische Orthodoxie und zionistische Jugendkultur im frühen 20. Jahrhundert". In: SCHATZ, Andrea; WIES, Christian (Orgs.). *Janusfiguren: "Jüdische Heimstätte", Exil und Nation im deutschen Zionismus.* Berlim: Metropol, 2006, pp. 81-101.

HAUMANN, Heiko. "Zionismus und die Krise jüdischen Selbstverständnisses". In: ____ (Org.). *Der Traum von Israel: Die Ursprünge des modernen Zionismus.* Weinheim: Beltz Athenäum, 1998, pp. 9-64.

HERZOG, Andreas (Org.). *Ost und West: Jüdische Publizistik 1901-1928.* Leipzig: Reclam, 1996.

HOLITSCHER, Arthur. *Reise durch das jüdische Palästina.* Berlim: S. Fischer, 1922.

Das jüdische Prag: Eine Sammelschrift. Praga: Verlag der Selbstwehr, 1917.

KIEVAL, Hillel J. *The Making of the Czech Jewry: National Conflict and Jewish Society in Bohemia, 1870-1918.* Nova York: Oxford University Press, 1988.

KROJANKER, Gustav (Org.). *Juden in der deutschen Literatur.* Berlim: Welt, 1922.

KREPPEL, J. *Juden und Judentum von heute: Ein Handbuch.* Zurique; Viena; Leipzig: Amalthea, 1925.

KUDĚLA, Jiři. "Die Emigration galizischer und osteuropäischer Juden nach Böhmen und Prag zwischen 1914-1916/17", *Studia rosenthaliana*, v. 23, pp. 119-34, 1989.

_____. "Galician and East European Refugees in the Historic Lands: 1914-16", *Review of the Society for the History of Czechoslovak Jews*, v. 4, pp. 15-32, 1991-2.

LANDAUER, Gustav. "Christlich und christlich, jüdisch und jüdisch", *Der Jude*, v. 1, p. 851, 1916-7.

LANGER, František. "My Brother Jiří". In: LANGER, Jiří. *Nine Gates.* Nova York: David McKay Company, 1961, pp. VII-XXXI.

LANGER, Georg. *Die Erotik der Kabbala.* Praga: J. Flesch, 1923.

LANGER, Jiři (Georg). *Devět bran.* [*Neun Tore. Das Geheimnis der Chassidim*]. Praga: Evropský literárni klub, 1937.

LAPPIN, Eleonore. *Der Jude 1916-1928: Jüdische Moderne zwischen Universalismus und Partikularismus.* Tübingen: M. Siebeck, 2000.

LEHMANN, Siegfried. "Jüdische Volksarbeit", *Der Jude*, v. 1, pp. 104-11, 1916-7.

_____. *Das jüdische Volksheim Berlin: Erster Bericht. Mai-Dezember 1916.* Berlim: [s.n.], 1916.

_____. "Von der Straßenhorde zur Gemeinschaft", *Der Jude*, 2º caderno especial, pp. 22 36, 1926.

MENCZEL-BEN-TOVIM, Puah (Org.). *Leben und Wirken: Unser erzieherisches Werk. In memoriam Dr. Josef Schlomo Menczel, 1903-1953.* Jerusalém: Gedächtnisstiftung Dr. J. S. Menczel, 1983.

MEYER, Michael A. (Org.). *Deutsch-jüdische Geschichte in der Neuzeit*, v. 3: *Umstrittene Integration 1871-1918.* Munique: C. H. Beck, 1997.

MÍŠKOVÁ, Alena. "Die Lage der Juden an der Prager Deutschen Universität". In: HOENSCH, Jörg K. et al. (Orgs.). *Judenemanzipation — Antisemitismus — Verfolgung in Deutschland, Österreich-Ungarn, den Böhmischen Ländern und in der Slowakei.* Essen: Klartext, 1999, pp. 117-29.

NAOR, Mordecai. *Eretz Israel: Das 20. Jahrhundert.* Colônia: Könemann, 1998.

NEKULA, Marek; KOSCHMAL, Walter. *Juden zwischen Deutschen und Tschechen: Sprachliche und kulturelle Identitäten in Böhmen 1800-1945.* Munique: Oldenbourg, 2006.

RATH, Moses. *Lehrbuch der hebräischen Sprache für Schul- und Selbstunterricht.* 2. ed. Viena, 1917.

RECHTER, David. *The Jews of Vienna and the First World War.* Londres; Portland; Oregon: The Littman Library of Jewish Civilization, 2001.

ROZENBLIT, Marsha L. *Reconstructing a National Identity: The Jews of Habsburg Austria during World War I*. Nova York: Oxford University Press, 2001.

RYCHNOVSKY, Ernst (Org.). *Masaryk und das Judentum*. Praga: Marsverlagsgesellschaft, 1930.

Sagen polnischer Juden. Sel. e trad. de Alexander Eliasberg. Munique: Georg Müller, 1916.

SCHOEPS, Julius H.; SCHLÖR, Joachim (Orgs.). *Antisemitismus: Vorurteile und Mythen*. Munique; Zurique: Piper, 1995.

SCHOLEM, Gershom. *Tagebücher*. v. 1: *1913-1917*. Org. de Karlfried Gründer e Friedrich Niewöhner. Frankfurt am Main: Jüdischer Verlag im Suhrkamp Verlag, 1995.

_____. *Von Berlin nach Jerusalem: Jugenderinnerungen*. Ed. ampl. Frankfurt am Main: Suhrkamp, 1997.

SCHUSTER, Frank M. *Zwischen allen Fronten: Osteuropäische Juden während des Ersten Weltkrieges (1914-1919)*. Colônia; Weimar; Viena: Böhlau, 2004.

SEGEV, Tom. *Es war einmal ein Palästina: Juden und Araber vor der Staatsgründung Israels*. Munique: Siedler, 2005.

SIEG, Ulrich. *Jüdische Intellektuelle im Ersten Weltkrieg: Kriegserfahrungen, weltanschauliche Debatten und kulturelle Neuentwürfe*. Berlim: Akademie, 2001.

STÖLZL, Christoph. "Die 'Burg' und die Juden. T.G. Masaryk und sein Kreis im Spannungsfeld der jüdischen Frage: Assimilation, Antisemitismus und Zionismus". In: BOSL, Karl (Org.). *Die "Burg": Einflussreiche politische Kräfte um Masaryk und Beneš*. v. 2. Munique; Viena: Oldenbourg, 1974, pp. 79-110.

VEREIN jüdischer Hochschüler Bar-Kochba in Prag (Org.). *Vom Judentum: Ein Sammelbuch*. Leipzig: Kurt Wolff, 1913.

WASSERMANN, Jakob. *Mein Weg als Deutscher und Jude*. Berlim: S. Fischer, 1921.

WELLING, Martin. *"Vom Haß so eng umkreist": Der Erste Weltkrieg aus der Sicht der Prager Juden*. Frankfurt am Main: Peter Lang, 2003.

WELTSCH, Felix (Org.). *Dichter, Denker, Helfer: Max Brod zum fünfzigsten Geburtstag*. Mährisch-Ostrau: Julius Kittls, 1934.

WERFEL, Franz. "Die christliche Sendung: Ein offener Brief an Kurt Hiller", *Die neue Rundschau*, v. 28, pp. 92-105, 1917.

ZECHLIN, Egmont. *Die deutsche Politik und die Juden im Ersten Weltkrieg*. Göttingen: Vandenhoeck und Ruprecht, 1969.

História política, história social, história da cultura

BIERSACK, Werner. *Der Fremdenverkehr im Kurort Meran*. Innsbruck: Wirtschafts- und Sozialwissenchaftlicher Arbeitskreis, 1967.

BINDER, Hartmut. *Wo Kafka und seine Freunde zu Gast waren: Prager Kaffeehäuser und Vergnügungsstätten in historischen Bilddokumenten*. Praga; Furth im Wald: Vitalis, 2000.

BIWALD, Brigitte. *Von Helden und Krüppeln: Das österreichisch-ungarische Militärsanitätswesen im Ersten Weltkrieg*. 2 v. Viena: ÖBV & HPT, 2002.

BÖSS, Gustav. *Die Not in Berlin: Tatsachen und Zahlen*. Berlim: [s.n.], 1923. (Reimpr.: ENGELI, Christian (Org.). *Gustav Böß: Oberbürgermeister 1921-1930. Beiträge zur Kommunalpolitik*. Berlim: Kohlhammer, 1981. pp. 1-32.)

BOSL, Karl (Org.). *Aktuelle Forschungsprobleme um die Erste Tschechoslowakische Republik*. Munique; Viena: Oldenbourg, 1969.

BREITER, Marion. *Hinter der Front: Zum Leben der Zivilbevölkerung im Wien des Ersten Weltkriegs*. Dissertação. Viena, 1991.

BROD, Max. *Leoš Janáček: Leben und Werk*. Viena: Wiener Philharmoischer Verlag, 1925.

BUTSCHEK, Felix. *Statistische Reihen zur österreichischen Wirtschaftsgeschichte: Die österreichische Wirtschaft seit der industriellen Revolution*. Viena: Böhlau, 1993.

ČAPEK, Karel. *Gespräche mit Masaryk*. Stuttgart; Munique: Rogner & Bernhard, 2001.

DOLEŽAL, Pavel. *Tomáš G. Masaryk, Max Brod und das* Prager Tagblatt *(1918-1938): Deutsch--tschechische Annäherung als publizistische Aufgabe*. Frankfurt am Main: Peter Lang, 2004.

EISSLER, K. R. *Freud und Wagner-Jauregg vor der Kommission zur Erhebung militärischer Pflichtverletzungen*. Viena: Locker, 1979.

EPKENHANS, Michael. "Kriegswaffen — Strategie, Einsatz, Wirkung". In: SPILKER, Rolf; ULRICH, Bernd (Orgs.). *Der Tod als Maschinist: Der industrialisierte Krieg 1914-1918* (catálogo da exposição no Museum Industriekultur Osnabrück, 17 de maio a 23 de agosto de 1998).

GODEFROID, Annette. *Steglitz: Geschichte der Berliner Verwaltungsbezirke*. Org. de Wolfgang Ribbe. v. 7. Berlim: Colloquium, 1989.

GLATZER, Ruth (Org.). *Berlin zur Weimarer Zeit: Panorama einer Metropole 1919-1933*. Berlim: Siedler, 2000.

GRAHAM, Frank D. *Exchange, Prices, and Production in Hyper-Inflation: Germany 1920-1923*. Princeton, 1930. (Reimp.: Nova York: Russel & Russel, 1967.)

HANISCH, Ernst. *Der lange Schatten des Staates: Österreichische Gesellschaftsgeschichte im 20. Jahrhundert*. Viena: Böhlau, 1994.

HIRSCH, Ernst. *Der Wehrpflichtige*. Viena: Perles, 1913.

HIRSCHFELD, Magnus (Org.). *Sittengeschichte der jüngsten Zeit: Eine Darstellung der Kultur, Sittlichkeit und Erotik des zwanzigsten Jahrhunderts*. Leipzig; Viena: Verlag für Sexualwissenschaft Schneider, 1930-2.

HOENSCH, Jörg K. *Geschichte Böhmens: Von der slavischen Landnahme bis zur Gegenwart*. 3. ed. Munique: C. H. Beck, 1997.

HOLTFRERICH, Carl-Ludwig. *Die deutsche Inflation 1914-1923: Ursachen und Folgen in internationaler Perspektive*. Berlim; Nova York: De Gruyter, 1980.

HÖSCH, Edgar. *Geschichte der Balkanländer: Von der Frühzeit bis zur Gegenwart*. Munique: C. H. Beck, 1999.

Internationales Bäderhandbuch. Berlim: Hugo Steinitz, 1914.

KEEGAN, John. *Der Erste Weltkrieg: Eine europäische Tragödie*. Reinbek: Kindler, 2000.

KLEINDEL, Walter. *Österreich: Daten zur Geschichte und Kultur*. Viena: Österreichischer Bundesverlag, 1995.

KUNZ, Andreas. "Verteilungskampf oder Interessenkonsensus?: Einkommensentwicklung und Sozialverhalten von Arbeitnehmergruppen in der Inflationszeit 1914 bis 1924". In: FELDMAN, Gerald D. et al. (Orgs.). *Die Deutsche Inflation: Eine Zwischenbilanz*. Berlim; Nova York: De Gruyter, 1982, pp. 347-84.

LANGE, Britta. *Einen Krieg ausstellen: Die "Deutsche Kriegsausstellung" 1916 in Berlin*. Berlim: Verbrecher, 2003.

LEMBERG, Hans. "1918: Die Staatsgründung der Tschechoslowakei und die Deutschen". In: BRANDES, Detlev et al. (Org.). *Wendepunkte in den Beziehungen zwischen Deutschen, Tschechen und Slowaken*. Essen: Deutsch-Tschechischen und Deutsch-Slowakischen Historikerkommission, 2007, pp. 119-35.

_____ (Org.). *Universitäten in nationaler Konkurrenz: Zur Geschichte der Prager Universitäten im 19. und 20. Jahrhundert*. Munique: Oldenbourg, 2003.

LINNENKOHL, Hans. *Vom Einzelschuß zur Feuerwalze: Der Wettlauf zwischen Technik und Taktik im Ersten Weltkrieg*. Koblenz: Bernard & Graefe, 1990.

MAMATEY, Victor S.; LUŽA, Radomír (Orgs.). *Geschichte der Tschechoslowakischen Republik 1918-1948*. Viena, Colônia, Graz: H. Böhlaus, 1980.

MARSCHNER, Robert. *Die Fürsorge der Frauen für die heimkehrenden Krieger*. Org. de Deutschen Vereine zur Verbreitung gemeinnütziger Kenntnisse in Prag. Praga, 1916.

MENDELSSOHN, Peter de. *Hellerau, mein unverlierbares Europa*. Dresden: Hellerau, 1993.

MENTZEL, Walter. *Kriegsflüchtlinge in Cisleithanien im Ersten Weltkrieg*. Dissertação. Viena, 1997.

MOMMSEN, Hans; KOVÁČ, Dušan; MALÍŘ, Jiří (Orgs.). *Der Erste Weltkrieg und die Beziehungen zwischen Tschechen, Slowaken und Deutschen*. Essen: Klartext, 2001.

NITSCHKE, Thomas. *Die Gartenstadt Hellerau als Pädagogische Provinz*. Dresden: Hellerau, 2003.

OSTWALD, Hans. *Sittengeschichte der Inflation: Ein Kulturdokument aus den Jahren des Marktsturzes*. Berlim: Neufeld & Henius, 1931.

PAWLOWSKY, Adolf. *Einjähriger Präsenzdienst (Einjährig-Freiwilligendienst)*. Praga: A. Haase, 1910.

PICHLÍK, Karel. "Zur Kritik der Legenden um das Jahr 1918". In: BOSL, Karl (Org.). *Aktuelle Forschungsprobleme um die Erste Tschechoslowakische Republik*. Munique; Viena: Oldenbourg, 1969, pp. 79-92.

PLASCHKA, Richard Georg; HASELSTEINER, Horst; SUPPAN, Arnold. *Innere Front: Militärassistenz, Widerstand und Umsturz in der Donaumonarchie 1918*. v. 2: *Umsturz*. Munique: Verlag für Geschichte und Politik, 1974.

RAUCHENSTEINER, Manfried. *Der Tod des Doppeladlers: Österreich-Ungarn und der Erste Weltkrieg*. Graz; Viena; Colônia; Syria: [s.n.], 1993.

REDLICH, Joseph. *Österreichische Regierung und Verwaltung im Weltkriege*. Viena; New Haven: Yale University Press, 1925.

RIBBE, Wolfgang (Org.). *Geschichte Berlins*. v. 2: *Von der Märzrevolution bis zur Gegenwart*. Munique: C. H. Beck, 1987.

ROTT, Wenzel. *Der politische Bezirk Podersam*. Praga: A. Haase, 1902-5.

RUMPLER, Helmut. *Eine Chance für Mitteleuropa: Bürgerliche Emanzipation und Staatsverfall in der Habsburgermonarchie*. Viena: Ueberrreuter, 1997.

SALFELLNER, Harald. *Das Goldene Gässchen*. Praga: Vitalis, 1998.

SALTARINO, Signor. *Fahrend Volk: Abnormitäten, Kuriositäten und interessante Vertreter der wandernden Künstlerwelt*. Leipzig: Weber, 1895.

SANDGRUBER, Roman. *Ökonomie und Politik: Österreichische Wirtschaftsgeschichte vom Mittelalter bis zur Gegenwart*. Viena: Ueberreuter, 1995.

SAUERMANN, Eberhard. *Literarische Kriegsfürsorge: Österreichische Dichter und Publizisten im Ersten Weltkrieg*. Viena; Colônia; Weimar: Böhlau, 2000.

SCHMITZ, Walter; UDOLPH, Ludger: *"Tripolis Praga": Die Prager 'Moderne' um 1900. Katalogbuch*. Dresden: Thelem, 2001.

SLAPNICKA, Helmut. "Recht und Verfassung der Tschechoslowakei 1918-1938". In: BOSL, Karl (Org.). *Aktuelle Forschungsprobleme um die Erste Tschechoslowakische Republik*. Munique; Viena: Oldenbourg, 1969, pp. 93-111.

SPANN, Gustav. *Zensur in Österreich während des 1: Weltkrieges 1914-1918*. Dissertação. Viena, 1972.

SPECTOR, Scott. *Prague Territories: National Conflict and Cultural Innovation in Franz Kafka's Fin de Siècle*. Berkeley; Los Angeles; Londres: University of California Press, 2000.

Statistický lexikon obci v Čechách. Praga: Bursík & Kohout, 1924.

TEICHOVA, Alice; MATIS, Herbert (Orgs.). *Österreich und die Tschechoslowakei 1918-1938: Die wirtschaftliche Neuordnung in Zentraleuropa in der Zwischenkriegszeit.* Viena; Colônia; Weimar: Böhlau, 1996.

ULRICH, Bernd; ZIEMANN, Benjamin (Org.). *Frontalltag im Ersten Weltkrieg: Wahn und Wirklichkeit.* Frankfurt am Main: Fischer Taschenbuch, 1994.

URBAN, Otto. *Die tschechische Gesellschaft 1848-1918.* 2 v. Viena; Colônia; Weimar: Böhlau, 1994.

WETZEL, Jürgen. *Zehlendorf: Geschichte der Berliner Verwaltungsbezirke.* Org. de Wolfgang Ribbe. v. 12. Berlim: Colloquium, 1988.

ŽIPEK, Alois. "Zásobování Prahy v r. 1918 až do převratu". In: ____ (Org.). *Domov za války: Svědectví účastníků.* v. 5. Praga: Pokrok, 1931.

História da medicina

BOCHALLI, Dr. "Grippe und Tuberkulose", *Münchener Medizinische Wochenschrift*, n. 66, v. 12, p. 330, 1919.

DERBLICH, Wolfgang. *Die simulirten Krankheiten der Wehrpflichtigen.* Viena: Urban & Schwarzenberg, 1878.

DEUSCHE, Gustav. "Grippe und Tuberkulose", *Münchener Medizinische Wochenschrift*, n. 66, v. 17, pp. 464 ss., 1919.

DINGES, Martin (Org.). *Medizinkritische Bewegungen im Deutschen Reich (ca. 1870-ca. 1933).* Stuttgart: Steiner, 1996.

DÖRBECK, Franz. "Die Influenzaepidemie des Jahres 1918", *Deutsche Medizinische Wochenschrift*, n. 45, v. 26, pp. 716-8, 1919.

EISENSTAEDT, Karl. "Gibt es äußere Anzeichen einer phthisischen Konstitution?", *Zeitschrift für Tuberkulose*, n. 55, pp. 27-40, 1929.

ELIAS, Herbert. "Grippe". In: PIRQUET, Clemens (Org.). *Volksgesundheit im Krieg*, parte II. Viena: [s.n.], 1926, pp. 55-66.

EPSTEIN, D. *Diagnostisch-therapeutisches Taschenbuch der Tuberkulose: Ein Leitfaden für den praktischen Arzt.* Berlim; Viena: Zerban & Schwarzenberg, 1910.

GHON, Anton; JAKSCH-WARTENHORST, R. (Orgs.). *Die Tuberkulose und ihre Bekämpfung: Nach dem Stande vom Jahre 1921.* Viena; Breslau: Haim, 1922.

HAJEK, Markus. *Pathologie und Therapie der Erkrankungen des Kehlkopfes, der Luftröhre und der Bronchien.* Leipzig: G. Kabitzsch, 1932.

HOFFMANN A.; KEUPER, E. "Zur Influenzaepidemie", *Deutsche Medizinische Wochenschrift*, n. 45, v. 4, pp. 91-4, 1919.

JÜTTE, Robert. *Geschichte der alternativen Medizin: Von der Volksmedizin zu den unkonventionellen Therapien von heute.* Munique: C. H. Beck, 1996.

KOLATA, Gina. *Influenza: Die Jagd nach dem Virus.* Frankfurt am Main: S. Fischer, 2001. [Ed. bras.: *Gripe: A história da pandemia de 1918.* Trad. de Carlos Humberto Pimentel D. da Fonseca. Rio de Janeiro: Record, 2002.]

KRETSCHMAR, Jörg-Michael. *Die Pathologie und Therapie der Kehlkopftuberkulose im 19. und 20. Jahrhundert.* Dissertação. Dresden, 2001.

LADEK, E. "Lungenkranke und 'Spanische Grippe'", *Wiener klinische Wochenschrift*, n. 31, v. 51, 1918.

LANGERBEINS, Ingeborg. *Lungenheilanstalten in Deutschland (1854-1945).* Dissertação. Colônia, 1979.

LEITNER, Philipp. "Über die Ätiologie, Symptomatologie und Therapie der pandemischen Influenza (Spanische Grippe)", *Wiener klinische Wochenschrift*, n. 31, v. 43, pp. 1155-8, 1918.

LESKY, Erna. *Meilensteine der Wiener Medizin.* Viena: Maudrich, 1981.

MAAK, Ernst. *Über Lungenkomplikationen bei Grippe, mit einleitenden Bemerkungen über einige epidemiologische Besonderheiten bei Grippe.* Dissertação. Hamburgo, 1920.

MENTRUP, Ludger. *Die Apotheke in der Inflation 1914-1923.* Stuttgart: Deutscher Apotheker, 1988.

NICOL, Kurt; SCHRÖDER, G. *Die Lungentuberkulose: Lehrbuch der diagnostischen Irrtümer.* Munique: Verlag der Ärtzlichen Rundschau Otto Gmelin, 1927.

RADKAU, Joachim. *Das Zeitalter der Nervosität: Deutschland zwischen Bismarck und Hitler.* Munique; Viena: Hanser, 1998.

RICKMANN, Dr. "Grippe und Lungentuberkulose", *Deutsche Medizinische Wochenschrift*, n. 45, v. 2, pp. 39 ss., 1919.

RIEDESSER, Peter; VERDERBER, Axel (Orgs.). "*Maschinengewehre hinter der Front*": *Zur Geschichte der deutschen Militärpsychiatrie.* Frankfurt am Main: S. Fischer, 1996.

Vorschrift für die ärztliche Untersuchung der Wehrpflichtigen. Viena: Hof- und Staatsdruckerei, 1912.

Índice onomástico

A

B

C

D

E

F

G

H

I

J

K

L

M

N

O

P

R

S

T

U

V

W

Z

Índice toponímico

A

B

C

M

N

O

P

R

S

T

U

V

W

Z

Índice de obras

A

B

C

D

F

G

I

J

M

N

O

P

R

S

V

Créditos das imagens

capa: Arquivo Klaus Wagenbach, Berlim

p. 317: Arquivo Klaus Wagenbach, Berlim
p. 319: Arquivo Klaus Wagenbach, Berlim
p. 320: Hans-Gerd Koch, Hagen
p. 321: Arquivo Kritische Kafka-Ausgabe/ BL Oxford, Wuppertal
p. 322: Franz Kafka, *Ein Landarzt: Faksimile-Reprint der Erstausgabe von 1919*. Suplemento da edição histórico-crítica de Franz Kafka. Org. de Roland Reuß e Peter Staengle. Publicação do Institut für Textkritik e.V., Heidelberg. Frankfurt am Main/ Basileia: Stroemfeld, 2006. Reprodução com permissão da editora.
p. 323: Arquivo Hartmut Binder, Ditzingen
p. 324: Arquivo da editora S. Fischer, Frankfurt am Main
p. 325: Arquivo da editora Neue Kritik, Frankfurt am Main
p. 326: Arquivo Kritische Kafka-Ausgabe, Wuppertal
p. 327: Museu Franz Kafka, Praga

GOETHE INSTITUT

A tradução desta obra foi apoiada por
um subsídio do Instituto Goethe.

Publicado originalmente como *Kafka: Die Jahre der Enkenntnis* (*v. I*)

Publicado mediante acordo com S. Fischer Verlag GmbH
e International Editors' Co., Barcelona.

Grafia atualizada segundo o Acordo Ortográfico da Língua Portuguesa de 1990, que entrou em vigor no Brasil em 2009.

As citações das obras *Um artista da fome/ A construção*, *Um médico rural*, *Essencial*, *Carta ao pai*, *O castelo* e *Narrativas do espólio*, de Franz Kafka, foram extraídas das traduções de Modesto Carone (1937-2019), gentilmente cedidas pelos herdeiros de Modesto Carone e pela editora Companhia das Letras.

capa
Elisa v. Randow
tratamento de imagens
Carlos Mesquita
composição
Jussara Fino
preparação
Nina Schipper
índices
Marco Mariutti
revisão
Huendel Viana
Karina Okamoto

Dados Internacionais de Catalogação na Publicação (CIP)

Stach, Reiner (1951-)
Kafka: Os anos de discernimento / Reiner Stach ; tradução Claudia Abeling. — 1. ed. — São Paulo : Todavia, 2024.

Título original: Kafka: Die Jahre der Erkenntnis
ISBN 978-65-5692-682-7

1. Biografia. 2. Perfil biográfico. 3. Autores alemães.
I. Abeling, Claudia. II. Título.

CDD 920

Índice para catálogo sistemático:
1. Biografia : Perfil biográfico 920

Bruna Heller — Bibliotecária — CRB 10/2348

todavia
Rua Luís Anhaia, 44
05433.020 São Paulo SP
T. 55 11 3094 0500
www.todavialivros.com.br

fonte
Register*
papel
Pólen natural 80 g/m²
impressão
Geográfica

FSC
www.fsc.org
MISTO
Papel | Apoiando
o manejo florestal
responsável
FSC® C019498